主　　编　高专诚　宋洪兵

"三晋法家与中华文明"学术研讨会论文集

事统上法

山西出版传媒集团
山西人民出版社

图书在版编目（ＣＩＰ）数据

事统上法——"三晋法家与中华文明"学术研讨会
论文集 / 高专诚，宋洪兵主编. -- 太原：山西人民出版
社，2024.11. -- ISBN 978-7-203-13534-0

Ⅰ. B226.05-53

中国国家版本馆 CIP 数据核字第 2024CU9849 号

事统上法——"三晋法家与中华文明"学术研讨会论文集

主　　编：高专诚　宋洪兵
责任编辑：孙　茜
复　　审：贾　娟
终　　审：梁晋华
装帧设计：孙健予

出 版 者：山西出版传媒集团·山西人民出版社
地　　址：太原市建设南路 21 号
邮　　编：030012
发行营销：0351-4922220　4955996　4956039　4922127(传真)
天猫官网：https://sxrmcbs.tmall.com　电话：0351-4922159
E-mail ：sxskcb@163.com　发行部
　　　　　sxskcb@126.com　总编室
网　　址：www.sxskcb.com

经 销 者：山西出版传媒集团·山西人民出版社
承 印 厂：山西科林印刷有限公司

开　　本：787mm×1092mm　1/16
印　　张：24
字　　数：537 千字
版　　次：2024 年 11 月　第 1 版
印　　次：2024 年 11 月　第 1 次印刷
书　　号：ISBN 978-7-203-13534-0
定　　价：108.00 元

如有印装质量问题请与本社联系调换

目　录

代序:"三晋法家与中华文明"学术研讨会论文综述

高专诚

2023 年 2 月 10—13 日,"'三晋法家与中华文明'学术研讨会暨中国先秦史学会法家研究会第五届年会"在山西太原和曲沃隆重举行,作为大会承办者和参与者之一,大会的盛况依然历历在目。但更引人注目的是呈交大会的学术论文及相关研究成果,不仅数量较多,而且质量上乘,其宏阔之论,其真知灼见,读来令人不能释卷。为此,大会组织者决定结集出版,惠及学界,并纪念此次大会的成功举办。此论文集以会议论文为主体,兼收近年来部分颇有份量的法家研究成果,在近期法家研究方面具有较为广泛的代表性。本人极其认真地拜读了所有大作,并受大会委托,把文章的主要内容介绍给广大同仁和读者。只可惜心强力拙,未能站在法家研究的高度以及古代思想研究的广度加以评说,只能勉强呈现个人研读这些力作的心得,故必有很多不妥之处,还请同仁和读者批评指正。

一、《商君书》及商鞅研究

商鞅研究是法家研究的重点之一,近年来,着眼于现实问题,无论是学界还是坊间,对商鞅的重视程度有增无减,学术成果频出,令人目不暇接。这其中,自然有对商鞅及其思想的或积极或有限的肯定,也有理性批判和学术辨证。

如何评价商鞅的思想和政治遗产,是秦汉以来思想界和学术界最易于引发激烈争辩的问题。尤其是那些积极肯定商鞅及其遗产的观点,发声较难,受抨击较易。《商鞅思想遗产的真精神》一文从正面积极评价商鞅的思想遗产,虽然指出商鞅的改革确有重大局限,其思想也有不少糟粕,但总体而言,坚持认为商鞅是中国历史上唯一以身殉法的尽公不顾私的伟大政治家,其思想是中国几千年历史上唯一的依法治国的思想遗产,其改革是中国历史上几乎唯一彻底成功的改革。文章强调,秦始皇后期的暴政、秦汉之后中国政治中的专制,与商鞅法治思想是背离的。商鞅的思想主体并不是愚民及专制的幽灵。相反,商鞅思想的真精神就是几千年来中国历史上唯一的反对人治、反对蒙昧、反对专制的法治精神,就是依法治国的精神,就是法治、平等、自治的公共理性价值。文章提出的观点是如此鲜明和有冲击力,让人不得不思考,是不是应该把前人的思想观点放在其整体思想的框架中进行考量。也就是说,不能把某一点、某个概念、某种观念进行理想化的放大和现代比附。比如商鞅的愚民政策，核心只允许民众关心生存问题，而不要关注和议论国事，显然与开启民智无关。文章中的其他论断，有时也会引发相似的疑问。

探究《商君书》法治思想的积极意义或现代价值，极有可能是一件费力不讨好的事情，而《〈商君书〉法治主义思想新探》则是有关这方面研究的努力尝试。文章认为，《商君书》蕴含着丰富的法律理念与宏伟的法治理想，最为突出的是由法字、法词、法句搭建起来的系统的法律概念系统和法治思想体系。《商君书》法治主义思想在立法、执法、守法、责任诸环节上表现了中国古典法治理论的一种理想结构，就其文化遗产而言，法律发展的内在规律是变法，国家应该依据观俗察本而立法。文章断言，《商君书》倡言的法治主义是横贯古今的至上国家理想。不过，在具体论证中，文章不甚注重深入思考和分析，而是过度依赖原典和后人的观点，将商君法治主张与现代法治思想有所混同，显示出较浓重的理想化色彩。比如梁任公对商君法家思想的过度肯定就对本文影响较为明显。另外，文章所言《商君书》中"垂法而治"的思想，只是强调君主要执行自己制定的针对臣民的法律，而并不是君主要限制自己的权力。所谓君臣"以法相司"也不是现代意义上的君臣相互监督、相互限制其权力。

有关商鞅的研究，更多地集中在他的思想成就方面，尤其是对《商君书》思想的研究。《商君学说探源》明确探究商鞅之学的渊源，对于更全面深入地理解商鞅之学的重要性自不待言。文章以商鞅的成长环境和游仕经历为研究重点，认为卫国的政治传统是形成其思想的最初背景，游仕魏国的经历，特别对李悝、吴起的思想和改革经验的吸收是形成其学说和变法政策的基础，而秦国的风俗和现实要求使他对自己的思想做了适应性的取舍和调整，加上对于兵家思想的借鉴，使商君学说最终落实为彻底的农战政策和严酷的刑法制度，而这一切造就了他刻薄寡恩的典型法家形象。一直以来，对于商鞅思想的影响，尤其是历史上的负面影响，是全社会争议较多的地方，而文章的结论对于更客观的认识商鞅这个人是很有助益的。不过，在研究其思想的最初背景时，因为商鞅、吴起是卫国人，在缺乏直接证据的情况下就认为他们的思想中应该有殷人的影响，可能有些牵强，因为他们的时代距离殷商文化的影响时期实在是太遥远了。

《商君书》和商鞅思想对商鞅时代和后世的主要影响当然是在治国理政方面，《〈商君书〉与商鞅学派治道思想研究》探究了商鞅学派对于法治和礼教在治道中的不同地位和作用。文章对《商君书》的总体看法是，作为早期法家理论著作，《商君书》倡导法治，排斥礼教，致使后世"治者颇鲜"。不过，鉴于早期儒家坚持以德治国，在现实的社会治理中无所建树，于是，早期法家另辟蹊径，推动国家图存和图霸，走向与儒家相反的另一端。文章主张有所谓"商鞅学派"，强调这一学派主张强王权、倡法治，并以其强有力的除旧布新举措使秦走上强国之路。文章强调，法家把道德看成是治理的结果而非手段，明确地用规则来代替道德评价。法家试图以赏罚使社会大众达致道德的努力，使得法摆脱了德之附庸的地位，成为治世不可或缺的手段。当然，文章也指出，法家治国带来的明显弊端，证明了法治必须建立在善法和善治的基础之上。总的来说，文章的主要着力点不在于方向创新，而在于观点论证。但是，对于一些重要观点和节点还需要更深入的探究，特别是对于极端法治所产生的弊端，需要做进一步的系统思考和批判。

在研究《商君书》具体篇章的主旨和商鞅学派治国理政的具体主张方面，《人口战争——从〈商君书·徕民〉看"商鞅学派"的思想变迁以及战国晚期秦国人口及军事变化》做了极其有益的钻研。文章认为,《商君书·徕民》篇在《商君书》中以及在整个先秦文献中都具有比较特殊的地位。作者指出,商鞅主张的以军功爵制取代传统以血统为核心的社会结构的思想是具有极高的革命性的,但由于其在秦国成为主流思想,就逐渐丢失了这种革命性,最终变成保守的定论了。《商君书·徕民》篇的作者对这种保守性提出挑战和批评,主张新的人口、经济、军事的条件都要求对早期《商君书》的部分理论做出调整,即秦国在对山东六国的战争中,不仅是要取胜和占领土地,更要获得六国的劳动力,以保证秦国长期的战争动员。这就是"徕民",即制定新的政治,吸引移民,增加人口。当然,相较于绝大多数战国时期作品,《商君书·徕民》篇的写作年代更为明确,有助于人们较好地了解其历史语境。《徕民》篇证明了,在商鞅死后一百年,其"学派"仍然保持了灵活性和革新性。在当下法家研究极重《商君书》的背景下,本文的研究方向和方法都值得提倡和借鉴,尽管在具体论证中还需要同时代其他典籍的更强有力的支持。

二、《管子》研究

《管子》及其思想是先秦法家思潮中的重要部分,无论对其文本还是对其思想的研究,近年来均呈不断上升的势头,此次《论文集》虽然收集不多,但却颇有代表性。

《管子》虽然不是成于一时和一人之手,但对于国家和国家理论的重视,却始终指示着这部典籍的真正方向。《〈管子〉的国家理论——基于政治哲学的一种解读》就揭示了《管子》中蕴含的丰富的国家理论,指出《管子》国家理论的逻辑起点是人性嗜利,而智者能够"兴利除害,正民之德",以建立国家的方式结束乱象。国家建立需要分民以定名分、赏罚以行法治两种制度保障,而理想的治世图景是"道法行于国"。也就是说,《管子》回答了为什么要建立国家、由谁来建立国家、怎样建立国家、理想的国家应是怎样等问题,从而构成了它的国家政治哲学。文章进而认为,在先秦诸子学说中,《管子》的国家政治哲学把儒家礼治思想、法家法治思想、道家无为思想融会贯通,特色鲜明,影响深远,尤其是在行文中与《荀子》中的国家观加以比较,更加突出了先秦时代国家学说的巨大成就。文章特别是对于"分"的概念和思想,以及与"礼"的关系的分析,提出了许多值得思考的问题。不过,《管子》思想之杂驳也是公认的,而文章力图在国家理论问题上为《管子》理出一个前后一致、逻辑合理的体系,难度可想而知。比如文章中着力分析的"分"与"礼"在建国和治国中作用,以礼治国与以法治国的关系等,有可能是代表了《管子》作者们的整体倾向,也有可能是《管子》各篇不同作者的不同主张。

"道"是先秦思想中的重要概念,对"道"的不同理解和使用,往往是理解一种思想的枢要。《〈管子〉中"道"与"法"的连接》集中探讨《管子》中的"道"的多种义涵,指出了不同篇章关于道法关系的看法也不能一概而论。《管子》的《心术上》和《枢言》以本原之"道"为"法"的最终来源。在《法法》《任法》等以"法治"为主题的各篇中,"道"是君主治国所应遵守的原则、规范,不应直接理解为本原之"道"。"法"效法"道",体现"道",甚至被称为"道",也不能直接理解为"法"以本原之"道"为来源和根据。又有一些篇章中的"道"兼具多重义涵,显示出君主的治国之"道"是本原之"道"在治理活动中的实践,君主的立"法"活动可体现"道"。总之,将各篇联系起来看,可以说本原之"道"是人为制定的"法"的最终来源和根据。不过，从本文对"道"以及道法关系的理解中，容易让人联想到，面对先秦典籍，假如要对某一纯概念进行定义和辨析，定会遇到诸多困难，甚至往往使这种定义和辨析不能达成。不同的典籍对于同一概念总是有不同的使用。即使同一典籍中，因为各篇来自不同作者，也有对同一概念的内涵和外延的不同规定和使用。如果一定要在某一思想家或某一思想派别中对于某一概念做出一致的解释，那将会遭遇到非常严重的挑战。

三、韩非子与《韩非子》思想及荀韩关系研究

韩非子无疑是先秦法家最重要的代表人物，学界对韩非子的研究也仍然是法家研究的重头戏，并且呈现出研究面广、学术力深、现实性强的特点，当然也是研讨会和《论文集》中数量最多的、份量最重的部分。

韩非子思想中的人性或人情之论，在很大程度上决定着韩非子政治思想的走向，可以说在韩非子整体思想中占有基础性地位，所以，对韩非子人性说的关注度和研究热情一直以来可谓有增无减。《如何因顺人情，驱使民众——韩非人性说探微》首先指出，韩非子思想对人性的理解和论说，比通常所说的性恶论要复杂得多。韩非子承认，在某种有利条件下，人性中有善的表现，但在更多情形下，人类朴素的善心失效，利害计算成为人行动的主要驱动力。文章着重强调，绝大多数人只能对眼前的物质利益进行计算，只有少数人才有能力进行长远物质利益计算。当然，除了理性计算能力外，人类还有其独有的虚荣，这构成了人类行动的次要驱动力。韩非子承认有极少数人在极少数情况下可以发自内心地超越利害、追求道德，但他们是国家制度的破坏者，不应推崇。在趋利与避害之间，韩非子认为避害比趋利更具有驱动力，这是他推崇重罚少赏的一个原因。在文章结尾处，作者有精到的分析，但这些分析似乎与文章整体提供的证据的粘合度并不十分紧密。

研究先秦诸子，尤其要关注其作品的真伪度以及不同时期作者可能有的不同作品和不同观点，这些在《韩非子》中表现得尤其突出。如果认为《韩非子》中韩非子名下的言论和观点，包括所谓的韩非子的人性论，都出自同一人和同一时期，进而以此为据立论，极有可能做出不周全的忍让甚至不应该的回护。

从学理上讲，人应该有同一样的人性，而人性在不同的生存环境中会有不同的表现，即一致的是人性，不一致的是人情。这应该是古代人性论的基础。可能在韩非子看来，人性如何并不重要，国家治理针对人情就可以了。但如果因此就把人性和人情视为一体，讨论人性就没有任何意义了。所以，文章应该对人性或古代人性论所指称的人性有一个明确的定义或范畴。在一些具体问题上，比如文章指出的普通民众在收成极好的时候肯施舍他人的所谓"人皆有朴素的仁心"的表现，不仅"极度脆弱"，更有可能是文章在另一个维度上强调的求名或要面子之心，而不是与生俱来的善心，或许与人性无关。

如上所言，韩非子的人情之论，与他的人性之论同等重要，需要不断地进行深入研究。《论韩非人情观的价值观意蕴》认为，将韩非的人情观置于相为关系之中，就会发现韩非的人情观不是没有善恶判断的价值中立，而是蕴含着鲜明丰富的价值观。韩非主张"以利之为心"的利他价值观，不是将利他作为善恶的标准，而是作为维护相为关系的一

种工具性价值观,其终极目的在于通过相为关系增强国力。具体说来,只有坚持长远利他,才能增进双方的共同利益进而巩固相为关系。富强也是相为关系双方的价值观共识,君主的利他体现在满足臣民的富贵愿望,臣民的利他体现在满足君主的霸王愿望。文章指出,针对君臣利异,韩非提出了公私之分,公利代表着践行法治所增进的促进富国强兵的国家利益,私利不是在一般意义的个人私利,而是破坏法制所获得的私利,所以,韩非强调把公利作为需要维护的核心价值观。

在关于韩非子思想的人性论或人情论的讨论中,文章以"相为关系"为切入点,强调了韩非子人情观,这对于更深入地理解和把握韩非子政治思想是大有助益的。特别是文章跳出了善恶判断的传统思维,揭示了韩非子人情观的丰富多元而具体的价值观世界,对于相关研究是有启发意义。可惜在相关分析中着墨有限,未能进行更全面深入的学理探究。同时,就"相为关系"而言,除了涉及善恶好坏、伦理价值等方面之外,"相为"双方的关系轻重是否对等,以及如何确定衡量双方利益标准等问题,可能还需要更精细的厘清。

作为政治理念的"无为而治"思想,受到先秦诸子的广泛重视。难得有这样一种政治理念,在相同的字面意思之下,各家各派却有着大相径庭的理解和阐释。《论周秦之变背景下的韩非"虚静无为"思想》立足于"周秦之变"的时代变局视角,认为儒、道、法三家在不同程度上都认为"无为而治"是他们共同认同的政治理念与政治理想,不同的是,道家强调顺势而为、儒家强调道德教化,而法家的"虚静无为"在很大程度上抽离了道家的形上超越意味,为客观性的法术、权谋化的"无为"奠定了基础。在法家看来,君主要想真正做到维护至尊权力与地位,就必须处理好与大臣的关系。韩非"虚静无为"命题的提出,是在尊君集权的指归下,对如何防臣禁奸和维护君主形象的一次综合性理论探讨。这种理论探讨,主观上是为君主在与臣下的政治博弈中增添更多筹码,客观上则为秦制的最终确立奠定了较为坚实的理论基础。在相关研究基础上,文章深化了该主题的思考和研究,提出了新的见解,但对一些观点的精彩推演应该提供更明确更全面的佐证。

在中国传统政治中,吏治是一个基本问题。尤其是在儒家政治的人治传统中,解决了吏治问题,政治就能保持在正常轨道上。韩非子较早参透了这个问题,并在批判儒家吏治的基础上,致力于引发吏治思维的根本转向。《论韩非政治伦理的整体转向与深层机理——以吏治为中心的考察》认为,韩非子吏治思想体现在四个方面,即从儒家式的德性修为向法治规范的核心观念转换、由道义担当向功利承认的价值认知转移、由人格典范向制度合力的运作机制转化和自律管理向他律控制的践行方式转变。这四个方面确实是传统儒家政治思维与韩非子政治思想的明显不同之处。所以说,韩非子史治思维转向,既刻画出吏治发展的态势,亦折射着他对政治伦理的基本看法。文章强调,韩非率先冲破抽象伦理道德对政治的约束,试图开创一种完全不同于正统的政治伦理新论说,旨在揭示政治自身的特质及政治伦理的"政治性"偏向。尽管在儒法相对的基础上展开对韩非子政治思想的论析并不鲜见,但从吏治入手并展开讨论却是一个新的视角,并获得了独特的论断。不过,在一些具体论证中,恐怕还需要从《韩非子》中找寻更全面的论据,并加以更深入的分析,才能使上述四个方面的论断更加扎实。

《韩非子》与《老子》的思想关联,从来都是一个重要的思想话题,对于韩非子思想研究具有极大的意义。《从"君道无为"到"上下无为"：君臣关系视域下〈韩非子〉对〈老子〉的诠释》认为，《老子》对韩非子思想的深刻影响，不仅体现在《韩非子》对《老子》语句的直接引用或化用上，也体现在韩非子对于现实政治的思考中。根据《老子》的道物关系模式，在政治关系中，君主扮演着"道"的角色，百姓则扮演"万物"的角色。道以"无为"作为其特性，"物"的属性则为"自然"。"无为"与"有为"相对，所谓"有为"，即智巧、法令之谓。经过战国时代的政治进程，《韩非子》洞察到"臣"的政治角色的重要作用，强调臣道应"顺上之所为"，从而将"下必有为为天下用"的"臣道有为"思想改造为"臣道无为"。而经由《韩非子》的诠释，"法"和"术"脱离了《老子》的"智"的范畴，成为了具有神圣意义的政治观念，且与"无为"关联，成为君主"无不为"的治理手段。《韩非子》对《老子》的诠释，不仅体现了法家哲学对"臣道"问题的关注，同时也反映了"臣道"观念在战国中晚期的突显。本文的视角颇有独到之处，两方面的结论亦颇耐人寻味。不过，这些结论都有赖于厘清《韩非子》与《老子》的关系，以及韩非子整体思想究竟是如何解释和接受《老子》中的相关思想的。

从春秋战国到西汉时期，各种寓言和历史故事层出不穷、数量庞大，这本身就是一个值得研究的学术问题，而厘清各类甚至各个故事的源流，应该是一件功德无量之事。至于《韩非子》与《庄子》的关系，《韩非子》对于那个时代的思想家及其思想，点名道姓加以引用或批判的应该不少，但独不见庄子，这也是个值得思考的现象。《互见文献视域下的〈庄子〉与〈韩非子〉关系析论》选择了一个独到的视角，通过文献考证发现二书之间有八组互见文献，其中六组故事型互见文献可为二书关系研究提供非常有力的论据。根据文本相似度，文章将八组互见文献分为文本互见、本事互见和反向互见，结论认为《庄》《韩》之间有着密切联系，《韩非子》的某些观点或在对《庄子》的批驳中树立起来，或在《庄子》的启发下产生形成。

如果文章所述事实能够成立，或许可以证明韩非子思想来源的多样性。但从事实和逻辑上讲，勉强联系之处还是有所显现。文章涉及到的故事，有极大可能出自同源，或来自民间传说，或来自多种典籍相互影响，而要证明恰好在这两种典籍之间形成特殊关系，则不仅需要证明两种典籍间的故事有互见的特点，还须证明与其他来源无关。总之，这是一个比较"涉险"的学术问题，需要更深入的挖掘和论证。

《韩非子》一书在流传过程中产生了为数众多的序跋，这些序跋对深入认识《韩非子》有着重要作用，在韩学史研究方面更具有特别意义，是韩学文献整理与研究中的一个颇为关键的问题。《韩学研究的另一种视角——〈韩非子〉序跋的学术史意义刍论》从考察韩学史发展演变的角度出发，对很多重要问题做出的新的认识，对于韩非子思想研究具有特殊意义。文章认为，宋乾道本《韩非子序》和元代何犿的《校〈韩子〉序》重新发现了韩非子的思想价值和精神价值；明代的序跋则从思想维度和文学眼光两个方向表现出对《韩非子》的关注；清代序跋的新贡献表现为对宋本价值的新发现、文本校勘的新突破与经世情怀的新指向；民国以来，传统韩学研究开始现代转型，《韩非子》序跋也反映出了这种新变化。很显然，历代学人对《韩非子》版本的接续性校刊是后世研究韩非子思想的重要基础，同时，探究各个历史时期甚至各个朝代韩学和《韩非子》的研究特点或主要取向，对于法家思想和古代思想史研究都有不可或缺之意义，但这种探究切忌证据过度单薄。若以一位学人的研究代表一个时期或一个朝代的研究特色，终显不足。当然，令人印象深刻的是，各个朝代，尤其是明清和民国时期，在社会矛盾日益深刻的前提下，学者们强调《韩非子》经世情怀的种种论述，对于当今时代如何看待《韩非子》的价值有着明显的启发意义。

毫无疑问，荀子与韩非子的个人关系或关联，是一桩绝大的历史和学术公案。客观地讲，根据现有资料，肯定和否定、看重或看轻这份关系的都能自圆其说，且难以说服对方。《荀子，韩非生命中的偶然——再论荀韩关系》入判这桩公案，是需要足够的学术勇气的。文章结构严谨，新意迭出，值得仔细品读。文章认为，在思想史脉络中，大多根据《史记·老子韩非列传》中所述"(韩非)与李斯俱事荀卿"来确立荀韩的师生关系，而荀子与韩非思想上的异同，也多由此一前提展开论述。然而亦有学者否定藉由太史公的单一论述证成荀韩的师生关系，主张"事"并不意味着学术传承的师承系统。文章提出，上述关于荀韩关系的差异来自于对"师生"关系的不同定义，亦即未能明确区分战国中期以前的情感性师生关系所形成的"人师"，与战国中期以降的工具性师生关系所形成的"君师"，这显然是两种不同的师生系统。文章进而断言，司马迁所述"(韩非)与李斯俱事荀卿"的关键在于导引出下一句"斯自以为不如非"，目的在于创造韩非与李斯生命历程的交会点，以作为铺陈韩非子被李斯陷害致死的悲剧转折点。这一分析看似巧妙，其实想象的成份更多一些。就算韩非子与李斯并非同窗，李斯既可以在秦王面前称赞韩非子之文，也照样可以因为嫉妒而陷害韩非子。同门相残当然可以加重李斯的罪恶，但在《史记》中，李斯的罪恶已经足够，多一项又能如何呢？所以，也许直接去探究《史记》为何仅言"(韩非)与李斯俱事荀卿"而不再有荀韩关系的其他文字，可能更有意义。

文章以法学学者年少时曾向哲学老师学习为例，力图证明有种种不同的老师，怕是缺乏说服力的，因为韩学与荀学的区别，远远达不到法学与哲学的不同。与此相关，师从某人与传承某人思想，是两种不同的情形。孔子弟子众矣，但并非每个人都有能力或有意愿传承孔子思想。孟子未能师从孔子，但却公认在传承孔子思想。若欲以此证明荀子与韩非子之间是一种特殊的师生关系，则更显得不够有力。"师"的外延在每个时代都有变化，但"师"的内涵则有不变的共性。另外，文章探讨了孔子时代与荀子时代"师"的意义和表现形式的不同，视角比较新颖，但说服力有限。事实上，就在孔门中，也有如韩非子一样的贵族出身的弟子，他们不可能久居门下，遑论一生追随孔子，当然也不可能继承和发扬孔子学说。事实上，我们未能看到荀子时代其他思想家收授弟子的情形，所以，荀门的师生关系并不能视为那个时代的教育特征。

荀子究竟是儒家人物，还是法家人物，还是"儒法"家人物，这是个问题。要给这个问题提供合格的答案，或许对其弟子的研究是一个必要的视角，当然这也是研究先秦诸子的一个重要视角。《荀子弟子概说》既介绍了荀子弟子，也前探孔子弟子和孟子弟子，给"弟子研究"提供了一定的线索。文章指出，荀子是中国古代伟大的教育家，他有着博大精深的教育思想，更培养出了影响历史的弟子们。荀子教育思想和教育成就在人类史上是罕见的，对中国社会的影响是独特而深远的。在从事教育事业方面，荀子的情形与孔子、孟子都有些相似。从历史上看，既然可以把以孔子和孟子为首的团体称作孔门和孟门，当然也就可以把荀子及其追随者组成的团体称作荀门。从外在可比的方面来看，荀门的人数不及孟门,更不及孔门;从内在的不可比的学生质量来说,即使不能说荀门一定强于孔门和孟门,至少荀门也是很有特色,并且是光芒万丈的。不过,文章对于荀子弟子只是一次概说,明显缺乏深度研究。同时,文章也未曾思考,在战国后期,为什么后人只看到了荀子弟子,而与荀子同时代的其他思想家并未"得天下英才而教育之"? 所以,关于先秦时代思想家与其弟子的关系,真是一篇需要铺陈的大文章。

四、法家与诸子关系研究

在所谓百家争鸣的先秦时代,法家与儒家的关系,在两家学说共同兴盛的时代就受到全社会的高度关注,而从秦汉以后,直到现当代,这样的关注从来就未曾降温。《秦朝法律思想形态的构建与瓦解——"儒法竞合"的意识形态话语解释》从秦朝二世而速亡为切入点或例证,探寻儒法的"竞合"关系,即儒法两家由竞争而趋于融合,对于进一步理解秦汉之际的儒法关系,以及更深入地了解秦国和秦朝的治国之旨和治国之术,均有令人眼前一亮的感觉。文章指出,秦人以法家立国称霸,构建起了法家化的意识形态。秦朝法律思想体系展示了"事统上法"的政法理念与统一化的制度体系相互依存的法权格局,秦王朝以"皆有法式"为合法性叙述,呈现出显著的"法治"面相。然而,秦国进于秦朝之际,其政权神圣性话语失之疏阔,法治的兵刑修辞激化仇恨,于权力转化、政策转型、文化关怀方面均有疏失,未能有效解决法统困境以致重刑而亡。就在法家思想居于意识形态至尊之际,儒家之学却以其弘扬品行德目,浸润世风,显露出话语生机,在诸如"为吏之道"的治理实践上,对于各级官员实际的法治作为,发生着难以避免的理念瓦解和现实影响,预示了后世儒法合流之态势。在其文末,作者亦不失时机地强调,周秦汉之际"儒法竞合"的思想发展,亦透射着传统思想随皇权政治亦步亦趋的经世旨趣。总之,由秦入汉,儒法思想的在竞争中发生融合,与秦朝的政治和法治实践有关,亦与进入大一统时代之后皇权专制的不断强化有关。

法家也好,儒家也罢,是后人对于前代思想界潮起潮落的分析和界定,在一定意义上,与其分而述之,不合而议之。《法家的师承:出乎儒而返乎儒》就是从宏观的法律文化视野入手,较为全面地探讨了儒法思想混合发展下的法家师承关系,严格说来,就是战国法家对于先秦和西汉早期儒家的师承关系。文章认为,法家的产生、发展与儒家有着不解之缘,其脉络即由孔子、子思、子夏,乃至李悝、慎到、吴起、商鞅,再由荀子、韩非、李斯及至吴公、贾谊、董仲舒。在这个过程中,《春秋》学起着重要作用。通过这场宏大叙事,文章力图证明这个师承链条即是法家思想和儒家思想共同的演化史。文章得出的重要结论是,经过荀子和董仲舒的努力,先秦儒家完成了脱胎换骨的涅槃,法家思想则被融入新儒家思想体系之中,儒法两家共同缔造了古代正宗学术。更重要的是,法家精神始终未退出历史舞台,依法治国的精神,守法尽职的职业法家群体,始终在古代法律实践活动中宣示着自己的存在。在春秋战国时代,百家思想相互影响和借鉴是学界公认的,儒法学者之间的个人往还和相互作用甚至思想立场的转换也是有目共睹的,比如早期晋法家的产生与子夏之儒的关联就日益受到重视,荀韩关系更是难以厘清,但如本文这样,把战国法家甚至秦汉法家思想与同一时期儒家思想的发展如此紧密地联系起来,就算不能说如雷贯耳,也是令人耳目一新。不过,在深入分析和严格论证方面,文章还有改进的余地。一些根据不太充分的推测和难以令人信服和跳跃式论断,尚有待新材料的充实和证明。

德与法和法与刑的关系,是法家思想研究中的重要问题。《"德性的法治"如何可能?——以荀子为基点之历史与逻辑的考察》认为,长期以来,有学者或从二元对立的视角看待德与法的关系问题,或以"法即是刑"的观点认识中国古代法的性质,均对问题的深入研究形成不利影响。文章考察了先秦儒家德与法相互补充、相互协调的主张,结合现当代学者提出的德与法有机融合及"德性的法治"观念,明确指出,在荀子的政治哲学中,"德性的法治"最终得以实现。同时,法是适应社会复杂化进程及富国强兵的现实需要而采取的治国方法,是实现"公"、反对"私"而施行的政治主张,具有普遍性、客观性与公正性的精神实质。而在荀子那里,法是以公正与理性为根据和精神实质的爱的制度,礼法、礼义既具有社会规范作用,更具有道德教化作用。事实上,在荀子礼法思想中,礼是核心,甚至是法的精神,法是礼的延伸或体现。不过,在这个问题上,首先需要对荀子关于"礼"和"法"的关系加以厘清。文章尽管意识到了法家之法和荀子之法在限制君主权力方面缺乏制度性安排,但如果在总体上对现实权力和政治架构的关注度不够,就无法深入讨论法家之法,无法解决荀子之法遇到的根本问题,从而容易将二者的长处过度拔高其至美化。

在诸子与法家的关系中,黄老之学是一个颇有特色的存在。《黄老刑德是法家思想吗?》从刑德关系入手,研究了马王堆汉墓出土黄老帛书中"先德后刑"的刑德相养理论与法家刑德并举、刑重于德等诸种观点的关系。文章认为,虽然黄老刑德与商鞅的刑赏在"物质刺激"等内容上有相通之处,但黄老刑德概念的内涵远大于刑赏,二者在天人关系、人性驱动论等方面也有本质区别。法家讲赏罚,以商韩为代表,商鞅之学在这一问题上主张"先刑而后赏"。韩非的"刑德二柄"与商鞅的刑赏治术并无二致,黄老刑德与商韩的赏罚之术却并非同一思想体系。通过对"先德后刑"与"先刑后赏"这两种早期刑德学说的比较分析,可以澄清目前研究中的相关误解,在梳理黄老道家与法家的思想纠葛中明确黄老刑德学说的思想独立性,并由此管窥战国时期的天人关系。文章条理性强,努力彰显以理服人的原则。但如果能够进一步厘清帛书黄老产生的时代背景,进而说明黄老与法家的刑德思想孰先孰后,以及二者之间是否有一方因反驳另一方而生的思想针对性,则会使读者有更多受益。

五、法家综合研究

对于一个思想学派而言,综合研究是必须的,并且需要全面性的把握,一定程度上讲也更见功力。《国家变局中的法家:以王官学、诸子学与霸王学为视点》认为,学界早已习惯于在诸子学的框架中理解先秦诸家的进路需要重新审视,指出诸子学并不是相互独立的诸家之学,而是内在关联的思想互动机制。作为诸子学中重要一系的法家,如果仅仅限定在诸子学的框架中理解是远远不够的,而是需要在前诸子学的王官学体系中理解法家的缘起,也需要在秦汉的霸王学体系中揭示法家的走向。也就是说,法家思想的产生和崛起,与所谓的"周秦之变"国家裂变之局有关,也与秦汉之后出现的真正的统一国家有关。文章断言,法家的突起为中国从准国家进入完整意义的国家准备了思想动力。在具体论述和论证中，文章提出了诸多雄论，为学界从不同角度审视法家思想多有启发价值。值得强调的是，周朝前期是否形成或存在过王官之学，如果存在过，那是一种什么样的状况，是本文立论的基础所在。假如王官学的存在并不确实，谈论其与法家和诸子学的关系则容易落空。具体到法家，法家与王官学中理官之学的关联，也需要首先解决理官之学是否存在、是何样态等问题。对于具体的法家人物来说，他们是否意识到自己的思想主张与王官学或理官之学有关联，也是重要问题之一。在法家人物的著作中，我们暂时还没有看到这样的显性关联。如果他们没有显示这样的关联，而我们认为有关联，就需要拿出强有力证据加以证明。总之，本文充满了可取的学术尝试，期待作者和学界能够进行更深入和具体的学术探求。

法家历史哲学事实上是一个沉重的话题。《法家历史哲学的三重维度》认为，法家历史哲学实质上是一种政治哲学，并从三重维度加以论证。维度之一，认为法家历史哲学立足于"当今"的变法理论，效法先王以变致治的精神，以爱民、利民为原则，凸显勇于革新包括自我革命的时代精神。维度之二，法家历史哲学通过对于"原初状态"的叙述，深刻阐释了人性以自利为基础的理性计算能力以及以利他为基础的道德能力，并立足于"权衡道德论"及其制度逻辑，进而实现社会秩序。维度之三，认为法家力推的"新圣"最能把握时代精神而深刻影响历史进程，这实质上是体现了政治家必须以理性治国的极端重要性。文章的一个重要结论是，法家历史哲学至今依然予人启迪。

不过，我们也不禁要问，两千多年前的先秦法家真的能给今人带来智慧启迪吗？也许，法家真精神以及法家思考政治的思维方式，确实让今人仍有荡气回肠之感，但从秦汉以来的实际表现看，法家历史哲学也好，政治哲学也罢，恐怕留给世人更多的是教训而不是启迪。比如说，《商君书》以"时"应"古"，以"宜"应"今"，至多是一种实用主义，恐怕难以完全以勇于创新及自我超越、自我革新为其定性。作者高度赞赏法家历史哲学的合理性与自洽性，肯定了法家在其独特人性论基础上的建立社会秩序的理论，试图为法家思想的当代接续和发展寻求合理的出路，但是，利用人性的自私因素建立社会秩序，在强权政治下不失为一种有效选择，但在实际操作中却不可持久。一则归根到底还是仰赖于君权和人治，二则不免沦为依靠权术方可实现。依我之见，文章对法家"新圣"的概括多少有些理想化。如果这样的"新圣"出自帝王，则不能避免地走向人治和专制；如果出自能臣，则又不能超越君主的特权，只能成为表现个人的工具。总之，与儒家企图以道德约束政治一样，法家的"新圣"也难免走向空洞的理想主义。

法家思想当然首先是政治思想，但是不是科学的政治学，则值得深究。《法家学说：世界首个科学的政治学》认为，春秋战国时代残酷的社会政治现实使法家在思考政治问题时自觉遵循了实证的研究方法，坚持了政治与道德分离、政治与宗教神学分离的立场，为科学的政治学奠定了理论基础。进而断言，法家学说是人类历史上第一个科学意义上的政治学，富国强兵、法治和变法是法家的三个标识。

对先秦法家学说的如此推崇，严格说来还需要更多的事实支持和学术思考。法家政治观念的来源确实有观察社会生活事实的一面，但这并不是严格意义上实证做法和实证精神。更重要的是，法家所依据的社会事件或历史事件之类的事实，有许多来自传闻，对事件进行分析和判断时，偏颇之处并不少见，难以用实证的手段的加以证明。文章主张,我们今天要继承和发扬光大法家的政治遗产,主要就是要继承和发挥光大法家富国强兵、法治和变法的三大主张,而不是去复兴法家的权谋之术和君势之位的那些东西。这应该是切中了法家思想的部分要害。尤其是在当今时代,如果不能提出有效的约束君权的思想,这样的结论容易流于不切实际。这并不是苛责法家,而是说,正是因为有这样的缺陷,后人才应该审慎对待如何弘扬法家思想的问题。

在中国古代历史上,春秋战国时期一般认为是学者和思想家人身安全最有保障的时期,但从战国中期开始,思想家开始遭受人身迫害,其中法家人物居多。对于这个沉重的历史问题,《论法家学说的反噬现象》从法家学说引发的"反噬"现象入手展开讨论,提出了一些值得深思的问题。作者认为,法家学说的反噬现象是中国思想史上的一个奇观,但是自西汉以后的两千多年里,这个问题基本上没有受到重视。文章在张祥龙教授相关研究的基础上,通过剖析法家理论对君主素质的要求、法家人物在现实政治中的遭遇、以及法家学说的内在矛盾,显示了法家学说反噬的必然性。在这个分析过程中,文章对于法家思想反噬法家人物的原因分析不乏诸多精彩,尤其是对于法家思想特别是韩非子思想内在不足之处的指证,很有启发意义,值得进一步思考。不过,说到"法家人物之死",有两个概念必须阐明,一个是其深层的根本死因,一个是直接导致其死亡的近因,甚至就是杀害他们的那些人。本文对于这两个原因并未作认真区分,这会导致一些重要概念的混淆。所谓"反噬",其原因应该主要是指前者,尽管这两个原因之间也有着紧密联系。

在对法家思想中具体问题的研究中,《战国秦汉时期"名""法"对举思想现象研究》认为,从战国中晚期到汉代初期,在诸多经典论述中,"名""法"并举的现象格外普遍,两者均被视为现实政治中最高的、最为根本的因素,是统治者必不可少的两种统治手段。事实上,战国中晚期到汉初正是追求绝对君权的政治体制成长完善的时期,为专制君主服务的带有普遍性、绝对性意义的法则、标准系统是由"名""法"共同体现的。当然,本文的重点在名而不在法。尽管文章区分了"知识型名家"与"政论型名家"这两种名家思想取向和实际作为的不同,但对于"名""辩"之"名"与"名""法"之"名",还是需要作更全面深入的区分,以求对"名"的研究达到更高境界。

战国晋法家无疑是先秦法家阵营的主体,应该赋有三晋文化的特征。《先秦法家的忠德观论析——以战国时期三晋法家为例》以忠德观为切入点,让我们对晋法家和忠德观都获得了新认知。文章指出,在战国时期的法家代表人物中,相当多的法家思想家都与韩、赵、魏"三晋"有着深远的关系。他们或是生于"三晋",或曾经活跃于"三晋"的政治舞台上。法家不仅重视法、术、势,而且对政治道德也给予极大的关注,特别注重高扬忠德。文章认为,三晋法家代表人物忠德观的理论依据是建立在自私人性论基础上的,其政治定位主要奠基于君尊臣卑的君臣关系,至于其核心内涵则完全集中在臣子对君主的绝对、片面的忠顺上。

不过,需要指出的是,忠的核心定义是由内到外的表现,表面上的顺从或听从差遣严格说来并不是忠的表现。从更深层意义上讲,忠与被忠的双方应该有共同的价值追求。至少从理论上讲,先秦儒家要求大臣忠于道,而不是绝对地、无条件地忠于君。发自内心的、有共同价值追求的忠,才有道德价值可言。另外,《韩非子》中的《忠孝》篇大谈忠孝,就算是出自韩非子本人的思想,是否能够代表韩非子的主流思想,也值得进一步探究。

六、法家历史影响及其与当代社会关系研究

法家学说的历史影响,尤其是其与当代社会的关系,是法家研究中绕不开的论题,也是当前社会最为关注的敏感话题。非有对法家思想的深入研究和对历史和现实的广泛思考,则不足以提出相关见解。

努力做到客观而全面地评价古代法家的思想真实、历史作用和现代意义,确实是一项必要而沉重的任务,《为法家"正名"》则是尝试这一任务的成果。文章指出,历史上的法家和"秦制"确实是联系在一起,确实应该批判。也正因为此,法家又成为"秦制"、极权的代名词,这就太简单化了。更重要的是,把法家拿出来作为中国历史的替罪羊,进而声讨法家的种种"罪恶",却是一个伪命题。文章正面思考法家思想的结论是,战国法家当然看不到现代政治的发展,我们也不能以"事后诸葛亮"的方式苛求他们,而法家学说并非不可修正和改善。他们要坚持人性一元论,但没有必要把人性设定得那么幽暗;他们要坚持法治的必要性,但没有必要主张"道德无论用";他们要坚持方法论个体主义,应该把实现法治的希望寄托在普罗大众而非某个孤家寡人身上,并最终走出自相矛盾的困境。文章强调了道德教化的必要性,断言极权国家是绝对理性主义的必然归宿。这是非常值得思考和研究的。当然我们也应当注意,在面对先秦诸子时,会发现各家都有很多思想亮点,其具体要求很可能是现代社会和现代人都难以企及的。但是,这些亮点的价值也不宜过度放大,更不宜理想化地认为这些亮点足以支撑某种思想达到整体性的和系统性的现代高度,包括法家的很多法治观点。

当代法家研究如何能够超越传统、创新发展,并对当今社会发展有所助益,是一篇亟需做成做好的大文章。《研究法家思想的社会整体视角》提出要从社会整体的角度审视法家,从"文明发展"的视角思考法家,这样就可以帮助我们全面认识和深刻理解当今中国的发展战略问题,也可以帮助我们全面认识和深刻理解古代法家思想的积极意义。具体说来,研究法家思想,不能仅仅盯着某个思想家的人品和个人遭际,还要想到社会结构的基础性作用。从社会整体的意义上对法家思想进行历史的研究,也就是否定之否定的第三阶段创新工作,这是法家研究本身发展的内在逻辑决定的,也是时代发展的外在形势所需要的。当然,这样的目标追求定位很高,也很合理,但着眼于我们的研究积累,着眼于现实需要和存在的问题,这个目标并不容易达成,尤其是其中存在的具体困难和问题,文章没有涉及,让我们期待作者更进一步的思考和表达。

有学者认为,要想全面理解逐渐形成的中国模式,有必要正视法家这个源远流长的因素。《中国模式中的法家因素》提出,历史地看,在古代中国与当代中国之间,虽然经历了根本性变革,但在相当程度上,中国模式是中国固有的儒法传统在现代中国的"转型化延伸"或"延伸性转型"之结果。在儒法传统中,儒家与法家具有互补性。就其中的法家因素来看,它追求富国强兵,主张依法治国,可以在根本上回应当代及未来中国的现实需要。从源头上说,法家的理论及实践归根到底是应对战国格局的产物,而当下及未来的世界,正是一个比春秋战国时代更加复杂的新战国时代,因而,在当下及未来的中国

模式中,法家这个因素将会持久发挥作用。文章的主要目的显然是要给传统法家思想寻觅当代的作用和位置,但是,战国时代法家的富国强兵和依法治国是有其特定时代背景和精神内涵的,与当代社会民族国家的要求能否合拍,还是一个巨大的问题。至于当今时代能否视为新战国时代、古代史官传统能否与西方近世法官独立的传统相提并论,都会对文章肯定传统法家的当代作用产生关键性影响。

战国法家与秦帝国和秦王朝的关系一直被人们关注到今,《试论法家与秦政及其对后世的影响》认为,法家进化的历史观与富国强兵、君主集权、重刑重罚的思想成就了秦国的帝业,也造成了秦朝"无限皇权"的暴政。秦政将法家与暴政捆绑在了一起。后世政治家、思想家对法家与秦政的反思经过了一个从制度到理论的过程,使得秦创立的皇帝制度从"无限皇权"转变为"有限皇权",主导思想从法家独霸转变为以儒为主、杂糅各家,古代的中央集权制由此而得以延续。整体上看,文章对法家思想内容的概括略显不足,而对秦政特征的总结和分析颇有深度,不乏精彩之处。具体说来,文章把先秦法家思想确定为《管子》《商君书》《韩非子》,并认为三者之间有先后和继承发展的思想联系,可能还需要详细论证。尤其是《管子》与其他二书相比,管子的时代在商鞅和韩非子之前三四百年,而《管子》成书并不在管子时代,它们之间的思想联系就更是难以把握。文章注意到汉代以后"无限皇权"被改造为"有限皇权"的现象,但有可能高估了这一改造的程度和结果,而对于种种限制皇权的有效性的评价则更显得过度乐观。

随着时代的进步,当代法家研究肯定会推陈出新,不断有更新更好的成果问世。这本《论文集》是一年之前的成果,总体读后感是,一篇好的学术论文,未必要承载太多内容,能把一个问题说明说透就是最高境界,《论文集》中的论文做到了这一点。不过,对一些重要的法家人物,如李悝、吴起、申不害、慎到等的专门研究,《论文集》中有所缺乏,令人比较遗憾。在写作方面,一些文章明显对原典原著的了解不够全面、思考不够深入,缺乏对于研究对象的比较全面和圆融的把握。一些文章倾向性太强,站在某种固定立场上评价思想史和思想家,未免失之于评价过高或过低。在对法家思想的总体评价上,如果像古代思想家那样,认为君主集权的专制制度是理所当然的,是无可非议的,进而对君权不能形成制度上的制约,那么,法家的法治思想对社会的戕害,会远大于儒家的德治思想。因为在同样的君权肆虐的情形下,儒家之德还要讲究一些仁慈和个人修养,这或许会使某些普通人在某种特定情形下受益,而法家之法则会理直气壮地以法律公平无私的名义压榨和残害人们尤其是普通人,以维护君主以及政治上层的利益。

第一编
《商君书》及商鞅研究

商鞅思想遗产的真精神

叶自成 *

【摘　要】商鞅的改革确有重大局限,其思想也有不少糟粕,但总体而言,商鞅是中国历史上以身殉法的尽公不顾私的伟大政治家,其人格是伟大的,其思想是中国几千年历史上少有的以法治国的思想遗产,其改革是中国历史上几乎唯一彻底成功的改革。秦始皇后期的暴政、秦汉之后中国政治中的专制,与商鞅法治思想是背离的。君主讨厌商子对君权的约束,儒家讨厌商子对儒家的批判,故商子之法被沉入黑暗中两千多年。商鞅的思想的主体,不是什么愚民的幽灵、专制的幽灵。商鞅思想的真精神,就是几千年来中国历史上反对人治、反对蒙昧、反对专制的法治精神,就是以法治国的精神,就是法治、平等、自治的公共理性价值。

【关键词】商鞅思想;真精神;反人治;反蒙昧

电视剧《芈月传》热播引发了民间不少对商鞅的评论。有的认为商鞅是祸国殃民之人,是中国封建专制的总根源;有的说商鞅的思想就是民众不能太富的愚民政策,就是不至于饿死的饥民政策,愚民是商鞅思想的幽灵。到底什么是商鞅思想的糟粕,什么是商鞅思想的真精神,成了一笔糊涂账,大有争论的必要。

商鞅之后,历史上一直有两种对商鞅的对立评价,这种论争已经持续了两千多年,大概还会持续很长时间。没有人否认商鞅思想中有许多阴暗的东西,如愚民、弱民、制民、燔诗书、禁文教、君权独占、什伍连坐、轻罪重罚、不告腰斩、严刑峻法等。问题的关键在于,如何实事求是地、公正全面地评价商鞅思想。

从方法论上说,商鞅最突出的问题之一,是他的极端思维,即在肯定一个因素的时候,往往把相对的另一个因素全盘否定,如以法治否定德治教化的积极意义,以部分儒生的空谈迂腐全面否定儒家的经典,以农战否定工商文教等。如果说对商鞅有什么要批判的话,首先就是他的这种极端思维。

很不幸,商鞅的这种要么是、要么非的极端思维方式,一直影响着相当多人。宋朝大

---

* 叶自成,北京大学国际学院教授。研究方向:中国大战略。

文豪苏轼在文学上有极高造诣，但在商鞅评价上却开了一个极端评价的坏头。他声称"自汉以来,学者耻言商鞅"。其实这是罔顾事实。刘向、刘歆、杜佑、裴骃、王安石等大学者对商鞅的评价都非常高。宋之后,如尹桐阳、朱师辙、章太炎、严复、梁启超、麦孟华、常燕生、陈启天、吕思勉等大多为《商君书》注释或者为商鞅写传的学者,在批判商鞅的燔诗书等极端行为时,对商鞅都给予很高的评价。如刘向说商君"极身无二虑,尽公不顾私",梁、麦、常等皆赞商鞅为中国历史上最伟大的政治家之一。司马迁虽然也批判商鞅"刻薄寡恩",但对商鞅评价其实也是最高的,直比三皇五帝的圣贤时代的用语,说商鞅的法治行之十年,"秦民大悦,乡邑大治",苏轼为此攻击司马迁,说司马迁论商鞅之功是一大罪。

现在批判商鞅的许多观点都是与此类似的极端观点。一些呼吁警惕商鞅幽灵的评论,在批判商鞅思想中客观存在的问题时,其实反映的恰恰是最应批判的商鞅极端思维的幽灵,以商鞅思想中弱民、制民、愚民的缺陷否定商鞅的法治、社会经济改革、重农思想的合理性,对商鞅思想全盘否定,不能客观公正地对商鞅思想做出历史的评价,攻其一点,不及其余。比如,批判者言,《商君书》祸害最深的是毁商。《商君书》明明把农商官定为"国之常官",商是三大合法职业之一,甚至还把商列在官的前面,虽然采取了抑制商业的严厉打压政策,但从来没有说过取消、消灭商业和商人的存在,甚至还在《垦令》中提出在军队中设立"军市",军市禁止有女子、游手好闲者进入,不能买卖粮食,但可让商人参加军品的生产和供给,"命其商,令人自给甲兵",不准商人卖粮赢利,但允许商人参与粮食运输,除粮食外的其他农产品、生产工具、生活用品等并无明令不能经营。商鞅的政策是把市利让给农民,减少商人与农民争利的机会。商鞅在农村地区限制商业,但对城市的商业没有明令限制。

更重要的是,商鞅的经济改革的重大措施,是允许土地私人买卖,这与取消市场的"计划经济"就更不搭边了。有些政策实际上也没有那么严格地实行,比如说《垦令》中有"废逆旅"(废除旅店),但实际上没有做到,如批评商鞅的司马迁所载,甚至在秦国荒僻的边界上也还有旅店的存在。从历史上看,秦国的商业实际上发展得相当好,战国时期的八大商人,有四个出在秦国。所以,说商鞅视商人为仇雠,自由商人几乎被消灭,可能有些过了。

真理向前走一步,就离谬误不远。这种否定商鞅变法的极端思维,表面上是打着为民请命的旗号,伸张老百姓的权利,实际上却会产生意想不到的反作用。

否定商鞅变法,可以从两个完全不同的角度、两种完全相反的立场进行,一种是从人民的角度反对,一种是从当年贵族阶级、保守势力的角度反对。贵族集团保守势力反对的,与人民反对的,肯定有不少针锋相对的东西。当你完全否定商鞅变法的积极意义时,实际上是在替那些落后的、保守的、不合时代发展潮流的东西张目,不自觉地站到了当年的甘龙、杜挚、公子虔、公孙贾等秦国大贵族集团的立场上去了,站到法治的对立面——人治的立场上去了。因为商鞅变法所针对的、反对的、要变革的正是这些势力,对商鞅恨之入骨并必欲置商鞅于死地的,也正是这些势力。

只有对商鞅变法作出公正客观的评价,该否定的否定,该肯定的肯定,才能跳出这个逻辑悖论。

"愚民"是最易用来全盘否定商鞅的一个话题,而且人们也很难对这种批判提出反对。难道商鞅没有愚民思想吗?难道愚民思想不应该批判吗?但这其实也是一个以偏概全、望文生义的话题,对人们的误导也最大。否定商鞅的问:赞美商鞅,是替皇帝说话,还是替老百姓说话?他们认为,对民众来说,《商君书》是中国人噩梦的开始。正是商鞅,使中国人最终变成了只知道盲从和服从的另类民族和大国愚民。

把愚民归于《商君书》正是这种误导的结果。

确实,商鞅非常明确地提出要让民"愚"。这里的关键在于商鞅的愚民是何意?针对谁?是否反智?反什么智?商鞅是否只有愚民?

"愚"这个概念,老、孔、商三家都有,但含义差别很大,并不都是今天意义内的愚昧无知、百依百顺的奴才之意。

老子之愚是褒义词,是纯朴自然原真不失本之意。得道者才会愚,不失道才会有愚。老子曾以"我愚人之心也"自谓,指出"古之有道者,非以明民,将以愚之"(《老子》第20、65章)。老子把道法自然视为最高智慧,认为人应该顺应和效仿天道,这种智慧就是"愚",也即大智若愚。批判老子的人也多喜欢攻击老子制造愚民政策,其实完全是风马牛不相及。

孔子的"唯上智与下愚不移"(《论语·阳货》)之愚,则指的是困而不学之人,上中下中的下等智力的人,具有愚笨愚蠢之贬义,与我们今天意义上的愚有类似。但说孔子有愚民思想,也是歪曲孔子原意,孔子一生追求的目标,正是要通过诗书礼乐的文明教化,化育人品,培养人格,使人脱俗脱愚,养成君子。

商子的"愚"有三种不同含义。

第一种愚,是不读书无学习,没有文化的人,它的对立面是喜好礼乐诗书教化的儒生,所谓六虱亡国、国有十二者则亡,说的就是儒生。愚,就是让人不贵学、不好学问(主要是不学儒家)、不擅游。这的确是让人愚昧无知,是商子的思想的糟粕,应该批判。但因此说商子反智就不准确了,因为智知并非儒家独有,商鞅反智主要是反儒,对法学、农家、兵家之智知,商鞅不但不反,而且大力提倡,并主张以法为学,以吏为师。商鞅也不绝对反对贤义德信等,他反的是儒家的仁义德信,主张的是法家的贤义德信,认为德生于刑,以刑去刑才能使至德复立,并把信与法、权并立为治国的三大法宝之一。

第二,商鞅之"愚民"带有纯朴、务本(农)之意,针对的重点是秦国大量的"不愚之民"。秦国是当时文化落后的野蛮之国,没有几个读书人,不少是带有戎狄野蛮习气之民,商子说的"五民"(实际上有十多种)就是指这些人。这些人与愚民一样,不学问不读书,不学四书五经,但不同之处在于这些人比愚民更愚。他们不务农不劳动,是一些褊急之民、狠刚之民、怠惰之民、费资之民、巧佞之民、花言巧语游手好闲之民、蛊惑之民、邪僻之民。因此,让这些"不愚之民"、从来不劳动之民,成为务农务本的"愚"民,虽有为统治者出谋之意,但也含有开明进化之意,不能完全否定。

第三,商鞅之"愚民",与"弱民""强民""制民"等概念一样,都与是否守法相关。守法的即是愚民、弱民,不守法的就是强民。守法的"愚民"并非是今天我们说的那种唯官是从的奴才,愚民一方面在守法,另一方面也能依法自治、避祸就福,与官吏有矛盾时,他们依法抗争,让官吏不得非法扰民。

所以,商鞅的"愚民",第一种是今天应该批判的,第二、三种在当时的秦国则有一定合理性、进步性,不能一概而论。

同时,商鞅的思想也并非全是愚民,也有启蒙进化的含义。

商鞅批判儒家的做法是极端的,但另一方面他的变法也有开启文明之蒙的社会改革的内容,就是移风易俗,使秦民知男女之别、男子成年分立,改变父子兄弟共妻等落后习俗。

更重要的是,商鞅是中国历史上最大的政治启蒙家。中国政治最大的蒙昧,是人治、权治、君主不受约束的独裁专制。商鞅的法治改革是中国历史上第一次比较彻底也比较成功的以法治国实践,实际上也是中国历史上唯一的一次大规模的政治启蒙,打破了人治、权治、君治的蒙昧,主要内容有四点。

第一,商鞅打破了君主专制独裁之蒙昧,第一次对君权进行了约束,提出为天下位天下,为天下治天下。君主不得以私害公,应带头守法,不中法的不行不言不听。提出治不听君,一切缘法而治,并在政治制度设计上对君权进行约束。君主虽独有立法权,但立法应该以强国、利民、因循国情民情为原则,不得随意立法,刑赏断于民心。君主有人事任命权,但不是君主随意任命官吏,只能论功依法任命,君主的人事权被虚化。君主的行政权下放到各级长官,行政权被虚化。君主有司法权,但司法权由君主任命的各级法官法吏独立行使,司法权被虚化。总之,已经具有了初步的分权治理的框架。在实践中,商鞅对违法的秦孝公的太子、兄长等人进行了制裁,实际上是把君权装进法治笼子的一种尝试。在商鞅的法治中,君主只是实行法治的工具,而不是法治的目的。

第二,商鞅打破了贵族世袭的政治蒙昧,以事功主义开启平民政治、上下流动、机会平等、能力平等的大门,军功(武爵武任)、粮功(粟爵粟任)、政功(常官者迁,依法治理有功的官员应升迁)、告功(下级官员监督揭发上级官员违法有功者可代其职)等,使得下层平民百姓、普通士兵获得了凭本事、凭业绩升迁进入政治上层的机会,这比后来儒家开启的凭六经考试成绩获得进入上层机会的办法、通道更广泛更有用更直接。

第三,商鞅打破了刑不上大夫贵族的蒙昧,开启了壹刑、刑无等级,卿相将军至庶民百姓,在法律面前一律平等的新气象。这种法律平等,包括功臣与平民平等,名人与普通人平等、行善与行恶平等、官民平等、富人与穷人平等。商君变法中的法平,即使家有千金,也不能花钱减刑。尤其难能可贵的是,政敌与政友在法律面前也是平等的,不因你反对我的政见就法办,也不因你拥护我就不法办。在公庭上反对变法,属合法的公议,所以商鞅的政敌甘龙、杜挚等活得好好的。那些开始说改革不好,现在又说改革好的人,虽然是拥护改革,但议论的地方不对,属私议违法,就被商鞅处刑流放外地,这种刚直不阿的法治精神在中国历史上几乎是独一无二了。

第四,商鞅打破了先王以德而治的人治的蒙昧,开启了法治的新模式。愚民是一种文化蒙昧,而政治最大的蒙昧就是人治,愚民是人治的必然产物,人治的基础是以愚民为基础的,二者有必然逻辑关系。商鞅虽然也错误地使用愚民概念,但愚民本质上与法治精神是冲突的,也只有法治才能终止愚民的大面积产生。法治当然要制民,要塞民以法,但商鞅之法治邪民,也治邪官。有蛮横任性不受约束的权力,才会有唯官是从的愚民。

为了打破官吏对百姓的蒙昧,商鞅的法治改革中设计了许多环节来治邪官,比如

《垦令》规定了公务及时处理,不得过夜,不给官吏以任私的时间,官吏的人数要少,减少官吏扰民的可能性,官吏不得公费游玩等,并让法官专任独立,与行政长官并行,听命于最高权力,行政官员不得干预司法。法吏(相当于公派的律师、书记员)辅助法官行使司法权,所有的法律必须及时公开下达,法律语言必须让老百姓容易明白,法吏有义务帮助解答百姓的所有法律问题,法吏的解答具有法律效力,如果出错,法吏须负法律责任。

商鞅提出弱民、制民、胜民的概念,主要目的是要使百姓守法,同时,商鞅也提出了利民、爱民的概念。法者,爱民之本,认为最好的爱民利民方式莫过于以法律保护老百姓,错法而民无邪,法明而民利之(《商君书·错法》)。凡是合法的,都应受到法律保护,利民爱民的思想也要通过法律制度实现。商鞅时代提出的军功、粮功,本质上都是利民的。

商鞅的变法措施包括,提高粮食价格,鼓励农民耕织,废井田开阡陌,根据人口多少和产量高低来定赋税标准,鼓励开垦耕地。凡提高粮食产量和布匹产量的人,一可以减免赋税,二可以得到升迁的机会。所以,与批判者指责商鞅饥民苦民害民残民愚民的虚拟推理和想象不同,司马迁说及商鞅变法与老百姓的关系时指出,秦法"行之十年,秦民大悦,道不拾遗,山无盗贼,家给人足,乡邑大治",李斯认为"秦用商鞅之法,移风易俗,民以殷盛,百姓乐用"。

商鞅的法治还规定,要使天下吏民无不知法,这样,吏不敢以非法遇民,避免官吏以强权压迫百姓,大大减少了愚民产生的可能性。由于时代的局限(也是整个中国古代思想界的局限),商鞅没有能够明确提出保护个人财产和个人权利的法律条文,但已经提出了定分止争的思想。他说,一兔行于野百人逐之,因名之未定,而百兔走于市盗不敢取,由名分已定,这已经具有了一些个人产权思想的萌芽。实践也表明,只有法律明确规定个人权利与义务,才能真正从根子上杜绝愚民的产生。只有人治没有法治,是最大的愚民。法治是对民众权利与自由的最大保障。

秦始皇后期的暴政、秦汉之后中国政治中的专制,与商鞅法治思想是背离的。君主讨厌商子对君权的约束,儒家讨厌商子对儒家的批判,故商子之法被沉入黑暗中两千多年。所以,表面上有所谓明儒暗法,实际上秦汉后的法只是法律制度之法,是塞民以法之法,而非商子之法,并无商鞅法治的真精神,无君权约束,无对邪官的治理,无法律面前人人平等,根本不是如批判者所说的什么商子的核心理念被独裁者所沿袭。

商鞅的思想的主体,不是什么愚民的幽灵、专制的幽灵。商鞅思想的真精神,就是几千年来中国历史上唯一的反对人治、反对蒙昧、反对专制的法治精神,就是以法治国的精神,就是法治、平等、自治的公共理性价值。相反,我们更要警惕的倒是商鞅法治思想的对立面——人治、官治、权治的幽灵和阴魂重新复活。

商鞅的改革确有重大局限,其思想也有不少糟粕,但总体而言,商鞅是中国历史上唯一以身殉法的尽公不顾私的伟大政治家,其人格是伟大的,其思想是中国几千年历史上唯一的以法治国的思想遗产,其改革是中国历史上几乎唯一彻底成功的改革。

《商君书》法治主义思想新探

王兰萍*

【摘　要】《商君书》蕴含着丰富的法律理念与宏伟的法治理想,最为突出的是由法字、法词、法句搭建起系统的法律概念系统与法治思想体系。《商君书》法治主义思想在立法、执法、守法、责任诸环节上表现了中国古典法治理论的一种理想结构,就其文化遗产而言,法律发展的内在规律是变法,国家应该依据观俗察本而立法。《商君书》倡言的法治主义是横贯古今的至上国家理想。

【关键词】《商君书》;法治主义;君主制政体;法律发展观

引言

中国改革开放 40 多年,新时代法学研究正在转型,意欲走上中国道路。20 世纪 30 至 40 年代的中国曾有重建中华法系之说①,其重建的缘由就是反思中国法的近代化问题,即法的西方化。一段时间以来,法学研究西学化明显,动辄使用西方政治哲学观点论证中国法治理论,言必称古希腊罗马,乃至法学者之中能够释读外文者比研习古文者多很多,这种现象令人惊讶。诚然,探寻法律文明之源,寻找文明互鉴之本,从先哲柏拉图、亚里士多德那里追寻本来是非常必要的。不过只用西方古典材料探索法治本源,却对中国的法治文化没有足够认识,特别是失却了中国古典法治思想的研究,其结果无非是移花接木。如何在中国历史文化中找寻法治要素,给中国法治研究带来一泓传统之泉源,基本方法依然是回到中国经典之中。这个经典当列《商君书》《管子》《韩非子》等等。

柏拉图《法律篇》成书已历数千年,其传播经由希腊文、拉丁文、德文、法文、英文、日文,再翻译为中文。全书 12 篇,以柏拉图与其他人(雅典来客、克里特人、斯巴达人)对话为文体,内容宽泛,并未集中于法,虽以"法律篇"为名,实则包罗万象,除立法之外,还有教育与艺术、婚姻法、财产、行政与管理、城市管理、杀人罪、宗教犯罪、音乐、体育、美德、同性恋等等,其著述方式类似哲学家沙龙式对话,可谓坐而论道②。

---

* 王兰萍,华东政法大学法学博士,商务印书馆编审,政法编辑室创始主任。研究方向:法家思想研究。

① 居正《法律哲学导论》,商务印书馆 2017 年版,第 47 页。

② 柏拉图《法律篇》,张智仁、何勤华译,商务印书馆 2015 年版,第 1—5 页。

《商君书》现存篇目 26 篇,包含更法、垦令、农战、去强、说民、算地、开塞、壹言、错法、战法、立本、兵守、靳令、修权、徕民、刑约、赏刑、画策、境内、弱民、御盗、外内、君臣、禁使、慎法、定分等篇目。"据考证,其中垦令、外内、开塞、耕战当是商鞅所作,其余为商鞅后学作品。可以说是商鞅与其他法家遗著的合编。"③全书论述国家治理,自成体系,论题以篇名为中心内容,每篇都是尚好的政论文,逻辑比较严密,遣词造句有定式,证明先秦文学、政治学、法学已经达到了一定的高度。尤其是商鞅有国家治理的参政实践,在秦国官至宰相,"商鞅不仅是先秦法家中变法最有成效者,而且是法家思想体系的重要奠基人"④。《商君书》是根据商鞅政治实践经验总结而成。与《法律篇》相较,《商君书》的典范意义更加突出。

中国近代学术界,梁启超在《先秦政治思想史》中率先阐释先秦的法治主义,引用《商君书》多段内容进行分析,可见对其材料极为重视⑤。不过,因后世对商鞅及其变法褒贬不一,《商君书》的流传远远不如儒家经典。《史记·商君列传》说:"商君,其天资刻薄人也。""刻薄"一语指斥商鞅的严刑峻法,是一种立足于儒家思想的认识⑥。汉武帝时期"罢黜百家""独尊儒术",此后的历史中,法家似乎整体上退出了。近世学术界也受到诸如"《商君书》精义较少,欲考法家之学,当重《管》、《韩》而已"⑦的影响,研究《商君书》者甚少。当代有学者对《商君书》法治思想予以了肯定性评价。高亨(1900—1986)指出,《商君书》"阐述商鞅们的政治思想,也记载了秦国一些政治与军事制度,是战国法家的一部重要著作,是我国文化遗产中一部珍贵古籍。"⑧武树臣划分齐法家和晋秦法家,比较了《管子》和《商君书》,认为他们"都坚持以法治国的'法治',但由于各自的历史文化传统所致,其'法治'的内容、特征是不尽相同的。"⑨杨鹤皋指出,商鞅"是一位杰出的法学家,在中国历史上他第一次多方面地阐述了法的基本理论,形成系统的法治学说,而成为先秦法家理论的主要奠基者"⑩。今天当拂开历史尘埃,重新研习《商君书》,以了解其法治主义思想。

一、辨识《商君书》中的法治主义

《商君书》中蕴含着法治主义可以从以下诸方面窥见其大概。

(一)法治强国的思想

《商君书》中法、法治、法度、法令这四个字或词语,分别说明礼与法不同的规范属性。立国与治法的关系,以及法在君臣关系、君民关系和国家秩序中的三重含义。法的具

③ 武树臣《法家法律文化通论》,商务印书馆 2017 年版,第 317 页。

④ 同上,第 306 页。

⑤ 梁启超《先秦政治思想史》,商务印书馆 2014 年版,第 164-191 页。

⑥ 石磊译注《商君书》,中华书局 2017 年版,第 2 页。

⑦ 同上,第 5 页。

⑧ 高亨《商君书注译》,清华大学出版社 2016 年版,第 1 页。

⑨ 武树臣《法家法律文化通论》,第 321 页。

⑩ 杨鹤皋《商鞅的法律思想》,群众出版社 1987 年版,第 83 页。

体内容就是法令——法令的制定依据、法令在治国中的作用,以及确定法令就是法度。

首先,什么是法?"凡将立国,制度不可不察也,治法不可不慎也。"⑪君主要建立国家、维护统治,要制定法律制度。制定法律须要非常慎重。"法者,所以爱民也;礼者,所以便事也。"⑫国之所以治者有三:一曰"法者,君臣之所共操也"⑬。二曰"法者,国之权衡也"⑭。三曰"法有,民安其次;主变,事能得齐"⑮。法律以怜惜民众疾苦为重,礼仪以方便民众办事为宜。国家治理须特别重视三个方面。第一,要有法律,所谓法律是君主与臣子共同确定又共同执行的。第二,要明确法律是国家公平治理的度量衡器和校准尺寸。第三,法律常在,社会中不得没有法律,这样民众才能各安其位;君主能够随机应变,才能万事成功。所以,舍弃法律而治理国家就如同丢弃度量衡器而去测量轻重一样。一句话,就是治国务必要用法律。

其次,什么是法令? 商鞅提出,"法令者,民之命也,为治之本也,所以备民也"⑯。法令,是社会中广大民众的性命,是君主治国的根本,同时,法令也是用来防备社会发生混乱的。在这里,法令与禁令具有同义性。"一岁受法令以禁令。"⑰禁室中存放的法令,也就是禁令,每一年给官吏颁发一次。这就说明了法令具有强制性规范的效力。

(二)提出法律实施的组织

法律实施包括法律的执行和遵守,《商君书》指明实施法律的主体既有君主,也有法官和主法令官。《商君书》使用"明主""法官""主法令之吏"表述那些担当国家重任、推动法治实施的不同位阶的官僚,这些设置是实现法治强国的关键。先秦时期的明主、法官、主法令官在国家治理中既是官僚主体,也是执法主体。在君主制政体中区分明主(英明的君主)与非明君主,明主必须具有任法去私的理念。明主要向社会发布法令,此外,国家还需要设置法官和主法令官。法官地位高,是国家的中枢官吏。法官配置在殿中、御史、丞相府中,职位十分特别,是国家管理的专门官吏。此外,在地方官僚序列中配置主法令官,负责君主发布法令之后的解释传播工作,负责向大众普及法律知识。

首先,执法主体首先是爱权认法的明主。"惟明主爱权重信,而不以私害法。凡赏者文也;刑者武也。文武者,法之约也。故赏厚而信,刑重而威,必不失疏远,不违亲近。"⑱只有英明的君主才珍惜国家的权力,看重国家的信义,决不以一己私利侵害法律。要依据重赏树立信用,依靠重罚确立威严,赏罚面前不问亲疏,一律平等,一断于法。"明主任法,明主不蔽之谓明,不欺之谓察。夫废法度而好私议,则奸臣鬻权以约禄,秩官之吏隐下而渔民。是故,明主任法去私,而国无隙、蠹矣。"⑲明主依靠法律治理国家,不被周围的

---

⑪ 石磊译注《商君书·壹言》,第90页。

⑫ 同上,《更法》,第12页。

⑬ 同上,《修权》,第125页。

⑭ 同上,第126页。

⑮《弱民》,第178页。

⑯《定分》,第210页。

⑰ 同上,第212页。

⑱ 同上,第125页。

⑲ 同上,第126页。

佞臣遮蔽,也不会被人臣欺骗,而是能够明察秋毫。明主治国如果能够去除利己之私,就能保证国家不会受"蛀虫"之害。

其次,配置法官职位。"天子置三法官:殿中置一法官,御史置一法官及吏,丞相置一法官。诸侯、郡、县皆各为置一法官及吏,皆比秦一法官。"[20]在重要国家机构中设置三个法官,地方的诸侯国、郡和县都设置法官和负责法令事务的官吏。"郡、县、诸侯一受赍来之法令,学并问所谓。吏民欲知法令者,皆问法官。故天下之吏民,无不知法也。"[21]君主一旦发布法令,法官就要负责管理法令并组织学习法令、解释法令、解答民众对法令问题的咨询。

再次,专设主法令官。"为法令置官吏,朴足以知法令之谓者,以为天下正,则奏天子。天子若,则各主法令之。皆降,受命发官,各主法令之。民敢忘行法令之所谓之名,各以其所忘之法令名罪之。……诸官吏及民,有问法令之所谓也于主法令之吏,皆各以其故所欲问之法令,明告之。"[22]为了法律的普及,国家要专门设置一种官吏,承担帮助民众学习法律、知悉法律内容之责,这种官吏用通俗的语言讲解法律,使民众知道法律的正确内容。主法令官的任命需要奏请君主认可,君主应允其为地方上的小官吏。如果民众胆敢违法行事,主法令官就按照其违法的名称定罪。如果官民咨询法律内容,主法令官就负责接待并且答复。民众遵守法律的前提是知法,为了将守法落实到民间,专门设置主法令官进行普法宣传,将执行和遵守法律,以及法律的适用贯彻到大众之中。

(三)确立君主制政体的法治理想

《商君书》有一种政治哲学上的法治理想,就是"秉权而立,垂法而治"。《商君书》使用垂法、贵法、慎法和胜法这些语词,倡导君主依靠法律治理国家,推崇法律之治。区分权力与法律、法律与道义,还提出法律制定时要特别考察民情与时宜,区别法律的一般规范与严刑的界限,这都体现了国家崇尚法治强国的思想。为了将法治观念具体化,构建了与之相关的权力、道义、民情、严刑等概念间的对立统一关系,在一定程度上回应了法治在政治哲学上的实践能动性。

首先,垂法与贵法。"秉权而立,垂法而治,以得奸于上,而官无不;赏罚断,而器用有度。"[23]君主掌握国家统治大权,主导国家政治事务,如果直接运用法律治理国务,就能够及时发现上层社会的奸邪之行,进而制止下级官吏的邪恶行为。赏罚决断而有根据,就如同工匠做出的器物有型制、有规矩一样。"圣王者,不贵义而贵法。法必明,令必行。"[24]明主在治理国家时不看重情理,而是要推崇法律。国家制定的法律一定要明事明理,法律一旦制定就要坚决执行。

其次,慎法与胜法。"法不察民之情而立之,则不成;治宜于时而行之,则不干。故圣

────────────

[20]《定分》,第212页。

[21] 同上,第212页。

[22] 同上,第210页。

[23]《壹言》,第93页。

[24]《画策》,第165页。

王之治,慎法、察务。"㉕如果制定法律不考察社会的生活实情而盲目立法,这样的法律就不宜适用;治理国家要合乎时宜地出台政策法律,以便不受干扰地实施。"立君之道莫广于胜法,胜法之务莫急于去奸,去奸之本莫深于严刑。故王者以赏禁,以刑劝。"㉖国家如何才能够长治久安呢?答案是要实施法律,实行善治。国家要推行法治,要用法律去除邪恶。具体来说,就是要使用严苛的刑罚。君主既要以赏赐禁止民众犯罪,又要以刑罚劝阻民众不要犯罪,刑罚的目的是为了教育民众,即预防犯罪。

(四)追求"法相司"的法律约束机制

为了确立法律约束机制,在守法理念上就是要求君臣以"法相司"。《商君书》中的法相司、守法、废法、释法等词语贯穿一体,表述了君主制政体国家治理的核心内容是以法相互监督。君主不要轻信善言,官吏要遵守法律,不可偏废法律,不可弃法律而不用,这样才能够达致用法律相互督导、纠正错误,完善国家管理秩序。那么,怎样进行法律约束呢?

首先,要厉行"法相司"。"所谓'治主无忠臣,慈父无孝子',欲无善言,皆以法相司也,命相正也。不能独为非,而莫与人为非。"㉗善理国政的君主不会有忠臣,如同慈爱的父亲不会有孝子一样。事实上,君主治国、父亲治家都不必用好言相劝,而要用法律实现相互监督,要用政令进行相互纠偏,这样就树立了榜样,臣民就不能单独为非作歹,也不会与他人一起作奸犯科。

其次,要守法,不要抛弃法律。"常人安于故习,学者溺于所闻。所以居官而守法,非所与论于法之外也。"㉘任何人在任何情况下都要遵守法律,不能在法律之外行事。"世之为之者,多释法而任私议,此国之所以乱也。……人主失守则危,君臣释法任私,则乱。故立法明分,而不以私害法,则治。"㉙当君臣抛弃法律而任由私议行事,国家注定要混乱。如果君主不能掌握权力,国家就会面临危机。君主与臣子如果都放弃法律,只顾私利,国家必然离乱。所以,国家制定法律必须明确职责和名分,决不允许以私利损害法律,只有这样,国家才能够得到有效治理。

(五)对违法者定罪处罚的法律责任

《商君书》法治主义思想的另一个环节,就是通过对违法者定罪处罚,实现法律责任承担。《商君书》中的非法、犯法、不告、劓定法令和劓禁法令等词语,表述了在国家治理中界定官吏非法行为和民众犯法行为,说明了何谓官吏的不告诉行为(不作为),何谓主法令官的劓定罪、劓禁罪,将法律遵守、法律执行与违法责任紧密联系起来,构成一个动态的法治系统。

㉕《壹言》,第93页。

㉖《开塞》,第87页。

㉗《画策》,第162页。

㉘《更法》,第5页。

㉙《修权》,第126页。

首先,区分非法和犯法,认识知法和守法的互动关系。"吏明知民知法令也,故吏不敢以非礼遇民,民不敢犯法以干法官也。遇民不修法,则问法官,法官即以法之罪告之,民即以法官之言正告之吏。吏知其如此,故吏不敢以非法遇民,民又不敢犯法。如此,天下之吏民虽有贤良辩慧,不能开一言以枉法,虽有千金,不能以用一铢。故知诈、贤能者皆作而为善,皆务自治奉公。民愚则易治也,此所生于法明白易知而必行。"㉚官吏一旦晓得民众知道法律,就不敢以非法方法对待民众,同时,民众也不敢犯法。如果民众不知道如何奉法行事,就找法官询问,迫使官吏不敢非法对待民众。如此一来,任何人就都能努力行善,奉公守法。这就是说,法律容易被民众读懂,也就容易被民众遵守。

其次,区分不告和剟定法令。"主法令之吏不告,及之罪,而法令之所谓也,皆以吏民之所问法令之罪,各罪主法令之吏。"㉛如果主事的法令官没有告知民众所问的法律内容,等到有一天真的发生了相关犯罪,就会按照法令的规定处罚法令官。法令官解释法令,擅自篡改法律,或者不作为,都要承担相应的法律责任。"有敢剟定法令,损益一字以上,罪死不赦。"㉜主法令官胆敢删改法律内容的,哪怕是增加或减损一个字,就要定为死罪,并且不得赦免。

综上,通过五个方面对《商君书》法治主义思想的辨识,揭示了先秦典籍中具有的法治强国的理念、"秉权而立,垂法而治"的法治理想,认识了法律是一种约束机制,追求"法相司"的君臣一体守法观。而且,法的内涵之一是君臣共操的规范,将君主纳入守法的范畴,观念先行,垂范民众。推动法律实施的主体不仅有君主,还有高层和中下司法官吏,蕴含着将法治理念由君主扩展至官吏、民众的范围,从而一体遵守,实现共治、自治的理想法治国家。

二、《商君书》法治主义思想的特点

解读《商君书》文本,其在表述法治主义思想上有如下特点。

(一)以法为中心的词语系统

《商君书》大约 2.6 万余字,论及法律、法治及成文法内容主要集中在更法、去强、算地、开塞、壹言、修权、画策、弱民、定分等九篇,行文间或使用"法"及"法"合成的词语,如法、法治、法度、法令;法官、主法令之吏;更法、错法、作法、制法;垂法、贵法、慎法、胜法;法相司、守法、废法、释法;非法、犯法、不告等 20 余个。通过辨析这些词句,能够勾勒出一幅法治国家的理想蓝图,由此可窥见中国早期国家治理秩序的雏形,进而从这些"法言法语"中认识中国法治观的文化来源。

(二)君主制政体国家也崇尚以法治国,并且有几项具体的法治原则

一是树立法律的垂范作用;二是树立贵法不贵义的精神;三是制定法律要慎重察

㉚《定分》,第 213 页。

㉛ 同上,第 210 页。

㉜ 同上。

务;四是以法善治,讲求赏禁和刑劝。

（三）法律要合乎爱民的目的,法律要君臣共操

法律是权衡和尺寸,法令是民之命、国之本,使用法律则民安国稳。法律制定出来之后,实施和守法最重要。君臣都不得释法任私,这是执法过程的难点。执法中可能出现的人性私欲对法律规制索的损害,私利与法律之间的平衡是法治国家的永恒主题,其中演绎出的公正、无私的法治理想,也是当今法治建设的重点内容。

（四）法律责任有层次、分情形

如果国家官吏和民众都知悉法律,那么,"吏不敢以非法遇民,民又不敢犯法",依法治国就能够实现了。《商君书》将非法与违法按照主体不同加以区分,行文用词细致讲究、表达精准。可以看出,国家主义在先秦时期已经出现。国家如何对付非法,例如主法令官不作为时构成不告罪,解读法律错误时构成剟定罪,这些严格的官制规范警告官吏要高度警惕,不做非法之事,彰显国家行为本身就赋予法律文本以实践意义。

（五）在法治建设上有了专门的法官组织

君主制政体的国家有爱权任法的英明君主统帅,此外,从中央到地方设置专门的法官、主法令官实施法治。法官辅导教育民众掌握法律知识,用法律指导社会生活,努力将法治贯穿于国家政治生活、社会生活的各个方面。

三、《商君书》法治主义的启示

（一）变法是法律内在要求的历史发展观

《商君书》论证国家治理的路径,究竟依据礼仪还是法律,其第一篇《更法》开宗明义,提出"治国不必法古",立法应"观俗而立"的进化论法律观。

首先,法律是国家治理的器具,应该适时而立。国家治理,或者遵循礼仪或者依据法律,二者既有区别又有联系。"三代不同礼而王,五霸不同法而霸。"㉝所谓三代不同礼,是指周朝建立之初周公所制《周礼》,对于夏商之礼既有继承又有发展。《周礼》是维护宗法等级制度的规范,内容丰富,涉及政治、经济、文化、军事、婚姻家庭、司法等等。所以,《周礼》既是西周的根本大法,国家的典章制度,也是民众日常生活的行为规范㉞。所谓五霸不同法,是指春秋五霸各自依据其不同的法律,实现了称霸天下的目标。所以,治国不必因袭前代,而是要积极变法图治。历朝历代政教各不同,并不存在现成可用的法律。治理国家、安定社会并不是只有一条道路,凡是便利国家治理、方便社会治安的事情,就不必效法从前。"文、武各当时而立法,因事而治礼。礼、法以时而定,制、令各顺其宜,兵甲、器备各便其用。"㉟无论礼仪还是法律都要根据实际情况确定,就如同制造各种器具一样,

---

㉝《更法》,第5页。

㉞ 赵晓耕《中国法制史原理与案例教程》,中国人民大学出版社2016年版,第18页。

㉟《更法》,第7页。

只要方便好用即可。这些论述说明了法律在国家治理中的实践意义。

其次，具体立法应该观时俗、察国本。"圣人之为国也，观俗立法则治;察国事本则宜。不观时俗，不察国本，则其法立而民乱，事剧而功寡。"㊱明主治理国家，应该观察当时当地的风物习俗，以此为依据确定国家的法律，就能够把国家治理得安宁祥和、有条不紊。明主还应该察明国家的实际情况，把握国家当前的首要任务，才能够把国家管理稳妥。如果君主治理国家不观察社会习俗，不考察国家的根本任务，那么，即便国家已经制定了法律，其社会生活也会离乱不堪。国家和法律是人类社会发展到一定阶段的产物。法制不完全是纵向的法律继受关系，而更多的是横向平行的多元之制㊲。对法律的这一认识，说明了法律的纵横维度，与现代法理学论及法的一体与多元㊳有一致之处。回到两千多年前，商鞅在秦国按照国情推行法治，废除井田确立郡县制，奖励耕织和军功，制定严明的赏禁刑劝制度，成为秦始皇统一中国的历史前奏。所以，在国家治理问题上，变法是首要任务，不变法则寸步难行。《商君书》的法律观，即更法观、法律发展观，这一线索贯穿其始终，也是《商君书》法治主义的核心思想。更法观对应的是因循守旧、泥古不化的保守观，《商君书》对法律内在的进化认识，一定意义上揭示了变革法律与社会进步的紧密关系。

再次，如何看待法律的外在继承性。春秋战国时期掀起的成文法运动，在齐国和晋国最有代表性。《管子·首宪篇》:"正月之朔，百吏在朝，君乃出令，布宪法于国五乡之师。五属大夫皆受宪于太史。大朝之日，五乡之师、五属大夫皆身习于君前。太史既布宪，入籍于太府。宪籍分布于君前，五乡之师出朝，遂于乡官致于乡属及于游宗皆受宪。"这些描述表现法律以外部文本形式呈现，以及发布成文法的场景。梁启超说:"宪而有籍，则其成文法甚明。此殆管子所制定者也。"并称之"齐之宪法"㊴。稍后成文法以魏国李悝制定的《法经》最为著名，称"一曰立后此成文法之基础。二曰集前次成文法惯习法之大成"㊵。商鞅谙熟《法经》，他从魏国来秦国，随身带着《法经》，因此，从时间先后来看，《商君书》在客观上能够继承诸国成文法实践之后而立论，对前朝的成文法思想有所承接并发展光大。《商君书》在一定程度上也是先秦诸国成文法实践的理论总结，是中国古代早期国家发展、国家治理实践的智慧结晶。更法观与继承观是国家法律发展过程中相辅相成的两个维度。变法并非摒弃继承，更法是继承与创新相兼顾相融合的新生体。《商君书》着重记录了法家法律文化中的发展观，在如何对待法律继承与法律变革的问题上，《商君书》的理论是一份弥足珍贵的文化遗产。

（二）君主制政体的法治理想横贯古今

《商君书》描述的国家与社会状况，是以战国时期诸侯霸政为社会背景，全书圣人、

㊱《算地》，第75页。

㊲ 郝铁川《略说夏、商、周三代法制的多元性》，载《法制日报》2020年2月19日。

㊳ 严存生《法的一体和多元》，商务印书馆2008年版，第1页。

㊴ 梁启超《梁启超论中国法制史》，商务印书馆2012年版，第78页。

㊵ 同上，第80页。

圣君、君主、天下、臣、官、民等诸字诸语使用频繁,构成一幅君主制政体国家内部阶层分化的社会结构图画,圣主圣君是《商君书》思想论证的基础与归宿。那么,在君主制政体之下有法治吗?中国古代的法治主义是哪种?哪种国家才可称之为法治主义国家?这些问题归结到一点,就是在政体与法律的关系上,判断法治主义的是政体还是法治的核心内容是什么?通常说西方传统代议制政体孕育了法治主义,那么,君主制政体可否孕育法治主义呢?这个问题在梁启超那里已经解决。他在比较了先秦法家奉行的法治主义与其他诸如放任主义、人治主义、礼治主义之后指出:"故法治主义对于其他诸主义,最为后起,而最适于国家的治术。"㊶正因为中国古代先秦政治家崇尚法治主义,才实现了国家第一次统一——秦始皇统一中国,这是以法治主义治国的成功范例。在这个意义上说,法治主义是统一国家的思想。君主制政体国家想要统一,就要率先推崇法治主义。

首先,法律的起源始于治乱。《商君书·君臣》:"古者未有君臣上下之时,民乱而不知。是以圣人列贵贱,制爵位,立名号,以别君臣上下之义。……君尊,则令行;官修,则有常事;法制明,则民畏刑。……明王之治天下也,缘法而治,按功而赏。"㊷梁启超说:"皆为法制者,由先贤先王之救济社会之一目的而创造之,语其实际,则此创造法制之人,即形成国家时最初之首长也。"㊸"商君言制之兴,在未立君以前。夫在原始社会,就未立君者,即其未形成国家者也","虽然,未有国家以前,夫既有社会之制裁力,商君所谓制者,盖指此也。故别前者谓之制,后者谓之禁。制者相互的,而禁者命令者也。故禁也者,即国家之强力组织也。"㊹法律乃为禁令之治,明主治理国家要依法而治,这样才可以拯救离乱之世道。

其次,理想的国家观是法治主义的。法治主义"萌芽于春秋之初,而大盛于战国之末。其时与之对峙者有四:曰放任主义、曰人治主义、曰礼治主义、曰势治主义,而四者皆不足以救时弊,于是法治主义应运而兴焉。"㊺商君亦有言:"今乱世之君臣,区区然皆擅一国之利而管一官之重,以便其私,此国之所以危也。"㊻如今乱世之国的君主臣下,都满足于能够独占一国之利而掌管官吏任命的大权,以此来迎合其私欲,这也是国家陷于危机的原因。所以明主执行法律要摒弃私利,赋予法律以君臣共同操持管理的意义,使用这样的法律管理国家,民众才能安就其位,国家才得到治理。主张君主制政体下宏伟的法治理想,要秉权而立、垂法而治,君臣要以法相司,树立不贵而贵法,法必明、令必行,进而警示君臣释法任私则国家必乱。可见,《商君书》倡言法治主义的理念和理想,明主虽手握大权,也要任法去私,保持权力相互制约而不绝对拥有,这一君主制政体之下的政治理想将法治与无私、法治与公正、法治与民治联系在一起,这些论断依然是今天启迪法治观念的箴言绝句。

㊶ 同上,第64页。

㊷《君臣》,第193页。

㊸ 杨鹤皋《商鞅的法律思想》,第83页。

㊹ 梁启超《梁启超论中国法制史》,第12页。

㊺ 同上,第38页。

㊻《修权》,第128页。

商君学说探源

张林祥*

【摘 要】商君学说的渊源可从商鞅的成长环境和游仕经历探知大概。卫国的政治传统是形成其思想的最初背景；游仕魏国的经历，特别是对李悝、吴起的思想和改革经验的吸收是形成其学说和变法政策的基础；秦国的风俗和现实要求使他对自己的思想做了适应性的取舍和调整，最终落实为彻底的农战政策和严酷的刑法制度，而这一切造就了他刻薄寡恩的典型法家形象。

【关键词】商君；学说渊源；法家

在先秦法家中，商君（商鞅）是以变法闻名于世的，胡适称他为"实行的政治家"，不承认他是有"法理学"的法家①；郭沫若认为商君才是"纯粹的法家"，因为他任法不任术②。平心而论，商君既有成功的实践又有自己的学说，他的思想主要落实为具体的法令制度，《商君书》的大部分虽非他手著，但也在一定程度上反映了他的思想③。但是对他的学说渊源历来缺少单独的探讨，往往只是在研究法家思想的起源时兼及之而已。本文认为他的学说渊源有单独探讨的必要，除了因为他是前期法家的代表、"纯粹的法家"而外，还因为他是法家的集大成者韩非子思想的源头之一。

一、作为商君思想最初背景的卫国政治传统

战国时代所有著名的法家人物几乎都出于三晋，都有周文化的背景，但值得注意的是，吴起和商鞅虽然也可以说出于三晋，却是卫国人，有殷文化的背景。一般认为，周鉴于殷政暴虐失国的教训，主敬天保民、明德慎罚的原则。但萧公权认为，殷商政治崇尚宽简，纣之暴虐或为周人之加罪而"语增"，"若就《周书》《周礼》等观之，则周人所注重而擅长者为官制、礼乐、刑法、农业、教育诸事。封建天下之典章文物，至周始粲然大备"。孔子

---

* 张林祥，古代文学博士，甘肃省委党校（甘肃行政学院）哲学教研部教授。研究方向：先秦文献和思想。

① 胡适《中国哲学史大纲》，河北教育出版社 2002 年版，第 268 页。

② 郭沫若《前期法家的批判》，见《十批判书》，科学出版社 1956 年版。

③ 这是学界的一般看法，可参陈启天《商君书校释》，商务印书馆 1936 年版；高亨《商君书注译》，中华书局 1974 年版；郑良树《商鞅及其学派》，上海古籍出版社 1989 年版。

于殷政之宽简发明仁爱原则，以合于周礼，以补救渐趋瓦解的周制④。从《逸周书》之《克殷》《世俘》等篇来看，周人的行为确是相当血腥残暴的，其统治特别是对殷遗民的统治恐怕不会如文献所说的那样明德慎罚。但反过来说殷政宽简仁爱，恐怕也不可信。《礼记·表记》所谓"殷人尊神，率民以事神，先鬼而后礼，先罚而后赏，尊而不亲"反映了古人的一个共识。当然这也不足以否定儒家与殷人有渊源关系。如此，则吴起之为儒家可说其来有自，而商君之视儒家如仇雠就颇为奇怪。

周灭商，封其故地于纣子武庚，管叔、蔡叔相之，以治殷馀民。后武庚与管、蔡作乱，被周公平定，乃以武庚馀民又封武王幼弟康叔。康叔年少，就封之时周公再三告诫，授以治国纲领、施政原则和具体诫命，这就是载于《尚书》中的《康诰》《酒诰》和《梓材》。《康诰》反复阐述尚德慎刑、敬天爱民的道理，强调以文王的德政教化殷民，同时继承殷先王安养百姓的遗训爱护殷民，访寻殷的贤人和长者，向他们请教殷商兴亡的原因。但更多的篇幅是讲"敬明乃罚"，比如，判断案件要依据殷人的常法，采用更适宜的刑律，不要只是顺从你自己的心意。对于偷窃、抢夺、作乱、杀远人夺货财、横强不怕死的人不宽赦，对于首恶和犯众怒者，以及父不慈、子不孝、兄不友爱、弟不敬顺、父子兄弟逆伦常悖天理的，要用文王制定的刑法惩罚不贷。对于那些不守国家大法、自行发布政令、危害国君的诸侯国庶子及其他官员，要迅速根据律条捕杀他们⑤。《酒诰》是周公鉴于殷人酗酒淫乐、乱德失国的教训在卫国宣布禁酒的诰命，命令康公把那些群聚饮酒、屡禁不止的人逮捕起来，送往周京处死⑥。《梓材》也是周公告诫康叔的治卫政策，但相对于前二篇，显得和缓宽柔，强调施行明德，和睦殷民，遵循先王的教导，"长养百姓，长安百姓"⑦。

由上引数语可以看出，三篇诰命的内容相当周全具体，而且大致上是殷法周礼兼用、德刑并举、恩威交加。这大概就是所谓的"启以商政，疆以周索"。⑧不过，我们可以推想，在一个刚刚平定叛乱的遗民国家推行周政，威服大概要多于德化，所谓"刑新国，用重典"就是这个意思。因此，当卫建国伊始，无论行殷政还是用周礼，都应该是十分重视刑典、盛行任法之风的。后来康叔被成王举为周司寇⑨，似乎也在一定程度上证明卫国的任法治国很有成绩。三诰特别是《康诰》的治国精神塑造了卫国的政治传统。商君在卫国的成长经历虽然史无记载，但可以肯定受了这种传统的影响。至于同样是这种传统下成长的人，何以吴起和商鞅对儒家有相反的态度，那应该归因于他们后来的经历和所受的

④ 萧公权《中国政治思想史》（第一册），辽宁教育出版社 1998 年版，第 58–59 页。

⑤《尚书·康诰》："往敷求于殷先哲王用保乂民，汝丕远惟商耇成人宅心知训。别求闻由古先哲王康保民。""汝陈时臬事罚，蔽殷彝，用其义刑义杀，勿庸以次汝封。""凡民得罪：寇攘奸宄，杀越人于货，暋不畏死，罔弗憝。""元恶大憝，矧惟不孝不友。子弗祗服厥父事，大伤厥考心；于父不能字厥子，乃疾厥子。于弟弗念天显，乃弗克恭厥兄。兄亦不念鞠子哀，大不友于弟。……乃速由文王作罚，刑兹无赦。""不率大戛，矧惟外庶子、训人惟厥正人越小臣、诸节。乃别播敷造民，大誉弗念弗庸，瘝厥君；时乃引恶，惟朕憝。已！汝乃其速由兹义率杀。"

⑥《尚书·酒诰》："厥或诰曰：'群饮。'汝勿佚，尽执拘以归于周，予其杀。"

⑦《尚书·梓材》："王其效邦君越御事，厥命曷以？'引养引恬'。"以上《尚书》释文采自周秉钧《白话尚书》，岳麓书社 1990 年版。

⑧ 杜预《春秋左传集解·定公四年》，上海人民出版社 1977 年版。

⑨ 司马迁《史记·卫康叔世家》，中华书局 1959 年版。

其他影响。

二、商君与李悝、吴起的关系

商君出身于卫国公族，为庶孽公子，成年后历仕魏、秦。其基本思想当形成于魏，而最终成功于秦。在此过程中，一些前辈法家人物与商君的关系也非常值得关注。

（一）商君不及亲见李悝和吴起

商鞅到魏国的时间已无法确考，不过他去魏入秦的时间是清楚的，即公元前361年，当秦孝公元年、魏惠王九年。据《史记·商君列传》记载，当时商鞅为魏相公叔痤的中庶子，"公叔痤知其贤，未及进，会痤病"。痤死前向惠王推荐商鞅："痤之中庶子公孙鞅，年虽少，有奇才，愿王举国而听之。"惠王终不用商鞅，商鞅遂离去。据此，商鞅在魏国的时间并不长，也没有进入魏国的政治中心。那时魏文侯的时代已过去三十多年，魏武侯的时代也过去近十年，商鞅未能躬逢子夏教授西河的盛事，也未能亲历李悝变法的过程。照钱穆的考证，子夏卒于公元前420年，李悝卒于公元前395年，吴起于武侯十年（公元前386年）后去魏入楚[10]。那么，商鞅不及亲见他们，商鞅也不可能做李悝的学生[11]，最多也就是私淑其学。但是，西河学术的风气犹存，变法的余波未息，商鞅受其余风流韵的熏染是可以肯定的。

魏国在战国初期追求富强的国策为法家的形成和生长提供了很好的环境，但这环境不只是对法家有利，对别的学派也有利。文侯礼遇之贤士如子夏、田子方、段干木、魏成子等都是儒者。子夏为文侯师，无疑是西河学术圈的核心人物，影响最大。因此当时还是儒家思想居于主导地位，就连历史上以法家著称的李悝、吴起也有明显的儒家倾向。李克[12]为魏文侯卜相的故事就是一个很好的证明。他所谓"居视其所亲，富视其所与，达视其所举，穷视其所不为，贫视其所不取"的考察办法，正是儒家的择人原则。当翟璜得知魏成子被选为相时，颇感委屈，说自己推荐了西河守（吴起）、西门豹、乐羊、李克、屈侯鲋，功劳不在魏成子之下。李克回答他："子安得与魏成子比乎？魏成子以食禄千钟，什九在外，什一在内，是以东得卜子夏、田子方、段干木。此三人者，君皆师之。子之所进五人者，君皆臣之。子恶得与魏成子比也？"翟璜拜服[13]。以做国君师友为尚，这也是儒家的特点，而纯粹的法家则是极力主张尊君卑臣、急功近利的。这与秦国的情形大为不同，因此像商鞅这样的法家人士虽出于魏国，却只能成其功于秦国。

---

⑩ 参钱穆《先秦诸子系年》有关子夏、李悝、吴起的考证，河北教育出版社2002年版。

⑪ 郭沫若说商鞅是李悝的学生。参《前期法家的批判》，见《十批判书》。

⑫ 崔适《史记探源》以为李悝即李克，悝、克一声之转，古书通用。近人多从崔说，而齐思和、杨宽等力辩其非。参齐思和《李克、李悝非一人辨》，见《中国史探研》，中华书局1981年版；杨宽《战国史》第19页注，上海人民出版社2003年版。杨宽先生提出的理由中有一条是，李悝法家，李克儒家，二人主张不同。但是一人而具有儒法两种身份本不足为奇。本文仍采李悝、李克为一人说。

⑬ 参《史记·魏世家》；许维遹《韩诗外传集释》卷三，中华书局1980年版；向宗鲁《说苑校证·臣术篇》，中华书局1987年版。

（二）李悝的变法和著述对商君的影响

李悝的变法主要在发展农业和改革法制两个方面，前者包括提倡耕作、奖励垦荒、以尽地力、储粮备荒、实行平籴，这就是有名的"尽地力之教"，具体内容在《汉书·食货志》中还能看到一二，文繁不具引。其发展农业的大概情形是，先由国土面积估算可耕地的面积及其一年的大概收成，再算一夫五口之家一年的收入和支出，结果是吃穿日用及交税之外，所剩无几，这还不包括"不幸疾病死丧之费及上赋敛"，因此农夫的生活常陷于困顿，无心务农，致使粮价甚贵。解决的办法是平籴，即岁熟则籴，岁饥则粜。把年成分为上中下三熟，国家据此购进粮食，上熟多籴，下熟少籴；饥年亦分大中小三等，国家又据此平价粜粮，大饥发上熟所敛，中饥发中熟所敛，小饥发下熟所敛。这样既保护了农民的生活和务农的积极性，又使国家掌握了经济命脉。由此可见，李悝对田制物价及农民生活有相当了解，也很关心民生，是一个身体力行的法家人物。他的平籴法为后世的改革者或理财者所继承。

商鞅在秦国变法也是从奖励垦荒耕作、改革田制入手的。《商君书》首篇《更法》记载商君与保守派激辩后，赢得秦孝公的支持，"遂出《垦草令》"。第二篇《垦令》虽不一定是《垦草令》原文，但其中奖励耕战、压抑工商游士、取缔游谈淫乐以及相伺连坐治民等无疑是商君一贯的政治方针。第六篇《算地》通过估算国土面积，提出了合理分配土地、增加耕地、使人地比例相宜、人尽其力、地尽其利的规划措施。其中明显有师法李悝的成分，当然，他废井田、开阡陌的措施更具革命性，他的徕三晋之民务农而腾出秦国人去打仗的办法更有独创性[14]。他的政策中似没有平籴之法，但有禁止商粜农籴的法令："使商无得籴，农无得粜。农无得粜，则窳惰之农勉疾。商无得籴，则多岁不加乐。多岁不加乐，则饥岁无裕利。无裕利则商怯，商怯则欲农。"王时润说："籴粜二字当互易。《商子》原文当作'使商无得粜，农无得籴'。"[15]王说是。这条禁令的用意是，使农民不能籴粮为食，只能自耕而食；商人不能贱买贵卖，从中谋利。这样，农商都得勉力农耕了。可见商君重农并非出于关心民生，只是为了保证其农战政策的实行，而且重农也主要是为了能战。这是他和李悝的一大差别，足以反映儒家思想对二人影响的多少。

李悝的法制改革史载不详，我们只知道他归纳整理各国法条，编成《法经》六篇，可惜失传。但此事在传世的汉以前典籍中无一字记载，最早的记载见于《晋书·刑法志》，谓"悝撰次诸国法，著《法经》，……商鞅受之以相秦"。《唐律疏议》承其说，且注曰："商鞅传授，改法为律。"但两书所记六篇名目存在出入。明人董说著《七国考》引桓谭《新论》说到《法经》，且录有《正律》《杂律》《减律》佚文。桓谭《新论》南宋时已失传，且《七国考》所引篇名与前二书所说不合，似为商鞅改法为律以后的名称，所以杨宽认为《七国考》所引是董说所伪造[16]。许多学者也怀疑李悝著《法经》及商鞅受之以相秦的真实性。但吴树平研究睡虎地竹简秦律后认为，竹简秦律源出商鞅律，商鞅增删改补《法经》是无可置疑的，

⑭ 参蒋礼鸿《商君书锥指·徕民》，中华书局 1986 年版。

⑮ 参蒋礼鸿《商君书锥指·垦令》及注引。

⑯ 参杨宽《战国史·后记》。

不过所改仅限于律条,至于律篇完全未超出《法经》⑰。近来又有人提出新说:"《法经》可能是李悝所著的一部法学著作,而不是一部集大成的法典",所谓商鞅受《法经》相秦的真实涵义,是商鞅根据李悝的法学理念,为秦国设计了一套变法措施,并对秦法进行改革,而非在秦国推行魏法。商鞅陆续实施的如奖励耕战等种种具体措施,已大大超出李悝《法经》以讨论法典的编排和完善为中心的内容,更多地强调鼓励耕战、富国强兵等方面,这就形成了后人视之为一个新学派的商鞅学派⑱。睡虎地秦简中倒是抄录了《魏户律》和《魏奔命律》,是对"假门逆旅、赘婿后父"的惩罚规定,是魏安僖王于公元前 252 年颁布的,既被秦地主法之吏抄录,想必也在秦得到施行,或至少被借鉴。至于这法令是否源自李悝、是否曾经商鞅之手传入秦国,就不得而知了。但我们从《商君书·垦令》知道,秦国对所谓"假门逆旅、赘婿后父"的惩罚从商鞅时代就开始了。另外,据《商君书》篇目,原有《御盗》篇已佚,不知是否与《法经》之《盗法》有关系。又有《六法》篇也亡佚了,《群书治要》辑有数语,论"当时而立法"的道理,与《更法》义近,与所谓《法经》六篇无关,所以严可均说当作"立法"⑲。

李悝是否著《法经》以及商鞅是否受《法经》以相秦,这问题的确很难得到确解,即使我们接受最彻底的怀疑观点,即李悝不曾编著法典,商鞅也不曾挟《法经》入秦,也没有理由否定李悝曾制定法令、商鞅曾受这些法令的影响以及竹简秦律源自商鞅。上引最后一说提出的猜想不无道理,但以商鞅的变法措施超《法经》内容作为一个理由,却是牵强的。假定商鞅携《法经》在秦国变法,那他可以参照它,却完全没有理由为它所拘限。事实上,由前文的论述可知,李悝的改革也明显超出了《法经》的内容。

《法经》既已失传,或者说根本不曾存在过,我们只能通过别的途径窥探李悝的政治和法律主张了。

《说苑·政理篇》载,文侯问李克为国之道,李克答曰:"食有劳而禄有功,使有能而赏必行,罚必当。"文侯曰:"吾赏罚皆当,而民弗与,何也?"对曰:"国其有淫民乎?臣闻之曰:'夺淫民之禄,以来四方之士。'其父有功而禄,其子无功而食之,出则乘车马,衣美裘,以为荣华;入则修竽、琴、钟、石之声,而安其子女之乐,以乱乡曲之教。如此者,夺其禄以来四方之士,此之谓夺淫民也。"所谓淫民显然指世卿世禄的贵族。赏功罚罪,削夺贵族,这是典型的法家主张。

《说苑·反质篇》载,魏文侯问李克"刑法之源安生",李克曰:"生于奸邪淫佚之行。凡奸邪之心,饥寒而起;淫佚者,久饥之诡也。""故上不禁技巧,则国贫民侈。国贫民侈,则贫穷者为奸邪,而富足者为淫佚,则驱民而为邪也。民以为邪,因以法随诛之,不赦其罪,则是为民设陷也。刑法之起有源,人主不塞其本而替其末,伤国之道乎!"刑法源于奸邪淫佚,奸邪淫佚源于制度不公,一边是贵族的奢侈挥霍,一边是贫民的饥寒交迫,前者是后者之因。所以治本之法是禁止贵族的奢侈浪费,保障人民生活温饱。这是很深刻的认识。

⑰ 吴树平《秦汉文献研究》,齐鲁书社 1988 年版,第 58 页。

⑱ 孟彦弘《秦汉法典体系的演变》,载《历史研究》2005 年第 3 期。

⑲ 严可均《全上古三代秦汉三国六朝文》(第一册),中华书局 1958 年版,第 82 页。

在商鞅的变法令中,有军功者可得官爵、田宅、奴仆,甚至赎身免罪;无军功者,即使宗室贵族,也要除其属籍,剥夺特权。他企图通过赏罚"一民于农战"。《商君书》中也多次出现"淫民""淫道",如《垦令》篇有"辟淫游惰之民",《农战》篇有"浮学事淫之民",《外内》篇则把使"为辩知者贵,游宦者任,文学私名者显"的政策称为"淫道"。总之,他所谓"淫民"不仅指贵族,还包括诗书谈说之士、处士、勇士、技艺之士、商贾之士等一切游离于或不利于农战的人。所谓"淫道"则指这些人从事与农战无关或干扰破坏农战而得不到重罚的情况。削弱贵族、打击淫民、堵塞淫道,取缔末技玩好等,是商君始终一贯的政策,他要"一民于农战",要一切都为农战让路,为农战服务,凡有碍于农战的,即使为民生所需,也在打击取缔之列。可见商鞅继承和发展了李悝的变法措施,但他对犯罪和刑法的根源不曾措意,只相信严刑重罚、轻罪重刑的恐怖手段可以达到制止犯罪的最后目的。在这个问题上,他虽然受到李悝影响,但其旨趣显然与李悝不同。究其根由,则在于他完全抛弃了儒家的民本思想,而以王权和国家的利益为最高准的。

《吕氏春秋·适威篇》载,魏武侯问李克吴国灭亡的原因,李克的回答是骤战而骤胜:"骤战则民罢,骤胜则主骄,以骄主治罢民,然而国不亡者,天下少矣。骄则恣,恣则极物;罢则怨,怨则极虑。上下俱极,吴之亡犹晚。此夫差之所以自殁于干隧也。"以屡战屡胜为吴国灭亡的原因,商鞅想必不能同意,因为他相信只有战争才能亡人国,并其土,迁其民,而且也只有战争才能消灭战争(所谓"以战止战")。他变法的全部目的就是为了富国强兵,以武力统一天下。我们知道李悝也是著名的兵家,曾"为魏文侯上地之守,而欲人之善射也,乃下令曰:'人之有狐疑之讼者,令之射的,中者胜,不中者负。'"人皆习射,以此胜秦人[20]。商君之政尚首功,按斩首多少授以官爵、田宅之赏;睡虎地竹简秦律中有以甲、楯赎刑的规定。这与李悝以射决讼一样,都是奖励战斗的手段。从法律公正的角度说来,当然都是不足为训的。不过,李悝看来不是商鞅那样的穷兵黩武者。

(三)吴起对商君的影响

吴起在魏国的建树主要在军事方面。《史记》吴起本传载,李克向魏文侯这样推荐吴起:"起贪而好色,然用兵司马穰苴不能过也。于是魏文侯以为将,击秦,拔五城。"又据《韩非子·内储说上》,吴起曾为魏西河之守,秦有小亭临境,吴起欲攻取之。于是倚一车辕于北门之外而令之曰:有能徙此南门之外者,赐之上田上宅。人莫之徙也,及有徙之者,还赐之如令。乃下令曰:明日且攻亭,有能先登者仕之国大夫,赐之上田上宅。人争趋之。于是攻亭,一朝而拔之。这与商鞅变法之前先建木立信有异曲同工之妙。商鞅是否仿效吴起,不得而知。不过,信赏必罚,树威立信,以小信成大信,这一类行事方式乃是兵家故技。《韩非子·外储说左上》记有几个这样的故事,司马穰苴、孙子也有类似的事[21]。吴起在魏国真正的功绩在于推行新的征兵制度,并通过严格的遴选考核标准和有效的训练方法,培养了一支强大的步兵,称为"武卒"[22]。后来,魏将公叔痤大败韩、赵军,靠的

---

⑳ 陈奇猷《韩非子集释·内储说上》,上海人民出版社,1974年版。

㉑ 参司马迁《史记·司马穰苴列传、孙子吴起列传》。

㉒ 参王先谦《荀子集解·议兵篇》,上海书店出版社1986年影印本。

就是这"武卒"。魏惠王要大赏公叔痤,公叔痤再拜辞曰:"夫使士卒不崩,直而不倚,挠揪而不辟者,此吴起馀教也,臣不能为也。"[23]吴起"武卒"的勇猛无畏,除了严格训练外,更主要的是吴起关心士卒,与之同甘共苦,因而深得士卒拥戴。商君曾为公叔痤家臣,当熟知吴起的这些事迹,但似乎很少受这方面的影响,他治兵迷信赏罚,打仗则乐用诡诈。

吴起如此善于治军,但他并不迷信武力,也不依恃山河之险。据《史记》本传载,吴起曾随魏武侯泛舟西河,武侯谓吴起曰:"美哉乎山河之固,此魏国之宝也!"吴起对曰:"在德不在险。昔三苗氏左洞庭,右彭蠡,德义不修,禹灭之。夏桀之居,左河济,右泰华,伊阙在其南,羊肠在其北,修政不仁,汤放之。殷纣之国,左孟门,右太行,常山在其北,大河经其南,修政不德,武王杀之。由此观之,在德不在险。若君不修德,舟中之人尽为敌国也。"这些历史故事为儒家所乐道,而从中得出的教训则更是儒家之常谈。由此可见吴起的儒家本色。

吴起在楚国的变法持续时间很短,也就是四五年的样子,[24]但成效卓著。《史记·吴起列传》载:"起相楚,明法审令,捐不急之官,废公族疏远者,以抚养战斗之士。要在强兵,破驰说之言纵横者。于是南平百越,北并陈蔡,却三晋,西伐秦,诸侯患楚之强。"可见吴起变法也是从削弱贵族、加强兵力入手的。他对楚悼王说楚国的问题是:"大臣太重,封君太众,若此则上逼主而下虐民,此贫国弱兵之道也。不如使封君之子孙三世而收爵禄,裁减百吏之禄秩,损不急之枝官,以奉选练之士。"[25]还建议悼王令"贵人往实广虚之地",以解决楚国地多人少的问题[26]。商君不久之后在秦国的变法措施有与此如出一辙的,如有军功者虽平民可得官爵,无军功者虽宗室也剥夺其属籍;又如,秦国也有地多人少的问题,商鞅开阡陌的目的之一就是扩大亩制,使一夫耕种更多的田,再加上徕三晋之民使垦殖,都是竭人力以尽地力,与吴起相似而有新的拓展,二者显然都承自李悝之教。韩非总结说:"商鞅教秦孝公以连什伍,设告坐之法,燔诗书而明法令,塞私门之请而遂公家之劳,禁游宦之民而显耕战之士。"[27]此与吴起的政策相类而更全面彻底。

综上所述,立法审令,削弱贵族,打击淫民,奖励耕战,富国强兵,是李悝、吴起、商鞅的共同点。商鞅无疑继承了李、吴,但如钱穆所说商鞅之政皆受之于李、吴[28],则显然太绝对了,事实上商鞅的变法无论深度还是广度都远远超出了李、吴。商鞅所行刑法的酷烈也非李、吴可比,他公然主张严刑重罚甚至轻罪重刑。变法之初即刑太子傅公子虔,黥太子师公孙贾。对那些起初非议变法令,后来受了实惠又称赞变法令的人,商君统统当作"乱化之民"迁往边城。"步过六尺者有罚,弃灰于道者被刑。一日临渭论囚七百馀人,渭水尽赤,哭号之声动于天地。"[29]如此等等,确实骇人听闻。而李、吴则有明显的儒

㉓ 缪文远《战国策新校注·魏策一》,巴蜀书社 1987 年版。

㉔ 杨宽说法与此不同,他说吴起于公元前 390 年左右入楚,一年之后为令尹,主持变法,到公元前 381 年被杀,前后约十年时间(参氏著《战国史》,第 193—194 页)。本文从钱穆说。

㉕ 陈奇猷《韩非子集释·和氏》。

㉖ 高诱《吕氏春秋注·贵卒》,上海书店出版社 1986 年影印本。

㉗ 陈奇猷《韩非子·和氏》。

㉘ 钱穆《先秦诸子系年·商鞅考》。

㉙ 司马迁《史记·商君列传》《集解》引《新序》。

家倾向,其变法措施也温和得多。如果说同样的文化背景和先后的继承关系是三人的思想和政策如此相近的缘由的话,那么商君与李、吴的不同就只能从秦国的传统和现实中求得解释了。

三、秦国风俗和政治传统的影响

商君是响应秦孝公的求贤诏而前往秦国的,这诏书从秦国的历史和现实的对比中表达了孝公强国雪耻的强烈愿望:

> 昔我穆公,自岐、雍之间,修德行武,东平晋乱,以河为界,西霸戎翟,广地千里,天子致伯,诸侯毕贺,为后世开业,甚光美。会往者厉、躁、简公、出子之不宁,国家内忧,未遑外事。三晋攻夺我先君河西地,诸侯卑秦,丑莫大焉。献公即位,镇抚边境,徙治栎阳,且欲东伐,复穆公之故地,修穆公之政令。寡人思念先君之意,常痛于心。宾客君臣有能出奇计强秦者,吾且尊官,与之分土。[30]

本来,秦人远居西陲,远离华夏文化圈,数代与戎狄杂处,受戎习影响,在丧葬、宗教祭祀及生产生活方式等方面有自己的特点,又长期以武力与戎狄周旋,形成了尚武好勇的民风。直到周平王东迁,秦襄公才因护送有功被封为诸侯。从此,西拓东进,领土扩大,实力增强,但中原诸国仍以夷狄遇之。至秦穆公时,采取内附周室、外联西戎、与晋交好的战略,造成称霸西戎、雄视东方的大好局面。不幸随后内乱不断,国力大衰,丧师失地。中间灵公、简公虽曾发奋图强,收复失地,迁都泾阳,革新税制,出现复兴的迹象,可惜又被内乱打断。直到献公,"欲东伐,复穆公之故地,修穆公之政令",才开始了真正的复兴。他废除人殉制度,迁都栎阳,编制户籍,使五家为伍。公元前361年献公死,孝公即位,承献公遗绪,发布上述求贤诏。秦人虽然很早就与西周有接触,但仁义教化、礼乐制度究竟植根不深,而戎狄遗俗则根深蒂固,像杀人殉葬制度即使在穆公时代依然盛行。穆公死,一百七十七人殉葬,其中有秦之良臣子舆氏兄弟三人[31]。商君至秦时,这种制度才废除不久,还有其他弊政陋俗有待革除,如男女无别、父子同室而居以及寻仇私斗之类。

商君的变法就是在这个基础上进行的,对秦人风俗传统和已有的改革措施不能不有所因循继承,所以蒙文通先生说:"商鞅治秦,若由文而退之野,是岂知商君之为缘饰秦人之旧俗,而使之渐进于中夏之文耶?凡商君之法多袭秦旧,而非商君之自我作古。"如什伍之法先行于献公,连坐之法也是嬴姓国固有之法,三族之罪早在秦文公时就实行了,还有如二十等爵制、计首级赐爵制之类也都是秦人旧制所固有[32]。不过我们也应该看到,商君毕竟不是原封不动地搬用旧制,而是有借鉴,有去取,有创新。例如商君的什伍连坐显然不能等同于献公的"为户籍相伍",郑良树认为商鞅在献公的基础上,又吸取管仲"五家以为轨,轨为之长;十家为里,里有司"(《管子·小匡》)的构想,把连坐的罪加重

---

③⑩ 司马迁《史记·秦本纪》。

③⑪ 参司马迁《史记·秦本纪》;朱熹《诗集传·秦风·黄鸟》,文学古籍刊行社1955年版。

③⑫ 蒙文通《法家流变考》,载《古学甄微》,巴蜀书社1987年版。

了、扩大了——一家有罪,五十家连坐,即"十保相连"了㉝。商鞅实行其连坐之法,用严酷的刑罚保证,如重赏告奸者,严惩不告者,匿奸者则"与降敌同罚"等。至于说商君之前,秦已有与二十等爵相同的名目如庶长之类,已有计斩获首级赐爵的先例,虽为事实,但不可与商君之法同日而语,因为商君之法的要害是使爵位与血缘逐渐脱钩,且止于其身或三代,意在从根本上废除贵族的世卿世禄制,建立以军功为基础的官僚制。

睡虎地竹简秦律证明了商鞅与秦律的关系,竹简秦律是在商鞅律的基础上经过发展、补充和积累而成,是商鞅律的直接延续,基本精神一致㉞。竹简秦律三十一种律名下记载的律条内容基本上没有超出商鞅律在组织结构上的六大体系㉟。竹简秦律反映了秦人早期的社会结构和生产生活方式及其在当时的遗存。李学勤先生说"从秦人相当普遍地保留野蛮的奴隶制关系来看",秦国的社会制度远比东方六国落后㊱。曹旅宁通过对秦简《公车司马猎律》与秦人早期田猎活动的对照分析,认为该律是由最初的生产狩猎纪律再到军事纪律演变而来的,竹简秦律中有关"葆子"的规定也源自秦人古制。又根据甘肃礼县大堡子发现的早期秦公墓推断:"我们可以把秦律的渊源上推到部落法时代。"㊲这些都在一定程度上证明了前述蒙文通先生的观点。秦律或商鞅律中更多的内容当然无法找到这样的源头,但所针对的问题可能来源甚古。例如,商鞅颇为自负地革除"父子无别,同室而居"之举,针对的就是戎翟遗俗。而更多的法令所针对的现象为当时秦国及六国所共有,例如分户令:"民有二男以上不分异者,倍其赋。"㊳强令改大家庭为小家庭,为的是打破宗法结构,增加赋税收入,又保证了兵源。这种大家庭就不是秦国所独有,而应该是华夏普遍的家族结构。其他如奖励耕战、废除井田制、普遍推行县制、统一度量衡的法令等等,显然也都与秦人的传统关系甚少,而与华夏传统关系甚大。可见商鞅所改不仅有秦人之旧,更有华夏之文。由此看来,因为商君因袭秦之旧制就说商君学说乃至法家学说源于西北民族之教,就过于绝对了。

还在商鞅君初到秦国的时候,他四见秦孝公,先后说以帝道、王道、霸道和强道。对于这件事,朱熹早就表示怀疑:"鞅如何理会得帝王之道,但是大拍头去挥那孝公耳。他知孝公是行不得,只是欲人知我无所不晓。"㊴后人亦以类似理由致疑,如蒋伯潜述乃父之语曰:"鞅少好刑名之学,岂能以帝王之道说孝公者,特以揣摩未得,四见而后能入说耳。"㊵还有学者以"王道""霸道"之说出现于商鞅身后为由,否定此事的真实性。对此林剑鸣先生已作过很有说服力的驳议㊶。其实从商君前期的思想背景看,他了解儒家的学说应该是没有疑问的。另据《史记·孟子荀卿列传》之《集解》曰:"商君客有尸佼,商君谋

㉝ 郑良树《商鞅评传》,南京大学出版社1998年版,第116页。

㉞ 高敏《商鞅〈秦律〉与睡虎地秦律的区别与联系》,载《云梦秦简初探》,河南人民出版社1979年版。

㉟ 参吴树平《秦汉文献研究》。

㊱ 李学勤《东周与秦代文明》(增订本),文物出版社1991年版,第378页。

㊲ 曹旅宁《秦律新探·秦律探源》,中国社会科学出版社2002年版。

㊳ 《史记·商君列传》之《正义》:"民有二男不别为活者,一人出两课。"

㊴ 《朱子语类》卷一百三十四,中华书局1986年版。

㊵ 蒋伯潜《诸子通考》,浙江古籍出版社1985年版,第227页。

㊶ 参林剑鸣《秦史稿》,上海人民出版社1981年版,第202-203页。

事画计,立法理民,未尝不与。"《汉志》杂家类有《尸子》二十篇,班固自注:"名佼,鲁人,秦相商君师之。"郑良树据此认为,商鞅转学多师,以杂家的根底谈论帝道、王道,不存在"思想不一致"的问题⑫。《尸子》已佚,从后人所辑佚文看,确是杂采诸家学说而成,而儒墨居多。

《淮南子·要略》:"秦国之俗,贪狼强力,寡义而趋利。可威以刑,而不可化以善;可劝以赏,而不可厉以名。被险而带河,四塞以为固,地利形便,畜积殷富。孝公欲以虎狼之势,而吞诸侯,故商鞅之法生焉。"这也是从秦国风俗和传统说明商鞅之法的来源。不过,更值得注意的是秦国的现实要求和孝公的目标抱负。法家本来就是极端的现实主义者和功利主义者,又是君权至上主义者,总是随统治者的需要而转移自己的立场,再加上商君当时的处境和急于用世立功的心情(如通过孝公宠臣景监而求见),最终曲其所学以阿孝公所好,便是很自然的事。一旦执政用事,则因地制宜,应时顺势,为了成功可以不择手段,而他自己原有的思想背景至此就不是决定性因素了。如谋伐故国、欺诈故人等便是明证。总之我们应该明白,商君的法令政策虽因袭秦国的传统,适应秦国现实政治的需要,但其思想渊源与他在秦国所行之法,两者之间是大有距离的。

四、作为兵家的商君与孙子的关系

《荀子·议兵篇》:"齐之田单、楚之庄蹻、秦之卫鞅、燕之缪虮,是皆世俗之所谓善用兵者也。"《汉书·刑法志》:"雄杰之士,因势辅时,作为权谋以相倾覆。吴有孙武,齐有孙膑,魏有吴起,秦有商鞅,皆禽敌立胜,垂著篇籍。"可见作为兵家的商君与当时著名的孙武、吴起、田单、孙膑等齐名,在实战和著述两方面都有不凡的建树。

(一)商君"兵法"与《孙子》

商君实战方面的功绩全是对魏用兵取得的,据《史记·秦本纪》和《商君列传》,主要有:孝公八年(前354年)攻魏元里,有功;孝公十年(前352年)将兵包围魏安邑,迫使魏守军投降,两年后秦迁都咸阳;孝公二十二年(前340年)诈虏魏公子卬,大败魏军,占领河西要地,为秦日后向东进攻六国奠定基础。至此可以说已经实现了孝公求贤诏中"强秦"和"复缪公故地"的愿望,孝公也不负前约,封给商君以商、於之地,为列侯。

在军事著述方面,《汉志》兵权谋类有《公孙鞅》二十七篇,可惜失传,按理应该是类似于《孙子》的专讲战略战术的著作。从商鞅的学说和事迹来看,他是可以写出这样的著作的。传世《商君书》中有《战法》《立本》《兵守》《境内》四篇,出于商鞅亲著的可能性较大。《境内》讲战争中的组织和赏罚问题,内容主要为法令条规和攻城细则,是军法,也是战法,大概是所谓"商鞅之法"的遗存。郑良树把《战法》《立本》强调兵胜"本于政胜"的观点与孙武、孙膑及尉缭的兵书相比较后,认为与这三人的兵法完全不同,而"与商鞅本人重法、重政完全符合,其作者也许就是商鞅本人了"⑬。以"政胜""错法"为用兵的根本,这的确是商君兵法的特点,完全符合他首先作为政治家和法家的基本思想。但是并不像郑

---

⑫ 郑良树《商鞅评传》,第98页。
⑬ 郑良树《商鞅及其学派》,第75—82页。

良树说的那样，与孙武等完全不同。例如，《孙子》第一篇《始计》开篇就讲："兵者，国之大事，死生之地，存亡之道，不可不察也。"从国家生死存亡的高度认识战争，要求从道、天、地、将、法五个方面来考虑它。其中"道者，令民与上同意，可与之死，可与之生，而不畏危也"，这是说上下一心是取胜的关键。试与《战法》中的话作比较："凡战法必本于政，政[胜]则其民不争，不争则无以私意，以上为意。故王者之政，使民怯于邑斗而勇于寇战。"第四篇《军形》说："昔之善战者，先为不可胜，以待敌之可胜。不可胜在己，可胜在敌。"不管敌人如何，自己先须充分备战，"立于不败之地"。如何做到这一点？"善用兵者，修道而保法，故能为胜败之政。兵法：一曰度，二曰量，三曰数，四曰称，五曰胜。地生度，度生量，量生数，数生称，称生胜。故胜兵若以镒称铢，败兵若以铢称镒。胜者之战，若决积水於千仞之谿者，形也。""度"指丈量土地面积，"量"指衡量出产的粮食，"数"指出卒的多少，"称"指对比双方兵员，"胜"指兵力比较的结果[44]。如果实力对比像镒与铢那样悬殊的话，强的一方取胜就如同决开千仞之高的积水那样势不可挡。可见战争的胜败取决于实力，实力取决于兵员，兵员取决于粮食，粮食取决于土地。最后还是归结为耕战，耕战需要制度来保障。这种思路与《商君书》中《垦令》《农战》《算地》以及《立本》《战法》等篇并无二致。特别《算地》主要就是讲土地、人口和兵士的比例问题，认为"凡世主之患，用兵者不量力，治草莱者不度地"。"民过地则国功寡而兵力少，地过民则山泽财物不为用"。于是提出了所谓"任地待役之律"：规划全国土地，使山林、沼泽、溪流、都邑道路各占总面积的十分之一，恶田占十分之二，良田占十分之四[45]。如此则方土百里可出战卒万人而有余："故兵出粮给而财有余，兵休民作而蓄长足。此所谓任地待役之律也。"

反过来看，商君也不只是重政重农，他也讲战法。《公孙鞅》无疑应该主要是这方面的内容，现存的《战法》《兵守》《境内》也有战法，而且不无与《孙子》相通之处。如《战法》强调开战之前先须对比敌我力量："兵起而程敌，政不若者勿与战，食不若者勿与久，敌众勿为客。敌尽不如，击之勿疑。故兵大律在谨论敌察众，则胜负可先知也。王者之兵，胜而不骄，败而不怨。胜而不骄者，术明也；败而不怨者，知所失也。若兵敌强弱，将贤则胜，将不如则败。若其政出庙算者，将贤亦胜，将不如亦胜。"《孙子·始计》强调战前先要计算敌我各占多大的胜率："夫未战而庙算胜者，得算多也；未战而庙算不胜者，得算少也。多算胜，少算不胜。"《谋攻》讲如何预测胜败："故知胜者有五：知可以与战、不可以与战者胜，识众寡之用者胜，上下同欲者胜，以虞待不虞者胜，将能而君不御者胜。此五者，知胜之道也。故曰：知己知彼，百战百胜。"两相比较，意思不但相通，而且商君有直接承自孙武者。《兵守》与《境内》讲战法更具体。前者开篇言"四战之国贵守战，负海之国贵攻战"，但实际上全篇只讲了守战。后者篇末讲攻城部队的组织、赏罚和实战技术，是就秦国而言的，但秦国显然不是负海之国，可见两篇没有关系。

以上的对比分析说明，作为兵家的商君与其他兵家没有实质上的不同，其兵法很可

　　[44] 对这几句各家解释不一，兹从李零的观点，见氏著《兵以诈立——我读〈孙子〉》，中华书局2007年版，第162-163页。

　　[45] 恶田、良田所占比例原文脱落，俞樾、王时润据《徕民篇》补。见蒋礼鸿《商君书锥指》，第43页。

能与孙武也有渊源关系。从现存两人的著作来看,孙子兵法研究的是比较普遍和抽象的问题,因而更富辩证思维,更富哲学意味;而商君的论述总是立足于政治和一定国家的利益,基本围绕具体的问题和相应的法令政策展开。《吴孙子》和《公孙鞅》同在《汉志》兵权谋类,实际上孙子兵法的内容远不止于权谋,更多的是讲形势及其他内容。李零说这一类兵书其实是综合性的[46],那么《公孙鞅》的内容也可能不会局限于权谋。总之,如果法家与兵家有渊源关系的话,我们似乎可以说商君主要继承了它的军法和战术,而申、韩等则通过黄老继承了它的辩证法或哲学。

(二)《吴问》的思想倾向及其与商君的关系

《吴问》是1972年银雀山汉墓出土竹简中的一篇孙子佚文,记载吴王阖庐与孙子的一次问对。吴王的问题是:"六将军分守晋国之地,孰先亡? 孰固成? "孙子的回答是:范氏和中行氏先亡,智氏次之,韩、魏又次之,"赵毋失其故法,晋国归焉"。为什么? 孙子是根据六卿(即六将军)的田制大小和赋税轻重来解释的。范、中行氏制田,以百六十步为亩,伍税之(五分抽一),"公家富,置士多。主乔(骄)臣奢,冀功数战,故曰先[亡]"。智氏制田,以百八十步为亩,伍税之,置士多。韩、魏制田,以二百步为亩,"伍税之,公家富。公家富,置士多,主乔(骄)臣奢,冀功数战,故为智是(氏)次"。赵氏制田,以二百四十步为亩,公无税,"公家贫,其置士少,主金臣收,以御富民,故曰固国。晋国归焉。"吴王曰:"善。王者之道,□□厚爱其民者也。"[47]

当时就有学者据此揭示了孙子的法家思想以及后来的法家与他的继承关系,不过由于当时政治形势的需要,学者把这里田制的扩大解释为对井田制的破坏,亦即对奴隶制的瓦解,从而突出了孙子思想与儒家的对立[48]。现在看来,孙子这里表现的思想其实不少是与儒家相合而与法家对立的,比如减轻赋税,反对扩军、反对主骄臣奢、冀功数战等,特别最后吴王悟出的"王者之道"更是儒家的主张。而法家的政策一贯是尊君卑臣、强公弱私、奖励军功、重农抑末,重农的最终目的也是为了保证充足的兵源和军资而非厚爱其民。把孙子这里的观点与前文所引李悝的政策及其对魏武侯的回答进行对照,不难看出二者的共同点刚好在倾向于儒家的方面。

更值得注意的是,赵文子早就向叔向问过与吴王一样的问题,叔向的回答也是中行、智氏先亡,原因是"其为政也,以苛为察,以切为明,以刻下为忠,以计多为功。譬之犹廊革者也,廓之,大则大矣,裂之道也"[49]。到了昭公二十九年,荀寅、赵鞅(即赵文子之孙赵孟)铸刑鼎,孔子因此感叹晋国要灭亡了,其辞与二十三年前叔向指责子产铸刑书的言辞如出一辙。这一回晋国的史墨也发出了他的预言:"范氏、中行氏其亡乎! 中行[荀]寅为下卿,而干上令,擅作刑器,以为国法,是法奸也。又加范氏焉,易之,亡也。其及赵

———————————

[46] 李零《兵以诈立——我读〈孙子〉》,第172页。

[47] 智氏的田制和税赋简文原阙,为整理者所补。见银雀山汉墓竹简《孙子兵法》,文物出版社1976年版。

[48] 参银雀山汉墓竹简《孙子兵法》所附詹立波《略谈银雀山汉墓竹简〈孙子兵法〉》、吴树平《从银雀山汉墓竹简〈吴问〉看孙武的法家思想》,文物出版社1976年版。

[49] 高诱《淮南子注·道应》,上海书店出版社1986年影印本。

氏,赵孟与焉,然不得已,若德可以免。"[50]大约一年之后吴王召见孙子,遂有上面的问对。叔向和史墨依据的理由完全是儒家的,而竟与孙子的结论十分接近,而且几乎都为后来的历史所印证,不知他们的问答是否有承袭关系。叔向所指责的苛政与孙子所批评的田制小、赋税重、公家富、养士多、冀功数战等也相似;孙子肯定的大田制、公无税、置士少、主金臣收等,也就是史墨所说赵氏将赖以幸免的"德"。

因此,如果说《吴问》证明了孙子的法家思想的话,那么它也同样(甚至更多)地证明了孙子的儒家思想。但是商君从赵氏及孙子那里继承的却只有法家的制度和思想。商君开阡陌,就是把周制"百步为亩"的阡陌破除,拓展为二百四十步为一亩,这就是杜佑所说的:"商鞅佐秦,以一夫力馀,地利不尽,于是改制二百四十步为亩,百亩给一夫。"[51]商君此举可能是吸收了赵氏改革的经验,但他的用意却是为了尽民力以尽地利,增加国家的赋税收入,与他的按户按人口征军赋的政策一样,都是为了供养更多的军队,进行更大规模的兼并战争。

综上所述,商君学说的来源不是单一的,而是多元的,成分比较复杂。卫国的政治传统是其思想形成的最初背景。游仕魏国的经历,特别对李悝、吴起的思想和改革经验的吸收,是其思想和变法政策形成的基础。秦国的风俗和现实要求使他对自己的思想做了适应性的取舍和调整,最终落实为彻底的农战政策和严酷的刑法制度,而这一切造就了他刻薄寡恩的典型法家形象。

---

[50] 杜预《春秋左传集解·昭公二十九年》。

[51] 杜佑《通典·州郡典·雍州风俗》,中华书局1984年版。

《商君书》与商鞅学派治道思想研究

李桂民*

【摘　要】《商君书》作为早期法家的理论著作，由于其倡导法治排斥礼教，致使后世"治者颇鲜"。早期法家的异军突起为图存和图霸的现实需求所推动，鉴于早期儒家把道德引向一端，商鞅学派强王权、倡法治，以其强有力的除旧布新举措使秦走上强国之路。法家把道德看成是治理的结果而非手段，并试图用消极规训来替代道德教化。法家以赏罚达致道德的努力，使得法摆脱了德之附庸的地位，成为治世不可或缺的手段，而法家治国所带来的弊端也表明，法治必须建立在善法和善治的基础之上。

【摘　要】《商君书》；德治；法治；善法

儒家和法家是晚周时期的重要思想派别，相对于儒家学派的组成者多为游士，法家人物多是法吏和社会变革的实践派。儒家和法家的区别不仅表现在外在社会治理的方法上，还表现在其内在致思理路上，当然，两家的理论设计都奠基在人性理论的基石之上。德治和法治都来源于古代治道，德治并非仅凭教化就能治国，法治也并非完全不要教化，只不过儒者的德治和法家的法治，尽管对于社会治理都有其效用，但当把两者任何一个引向绝对时，都无法达成预期之理想。不过，在先秦诸子的视域中，"德"和"法"的内涵倾向于取其狭义，有别于当下学者研究"法"思想的广义取向。《商君书》作为法家的早期理论化著作，是法家政治实践的重要理论文献，有着重要的历史价值和现实意义，只是由于其理论缺陷，使得法治未能全面取代德治。

一

商鞅是战国法家的重要代表人物，对于其人历史上有完全相反的评价，其事迹主要见于《史记·商君列传》①。商鞅本是卫国公族，因非嫡出，故而没有资格继承王位。商鞅喜

---

* 李桂民，聊城大学历史文化与旅游学院教授。研究方向：先秦史与中国古代思想史。

① 《韩非子·难言》中举十数人，说"皆世之仁贤忠良有道之士"，商鞅位列其中。《韩非子·奸劫弑臣》："孝公得商鞅，地以广，兵以强。故有忠臣者，外无敌国之患，内无乱臣之忧，长安于天下，而名垂后世，所谓忠臣也。"这种评价和司马迁对商鞅"刻薄寡恩"评价不同。同时，在《定法》篇中韩非指出，商鞅虽然使得秦国富强，但其法不够完善。不过，韩非主要着眼于有军功者未必有治国之才的观点，同时指出商鞅行法不知用术，导致国家富强反而成为一些佞臣发展势力的资本。

欢刑名之学,后来到了魏国当了魏相公叔痤的侍从之臣,公叔痤临终前曾向魏惠王举荐商鞅,并建议惠王如果不能用商鞅,一定把他杀掉,切不可让他流失到别的诸侯国为他人效力,只不过魏惠王并没有重视公叔痤的建议。由于商鞅在魏国得不到重用,在听到秦孝公求贤的消息后,西入秦国,并通过秦孝公宠臣景监的牵线,得以富国强兵之术说服孝公,从而在秦国开始了他的仕宦生涯。

从商鞅入秦说服秦孝公看,商鞅对百家之学都是了解的,他本人更偏好于刑名之学。他先以帝道和王道进言,均未能打动孝公,最后以霸道即强国之术获得秦孝公重用。商鞅入秦,据说带着李悝的《法经》,也就是说秦的法律体系是以《法经》为蓝本的。《韩非子·五蠹》篇说:“今境内之民皆言治,藏商、管之法者家有之。”秦国之民对法律的条文比较熟悉,不少人家还藏有商君之法,说明商鞅之法在秦国得到了全面推行。

商鞅的变法思想主要见于《商君书》,此书是探讨商鞅思想的可靠材料,尽管《商君书》并非皆商鞅手著。《商君书》是早期法家的重要著作,据《汉志》记载原有29篇,宋代的目录学著作中有26篇,陈振孙《直斋书录解题》说又亡佚了一篇。全书现存26篇,其中有两篇《刑约》和《御盗》有目无文,实存24篇,全书不到3万字。清代所见最早的版本是元刊本,严万里曾经专门作过校正,不过在严校本流传以后,元刊本反而失传,今天能见到的《商君书》最早版本是明刻本,一般称为《子书》。

自宋代以来,就不断有学者怀疑《商君书》是伪书,黄震怀疑其伪是因为其书“烦乱”,《四库全书总目提要》认为商鞅无暇著书,是法家者流掇鞅余论而成,胡适、钱穆、齐思和也认为《商君书》为后人伪托。还有部分学者认为《商君书》有商鞅自著部分,也有后人依托部分,如郭沫若、高亨、陈启天等②。当代学者对《商君书》成书年代研究用功较多者,有郑良树、张林祥等人。郑良树对《商君书》各篇进行过详细考证,他认为《商君书》是一部集体著作,是商鞅及其后学在不同时期内完成,前后相距一百一十多年以上③。郑良树同意刘汝霖的观点,把《商君书》的个别篇章即《定分》篇定在秦统一之后,郑氏不同意容肇祖把此篇定在汉初的观点④。张觉认为《商君书》在公元前233年韩非遇害前就已经成书并广泛流传,书中提到的最晚史事是公元前260年的长平之战,并认为《商君书》为商鞅后学所编恐不当,因为书内行文称商鞅为“公孙鞅”而不是“子”,不像其门徒口气,其编定年代在公元前260年到公元前230年之间,其编定者当为秦国管理档案的御史⑤。

《商君书》是战国法家思想的主要文献之一,对于韩非子思想有着重要影响。法治实践历史悠久,刑作为社会秩序的维护手段早已有之,在商鞅以前,法术之学就已经在流传,不然商鞅也不会年轻时就爱好刑名之学。战国时期是社会急剧变动的时代,这不仅

---

② 关于《商君书》的作者,前贤已多有考证。不过,对于先秦之书,不必拘泥于亲著,正如《论语》非孔子亲著,却可以据此研究孔子思想。另外,由于古书在流传过程中往往有有意或无意的不同,这是古书流传中的正常现象,尤其在传本较少的情况下,有的书战国时期就有,汉代才成书,很难保证默写出来的和最初文本一字不差。因此,古今对于先秦之书的考证,在方法论上多少是有不足的。

③ 郑良树《商鞅及其学派》,上海古籍出版社1989年版,第139页。

④ 同上,第131页。

⑤ 张觉《商君书校注·前言》,岳麓书社2006年版,第6页。

仅是因为兼并战争日益激烈,还因为各国都在任用法家人物进行改革。这就促使法术之士不仅需要研读既有刑书,还需要对依法治国进行深入思考。综合各方面因素分析,商鞅著书是有其可能的,出于游说诸侯的需要,商鞅对于当时的各家治道学说都有涉猎,并进而形成了自己治国理论。先秦古籍多出自众手,其后又屡有补益,《商君书》同样如此,其书并非全是商鞅自著,流传过程中也难免经过后人改动。作为一位引领改革的政治人物,出于游说和变法的需要,商鞅自然有著书立说的条件,但是需要指出的是,只要是商鞅在世时完成的篇章,即便出自当时的法术之士之手,基本上都是忠实于商鞅思想的,不应把商鞅和《商君书》完全割裂开来。《商君书》的出现是战国时期法治实践理论化的成果,鉴于此书非成于一手,把此书视为商鞅学派的著作是可行的。《商君书》成书于战国时代,只不过其书最终定型则应是战国中晚期。由于《韩非子》已经引用其材料,因此,其成书时间不会太晚。只不过由于《商君书》倡导法治排斥礼教,与汉武帝以来独尊儒术的思想悖谬而导致"治者颇鲜"[6]。

二

商鞅学派认为国家的治理不能效法古代,也不能维持现状,不同的时代治理的方法理应不同。所以古代有效的治理方法上先德而治,当今的有效治理手段则是前刑后法。古今治理手段的不同,是因为古代的人淳朴敦厚,当今之人巧诈虚伪,致使古代国家治理重视德教,当今的国家治理注重法教。时代变异和人事变迁,使得古代行之有效的办法在当今失去了生存土壤,正因为此,古代圣王不墨守成规而主张因时而治。靠智慧称王天下的不重刑罚,靠力量征服诸侯的则排斥德教,从而使得德教和法教成为后世两种不同的教育手段。

法家和儒家是治世主张迥然不同的派别,尽管法家学者多有早年学儒的经历,但不能认为法家思想来源自儒家,从两者的思想主张看,儒法思想中对立色彩颇为明显[7]。商鞅学派自认为其救世主张高于世俗之言,而法家所斥责的世俗之言其实就是儒者的政治主张。儒法争论的焦点是,当今之世是否需要改变法度、变更礼治来治理国家。《商君书·更法》篇指出"前世不同教,何古之法? 帝王不相复,何礼之循",认为治理国家没有固定不变的办法,没有必要效法古代,夏商的灭亡,就是因循古礼的结果。在战国时期,由于传统权威的衰落,"服之而已"的诸侯争霸活动日益演变成夺取土地和人口的兼并战争,使得生存成为诸侯国面临的时代课题。中原诸侯由于地理位置的劣势,再加上礼法观念较重,难以实现领土的大规模扩张,再加上人口亦不占优势,明显制约了诸侯国综合实力的提升。

秦国地处西陲,与东方各国交通往来较少,希望迅速改变诸侯卑秦局面的心情尤为迫切,实现霸天下就成为了优先选择。正由于战国时期诸侯"兼并势成,不是兼并别国,就是被兼并,故为自身计,皆务富国强兵之道"[8],可以说,列国之间的争霸战争,富国强

⑥ 杜丽荣《〈商君书〉实词研究》,山东文艺出版社 2010 年版,第 13 页。

⑦ 有学者主张儒出于法,可备一说,说参黄玉顺《仁爱以制礼,正义以变法——从〈商君书〉看法家的儒家渊源及其变异》,载《哲学动态》2010 年第 5 期。

⑧ 张金光《秦制研究》,上海古籍出版社 2004 年版,第 18 页。

兵的需求，为早期法家提供了政治实践的舞台。

中国用刑的历史较为久远，《左传·昭公十四年》有"昏、墨、贼、杀，皋陶之刑也"的记载，这句话出自叔向，叔向此话则是引自《夏书》。社会共同体的维持离不开外在约束，夏朝据说其法律总称为"禹刑"。《周礼·秋官·司刑》郑注："夏刑大辟二百，膑刑三百，宫刑五百，劓墨各千。"只不过这些规定并不向民众公布，主刑者在刑罚的裁定上有较大自主性，这也就是所谓的秘密刑时期，这种局面在春秋时期被打破，郑国和晋国等先后公布了其刑律的具体内容，只不过在当时，刑罚依然是作为德教失败后的惩罚手段。

对于法家的教育思想，在法家著作中缺乏系统论述，仅仅是一种纲领性描述，"商鞅提出了以'耕战'为主要内容的法治教育，以反对儒家的礼治教育，要求'更礼以教百姓'，'燔诗书而明法令'"⑨。对于法教，"以法为教"是韩非明确提出来的，而奠定"以法为教"基础的则是商鞅。《商君书·定分》中说："置主法之吏，以为天下师。"以吏为师和以法为教并非法家独创，而是三代之旧法，只不过古代以德教为主，法家则是禁绝德教，而完全依靠法来治国。法教真正从理论到现实实践应始于战国，出土秦简表明，秦国曾经有学室制度，只有史之子方有资格在此学习，是主管法令之官的后备力量。中下级官员仅仅学习法律条文，只有具备一定文化素养的史或贵族子弟乃至太子才学习法令，当以秦政和秦律指导思想的商鞅学说作为重要内容⑩。荀子曾经西去秦国并说秦国无儒，秦国无儒和商鞅倡导的政治和教育政策有着密切关系。

在中国历史上，由于秦朝的短祚使得法家的治理方式饱受诟病，法治的失败导致法教没有真正能够取代德教，历史上秦以法为教的实践，最终以失败告终。后世王朝治国的指导思想是儒学，儒学所倡导的德治或礼治成为第一位的，法在经过儒学化改造后不再有与儒家争雄的资本，独立的法家派别也不复存在，阳儒阴法成为治国的主要手段。而在战国时期，要实现富国强兵，就需要对现实制度等进行变革，就需要面对传统制度的维护者儒家思想。儒法在治国主张上截然不同，儒者认为政治教化无须改变民众的习俗，国家治理也不用改变原有的法度，从而费力少而功多，在治国主张上，主要是因循旧制，商鞅变法前秦国的甘龙等人就持此种观点。儒者治国主张的颇有代表性，由于儒家维护现有制度，因此，战国法家所推动的改革的思想阻力就主要来自儒家。

依法治国的前提是法令为民众所知晓，官吏要保证法的普及，只有知法才能自觉守法。《商君书》一书虽然没有对学校教育进行整体规划，但强调统一教化的重要性，其"壹教"主张带有鲜明的法家色彩。《商君书·赏刑》篇中说："圣人之为国也，壹赏，壹刑，壹教。"也就是说要统一奖赏、刑罚和教化。统一教化的目的则是下听于上，教化并不是要改变风俗，而是要民众知道应该如何去做，教化的目的是无教，不过，商鞅学派的教化与儒家教化有着根本不同，而且商鞅的统一教化所要限制的恰恰是儒者群体，使其"不可以富贵，不可以评刑，不可独立私议以陈其上"⑪。商鞅学派试图限制儒者通过没有实际功效的学说来骗取利禄，进而保证富贵家族主要出自作战之人。由于爵位禄赏只出于作

⑨ 施克灿主编《中国教育思想史》，高等教育出版社 2008 年版，第 79 页。

⑩ 仝卫敏《出土文献与〈商君书〉综合研究》，中国台湾新北：花木兰文化出版社 2013 年版，第 68 页。

⑪《商君书·赏刑》，蒋礼鸿《商君书锥指》，中华书局 1986 年版，第 104 页。

战一途,商鞅所谓的统一教化指的是壮年之人致力于作战,老弱之人致力于防守,生者劝死不悔,使之成俗。使存战成俗,就得明法,其实质属于法教,成俗之后就无需教化,此所谓"明教之犹至于无教也",正如有的学者所说,"商鞅主张的是以法为教,用法令将人们的言行统一于致力农战、富国强兵上来"[12]。

要实现富国强兵,需要重视农战。在农战思想的阐发中,商鞅学派以儒家学说作为主要批驳对象,因为儒者不事农战而获得荣誉,这和商鞅的政治设计显然不符。只有对儒者、商人、手工业者进行限制,才能使民归农,而发展农业则是国家富强的基础。《农战》篇反复强调儒者的主张都是无用的,认为《诗》《书》、礼、乐、善、修、仁、廉、辩、慧这十种,不仅无法使民众攻战,还会导致国家贫穷,一百人务农一人闲着的国家就会称王,十人务农一人闲着的可以强大,一半务农一半闲着的国家就会危险。他认为"虽有《诗》《书》,乡一束,家一员,犹无益于治,非所以反之之术也",即使有了《诗》《书》,每乡一束,每家一卷,对于国家治理并没有任何用处,因为这既不能让国家由贫变富,也不能使国家由危转安。侯家驹用"农战"或"耕战"概括商鞅思想,并认为商鞅创造了农本主义观念[13],这种观点颇有道理。

商鞅学派强调农战,认为这是国家赖以兴盛的根本,主张只有勤力耕作和立有战功的人才可以获得爵位和官职,从而促使民众专心从事农战,不经营其他行业,最终使国家强大。如果发动讨伐别国的战争,战争后按照军功委任官职授予爵位,就一定能够打胜仗,如果不打仗,就按照捐献粮食的多少来授予官职爵位,那么国家就会富有,这样就能称王天下[14]。治理国家的要领就在于使百姓把心思都用在务农上,百姓朴实就容易驱使,忠信就可以守城和攻战。商鞅为了能够让秦国的荒地得到开垦,颁布了限制不利于垦荒的一系列法令。商鞅认为强盛的国家,应该掌握粮食人口之数、壮男壮女之数、老弱之数、官吏学士之数、游食者之数、农民之数、草料之数等,这些是国家治理的基础,也是制定政策的重要依据。

对战争的重视是商鞅学派主张的一个重要特征。商鞅学派认为,国家强大了就需要对外作战,只有这样六虱之害才不会在国内产生。国家合法的职业如务农、经商和做官,这三种职业产生的岁、食、美、好、志、行等六虱,会造成国家的削弱。国家治理不能依靠德教,而是要依靠法治,要想根除六虱,就需要战争和弱民,"民弱,国强;国强,民弱。故有道之国务在弱民"(《商君书·弱民》)。民众贫穷就会追求富裕,富裕之后就容易产生六虱之类的结果。为了避免六虱产生,民众富裕了就要驱使他们作战,或者让他们用粮食换取爵位和官职,"故国富则贫治,重强"、"民,辱则贵爵,弱则尊官,贫则重赏。以刑治民,则乐用;以赏战民,则轻死"。在《商君书》中,还把礼乐、《诗》《书》、修善孝悌、诚信贞廉、仁义、非兵羞战称为六虱,如果六虱胜其政,君主就无法在国内推行农战,就会导致国家贫穷削弱。

⑫ 王耀海《商鞅变法研究》,社会科学文献出版社2014年版,第275页。

⑬ 侯家驹《中国经济思想史》,中国台北:"中央"文物供应社1972年版,第126页。

⑭《商君书·去强》:"国无怨民曰强国。兴兵而伐,则武爵武任,必胜,按兵而农,粟爵粟任,则国富。兵起而胜敌,按兵而国富者王。""圣人知治国之要,故令民归心于农。"

商鞅学派重视用兵，不过并不认为用兵可以独立于国政之外，在用兵的指导原则上与战国兵家主张有所不同。《战法》篇中明确提出了"战法必本于政胜"的观点。商鞅学派认为，增强国家治理能力是其军事思想的根本。能够称王的君主，要在政治上长期制服民众，民众则以君主的意志为转移，作战时把生死置之于外，这样国则强、战能胜。针对这一问题，《立本》篇做了进一步论述，具体指出了政胜的三个步骤，即"若兵未起则错法，错法而俗成，而用具"，兵力的强弱取决于政治的好坏，政治的好坏在于能不能依法治国，只有在一国之内率先实行法治，法治行之日久而化民成俗，民之乐战再加上优良的装备和出奇制胜的谋略，就能够战无不胜。对外作战要了解敌方虚实，政治上不如人就不要作战，粮食储备不如人也不要与对方打持久战，敌方人多就不可主动进攻，如果敌方处处不如自己，就要果断攻击不可犹豫。如果两国兵力相当，将领胜过对方的就能取得胜利，如果朝廷能够制定权衡全局的战略决策，即便将领不如对方亦能取胜。在用兵上，不可轻敌冒进，不可把军队置于死地，必须使军队保持始终充足供应和最好的精神状态。同时用兵需谨慎，要知己知彼，从而可以预见战争的胜负。

三

商鞅学派同样重视君主的作用，重视法、术、势在治国中的作用，只不过商鞅重点关注的是法，对术和势在治国中的作用并没有系统阐述，正所谓"略术势而详论法"[15]。商鞅的法治主张有其独创之处，对术和势的论述更多是沿袭当时社会的共有观念[16]。商鞅学派认为国家的治理离不开法、信、权，法是君臣共同遵守的，信是君臣所要建立的，权势是君主单独掌握的。没有法度国家就会混乱，法治的根本是通过文武也就是赏罚这两种手段，君主要爱权重信，赏罚一定要严格执行，《商君书·修权》："凡赏者，文也；刑者，武也。文武者，法之约也。故明主任法。明主不蔽之谓明，不欺之谓察。故赏厚而信，刑重而必；不失疏远，不违亲近，故臣不蔽主，而下不欺上。"其时君主治理国家之所以混乱，就在于抛弃了法度而听从私议，"世之为治者，多释法而任私议，此国之所以乱也"。君主必须要掌握臣主之术，"主操名利之柄而能致功名者，数也。圣人审权以操柄，审数以使民。数者，臣主之术，而国之要也"。需要说明的是，商鞅学派所主张的术，是一种统治策略，和申不害的术并不完全相同。商鞅学派认为"凡人主德行非出人也，知非出人也，勇力非过人也"（《商君书·画策》），而民众即便有非凡的智慧和过人的勇力，也不敢欺凌君主，就是因为有了法治。君主不能放弃法治而随便奖赏，明智的君主不靠仁义道德治理国家，而是靠对臣下的管理和法律监督。民众之间互相监督，君主就能够明察，臣下和百姓无人敢做违反法律的事，"是以人主处匡床之上，听丝竹之声，而无下治"。

在商鞅学派思想中，术仅仅是执法的手段，而不是掌控臣下的权术，臣主之术只不过是掌握赏罚而已。要保证法的贯彻执行，离不开赏罚，严格规定奖赏只出于一途，也就

⑮ 刘泽华、葛荃主编《中国古代政治思想史》，南开大学出版社 2001 年版，第 95 页。

⑯ 商鞅重法、申不害重术、慎到重势，韩非主张法、术、势并重。商鞅虽然也讲术，但谈的极少，而且不同于同时代的申不害的制臣术。中国古代有四种治理手段，即礼、乐、政、刑，夏商周三代重礼乐轻刑罚，这种治理手段被儒家继承，战国时期李悝改刑为法、商鞅改法为律，使得法的内涵远比刑丰富，在商鞅这里法成为了社会治理的唯一手段。

是农战,而罚则涵盖诸多方面,这都是法令得以贯彻的重要保证。法治是商鞅倡导的社会治理手段,要推行农战,要让民众自觉守法,离不开法令的普及,主法官吏懂得法理,中下级官吏要懂得法律规定,普通民众也要了解赏罚的具体要求,从而达到趋利避害。商鞅学派反对道德教化基础上的礼治,因为并不是所有人能够自律,尽管商鞅没有明确提出"以法为教,以吏为师"的主张,但韩非子这种思想的理论来源则是《商君书》,商鞅在秦国变法实践,使得其成为以法教替代儒家道德教化的首倡者。儒家思想的早期传播,在春秋战国时代主要依靠私学,法家的组成则多是法吏,缺乏单纯坐而论道者。实行法治需要明法,只有明法才能行法和守法。在社会治理上,商鞅主张法的唯一和至上性,其治理主张与儒家有着完全不同的逻辑。德教是儒家实现天下大治的起点,而法家则把德行等伦理范畴看作是守法的结果而非手段。

《商君书》作为战国时期变法改革的政策宣讲和指导性著作⑰,使得变法能够在系统理论的指导下进行,其治世主张有别于传统,"其'法治''势治'理论既是理性思考的产物,也具有弥补儒家思想偏向的价值"⑱。由于在社会上存在诸多治国主张,在朝廷上议论治国措施时诸多观点不能取得一致,君主和官吏都被这些学说搞得不知所从。到处游说的人成群结队,擅长谈论辩说却没有任何实际用处,而一些君主反而喜欢这种辩说,使得聚集辩说的人越来越多。不仅平民百姓喜欢这样,王公大人也喜欢这样,导致务农的人少了而游说之士越来越多⑲。获得官职和爵位并非依靠农战,而是依靠巧言虚道。在《算地》篇中又进一步指出,当今天下应该用强力治国。之所以主张强力治国,乃是因为"世巧而民淫","故民愚,则知可以胜之;世知,则力可以胜之"。君主治理国家必须充分利用手中权势,不能舍弃权势而喜欢空谈。君主的治理赏罚得以贯彻执行,离不开君主的权势和统治手段,"故先王不恃其强而恃其势,不恃其信而恃其数"(《商君书·禁使》)。君主要充分利用民众的好利本性进行引导,让民众从事农战。君主根据战功来奖赏,民众就会英勇作战,根据对文献典籍熟悉程度来奖赏,民众就会去钻研学问,致力于空谈。明主治理天下,要"列贵贱,制爵位,立名号",通过等级名分确立君主的至尊地位,设置各级管理管理具体事务,用法律来进行奖赏,只有确立了君主的至尊地位,才能有令必行,有令必止。商鞅在《禁使》篇中对君主的势和数也作了论述,禁使就是禁止民众犯罪、驱使民众立功之意,这要靠奖赏和刑罚。

法教并不仅仅指法律条文的学习,还应包括通过刑法手段达到人人不敢犯法。古代的读书人穿衣不求保暖,吃饭不求过饱,苦其心志,劳其肌肤,就是为了求取名声,不过,商鞅学派认为这不是人性的正常表现。就个体的欲求而言,欲求的大小受到社会环境的影响,正所谓"古之民朴以厚,今之民巧以伪"。因此,时代不同,社会治理的手段理应不同。赏罚之所以有效,在于针对人性好恶。商鞅学派并不认为人性有好坏之分,《商君书·算地》:"民之性,饥而求食,劳而求佚,苦则索乐,辱则求荣,此民之情也。""民之生,度而

⑰ 蒋重跃《重读商鞅和〈商君书〉》,载《渤海大学学报》(哲学社会科学版)2021年第3期。

⑱ 王四达、董成雄《法家"治世"思想的二重性与"儒法互补"的新视角》,载《哲学研究》2014年第7期。

⑲ 《商君书·农战》:"主好其辩,不求其实。说者得意,道路曲辩,辈辈成群。民见其可以取王公大人也,而皆学之,夫人聚党与,说议于国,纷纷焉,小民乐之,大人说之。"

取长,称而取重,权而索利。"在利益面前人们会抛弃礼制,在名声面前人们也会不顾人性常规,这些欲求被商鞅看作是人之常情。

商鞅学派认为,治理天下要靠法治,儒家的仁义道德不足以治理国家,必须重视法教和法治。"法家任法,取消或取代道德的社会作用;儒家尚德,但并不完全排斥刑罚"[20],因此,商鞅学派认为"仁者能仁于人,而不能使人仁;义者能爱于人,而不能使人爱;是以知仁义不足于治天下也"。(《商君书·画策》)对于商鞅之法,本杰明·史华兹认为商鞅作为一位充满自信的行动上的"铁人",藐视那个时代游士们的胡言乱语,他的所谓法也并不仅仅指称刑法,而是社会变革的总体方案[21]。商鞅学派也重视义,只不过和儒家不同的是,义的达成不是靠教化而是要靠法治,《商君书·画策》:"所谓义者,为人臣忠,为人子孝,少长有礼,男女有别;非其义也,饿不苟食,死不苟生。此乃有法之常也。"所以,明君圣主不重视道义而注重法治,法治才是民众遵守礼义的基本途径。商鞅学派认为,用道义进行教化,国家就会混乱,而用刑罚来治理,民众就不敢为非作歹。因此,刑罚是实行礼义的根本。道德作为一种德行,商鞅学派有着与儒者不同的思考,认为杀戮和刑罚能够使社会的最高道德得以建立,也就是说刑才是致德的重要手段。轻罪重罚可以有效预防大的犯罪,而对告奸行为的奖赏使得犯罪行为都能够得到惩罚。因此,奖赏能够禁止民众的犯罪,刑罚也能够引导民众自觉守法。

商鞅学派主张英明的君主要重视法制,而当世君主在治理国家的时候并不能"缘法而治,按功而赏",民众积极作战是为了取得爵位和奖赏,而君主却看重智慧,任用徒有虚名之人,从而使得军不战、农迁徙。对于民众而言,既可以致力于农战,也可以游说诸侯以求任用,关键在于君主的奖赏导向,"上以功劳与,则民战;上以《诗》《书》与,则民学问"。讲勇武的人、垂衣裳而巧言辩说的人、为豪门权贵长期效劳的人并没有农战之功,如果君主推崇这三种人,民众就会逃避农战。从事农战的人越来越少,游食之人越来越多,就会"国乱则地削,兵弱而主卑"(《商君书·君臣》)。商鞅学派主张为了使爵位和官职尊贵,对于受过刑的人要没收他的爵位,犯过罪的人撤消他的官职。刑罚和奖赏都是禁奸的手段,民众厌恶羞辱劳苦,喜欢显荣佚乐,因此,刑罚不能让人感到害怕、奖赏让人觉得不值追求,就是亡国的迹象。赏罚作为治理的重要手段,要以刑罚为主。只有重刑轻赏,民众才会为君主尽忠。重赏轻罚则无法使民众不吝惜生命,刑罚不仅可以使勇敢的人更加勇敢,即使胆小人也会变得勇敢,这样的军队就没有敌手,国家就可以强大,直至称王天下。穷人因为刑罚强迫耕织就会富裕,富人通过捐献钱粮而致贫,能够使穷人富裕、富人贫穷,国家就会有实力,就会称王天下。无论是勇敢还是胆怯的民众,只要通过赏罚的手段都能使他们敢于献身,这样国家就会没有对手,就能称王于天下。

对于用刑,《商君书·说民》提出对于民众不要等到混乱了再去治理,所以要轻罪重罚,"故行刑,重其轻者,轻者不生,则重者无从至矣,此谓治之于其治也。行刑,重其重者,轻其轻者,轻者不止,则重者无从止矣,此之谓治之于其乱矣。故重轻,则刑去事成,国强;重重而轻轻,则刑至而事生,国削"。商鞅学派认为刑罚与罪行相当并不能禁止犯

⑳ 李存山《商鞅评传——为秦开帝业的改革家》,广西教育出版社1997年版,第155页。
㉑ [美]本杰明·史华兹《古代中国的思想世界》,程钢译、刘东校,江苏人民出版社2004年版,第344、345页。

罪,只有轻罪重罚,才能真正让人不敢犯法。对于商鞅学派用刑的公正性,有学者认为商鞅学派所主张的"刑无等级"不是一种彻底的平等观[22],这种观点固然有其道理,问题是彻底的平等在中国古代很难实现,以此要求商鞅学派标准似乎过高。当然,商鞅主导建立的秦法未免太过残酷,尤其是广泛的连坐法,有什伍连坐、亲族连坐、职务连坐、事务连坐、地域连坐、军事连坐等六种形式[23],使得人人自危,从而影响了秦朝统治的根基。

就赏罚而言,刑罚分布在生活的诸多方面,而奖赏只出自农战,这样就能避免民众放荡奢侈,并使得务农、力战、出钱、告奸四难得以推行。商鞅主张"国不蓄力,家不积粟",民众专心从事农战,国家力量就会强大,国力强大再对外发动战争,国家就会越来越强。因此,富国和强兵紧密联系。由于民众的是非观念和官吏、君主相同,因而很多政事无需君主亲自断定,甚至民众自己就可以决断是非,而不用依靠官吏,这样政府的办公效率就会大大提高,所以"有道之国,治不听君,民不从官"(《商君书·说民》)。圣人治下的国家,禁令繁多以避免民众逃避农战,只要民众专心于务农就会朴实,并且安土重迁,作战努力,进而实现国富兵强的目的。

隋淑芬认为,商鞅的理想社会有两个层次,第一个层次是建立理想的法治,第二个层次是在此基础上建立大治无为的社会[24]。商鞅法治思想是战国以前法刑传统的进一步发展,其政治实践在秦国取得了巨大成功,尽管商鞅本人的命运是悲剧性的。同时还应该看到,商鞅之法在刑无等级方面所做的努力,其改革措施与旧贵族的利益的难以调和,使得他因此得罪了当时的权贵,并最终付出了生命的代价。如果从秦国的崛起来评价商鞅变法,这场破旧布新的改革无疑又是成功的,其奠定的政治格局使得秦国最终完成了天下一统的重任,只不过当统一六国以后,以攻城掠地为目标的政策未能及时改弦更张,从而使得"天下苦秦久矣"成为反秦的口号。

综上所述,商鞅学派的法治学说并不是一种完美的政治设计,其刑罚手段在今天看来也不免失之于过苛,轻罪重罚即便能带来不敢犯法的目的,但其带来的恐怖气氛并不利于社会的健康发展。商鞅学派的法治学说提高了法在社会控制方面的作用,以法教简单代替诗书礼乐教化,这种反传统的做法尽管勇气可嘉,但同时使得其政策失去了鲜活的现实土壤。法治的基础在于善法和善治,早期法家的政策尽管收到了立竿见影的效果,但由于没有给社会提供合理释压宣泄的渠道,最终使得依靠军事、一断于法建立的统一帝国二世而亡,其经验教训是需要深刻反思的。

---

22 张林祥《〈商君书〉的成书与思想研究》,人民出版社 2008 年版,第 196-197 页。

23 周密《商鞅刑法思想及变法实践》,北京大学出版社 2002 年版,第 95-100 页。

24 隋淑芬《商鞅社会理想探析》,载《首都师范大学学报》(社会科学版)2004 年第 1 期。

人口战争

——从《商君书·徕民》看"商鞅学派"的思想变迁以及战国晚期秦国人口及军事变化

尤锐(Yuri Pines)*

【摘　要】《商君书·徕民》篇在《商君书》及整个先秦文献中都具有比较特殊的地位。首先,相较于绝大多数战国时期作品,其写作年代更为明确,有助于我们较好地了解其历史语境。其次,该篇对战国末期秦国及其邻邦(魏国和韩国)的人口和军事情况及自我认同都提供了极为珍贵的信息。再次,该篇与《商君书》的其他篇章(主要是《算地》篇)有比较明显的对话,让我们能够理解《商君书》所反映出的"商鞅学派"的思想变迁。

【关键词】商君书;徕民;商鞅学派;战国晚期;秦国军事

许多前辈学者(包括民国时代一些国学大师们,如胡适、钱穆、郭沫若等)都提出《徕民》篇的写作年代比较晚(不早于公元前 260 年),因而断定整个《商君书》其实与商鞅本人无关[①]。但这一结论不免过于简单化。正如陈启天先生早已提醒的,"《商君书》经过战国的流传,又经过汉时的改编,当不免有所误入,甚至故意附益,不能以一篇可疑即断全书为假"。[②]于这个理解,我将在前人的研究基础上,进一步就《徕民》篇的内容、特殊语境、其与《商君书》其他篇章的异同进行讨论,并尝试探究其所反映出的战国末期"商鞅学派"[③]中出现的新思考。

---

* 尤锐(Yuri Pines),耶路撒冷希伯来大学 Michael W. Lipson 汉学教授,希伯来大学孔子学院院长。研究方向:中国古代政治思想史、中国传统政治文化、中国早期史学史以及比较帝国学等。本研究得到以色列科学基金(Israel Science Foundation,批准号 568/19)的支持。

① 胡适《中国哲学史大纲》,上海古籍出版社 1997 年版,第 261 页;钱穆《先秦诸子系年考辩》,上海书店 1992 年版,第 213–214 页;郭沫若《前期法家的批判》,载《十批判书》,东方出版社 1996 年版,第 339–340 页。更多例子见仝卫敏《〈商君书·徕民篇〉成书新探》,载《史学史研究》2008 年第 3 期,第 79–80 页。

② 陈启天《商鞅评传》,商务出版社 1935 年版,第 117 页。

③ 有关"商鞅学派"的概念,见郑良树《商鞅及其学派》,上海古籍出版社 1989 年版。

一、《徕民》篇的写作年代及其历史背景

《徕民》篇的写作年代比大部分《商君书》中的篇章要晚。其中有几句话让我们能够比较容易地判断出该篇的写作时间。首先,在第四章中称④:"今三晋不胜秦,四世矣。自魏襄王以来,野战不胜,守城必拔……"稍后又称:"三(→四)世战胜,而天下不服"⑤。有关"四世"这两个字究竟指谁,学者的观点曾有分歧。部分论者,如蒋礼鸿,认为"四世"指魏国的国君,张觉认同其观点⑥。但这一观点蕴含许多问题,由于全卫敏老师已经详细讨论了,我在此不再赘述。总结而言,四世应该是指秦国国君的数字,分别是秦孝公(前361—前338在位)、秦惠文王(前337—前311在位)、秦武王(前310—前307在位)以及秦昭襄王(前306—前251在位)⑦。实际上"秦四世有胜"应该是昭襄王时代比较常见的说法,见《荀子》中的《议兵》和《强国》两篇⑧。有鉴于此,《徕民》篇应该是昭襄王时代的作品。

除了"四世"以外,《徕民》篇还包含着更重要的历史信息,让我们能更正确地判断其写作年代。第五章中称:"即周军之胜,华军之胜,秦斩首而东之……且周军之胜、华军之胜、长平之胜,秦所亡民者几何?"这里提到的三个战役都是昭襄王时代的秦国与"三晋"(即韩、魏、赵)之间规模最大的战役。"周军之胜"指伊阙(今洛阳东南龙门)之役,秦国名将白起(前257年死)在公元前294年打败了韩、魏以及其同盟者西周(即周王畿分为东、西周的两个小国之一)的军队,"斩首二十四万"⑨,极大地削弱了韩、魏两国的军事实力。"华军之胜"指公元前273年赵、魏联合进攻韩的华阳(今河南新郑北),韩向秦求救,秦派白起等将军率大军,大败赵、魏联军于华阳,斩首十三(另说十五)万。"长平之胜"是战国时代最有名的战役,秦、赵两个国家都把所有兵力集中在此役上,秦军最终取胜,有称赵军四十多万人全都被俘⑩。据《史记·白起列传》,白起将四十多万赵国战俘全部活埋了("尽坑杀之")⑪。有关这个数字(和上述数字)的可靠性具有较大分歧,也有很多相关讨论,我在此不再赘述⑫。能够确认的是,赵国损失极为惨重。《史记·燕召公世家》引用燕

---

④《商君书》没有固定的篇章,张觉先生在其《商君书校疏》(知识产权出版社2012年版)中提出了比较好的分章方法;笔者在拙作 The Book of Lord Shang: Apologetics of State Power in Early China (New York: Columbia University Press, 2017)中提出了自己的分章方式,与张氏大同小异。在此采用后者。

⑤根据前一句话的意思,后一句中的"三"应该是"三"(四)的错字。

⑥蒋礼鸿《商君书锥指》,中华书局1986年版,第90页;张觉《商君书校疏》,第178页。

⑦详见见全卫敏《〈商君书·徕民篇〉成书新探》,第80—81页。

⑧《荀子集解》,中华书局1991年版,第280—281、303页。

⑨《史记·秦本纪》,中华书局1997年版,第212页。

⑩有关这三个战役,详见杨宽《战国史》,上海人民出版社2017年版,第408—409、439—440、444—448页。

⑪《史记》卷73,第2335页。

⑫按照 Wicky W.K. Tse(谢伟杰)的推测,四十(四十五)万的数字可能包括支持赵国和在其垒壁避难的上党郡平民。详见 "Cutting the Enemy's Line of Supply: The Rise of the Tactic and Its Use in Early Chinese Warfare," Journal of Chinese Military History 6:131-56。有关其他战役的伤亡数字,宫宅洁(Miyake Kiyoshi)先生认为"①斩首数量可能是数次会战的总数,②其中除了甲首,可能还包括了非战斗人员的首级"。详见《秦国战役史与远征军的构成》,《简帛》第11,2015年版,第155页。据目前所存在的考古资料,起码"未发现大量被活埋的证据"(见山西省考古研究所等《长平之战遗址永录1号尸骨坑发掘简报》,《文物》1996年第6期,第33—40页)。

国相国栗腹"报燕王曰:'赵王壮者皆死长平,其孤未壮,可伐也'",可以作为佐证。

长平战役结束于公元前 260 年,这也就意味着《徕民》篇的写作年代不会早于这一年代。那么,我们是否可以做出更为准确的推测呢?笔者认为是可以的。《徕民》的作者自称为"臣",意味着他是秦国大臣,或者起码是一位官员。而值得注意的是,他对"长平之胜"并没有大的热情,相反,他的问题是——尽管秦国如此"百战百胜",为什么仍然克服不了"三晋"呢?这个问题的背景不难理解。据《史记》记载,在长平战役之后,秦昭襄王想趁此机会一举消灭赵国。公元前 259 年秦国进围赵国首都邯郸,但没有成功。由于魏、楚救赵,而且秦国内部发生矛盾(主要是宰相范雎和大将白起之间的矛盾),邯郸包围战失败。公元前 257 年,《史记·秦本纪》称:"五十年,武安君白起有罪,自杀而死。王龁攻打邯郸失败,撤军离去"[13]。稍后,秦国将军郑安平(范雎的知交,被范雎所任)降赵。韩国趁此机会参与合纵,攻秦,削弱了秦国的势力。公元前 255 年,被范雎任用为河东守的王稽"与诸侯通",当诛。尽管范雎有意"让贤",即让位给客卿蔡泽,但仍然不免被"坐法诛"。睡虎地 11 号秦墓出土的《编年记》中称,秦昭王五十二年(公元前 255 年)"王稽、张禄死"[14]。这里的张禄就是范雎,因此他很可能是被诛而非自然死亡[15]。

那么,短短五年之内,秦国由胜转败,赵国没有被消灭,秦国领土没有扩大,内部情况也明显地恶化了。这应该就是《徕民》篇的写作背景。笔者认为该篇的写作年代应该是在王稽、范雎被诛以后(即前 255 年以后),以及昭襄王死亡(公元前 249 年)前后不久。此外,由于在公元前第三世纪 40 年代秦国已基本恢复了大规模东征,因此《徕民》篇写作应该是在此之前。综上,笔者认为该篇的写作年代应该是在公元前 255—前 240 年间,而且更可能是在 251 年前后。

了解了《徕民》篇的写作年代和写作的政治语境,我们可以进一步讨论其内容。该篇作者认为,秦国"四世战胜,而天下不服"的状态让人重新思考秦国的根本战略路线。为了克服"三晋",秦国首先要彻底地改变其与邻邦之间的人口平衡。而为了吸引移民离开三晋,秦国需要改变一些政策。尽管此前施行的政策正好与《商君书》其他篇章所主张的相符,但在新的条件之下,这些政策必须被调整。

二、《徕民》篇的人口语境:人口增长和人口密度不平衡

《徕民》篇第一章介绍了传统的国土结构及其与当时秦国土地结构的关系:

地方百里者,山陵处什一,薮泽处什一,溪谷流水处什一,都邑蹊道处什一,恶田处什二,良田处什四,以此食作夫五万。其山陵、薮泽、溪谷可以给其材,都邑蹊道足以处其民。先王制土分民之律也。

所谓"先王制土分民之律"确实代表着周代比较普遍的国土结构。李零先生早就注

---

[13]《史记》,卷 5,第 214 页。

[14] 引自《睡虎地秦墓竹简》,文物出版社 2001 年版,第 52 页。

[15] 详见杨宽《战国史》,第 448–452 页。

意到在《礼记·王制》篇、《汉书·食货志》中所引用的李悝"为魏文侯作尽地力之教",以及《汉书·刑法志》中所提出的殷周制度,都与《商君书·算地》和《商君书·徕民》篇所述大同小异。田地占整个土地的三分之二左右,其他则是山林、川泽、城邑、道路等非农业的领土[16]。这个国土结构反映的应该是黄土高原(中原)的情况,对秦国而言,也正好符合渭河流域的地形状态[17]。

上述引用的这段话与《商君书·算地》篇第二章非常相似。一些学者,如容肇祖,据此提出两篇的写作年代是一样的[18]。但这一结论颇值得商榷,因为在这两篇之间存在着非常值得注意的区别。《算地》篇第二章称:

> 故为国任地者,山林居什一,薮泽居什一,溪谷流水居什一,都邑蹊道居什【一,恶田居什二,良田居什】[19]四。此先王之正律也。故为国分田数[20]:小亩五百,足待一役,此地不任也;方土百里,出战卒万人者,数小也。

李零先生比较详细地讨论过这段话,在其研究基础上我们可以进一步理解这段话的内容和写作年代。首先值得注意的是,《算地》篇所讨论是"小亩"(即长为一百步的亩)制度。这是秦国古老的田亩制度,让每一户有五百小亩(一共约693平方米)的田地。然而,《算地》的作者认为这个传统的制度是不合适的——"此地不任也"。确实,在商鞅变法中进行了田制改革,以长度240步的"大亩"取代了原来的"小亩",同时,每个农户占田地当以一百亩为限[21]。这意味着,改革以后,每户标准占田面积从约693平方米变成约339平方米。类似的改革似乎并未引起大规模的反抗,是什么原因呢?笔者认为,在战国时代中叶以后,铁器的推广大规模提高了农业生产力,一百大亩的收获可能比之前的五百小亩还高。此外,由于改革以后每一户所占有田地的面积减少了,单位面积内的人户数量就会随之增加,这意味着人口密度增大了。《算地》和《徕民》篇的比较正好让我们理解这个现象。

《算地》篇包含着一些关于秦国人口密度的重要信息。"方土百里,出战卒万人"意味着方百里(100×100里=10,000平方里,约1,600平方公里)有约一万户(每户出一个战卒),如果每户平均是五个人,那么方百里内人口大概有五万人。李零先生注意到,每一方里合90,000小亩(一方里=300×300步)。方百里合9,000,000亩。按照"先王之正律",田地占整个领土的60%,即5,400,000亩。由于五百亩出"一役"(一个战卒),5,400,000亩要出10,800战卒,与文中"出战卒万人"相符[22]。

---

⑯ 李零《〈商君书〉中的土地人口政策与爵制》,载《古籍整理与研究》1991年第6期,第23—24页。

⑰ 昭襄王以前,秦国的主要活动中心是在渭河流域中部。详见滕铭予《秦文化:从封国到帝国的考古学观察》,学苑出版社2003年版。

⑱ 容肇祖《商君书考证》,载《燕京学报》1935年版,第61—118页。

⑲ 黑括号内的十个字,不存在于目前的《算地》篇中,由俞樾(1821—1907)补自《徕民》篇。

⑳ 这里的"数"是一个特殊的概念,指按照土地数量和人口数量的比例来计算土地可以出兵员的数额。详见李零《商君书》,第24页。

㉑ 严宾《商鞅授田制研究》,载《复旦学报(社会科学版)》1991年第5期,第46—52页。

㉒ 见李零《商君书》,第25页。

有关《算地》篇的写作年代仍然存在着较大分歧,但笔者认为上述讨论有助于解决这个问题。由于《算地》篇提到"小亩"制度,并对其提出质疑,表明这一篇的写作年代应该比较早。秦国的亩制改革是否与商鞅变法有关,抑或是商鞅之后才发生的,暂时无法确认。很可能类似的复杂的改革是一个比较长远的过程。但从1979年四川青川郝家坪50号墓出土的木牍来看,在公元前309年秦国已经进行了"大亩"制度[23]。那么,《算地》篇的写作应该是商鞅变法时代或者稍晚,但无论如何都应该发生在公元前第四世纪,比《徕民》篇要早60~100年左右。

《徕民》篇所提出的人口密度与《算地》篇完全不同。据其文,"地方百里……以此食作夫五万。"作夫"这个概念在先秦、秦汉文献几乎看不见,其含义在诠释者之间虽然存在着分歧,但大概是指所有当役的成年人(男女均算),即大约15~60岁之间的人,占整个人口四分之三左右[24]。按此推算,整个"地方百里"的秦国的人口,在公元前250年前后达到了65,000~70,000,比前第四世纪中晚期增加了30%左右。这证明秦国"富国强兵"的政策基本上是有效的,尽管存在着不断的流血冲突,但其人口密度还是有明显增加。这应该是与农用铁器普遍化、水利灌溉工程的开发、生产技术的进步和荒地的开垦都有关系。[25]然而,《徕民》篇的作者对此并不满意,相反,他认为秦国的人口仍然不够。

今秦之地,方千里者五,而谷土不能处二,田数不满百万。其薮泽、溪谷、名山、大川之材物货宝,又不尽为用。此人不称土也。

"方千里者五"是五百万方里(5×1,000×1,000),约800,000平方公里,比当代的法国和德国加在一起只小一点。这一数字与当时秦国的面积差不多(昭襄王末期,秦的领土包括渭河和汉水流域、大部分汾河流域、四川盆地,以及当代的陕西中部、甘肃东部、宁夏南部和湖北北部等地区)。"田数不满百万",应该是指一百万方里,即秦国面积的五分之一,正好"谷土不能处二"。这与"先王之正律"相差得比较多了。造成差异的原因应该是秦国往南(东南)扩展的结果。公元前316年秦国兼并了四川盆地,公元前278年兼并了整个汉水流域,而这些地区的山、河的面积比中原地区要大得多,因此"先王之正律"不符合于这些新领土。但是作者的结论还是令人意外:他认为秦国的问题还是人口的缺乏("人不称土地"),由于人口不足,秦国才无法利用"薮泽、溪谷、名山、大川之材物货宝"。

那么,尽管人口密度有所增加,为什么秦国仍然缺乏足够的人口呢?笔者认为有两个主要的原因。第一,秦国不但在不断地扩张领土,更重要的是它更迅速地扩张了国内

㉓ 见 Maxim Korolkov (马硕),《Новый источник по земельной реформе в царстве Цинь эпохи Чжаньго:《Указ о полях》309 г. до н. э. из циньского погребения в Хаоцзяпине》. Вестник Древней Истории 77.4(2017), pp.840–869.

㉔ 人口学家对于早期的人口年龄结构具有较大的分歧。尤其是五岁以下的小孩死亡率比较高,因此是否将其计入人口数字中是一个大问题。见 Andrew Chamberlain, Demography in Archaeology (Cambridge:Cambridge University Press, 2006).

㉕ 详见杨宽《战国史》,第45–95页。

的耕地面积。在公元前第三世纪,一些水利灌溉工程提高了秦国土地的生产力。例如,蜀郡李冰的都江堰工程——"至于所过,往往引其水益用溉田畴之渠,以万亿计,然莫足数也"。稍后,郑国渠使"关中为沃野,无凶年"[26]。在这些工程建成以后,随着耕地增加,劳动力缺乏的问题也就凸显出来。第二,秦国的扩张和连年战争是以无数人的生命为代价的。秦国名将白起说:"今秦虽破长平军,而秦卒死者过半,国内空。"[27]白起的话也许有夸张成分,但秦国的损失应该是非常大的,这也会加重"人不称土地"的情况。

《徕民》篇第二章把秦国的情况与"三晋"进行了比较。实际上,"三晋"在这里主要是指韩、魏而已,因为赵国在长平之战以后已经不再值得关注。

> 秦之所与邻者三晋也,所欲用兵者,韩、魏也。彼土狭而民众,其宅参居而并处。其寡萌贾息民[28],上无通名,下无田宅,而恃奸务末作以处,人之复(窟)阴阳泽水者过半[29]。此其土之不足以生其民也,似有过秦民之不足以实其土也。意民之情,其所欲者田宅也,而晋之无有也信,秦之有余也必。如此而民不西者,秦士戚而民苦也。

这段话又很出人意料。按照《徕民》篇的作者所说,尽管韩、魏军队屡次被秦打败,损失了几十万人,但这两个国家人口的密度仍然是极高的,甚至比秦还要高。值得注意的是,公元前第五世纪末,墨子在《非攻中》篇提到:"今万乘之国,虚数于千,不胜而入广衍数于万,不胜而辟。然则土地者,所有余也,士民者,所不足也。"几十年以后,魏惠王问孟子:"寡人之于国也,尽心焉耳矣。河内凶,则移其民于河东,移其粟于河内。河东凶亦然。察邻国之政,无如寡人之用心者。邻国之民不加少,寡人之民不加多,何也?"(《孟子·梁惠王上》)。也就是说,从战国初期到中期,大部分国家所面对的问题是"地过民"而不是"民过地"(《商君书·算地》),但到了战国末期,已经发生了明显变化。新出土的资料证明了《徕民》篇的可靠性。例如在云梦睡虎地 11 号秦墓所出土的公元前 252 年魏王所宣布的《魏户律》和《魏奔命律》,都可以证明这一点[30]。前者云:"民或弃邑居壄,入人孤寡,徼人妇女,非邦之故也。"这里的"弃邑居壄(野)",与《徕民》篇中所描述的"无田宅"的魏国和韩国百姓"复(窟)阴阳泽水者",即在河岸挖洞居住的情况是很相似的。

《徕民》篇证明了人口增长并非秦国所独有,而是战国时代整个周"天下"(起码是中原国家)都有的现象。其背景应该是与铁制农具的普及有关。此外,每个国家都在追求"富强",支持农业、鼓励开垦、调整赋税等,这些措施都会使人口增加。为什么统治者如此重视臣民呢?这应该是当时的军事斗争迫切需要的反映。在"大众军队"(mass armies)普遍化的时候,人口成为每个国家最重要的资源,因此关注人口的数量成为统治者的重

㉖ 见《史记·河渠书》,第 1407–1408 页。据《史记·六国年表》(卷 15,第 751 页),郑国渠工程于公元前 246 年完成,但其对关中农业的影响可能早已经存在。有关该工程,详见 Brian G. Lander, The King's Harvest: A Political E-cology of China from the First Farmers to the First Empire(New Haven: Yale University Press, 2021), pp.146–152.

㉗《史记·白起王翦列传》,第 2336–2337 页。

㉘ 据尹桐阳,"寡萌"指"少生产也"。"贾息"据张觉是"求生"。见张觉《商君书校疏》,第 176–177 页。

㉙ 复当通窟,即洞穴,这里用为动词。见张觉《商君书校疏》,第 176–177 页。

㉚ 两个文献都抄录于《为吏之道》的末尾。

要责任。人口增长让国家可以有更多军队,要进行类似长平之役的远征和长期战争,增加人口是必然的前提。从这个角度看,秦与三晋没有什么区别。但由于秦国不断扩张领土,并且把大量荒地变成耕地,就一直存在着"地过人"的现象。而魏、韩四周都是列强,无法扩张领土,就会发生"其土之不足以生其民"的现象。《徕民》篇作者认为,秦与三晋不同的人口密度给了秦国一个好机会,可以改变与三晋的人口平衡。所以,为了有效开展"人口战争",秦国需要彻底调整一些政策。

三、人口战争

"徕民"政策,即鼓励移民入境,《商君书》更早的篇章中就提出过。例如《算地》篇:

> 故有地狭而民众者,民胜其地;地广而民少者,地胜其民。民胜其地,务开;地胜其民者,事徕。

如果秦国早已认识到引进移民的好处,为什么一直没成功呢?《徕民》篇的作者对此有比较详细的解释。该篇第二章称:

> 臣窃以王吏之明为过见。此其所以弱不夺三晋民者,爱爵而重复也。其说曰:"三晋之所以弱者,其民乐而复爵轻也。秦之所以强者,其民务苦而复爵重也。今多爵而久复,是释秦之所以强,而为三晋之所以弱也。"此王吏重爵、爱复之说也,而臣窃以为不然。

作者在这里批评的某"王吏"代表的立场,正好是《商君书》的正常态度。《商君书》的思想(以及商鞅变法的主导政策)都以军功爵制为核心。在这一制度下,爵位是政治、社会和经济秩序的基础,有爵位的人才能享受经济、社会、法律上的权益。《史记·商君列传》记载了商鞅所建立爵制的一些细节:

> 宗室非有军功论,不得为属籍。明尊卑爵秩等级,各以差次名田宅,臣妾衣服以家次。有功者显荣,无功者虽富无所芬华。

《商君书·境内》篇也阐明了爵位在经济、社会等方面的影响:

> 能得甲首一者,赏爵一级,益田一顷,益宅九亩。级除庶子一人,乃得人(入)兵、官之吏。
> 其狱法:高爵訾下爵级。高爵能(罢),无给有爵人隶仆。爵自二级以上,有刑罪则贬。爵自一级以下,有刑罪则已[31]。
> 小夫死,以上至大夫,其官级一等,其墓树级一树。

---

[31] 据高亨,"贬"是降级,"已"是取消爵位。《商君书注译》,中华书局1974年版,第152页。

上引几段话都明确了具有爵位的人所享受的特权。第一，经济权益，爵位决定着个人的占有权利（即名田宅、益田、益宅的面积）；第二，社会权益，即拥有臣妾或"庶子"的数量；第三，礼制上的权益，如在墓上种树的数量；第四，法律上的特权（"爵自二级以上，有刑罪则贬"）；第五，政治上的权益（如可以变成"吏"——下层官员）。这些权益不但在传世文献中被提到，而且在出土资料中也有体现[32]。《商君书》特别重视爵位的独占性，因而在许多篇章中都主张——没有爵位的人不许享受任何经济、社会、政治权益。但爵位并非随意可以得到，相反，只能以军功（"利禄官爵，抟（专一地）出于兵"）或纳粮食（"民有余粮，使民以粟出官爵"）得到。[33]这个"重爵"的态度是《商君书》的核心思想。而《徕民》作者则认为"王吏重爵、爱复[34]"这种态度是错误的。为什么呢？因为作者认为当前更重要的目标并非让所有国人"作壹"（即走上"农战"之路），而是改变秦与三晋之间人口不平衡的状态。

今三晋不胜秦，四世矣。自魏襄王以来，野战不胜，守城必拔，小大之战，三晋之所亡于秦者，不可胜数也。若此而不服，秦能取其地，而不能夺其民也。

作者认为秦国的战争战略是不对的，占领三晋的土地以及消灭敌人的军队都是次要的，更重要的目标是"夺其民"。在《徕民》篇第三章中作者进一步阐明要如何实现这一目的。

今王发明惠：诸侯之士来归义者，今使复之三世，无知军事；秦四境之内，陵阪丘隰，不起十年征。者（著）于律也，足以造作夫百万。曩者臣言曰："意民之情，其所欲者田宅也，晋之无有也信，秦之有余也必。若此而民不西者，秦士戚而民苦也。"今利其田宅，而复之三世，此必与其所欲而不使行其所恶也，然则山东之民无不西者矣。且直言之谓也，不然。夫实圹什虚，出天宝，而百万事本，其所益多也，岂徒不失其所以攻乎？

该篇作者的建议在许多方面背离了《商君书》其他篇章的立场。首先，他放弃了全体百姓都要走"农战"之路的原则。在《商君书》许多篇章中，农业和战争是不能分开的，两者被称为"壹"，"圣人之为国也，入令民以属农，出令民以计战"（《算地》）。而《徕民》的作者则提出完全不同的意见，即要让许多（一百万）移民成为纯粹的农民，让他们三世"无知军事"。其次，作者想将爵位和经济上的权益分开，让新来的移民享受一些经济上的特权，"复之三世"（免除其赋役），而且要让他们开发"陵阪丘隰"（自然资源），且"不起十年征"。再次，作者让个人开发"陵阪丘隰"的建议也与《商君书》其他篇章的经济思想有所不同。《商君书》的大部分篇章都集中在农业，几乎不讨论其他非农业的事业。例如，在写作年代最早的篇章之一《垦令》篇中，作者完全不考虑山林薮泽的开发，其唯一的建议是

③② 详见拙作《从"社会工程学"角度再论〈商君书〉的政治思想》，载《国学学刊》2016 年第 4 期，第 34—45 页。

③③ 引自《商君书·赏刑》篇和《商君书·靳令》篇。

③④ "复"指免除个人的赋役，见《商君书校疏》，第 178 页。

"壹山泽,则恶农、慢惰、倍欲之民无所于食;无所于食则必农,农则草必垦矣"。在这里,"壹山泽"的主要目标是控制"恶农"的人(即商人)的利益。而写作年代稍晚的《算地》篇则重视"山林薮泽溪谷足以供其利",认为"地过民,则山泽财物不为用"是一个消极现象。然而,其作者仍然没有讨论如何开发"山泽财物"。而《徕民》篇则比较重视非农业的事业,并且主张国家不要干涉私人如何开发"陵阪丘隰",让开发者得到个人的利益("不起十年征")。这种重视个人利益的思想比《垦令》篇所主张的"命令经济"(command economy)要成熟得多[35]。

《徕民》篇的作者是如何为自己的革新思想辩护的呢?他认为,尽管其所主张的措施与"王吏"所代表的《商君书》思想有所不同,但其益处是明显的。第四章称:

> 夫秦之所患者,兴兵而伐,则国家贫,安居而农,则敌得休息,此王所不能两成也。故(三)四世战胜,而天下不服。今以故秦事敌,而使新民作本,兵虽百宿于外,境内不失须臾之时,此富强两成之效也。

《商君书》的其他作者们早就注意到要保持农业和战争之间的平衡,如《算地》篇是这样描述高效率的"富强"国家:"兵出,粮给而财有余;兵休,民作而畜长足。此所谓任地待役之律也。"然而,由于秦昭襄王时代的战役比之前要持久得多,经济与战争之间的矛盾更为突出(详见下一节)。为解决这一矛盾,《徕民》篇的作者想走出《商君书》"农战"一体化的范围,要将秦的人口分为二种——"故秦"民(即原来的秦国臣民)和"新民"(即外来的移民)。前者仍要当"耕战之士",而后者则要成为纯农民,只需"作本"(即务农)。这个建议显然是比较合理的。首先,无论战役要持续多长时间(甚至达"百宿"以上),国内的生产也不会蒙受损失,"粮给而财有余"。其次,从纯军事角度看,秦国军官要免于依赖外来的士兵,因为这些士兵可能是靠不住的。然而,尽管以上两个优点都比较明显,我们还是要注意作者的意见中所隐含的两个问题。

第一,《徕民》篇是最早的一篇要明确划分"故秦"民和"新民"的文献。秦帝国建立前后,"故民""故地"("故徼")和"新民"("新黔首")"新地"之间已经出现了明显的行政区别[36],但未见绝大多数的传世和出土的战国时代文献中有这个二元划分。对《徕民》篇作者而言,秦国本土人与外来移民之间存在着明显的区别——后者是靠不住的,起码在军事方面是靠不住的。这一个认识是如何产生的呢?笔者认为,该思想反映了战国末叶各国出现了独立的群体认同(collective identity)的萌芽。而在秦国,这个群体认同比其他国家更为明显。秦国与其邻邦(主要是三晋和楚国)处于长期的斗争之中,从秦孝公到昭襄

---

⑤ 详见拙作 "Agriculturalism and Beyond:Economic Thought of the Book of Lord Shang," in:Between Command and Market:Economic Thought and Practice in Early China,ed. Elisa Sabattini and Christian Schwermann. Leiden:Brill,2021,pp.76–111.

㊱ 详见于振波《秦律令中的"新黔首"与"新地吏"》,载《中国史研究》2009 年版第 3 期,第 69–78 页;孙闻博《秦汉帝国"新地"与徙、戍的推行——兼论秦汉时期的内外观念与内外政策特征》,载《古代文明》第 9 辑第 2 期,2015年,第 65–73 页。

王的一百年间，互相征战导致至少数十万士兵丧生，平民受害者的数量也是极大的（如"取其地而出其人"的驱逐本地人口的现象[37]）。因此，山东六国的人对秦国极为消极的情绪并不难理解。正如《战国策》中记载的一些反秦的话语："秦与戎、翟（狄）同俗，有虎狼之心，贪戾好利而无信，不识礼义德行"；"秦者，虎狼之国也"；"秦，天下之仇雠也"等等[38]。这些反秦情绪既出于秦国跟邻邦的长期对抗，也在一定程度上反映出商鞅变法以后秦国具有的新的文化面貌[39]。由于六国的士民如此敌视秦国，那么，来自六国的移民也就被认为是不可靠的了。对秦的统治者而言，宁可放弃"新民"的兵役，也不要这些不可信赖的移民入伍。

第二个值得注意的现象是，《徕民》篇所主张的"耕战之士"分为"耕士"和"战士"这一观点，也背离了《商君书》的人性观。《商君书》的作者们认为，"求利"和"求名"是人们生活中最普遍的现象，也是个人最重要的动力。"利"是经济利益，"名"则指荣誉、名誉，以及更高的身份[40]。既然"求利"和"求名"是人们生活中最重要的动力，统治者就要利用这两种动力，让人们在追求利益的同时不得不满足国君（即国家）的要求。这是《商君书》"社会工程学"（social engineering）思想的基础[41]。《算地》篇对这个理论的阐述是："故民生则计利，死则虑名。名利之所出，不可不审也。利出于地，则民尽力；名出于战，则民致死。"《徕民》篇的作者也认为追求"名"和"利"是一个普遍的现象，因此在讨论魏、韩的人口压力时他提到这两个国家的民众的可怜状态——"上无通名，下无田宅"。然而在引入这些移民到秦国的时候，作者却只主张要给他们经济上的利益，而完全不讨论他们如何才能得到好的"名"。这是否意味着作者已经意识到了满足每个人追求"名"的需求是不可能的呢？这个问题值得三思。

在讨论新的战争策略的时候，除了"山东之民无不西者"以外，《徕民》篇的作者也有其他建议。

臣之所谓兵者，非谓悉兴尽起也。论境内所能给军卒车骑，令故秦民事兵，新民给刍食。天下有不服之国，则王以此"春围其农，夏食其食，秋取其刈，冬陈其寶"[41]。以《大武》摇

---

[37] 这个现象在秦惠文王和秦昭襄王的时代曾屡次出现，见《史记·秦本纪》，第206、212、213页，并见于振波《秦律令》，第69—70页。

[38] 见《战国策注释》（中华书局，1991年版）卷24《魏策三》，第8章，第1387页；卷2《西周策》，第3章，第90页；卷14《楚策一》，第17章第788页。有关战国时代的反秦情绪及其政治和文化背景，可以比较臧知非先生的《周秦风俗的认同与冲突——秦始皇"匡饬异俗"探论》（《秦文化论丛》（第十辑）2003年版，第1—22页），和拙作"The Question of Interpretation: Qin History in Light of New Epigraphic Sources"（Early China 29 [2004]，1—44）。

[39] 见 Gideon Shelach and Yuri Pines, "Secondary State Formation and the Development of Local Identity: Change and Continuity in the State of Qin (770–221 BC)", in Miriam Stark, ed., An Archaeology of Asia. Malden MA: Blackwell, 2006, pp.202–230.

[40] 有关《商君书》中"名"的概念，详见拙作《从"社会工程学"角度再论〈商君书〉的政治思想》以及"'To Die for the Sanctity of the Name': Name (ming 名) as Prime-mover of Political Action in Early China." In: Keywords in Chinese Culture, eds. Li Wai-yee and Yuri Pines. Hong Kong: The Chinese University Press, 2020, pp.169–218。

[41] 这些16个字引用《逸周书·大武》篇，见《逸周书汇校集注》，上海古籍出版社1995年版，第122页。

其本,以《广文》安其嗣。[42]王行此,十年之内,诸侯将无异民,[43]而王何为爱爵而重复乎!

上述"悉兴尽起"指以普遍兵役为基础进行"非常征集"。非常征集是昭襄王进行的四大战役(伊阙、鄢郢、华阳、长平之役)的特点。对这种大型战役,作者表示不满。他认为,军事活动要符合经济条件,最重要是"境内所能给军卒车骑"。战役的目标并不仅仅是占领敌人的领土,更重要的是破坏其经济基础、威胁其百姓的生存。作者引用了《逸周书·大武》中观点,主张要利用短暂的战役以破坏敌人的生产力,清空其粮库,使其民不聊生。这是极为残酷的、非人道主义的,但却是比较有效的战略。必须要破坏敌国的经济,秦国的统治者才能让别国的"异民"(即其他诸侯国的移民)不得不归于秦,人口战争才能取得成功。

四、长期战役和《徕民》篇军事思想的合理性

通过上一节的讨论,我们已经注意到,尽管该《徕民》篇作者明显属于"商鞅学派",但他意识到了部分《商君书》的意见已经不再适合秦国新的军事、经济和人口情况。笔者也认为这一结论是合理的。《徕民》篇第五章中很好地总结了秦国在昭襄王时代所面对的新的军事问题:

周军之胜,华军之胜,秦斩首而东之。东之无益,亦明矣,而吏犹以为大功,为其损敌也。今以草茅之地,徕三晋之民而使之事本,此其损敌也,与战胜同实,而秦得之以为粟,此反行两登之计也。

且周军之胜、华军之胜、长平之胜,秦所亡民者几何?民客之兵[44]不得事本者几何?臣窃以为不可数矣。假使王之群臣,有能用之、费此之半、弱晋强秦、若三战之胜者,王必加大赏焉。今臣之所言,民无一日之繇,官无数钱之费,其弱晋强秦,有过三战之胜,而王犹以为不可,则臣愚不能知已。

上述三个战役是秦国历史上,乃至整个战国时代历史上规模最大、伤亡最多的战役。由于缺乏可靠资料,我们无法确认秦国的伤亡数量,但从作者的问题"秦所亡民者几何"可以判断,尽管秦国胜利了,其损失的兵力、人员肯定也不少。《史记·白起列传》中引用白起的话:"今秦虽破长平军,而秦卒死者过半,国内空。"这个"过半"的数字不一定可靠,但可以肯定的是秦国在长平战役的遇难者至少也有几万甚至十几万。

除了士兵伤亡,秦国的经济损失应该也是非常大的。上述三个战役历时都很长久,意味着参战士兵都"不得事本者",这对他们个人的生活及对全国的经济都产生了极为消极的影响。《战国策》末章《昭王既息民缮兵》引用昭襄王的话:"前年(即长平之役最后

---

[42]《大武》是传世《逸周书》的一篇,那么《广文》应该是平行的文献。

[43]于鬯认为"异民"是住在诸侯国异国的移民。作者相信十年之内,所有的移民都要归秦。见《商君书校疏》,第183页。

[44]"民客之兵"指"秦国的民众允当进攻者去当兵作战"(张觉《商君书校疏》,第185页)。

一年)国虚民饥。"《吕氏春秋·应言篇》也提醒:"秦虽大胜于长平,三年然后决,士民倦。"据《史记·白起列传》,在长平之役的最后阶段,昭襄王采取了一些非常规措施。他亲自到河内,"赐民爵各一级,发年十五以上,悉诣长平"。但此类措施并不具有延续性。因而,《徕民》篇的作者认为,长期战役是不能持续的,因为无法保证战略上的成功,因此提出了"东之无益"的观点。

秦昭襄王时期的长期战役对整个秦国的军事结构提出了挑战。商鞅变法前后秦国的军队基于普遍兵役制度,以"农兵"(peasant soldiers)为核心。然而,由于领土扩张和战争规模的增长,秦国已经无法全部依靠这些普通的"耕战之士"。据宫宅洁先生的研究,在昭襄王时代秦军已经开始了职业化,要更多利用"冗募"(即长期从军的募兵),同时也开始以罪人充当辎重兵[45]。总的来说,秦国的军事成功(即领土扩张)弱化了商鞅所建立了以农兵为核心的军事结构。但军队的职业化是一个长期的过程,只是到了东汉初,中国的统治者才完全放弃了之前的普遍兵役制[46]。而这一过程的萌芽在秦昭襄王时代就已经出现了,《徕民》篇的作者正好意识到了这一未来趋向的必然性。尽管在该篇中作者并未提出职业军队的主张,但是它具有将军队职业化的趋向。

五、听圣人难也:《徕民》篇与《商君书》的思想发展

《徕民》篇的产生有其特殊的背景。秦国长平之役的胜利及稍后邯郸之役的失败,对秦统治者造成了极大的挑战。传世文献中除了《徕民》篇以外还有两个文献也具有相同的历史背景,即《韩非子·初见秦》和《战国策·秦策三·蔡泽见逐于赵》。后者尽管表面上是战国故事,但写作年代较晚,应该是汉初作品,在这里不再讨论[47]。而〈初见秦〉篇如果真是韩非的作品,[48]则比其他《韩非子》的篇章要浅显得多,更类似"纵横家"的作品,从政治思想角度来说意义不大。与此相反,《徕民》篇则提出了革新性的思想。它对战争有新的理解,能够走出纯军事的立场,全面讨论敌我之间经济状况和人口平衡情况,认识到有时甚至不必动用大规模的暴力活动就可以弱化敌国,具有长远的战略眼光。此外,如上所指出,该篇的经济思想也是比较成熟的,走出了《商君书》早期篇章中"纯农"和"命令经济"的思想框架。

郑良树先生在其《商鞅及其学派》中提出,尽管《商君书》具有共同的思想范围,但是

㊺ 宫宅洁(Miyake Kiyoshi)先生这样解释秦国的"大兴兵",见《秦国战役史与远征军的构成》。

㊻ 详见 Mark E. Lewis, "The Han Abolition of Universal Military Service," in Warfare in Chinese History, ed. Hans Van de Ven, Leiden: Brill, 2000, pp.33—76.

㊼ 见拙作 "Irony, Political Philosophy, and Historiography: Cai Ze's Anecdote in Zhanguo ce Revisited." Studia Orientalia Slovaca 第 17 辑第 2 期, 2018 年版, 第 87—113 页。

㊽《韩非子·初见秦》篇的言论也被收入《战国策·秦策一·张仪说秦王》章,这肯定是错误的。该章的一些历史信息比张仪在世的时候晚五十多年,更符合韩非子的年代。有关该篇的作者和写作年代具有较大的分歧,详见郑良树《韩非之著书及思想》,台北学生书局 1993 年版,第 11—15 页;蒋重跃《韩非子的政治思想》,北京师范大学出版社 2000 年版,第 14—25 页;宋洪兵《韩非子政治思想再研究》,北京人民大学出版社 2010 年版,第 9—13 页;窦兆锐《〈韩非子·初见秦〉篇作者考》,载《史学月刊》2019 年第 7 期,第 13—22 页。

许多篇章的写作年代是不同的,如果按先后顺序读它们,就可以理解"商鞅学派"的思想发展历程。尽管郑先生研究的一些细节很值得商榷,但笔者赞同其研究方向。此外,日本学者好并隆司(Yoshinami Takashi)专门讨论过《商君书》的《算地》篇和《徕民》篇之间的关系,其研究也比较有启发性[49]。我们在郑先生和好并先生研究的基础上可以进一步讨论《徕民》篇在《商君书》中的地位。首先要强调,《徕民》篇的作者应该也"商鞅学派"的人,无论从追求"富强"的理想,还是重视"农战",抑或主张"社会工程学"的方法,这些都属于《商君书》的基本思想范围。然而,该篇作者也认识到,新的人口、经济、军事的条件都要求对早期《商君书》的部分理论做出调整。这种革新性也正是《商君书》思想的主要特点之一。

《徕民》篇最后几句话正好讨论这一篇的革新性,让我们能够理解作者的自我认识。

且古有尧、舜,当时而见称;中世有汤、武,在位而民服。此三(四)王者万世之所称也,以为圣王也,然其道犹不能取用于后。今复之三世,而三晋之民可尽也。是非王贤立今时,而使后世为王用乎?然则非圣别说,而听圣人难也。

上古的典范统治者尧、舜、唐、武都被称颂为"圣王",尽管如此,"其道犹不能取用于后"。笔者认为,作者在此暗示的是商鞅本人。对作者而言,商鞅可能也算圣人了,但尽管如此,"其道犹不能取用于后"。新时代要求新的政治、经济和军事措施。此外,作者还暗示他自己也许是圣人,因而他有资格调整商鞅的思想。类似的自我认识——即暗示自己是圣人——在《商君书》其他篇章中是没有的。

有些吊诡的是,《徕民》篇的作者使用了《商君书》的历史辩证法(即,由于客观条件的变化,任何思想和政策都要被调整,乃至彻底地被改变)[50]来反驳《商君书》里面的一些定论。这在一定程度上反映出商鞅死后其思想在秦国的地位。商鞅的思想——主要是其所主张的以军功爵制取代传统以血统为核心的社会结构——本身是具有极高的革命性的,但由于其在秦国成为主流思想,就丢失了这种革命性,最终变成保守的定论了。《徕民》篇的作者所批评的"王吏"只会保持之前的规律,但无法重新考虑这些规律的优缺点。正如荀子批评的平凡官员("守法之吏"),"法而不议,则法之所不至者必废"。荀子认为,为了解决"法之所不至者"的问题,则"非君子莫能"(《荀子·王制》)。而将自己当作"圣人"的《徕民》篇的作者则可以改变法律,走出"王吏"的保守思想,并在新的历史条件下,保持《商君书》精神的同时,对其某些具体意见进行调整。

"听圣人难也"。那么秦王到底听取了该作者的意见没有呢?我们无法判断。但能够

---

[49] 好并隆司(Yoshinami Takashi)《商君书徕民、算地两篇よりみた秦朝权力の形成过程》,载《东洋史研究》第44辑第1期,1985年版,第1–22页。尽管好并先生无法避免一些推测性结论,但是他提出的两个篇章之间的对话特别值得注意。

[50] 有关《商君书》的历史辩证法论,详见拙作 The Book of Lord Shang,第60–65页。

肯定的是,许多山东六国的移民确实去到了秦国[51],而这是否基于秦国调整了对移民的政策呢?目前尚无法知道。同时,部分秦国的军事调整也可能与《徕民》篇有关,但是秦王政进行的主要战役,正好与该篇的主张是相反的。这些战役基于"大兴兵",都是远征,也是长期的,目标是彻底地消灭敌国、兼并其土地、统一天下。这些战役基于秦国跟六国之间的新的势力平衡,否决了《徕民》篇中相对保守的建议[52]。

无论其具体影响如何,我们都不能否认《徕民》篇证明了,在商鞅死后一百年,其"学派"仍然保持了灵活性和革新性。那么,为什么这种革新精神在秦统一天下以后消失了呢,将另行讨论。

---

[51] 滕铭予《秦文化:从封国到帝国的考古学观察》,学苑出版社 2003 年版;陈力《从考古资料看〈商君书·徕民〉的真实性:兼谈战国晚期秦咸阳附近移民分布的特点》,载《边疆民族考古与民族考古学集刊》2009 年第 1 期,第312—321 页。

[52] 见宫宅洁《秦国战役史》。

第二编《管子》研究

《管子》的国家政治理论

——基于政治哲学的一种解读

耿振东 *

【摘　要】《管子》蕴含丰富的国家理论。其国家理论的逻辑起点是人性嗜利,智者"兴利除害,正民之德",以建立国家的方式结束乱象。国家建立,需要分民以定名分、赏罚以行法治两种制度保障,而理想的治世图景是"道法行于国"。换一个角度看,《管子》从为什么要建立国家、由谁来建立国家、怎样建立国家、理想的国家应该怎样四个方面对国家问题做出解答,这构成了它的国家政治哲学。在先秦诸子学说中,《管子》国家政治哲学把儒家礼治思想、法家法治思想、道家无为思想融会贯通,特色鲜明,影响深远。

【关键词】《管子》;国家;智者;民体;赏罚;道法

目前对诸子思想中的国家理论研究,仅是对国家起源认知的诠释。起源作为国家理论的基本内容当然不可缺少,但止于起源诠释,未免有所偏颇与遗漏。作为完备的理论体系,除国家起源外,国家由谁建立,国家如何建立,理想的国家应该怎样,都是值得探讨的问题。作为先秦诸子之一的《管子》思想,内含丰富且完备的国家理论。《管子》融汇儒、法、道三家政治哲学,体现出战国后期各种理论碰撞交融的时代特色。与诸子相比,《管子》对国家历史功用的把握清醒准确,它提出"民体以为国,赏罚以为君"的观点反映出在国家如何建立问题上高度自觉的理论态度。《管子》的国家理论代表了先秦诸子对国家认知的新的发展阶段。

先秦时期,现实中的国家是家国同构社会体制下特殊历史存在。但在诸子国家理论的主观建构中,却看不出家天下的因素,其所内含的某些公共思想,反而与西方的某些政治观念,如马里旦关于"国家不过是一个有资格使用权力和强制力并由公共秩序和福利方面的专家或人才所组成的机构,它不过是一个为人服务的工具"[①]的看法有相似之处。如果从国家构成的要素看,现代学者强调的土地、人口、主权在诸子国家理论中也基本上具备了,只不过有时候表述不集中。如《管子》强调了人口、主权,却没有强调土地对国家建成的重要性,尽管这一问题在其他篇章有所补论,但没有成为国家理论建构的直

---

* 耿振东,山东理工大学齐文化研究院教授。研究方向:先秦诸子及中国思想文化。
① 马里旦《人和国家》,霍宗彦译,商务印书馆 1964 年版,第 15 页。

接组成部分。总的来看,诸子的国家理论具有现代阐释价值,这不仅从《管子》"以法治国"的国家建设理念中得到验证,从"公道""公法""公正""公平"等具有现代气息的政治词汇中也可以得到说明。

限于论题,本文只从政治哲学的几个基本问题出发,对《管子》国家理论作一论述。

一、为什么要建立国家——结束"以力相争"的生存乱象

国家建立之前的人类社会是什么样子,先秦思想家有过多种推测。分析《孟子》《墨子》《庄子》《商君书》《荀子》的不同场景描绘,可分别概括为以下几种:一、水灾泛滥,五谷不丰,不胜禽兽,无安居。二、一人一义,离散不合,彼此怨恶相害。三、与禽兽居,与万物并,织衣耕食,无欲无知。四、亲亲爱私,务胜力争;贤者无私而仁,相出而乱。五、欲多物寡、相争而乱、乱而又穷。我们把国家建立之前的历史时段称为前国家阶段或前国家场景。对于上述前国家场景,有学者认为体现出先秦思想家"对这个政治权力尚未产生的社会""不同的价值认识",而这些价值认识在不同的学术派别中是不同的。具体来说,以儒、墨为代表的学者持否定性认识,以法家为代表的学者持中性认识,以道家为代表的学者持肯定性认识②。但认真分析之下,这样的结论未必公允。

在法家阵营中,以韩非对上古、中古、近古的描绘为例,《韩非子·五蠹》说:"上古之世……有圣人作……使王天下,号之曰有巢氏。""中古之世……而鲧、禹决渎。""近古之世,桀、纣暴乱,而汤、武征伐。"在这里,"上古之世""王天下",说明此时已建立国家,依此,"中古""近古"也是国家已经建立的时期。尽管在情感上,我们或许不认为有巢氏时期已进入国家阶段,但从韩非的措词推敲,既然那是一个"王天下"的时代,则在理论上就应该是一个国家的时代。因而,不应认为韩非所描绘的上古、中古、近古是前国家时期,更不应该认为他对前国家时期持中性认识。事实上,循韩非的思想逻辑,他并没有对前国家时期作任何想象。韩非之所以把上古、中古、近古并列描绘,仅在于对它们所代表的不同时段的国家状态做出批判,从而为自己的国家理论的提出作铺垫。事实上,法家思想的表述,无论是《商君书》还是《韩非子》,一直强调土地、人民、君主专权和官僚机构的重要性,从国家学层面看,这已经是在进行建构国家理论的尝试了。因而,在法家看来,建立国家是必要的。既然认为建立国家是必要的,则对前国家时期必然持否定态度。

至于道家思想,《庄子·马蹄》说:"夫至德之世,同与禽兽居,族与万物并,恶乎知君子小人哉!同乎无知,其德不离;同乎无欲,是谓素朴;素朴而民性得矣。及至圣人,蹩躠为仁,踶跂为义,而天下始疑矣;澶漫为乐,摘僻为礼,而天下始分矣。""及至圣人","仁""义""礼""乐"相继而生,意指自圣人起,国家建立。因而,之前的"至德之世"便是前国家时期。比较《庄子》对前国家场景及圣人建立国家后场景的描绘及措词,可知它对前国家时期的人类生存状态持有肯定态度。但说到《老子》,情况就不同了。由于《老子》对"小国寡民""邻国相望"这一国家建立时期的肯定性认知,可推测他对前国家时期持否定性态度。

通过以上论述,可知除了《庄子》对前国家时期的与禽兽居、与万物并、织衣耕食、无

---

② 杨阳《中国传统国家理论的奠基——先秦诸子的国家学说》,载《政治学研究》2018 年第 1 期。

欲无知的人类生存场景持肯定态度,《孟子》《墨子》《商君书》《荀子》《韩非子》《老子》各有对前国家场景的理解,从其对国家场景的肯定,可知他们对前国家场景持否定态度,这也就是说,他们认识到了国家建立的必要性。

《管子》对前国家历史时期也是持否定态度的。《君臣下》说:

> 古者未有君臣上下之别,未有夫妇妃匹之合,兽处群居,以力相征。于是智者诈愚,强者凌弱,老幼孤独不得其所。

《管子》对前国家时期的描绘,可称之为智诈愚、强凌弱。对比其他诸子的描绘可以看出,《孟子》的自然灾难说突出的是人与自然的矛盾,《商君书》的亲亲与贤者的无序说突出的是血缘之外彼此相争的矛盾和贤者竞相标榜导致民无所适从的矛盾,《墨子》的各行其是而彼此怨害说,突出的是思想不统一而导致彼此相非的矛盾。他们共同突出了人与人(也包含群与群)之间的矛盾。《荀子》的欲多物寡、相争而乱说,一方面突出了相争而乱即人与人之间的矛盾,另一方面又突出了欲多物寡即人与物之间的矛盾。《管子》强调"以力相征",强调智诈愚、强凌弱,突出的也是人与人之间的矛盾,但究竟是什么原因导致了这一矛盾呢?

> 夫凡人之情,见利莫能勿就,见害莫能勿避。……利之所在,虽千仞之山,无所不上,深源之下,无所不入焉。(《管子·禁藏》)
> 民,利之则来,害之则去。民之从利也,如水之走下,于四方无择也。(《管子·形势解》)

既然人之本性是见利则取、遇害则躲的欲利之性,那么,在这种心理的驱动下,为能获利,当然可以四方无择,可以涉远乘危。于是,人与人之间"多怨争利,相为不逊"(《管子·小称》)也就成为必然,且人与人之间"饰智任诈,负力而争"(《管子·正世》),最终会导致社会失序,老幼孤独无法安居。

但这只是"以力相争"的主观原因,而不是客观原因。事实上,人虽欲利,但如果自然界物质充足,人与人之间也不会发生冲突。"盖就一般理论而言,在自然状态中,'争夺与冲突'的现象之所以产生,乃预设了两种条件:一是'欲望'之'多';另一是所欲'物品'之'寡'。今设若欲望有限,所欲物品虽不丰但亦不寡,'争'则无由生;又设若欲望虽多,但所欲物品丰而不寡,则'争'亦无由而生。因此,'争'之产生必出于'欲多'而'物寡'的矛盾。"[3]那么,在《管子》看来,人类由嗜利而争夺是不是缘自欲多物寡呢?《权修》说:"地之生财有时,民之用力有倦,而人君之欲无穷。以有时与有倦,养无穷之君,而度量不生于其间,则上下相疾也。是以臣有杀其君,子有杀其父者矣。"虽然这是对国家建立之后人类欲多物寡现象的客观陈述,但按常理推测,这种欲多物寡的现象也存在于前国家阶段。总之,正是欲多物寡导致了相互争夺。

---

③ 东方朔《"欲多而物寡"则争——荀子政治哲学的逻辑前提和出发点》,载《社会科学》2019 年第 12 期。

但另一方面，《管子》认为，欲多物寡未必然一定引起争夺。其《牧民》说："天下不患无财，患无人以分之。"《乘马》说："与之分货，则民知得正矣。"只要有人善于分配财物，就不会出现人类相争夺的现象。

上述两种观点看似对立，实质上却有内在一致性。国家建立后，君与民之间仍然会因物寡而相互争夺，正暗示了物寡的现象在国家建立之前更严重，它在说明前国家阶段因物寡而"以力相征"的原因的同时，更提出了一个如何面对物寡并解决物寡的问题。至于提出"不患无财，患无人以分之"（《牧民》）的观点，正是针对物寡而争的历史矛盾提供一种可能的解决方案。进一步说，"与之分货"观点的提出，组成了《管子》国家建构理论的重要内容。由物寡相争的现实，到不以物寡为忧，且仍能在物寡的条件下消除"以力相征"的人类乱象，使"民知得正"，正是国家建立的意义所在。

在这场以力相争的前国家乱象中，《管子》突出了冲突双方在智力与体力两方面的对比。智力方面有智与愚的区别，体力方面有强与弱的区别。智、愚、强、弱的划分是对人类生存能力差异性的强调，能力的差异直接决定了在这场争夺中所获财物多寡的差异。按《管子》的解释，智的内涵是"一事能变"（《心术下》），其表现是"不可欺"（《枢言》），可见智突出的是人在心智与思虑方面的优势，侧重于人的精神层面。强，在《管子》中经常以"兵强""骨强"的组合方式出现，表示身体的强劲与健壮，侧重于人的气力与体能层面。当智与愚、强与弱胶着于财物争夺时，失败一方必然是愚者、弱者。"分地若一，强者能守。分财若一，智者能收。"（《国蓄》）大自然为每一个人都赐予了一份财物，由于人与人之间存在能力的差异，本应属于弱者、愚者的那份财物，面对强者、智者的力夺与诈取，竟然保守不住。相反，强者、智者不但能坚守住自己的财物，还能够从弱者、愚者手中再捕获一份。这样的场景被《管子》称为"智者有什倍人之功，愚者有不赓本之事"（《国蓄》）。

嗜利，源自人的本性，无论智愚强弱，皆是众所共有的稳定心理结构，因而不需要对其进行道德评判。但因嗜利而占有他人财物，便不再具有道德合理性。《管子·版法解》说："擅天下之利者，天下谋之。天下所谋，虽立必隳。"愚者、弱者虽暂时让渡财物占有权，但却不会长期甘于被诈凌。天下的愚者、弱者联合起来，智者再智、强者再强，终究会得而复失，"众之所忿，寡不能图。"最终智而无智、强而不强。智者、弱者要想不被天下所谋，避开必隳的结局，唯一出路是与天下人共利："与天下同利者，天下持之。"（《版法解》）持之，即拥护。"天下所持，虽高不危。"（《版法解》）与天下人共利，得到天下人拥护，就不存在被图谋的危险了。上述推论，被《管子》从抽象思辨的角度诠释为道临天下的表现。依《管子·内业》："万物以生，万物以成，命之曰道。"道的功用是化生万物，它对任何人都无私无偏，"道满天下，普在民所"（《内业》），世间万物在道的作用下均会被安排妥当。智强对愚弱的诈凌可以行得一时，但不具有长久性。"盛而不落者，未之有也。"（《宙合》）盛而始落是道的运行规律。在道的运行规律面前，"釜鼓满则人概之，人满则天概之"（《枢言》）。最终，世间万物会走向新的平衡，智者、强者与愚者、弱者也会走向新的和谐，成为新的一体。

由此可见，"为什么要建立国家"这一问题的答案是：结束相争而乱的人类生存状态。它成为先秦思想家探索国家建构理论的原始动因，而由前国家时期进入秩序、天下同利的国家阶段，又构成先秦思想家国家建构理论的理想目标。对此，《管子》不仅做出了人类生存必需的解答，也做出了历史发展的必然判断。

二、由谁建立国家——"智者"

由谁建立国家，意指谁结束"以力相征"的社会乱象，《管子》明确指出是智者："故智者假众力以禁强虐，而暴人止。为民兴利除害，正民之德，而民师之。"（《君臣下》）不过，在前国家时期，《管子》说"智诈愚"导致了"以力相征"，彼"智"字明显有智者之义，此处又说"智者""禁强虐"，这到底应如何解读？此处的"智者"有两种可能：一，此"智者"与前国家时期参与诈愚凌弱活动的智者同属一类；二，此"智者"与前国家时期诈愚凌弱活动的智者非属一类。但无论哪一种，此"智者"指向个体，彼智者指向群体。现在的问题是，如果此"智者"属于前者，即参与了诈愚凌弱的活动，何以能在此成为"为民兴利除害，正民之德"之人？其间转换的根据何在？

《孟子·尽心上》说："鸡鸣而起，孳孳为善者，舜之徒也；鸡鸣而起，孳孳为利者，跖之徒也。欲知舜与跖之分，无他，利与善之间也。"舜为善，跖逐利，似乎跖不可能成为为善的舜。但依《孟子》的理路，舜、跖的差异在于能否"求其放心"（《孟子·告子上》），而能否"求其放心"，是一个为或不为的问题，而不是能或不能的问题。因而，跖成为舜，从逻辑上讲，这种转换是可能实现且有根据的。与《孟子》同样的思路，《荀子·性恶》认为："涂之人可以为禹。"普通人转换为禹的途径在于"学"和"积"，尽管在事实上，"涂之人可以为禹则然，涂之人能为禹，未必然也"（《荀子·性恶》），但从理论上讲，禹由涂之人转换而成，也是可能实现且有根据的。由此可知，《管子》中参与了诈愚凌弱活动的智者，成为"为民兴利除害，正民之德"的"智者"在理论上是可以成立的。正因为"智者"想结束"以力相征"的人类混乱，才有了脱胎换骨的转换。

梳理《管子》对于"智者"的理解，第一，"智者""一事能变""不可欺"，具有心智与思虑方面的优势；第二，"智者究理而长虑"（《大匡》），善长思虑以推求万物之理；第三，"智者能牧之，贱所贵而贵所贱。"（《侈靡》）智者能根据需要变换角色，以达于团结众人从而驱使众人的目的。缘此而论，由前国家阶段诈愚凌弱的智者，到"为民兴利除害，正民之德"的"智者"，其转换有理论上的可能，其特殊的心智为这种转换提供了心理或思想基础。

这种特殊的心智是否只为"智者"所拥有？《管子》没有交待。那么，它是否像《孟子》所说的，只要"求其放心"，就"皆可以为尧舜"，或又像《荀子》所说的，只要"学"与"积"，就"可以为禹"，从而"非智者"就可以成为"智者"呢？《管子》也没有作清楚的交待。《管子》强调学习，如"士不厌学，故能成其圣"（《形势解》），但所有的"学"，都是在国家建立后的语境中被表述，没有根据断定，事实上《管子》也没有指出"智者"之智是在前国家阶段通过后天努力得来的。《管子》强调"人情不二"（《权修》），此"不二"之"情"均指向逐利的本能，以及"得所欲则乐，逢所恶则忧"（《禁藏》）的情感特征，它们均是就感官层面的生理欲求而言，与人的心智没有关系。这也就是说，他者与智者的相同之处，是生理欲求方面的本能，在心智思虑方面却相距甚远。依此，"智者"所拥有的各种心智是仅为"智者"拥有且是先天性的，国家建立只能由智者引领并具体实施。在这一问题上，《管子》的观点明显具有先验论倾向。

结束前国家阶段的混乱，"智者"必须完成三件事情，"除害""兴利""正民之德"。除害，即"禁强虐，而暴人止"，这需要"假众力"，智者无疑能担此重任。前述"智者能牧之，贱所贵而贵所贱"(《侈靡》)，已经明确了智者善长组织并驱使众人以成事功的能力。

兴利，即制止一部分人对另一部分人财物的剥夺行为，让财物为人共有。兴利有两层内涵，一是在利物不足的前提下分利，使人人均有所得；二是在利物丰赡的前提下分利，让人人尽享物利之泽。《管子》此处的"兴利"侧重于前者。

"正民之德"，就是告知人们安守本分，杜绝相互间的利益争夺，这就需要"智者"具备充足的德性。值得注意的是，一方面，《管子》说："德生于理，理生于智。"(《九守》)认为智是德之源。另一方面又说"敬守勿失，是谓成德。德成而智出，万物果得。"(《内业》)认为德是智之源。这看似矛盾的表述，正说明智与德在《管子》这里是相依而成的关系，它们之间不存在对立性。所以，智者担负起仁者的"正民之德"的职责，是完全可能的。

由以上论述可知，《管子》把为结束"以力相征"的前国家阶段而必须承担的三个历史重任交付智者，是在"智者"的定性中规定了的，在"智者"那里完全有可能实现。

三、怎样建立国家——"民体以为国""赏罚以为君"

关于怎样建成国家，《管子》提出了如下构想："名物处，匙非分，则赏罚行矣。上下设，民生体，而国都立矣。是故国之所以为国者，民体以为国；君之所以为君者，赏罚以为君。"④(《君臣下》)由于对《管子》上述文句有着不同理解，导致在其国家理论建构的诠释上出现意见分歧。

唐代尹知章《管子注》把"上下设，民生体，而国都立矣。是故国之所以为国者，民体以为国"疏解为："上下既设，人则生其贵贱之礼，故国都立也。""贵贱成礼，方乃为国。"《管子》在描绘前国家场景时，明确把没有君臣上下之别看作导致人类乱象的一个原因。因而，国家建立必然有待于上下之别的贵贱之礼的建立。循此，尹知章把"体"字释为礼，并非毫无道理。但释"体"为礼，除尹氏外，古人没有类似用法。清末民初姚永概据尹氏之注，认为《管子》原文中的"体"字，应为"礼"之讹⑤。他看到原文应内含以礼作区分的意思方可语句通畅，故而依尹注提出此说。但这样的改字为训，似没有必要。

之所以出现如上诠释困境，是因为诸家忽略了"民生"这个词的实际内涵。在这里，"民生"宜解释为人民生存所需要的基本物资。"民生"问题的解决，依赖于"智者"之分。关于这一点，前文已有论述。此"智者"之分，在《管子》的国家理论中，以"体"字表示。"体"字含有"分"义，当它与"民生"相结合，即缀在"体"字之后时，正表达了对人民生存所需物资进行分配的意思。此外，所谓的"上下设"，亦未尝不可以看作是"智者"对贵贱加以区分设置的结果。在这个意义上，无论是"上下设"还是"民生体"，最终都要落实到分上来。依此，后面的"民体以为国"，也应理解为"民分以为国"。

---

④ "名物处，匙非分"，原文为"名物处违是非之分"，据郭沫若说改。见郭沫若、闻一多、许维遹《管子集校》，科学出版社1956年版，第480页。

⑤ 郭沫若、闻一多、许维遹《管子集校》，第480页。

"体"字释为分,于古有征。《墨子·经上》:"体,分于兼也。"孙诒让《墨子闲诂》释曰:"《周礼天官叙官》:'体,犹分也。'《说文·秝部》云:'兼,并也。'盖并众体则为兼,分之则为体。"[6]体,相对于兼而言,兼为并,体为分。又《周礼·天官·冢宰》有"体国经野",郑玄注:"体,犹分也。"[7]凡此,均可证"体"有分义。综合起来看,把"体"释为分,不但从训诂的角度,还是从文义的角度,都较前几种释义合理。这样,《管子》提出的国家建成理论就可解释为:分辨名物(使各处其宜),分别是非(以遵循正道),然后设立赏罚机制。划分上下贵贱等级,分配人民生活财产,然后可以建立国都。因此,国家之所以能成为国家,就是在于分民;国君之所以成为国君,就在于依靠赏罚。

依据我们的诠释,《管子》对于国家如何建成的政治思索,核心思想是"民体以为国""赏罚以为君"。如果用两个关键词表示,前者可概括为分民,后者可概括为赏罚。

"体"字释为分,是《管子》中常见的用法。除上文的"民生体""民体以为国",又如《君臣上》:"君明、相信、五官肃、士廉、农愚、商工愿,则上下体而外内别也。"《君臣下》:"四肢六道,身之体也。四正五官,国之体也。""国之所以乱者四,其所以亡者二。……四者无别,主失其体。"《心术上》:"登降揖让,贵贱有等,亲疏之体,谓之礼。"上述"体"字皆有分义。"体"在《说文解字》中被释为"总十二属也",段玉裁认为,人体的顶、面、颐、肩、脊、臂、手、股、胫、足等十二分肢,总称为体。《广雅·释亲》:"体,身也。"可见,体具有分义,也有作为整体的身体之义,而其具有整体的身体之义,是建立在身体分肢即分的基础上的,也就是说,作为整体,是以内部的分别、差别为前提的。正因为"体"字具有如上内涵,《管子》中的"体"字在作整体解时,已预设了分别、差别之义,如《君臣上》:"上之人明其道,下之人守其职,上下之分不同任,而复合为一体。""先王善与民为一体。"《七法》:"有一体之治,故能出号令,明宪法矣。"均是在分的前提下的"一体"。

就《管子》所言"民体以为国"而论,"体"字的分义表现在两个方面,"上下设,民生体",也就是分别贵贱、确立财物享用等级,它们是国家建立的基本内容。对此,《立政》有较为集中的陈述:

度爵而制服,量禄而用财。饮食有量,衣服有制,宫室有度,六畜人徒有数,舟车陈器有禁。修生则有轩冕、服位、谷禄、田宅之分,死则有棺椁、绞衾、圹垄之度。虽有贤身贵体,毋其爵不敢服其服;虽有富家多资,毋其禄不敢用其财。天子服文有章,而夫人不敢以燕以飨庙。将军大夫以朝,官吏以命,士止于带缘。散民不敢服杂采,百工商贾不得服长鬈貂。刑余戮民不敢服绖,不敢畜连乘车。

该段从爵级、俸禄、职位、宫室、轩冕、饮食、服装,到田宅、衣被、家中拥有多少牲畜和奴仆、所用舟车、家中陈设,甚至到死后的棺椁、坟墓,都应按"上下设,民生体"的原则进行严格分别、分配、分等,体现出国家建立过程中分的重要性与复杂性。

"体"字具有分义,则"分"字自然能承担"体"字之责。事实上,《管子》国家理论中,表

⑥ 孙诒让《墨子闲诂》,中华书局 1986 年版,第 279–280 页。

⑦ 李学勤主编《十三经注疏·周礼注疏》(上),北京大学出版社 1999 年版,第 5 页。

示分别、分配、分等这一意义的词语，除"体"字外，还有"分"，且多数情况下是后者。这在《管子》中多有所见。"智者"分别、分配、分等的结果，是使大家拥有自己的名位、职守和所得份额。这样，同一个"分"字，便衍生出两种不同的意义，一个是由"智者"分别、分配、分等的分，作动词；一个是个人所得的各位、职守、份额，作名词。前者读 fēn，后者诚 fēn。分字作职守、名位、份额讲解，《管子》中亦多有所见。

由"智者"分别、分配、分等确立每个人应得的职守、名位、份额，这固然是国家建立的重要内容，但尚缺少一个重要环节，"智者"分民的标准。在这一问题上，《管子》提出依"食于道"和"食于力"对民进行二分的建议："君子食于道，小人食于力，分也。"（《君臣下》）。所谓"君子"，是指那些具备"义审而礼明"（《君臣下》）能力的人。礼有分义，"礼者，谓有理也。理也者，明分以谕义之意也"（《心术上》），而"义者，谓各处其宜也"（《心术上》），义，就是使人、物各自处于合理位置。"义审而礼明"就是能通晓分之理并落实分之义。凡是能通晓分之理并落实分之义的人，就可以成为君子，获得君子的职守、名位、份额。而一旦成为君子，就必须恪守君子职责，使国家"伦等不逾"（《君臣下》）。这部分人构成国家的管理层。

所谓"小人"，是指那些只知"听命""作本"（《君臣下》）的人。"听命"意谓仅是被动的分的对象，"作本"就是靠体力从事农粮生产。凡是具备这两个特点的人，可归入小人之列。"作本者众"（《君臣下》），从事农粮生产的"小人"数量众多，能为国家建立提供充足的物质基础，他们构成国家底层庞大的被管理者。《管子》说："民之制于上，犹草木之制于时也。故民迁则流之，民流通则迁之。决之则行，塞之则止。……决之则君子行于礼，塞之则小人笃于农。君子行于礼，则上尊而民顺。小民笃于农，则财厚而备足。"（《君臣下》）君子、小人受分，就像草木之于时令，"必得时然后生"（《君臣下》），否则，将重陷入"以力相争"的混乱之中。君子需要"决之"，使其沿"义审而礼明"之路完成自己的职守；小人需要"塞之"，即排除在"义审而礼明"之外，专力"作本"。做到这两点，一个人民得以安顺、财物丰厚并有储藏的国家就会出现。

以分作为手段去分别贵贱、分配财物，以此明确职守、名位和份额，这些均是"智者"分民的行为，而通过此分的行为欲达成的预期，依《管子》所论，一是得民，"均分以钓天下之众而臣之"（《霸言》）。"审其分，则民尽力矣"（《乘马》）。二是使民正且不惑。"与之分货，则民知得正矣"（《乘马》）。"名正分明，则民不惑于道矣。"（《君臣上》）三是使和谐有序。"定府官，明名分，而审责于群臣有司，则下不乘上，贱不乘贵。"（《幼官》）相反，"上下无分，君臣共道，乱之本也。"（《明法解》）四是使君尊。"朝廷不肃，贵贱不明，长幼不分，度量不审，衣服无等，上下凌节，而求百姓之尊主政令，不可得也。"（《权修》）这些构成了"智者"分民以建成国家的标志。

依《管子》"国之所以为国者，民体以为国；君之所以为君者，赏罚以为君"的表述，要建成国家，必须保障主持分民的"智者"的支配地位，使"智者"成为一国之长，即国君。尽管"智者"止争除暴，又在分民中建立国家，可是，他是否能够持续这种地位，真正成为一国之长，却存在很大的不确定性。在一个虽有分，但如果民众对"为什么这样分"缺乏认知与认可，国家在建立过程中取得的进展有可能得而复失，现实也会分而复乱。所以，"智者"还需要做一件事情，就是让民众知道"为什么这样分"，并认同已分的结果，以此将这一局面延续下去。

让民众知道"为什么这样分",就是想办法让民众对"这样分"的理由有正确认知,这就要求"智者"做到"名物处",即让民众辨知名物,并使各处其宜。这里的物,并非单指物质之物,它是人、事与物的总称。《管子》认为,"物固有形,形固有名",凡物都有区别于他物的形质,可以据此特有的形质赋予此物一个名。赋名的要求,是切实使名准确反映物,务使名物相当。具体要求是,"名不得过实,实不得延名"(《心术上》)。物之名所具有的内涵不能超过物的实际状况,物的状况也不能超过物之名所具有的实际影响。物之名能否准确反映物之实,关系到能否使人类生活趋于安平。"名正则治,名倚则乱,无名则死"(《枢言》),正确的赋名能使国家安定,不正确的赋名使国家出现动乱,而没有赋名将回到国家建立之前的混乱时代,没有任何秩序可言。具体到人,一个人被赋什么样的名,决定于一个人的才能和德行,这个才能和德行,就是"物固有形,形固有名"中的"形"。一个人的"形"决定了他的"名",决定了他在这场"智者"之分的国家建立过程中所得的名分与份额。

这个国家建立过程中所得的名分与份额,其实就是一个人在社会中的角色和地位。一旦这样的名确立,一个人的身份、职守、职位就明确了,他享受什么样的权利,肩负什么样的责任和义务,也都固定下来。名,在终极意义上成为一个人行为的规范与约束力量,坚守名,就是对规范与制度的遵守。从大处讲,名是建立国家的需要;从小处讲,名是被一个人的才能与德行决定了的、使其融入国家集体的唯一途径。只有名不"过实",实不"延名",才能保证国家在秩序中建立,才能保证民众在国家建立中得其份额。因而,人人必须名正,人人必须坚守自己的名,必须履行名所确立的分。

"名物处"带来国家是非观念的确立,即"韪非分"。名与物相合,为是;名与物不合,为非。凡被名规定了的,就要遵守,遵守即为是,僭越即为非。守名就是守分,凡守名与守分,都应该被肯定;凡伤名与伤分,都应该被否定。遵循是非标准,就是依名确立的分而行。是非观念在"名物处"被认知的前提下自然生成,民众对"为什么这样分"的认知由此确立。

《管子》建立国家的理论构想,如果概括为两个关键词,就是分民和赏罚。分民,就是别贵贱、分财物,确立民众各自的身份、职守与所得份额。赏罚,就是用利益诱导与刑罚威慑的力量保障名物各处其宜,保障是非标准不被破坏。国家,正是在分民与赏罚中得以建立的。

四、理想的国家应该怎样——"道法行于国"

"智者"建立国家,其动机是禁暴止争,其手段是分民与赏罚。分民,即"上下设,民生体",也就是分别贵贱、分配财物,以此明确职守、职分。《管子》对"智者"分民的描述,很容易让我们与《荀子》对"先王"制礼的描述联系起来。《荀子·礼论》说:"礼起于何也?曰:人生而有欲,欲而不得,则不能无求;求而无度量分界,则不能不争;争则乱,乱则穷。先王恶其乱也,故制礼义以分之,以养人之欲,给人之求,使欲必不穷乎物,物必不屈于欲,两者相持而长,是礼之所起也。""先王"为解决人类生存困境,采用制礼以分的方法,不仅止争除乱,还满足了人们对物的欲求。可以看出,《管子》《荀子》对人类由争乱致安平的过程预设是极为相近的,对"智者"分民、"先王"制礼的最终目的也有相同认识。不同之处在于,《荀子》单独拈出了礼这一概念,以之统摄分,而《管子》所言国家起源在《荀子》中代以礼之起源。对于《管子》《荀子》各自的演绎思路,我们不妨这样概括:前者认为有分民就可以建立国家,就可以使"民反道";后者认为有礼就可以实现安平,就可以使国家"正理平治"。

这样一种联系,促使我们对《管子》所言分民进一步追问,在分民的意义上,《管子》是否也像《荀子》那样以礼代分呢?进一步说,《管子》中的分民建国可不可以理解为以礼建国呢?这种追问不是空穴来风。《管子》的作者是稷下先生,他们与在稷下游学讲学的荀卿肯定有学术上的交流,《管子》的分民与《荀子》的制礼未必不是相互影响的结果。而且,《荀子》关于礼的起源的诠释与《管子》关于国家起源的诠释,表面上是在陈述两个内容,实质上都集中于国家理论,都是在讨论共同话题。因而,《管子》中的分民指向礼,同时礼以寓分、礼含分义,以致分民建国拥有以礼建国之义,并非没有可能。

事实上,以分指礼、礼以寓分的现象在《管子》中确实存在。我们先看内含分义的礼字。《君臣下》:"是以为人上者,患而不劳也;百姓,劳而不患也。君臣上下之分素,则礼制立矣。"分素,许维遹释为"分定"⑧。《心术上》:"登降揖让,贵贱有等,亲疏之体,谓之礼。"体,即分。以上二例,礼字均含分义。礼含分义,在《管子》对礼的解释中可以得到更确凿的证实。《心术上》:"礼者,谓有理也。理也者,明分以谕义之意也。"礼就是有理,有理就是明确社会分工,最终目的依《管子》"义者,谓各处其宜也"(《心术上》)的解释,就是彰显义的使物各处其宜的内涵规定。因而,礼以寓分,在《管子》对礼的释义中是被规定了的。《管子》中很多带有"礼"字的文句,"礼"字可用"分"字代替。"君人者制仁,臣人者守信。此言上下之礼也。"《管子》的"上下之礼"就是"上下之分",上下的职分不同,各自恪守的对象就不同。"民无礼义,则上下乱而贵贱争。"(《版法解》)上下混乱,贵贱相争,源自"无礼义",即没有严格遵行各自的职守、职分,相互间未处其宜,"无礼义"即"无分"。

正因为分与礼意义相近,甚至可以相互代替,所以,《管子》所言分民建国,在一定意义上,就是以礼建国。不过,作如上的解释,会出现一个疑问:既然分与礼意义相近,那么,在前述《管子》分民建国的国家理论中,为什么没有出现礼字呢?可能的答案是,在《管子》看来,"分"与"礼"分别承担着不同历史时段的不同历史功用。在国家建立阶段,分民发挥着主要历史功用,于是用"分";在国家治理阶段,礼制发挥着主要历史功用,于是用"礼"。"分"侧重于组织、谋划并以之达于预期的过程义,是一种动态的功用发挥,适合于作为国家建立时期的理论概念使用;"礼"侧重于在既成的分民结果上表现出它的意义,是一种静态的功用保持,适合于在规范的、体系的意义上作为国家治理时期的理论概念使用。

为了保障分民的成果,《管子》不仅提出以是否各处其宜为标准的是非理论,还提出以赏罚为手段对是非标准加以维护的构想。这便是"名物处,韪非分,则赏罚行矣"。它与法家对法的功用的认识相近。《管子》对法的相关表述,如"法者天下之仪也,所以决疑而

---

⑧ 郭沫若、闻一多、许维遹《管子集校》,第494页。

明是非也"(《禁藏》)、"法者,天下之程式也,万事之仪表也。吏者,民之所悬命也。故明主之治也,当于法者赏之,违于法者诛之"(《明法解》),也是在确立行为规范并以之为是非标准,且在循则赏、违则罚的意义上进行诠释。因而可以说,《管子》赏罚以建国的思想,具有以法建国的意味。《管子》在讲法时,很多情况下是法与赏罚并列使用,如《明法解》:"人主之治国也,莫不有法令,赏罚具。"那么,既然赏罚与法如此接近,为什么《管子》在对国家建立的构想中,不以法代替赏罚呢?对于这一问题,我们也可以仿照前面有关分与礼的解释做出回答:"赏罚"与"法"的历史侧重点不同。在国家建立阶段,需要的是直观的管理手段,于是用"赏罚";在国家治理阶段,固然依然需要"赏罚",但此时更需要在"赏罚"基础上形成一定的规范体系,成为一种国家治理的理念,于是,"法"就出现了。

对分民建国与以礼建国、赏罚建国与以法建国之间关系的讨论,显示出《管子》对建立国家与治理国家两种理论异同的思考。依《管子》,在建立国家的理论设计中,可突出分民与赏罚,但在建立之后的国家治理过程中,应在分民与赏罚的基础上,着重建构礼和法的完整治理体系,并使之成为一种治国理念。在《管子》中,礼的内涵要远大于分民,法的内涵也远广于赏罚,对礼和法的论述,正体现出《管子》试图建立以礼治国与以法治国完备理论体系的努力。

在分民建国的基础上,努力实现以礼治国;在赏罚建国的基础上,努力实现以法治国。那么,可不可以说《管子》理想的国家形态是一个依靠礼治和法治得以治理的亦礼亦法的国家呢?对于礼治和法治的论述,《管子》中确实很丰富,以至于有的学者认为,《管子》"有其自己的思想特点,一方面强调法制,另一方面又肯定道德教化的重要性,兼重礼与法"⑨,"把礼治和法治有机地结合起来,既强调以法律来加强王权,又重视用宗法道德来巩固封建统治。……创立了一套完整的社会政治思想和哲学思想体系。"⑩但严格地说,《管子》中虽有礼治的思想,但在理想的国家形态这一层面却不占重要地位,占据重要地位的是法治和道治。法治是实际的治理手段,道治则是法治的指引和方向。因而可以说,《管子》理想的国家形态是一个礼轻法重而又向往道治的国家。

《管子》中,理想国家的治理者有"圣王""神圣""明圣""先圣""圣人"和"明君""明王""明主""圣君"等多种称呼,我们把前者统称为"圣人"⑪,把后者统称为"明君",二者名虽异而实相同。它们在《管子》中出现频次很高,前者约计 190 次,后者约计 170 次。《管子》花费大量篇幅对"圣人""明君"如何治理国家做出论述,寄寓了它的理想的国家形态。

"礼"字在《管子》中出现约 120 次,其频次不算低,但与出现次数约计 430 的"法"字相比,确实相形见绌。从出现的语境看,"法"字及与法有关的治国思想经常出现在"圣人""明君"对理想国家的建构中,对于"礼"字来说,这样的机会不仅很少,且没有作为重

---

⑨ 张岱年《中国哲学史史料学》,三联书店 1982 年版,第 47 页。

⑩《中国哲学》第二辑,三联书店 1980 年版,第 39 页。

⑪ "圣人"扮演了两个角色,一个是独立的理想国家的治理者,如 "圣人者,明于治乱之道,习于人事之终始者也。其治人民也,期于利民而止"。一个是"明君"之师,如"明主不用其智,而任圣人之智,不用其力,而任众人之力"。在这里,我们不再对二者做出区分,均视为理想国家的治理者。

点强调的对象。造成上述现象的原因,在于《管子》对礼、法有着不同的理解。

《管子》对礼的界定,指向与职守、职分相对应的行为规范。"礼者,因人之情,缘义之理,而为之节文者也。故礼者,谓有理也。理也者,明分以谕义之意。故礼出乎理,理出乎义,义因乎宜者也。"(《心术上》)⑫"情"指人的性情才质。"义"的根据是各处其宜,是一种各当其位的表现。"理"即分,由于义是各处其宜,"缘义之理"便是强调分而有当。"节文",即礼节仪式,也就是行为规范。因而,礼是根据人的性情才质和各处其宜的职分制定出的相应仪式规范。

如果说,分是一个人在社会中的名位、职守的实质规定,礼便成为一个人在社会中体现名位、职分的形式规定。这种形式规定通过其外在的行为举止、所应遵循的仪式规范体现出来,以此区分出上下贵贱、长幼等级,即"登降揖让,贵贱有等、亲疏之体,谓之礼"(《心术上》)。礼,是各处其宜的行为规范,体现出的是整个社会的等级秩序。因而,是否循礼而行,就成为对等级秩序是否认可的标志。就是否遵循礼的规定而言,《管子》并不主张采取强制性措施,认为"民不心服体从,则不可以礼义之文教也"(《正世》)。它特别强调从内心培养对礼的认同感,认为"守礼莫若敬"(《内业》),要把礼看成理所当然,对其有所畏惧、警戒。在培养民众守礼的习惯上,《管子》提出"欲民之有礼,则小礼不可不谨"(《权修》)的从小事做起的行为原则。这些均可看作《管子》以礼治国的思想。

由于《管子》强调以礼治国,其对理想国家的陈述,自然少不了礼治的成分,如《法法》:"明君在上位,民毋敢立私议自贵者。国毋怪严,毋杂俗,毋异礼,士毋私议。"《法禁》:"圣王之身,治世之时,德行必有所是,道义必有所明。故士莫敢诡俗异礼以自见于国。"不过,正如前面所言,礼治思想不但在理想国家的构想中出现频次低,也没有被放到重要的地位加以强调。在上述"明君""圣王"治世图景的描述中,作为体现尊卑贵贱的礼,只是被冠以"毋""莫""异"等否定词,在强调不允许出现怪异的与礼相悖行为后,放在了与禁止私议歧说、禁止妄自尊大、禁止荒诞之事、禁止杂乱风俗并列的地位。

《管子》理想国家的构想没有突出礼治。从上举《法法》篇对理想国家构想的描述看,无论是文中的"倨傲易令,错仪画制,作议者尽诛",还是"私议立则主道卑矣,况夫倨傲易令,错仪画制,变易风俗,诡服殊说犹立? 上不行君令,下不合于乡里,变更自为,易国之成俗者,命之曰不牧之民,不牧之民,绳之外也,绳之外诛",无不把法律政令作为构建理想国家的重要措施。对于那些傲慢不恭、私改法令、制造异说、乱风俗、变服饰的非礼之民,《管子》仅给出一种处理方式:诛。

法,是国家建立过程中在赏罚基础上生成的治国体系。它和礼同具规范义,但规范的内容不同。礼,是体现分的治国体系,是表达尊卑贵贱的仪节规定;法,是保障分的治国体系,是维护"名物处,趋非分"的执行规定。"法度者,万民之仪表也。礼义者,尊卑之仪表也。"(《形势解》)礼,是尊卑的标志,尊者有礼,卑者亦有礼。礼数不同,尊卑自现。法,是万民的标志,它超越于尊卑之上,成为万民恪守的准则。这一准则就是以名物处为是、以名物舛为非。如果以是为非、以非为是,触犯了准则,必将受到惩罚。施以惩罚,是

————————

⑫ "礼出乎理,理出乎义,义因乎宜者也",原文为"礼出乎义,义出乎理,理因乎宜者也",据王引之说改。见黎翔凤《管子校注》,中华书局 2004 年版,第 772—773 页。

法完成其保障功用的必然途径。所以,在《管子》的治国理论中,就出现了先之以礼、后之以法的思维逻辑:"厚爱利足以亲之,明智礼足以教之……然后申之以宪令,劝之以庆赏,振之以刑罚。故百姓皆说为善,则暴乱之行无由至矣。"(《权修》)法治作为礼治的保障,被提到了重要位置。

依法而治,把国家缔造成一个法治国家,在《管子》理想国家图景的建构中成为论述重点。《管子》对"圣人"或"明君"依法而治不断加以强调。

名正法备,则圣人无事。(《白心》)
有道之君,行法修制。
虽圣人能生法,不能废法而治国。(《法法》)
明王之所恒者二:一曰明法而固守之,二曰禁民私而收使之。
法者不可不恒也,存亡治乱之所出,圣君所以为天下大仪也。
明主之治也,明分职而课功劳,有功者赏,乱治者诛。诛赏之所加,各得其宜。(《任法》)
明主虽心之所爱,而无功者不赏也。虽心之所憎,而无罪者弗罚也。案法式而验得失,非法度不留意焉。(《明法解》)

从上述圣人、明君对理想国家图景的展开可以看出,法无疑是《管子》所认为的治国重器,理想国家是否成立的重要标志是有无法治,能否让法行于国,能否树立起法的权威。

《管子》之所以强调法治对于国家治理的重要性,重要原因之一是对人类情性的理解。《枢言》说:"人故相憎也。人之心悍,故为之法。"人心或凶暴,或勇猛,均是充满暴力性的词语。那么,这样的群体作为条理对象,所指向的治理体系必定是建立在赏罚基础上的法治,而不可能是期望在"莫若敬"的状态中得以维持并指向的礼治。

对于礼、法之间的关系,《管子》有两种不同的陈述。其一为"所谓仁义礼乐者,皆出于法"(《任法》),其二为"法出于礼,礼出于名"(《枢言》)。两种看似矛盾的陈述,实则立意不同,因而并不构成冲突。认为礼出于法,是从法作为礼的保障这一角度言,无法,礼将不复存在,因而礼对于法具有完全的依赖性。认为法出于礼,是从把礼作为"上下设"的等级制度的象征,即民分有国、有国而有礼的这一角度言,法则缘此而设,无此,法就失去了存在的基础和必要,因而法又依赖于礼。治理国家要亦礼亦法,但理想治世必然是一个"明法"的国家。

《管子》中出现的"道"字,至少有以下几种涵义:作为宇宙万物本原的大道,作为事物普遍规律的道,作为自然规律的天地之道,作为社会体用的道,包括圣人之道、帝王之道、君之道、臣之道、具体方法之道,作为引导意义上的道,作为道路意义上的道,和其他含义之道[13]。但后三种意义上的道,并不是《管子》道论的主体。仔细分析之下,宇宙本原

⑬《管子学刊》编辑部《管子与齐文化》,北京经济学院出版社1990年版,第91页。

的大道、自然规律的天地之道,实质指向形上的本原之道,圣人、帝王、君、臣四者之道,实质指向国家治理之道,事物普遍规律的道、具体方法之道,实质指向日用常行之道。依此而言,《管子》论道主要围绕形上的本原之道、国家治理之道、日用常行之道三者展开。

《管子》形上之道是世界万物所以生成的本根,具有三个特性:是普遍性的存在,是无限永恒的存在,又是不断运动着的存在。与《老子》道论相比较,《管子》道论把《老子》抽象的非实体的道,理解为本源之道与构成本源的质料即精或精气相统一的物质性实体。它虽无形无声,却遍在万物之中,万物由之获得各自的规定⑭。这样一种形上之道,如何被《管子》运用到治国之中,学者也有论述。这些论述多从《管子》所言“道生法”“静因之道”、道与仁义礼法结合的角度展开。近几年,有学者从名的角度讨论《管子》治国思想,取得了较大的学术进展⑮。这里,借鉴已有的学术成果,结合我们所强调的名、分,对《管子》形上之道与理想国家建构的关系略作论述。

形上之道的一个功用,是它对宇宙万物的生成作用。宇宙万物从道那里“得其所以然”⑯(《心术上》),即从道那里获得适合自己的具体规定——德,成为现实中存在之物。凭借具体的规定性,物与物之间有了分别,借助彼此间的分别,宇宙万物实现了“五音不同声而能调”“五味不同物而能和”(《宙合》)的和谐状态。形上之道的这一功用,被称作道的“畜”“养”功能。按《管子》的理解,圣人就是能“畜”“养”民众的得道之人。畜养民众的第一步,是因人赋名以定分,即根据不同的人各自的才性,给予不同的名,以此确定不同的名位职分。只有赋名、定分,才可以止争、除暴、正民之德,才可以建国,才可以“上下和同而有礼义”(《五辅》),并达之于“畜之以道则民和,养之以德则民合”的理想治世。

民众因所得之道不同,从而有才质上的差异,因此被圣人赋以不同的名位,给予贵贱不一的等级,圣人也因对名位、等级进行保障的原因而发明出法。法,这种建立在赏罚基础上的保障名位、等级的工具,有无形上的依据呢?《管子》又是怎样解说法与形上之道之间的关系的呢?

《内业》认为,“夫道者,所以充形也”(《内业》)。道赋予宇宙万物内在的规定性,万物得以生成。虽然“道在天地之间”(《心术上》),是一种永恒地存在,但就道在某物而言,却是有一定的条件的,某物得道而有德,不见得是永久的状态,因为有可能得之而复失。要想守道不失,《管子》认为必须效仿道的虚静。只有“虚其欲”,才能为道提供停驻的场所,只有道充己形,才能得到道的照临,获得自己的规定性,即“敬守勿失,是谓成德”(《内业》)。那么,在不遵循道的规律的时候,宇宙万物又将呈现怎样的情形呢?“失天之度,虽满必涸”(《形势解》),“失天之道,虽立不安”(《形势》),“天之所围,虽成必败”(《形势》)。相反,遵循道的规律,守住自己从道那里得到的内在规定性,将“得天之道,其事若自然”(《形势》),“其功顺天者,天助之”(《形势解》),“天之所助,虽小必大”(《形势解》)。此处

⑭ 丁原明《黄老学论纲》,山东大学出版社 1997 年版,第 143–144 页。

⑮ 曹峰《中国古代“名”的政治思想研究》,上海古籍出版社 2017 年版。郑开《道家政治哲学发微》,北京大学出版社 2019 年版。

⑯ 原文为“其谓所得以然也”,郭沫若认为,当是“谓得其所以然也”,见郭沫若、闻一多、许维遹《管子集校》,第 643 页。

的"天"指道,"天之道",即道的规律。这样一种因与道相顺相逆而被或助或败的自然规律,便成为国家治理过程中以"名物处"为是非标准、以赏罚为基础的法的形上根据。

《管子》说:"法出于礼,礼出于名。名、礼,道也。"[17]依前文对"法出于礼"做出的法有赖分、礼而存在的解释,既然名、礼是道临万物的表现,则法也是因道而产生的,不过,法、道之间的关系还不分明。《管子》又说:"礼出乎理,理出乎义,义因乎宜者也。法者所以同出,不得不然者也,故杀僇禁诛以一之也。故事督乎法,法出乎权,权出乎道。"(《心术上》)[18]礼出于分,分出于宜,宜就是各当其位。而法在其间的功用,是"同出"。何谓"同出"?郭沫若认为:"此释'简物小大一道'。'出',谓参差。'同出',谓统一其参差。"[19]"简物小大一道",是"同出"一词之前的文中语句,郭沫若释为"不问事之繁简,物之大小,其本一也"[20]。本一,即皆源于道。《管子》所言"不得不然"的,是法,是对法的强迫性的陈述,不是客观万物本身"不得不然"。依《管子》,具有强迫性的法是用来监督民众是否履行其职守、职事的,即"事督乎法"。"法出乎权,权出乎道"的"权"字,学者多释为权衡,但仅释为权衡,却不指出权衡的对象,就使释义没有着落,让人产生隔靴搔痒之感。宇宙万物从道那里获得适合自己的具体规定,圣人为物赋名"以纪万物"(《心术上》),并使名物相处,各得其宜。具体到国家治理,就是因民众才质而分配以适宜的名位、职分,并监督、保障他们不舛其位、不失其职。于是,"法出乎权"即是:法源出于保障民众与自己名位职分之间的平衡。"权出乎道"即是:这种平衡,最终源出于道。

综上所论,《管子》的理想国家形态是一个法治国家,其形上的理论根据是道治。在这个意义上,我们可以说,《管子》理想的国家形态是一个亦法亦道、"道、法行于国"的国家。此命题在《法法》中提出:"明王在上,道法行于国。"在《任法》中被具体描绘:"圣君任法而不任智,任数而不任说,任公而不任私,任大道而不任小物,然后身佚而天下治。"《任法》描绘的这一理想治世,突出了"任法"、"任公"与君主循道、"身佚而天下治"几个理论要素,从其反映的精神实质,再联系前面我们讨论的名分、礼治,可以看出,它是战国中后期黄老治国理论下的理想国家形态。

---

[17] 原文为"法出于礼,礼出于治。治、礼,道也",据何如璋说改,见郭沫若、闻一多、许维遹《管子集校》,第191页。

[18] 原文有改动,据王引之说改,详见黎翔凤《管子校注》,第772–773页。

[19] 郭沫若、闻一多、许维遹《管子集校》,第645页。

[20] 同上,第636页。

《管子》中"道"与"法"的连接

王威威 *

【摘　要】《管子》中的"道"有多种义涵,不同篇章关于道法关系的看法也不能一概而论。《管子》中的《心术上》和《枢言》以本原之"道"为"法"的最终来源。在《法法》和《任法》等以"法治"为主题的各篇中,"道"是君主治国所应遵守的原则、规范,不应直接理解为本原之"道"。"法"效法"道",体现"道",甚至被称为"道",也不能直接理解为"法"以本原之"道"为来源和根据。又有一些篇章中的"道"兼具多重义涵,君主的治国之"道"是本原之"道"在治理活动中的实践,君主的立"法"活动可体现"道"。将各篇联系起来看,可以说本原之"道"是人为制定的"法"的最终来源和根据。

【关键词】道;法;权;礼

马王堆汉墓帛书《黄帝四经》(《老子》乙本卷前古佚书》)中的《经法·道法》开篇即提出了"道生法"的命题,"道"不仅是天地万物的来源和存在根据,也是"法"的来源和根据。"道"与"法"的这一连接既为"法"提供了形上根据,又使玄远的"道"得以进入社会现实,有着重要的理论价值,而"道"如何生"法"的问题也得到进一步讨论。与之相类,《管子·心术上》中有"法出乎权,权出乎道"的说法,"道"也是"法"的最终来源。除了被视为黄老道家作品的《管子》四篇(《心术上》《心术下》《内业》《白心》)外,《管子》中通常被看作齐法家作品的篇章也有涉及"道"和"法"的关系,如《法法》有"宪律制度必法道",《枢言》有"法出于礼,礼出于治,治礼,道也",《任法》中有"法者,天下之至道也"。在《管子》中也常出现"道"与"法"连用的情况,如《法法》讲"明王在上,法道行于国",《君臣上》讲"此道法之所从来,是治本也","明君之重道法而轻其国"。"道"在中国古代哲学中有道路、途径、方法、规律、法则、万物本原等义涵,这些文句中的"道"是否就是作为天地万物来源和根据的本原之道呢? 这些篇章是否同样具有"法"产生于本原之"道"的观念呢? 我们还可以追问,"道"和"法"究竟是如何连接在了一起呢? 本文将对这些问题进行回答。

---

* 王威威,中国政法大学人文学院教授。研究方向:中国古代哲学、中国传统法治文化。

一、"法"的诸形式

"法"有着丰富的内涵,也有不同的形式。《管子·七臣七主》讲:"夫法者,所以兴功惧暴也。律者,所以定分止争也。令者,所以令人知事也。"《七臣七主》的作者依据功能将"法"分为"法""律""令"三种形式。"法"的功能是"兴功惧暴"。在法家的语境中,"兴功"依靠的是"赏","惧暴"依靠的是"罚",如《管子·权修》讲"劝之以庆赏,振之以刑罚",《韩非子·守道》中讲"圣王之立法也,其赏足以劝善,其威足以胜暴"。这里的"法"应该是关于赏罚标准的规定。"律"的功能是"定分止争"。"分"一般被解释为名分、职分、位分等。很多学者指出,法家及中国古代典籍中的"分"近似或者蕴含了权利、义务观念。如张岱年讲:"中国古代典籍中有一个词既表示权利,又表示义务,可以说是表示权利和义务的统一,这个词就是'分'"。①安乐哲(Roger T. Ames)也认为:"在法家传统中,正式的'分'概念表示的是某种政治地位所应承担的权利和职责。"②"律"规定了人的权利和责任,止息人与人之间因为权责不明确而产生的纷争。《慎子》和《商君书·定分》通过"百人逐兔"的故事说明定分的重要性:"一兔走街,百人追之,贪人具存,人莫之非者,以兔为未定分也。积兔满市,过而不顾。非不欲兔也,分定之后,虽鄙不争。""故名分未定,尧舜禹汤且皆如骛焉而逐之;名分已定,贪盗不取。""令"是君主或政府所发布的命令,针对具体的事务对人民提出要求。"令"需在行事之前发布,《管子·立政》讲:"凡将举事,令必先出。曰事将为,其赏罚之数,必先明之。""令"的等级低于"法",君主发布命令要以"法"为根据,而不能违反法的规定,这就是《管子·君臣上》所说的"君据法而出令"。法、律、令虽然形式和功能有所区别,但又有共同性,"法律政令者,吏民规矩绳墨也",都是官吏和民众应该遵守的标准、规则。

"法"与"刑"的关系也需要澄清。很多学者认为中国古代的"法"就是"刑"。梁启超讲:"古代所谓法,殆与刑罚同一意义。"③D. 布迪和 C. 莫里斯认为:"'刑'这一概念在早期法律文献中的使用频率——包括独立使用和作为'法'的替换词——表现了古代中国人这样的一种法律意识:法就是刑,成文法的最初含义就是刑法。"④这一看法有一定的根据。《尚书·吕刑》讲:"苗民弗用灵,制以刑,惟作五虐之刑,曰法。"在这里,"刑"被称作"法"。春秋时期的子产铸刑书,邓析作竹刑,赵鞅、荀寅铸刑鼎,说明"刑"在当时是成文法的主要形式。《管子·心术上》讲:"简物小未一道,杀僇禁诛谓之法。""法者,所以同出,不得不然者也,故杀僇禁诛以一之也。""法"通过"杀僇禁诛"统一不同的事物,"法"的形式应为"刑",但是,"法"又不仅仅是"刑"。即使我们把"法"限定为《七臣七主》中所讲的"所以兴功惧暴"者,认为"法"是关于赏罚的规定,"刑"也只"法"的一部分,其功能是"惧暴"。

① 张岱年《中国古典哲学概念范畴要论》,见《张岱年全集》(第四卷),河北人民出版社 1996 年版,第 671 页。

② 安乐哲著、滕复译《中国古代的统治艺术:〈淮南子·主术〉研究》,江苏凤凰文艺出版社 2018 年版,第 139 页。

③ 梁启超《先秦政治思想史》,东方出版社 1996 年版,第 56 页。

④ D. 布迪、C. 莫里斯著、朱勇译《中华帝国的法律》,江苏人民出版社 2004 年版,第 8 页。

除前文所讲的"律"和"令"不能包含于"刑"外,《管子·明法》提出:"是故先王之治国也,使法择人,不自举也;使法量功,不自度也。"这一观点在阐发"以法治国,则举错而已"的过程中提出,说明以法为依据进行人才的选拔和考核是"法"的重要形式,是"以法治国"的重要内容。《管子·明法解》讲:"故治国使众莫如法,禁淫止暴莫如刑;……故百官之事,案之以法,则奸不生。暴慢之人,诛之以刑,则祸不起。"这里将"法"与"刑"对举,明确了二者的不同功能及适用对象。"法"处理的是"百官之事",功能是"治国使众";"刑"处罚的是"暴慢之人",功能是"禁淫止暴"。关于人才选拔、考核的规定的"法"在现代的法律体系中应该属于行政法。《管子·君臣上》说"选贤论材,而待之以法",其中的"法"也是如此。《韩非子·外储说左上》讲到申不害对"法"的定义:"法者,见功而与赏,因能而受官。"《韩非子·定法》定义申不害之"术"说:"术者,因任而授官,循名而责实,操生杀之柄,课群臣之能者也,此人主之所执也。"可见,申不害所讲的"法"以行政管理规范为主要形式,主要约束的对象是群臣,这一形式的"法"被韩非作为"术"纳入到其思想体系之内。正如马腾所讲:"申不害对'法'的定义与后来韩非对'术'的定义如出一辙,这既反映'法''术'内涵的开放,也表明申子之'法'侧重职制吏治。"[5]喻中也认为:"在君、臣、民三类主体组成的法律关系中,申不害的重心确实不同于公孙鞅的重心:申不害主要关注君臣关系应当遵循的法律规范及其制度安排——对于这种法律规范及其制度,韩非称之为术。"[6]韩非的这一转化,使得我们对这一法律形式有所忽视。

此外,"宪"也常常出现在包括《管子》在内的法家文献中,其所指也需分辨。《管子·立政》对君主"布宪于国"的程序有着详细叙述:

> 正月之朔,百吏在朝,君乃出令布宪于国。五乡之师,五属大夫,皆受宪于太史。大朝之日,五乡之师,五属大夫,皆身习宪于君前。太史既布宪,入籍于太府,宪籍分于君前。五乡之师出朝,遂于乡馆,致于乡属,及于游宗,皆受宪。……五属大夫,皆以行车朝,出朝不敢就舍,遂行。至都之日,遂于庙,致属吏,皆受宪。……首宪既布,然后可以布宪。

宪法学者多认为中国古代的"宪"是"法"或"法律"的同义语,只是一般意义上的法律,而不是现代意义上的宪法。如张光博认为:"在中国古代,'宪'和'宪法'有典章、制度的意思,是普通法的一种,或者是普通法的别称。"[7]也有学者认为"宪"具有基本法或根本法之义。刘大生以《立政》为据提出:"这里的宪虽然不同于现代人所说的根本法,但却肯定属于比一般法律要重要得多的大政方针。否则,君主不会在大年初一将中央和地方各部各类政府大员全部召到王宫,让太史将宪发给他们,并且在君主面前学习讨论。"[8]但是,《立政》中有讲"修火宪","火宪"指防火的法律,很难说是根本法或大政方针。考察战国时期的立法情况,可知魏国有《大府之宪》。《战国策·魏策四》载安陵君语:"吾先君

⑤ 马腾《申不害刑名法术思想及对传统治道的影响》,载《政法论坛》2015 年第 6 期。
⑥ 喻中《论申不害的法理学说》,载《南京师大学报》(社会科学版)2021 年第 6 期。
⑦ 张光博《比较宪法纲要》,辽宁大学出版社 1990 年版,第 17 页。
⑧ 刘大生《法律层次论——法律体系的理论重构》,中国民主法制出版社 2015 年版,第 14 页。

成侯受诏襄王以守此地也,手授《大府之宪》。《宪》之上曰:'子弑父,臣弑君,有常不赦。国虽大赦,降城亡子不得与焉。……'"此外,《史记·屈原贾生列传》记载楚怀王让屈原"造为《宪令》",但没有完成。《立政》中的"宪"底册存于太府,每年由君主发布,层层传达,作为各级官吏处理事务和民众的行为依据,从这一点来看,"宪"虽然不能说是根本大法,但应该也不是个别的被冠以"某宪"之名称的法,而应该是涉及方方面面事务的"法"的统称。《管子·权修》讲:"乡置师以说道之,然后申之以宪令,劝之以庆赏,振之以刑罚。"《管子·八观》讲:"宪令著明,则蛮夷之人不敢犯。"《管子·立政》讲:"令则行,禁则止,宪之所及,俗之所被,如百体之从心,政之所期也。"《管子·七法》讲:"有一体之治,故能出号令,明宪法矣。"《管子·君臣下》讲:"有道之国,发号出令,而夫妇尽归亲于上矣。布法出宪,而贤人列士尽功能于上矣。"《管子·法法》讲:"宪律制度必法道,号令必著明。"在这些文本中,"宪"或者与"令"并用,或者与"法""律"连用而与"号令"相对,应该是与"令"相区别的法律形式。可以说,"宪"是某一类法的名称,又可以是"令"以外的各种法律的统称。

二、以"权"为中介的道法连接

《管子·心术上》讲:"简物小未一道,杀僇禁诛谓之法。""法者,所以同出,不得不然者也。故杀僇禁诛以一之也。故事督乎法,法出乎权,权出于道。"墨宝堂本"未"作"末",丁士涵认为"末"疑为"大"。郭沫若采纳了这一观点,又提出"简"与"物"对文,物有多、杂之义。"简物小未一道"是说"不问事之繁简、物之大小,其本一也"。[9]"同出",郭沫若解为"统一其参差"。[10]"出"所解就是"简物小未","同"及"一之"对应的是"一道"。该篇作者首先回答了何为"法"的问题。"法"是无论繁简、大小的事物都不得不遵守的统一标准。"一""同"体现了法的统一性,"不得不然"体现了"法"的必然性。

对于"道"和"法"的中介——"权"的意义,该篇没有直接说明,当今学界的看法颇为多样。有学者将"权"理解为权势。如陈乔见讲:"法凭借权势齐同万物,使人不得不然,故法出乎权,而权出乎道,故法亦出乎道。"[11]也有学者将"权"理解为秤锤,代表公正性和权威性。如杨颉慧说:"'权'是指秤锤。'权'具有社会共同认可的公正性和权威性,'法出乎权'的意思就是法像权一样具有公正性和权威性,而'权'的公正性和权威性则来源于道。"[12]陈鼓应将"权"解为"权衡"[13],又联系此段上下文中关于"义"和"礼"的阐述提出:"所谓'权',就是义和礼之和,也就是说在道的大原则下,法的实施要照顾到人的情宜(所谓'义者,谓各处其宜也')。"[14]也就是说,"法"出自于对"人之情""义之理"的平衡。金敏也把"权"解为权衡,但认为此处的"权"应该是权衡得失,"得"即"得

---

⑨ 郭沫若《管子集校》(二),见《郭沫若全集》,人民出版社1984年版,第408页。

⑩ 同上,第420页。

⑪ 陈乔见《稷下黄老对老庄价值观念的翻转——以"义"为中心的考察》,载《管子学刊》2022年第2期。

⑫ 杨颉慧《论战国黄老道家的法治思想》,载《河南社会科学》2014年第2期。

⑬ 陈鼓应《管子四篇诠释——稷下道家代表作解析》,商务印书馆2006年版,第149页。

⑭ 同上,第39页。

道","失"即"失道"⑮。

为了进一步明确"权"的意义，我们可以参考《管子》其他篇章对"权"的讨论。《管子·五辅》中"权有三度"的提法尤其值得注意：

德有六兴，义有七体，礼有八经，法有五务，权有三度。

民知务矣，而未知权，然后考三度以动之。所谓三度者何？曰：上度之天祥，下度之地宜，中度之人顺，此所谓三度。……故民必知权然后举措得，举措得则民和辑，民和辑则功名立矣。故曰：权不可不度也。

在这一篇里，"权"成为和"德""义""礼""法"相并列的"五辅"之一，其对"权"的理解有独特价值。这里的"权"意为权衡，权衡有三个标准，即"三度"，具体为"天祥""地宜""人顺"。懂得依据这三个标准进行权衡，举措才能得当；举措得当，民众就能和睦；民众和睦，功业就能建立。为了保证建立功业，"权"必须有标准。

在《管子》之外，韩非也主张立法需要"权"。《韩非子·八说》讲："法所以制事，事所以名功也。""法所以制事"与《管子·心术上》中的"事督乎法"义同。《八说》接着讲："法有立而有难，权其难而事成则立。事成而有害，权其害而功多则为之。无难之法，无害之功，天下无有也。"法的设立会有困难，事情的完成会有害处；不存在没有困难的法，没有害处的事功。经过"权其难"和"权其害"的过程，害少利多、有"功"的事情就可以做。虽有困难，但能够保证有"功"的事情办成的"法"就可以设立。"权"也是立法行事的重要环节，同于《管子·心术上》中的"法出乎权"。《八说》中的"权"是要权衡难易、利害，立有"功"之法。《韩非子·解老》中有"得事理，则必成功""动弃理，则无成功"的观点，那么，有"功"之法就是"得事理"的。"道"与"理"又具有双向的一致性（"道者，万物之所然也，万理之所稽也"，"万物各异理，而道尽稽万物之理"），合"理"的"法"也就是合"道"的。韩非论证"法"与"道"的一致性的思路为"法有功→法合理→法合道"。

借助《管子·五辅》中对"权"的阐释和韩非子的思路，将《心术上》中的"权"解释为"权衡"更为适当。"事督乎法，法出乎权"是说事物要由法来督查，法通过权衡制定出来。"权出于道"是说权衡的根据是"道"，也就是要衡量是否符合"道"。当然，是否符合"道"可以从不同角度去判断。

在《管子》四篇中，"道"是天地万物的来源。《管子·心术上》讲："虚无无形谓之道。""虚者万物之始。""道"也是天地万物生死成败的根据。《管子·内业》讲："道也者，……人之所失以死，所得以生也；事之所失以败，所得以成也。凡道无根无茎，无叶无荣，万物以生，万物以成，命之曰道。"万物依赖"道"而生、而成。人得"道"而生、失"道"而死。事得"道"而成，失"道"而败。从"事之所失以败，所得以成"这一点来看，权衡"法"是"得道"还是"失道"，需要看以此"法"督事的结果是成功还是失败，这与《韩非子·八说》的观点又接近了。

---

⑮ 金敏《法出乎道——论〈管子〉的道法观》，载《浙江大学学报》(社会科学版)1997年第3期。

三、以"礼"为中介的道法连接

我们接下来分析《管子·枢言》中的"法出于礼,礼出于治,治礼,道也"。很多学者认为"法出于礼"反映了"法"脱胎于"礼"的历史事实。如郑开讲:"'法的出现与成长、法的制度化发展和法的精神的滋育'酝酿于变法运动,并在变法运动中不断增殖;换言之,'法'是'变'出来的,更张周礼乃'法''变法'最根本的特征。《管子》曰:'法出于礼。'(《枢言》)只能从这个角度去理解。"[⑯]"礼出于治"中的"治"比较难解。何如璋认为"治"乃"名"之误,"观上有'治者以其名'句,下有'故先王贵名'句,足证"。郭沫若认为"何说近之。然'治'字与'辞'通,辞者名之成条贯者也"。[⑰]郭沫若的这一看法被很多《管子》的注解者所接受。但是,"辞"在《管子》全书中并未有如此重要的地位,也从未与"道"有过联系,甚至还常与"淫""辩"组合成为被批判的对象。与之相比,何如璋所指出的"名"确实在《枢言》及《管子》全书中均有重要地位。而且,在先秦黄老道家和法家文献中,"名"确实与"法""道"均有密切关系,甚至成为"道"和"法"的中间环节[⑱]。这一点在《管子》中也有体现。

《管子·白心》有"名正法备";《七臣七主》有"法断名决";《君臣上》有"名正分明,则民不惑于道"。在《枢言》中,"治"与"名"也有着直接的关系,开篇第一段就讲到了"有名则治,无名则乱,治者以其名",后又说"名正则治,名倚则乱,无名则死,故先王贵名"。我们可以将"治"理解为"有名"且"名正"所达成的社会安定、有序的状态,甚至可参考《荀子·不苟》中的"礼义之谓治,非礼义之谓乱",将"治"解为"名正";不一定要将"治"说成"名"之误,因为三处"治"均发生讹误的可能性不大。那么,作者为什么不直接说"礼出于名"呢? 大概因为还有带来混乱的"倚名"存在,不能成为"礼"的来源。《申子·大体》中有一段话与《枢言》非常接近:"昔者尧之治天下也以名。其名正,则天下治。桀之治天下也,亦以名,其名倚,而天下乱。是以圣人贵名之正也。"可见,圣人所重视的是"名之正"。《枢言》中接着说"万物待治礼而后定",这和《黄帝四经·道原》所讲的"授之以其名,而万物自定"及《韩非子·扬权》中"名正物定"的说法接近,也可说明"治礼"与"名正"相类。

在提出"法出于礼"前,《枢言》讲:"人故相憎也,人之心悍。故为之法。"制定和施行法的目的是解决"人故相憎也,人之心悍"会带来的人与人之间的相互伤害、相互侵夺,这里的"法"所发挥的应该是《七臣七主》中"律"的"定分止争"功能。就如《商君书·开塞》中所讲的"故圣人承之,作为土地货财男女之分。分定而无制,不可,故立禁"。这样来看,"法""礼""治"之间贯穿着"名"和"分"。再回到"法出于礼","法"应该是继承了"礼"中包含和体现"名分"的因素。

在"法出于礼,礼出于治"后,作者讲的是"治礼,道也",并不是"治出于道"。如果将"治礼,道也"理解为"治礼"就是"道",那么,这个"道"就只是人间的秩序、准则、规范,而

---

⑯ 郑开《道法之间:黄老政治哲学的思想空间》,载《清华大学学报》(哲学社会科学版)2018年第8期。

⑰ 郭沫若《管子集校》(一),第322页。

⑱ 参见曹峰《中国古代"名"的政治思想研究》,上海古籍出版社2017年版,第82—93页;曹峰《近年出土黄老思想文献研究》,中国社会科学出版社2015年版,第410—441页。

不是天地万物的本原。如果理解为"治"和"礼"体现"道",则"道"为"治"和"礼"的根据。但"治"和"礼"所体现的"道"是否是本原之"道"尚不确定。该篇开篇讲:"管子曰:道之在天者,日也,其在人者,心也。故曰:有气则生,无气则死,生者以其气。"又讲:"得之必生,失之必死者,何也？唯无得之,尧、舜、禹、汤、文、武、孝己斯待以成,天下必待以生,故先王重之。"[19]此处的"天下"即"万物待治礼而后定"中的"万物"。"道"可以存在于天、人以及万物中,万物因为得道而生,因为失道而死,万物的存在、事业的成功依赖于"道"。这里的"道"是生命的来源,也是万事万物的存在根据。其表达方式也和《管子·内业》中的"人之所失以死,所得以生也;事之所失以败,所得以成也。凡道无根无茎,无叶无荣,万物以生,万物以成,命之曰道"非常接近。

另外,《管子》四篇中的"道""气"互释备受关注。《管子·心术上》讲"道在天地之间也,其大无外,其小无内";《管子·内业》讲"灵气在心,一来一逝,其细无内,其大无外"。《管子·内业》讲"夫道者,所以充形也";《管子·心术下》有"气者,身之充也"。而《管子·枢言》中也有以"气"解"道"的情况。联系全篇,我们可以说,"治礼"所体现的"道"是万物的本原。前文讲过的"有名则治,无名则乱,治者以其名"就是紧接着"有气则生,无气则死,生者以其气"的,说明"治"和"乱"就是万物之"生"和"死"在社会中的表现,"名"对于社会治乱的决定作用就是"气"("道")对于万物生死的决定作用的体现。"有名"且"名正"就是"有道"的社会。

四、"法道"立法与法为"至道"

《管子·法法》中的"宪律制度必法道"也受到学者们的关注。"法道"就是效法、遵从"道"。"宪律制度"为"法"的表现形式,这里所说的就是"法"应效法、遵从"道"。那么,作为"法"的效法对象的"道"应如何理解呢？白奚将"宪律制度必法道"理解为法令从制定到执行都必须取法于大道的公正无私,《任法》中称法为"天下之至道也"也是此意。他认为:"'道'是宇宙万物的总规律总原则,'法'则是人类社会生活的普遍原则,是'道'在社会领域的体现和落实。"[20]李增则将此处的"道"等同于《管子·心术上》中的"道":"人主通过效法'道'而制定'宪律制度'的人为法。不过《管子》之法虽是人为法,但其法的基本精神则是'效法'道,即是人主根据道而权衡之后创生的。是故《管子》云:'故事督乎法,法出乎权,权出乎道。'"[21]

那么,《管子·法法》中的"宪律制度必法道"是否可以与《管子·心术上》中的"法出乎权,权出乎道"对读,两处的"道"所指是否相同呢？我们来考察一下"宪律制度必法道"的上下文:

令未布而民或为之,而赏从之,则是上妄予也。上妄予则功臣怨,功臣怨而愚民操事

---

[19] 郭沫若认为"唯无得之"中的"无"应为""字之误,《释文》'本亦作气'。''与'无'字相似,故误为'无'也"。见《管子集校》(一),第324—325页。

[20] 白奚《稷下学研究:中国古代的思想自由与百家争鸣》,三联书店1998年版,第227页。

[21] 李增《〈管子〉法思想》,载《管子学刊》2001年第1期。

于妄作,愚民操事于妄作,则大乱之本也。令未布而罚及之,则是上妄诛也。上妄诛则民轻生,民轻生则暴人兴,曹党起而乱贼作矣。令已布而赏不从,则是使民不劝勉,不行制,不死节。民不劝勉,不行制,不死节,则战不胜而守不固,战不胜而守不固,则国不安矣。令已布而罚不及,则是教民不听。民不听则强者立,强者立则主位危矣。故曰:宪律制度必法道,号令必著明,赏罚必信密,此正民之经也。

此段文字区分了"令未布"和"令已布"两种情况,反对"令未布而民或为之,而赏从之","令未布而罚及之","令已布而赏不从","令已布而罚不及",直接来看,这些内容主要体现了"号令必著明,赏罚必信密"的观点,对"宪律制度必法道"并没有具体解说,也无法据以确定"道"的义涵。该篇还讲道:"君不私国,臣不诬能,行此道者,虽未大治,正民之经也。""此道"的内容为"君不私国,臣不诬能",和"宪律制度必法道,号令必著明,赏罚必信密"一样是"正民之经"。考察全篇中"道"的用法,有"有过不赦,有善不遗"的"励民之道",有明君"制宗庙不求其美,为宫室台榭不求其大,为雕文刻镂不求其观"的"节俭之道",有"行法修制,先民服"的"有道之君",有"忘其成功"的"王主"所行之"道",也有"国何可无道"的反问。这些"道"均与君主如何治国理民相关,并没有将"道"作为本原之道来使用的情况。因此,将"宪律制度必法道"中的"道"理解为"治国之道"更合适。

我们再来解读《管子·任法》中的"故法者,天下之至道也"。该篇讲道:

所谓仁义礼乐者,皆出于法,此先圣之所以一民者也。《周书》曰:国法法不一,则有国者不祥。民不道法则不祥。国更立法以典民则不祥。群臣不用礼义教训则不祥。百官服事者离法而治则不祥。故曰:法者,不可不恒也。存亡治乱之所从出,圣君所以为天下大仪也。

该篇强调"一民"的重要性,"法"作为君、臣、民所应共同遵守的标准,具有统一性。《管子·法禁》讲:"君之置其仪也不一,则下之倍法而立私理者必多矣。"如果君主所设置的作为行为标准的法不统一,臣民就会违背法令而私人的道理泛滥。而仁、义、礼、乐也有约束君、臣、民的功能,如果仁、义、礼、乐与法不一致,就同时存在了不同的标准,这样就无法"一民"。作者引《周书》说:"国法法不一,则有国者不祥。"与《枢言》中的"法出于礼"不同,《任法》作者认为仁、义、礼、乐都由法产生,这样就保证了仁、义、礼、乐与"法"的一致,就可以用来"一民"。"法"是存亡治乱的根源,因此圣君以"法"为"天下大仪"。该篇接着讲:

夫法者,上之所以一民使下也。私者,下之所以侵法乱主也。故圣君置仪设法而固守之,然故谋杆习士闻识博学之人不可乱也,众强富贵私勇者不能侵也,信近亲爱者不能离也,珍怪奇物不能惑也,万物百事非在法之中者不能动也。故法者,天下之至道也,圣君之实用也。

此段文字强调了"法"与"私"的对立,法的功能在于统一民众、使用民力,"私"侵害法度、扰乱君主。因此,君主设立法并坚决执行,使所有的人、事、物均处于法的约束中。最后得出结论:"法者,天下之至道也,圣君之实用也。""天下之至道"就是上文的"天下大仪","道"同于"仪",有标准、准则之义。法是"至道",是"大仪",只是说"法"是最高的标准、准则,人、事、物必须遵守,仁、义、礼、乐也从中产生。"法"作为"大仪""至道"既不是天地万物的来源和根据,也还称不上是宇宙万物的总规律、总原则。

五、本原之道与治国之道

经过以上的分析,可以得出这样的结论,《管子》中的一些篇章以本原之"道"为"法"的来源和根据,另一些篇章以治国之道为"法"的来源和根据,或直接以"法"为治国之"至道"。而后者是以法治为主题的、更为典型的"法家"作品,这似乎意味着,齐法家并没有为"法"找到一个形上根据。实际上,《管子》中的很多篇章也指明了本原之道与治国之道的联系。

《管子·君臣上》中关于"道"的讨论较多,"道"的意义非常复杂。该篇讲:"名正分明,则民不惑于道。道也者,上之所以导民也。是故,道德出于君,制令传于相,事业程于官,百姓之力也,胥令而动者也。"从"名正分明,则民不惑于道"的表述来看,"名"和"分"的端正、明确是"道"的主要内涵。"道"是君主用来引导民众的。道德出于君主,法令由相传布,事业依靠官员考核,百姓等待命令而行动。君主依靠"道"引导民众,而百姓等待命令而行动,"道"和"令"形成了对应关系。该篇又说"上之畜下不妄,则所出法制度者明也",君主所"出"的是"法",所"制"的是"度"。这样来看,出自于君主的"道德"与"法度"相当。该篇还讲道:"别交正分之谓理。顺理而不失之谓道,道德定而民有轨矣。"尹知章注"别交正分之谓理":"别上下之交,正君臣之分。"[22]此处的"理"指的是区别上下关系、正定君臣职分的法则。"顺理而不失谓之道"是说顺应这一区别上下关系、正定君臣职分的"理"而不违背就是"道",可见,这里的"道"并不是存在于"理"之上、万物之上的"道"。这样的"道""理"关系与《管子·心术上》以"人间之理"为"道"之"所以舍"不同。

但是,该篇又讲道:"道者,诚人之姓也,非在人也。"尹知章注:"姓,生也。言道立人之生,人之所从出,故非在人。"[23]陶鸿庆云:"'诚'当为'成','姓'读为'生'。"[24]"道"成为人的生命来源。又说:"道也者,万物之要也,为人君者,执要而待之。""道"是万物的枢要,君主要掌握这一枢要而驾驭万物。"道"是生命的来源,是万物的纲要,这就有了本原之义。"而圣王明君,善知而道之者也。是故治民有常道,而生财有常法。"圣王明君善于了解"道"和实行"道",于是治民有了常道,生财有了常法。可见,治民之道、生财之法是圣王明君对自己所了解的本原之"道"的实践和转化。"夫道者虚设,其人在则通,其人亡则塞者也。非兹是,无以理人,非兹是,无以生财。民治财育,其福归于上,是以知明君之重道法而轻其国也。""道"本身虚无,了解"道"的圣王明君活着,"道"就通行,了解"道"的圣王明君死亡,"道"就阻塞。没有"道"就不能治民,没有"道"就不能生财,因此,明君

㉒ 黎翔凤《管子校注》,中华书局 2004 年版,第 557 页。

㉓ 同上,第 563 页。

㉔ 同上,第 564 页。

重视"道"和"法"而轻视国家。"夫道者虚设"这样的表述则非常接近于《管子·心术上》中的"虚无无形"之"道"。君主拥有立法权，又了解"道"，因而形成了治国之"道""法"，使得这一"虚设"的本原之"道"得以在人间彰显。这样，"出于君"的"道""法"，导民之"道"，与本原之"道"的连接就比较清晰了。

《管子·形势》篇也有对"道"的集中讨论："道之所言者一也，而用之者异。有闻道而好为家者，一家之人也。有闻道而好为乡者，一乡之人也。有闻道而好为国者，一国之人也。有闻道而好为天下者，天下之人也。有闻道而好定万物者，天下之配也。"道具有统一性，其应用则具有多样性。"道"可以被了解"道"的人应用于家、乡、国、天下的治理中，可以用来安定万物。《形势解》解释说："道者，扶持众物，使得生育而各终其性命者也。故或以治乡，或以治国，或以治天下。""道"是万物生存、发展的根据，也可以用来治理乡、国和天下。可以说，在《管子》的《形势》和《形势解》中，"道"可以是万物的生成和存在根据，又可以通过"闻道"之人而转化为不同层级的治理之道。还需注意的是，《形势》篇接下来说："欲王天下，而失天之道，天下不可得而王也。得天之道，其事若自然。失天之道，虽立不安。其道既得，莫知其为之。其功既成，莫知其释之。藏之无刑，天之道也。"《形势解》也说："主有天道以御其民，则民一心而奉其上，故能贵富而久王天下。失天之道，则民离畔而不听从，故主危而不得久王天下。故曰：欲王天下而失天之道，天下不可得而王也。""道"又被表达为"天之道"。这一现象在《管子·心术上》中也存在。该篇讲"虚无无形谓之道"，解文直接将"道"解为"天之道"："天之道，虚其无形。虚则不屈，无形则无所位迁。无所位迁，故遍流万物而不变。"

此外，前文所讨论的《枢言》也涉及本原之道与治国之道的关系。该篇开篇先引管子语："道之在天者日也，其在人者心也。"这里的"道"是本原之道。接着讲："故曰：有气则生，无气则死，生者以其气。有名则治，无名则乱，治者以其名。"这是以"气"释"道"，并引出了治理中"名"的关键性。第三层为："枢言曰：'爱之利之，益之安之。'四者道之出。帝王者用之而天下治矣。""爱之""利之""益之""安之"出自于"道"，可理解为本原之"道"对万物的态度，帝王将其用于治理天下，将"爱之""利之""益之""安之"的对象由万物转化为"万民"，本原之"道"就成为帝王的治理之"道"。

以上各篇均认为君主了解本原之"道"并将其应用于国家治理或天下治理中，本原之"道"于是转化为治国之"道"。这一逻辑接近于韩非所讲的"道也者生于所以有国之术"。《解老》中讲道："所谓有国之母，母者，道也。道也者生于所以有国之术。"其中的"生于"应如何理解非常关键。如果将"于"理解为表示动作、行为的所从，相当于"从""自""由"，"生于"理解为"从……中产生"，则"道"是从维持国家的统治术中产生出来的，将此关系理解为"母"与"子"的关系，则"有国之术"为"母"，"道"为"子"，这就与"母者，道也"发生了矛盾。因此，此处的"于"应是嵌在动词或形容词后面的词缀，"道也者生于所以有国之术"应理解为"道"产生维持国家的统治术。"道"是"所以有国之术"的"母"，也就可以将"道"称为"有国之母"。

结论

《管子》的不同篇章关于"道"和"法"的关系有不同看法，其中"道"的义涵有所区别。

《管子·心术上》以"权"为"法"和"道"的中介,"权"为权衡之义,"法"的制定需要权衡其是否符合"道"。"道"成为"法"的来源,为人为制定的法律制度提供了形上根据。《枢言》建立了"法""礼""治""道"之间的关联,四者之间贯穿了"名"的观念。"道"体现为"治""礼",是法的最终来源,也是天地万物的本原,并具有"气"的形式。《法法》《任法》等以"法治"为主题的各篇没有以本原之"道"为探讨对象,而更多地将"道"理解为君主治国所应遵守的原则、规范。"法"效法"道",体现"道",与"道"具有一致性,甚至本身就被称为"道",不应直接将其中的"道"理解为本原之道。又有一些篇章中的"道"兼有多重意义,通过篇章内部和篇章之间的对照解读,可发现君主的治国之"道"也来自于本原之"道",是本原之"道"在君主治理活动中的实践。君主的立"法"活动可体现"道",因而有"道法"之称。因此,即使抛开《管子》四篇,我们也可以说,本原之道是人为制定的"法"的最终来源和根据。

第三编
韩非子与《韩非子》思想及荀、韩关系研究

如何因顺人情,驱使民众

——韩非人性说探微

白彤东 *

【摘　要】 韩非子对人性的理解,比通常所说的性恶论要复杂得多。他承认人性中有善的一面,并且在物质丰富的条件下,它足以让人类处于和平状态。但在物质匮乏的条件下,人类朴素的善心失效,利害计算成为人行动的主要驱动力。但绝大多数人只能对眼前的物质利益进行计算,只有少数人才有能力进行长远物质利益计算。除了理性能力外,人类还有其独有的虚荣,这构成了人类行动的次要驱动力。韩非子承认有极少数人在极少数情况下可以发自内心地超越利害、追求道德,但他们是国家制度的破坏者,不应推崇。在趋利与避害之间,韩非子认为避害比趋利更具有驱动力,这是他推崇重罚少赏的一个原因。

【关键词】 韩非;人性;人情;民众

就人性论而言,主流观点认为,韩非子持性恶论的观点。但是,尤其是最近 40 年,对这种观点的质疑越来越多, 质疑者多认为韩非子在人性论上是持自然人性论或者善恶中性论的①。本文会将这种质疑进一步深化,并展示和澄清韩非子对人性理解的各种细致与精微之处②。

---

* 白彤东,复旦大学哲学学院教授,研究方向:中国哲学、政治哲学、比较哲学。本文的研究得到了国家社科基金一般课题"古今中西参照下的《韩非子》政治哲学研究"(17BZX053)的支持。

① 当代学者宋洪兵、刘亮、詹康都给出了对这一话题讨论的很好的回顾与综述(其中詹康的最全面细致),并且他们都对韩非子性恶论提出了质疑。参见刘亮《被忽视的性善说:〈韩非子·解老〉篇人性观探微》,载《天津社会科学》2019 年第 1 期,第 156 页;刘亮《〈韩非子〉为何不评价人性之善恶?》,收于宋洪兵(编)《法家学说及其历史影响》,上海古籍出版社 2020 年版,第 397–98 页;詹康《韩非论人新说》,载《政治与社会哲学评论》第 26 期,2008 年 9 月,第 99–101 页;宋洪兵《善如何可能? 圣人如何可能? ——韩非子的人性论及内圣外王思想》,载《哲学研究》2019 年第 4 期,第 72–73 页。宋洪兵文稿开篇其实有更丰富的对韩非子人性观讨论的回顾,但发表版因字数限制删掉了。在下面的讨论中,我会提出与他们的分析之不同意见。

② 当然,也有学者论证,韩非子没有真正的人性理论,而只有经验性的归纳或出于政治运作需要的说法。对此,詹康指出,孟子和荀子因为要批驳告子和孟子这样强有力的论敌,所以对人性讨论更丰富些。韩非子缺乏这样的论敌迫使他展开其人性观,但他还是有明确的人性观念的(詹康《韩非论人新说》,第 115–116 页)。并且,本文也会揭示,韩非子对人性的理解是复杂的,而这种复杂可能会被误认为韩非子没有系统的、内在一致的人性理论。

一、刚性的利害与脆弱的仁心

关于韩非子人性论的争论双方看似对立,但都承认韩非子认为人是自利的、趋利避害的、并因之进行理性计算的。《韩非子·八经》的第一句就指出:"凡治天下,必因人情。人情者,有好恶,故赏罚可用;赏罚可用,则禁令可立而治道具矣。"③在其他地方,韩非子更是明确指出好恶的对象是物质意义上的利害。《韩非子·制分》指出:"民者好利禄而恶刑罚。"如果我们说,这里说的是民而不是所有人的话,④那么,在《韩非子·奸劫弒臣》所说"夫安利者就之,危害者去之,此人之情也"就是明确地把所有人都放到了趋利避害之中,似乎就是通常所说的性恶论。

但是,在其他地方,韩非子承认人性中有善的一面。在《韩非子·外储说左下》篇中,孔子弟子子皋遵守其职责和法令规定,断了某人的脚。但是他先是在法律之内试图从轻处理,在最后不得不定刑为断足之罚的时候,又面露不悦。被断脚的人后来回忆这一段时,认为那不是子皋偏向他,而是"天性仁心固然也"。不过,有人可以反驳说,这是"储说",是韩非子收集起来、用来说明某个道理的故事,不一定是韩非子本人的、或者他明确支持的说法。

反对韩非子性恶论的宋洪兵和刘亮都强调了《韩非子·解老》中的一段:"仁者,谓其中心欣然爱人也。其喜人之有福,而恶人之有祸也。生心之所不能已也,非求其报也。"⑤这两位学者都进一步指出,从这种对仁的认可出发,韩非子可以接受近乎儒家的圣人制定爱民的政策的观点。但詹世友指出,以前已经有学者认为,这里的观点与韩非子其他地方的观点不合,甚至因而认为《解老》是伪作。但詹世友同意陈奇猷的解释,认为《解老》中所讲的仁、义、礼与儒家有着根本不同⑥。

实际上,《解老》篇里提到的人的这种天生的、不求名誉与回报的关爱他人的本性,在《韩非子》其他地方也得到了明确认可。这意味着这种对人性的理解,乃是《韩非子》中的一个内在一致的观点。在《五蠹》篇里,他指出:"穰岁之秋,疏客必食。"人在物质丰富的时候,可以善待陌生人。这样做"非疏骨肉爱过客也",这不是说招待过客不是出自某种关爱,而是强调人对骨肉和过客的差别,不是对过客有更强的偏爱,而是"多少之实异

---

③ 本文所引《韩非子》皆据陈奇猷《韩非子新校注》,上海古籍出版社 2000 年版。我们讨论韩非子的人性论,但是韩非子这里用的是"情"。"情"与"性"在《韩非子》(乃至先秦文本中)的应用和意涵是个很重要的问题,需要单独讨论。但不管叫"性"还是叫"情",这两个概念的最重要的意义在于指涉人类的普遍和不能被磨灭的天生倾向。就概念本身来讲,韩非子的"情"与下面会讨论的孟子的"性"是相通的。在《韩非子》里面,"情"似乎用来指那些不能被压抑的本性。因为不能被压抑,所以我们只好因顺。但这种情也会有失去效用的时候。所以,说情不能被压抑,可能也只是相对而言。

④ "民"在明确与"人"对用的时候,可能指的是大众,而不是所有人。但在这种对用不明显的时候,"民"也可以指所有人。笔者感谢马世年教授向我指出这一点。

⑤ 宋洪兵《善如何可能?圣人如何可能? ——韩非子的人性论及内圣外王思想》,第 74 页;刘亮《被忽视的性善说:〈韩非子·解老〉篇人性观探微》,第 156–157 页。

⑥ 詹世友《韩非"德"论的逻辑结构及其内部不自洽性——兼论韩非是否有德治思想》,载宋洪兵(编)《法家学说及其历史影响》,第 367 页。

也"，与收成的多少有关。当然，这种对陌生人的关爱并不很厚重，并且在物质丰富的时候依然可以恶待陌生人。因此，韩非子讲"疏客必食"，明显是承认人的善心的可能。

上面的这种人性图景，与《韩非子·五蠹》里对上古的描述也是一致的。他指出，上古物质相对丰富（"人民少而财有余"），"故民不争。是以厚赏不行，重罚不用而民自治"。这里的潜台词是，儒家讲的尧舜时代确实存在，但这不是因为儒家所说的尧舜的道德感召力，而是人民本来就不争。不争的原因，就是人类朴实的善性。

当然，韩非子"穰岁之秋，疏客必食"中显示的"性善"与孟子"乍见孺子将入于井"之时展现出来的"怵惕恻隐之心"相比（《孟子·公孙丑上》）⑦还是要弱很多，尽管他可能不介意接受这一观点，这种接受也不会挑战他的理论体系。他的这种观点，可能与《老子》中隐含的观点更接近。根据《老子》第八十章的描述，在小国寡民的状态下，人民可以相安无事⑧。也就是说，在某种条件下，《老子》和韩非子似乎都认为，人的欲望、人的趋利避害之心不一定就会导致争夺，反而是讲性善的孟子从来没有承认过靠人的天性就可以达到相安无事的人类社会，而荀子则是更明确地否定这一点。同时，《老子》似乎没有"疏客必食"的说法，它所描述的人性更加"朴实"一些。结合上面的讨论，我们可以说，韩非子的人性观在《老子》与孟子之间，只是更接近《老子》一些。

但是，韩非子对人性理解的另外一个关键之处，是这种天生的善性很容易被压制。比如，"穰岁之秋，疏客必食"的前半句是"饥岁之春，幼弟不饷"。饥荒之年，物质已然匮乏。到了春季，去年秋季的一点收获也消耗殆尽，新的作物还没有长出来，也就是物质匮乏的极点。在这种条件下，我们对小弟弟的关爱都要飞到九霄云外去了。我们对待亲人和陌生人的这种差别，如上面已经引用的，"非疏骨肉爱过客也，多少之实异也"。也就是说，韩非子虽然承认了人有朴实的善心，并且如果在面对孟子的挑战的情况下，甚至可以承认孟子的人皆有怵惕恻隐之心的观点，但是他认为，这种善心、善性是脆弱的，经不起任何重大的物质挑战。

我们可以反驳说，韩非子的性朴或者他或许可以承认的性善，与孟子的性善论不同。这是因为孟子的性善说中的性，除了与生俱来的一面，还有不可磨灭的一面。与此相对，韩非子的性似乎只是从与生俱来上讲的，没有不可磨灭的一面。⑨但是，韩非子并没有说，在物质匮乏的条件下，人的朴实善良就被磨灭了。他所讲的善心脆弱，完全可以是从其容易被掩盖的角度上去讲的。虽然孟子的善性是与生俱来、不可磨灭，但他也承认，人类本有的善心是脆弱的，经常被各种环境因素——特别是物质条件——所掩盖。他指出："富岁，子弟多赖；凶岁，子弟多暴，非天之降才尔殊也，其所以陷溺其心者然也"（《孟子·告子上》）⑩。并且，孟子在两处明确指出，恒心是以恒产为前提（《孟子·梁惠王上》和《孟子·滕文公上》）。只是在前一处他进一步指出，这种说法适用于一般民众，但君子可

⑦ 本文所引《孟子》，均根据杨伯峻《孟子译注》，中华书局 1960 年版。

⑧ 本文所引《老子》均根据陈鼓应《老子今注今译》，商务印书馆 2003 年版。

⑨ 詹康就指出，与韩非子不同，孟子认为人性是根本的，是胜于情势的（詹康《韩非论人新说》，第 105 页）。

⑩《墨子》里也讲，"故时年岁善，则民仁且良；时年岁凶，则民吝且恶"。（《墨子·七患》）本文所引《墨子》根据吴毓江《墨子校注》，中华书局 2006 版。笔者感谢李锐教授指出《墨子》这一段落的相关性。

以做到无恒产而有恒心。因此,理想的统治者要做的是去除坏的环境因素,并为人民提供充分的物质条件,以便他们善心的发挥。他指出:"民非水火不生活,昏暮叩人之门户求水火,无弗与者,至足矣。圣人治天下,使有菽粟如水火。菽粟如水火,而民焉有不仁者乎?"(《孟子·尽心上》)也就是说,物质富足的时候,人民的仁性会自然发挥,这也是"穰岁之秋,疏客必食"的意思。因此,至少在民众层面,就与生俱来的性善在利害挑战下的结果来讲,持所谓性善论的孟子与被认为持性恶论的韩非子并没有根本区别,都是认为物质条件是天生之性善得以发挥的前提,而在这一前提无法满足的情况下,善心会被遮蔽。只不过韩非子的"饥岁之春,幼弟不饷"的说法比孟子"凶岁,子弟多暴"的说法更加赤裸裸、更加难听罢了。当然,二者对物质条件的要求有多高,可能有差别。而更加关键的是,《孟子》讲"恒产恒心"的两段在展开时,都强调恒产之后的教化,也就是说恒产并不自动带来恒心或者道德[11]。与此相对,韩非子认为富足以后人们自然就可以让本有的善心发挥,从而接近《老子》的性朴观。在这一点上,反而是韩非子对人性更乐观一些。

总之,与荀子不同,而与孟子接近,韩非子承认人有天生的朴素的善心,并且这种善心在物质丰富的条件下会表现出来,足以维持社会稳定,而他所承认的人的天生的趋利避害之心在此不起作用。或者,更准确地讲,这时候人会认为利益已经得到充分满足,因此其利害计算的结果是无须再做利害计算。与此相对,荀子否认这样一种自发的和谐状态的存在。但韩非子还认为,在物质匮乏的情况下,利害的考虑会压制这种善心,在没有强力规管的情况下,会导致争和乱的状态。也就是说,荀子讲的没有分就会乱的状态,在韩非子这里不是无条件的,而只在物质匮乏的条件下才出现。前面引的韩非子《八经》里所讲的必须因顺的趋利避害的人情,其实也可以不起作用,但它确实比善心更有刚性。考虑到哪怕是在富足时代人也有局部的匮乏状态,趋利避害的人情是更可靠和有效选择。

虽然韩非子承认朴素的善心,但是他否认了对这种脆弱善心进行培养的有效性和必要性[12]。在《老子》乃至黄老的"自然"与"人为"的二分中,韩非子将善心培养放在了人为的一面,而不是要因顺的自然。与此相对,虽然孟子和荀子在性善和性恶之间有争论,但是他们都认为道德养成是必要的和可能的。这可以说是儒家共享的观点,也是他们与韩非子真正的不同点之一[13]。

从上面的分析中可以看到,《韩非子·解老》中讲的仁心并不与《韩非子》其他地方的论述矛盾,也就不能为怀疑《解老》为韩非子所作提供证据。但这种仁心,与儒家所讲的仁又有着根本不同,不能作为政治制度与决策的基础。在指出众人的善的脆弱性之后,

---

[11] 这与《孟子·尽心上》里的说法(善性在物质富足的情况下可以自动发扬)有矛盾。但我认为这两段里的说法更是孟子的真实想法,而《尽心上》里更是意在强调物质条件的重要。《孟子·滕文公上》的另一段里面,孟子也明确指出,人只"饱食、暖衣、逸居而无教,则近于禽兽",也就是说,物质富足本身不能自动导致人民变得有教化德行。

[12] 白彤东《韩非子对儒家批评之重构》(载《中国哲学史》2020年第6期)对《五蠹》篇接下来的相关论述以及对儒家的批评有详细的重构。

[13] 当然,荀子的"化性"、他讲的道德养成,是靠礼的约束达到的。他也强调法的约束作用。这种依赖于外在的约束,可能与韩非子讲的法的约束,有相近的地方。但是,荀子的礼乐明确要调适("化性")人的倾向,但是韩非子并不强调这种化性,更多是通过赏罚二柄,让人民出于私利所采取的行为,与国家利益一致。

宋洪兵认为:"唯有'圣人'才能在不利的环境中坚守自己的意志。"[14]但是,《韩非子·五蠹》明确指出,儒家传颂的圣王禅让,无非是"去监门之养而离臣虏之劳",不值得称赞[15]。在这里,圣人也是根据利害计算来决定行动,与众人没什么不同。圣王之所以为圣的地方,我们下面会讨论。

在詹康对韩非子人性论的讨论中,他考察了所谓"情势决定说"[16]。根据这种说法,韩非子认为人性是受环境影响的。但是,根据我们上面的分析,首先,这种环境并不包含某些情势决定论者所讲的文化因素。其次,在韩非子看来,人性是普遍的,并不因环境而改变。所改变的,是在不同的物质条件下所显现的人性侧面。在物质极大丰富的时候,利害计算的结果导致了利害的结果变得不重要,我们本有的善性会展现。在物质匮乏的时候,我们的善性依然在,但是被(更加)刚性的利害计算所遮蔽。蒋重跃也指出:

> 道德不道德需要由物质财富的多寡来决定,这不恰恰说明人的贪欲与计算之心才是最后的根源吗? 所谓环境论,说的是人性随时间地点条件的变化而变化,可是变化的动机不就是深藏于人类灵魂中好利恶害的物欲之性和计算之心吗?

蒋重跃进而指责"没有独立于环境的善的道德力量"的观点是"彻底的性恶论"[17]。但韩非子毕竟承认了善性的存在,只是强调了它在物质挑战面前的脆弱而已。即使我们可以叫它"性恶论",但在某些方面,他的立场比荀子要更温和。

二、短视的理性、辅佐的虚荣以及利他心的三种来源

韩非子认为,对人的最重要和最可靠的驱动,是利害计算。对此也许有人会批评说,韩非子理解的人,除了上一节谈到的脆弱的善心,与禽兽没什么差别,都是受利害驱动而已。但是,韩非子可以说,人类独特的地方,在于人的行动是基于利害计算的理性选择,而动物只是靠天生的直觉。但是,韩非子同时又认为,人类中的多数、即大众的理性是极为有限的,只能根据眼前物质利益进行计算。他在《韩非子·显学》指出:"民智之不可用,犹婴儿之心也。"婴儿不知道抱着他的慈母让他经受治病的短痛("小苦"),其实是为了他的长远利益("大利")。

> 今上急耕田垦草以厚民产也,而以上为酷;修刑重罚以为禁邪也,而以上为严;征赋钱粟以实仓库、且以救饥馑备军旅也,而以上为贪;境内必知介,而无私解,并力疾斗,所以禽虏也,而以上为暴。此四者所以治安也,而民不知悦也。

他接着举了大禹和子产的例子,并总结说:"禹利天下,子产存郑,皆以受谤,夫民智

---

⑭ 宋洪兵《善如何可能? 圣人如何可能? ——韩非子的人性论及内圣外王思想》,第 78 页。
⑮ 对此的细致讨论,参见白彤东《韩非子对古今之变的论说》,载《复旦大学学报》2020 年第 5 期,第 47–56 页。
⑯ 詹康(2008)《韩非论人新说》,第 101–105 页。
⑰ 以上均见蒋重跃《韩非子的政治思想》,北京师范大学出版社 2010 年版。

之不足用亦明矣。"因此,对民众或者说大多数人而言,他们的理性计算的对象局限于眼前利益,这比禽兽好不到哪儿去。只有像子产和大禹这样的少数人有对群体的长远利益进行计算的理性能力。因此,对于普通民众,国家要用他们能够明白的眼前利益引导他们,而作为一个整体的制度体系,则要以群体的长远利益为目标。也就是说,制定和维护国家制度的立法者与执行者,应是某种意义上的"圣人"。他们之所以"圣",是他们有为群体长远利益计算的能力,而不是要求他们具有崇高的道德。像子产这样的重臣或立法者之所以能够尽力为群体的长远利益服务,也是为了利己,即君主只会根据他们是否提高了他们所负责的群体之利益来奖赏他们,所以,他们与以仁义、爱民为最高标准的儒家之君子不同。

除了上述脆弱的善心和(对大多数人来讲)短视的理性之外,韩非子认识到了人类还有一处与动物不同的地方,就是人类还在乎声誉、爱慕虚荣,也就是俗话说的"好面子"。《韩非子·八经》指出:"赏莫如厚,使民利之;誉莫如美,使民荣之;诛莫如重,使民畏之;毁莫如恶,使民耻之。"这里,毁誉明显也被当作驱使人民的工具。而之所以如此,必然预设了人对声名的在意。

韩非子在《韩非子·五蠹》中进一步认为:"誉辅其赏,毁随其罚。"毁誉是辅助赏罚的,这就意味着从驱动力上讲,毁誉不如赏罚。韩非子紧接着指出了两种"毁誉、赏罚之所加者相与悖缪"的情况。第一种悖谬,是赏而毁,即"其有功也爵之,而卑其士官也;以其耕作也赏之,而少其家业也"[18]。国家良好运作需要从政之人,可当政治被当成肮脏的职业,那些获得官职的人会被人看不起,这样会打击能人的从政愿望,相应地减小了国家得到治理的可能。同样,国家希望人民辛勤劳作,但如果勤劳致富的人被叫成"土财主",这样会打击人民劳作的热情,从而减小国家富强的可能。这明显是有问题的[19]。

第二种毁誉与赏罚相悖谬的情况,是罚而誉,即"以其不收也外之,而高其轻世也;以其犯禁罪之,而多其有勇也"。隐士是前一种类型的代表[20],而侠客是后一种类型的代表。这样的结果是"法禁坏而民愈乱"[21]。

韩非子对这两种毁誉相悖情况的担忧表明,尽管毁誉是辅助性力量,但还是具有较强的驱动力,并且不像人的朴素善心,可以在国家制度设计层面彻底忽略。一个良好运

---

⑱ 此处的"少"指的是毁誉意义上的"少",即看低。

⑲ 不过,当一国政治确实肮脏,而很多致富者是因为生于乱邦,靠出卖良心而致富,人们不过,当一国政治确实肮脏,而很多致富者是因为生于乱邦,靠出卖良心而致富,人们看不起富贵的人,针对的是不正当的爵与业。如《论语·泰伯篇》在"邦有道,贫且贱焉,耻也"之后所说的,"邦无道,富且贵焉,耻也"。对此,韩非子会说,这种错误当纠正,但不要停留在赏罚与毁誉倒错的境地。可是,韩非子的政治思想体系中缺乏内在纠错机制,他太急于得君行道,希望成为那个纠错者,却没有进行制度上的设计。当然,我们也可以想象一个改进版的韩非子。根据这个版本,他所处理的是理想情况。至于在现实中如何纠错,则需要在理想政治建构之后进行。

⑳ 这种错乱甚至产生了明显荒诞的事情,如有人去归隐,同时又在努力暴露自己的隐藏,沽名钓誉,企图获得实际利益。

㉑ 韩非子接着给出了另外两种情况。第一种,是誉而不罚。即用"廉"和"贞"称颂为兄弟和朋友出头和报仇的人,但并不惩罚他们的违法行为。这样的结果是"故民程于勇,而吏不能胜也"。第二种,是誉且赏。这里的誉和赏倒是一致,但是却彻底与应当的相反。即所谓"不事力而衣食则谓之能,不战功而尊则谓之贤"。这样的结果是"贤能之行成而兵弱而地荒矣";"私行立而公利灭矣"。这两种是赏罚都出了问题的情况,而毁誉是错上加错。

转的国家机器应该同时因顺人的利害计算与虚荣心，用赏罚和毁誉来引导人民。赏罚与毁誉(或者应该说"誉毁")一定要一致，国家机器才能有最佳运转。易言之，毁誉与赏罚不一致，对国家机器的有效运转是有害的。

总之，对韩非子来讲，国家机器建立所因顺的好恶根据，首要是利害，其次是荣辱。这是人类行动驱动力的两对主要来源。

值得强调的是，韩非子所说的"名"与现在所说的"面子"的意思是类似的。人的这种好面子可以用来培养道德，但并不一定非要用它来培养道德，并且这里的道德与儒家通常认可的道德也未必一致。另外，韩非子应该是认为人是名、利并重的，就是说名与利在对人的行动的驱动上是同一类的，而与天生的善心不同。从韩非子给出的很多例子来看，利害是更加根本的，也是更加有效的。

虽然说利害更加根本，但因为人的理性能力有限，有时会让情感冲垮有限的理性，做出不计利害的事情。在《韩非子·外储说左上》中，韩非子提到了吴起跪吮一个士兵的脓血的事情。这个故事主要意图是讲吴起通过这种办法激励士兵为自己送死[22]。而士兵之所以忽略生死这一最大的利害去送命，是因为头脑发热。这种发热，可能是因为源自面子或者虚荣，或是其他情感。在《韩非子·内储说上》里，越王为了让人民为其轻死而作战，表达了对看似有气概的"怒蛙"的敬重，人民因而就争相表现勇气。对此，韩非子明确指出："由此观之，誉之足以杀人矣。"詹康认为，吴起吮脓的例子表达了"将帅之恩义"，并认为上述的例子挑战了利己观[23]。但是，尤其是《韩非子·内储说上》里明确指出的，驱动人民的是"誉"，而毁誉或者更广义的是否能够得到虚荣和面子也是人类利己计算的一个重要因素。当然，与韩非子在其他地方明确或隐含地表达出来的观点不同，上述例子意味着，民众有时候会被面子或者类似情感所驱使，忽略了基于利害的理性计算。也就是说，毁誉有时确实可以超越利害。但在这些例子里面，韩非子强调的是君主不要期待他人自动为自己做事，而要"自为"。并且，除了举这些例子外，韩非子更强调建立在赏罚基础上的制度体系。其原因可能是，在韩非子看来，用义气一类的情感打动别人的办法并不那么可靠，也无法大规模实现，只能是临时使用的"术"而已。并且，这种可以超越利害的虚荣，对制度也会有潜在威胁，不应该鼓励和大范围使用。制度所应该的、规范的状态，是以赏罚为根本，毁誉与其一致并起到辅佐作用。

除了韩非子并不鼓励的因为头脑发热而不计利害的情形，在某些地方韩非子似乎承认，也有并不是因为面子而不计利害的人存在，即儒家所定义的君子或圣人。《韩非子·奸劫弑臣》提到了"武王让以天下而弗受"而"饿死首阳之陵"的伯夷和叔齐，《韩非子·说疑》又把这个不为利害和荣辱所驱动的群体扩大到十二个人。在前一篇里，他指出这样的人"不畏重诛，不利重赏，不可以罚禁也，不可以赏使也，此之谓无益之臣也"。在后一篇里，他指出这样的人"见利不喜""临难不恐"，不被君主的厚赏与严刑所驱使，故

㉒《韩非子·备内》里面也提到："越王勾践爱人，为战与驰。"强调的也是君主如何利用所谓"爱"手段驱使人民为自己做事甚至卖命。

㉓ 詹康《韩非论人新说》，第112—113页。

"谓不令之民"。韩非子的国家制度基于人的好利恶害、好誉恶毁的情实,建立在以赏罚二柄规矩人民的基础上,但这种制度对这种儒家定义上的君子失效。他们是乱臣贼子,是要"少而去"的(《韩非子·奸劫弑臣》),即要贬斥、甚至要从肉体上除去的。

尽管有学者注意到了韩非子对利他之心的承认[24],我们还是要对这种利他之心进行分殊。第一,如本文第一节所述,人皆有朴素的仁心,但它极度脆弱,只在物质极大丰富的时候才有作用。第二,在个人物质利害与声名的错置的情况下,有些人会在他人的煽动下,或者很多人会在社会风气的影响下,去追求这种错置下推崇的价值,比如儒家式的道德。他们追求这种道德,是因为在错置的情况下,装作有这种道德可以获利。对此,韩非子希望君主去除儒家这类"蛀虫(蠹)",移风易俗,建立正确协调个体的利禄、声名与国家利益的制度。如果能这样,这些被误导的民众就会成为不追求儒家式道德的良民。第三,极少数像伯夷和叔齐这样的人,因为天性或是培养的成功,对道义的坚持超越了物质利害与声名的计算,彻底不可改变,使他们成为国家的乱臣贼子,这样的人一定不能被推崇,甚至必须赶尽杀绝。

有学者看到了韩非子承认了这种儒家式的不计较利害的君子的存在,但将此点描述为韩非子人性论"不周延""缺乏普遍性、必然性"[25]。不过,韩非子确实是看到了人性的复杂,包括区分了多数人与少数人,这不等于说韩非子没有人性论,也不等于说韩非子的人性论不周延或者不普遍。我们只能说,他的人性论并不认为所有人都具有完全相同的一套根本特征。但是,如韩非子一再强调的,"为治者用众而舍寡,故不务德而务法"(《韩非子·显学》),即国家治理要因顺大多数人的情实,也就是前面提到的基于利害与荣辱的短视的理性算计。

三、重刑少赏所隐含的利与害的不对等

根据韩非子的人性论,对绝大多数民众最有效的驱动是赏罚,国家制度也应该以此为基础。根据这样的理解,赏罚二柄应该是同等使用的,《韩非子》文本大多也是如此论述的。但是,在某些例子和论述中,他似乎更强调罚。《韩非子·五蠹》讲了一个用儒家式的三种手段("三美"),即"父母之爱、乡人之行、师长之智"都无法改变的"不才之子",在官府的暴力威胁下,马上变易其行为。对此,韩非子的总结是:"民固骄于爱,听于威矣。"《韩非子·显学》里在指出慈母之爱不如严厉的家法之后,韩非子说:"威势之可以禁暴,而德厚之不足以止乱。"

当然,这里的爱、德、乃至三美,并不是赏。但在其他地方,韩非子明确地提出了重刑少赏的主张。首先,他论述了为什么重刑适用于轻罪。

殷之法,刑弃灰于街者。子贡以为重,问之仲尼。仲尼曰:"知治之道也。夫弃灰于街

---

[24] 詹康提到了李增的观点(詹康《韩非论人新说》,第100–101页)。刘亮提到了高柏园、林义正、陈启天的观点(刘亮《〈韩非子〉为何不评价人性之善恶?》,第399–400页)。但他所给出的陈启天之著作的相关部分中,似乎并没有韩非子认同利他心的说法。

[25] 高柏园《韩非哲学研究》,台北:文津出版社1994年版,第72页。

必掩人,掩人,人必怒,怒则斗,斗必三族相残也,此残三族之道也,虽刑之可也。且夫重罚者,人之所恶也;而无弃灰,人之所易也。使人行之所易,而无离所恶,此治之道。"㉖(《韩非子·内储说上》)

在这个例子里面,借孔子之口㉗,韩非子给出了轻罪重刑的两个原因。第一,看似无关痛痒的小罪过,可能会产生危害社会的重大后果(弃灰导致三族相残)。第二,不做弃灰这样的"小过"是很容易的,而刑罚的严重会使人民养成不犯法的习惯。连小过都不犯,他们就更不会犯"人之所难犯"的重罪((《韩非子·内储说上》))。如果没人犯罪了,刑罚再严苛,没人受罚,这种刑罚就一点都不严苛了。

其次,韩非子论述了为什么重刑比轻刑更好。第一,"夫以重止者,未必以轻止也;以轻止者,必以重止矣"(《韩非子·饬令》)。第二,在《韩非子·内储说上》里,韩非子提到,用分尸示众("辜磔于市")重刑,尸体都堵住了河水("雍离其水"),仍然不能阻止荆南丽水窃采黄金的猖狂。其原因,在于有罪犯的侥幸心态,这种心态与罪犯不必然被抓、被惩罚相关。但是现实地讲,任何法律系统都会有落网之鱼。所以,如果只用与犯罪获利相应的害来惩罚,因为害不是必然的,不是百分之百的,犯法者理性计算的结果是这个风险值得去冒。因此,韩非子指出:"所谓重刑者,奸之所利者细,而上之所加焉者大也。民不以小利加大罪,故奸必止者也。"即通过加重刑罚改变人的理性计算结果,人民就不犯罪了。与此相对,"所谓轻刑者,奸之所利者大,上之所加焉者小也。民慕其利而傲其罪,故奸不止也"。即轻刑会导致理性而喜欢冒险的人犯罪,最终结果是"非乱国也,则设民陷也"。也就是说,如果以轻刑处置这些罪行,不仅会使国家陷入混乱,更严重的是,人民犯罪时还会因为轻刑的诱惑,使这种惩罚成为伤民的圈套。

韩非子的结论是,"行刑,重其轻者,轻者不至,重者不来,此谓以刑去刑。罪重而刑轻,刑轻则事生,此谓以刑致刑,其国必削"㉘。轻罪重刑,看似严苛,因为吓阻了犯罪,反而没人受惩罚。轻罪轻刑,再轻的惩罚,有人犯罪,受害的还是百姓。因此,从国家安定与

㉖ 在这之后,《韩非子》还给出了另一个版本。在这个版本中,重刑改成了断手,而孔子的解释只强调了前面的解释中的后一个解释("且夫"之后的解释)。

㉗《韩非子》里面多有借孔子之口,表达韩非子本人的立场,并批评儒家的例子。这与《庄子》里面利用孔子来批评儒家、支持庄子的思想很类似。虽然我们一般觉得法家的韩非子与道家的庄子思想很不同,但是在讽刺儒家的立场和修辞使用上二者却很相像。他们之间是否有相互的影响,甚至有惺惺相惜之处,都是值得玩味的话题。高专诚《〈韩非子〉中的孔子》(载《名作欣赏》2018 年第 7—9 期)收集了《韩非子》中提到孔子的地方,做了一般的分析(虽然有的分析我并不同意)。对《韩非子》与《庄子》中的几段互文(内容相近的文本),杨玲《互见文献视域下的〈庄子〉与〈韩非子〉关系析论》(载本《论文集》)中有非常详尽的分析。不过她关注的是两部经典中相近的文本,并且更强调韩非子与庄子立场上的差别。而我这里指出的不是《韩非子》与《庄子》文本内容的相近,而是在让孔子成为各自的代言人并批评儒家这一近乎戏弄的修辞手段上的类似。不过,杨玲和闫丽红《〈韩非子·内储说〉上篇"孔子言"论法文献胜说》(载《甘肃社会科学》2017 年第 4 期,第 68—73 页)中试图论证,《韩非子·内储说上》的有孔子言的三段话,并非韩非子的恶意扭曲,对此我并不同意。

㉘ 以上引文均见《韩非子·饬令》。韩非子这一轻罪重刑、以刑去刑的想法与《商君书》的立场一致。实际上,同样谈到以刑去刑的《韩非子·饬令》与《商君书·靳令》,在行文上有很多非常接近的地方。

百姓福祉来考虑,轻罪重刑都是更好的选择㉙。

但是,以上论述只是解释了对轻罪为什么要重罚而不是轻罚,其根据还是韩非子对人趋利避害的判断。不过,他对"少赏"的解释,则揭示了赏与罚(利与害)的不等价。他指出:"重刑少赏,上爱民,民死赏;多赏轻刑,上不爱民,民不死赏。"当奖赏太多时,奖赏就失去了驱动力。人在富足的情况下,可以不计较利害。人的基于利害的理性计算,要在相对穷困的情况下才能起作用。这在《商君书》里面有更明确的陈述。比如,"穷则生知而权利"(《商君书·算地》);"夫民忧则思,思则出度。乐则淫,淫则生佚"(《商君书·开塞》)。㉚对此,贺凌虚总结说,据《商君书》,民之计虑在穷困之时才显得清明。不过,即使在富足的状态下,人们虽然可以不计较利益的获取,甚至做出利他的行为,但在这种情况下,对刑罚的恐惧,仍然存在。因此,准确地讲,富裕的时候人们只是对利的计算不敏感,但对害的计算依然敏感。换句话说,在驱动人行动的趋利与避害之间,避害更有刚性与普适性。《韩非子·六反》明确指出,对已经富足的人民大众,赏对他们失效,罚却还有作用,并且也对维持政治秩序是必要的,因为富足的人民容易因"骄恣"而"行暴"。总之,在赏与罚之间,韩非子主张罚更根本。这在《商君书》里面也有明确表达:"罚重,爵尊;赏轻,刑威"。(《商君书·说民第五》)

韩非子还给出了重罚轻赏的另一个原因。在《韩非子·内储说上》里面,他又一次编排孔子。鲁国大火失控,人民不去救火,而去追逐被火烧出来的野兽。鲁哀公让孔子出主意。孔子首先解释道:"夫逐兽者乐而无罚,救火者苦而无赏,此火之所以无救也。"这里还讲的是基于利害之上的赏罚。但他接着指出:"事急,不及以赏;救火者尽赏之,则国不足以赏于人。请徒行罚。"然后他下令重惩不救火与逐兽之人,但并没有给救火的人提供奖赏,结果是"令下未遍而火已救矣"。在国家机器已经完备的情况下,罚的额外耗费要少,因此从国家的利害计算上看,罚更有利。并且,在紧急情况下,奖赏不如惩罚迅捷有效,其隐含的是人对害的规避更加敏感和迫切。

在传统中国思想家里面,韩非子可能是最容易为西方哲学与政治理论的研究者所能理解和接受的。英国的功利主义者边沁(Jeremy Bentham)在他的《道德与立法原则导论》的第一句就开宗明义地指出:"自然将人类放置在痛苦与快乐这两个主权者式的主子之下。"㉛其整部著作就是基于人类的趋利避害的事实,试图建立起一套道德、政治与立法的科学体系,与韩非子的用赏罚二柄建立起来的、因道全法的国家体系似有一致性。但是,边沁及其他功利主义者一般是将快乐与痛苦并列为驱动人行动的根本动力,韩非子则认为(回避)痛苦其实是人类行动的更根本的驱动。一般地讲,痛苦可能确实比

㉙ 在当代美国治安管理中,有所谓"破窗理论"(Broken Window Theory)。这一理论始于 1982 年两位社会科学家的文章:Kelling and Wilson 1982。根据这种理论,警察应该把治安的重点放在看似无关痛痒的小的违法事件上,比如路边停的车的车窗被打破这样的事情。因为如果这样的事情没有得到处理,他人就会认为,这个社区缺乏管理,犯罪无关紧要。于是从一个破车窗开始,最终会导致重罪的发生。这种理论成为比如纽约市警察执法的指南,似乎取得了成功,但也遭到了非常多的批评。对这一理论的讨论,及其与商韩轻罪重罚思想的比较,会是一个有意思的工作。

㉚ 本文所引《商君书》皆根据贺凌虚《商君书今注今译》,台北:台湾商务印书馆 1987 年版。

㉛ Bentham, Jeremy (1948), An Introduction to the Principles of Morals and Legislation. New York: Hafner Press.

快乐更具有普适性。虽然也有具有个人性的痛苦,但人类对痛苦认识的重叠性要比对快乐的认识的重叠性更高。比如佛教里讲八苦,但并没有讲快乐,其背后的原因,可能恰恰是苦更普适。这虽然不是韩非子明确指出的,但确实与他重视二柄中罚的一柄相一致。这一辨析对广义的功利主义者的一个重要启发是,要建立一个功利主义上的国家体系,更应该关注减少人类共同承认的痛苦,而非增进认识上更加多元的快乐。

四、对韩非子人性论的质疑

从以上分析我们看到,韩非子的人性论远比趋利避害要复杂。他认为,驱使人行动的有三大来源,利害、荣辱、天生的善心。在物质极大丰富的条件下,人的趋利心以及依据趋利心的理性计算容易被忽视,朴素的善心更能发挥作用。但是,在这种情况下,避害心与基于避害的理性计算还是在起作用。在物质匮乏的情况下,对绝大多数人来讲,行动的主要驱动来自趋利避害,次一级的驱动来自趋荣避辱,善心没有作用。在对利害与荣辱的计算上,这些人中的大多数(即所谓人民或者民众)只有就眼前物质利益计算的能力,而只有少数人能够就群体的长远利益进行利害计算。后者应该成为君主和重臣。他们的这种计算的根本目的,不是为了他人的利益,而是为了他们自己的利益。在利与害之间,避害在所有物质条件下都有驱动力,并且人对避害更加紧迫,因此利与害并不是等价的。在制度设计上,这就意味着惩罚要比奖赏更根本、更有效。并且,基于以刑去刑而不要以刑致刑的论证,基于在紧急情况下惩罚更少耗费的考虑,赏罚二柄也是要向罚的一方倾斜。最后,韩非子承认即使在物质条件匮乏情况下,也有看似超越利害的人存在。他们多数是被错误的道德学说或者情感误导,在国家机器按照赏罚与毁誉正确地建立起来的情况下,他们的行为就会回归到利害与荣辱的理性计算上。但是,还是有极个别的人可以不惧国家机器的管制,其行为不以利害与荣辱计算为首要驱动,而是坚守其道德信条。对这种个别人,国家要贬斥之,甚至消灭之。

在对韩非子的人性论之复杂性有所了解之后,我们来反思一下他的人性论所存在的问题。这里的问题可以分为两类。第一类问题是,即使韩非子对人性的理解正确,特别是绝大多数人的行动的主要驱动来自利害计算这一点是成立的,依此建立的以赏罚二柄为基础的国家体制还是会有内在的困难。

尽管韩非子强调要少赏,但最终人民还是会达到相对富裕的状态。韩非子似乎欢迎这样的状态的出现。在《韩非子·奸劫弑臣》中,他指出:

夫严刑重罚者,民之所恶也,而国之所以治也;哀怜百姓,轻刑罚者,民之所喜,而国之所以危也。圣人为法国者,必逆于世,而顺于道德。知之者,同于义而异于俗;弗知之者,异于义而同于俗。天下知之者少,则义非矣。

在《韩非子·解老》里面,韩非子也给出了这样的法家之理想国图景:

今有道之君,外希用甲兵,而内禁淫奢。上不事马于战斗逐北,而民不以马远淫通物,所积力唯田畴。积力于田畴,必且粪灌。故曰:"天下有道,却走马以粪也。"

韩非子认为,就国内的政治,儒家梦想的君臣和睦,人民友爱的状态,恰恰是要靠儒家所敌视、人民所厌恶的法家政策建立秩序,并通过促进生产,使人民朴素的善心在物质丰富的条件下得以起作用的结果,而儒家的办法是南辕北辙。国与国之间的和平,是靠国家本身的强大,靠实力所导致的和平,而不是靠儒家的王者再世,使得天下定于一、定于仁来实现的[32]。

《商君书》很少描绘这种理想图景,但也还是有所提及。《商君书·开塞》指出:"夫正民者:以其所恶,必终其所好;以其所好,必败其所恶。"其结果是:"一国行之,境内独治;二国行之,兵则少寝;天下行之,至德复立。此吾以效刑之反于德,而义合于暴也。"

但是,上述《韩非子》两段引文所着重的,更是与儒家争锋,而非天下大治的愿景。《韩非子》全书充斥更多的是富国强兵的急切。比如,《五蠹》指出:"故糟糠不饱者不务梁肉,短褐不完者不待文绣。夫治世之事,急者不得,则缓者非所务也。"但什么时候可以算作糟糠饱、短褐完,就可以考虑梁肉和文绣了呢?对此,韩非子从来没有认真讲过,也更没有讲过强盛之后的政治安排。在上引《商君书》和《韩非子》的文字里面,倒是有很多要抑制奢侈品的说法。《韩非子·解老》的另一段更直接表达了对人民安居乐业以后的担忧:

人有祸则心畏恐,心畏恐则行端直,行端直则思虑熟,思虑熟则得事理,行端直则无祸害,无祸害则尽天年,得事理则必成功,尽天年则全而寿,必成功则富与贵,全寿富贵之谓福。而福本于有祸,以成其功也。人有福则富贵至,富贵至则衣食美,衣食美则骄心生,骄心生则行邪僻而动弃理,行邪僻则身死夭,动弃理则无成功。夫内有死夭之难,而外无成功之名者,大祸也。而祸本生于有福。

人民在物质相对匮乏的时候,能够理性计算,改善自己的生活。但是在富裕以后,因为对利的计算被忽视,最终会导致祸害。

《韩非子·解老》说的还是人民对自己的伤害。但这样富裕后好吃懒做的人民,还会威胁国家的强盛乃至安全。《韩非子·六反》指出,人民富足,除了前面提到的因"骄恣"而"行暴"从而需要保持刑罚之外,还要防止他们因"侈泰"而导致国家贫困,因此需要"论其税赋以均贫富"[33]。但在进一步展开的时候,韩非子似乎还是在谈利用厚赏重罚,没有处理奖赏已经失效的问题。《韩非子·饬令》说:"物多者众,农弛奸胜,则国必削。民有余食,使以粟出爵,必以其力,则震不怠。"这与《商君书·靳令》篇对应的部分也基本一致。

基于韩非子对人性的认识,即物质富足以后,人对利的计算会被掩盖,为了让赏罚机制不失效,就不能让人民(乃至国家)达到这种富裕状态。韩非子号称的人民安居乐

　　[32]《孟子·梁惠王上》中所讲的"定于一"常被解释为秦汉以后的政治上的大一统。但我认为它所描述的是天下归仁的状态,即国与国关系由仁义的原则规管,而不一定是政治的大一统。具体论证见白彤东《仁权高于主权——孟子的正义战争观》,载《社会科学》2013年第1期,第131–139页。

　　[33]与前面的论述一致。韩非子不否定有少数人可以超越利害,但这样的人注定是少数。《六反》指出:"财用足而力作者,神农也;上治懦而行修者,曾、史也,夫民之不及神农、曾、史亦明矣。"

业,君臣相亲相爱,天下太平的理想世界,可能只是说说而已。他和商鞅都提出用"以粟出爵"的办法让人民保持饿狗或者"战狼"的状态。这样的国家,也会一直采取穷兵黩武,不断扩张,哪怕是一统天下,仍然要制造新的敌人,直到这一体制在它自己的重压下崩溃而止,如秦国最终的命运所展示的。

　　这种不断制造敌人和不断侵略扩张,一方面是出于对安全与温饱的追求,但另一方面可能是来自欲望的无限膨胀。在对足民之说的批评中,韩非子指出,"故桀贵在天子而不足于尊,富有四海之内而不足于宝"(《韩非子·六反》)。人的这种无限的欲望,意味着人永远无法得到满足,这就进一步挑战韩非子自己提过的通过富足而达到人民安居乐业、天下太平的图景。当然,物质欲望无限的前提,是有无限的物品可以被占有以满足欲望。在《韩非子·五蠹》里提到的"人民少而财有余"的古代,人民的物质生活的来源是"草木之食"和"禽兽之皮"这样的易腐烂的东西,所以可以有满足的时候,再多占有也没有意义。但当金银等可储存财富发明以后,人类欲望的满足就很难有足够的时候。那么,像桀、纣这样在财富形式变化以后永不知足的人是多数还是少数呢? 在《六反》里,韩非子指出通过"足民"来治国是期望人民如"知足""知止"的老聃一样。这里似乎指人民的欲望也是无限的。但从前面的以粟出爵的主张看,似乎是说因为物质("粟")丰富而不再另有追求(如桀、纣去追求更多的欲望满足或是如神农这样依然"力作")而变得懒惰的人应该不在少数。人民在基本物质满足之后的欲望膨胀有可能是物欲横流的社会(桀、纣既是这样的社会的产品,也是其始作俑者或者推动者)影响的结果。对此韩非子并没有明确辨析,但是这种理解与韩非子在不同地方反对商业和奢侈品的说法相一致,也与《老子》中对坏精英的批评相一致。并且,我们也可以将韩非子前面提到的老聃理解为,即使在桀、纣之流带领下的欲望横流的世界里,也能保持知足的少数道家的圣人。这一点确实是人民做不到的,并且在君主没有正确的观念,其制度也不调控民众的欲望满足方式的情况下,确实足民也达不到"治"的。

　　站在韩非子理论体系之外、站在历史的长河中看,通过保持个人与国家的饥饿状态来应对奖赏失效的办法就是饮鸩止渴。但是,从韩非子体系内部来看,这种办法不失为一种解决办法。但是,到了赏罚的极限之后,赏无可赏,罚无可罚,就更难找到韩非子系统内部的解决[34]。

　　就奖赏来讲,确实有个别人,已经享有除了做君主之外的所有荣华富贵的人,即使奖赏对他还有驱动力,但他的努力就再没有可以奖励的了,除非让他替换君主。但韩非子的君主又是绝对的,不可分享和让渡的。但因为他功高震主,不做处理,这个人就有可能成为乱臣贼子。但绝大多数人到不了这种程度,所以并不在韩非子有关人性问题讨论的范围之内。

　　与赏无可赏的问题对应的,是罚无可罚的问题。如前面所论述的,当奖赏达到了一定程度,它对人的驱动力会丧失,而人类对痛苦的规避要更根深蒂固。但是,如果"苦海无涯"又没有可见的岸的话,避苦可能也会失去了驱动力。更重要的是,当惩罚达到了极

---

　　[34] 下面的讨论是基于白彤东《韩非子对儒家批评之重构》的相关部分,略作修改和扩充。

限,比如死刑乃至株连九族,或者人民处于生不如死的状态,再没有更恐怖的惩罚可以吓阻人民,惩罚就失效了,即所谓"民不畏死,奈何以死惧之"(《老子》第七十四章)。在这种情况下,人们就有可能铤而走险,破坏法律。陈胜、吴广的"今亡亦死,举大计亦死。等死,死国可乎?"的说法和相应的行动就是一个例证(《史记·陈涉世家》)。在赏无可赏、罚无可罚的这两种极限情形下,韩非子依照趋利避害的人情设计的完美制度就崩溃了。

韩非子人性论的第二类问题,是他的人性论是否正确的问题,即他对人性的理解是否真的符合人的情实,他所推崇的制度是否真的因顺人情? 在心理学与微观经济学里面,有所谓动机拥挤理论或者动机排挤理论(motivation crowding theory)。根据这一理论,在一些情形下,外部奖惩会减弱人们采取被期待的行动的内在动机,因而在加大了外部成本的情况下,反而会导致相反效果[35]。也就是说,真正的人的情实可能是外部的奖惩有时反而会抑制内在的自愿遵守规矩("心悦诚服")的动机。与此相对,无论是孔孟诉诸人类的道德情感、还是孔荀诉诸通过礼教的习惯养成,可能比韩非子更符合人情且在某些情况下更有效。

韩非子人性论的另一个重要组成部分是对人的理性假设。对绝大多数人来言,他们理性计算的对象仅仅局限于眼前的物质利益,这就要求赏罚要立竿见影。但是,现实中很多惩罚都有滞后性。对臣民,我们还可以说加强奖惩制度的必然性。对君主,因为国家是他私人所有,所以他的个体利益就是国家利益。韩非子指出:"奉法者强,则国强;奉法者弱,则国弱。"(《韩非子·有度》)如果君主是理性的,他就应该为了私利而奉法。但是,对君主不奉法的惩罚来自于"道"或者政治规律。但我们知道,君主胡来,哪怕是二世胡亥,也没有立即就有惩罚,更多君主是他们死后才洪水滔天。因此,道的惩罚对他们有效,就要求他们要有长远的理性计算的能力与对子孙后代的关切,而不能是采取"我死后哪管洪水滔天"的态度。但我们又不能根据这种要求选拔君主,于是国家富强就被运气左右。

更重要的是,根据当代的演化心理学、道德心理学的研究,人类的大多数决定是靠近乎条件反射式的基因遗传和习惯养成,而不是基于利害的理性计算。所以说,韩非子的"理性政治人"的假设是有问题的。海外学者桑舸澜(Edward Slingerland)在引用当代心理学研究的成果的基础上,指出儒家通过礼教进行人格培养更符合人情[36]。这也就是说,批评儒家不因人情而执意要塑造人性的韩非子,可能恰恰没有理解人情,因而才要将臣民和君主都塑造成去除私欲与道德情感的理性政治人。并且,即使人类(或者至少是其大多数)可以被塑造为理性政治人,但由上述的第二类问题可见,仅靠理性、仅靠利害计算的制度,可能并不是最有利的制度,并且它的完美运作对制度分配利害的高度有

㉟ 参见Titmuss,R. M.(1970),The Gift Relationship. London:Allen and Unwin.;Frey,Bruuno (1997),Not Just for the Money. Cheltenham: Edward Elgar Publishing.;Gneezy,Uri,and Aldo Rustichini (2000),"A Fine Is a Price." Journal of Legal Studies,29(1):1–18;Gneezy Uri, Stephan Meier, and Pedro Rey–Biel(2011),"When and Why Incentives (Don't)Work to Modify Behavior," Journal of Economic Perspectives,25(4)(Fall 2011),191–210.

㊱ 参见Slingerland , Edward (2011),"The Situationist Critique and Early Confucian Virtue Ethics," Ethics,121 (2)(January 2011),390–419.

效性的要求并不现实。从第一类问题可见,这种制度在赏无可赏、罚无可罚的时候,也存在失效的问题。总之,韩非子制度设计背后的理性政治人的假设,可能既违反人性的情实,也有很多失效之处。同时,如果我们注意到近现代以来很多主流经济学理论也是建立在人是理性经济人(homo economicus)的预设下的,从对韩非子的批评,我们也可以想象,为什么看似理性的经济学家在现实中会经常碰壁。韩非子的人性论,可谓在政治领域内主流经济学的先导。二者的研究,其实可以相互映照。

对上述这些问题的解决,可能需要儒与法的某种结合。但谁能结合谁,如何结合,这是很大的问题,在这里无法再讨论。我只想在这里指出展示这种结合的必要。从前面韩非子对伯夷和叔齐之流的评价可以看到,韩非子明确在政治中排斥具有儒家式的道德的人。不过,有点荒诞的是,韩非子自己似乎就是个爱国的贤能㊲。他完全可以凭借才智过上幸福生活,但是他一辈子似乎都在为保存他的母国韩国而奔忙与绝望,在"难言"与"说难"中"孤愤"。但按他自己的学说,韩非子本人恰恰是人主应该"少而去"的。因此,他的孤愤只能说是自作孽的结果。

㊲ 詹康也指出了这一点(詹康《韩非论人新说》,第113页)。

论韩非人情观的价值观意蕴

周四丁*

【摘　要】将韩非的人情观置于相为关系之中，就会发现韩非的人情观不是没有善恶判断的价值中立，而是蕴含着鲜明丰富的价值观。韩非主张"以利之为心"的利他价值观，不是将利他作为善恶的标准，而是作为维护相为关系的一种工具性价值观，其终极目的在于通过相为关系凝聚国力统一天下。只有坚持长远利他，才能增进双方的共同利益进而巩固相为关系。富强也是相为关系双方的价值观共识，君主的利他体现在满足臣民的富贵愿望，臣民的利他体现在满足君主的霸王愿望。针对君臣利异，韩非提出了公私之分，公利代表着践行法治所增进的促进富国强兵的国家利益，私利不是一般意义的个人私利，而是破坏法制所获得的私利，所以，韩非强调把公利作为需要维护的核心价值观。该研究跳出了善恶判断的窠臼，揭示了韩非人情观丰富多元的、具体的价值观世界。

【关键词】韩非；人情观；利他；富强；公利

"人情观"是关于韩非人性论的一种重要观点。日本学者狄生徂徕较早地将韩非的人性论归纳为人情观，国内学者王晓波、韩东育、王立仁、任文启等也持有相似观点。有学者认为韩非人情观是从实然的层面来判断人性，是对人在现实生活的真实表现的客观描述，是没有善恶判断的价值中立。韩东育认为，"很少见到法家往人情身上贴'善'或'恶'一类的价值标签。'人情论'的超善恶特质由此定音"①。该观点舍弃了"人之异于禽兽"的价值前提和"好利为恶"的价值预设，但是，法家不往人情好利上贴善恶的价值标签，不是意味着韩非的人情观是超善恶的，而是因为韩非认为人情好利的价值属性并不能一概而论，要根据具体情况来分析。

关于韩非人情观的研究现在看来存在以下不足：第一，将韩非人情观从社会关系中剥离出来。既然人情是人之实情，那么人情总是具体社会关系中人们体现出来的利益需求的实情，韩非也总是在具体的社会关系中论述人情。如韩非认为"父诮子怨"的自为心

---

* 周四丁，博士，湖南理工学院法学院教授。研究方向：传统法治文化。

① 韩东育《徂徕学派与法家的"人情论"》，载日本学刊 2002(5)，第 102–118 页。

是在"相为"关系中产生的,"皆挟相为而不周于为己也"(《韩非子·外储说左上》)。韩非认为父子之间的相为关系是先于自为心的,高华平将"挟"理解为"怀着"②,这更是体现了相为是自为产生的社会关系环境。相为关系也是韩非对社会关系的总的认识,在分析韩非的人情观时,不能将其与相为社会关系割裂开来。第二,忽视了韩非在相为关系中对人情的价值引导。韩非虽然没有从一般意义上直接表明人情好利是善是恶,但是,从加强相为关系角度出发,韩非明确分析了哪些好利的情形应当如何鼓励,哪些好利的情形应当如何抑制,这其中就蕴含着韩非对人情好利的价值引导。传统的关于人性论价值取向的研究往往局限于善恶的窠臼,然而,价值世界是多元的,人性在具体的情境中对外在环境的意义也是具体的。因此,研究人情观的价值取向应当跳出善恶的窠臼,探索具体情境中的多元的、具体的价值取向。分析韩非如何引导人情欲利以加强相为关系,可以为认识韩非人情观的价值观提供新的视角。

一、韩非人情观蕴含的利他价值观

韩非深入揭示了人们在相为关系中的具体欲利情形,并在对具体欲利情形的态度中体现价值选择。关于韩非人情论价值中立的观点,一般是将韩非的人情论抽象起来,如王立仁教授指出:"韩非的抽象论证是人性好利恶害,喜利畏罪,这是韩非的基本观点和结论。"③如果说韩非是抽象论证人的好利恶害,那么,其人情论就不是关于人之实情的客观描述。王立仁教授的这种观点将韩非人情论与具体情境剥离开来,也同时将韩非人情论与其所蕴含的价值观剥离开来。事实上,韩非深入分析了相为关系中的自为心,并提出了利他的价值主张。

(一)因"自为"而"利他"的价值观选择

韩非在"子怨父诮"的案例中生动地描述了人们的好利之情。"人为婴儿也,父母养之简,子长人怨。子盛壮成人,其供养薄,父母怒而诮之。子父至亲也,而或谯或怨者,皆挟相为而不周于为己也。"(《韩非子·外储说左上》)这个案例通过将父子至亲推到了利益的对立面,力图说明人情欲利的普遍性和客观性。但是,这个案例的负面作用是让人们意识到利益关系会超越父子亲情、冲击了父子间的道德底线,所以,韩非招致了学者们诸多批判,如熊十力认为:"今如韩非之说,只从人之形骸上方面着眼,专从坏处看人。"④熊十力并没有否定韩非所说的客观性,而是将"子怨父诮"理解为"形骸"、是坏处,并认为韩非的这个视角是不恰当。

但是,韩非如何看待"子怨父诮"的自为行为呢?韩非认为应当顺应这种情境中的好利行为,并引导人们树立起利他的价值观。韩非在论述父子之间的利益关系后提出,"故人行事施予,以利之为心,则越人易和;以害之为心,则父子离且怨"(《韩非子·外储说左下》)。父子之间只有都为对方的利益考虑,才能巩固好关系,进而才能更好地实现自己

② 高华平、王齐洲、张三夕译注《韩非子》,中华书局 2010 年版,第 410 页。
③ 王立仁《韩非的治国方略研究》,中国社会科学出版社 2012 年版,第 42 页。
④ 熊十力《韩非子评论》,上海书店出版社 2007 年版,第 21 页。

的利益。由认识到人情好利,到提出利他主张,是韩非在相为关系中所主张的价值观。"关系是相遇,意味着我遇见不同于我的他者。遇见本身就是一种伦理关系。因为遇见必须尊重他者"⑤。熊十力在研究此案例后认为:"韩非偏从坏处衡人,即依此等偏见以言治道,则将不外于猜防、锢闭、诱迮、劫制四者。"⑥可是,韩非并没有在此处采用猜防、锢闭、诱迮、劫制等手段,而是采取截然相反的利他方式。韩非和荀子都认识到了人的自然之欲,但是在如何对待人的自然之欲上,荀子主张"化性起伪",韩非主张"以利之为心"。荀子主张"化性起伪"抑制人的自然之欲,是因为他认识到放纵人的自然之欲会导致不良后果,所以希望以美德来抑制欲望。韩非主张"以利之为心"是因为他认识到自然之欲是人的基本生理需求,满足人的基本需要是构建良好社会关系的基础。"人无毛羽,不衣则犯寒;上不属天而下不著地,以肠胃为根本,不食则不能活;是以不免于欲利之心"。(《韩非子·解老》)治国理政就是要满足人的基本生理需求,"不逆天理,不伤情性"(《韩非子·大体》),认识、尊重人对利益的需求,并在一定程度上满足人的基本需要,利他价值观就蕴含在其中。

(二)利他价值观的长远利他取向

王立仁也注意到了韩非基于自为的利他主张,但是,他认为这种利他是以个人利益为核心的,"表面上是为了别人的人,实际上都是在为了自己的利益"⑦。王立仁将利己和利人的关系归纳为表面和实质的关系,这使得利他行为有阴谋论的影子,无疑在一定程度上否定了韩非利他主张的伦理价值。从人的社会本性来看,"无私利人的直接原因、根据、原动力则是爱人之心和完善自我品德之心;而终极原因、根据、原动力则是他人给了自己快乐和利益"⑧。王海明将自己的利益理解为利他主义的终极原动力,将利己主义与利他主义的关系理解为因果关系,并将利他和利己统一了起来。这也说明基于自己的快乐和利益而利他并不排斥利他的道德性。当然,韩非的"以利之为心"与利他主义在本质上是不同的。"利他主义乃是一种将无私利他奉为行为善恶的道德总原则的理论。"⑨韩非不是将利他作为善恶的最终原则,而是将利他作为维护相为关系的一种工具性价值观,其终极的目的在于通过相为关系凝聚国力,进而在富国强兵的生存竞争中统一天下。正是因为利他价值观是工具性价值观而不是终极性价值观,所以,当终极目标完成后,工具价值观也就可能失去其存在的价值。当失去了大一统赖以实现的价值观,国家的存续也会面临根本性的问题。韩非认识到人与人的相互依赖而提出利他的主张,其价值在于发现利己和利他是统一的,但是,没有认识到利他价值观的终极性。

韩非的"利他"并不是对人的欲望的绝对迁就。"圣人之治民,度于本,不从其欲,期于利民而已。"(《韩非子·心度》)韩非将人情好利做了更细致的区分,即短期利益与长远

⑤ 郭菁《基于他者伦理的责任主体观》,载《云梦学刊》2021,42(02),第82-89页。
⑥ 熊十力《韩非子评论》,上海书店出版社2007年版,第21页。
⑦ 王立仁《韩非的治国方略研究》,第45页。
⑧ 王海明《人性论》,商务印书馆2017年版,第81页。
⑨ 同上,第386页。

利益的区分。"婴儿不知犯其所小苦致其所大利也。"(《韩非子·显学》)民众对利益的认识往往是短期的,而君主则会从更长远的角度思考利益。"今上急耕田垦草以厚民产也,而以上为酷;修刑重罚以为禁邪也,而以上为严;征赋钱粟以实仓库,且以救饥馑、备军旅也,而以上为贪;境内必知介而无私解,并力疾斗,所以禽虏也,而以上为暴。此四者,所以治安也,而民不知悦也。"(《韩非子·显学》)通过韩非的相关论述可以推导出,君民之间相互依存的关系存在着一种内在的张力,即利益的一致性与利益认识不一致之间的张力。如何处理这种张力呢?宋洪兵指出:"先秦诸子又认为治国应该充分考虑到民众惰性习惯及传统风俗的滞后性给政策施行带来的负面影响,主张正民心、逆人情以及移风易俗的重要性,强调从根本利益及长远利益层面'得民心''因人情'。"[10]宋洪兵从韩非与先秦诸子共识视域出发,认为韩非与先秦诸子一样强调民众根本利益、长远利益,也就肯定了韩非强调民众根本利益、长远利益的正当性与道德性。"顾小利,则大利之残也。"(《韩非子·十过》)韩非从相互依存关系的具体情境出发,区分人情好利的具体形态,坚持利他的价值导向,并且是坚持长远利他的价值导向。

(三)由长远利他到相为关系的巩固

韩非在论述父子相养等具体利益关系时,设定了"挟夫相为则责望,自为则事行"的相为关系情境,认为父子之间的自为是置于相为的前提之下。父子之间既相为又自为;儿子年幼时需要父母抚养,父母年迈后需要子女赡养。在这种相互依存的关系中,人们又有自己的利益考虑。"子父至亲也,而或谯或怨者,皆挟相为而不周于为己也。"(《韩非子·外储说左上》)韩非关于自为的判断和利他的主张,都是从相为关系这一前提出发的。正是由于父子之间存在相互依存的利益关系,韩非提出了利他的价值观以维护好父子之间的利益关系。

相互依存的相为社会关系不仅存在于父子之间、庸主之间,还普遍存在于人与人之间。"故有尧之智而无众人之助,大功不立;有乌获之劲不得人助,不能自举;有贲、育之强而无法术,不得长生。"(《韩非子·观行》)韩非的《观行》篇围绕"以有余补不足,以长续短"来展开论证,其结论是人需要众人之助,而法术在实质上是得到众人帮助的方法。《观行》篇深刻论述了人的相互依存的社会属性。因此,利他的价值观是构建相为关系的道德基础。

君臣关系是最重要的社会关系,韩非也深刻认识到君主与臣民的相互依赖性。他认识到:"人主之患在莫之应,故曰,一手独拍,虽疾无声。"(《韩非子·功名》)所以,君主需要贤能的大臣来帮助治理国家。韩非引用秦用百里奚的典故以说明君主之所以不拘一格选用贤人,是因为贤人能够造福百姓,进而实现君主的利益。"或在山林薮泽岩穴之间,或在囹圄缧绁缠索之中,或在割烹刍牧饭牛之事。然明主不羞其卑贱也,以其能,为可以明法,便国利民,从而举之,身安名尊。"(《韩非子·说疑》)秦君不羞其卑贱而重用百里奚,就是对贤能之臣依赖性的自主认知和主动合作。韩非认为君民之间也是相互依存的关系,"人主者,天下一力以共载之,故安;众同心以共立之,故尊"(《韩非子·八经》)。

⑩ 宋洪兵《韩非子政治思想再研究》,中国人民大学出版社 2010 年版,第 145 页。

对于君主而言,在处理君民关系时,也要有利他之心;在治国理政之时,要有利民之心。"夫利者,所以得民也"(《韩非子·诡使》),利他是"因人情"的价值观选择,造福百姓是利他价值观的逻辑结果。只有利他并坚持长远利他,才能增进双方的共同利益,最终巩固相为关系。

二、韩非人情观蕴含的富强价值观

既然韩非的人情观蕴含着在相为关系中长远利他的价值观,那么,君民所坚持的长远利益的价值共识是什么呢?

(一)相为关系中的君主霸王与臣民富贵

韩非认为,君主的长远利益在于霸王,臣民的长远利益在于富贵。"霸王者,人主之大利也……富贵者,人臣之大利也。"(《韩非子·六反》)相为关系的建立就是在君主霸王和臣民富贵之间建立相互促进的联系。

韩非将诸侯霸王视为国家生存的基本需要。"邦以存为常,霸王其可也"。(《韩非子·喻老》)在大争之世,在激烈的诸侯争霸中,成为霸王是诸侯国的生存条件。韩非以徐偃王的亡国教训来说明国家的生存在于霸王而不是仁义道德。"徐偃王处汉东,地方五百里,行仁义,割地而朝者三十有六国。荆文王恐其害己也,举兵伐徐,遂灭之。故文王行仁义而王天下,偃王行仁义而丧其国,是仁义用于古不用于今也。"(《韩非子·五蠹》)徐国的仁义虽然能够赢得一些支持者的支持,但是也使它招受了灭国之祸,所以,能够真正支持国家生存的,不是仁义而是能在战场上战而胜之的军事力量。"战而胜,则国安而身定,兵强而威立,虽有后复,莫大于此,万世之利奚患不至? 战而不胜,则国亡兵弱,身死名息,拔拂今日之死不及,安暇待万世之利?"(《韩非子·难一》)在诸侯争霸的大争时代,诸侯国之间的生存竞争已然形成独霸天下、吞并四海、一统天下的态势,诸侯国之间富国强兵的竞争既是霸王之争也是生存之争。"夫两尧不能相王,两桀不能相亡;亡王之机,必其治乱,其强弱相踦者也。"(《韩非子·亡征》)强弱是相对而生的,霸王也是相对而存在的,只有最强者才是唯一的生存者,才是最后的霸王。

韩非从人情出发,认为普通民众也是有长远利益取向的。韩非通过分析社会中存在的杀女婴现象,得出人们有长远利益的取向。"且父母之于子也,产男则相贺,产女则杀之。此俱出父母之怀衽,然男子受贺,女子杀之者,虑其后便,计之长利也。"(《韩非子·六反》)韩非认为这种现象的存在是父母在权衡长远利益后做出的决定。学者们在研究此处时,往往将重点放在批判韩非揭示杀女婴现象的行为,认为揭示该现象的行为抹杀人的道德性。其实,韩非想要表达的核心观点是人们有长远的利益取向,而"杀女婴"现象只是韩非用来表明这一观点的极端例证。韩非还通过对比的方式剖析长远利益取向的现实价值。"今家人之治产也,相忍以饥寒,相强以劳苦,虽犯军旅之难,饥馑之患,温衣美食者,必是家也;相怜以衣食,相惠以佚乐,天饥岁荒,嫁妻卖子者,必是家也。"(《韩非子·六反》)有长远利益考虑而不追求一时的享乐,就算是面临战争和饥荒,也能温衣美食;没有长远利益考虑而只追求眼前享乐,一旦遇到困难就会面临嫁妻卖子的悲惨境地。人情好利,追求的是温衣美食而不是嫁妻卖子,所以长远利益又是人情欲利的自然延伸。长远利益的最好载体就是富贵。"夫耕之用力也劳,而民为之者,曰:可得以富也。战之事也危,而民为之者,曰:可得以贵也。"(《韩非子·五蠹》)韩非认为,民众为了富贵是可以不怕劳苦和危险的,因而,人们为了长远的利益而追求富贵也是人情欲利的自然延伸。

(二)霸王与富贵的内在统一

在君主霸王与臣民富贵的相为关系中,君主的利他体现在满足臣民的富贵愿望,臣民的利他体现在满足君主的霸王愿望。在一对相为关系中,相互依存性是客观存在的,但是,这并不意味关系双方的相互依存程度是一样的,也不意味着关系双方在维护关系中的作用是一样的。在君臣相为关系中,君主无疑在相为关系的建设中起到更重要的作用,而君主所坚持的价值,对于相为关系的建设、对于利益共识的达成是非常重要的。"人主挟大利以听治,故其任官者当能,其赏罚无私。使士民明焉,尽力致死,则功伐可立而爵禄可致,爵禄致而富贵之业成矣。"(《韩非子·六反》)蒋重跃认为,"在韩非心目中,人情为己是强化王权的基础,因此必然要加以鼓励和培养,以便把无数自私自利的'小我'吸引并规范到王权的'大我'之下"⑪。即要鼓励和培养人们的富贵之欲,使之能够把个人对富贵的追求吸引并规范到君主的霸王追求之下。韩非强调"因人情而治",人情并不是只有好利这一个维度,还有个人爱好、爱妻子、爱父母等诸多维度。就是在好利这一维度上,不同的人体现的程度也不一样。把人情的好利维度不断强化,把其他维度不断削弱,就是将个人富贵与君主霸王结合起来。从这个角度来说,"因人情"既包括鼓励和培养人情,还包含抑制和削弱人情。当现实人情有利于富国强兵的目标时,就应当鼓励与培养,反之就应当进行抑制和削弱。

韩非是通过法律来固化相为关系中的个人富贵与君主霸王。无论是顺人情还是逆人情,都要通过法律来固化。"圣人权其轻重,出其大利,故用法之相忍,而弃仁人之相怜也。"(《韩非子·六反》)法律的核心价值就是通过赏罚将君主霸王与个人富贵结合起来。君主通过赏罚来调动臣民的积极性,进而获得国家力量;臣民通过君主的赏罚获得个人富贵。"人情者,有好恶,故赏罚可用;赏罚可用,则禁令可立而治道具矣。"(《韩非子·八经》)当赏罚制度能够很好地协调君主与臣民的相为关系时,君主和臣民就能形成合力,国家富强和个人富贵就能同时实现。"凡五霸所以能成功名于天下者,必君臣俱有力焉。"(《韩非子·难二》)如果赏罚制度存在明显漏洞,不能很好地协调君民的相为关系,国家富强和个人富贵就会出现明显的张力。

(三)相为关系中的富强价值观纽带

韩非认为,以富强作为治国理政和处理相为关系的着眼点,是处理好相为利益关系的关键。富强对于君主而言是霸王,对于民众而言是富贵。韩非认为,君主应当坚持富强的价值追求。《韩非子》一书中有多次明确提到富强,"明主者通于富强,则可以得欲矣"。(《韩非子·八说》)在富国强兵的政治目标之下,富强成为一种国家意志和国家的主要价

⑪ 蒋重跃《韩非子的政治思想》,北京师范大学出版社集团 2010 年版,第 136 页。

值,体现了国家对善的追求。赏罚在一定程度上体现了人情好利的价值属性。"人情者,有好恶,故赏罚可用。"(《韩非子·八经》)应赏之人情有利于国家富强,应罚之人情不利于国家富强。"磐不生粟,象人不可使距敌也。今商官技艺之士亦不垦而食,是地不垦,与磐石一贯也。"(《韩非子·和氏》)追求有利于富国强兵之利,是一种应当;相反,追求不利于富国强兵之利就成为不应当。

韩非认为,应当引导人们追求有利于富国强兵之利,"故设利害之道以示天下而已矣"(《韩非子·奸劫弑臣》)。只要提供确切的获利途径,人们就会为自己的富贵之业不惜代价。韩非对人们的好利程度进行了更深入地分析,核心观点是强调人们在利益面前"皆为贲诸"。韩非通过"妇人拾蚕""渔者握鳣"的事例来说明人们为了利益是可以克服恐惧的,是可以变得像贲、诸一样勇敢的。"鳣似蛇,蚕似蠋。人见蛇则惊骇,见蠋则毛起。然而妇人拾蚕,渔者握鳣,利之所在,则忘其所恶,皆为贲诸。"(《韩非子·内储说上》)姑且不论"妇人拾蚕""渔者握鳣"的事例能否足够证明人们在利益面前变得更加勇敢,就这两个事例的应用而言,说明韩非不是抽象地论述人情好利,而是通过事例来生动地展示人们追求利益的勇敢形象。"利之所在,皆为贲诸",贲、诸是最勇猛的勇士,贲诸的譬喻清晰地揭示了人们好利的程度。韩非也注意到人们爱子女、爱幼弟、爱福寿、爱妻子等人情的诸多所好,但是,韩非认为,在程度上均无法与爱利益相比。

韩非描述了公孙鞅治秦后的情形:"出其父母怀衽之中,生未尝见寇耳。闻战,顿足徒裼,犯白刃,蹈炉炭,断死于前者皆是也。夫断死与断生者不同,而民为之者,是贵奋死也"。(《韩非·初见秦》)人们自小接受的教育就是通过耕战而富贵,参加耕战、实现富贵已经不是一种简单的好利行为,而是秦民的共同价值观。

三、韩非人情观蕴含的"公利"价值观

韩非认识到了国家富强和个人富贵之间会存在张力,所以提出了公私概念以阐述"利异"的情形,也明确了坚持公利的价值观。

(一)相为关系中的"利异"实情

韩非将相为关系作为最主要的社会关系,将以赏罚为核心的法律制度作为维系相为关系、统一君主富强和个人富贵的手段。但是,韩非通过更深入的人情分析发现,在相为关系之中,关系双方还存在利益相异的方面。"君臣之利异,故人臣莫忠,故臣利立主利灭。"(《韩非子·内储说下》)林存光从韩非的矛盾观来解读这个观点,"正是基于'势不两立'的矛盾观,所以韩非极力主张凡是破坏法制、于推行法治不利或与之相背的人和思想学说都必须加以禁止灭绝"⑫。林存光的观点是将矛盾对立关系作为君臣关系的主要方面,而不是将相为关系作为君臣关系的主要方面。韩非既有关于利异的论述,也有关于相为的论述,这些论述在文字表述上是截然对立的,但是在义理上又是相通的,都是服务于韩非的法治主张的。林存光的观点是无法解释韩非论述中关于君臣相为的论述的。韩非发现,在显性的君臣相为关系中,还潜藏着君臣利异的关系,这种利异关系

---

⑫ 林存光《韩非的政治学说述评》,载《政治学研究》2004(01),第53-60页。

会不断地解构相为关系。但是,就相为关系和利异关系的相对关系而言,相为关系是主要的关系,利异关系是次要的关系;相为关系是显性关系,利异关系是隐藏的关系;相为关系是建设性的,利异关系是破坏性的。

韩非对利异关系的认识,也是从人之实情做出的经验性判断。在臣民心生邪念的具体情境中,韩非认为人的贪欲之情是有价值倾向的,会"教良民为奸、令善人有祸",因此,必须加以禁绝。韩非在《八说》中从经验的角度总结出了利异的八种情形,这也是对人贪欲实情的总结,"不弃""仁人""有行""君子""有侠""高傲""刚材""得民"等八种情形都是相为关系的利异情形,"此八者,匹夫之私誉,人主之大败也。反此八者,匹夫之私毁,人主之公利也"(《韩非子·八说》)。如果不能有效抑制这八种利异情形,君主的利益将会受到严重的损害,进而会从根本上危及相为关系的基础。韩非在《备内》中分析了君主与其妻、子利异情形。当君主与妻、子有良好的相为关系时,"为人主而大信其子,则奸臣得乘于子以成其私……为人主而大信其妻,则奸臣得乘于妻以成其私"(《韩非子·备内》)。这种相为关系会被大臣所利用,最终会对君主有害。而"以衰美之妇人事好色之丈夫""子疑不为后"则是君主与妻、子直接的利异情形。韩非以事例的形式来描述利异的客观性和普遍性,这为防范利异情形、巩固相为关系奠定的事实基础。

(二)由利异到公私之分

那么,应当如何界定破坏相为关系而获取利益的行为呢?韩非提出了公私之分。"匹夫有私便,人主有公利。"(《韩非子·八说》)"韩非以个人的私利和君主、国家的公利,解释公私的区别"[13],朱伯崑将私利理解为个人利益。高源认为,"以追求国家富强为根本目标的功利主义,其中公、私概念定义为是否有助于增进国家富强,其中公、私意味着君主权势和其他政治势力"[14],这里把"私"理解为其他政治势力的利益。朱伯崑和高源都没有区分私利是正当的利益还是不正当的利益。

韩非关于"私"的核心要义在于将"私"厘定为破坏法制、削弱国家利益而获得的个人利益,这种私利依附于相为关系而存在,具有非常强的欺骗性质。韩非讲述了大臣利用君主之势来实现个人私利的情形,"以智士之计,处乘势之资而为其私急,则君必欺焉"(《韩非子·八说》)。韩非还讲述了大臣利用君主信任来实现个人私利的情形,"夫奸臣得乘信幸之势以毁誉进退群臣者"(《韩非子·奸劫弑臣》)。显然,韩非所讲述的"私"并不是一般意义上的个人利益,而是破坏国家利益的不当私利。韩非突出公私之别,不是在一般意义上突出个人私利,而是突出破坏法制所得的私利,臣民在法制范围内所获得的个人利益是符合富国强兵的价值主旨的,不属于"公私利异"中的私利。

韩非关于"公"的核心要义在于将"公"厘定为践行法治所增进的促进富国强兵的国家利益。有学者指出,韩非的"'公'是君主和国家的利益和意志"[15]。这种观点看到了君主利益与国家利益的一致性,但是没有看到君主利益与国家利益的不一致性。韩非认为君

⑬ 朱伯崑《先秦伦理学概论》,北京大学出版社 1984 年版,第 272 页。
⑭ 高源《功利、权势、价值与心性——韩非"公私之辨"的四重维度》,载《诸子学刊》2021 年第 1 期,第 114-120 页。
⑮ 金银润《先秦法家"公"思想探析——以韩非子为中心》,载《理论界》2014 年第 11 期,第 53-55 页。

主也有私利,如果君主放任利私,就会损害国家利益。韩非在《亡征》篇列举了许多君主私利与国家利益相冲突的情形。"好宫室台榭陂池,事车服器玩,好罢露百姓,煎靡货财者,可亡也。"(《韩非子·亡征》)君主追求个人享乐会导致国家利益受损,君主任用亲近之人也将妨碍国家利益。"婢妾之言听,爱玩之智用,外内悲惋而数行不法者,可亡也。"(《韩非子·亡征》)只有法律才能真正代表国家利益,君主应当成为法律的维护者而不是破坏者。"故明君无偷赏,无赦罚……是故诚有功,则虽疏贱必赏;诚有过,则虽近爱必诛。"(《韩非子·主道》)只有君主的个人私利隐退,法律的地位和国家的强大才能得到保障;只有君主的个人私利隐退,君主利益与国家利益才是一致的。所以,韩非的"公"是国家利益,是去除君主个人私利后的君主利益。"公"是君主利益,也是民众利益,君民的利益是一体的。通过轻徭薄役,君主治理民众有如水之胜火。然而,奸臣为了个人的不法私利侵害民众合法利益的"釜鬵之行",导致君民关系彻底变质。"徭役多则民苦,民苦则权势起,权势起则复除重,复除重则贵人富……今夫治之禁奸又明于此,然法守之臣为釜鬵之行,则法独明于胸中,而已失其所以禁奸者矣。"(《韩非子·备内》)显然,奸臣"釜鬵之行"败坏了法治,破坏了治理关系。韩非认为,君主是代表公利的,应当通晓臣民破坏法制而获得非法利益的人情,并抑制其发挥作用。韩非进一步指出,只有法律才能代表君主利益和富国强兵的公利。"故当今之时,能去私曲就公法者,民安而国治;能去私行行公法者,则兵强而敌弱。"(《韩非子·有度》)偏离法律,会使君主的权力旁落于他人。君主要守护公利,就要防止臣民破坏法治。

(三)维护公利的价值追求

韩非的公私之分强调私利的破坏性,赋予公利以正当性。韩非的公私之分把违背法律的私利认定为非正当性,把公利作为国家治理需要维护的核心价值观,追求公利而防止私利是实现国家富国强兵的应当。因而韩非提出的公私之分具有鲜明的价值取向,也具有伦理属性。"这种把国家、君主看作是'公利'代表的信念,其实同样是一种道德信念,因为仁义道德所以具有价值恰恰在于它们代表'公利'。"[16]韩非赋予公利以正当性蕴含着以公利为中心、将公利与民众利益高度结合的政治伦理;"正是在国家理性的思维下,晋法家所追求的是'为公而不为私'的伦理原则"[17]韩非也是积极主张要维护以公利为核心的价值理念。

韩非认为君主要坚持公利的价值导向。君主应当审公私之分,"故明主审公私之分,审利害之地,奸乃无所乘"(《韩非子·八经》)。君主只有区分公私之别,明确公私界限,并坚定地守护公利,才能避免权臣损害公利。"人主不察社稷之利害,而用匹夫之私毁,索国之无危乱,不可得矣。"(《韩非子·八说》)因此,君主要坚持以公利为核心的价值导向,引导臣民维护公利,进而使维护公利成为一种共同的价值理念。"明主之道,臣不得以行义成荣,不得以家利为功,功名所生,必出于官法。"(《韩非子·八经》)"不得以行义成荣,不得以家利为功"不仅是法律上的不可行,也是道德上的不应该。当其成为一种人们共

⑯ 朱汉民《圣王理想的幻灭》,吉林教育出版社 1990 年版,第 68 页。
⑰ 路强《从"人情"到"国家"——晋法家政治伦理内在逻辑脉络》,载《云梦学刊》2016,37(04),第 53—57 页。

同遵守的道德规范,公利才能得到有效维护。法律凝聚着国家利益和民众利益,韩非明确提出要信仰法律,"国无常强,无常弱。奉法者强,则国强;奉法者弱,则国弱"。(《韩非子·有度》)当法律成为人们共同信仰的行为准则时,国家的强大才能实现。"设法度以齐民,信赏罚以尽能,明诽誉以劝沮。名号、赏罚、法令三隅,故大臣有行则尊君,百姓有功则利上,此之谓有道之国也。"(《韩非子·八经》)韩非将以诽誉为主要形式的道德评价视为与法治同等重要,"名号、诽誉则是社会舆论的问题,其中最本质的是价值判断或价值取向的问题,所以基本上是属于道德的范畴"[18]。这也说明韩非不仅重视公利、法治,还非常重视将维护公利作为一种价值观,并引导君臣民共同守护该价值观。

结语

韩非将相为关系作为社会的主要关系,认识相为关系及其在韩非学说中的地位,有助于更好地理解韩非的人情论。人的"欲利之心"是客观存在的,"欲利之心"在不同情境中以不同的形式表现出来也是客观存在的。如何看待、引导不同情形下的"欲利之心",体现了韩非对人情欲利的价值引导。韩非将相为关系作为看待、引导"欲利之心"的前提,在该视角下,人不是独立的个体而是相互依赖的人,人们欲利之心的价值属性取决于对相为关系构建的作用。韩非不是从一般的国家治理视角而是从实现大一统的国家治理视角来看待相为关系。相为关系的构建是为了凝聚国力铸就霸王之业,因此,人们的欲利之心围绕着富国强兵发挥作用。

相为关系视角下的韩非人情观价值判断跳出了善恶窠臼。韩非关于人情欲利情形的生动描述使其被误解为专门"从坏处看人""牛羊般用人",这些误解也是韩非学说被污名化的原因之一。不论是性恶论,还是人情价值中立论,都无法深入理解韩非详细描述人情欲利情形的真实目的和价值取向。相为关系的视角则可以清晰地揭示出具体情形中人情欲利的表现形式、产生原因、有何价值、如何引导等,这对于全面认识韩非的人情观是有帮助的。

相为关系视角下的韩非人情观是一个丰富的价值世界。其蕴含的利他、富强、公利等价值观,突破了价值善恶的抽象判断,以具体的、多元的方式来展现韩非人情观价值世界的丰富性。从相为关系出发,也许还可以发现韩非人情观中蕴含的更为丰富的价值世界。

---

⑱ 钱逊《韩非的道德思想》,载《清华大学学报(哲学社会科学版)》1987 年第 1 期,第 24—30 页。

论周秦之变背景下的韩非"虚静无为"思想

李友广 *

【摘　要】面对周秦之变的时代变局,就儒、道、法三家的应对之方而言,无为而治在不同程度上是他们都认同的政治理念与政治理想。与道家强调顺势而为、儒家强调道德教化不同,法家的"虚静无为"在很大程度上抽离了道家的形上超越意味,为客观性的法术、权谋化的无为奠定了基础。在法家看来,君主要想真正做到维护自己的至尊权力与地位,就必须巧妙处理好与臣下的关系。韩非"虚静无为"命题的提出,是在尊君集权的指归下,对如何防臣禁奸和维护君主形象的一次综合性理论探讨。这种理论探讨,主观上是为君主在与臣下的政治博弈中增添更多筹码,客观上则为秦制的最终确立奠定了较为坚实的理论基础。

【关键词】周秦之变;虚静无为;反智巧;权谋化

春秋晚期至战国时期是社会大变动的历史阶段,整体来说便是由周天子与诸侯共治天下的权力格局(即周制)向政治权力日益向君王集中的中央集权政治制度(即秦制)的转进,后世学者将此政治社会现象简称为周秦之变。

周秦之变是先秦诸子共同面对的时代课题,他们在立教授徒、讲学著述过程中多少都会思考天下向何处去这一时代命题。鉴于先秦诸子的复杂性,以及行文方便的需要,本文主要以"虚静无为"为理论视角,对法家集大成者韩非的政治哲学思想进行研究。

一、老子"虚静""无为"概念的提出

周秦之变时间跨度大、影响力强,诸子的理论思考无不透露出对这种变化的关切与反思。作为诸子中的道家也有着回应和解决天下向何处去这一时代命题的理论探求和现实诉求。针对血缘宗法伦理由浓厚变淡薄,家国政治结构日益疏离,地缘政治日渐形成的现实政治特点,礼乐崩坏是其社会层面的基本表现形式,道家人物老子认为这一切都是由于人们欲望过盛导致的。基于此,老子做出了理论回应,并提出了以"无为"为核心概念的解决方案。

* 李友广,哲学博士,西北大学中国思想文化研究所教授,博士生导师。研究方向:先秦儒家政治哲学、儒道法关系比较与儒学思想史基本问题。

根据《老子》所言,老子所说的"无为"不是什么也不做,主要指的是不妄为、不强为,亦即顺势而为。统治者和老百姓都要效法道的自然运转趋势,在道的框架内作为,无论是"法地""法天""法道""法自然"(《老子·第二十五章》)还是"辅万物之自然"(《老子·第六十四章》),人都不应该是政治关系、社会关系和自然关系的中心、准则和价值依据,人应该做的是因循道、顺应道,以辅助物事的形成,如此便可达到道家所说的理想之治:"甘其食,美其服,安其居,乐其俗。邻国相望,鸡犬之声相闻,民至老死不相往来。"(《老子·第八十章》)当然,理想之治的出现是需要"小国寡民"作为现实条件的,但问题在于自周天子与诸侯共治天下的政治权力体系形成以来,所谓的"小国寡民"便不复存在,故有学者根据河上公的注释"圣人虽治大国,犹以为小,俭约不奢泰。民虽众,犹若寡少,不敢劳之也"[1],将"小国寡民"解释为"小其国而寡其民"[2],这是合理的。面对礼乐崩坏、政治失序的社会现实,虽然有学者对老子描述的"小国寡民"是否是理想社会有争议[3],但老子的"小国寡民"起码在他看来比春秋晚期的政治局势要好得多,这应该是一种没有争议的判断。依此来看,"小国寡民"就不应仅仅被视为理想之治。它虽然确实还具有一定的统治术和权谋色彩,但不应局限于此,应被视为一种政治理念和治理模式可能更为合理。如此一来,"小国寡民"就不会止步于"小其国而寡其民",而是以"不仁"(《老子·第五章》)、"不自生"(《老子·第七章》)、"无执"(《老子·第二十九、六十四章》)、"无常心"(《老子·第四十九章》)、"无为""好静""无事""无欲"(《老子·第五十七章》)、"不争"(《老子·第六十八、八十一章》)、"不病"(《老子·第七十一章》)和"不积"(《老子·第八十一章》)等方式来消解与生命成长、政治权力运行和社会发展不相称的欲望,进而无限度地接近道本身,直至与道的运转趋势相合。

综合而言,老子的"小国寡民"论可以涵盖理想之治、统治权谋和治理模式三种义涵,这三种义涵虽相互独立但又在"无为"的立场下相通共融。也就是说,不管是作为理想之治的"小国寡民"、统治权谋的"小国寡民"还是作为治理模式的"小国寡民",都需要以当权者的无为为实现基础,这是老子基于对前文明社会及现实社会充分反思和综合考量的结果。在老子这里,"小国寡民"论的提出、无为政治行为的呈现,都需要以当权者的少私寡欲为前提,从而以消解个体欲望的方式来实现与他人、社会、权力及自然万物的和谐共生。这就说明,作为生命个体的人虽然都有主体性,但在老子看来不能以其作为万物存在与发展的依据与标准,否则万物的存在与发展将有落入人之欲望汪洋的危险,那样的话,世界万物都不过是人之欲望的外在投射而已。这对于对欲望持批判与反思立场的老子来说,显然是不可接受的。

对于春秋晚期的老子而言,其所能真切感受到的是礼乐崩坏、政治失序,而天下走势如何于其时并不明朗,是故老子所能反思的便是当权者的统治方式与百姓的日常行

① 王卡点校《老子道德经河上公章句》,中华书局 1993 年版,第 303 页。

② 袁青《老子"小国寡民"新论》,载《中州学刊》2014 年第 4 期,第 124—128 页。

③ 李若晖认为:"这一章(即《老子·第八十章》,笔者注)并非对于理想社会的直接描述,而是叙述了通往理想社会的具体途径。"见李若晖《"小国寡民"探微——老子通往理想社会途径的设想》,载《烟台大学学报(哲学社会科学版)》2006 年第 3 期。

为。由于其时周制日渐动摇而秦制尚未登上历史舞台,所以老子对于当下政治权力运作的反思往往是以周制之前的社会形态为依据和参照的。他"小国寡民"论的提出,是希望当权者以"小其国而寡其民"的思维结构和行为方式治理天下。如此,国和民都可以以当权者最小的治理成本来实现最佳的政治效果,这便是老子所说的:"是以圣人之治,虚其心,实其腹;弱其志,强其骨。常使民无知无欲。使夫知者不敢为也。为无为,则无不治。"(《老子·第三章》)"我无为,而民自化;我好静,而民自正;我无事,而民自富;我无欲,而民自朴。"(《老子·第五十七章》)对于百姓来说,就是要尽量减损欲望,弃绝智巧,保持自然质朴的生活方式和态度。只有这样,才可以避免无休止的混乱和争斗,以自我管理的方式实现田园式的生活方式。老子之所以强调减损欲望、弃绝智巧④,是因为欲望的产生、展开形式及实现方式都不仅与"利而不害"的天之道(《老子·第八十一章》云:"天之道,利而不害。")不相符,更是与道的自然运转趋势、无为的表现形式(《老子·第三十七章》云:"道常无为而无不为。")相背离。在老子看来,以多欲、有为代替自然、无为是徒劳无功的,干预越多,当权者和老百姓的欲望就会越盛,因而当权者想要实现"民不争,民不为盗,民心不乱"(《老子·第三章》),"民自化,民自正,民自富,民自朴"(《老子·第五十七章》)是非常困难的。基于此,老子常常将多欲视为有为的内在原因,进而对欲望与当权者政治行为之间的关系进行反思。他认为要使政治社会重回善治,当权者必须减损和收敛欲望,如此在国家治理上才可能会呈现出无为的政治表现。这样一来,在《老子》文本中就最终形成了这样两组重要的政治概念:多欲—有为、少欲—无为。

与对欲望的反思密切相关,老子还提出了"虚静"的概念。"虚静"一词较早出现于《老子·第十六章》:"致虚极;守静笃。万物并作,吾以观复。夫物芸芸,各复归其根。归根曰静,静曰复命。"老子认为达到虚空是万物的极致,回归寂静是万物的本性,虚空寂静是天地万物的本性,作为人就要静观万物的复归过程。可以说,"虚静"在老子这里具有两种义涵:对人来说,虚静是工夫、修养,是向万物学习归根,去除欲望,达到无为的过程;对天地而言,虚静是对万物本性的描述,是道在万物身上的展开与呈现。尽管在《老子》文本中"虚静"与"无为"并未连用,但两者在思想上确实有着旨归上的一致性,人身上的"虚静"和"无为"都是道的自然呈现,这就包括了人的生命状态和政治生态。"虚静"的工夫、修养是道在人身上的落实,而"无为"则是道在警示人们在行为方式上不要对万物的自然运转趋势加以干扰与控制。可以说,"虚静"与"无为"都是道的展开与呈现,其区别主要在于内外之分,并无质的差异。

从今天的角度而言,在周制趋于衰微的春秋晚期,老子提出的"无为"解决方案虽因过于注重道体和道论而导致其"无为"方案的方法论色彩比较淡薄,并在实际应用方面呈现出了可操作性弱的特点,但确实具有一定的现实意义,即指出了政治败坏、局势动荡的根源在于人的欲望过盛,没有接受道对现实生活的指导性价值与意义。是故,老子从道的高度来建构自己的政治理论和圣人观念,试图以此来影响和要求当权者,进而引

---

④ 郭店简《老子》(甲本)简1云:"绝智弃辩,民利百倍。绝巧弃利,盗贼亡有。绝伪弃虑,民复季子。""季子",刘钊释为:"'季子'即'稚子',犹言'婴儿'",与传世本《老子》"孝慈"的解释不同。见刘钊《郭店楚简校释》,福建人民出版社2005年版,第1、5页。

领现实政治重归有序生活和清平盛世。只是战国晚期与老子所处的时期已大为不同,周制的崩溃之势已不可阻挡,秦制的确立愈加显著,家国之间的政治结构与政治关系进一步疏离。在这样的政治社会形势之下,老子提出的"无为"解决方案由于可操作性弱的特点而难以真正应对战国以来日益兴盛的制度性变革。可以说,老子所宣扬的当权者"为而不争"(《老子·第八十一章》)的政治理念虽然在周制之威尚存的春秋晚期具有一定的积极价值与现实意义,但如若果真如老子所说,当权者"处无为之事,行不言之教"(《老子·第二章》)、"无为,好静,无事,无欲"(《老子·第五十七章》)的话,虽然看上去很美好,但到了统一战争愈加激烈、血缘宗法伦理日渐淡薄的战国晚期,实际上对侯王、民众的炽热欲望无法形成普遍性影响和有效约束力。于此,我们之所以对老子的"无为"方案进行了较为充分的讨论,是基于"虚静"和"无为"在《老子》文本中呈现出的具体指向有所不同。与"虚静"更多地强调万物的本性和人的工夫、修养相比,老子强调的"无为"更具有现实政治意义,在《老子》中的相关讨论更为丰富。尽管"虚静"与"无为"都是道性的体现,但老子并没有以前者为依据来讨论天下如何治理的问题,而是以后者为价值原则来反复讨论圣人治国的行为表现。

正因为如此,韩非对老子政治学说的特点看得非常清楚。韩非指出:道家"恍惚之言,恬淡之学,天下之惑术也"(《韩非子·忠孝》),"论有迂深闳大,非用也"(《韩非子·外储说左上》)。基于对道家学说特点的这种认知,韩非已不太关注道体本身,而转向对于道体在驭臣、治国上的实践与运用。在韩非看来,道家思想的"恍惚""恬淡",论说的"迂深闳大",其特点的形成源自老子所建构的道论,尤其是其偏重于对道体的思考与申论。是故,要对老子的政治理论进行改造以适应法家的立场,就不能过多关注道体,而是要在道用的梳理与发掘上下功夫,这正是法家和黄老道家于战国时期集中用力之处。因而,"与道家对道体的重视相比,韩非更关注的是道用,即由道体所衍生出来的诸种道用,包括理、法、刑、赏、罚、名、实、王、霸,等等。因为这些东西对于治国理政确实很快就能生效,而且可操作性强"⑤。在这种立场之下,韩非也不可能对道家的"虚静无为"思想生搬硬套,势必要进行一定程度上的诠释与改造,以便使之更加适应和助推周秦之变的历史潮流。

二、韩非对道家"虚静无为"思想的改造

身处战国晚期的法家集大成者韩非,对于诸子百家的思想理论非常熟悉,并在反思与批判的过程中建构起了自己的理论体系。就《韩非子》文本而言,其中的思想内容呈现出了对早期法家、儒家、道家及黄老之学等派别的批判、吸收与改造,从而建构起了一整套适应和助推周秦之变的理论体系。

社会的转型与制度的变革在统一的前夜无疑是最为激烈的,依赖老子所提出的可操作性弱的"虚静"工夫和"无为"解决方案无疑是难以充分应对的。在这种情形之下,韩

---

⑤ 李友广《政治的去道德化努力——韩非对政治与道德关系之思考》,载《哲学动态》2019 年第 2 期,第 63—70 页。

非有意继承和吸收了老子道的普遍性⑥和无私性⑦特点，并对道的本根性和超越性作了相当程度的弱化处理，这与黄老道家的思想立场相一致，都是"与对其实用性和操作性的关注与重视有关，并终将'道'下落为'术'"⑧，所以，韩非思想中确实体现出了一定的黄老化特征，这也符合中央集权制度逐渐确立的趋势与要求。

为了改善由道所衍生的虚静无为思想可操作性弱的不足，韩非首先要以强化道的规律性、可操作性的方式来对老子具有模糊性和超越性的道论进行必要的理论改造。在这一过程中，韩非重点讨论了道与法之间的关系，试图借助法的客观性、规范性来彰显道之普遍性、无私性的一面。然后，他又以普遍性、无私性的道为依据，为世间所需之法的确立奠定形上基础。对此，《韩非子·大体》明言："因道全法，君子乐而大奸止。"韩非以命题的形式将道与法的关系进行了界定。"因"是因循、因顺；"全"则有保全、成就之义。于此，韩非借助老子之道的普遍性和无私性，分别建构起了法家之法的普遍性和公正性。《韩非子·大体》云："寄治乱于法术，托是非于赏罚，属轻重于权衡；不逆天理，不伤情性；不吹毛而求小疵，不洗垢而察难知；不引绳之外，不推绳之内；不急法之外，不缓法之内；守成理，因自然；祸福生乎道法，而不出乎爱恶；荣辱之责在乎己，而不在乎人。故至安之世，法如朝露，纯朴不散，心无结怨，口无烦言。"所谓的"法术""赏罚""权衡"皆具有浓厚的法家色彩。就这样，韩非虽然认同老子以道的高度与方式来理解世界，并言"以道为常"，⑨承认道对于现实世界具有广泛的影响力，但他的这种承认是基于对老子之道的法则化、可操作化处理的，并以此引申出法在尊君抑臣、张公室弱私家的重要工具性价值。所以，韩非接着又说"以法为本"，强调法禁如同悬衡、规矩一样具有客观性，可以用来防群臣和治民众："夫悬衡而知平，设规而知圆，万全之道也。明主使民饰于道之故，故佚而有功。释规而任巧，释法而任智，惑乱之道也。乱主使民饰于智，不知道之故，故劳而无功。"因而，当韩非以法为视角、以讨论道法关系的方式集中挖掘老子之道的普遍性与无私性时，也就意味着道的神秘性和模糊性相应地被削弱，而道的客观性与规律性则得到了较为充分的彰显。进而言之，韩非对老子之道的这种理论改造是其审视道家"虚静无为"思想的重要理论前提，也是他以加强君权为目的对"虚静无为"进行政治化诠解的理论旨归。可以说，由韩非对道法关系的讨论可见，他对法的客观性、规则性与强制性的这种重视，既有效疏通了与道的客观性、规律性之间的理论联系，也使得他对"虚静无为"的认知与道家有了很大差异。

需要指出的是，老子之所以强调减损欲望、弃绝智巧，是因为欲望、智巧过多会扰乱人的内心，使人常常处于与"见素抱朴，少私寡欲"（《老子第十九章》）相对立的状态，如此，所谓的"虚静"的工夫和"无为"的政治行为便都很难做到。与老子立场相近的是，韩非也反对人们对智巧的过分依赖与迷恋，但两者之间又存在着一定差别。在《老子》文本

---

⑥《老子·第三十四章》："大道泛兮，其可左右。"

⑦《老子·第五章》："天地不仁，以万物为刍狗；圣人不仁，以百姓为刍狗。"《第八十一章》："天之道，利而不害；圣人之道，为而不争。"

⑧ 李友广《从"道"观念看先秦子学思想的转向》，载《社会科学》2016年第10期，第133-144页。

⑨ 以上引文均见《韩非子·饰邪》。

中多次出现"不+动词"这样的句式，如"不尚贤""不贵难得之货""不见可欲"(《老子第三章》)，"生而不有，为而不恃，长而不宰"(《老子第十章》)等，以否定句式警醒世人，迷恋智巧和欲望过盛会带来种种弊端，既使得人与虚静状态、素朴本性渐行渐远，也使得当权者的治世偏离了无为的理想模式。与老子不同的是，韩非反对智巧，并不似老子所认为的智巧与人的自然本性相违背，也不在于智巧会诱发人的欲望，而在于其与臣民的私心私智关联密切，智巧的私意性和利己性会动摇法的客观性精神，不利于尊君集权和法的推行。从"虚静无为"的角度来说，韩非持有反智巧的立场，反对臣民拥有私心私智，是因为臣民的私心私智会干扰君王意志和损害君王利益。在他看来，只有臣民的私心私智少了，君王才能在他们面前尽可能地保持住自己的神秘感和对对方的压迫感。如此一来，君王在形式上便可以做到虚静无为，以更好地管理臣民和控制天下局势。进而言之，按照韩非的这种立场，所谓的在形式上做到虚静无为更多地呈现出了他对老子"虚静"和"无为"思想所进行的权谋性和术化的处理方式，与老子对自然本性的强调与重视有着质的差异。从反智巧的角度来说，处于统一前夜的韩非对老子思想的改造，从对自然本性、虚静无为的宣扬转向了对刑名法术的维护，体现了韩非在助推周秦之变过程中对老子理论所进行的政治化诠释。

除了在反智巧立场上与老子有相似之处以外，韩非还针对君主特意提出了"虚静无为"的命题。这个命题在形式上看似与老庄道家所言并无不同，但实际上两者之间存在着很大差异。

就"虚静"概念而言，与老庄道家针对万物的自然本性不同的是，《韩非子》更多的是对"虚静"概念作了政治化的诠释。由于韩非所说的"虚"并不关涉万物的自然本性，这种理论旨归上的分野也让韩非为"虚"的概念赋予了显著的政治意蕴："所以贵无为无思为虚者，谓其意无所制也。"(《韩非子·解老》)无为无思是虚的原因，虚是无为无思的结果，人之所以能做到无为无思，是因为人的心意不受任何牵制与约束。那么，什么样的人其心意不易受牵制与约束呢？从战国时期的历史情境来看，拥有最高权势的君王是最有可能不受在外牵制的。《韩非子·解老》谓："有道之君贵虚静而重变法。"韩非口中的有道之君是具有法家精神的君王，韩非在弱化了道的形上性和本根性的同时，突出了道的规则化和可把握性。正因为如此，这样的君王才贵虚静而重变法，彰显了法家立场之下君王的务实理性精神，陈奇猷将此称之为"以道为法或术"。

关于"虚静无为"命题，在《韩非子》文本中主要集中于《主道》篇：

> 道者，万物之始，是非之纪也。是以明君守始以知万物之源，治纪以知善败之端。故虚静以待，令名自命也，令事自定也。虚则知实之情，静则知动者正。有言者自为名，有事者自为形，形名参同，君乃无事焉，归之其情。故曰：君无见其所欲，君见其所欲，臣自将雕琢；君无见其意，君见其意，臣将自表异。故曰：去好去恶，臣乃见素；去旧去智，臣乃自备。明君无为于上，群臣竦惧乎下。明君之道，使智者尽其虑，而君因以断事，故君不穷于智；贤者敕其材，君因而任之，故君不穷于能；有功则君有其贤，有过则臣任其罪，故君不穷于名。是故不贤而为贤者师，不智而为智者正。臣有其劳，君有其成功，此之谓贤主之经也。

与老子的解释不同，韩非所讲的"虚静"，没有指向万物的自然本性和人的修养工夫，而是在类似荀子"欲不可去"（《荀子·正名》）立场的前提下，将"虚静"作了政治化（术化）处理，从而"将人的欲望、趋利避害的人情视为制度设计与国家治理的重要依据……主张用利益因素来分析和解释人们的日常行为，并认为人与人之间的关系从根本上说只是利害算计、利益得失的关系"[⑩]也就是说，老子的"虚静"对治的是人的欲望以及人如何复归于道的问题，韩非的"虚静"则出于战国晚期周秦之变的加剧，君主如何加强集权和如何处理君臣关系的问题。所以，在韩非这里，"虚静"是君主依靠刑名法术治理国家和臣民过程中所呈现出来的状态，是君无为而臣有为的具体表现。[⑪]韩非说"贵无为无思为虚者，谓其意无所制也"（《韩非子·解老》），于此，"虚静"的前提是"无为无思"，而君王如此表现就不会使自己的思虑、欲念显露于外，也就不容易受制于人了。《韩非子·主道》进一步铺陈说："君无见其所欲，君见其所欲，臣自将雕琢；君无见其意，君见其意，臣将自表异。故曰：去好去恶，臣乃见素；去旧去智，臣乃自备。"

　　与老子立场相同的是，韩非也强调君王在政治权力面前的无为。只不过，与老子强调不强为、不妄为和顺势而为不同，韩非主张的是君主无为而让臣有为，而臣的这种有为并非如老子那般以道为价值依据，而是以刑名法术为原则和准绳。如此，在国家治理和社会整合方面，臣的有为便被明确化和具体化了，从而进一步削弱和摆脱了老子之道的形上性、模糊性和神秘化色彩。可以说，在韩非的理论设计中，一方面君的无为有臣在刑法框架内的有为作保障，是君主集权下、可控下的有为；另一方面，君的无为是为了保持在臣下面前的神秘性，以免被臣下捕捉到自己的喜好和想法而被揣摩、利用，从而陷入受制于人的不利局面，即所谓"人主之患在于信人，信人则制于人"（《韩非子·备内》），"人主之大物，非法则术也。法者，编著之图籍，设之于官府，而布之于百姓者也。术者，藏之于胸中，以偶众端而潜御群臣者也。故法莫如显，而术不欲见。是以明主言法，则境内卑贱莫不闻之也，不独满于堂；用术，则亲爱近习莫之得闻也，不得满堂。"（《韩非子·难三》）依此来看，韩非所言的无为便不复具有老子无为那样消解欲望、顺势而为的政治意义，而是术化、权谋化的无为，是对君王形象与地位的一种政治包装术。因而，在主张尊君、集权的韩非那里，君主是不可能无为的，也不可能如老子那样一味地强调消解欲望，强调对社会治理减少干预。所以说，韩非所讲的"虚静无为"命题只不过是假借老子的形式来阐述自己的尊君立场，是有效顺应和助推周秦之变的一次理论诠释。当韩非对这一重要命题重新做出理解与诠释以后，接下来要做的理论工作便是要结合周秦之变的历史大势，以术化处理"虚静无为"命题的方式来进一步强化和维护君主集权。

三、对"虚静无为"的术化处理与君权的日益加强

　　在秦制日渐确立的战国时期，君主集权是历史大势。那么，君王怎么做才可以将权力集中于己身呢？这也是韩非在政治理论建构过程中所要集中解答的问题。对此，他反复强调君王一定要把威严之势和赏罚之法掌握在手里，不能被他人窥探，更不能假借于

---

⑩ 李友广《政治视域下的道德因素考量——荀韩哲学思想之比较》，载《人文杂志》2022 年第 4 期，第 23—31 页。
⑪ 《韩非子·主道》："明君无为于上，群臣竦惧乎下。"

人,因而他说:"赏罚者,邦之利器也,在君则制臣,在臣则胜君。"(《韩非子·喻老》)"无捶策之威,衔橛之备,虽造父不能以服马;无规矩之法,绳墨之端,虽王尔不能以成方圆;无威严之势,赏罚之法,虽舜不能以为治。"(《韩非子·奸劫弑臣》)在韩非的心目中,烈马、木材如同国家与臣民,捶策、规矩和绳墨如同君主必须掌握的威严之势和赏罚之法,以此为政治隐喻,强调威严之势和赏罚之法对于君王权力集中和国家治理的重要意义。舜是儒家典籍中的理想君王,在儒家的视野中是尧舜禹禅让的主角之一,自然在德性修为上是无可挑剔的,符合儒家仁义治国的政治立场。但饶是如此,韩非依然指出,即便是舜,如果舍弃威严之势和赏罚之法而不用,那么也无法真正治理好国家。由此可以看出,到了大国战争愈演愈烈的战国晚期,仅凭高尚的道德修为,不仅无法实现将权力集中于中央的政治诉求,更有着失去国家治理能力和权力被群臣瓜分的潜在危险。

在这种趋势下,韩非强调的君主无为显然不是道家意义上的,如果无视道、法两家在"无为"概念阐述上的这种理论差异,就很难理解法家意义上的"无为"是如何适应权力不断集中的君王的要求的。换句话说,道家的自然无为和君主集权趋势之间存在着难以调和的矛盾与冲突,这是道家理论后来被日益黄老化、政治化的必然要求,也是韩非为何要改造道家"虚静无为"命题的根本原因。对于韩非而言,"虚静无为"被术化处理以后,就意味着君王必须高超、综合地运用法、术、势,以便在群臣面前保持神秘性和压迫感。

在君王集权日益加强的情势下,君王如何隐藏自己的真实想法,如何防止臣下的私心与分权,又如何治理不断扩大的疆域,这是战国时代比较突出的、新的政治课题。这样的新课题应对起来自然非常复杂又棘手,既要维护君王的权力与尊严,又需要群臣充分发挥政治才干。也就是说,君王的集权与权力的下放,成为了难以调和的矛盾。

君王拥有天然的政治优势,一旦获得最高势位,便想拥有更多的权力,借此来保障最高势位的牢不可破。与此相对的是,庞大的国家机器单凭君王一人之力是不可能做到良性运转的,所以事实上的分权、部分权力下放给群臣是不可避免的。就此而言,君王与群臣在权力切割方面存在着博弈,而"虚静无为"命题的提出,实际上就是韩非为这种权力博弈注入的权谋性因素,从而为君王在与臣下的博弈中获得主导性地位增添筹码。这种术化的处理方式,恰恰表明了君臣之间权力博弈的复杂性与不确定性,而遮遮掩掩、难以公开化的"虚静无为"理论更是为这种复杂性与不确定性作了生动注脚。

整体而言,韩非守持的是尊君抑臣的政治立场,而"抑臣"则具有防臣的意味。可以说,君的尊贵首先需要臣的拥护与支持。其次,君的尊贵又需要权力的高度集中,借此来巩固和保有尊贵的势位。再次,君王要想得到群臣的拥护,势必需要分权和部分权力下放,以真正做到臣有为。于此,君臣之间便产生了难以调和的矛盾,而在集权趋势不断得到加强的战国时期,君王不可能做到道家意义上的无为,是故"虚静无为"只能被法家异化为政治权术⑫,这在《韩非子·喻老》对"静"的诠解中得到了进一步佐证:"制在己曰重,

---

⑫ 张分田认为,法家"无为的主要内容属于政治技巧范畴,且大多有浓厚的权术色彩,因而可以为专制独断、纵横捭阖的君主政治提供指导"。见张分田《秦汉之际法、道、儒三种"无为"的互动与共性——兼论"无为而治"是中国古代的一种统治思想》,载《政治学研究》2006 年第 2 期。

不离位曰静。重则能使轻,静则能使躁。"于是,被法家异化了的"虚静无为"只有接受依附于集权政治之上的现实命运,从而使两者在形式上实现了统一的同时,也有力地助推了周秦之变这一历史潮流。

四、结语

面对周秦之变的时代大变局,春秋晚期战国时期的诸子都进行了相应的理论探索与回应。守持厚古、托古立场的儒家学派对于西周宗法制度与礼乐文化深为认同,并将周代的伦理规范运用到对君王的道德修养与行为约束上,进而以君王的道德教化与政治垂范来影响民众的日常行为与生活秩序,这是一种"以'为政以德'为起点,以'道之以德'为过程,最终达到'无为而治'"[13]的德治进路。与儒家主张以德治路径最终达到"恭己正南面"(《论语·卫灵公》)的无为而治之理想政治局面不同,道家老子所说的无为主要强调的是不强为、不妄为和因循道势而为,其目的是为了以最小的治理成本来获取最佳的政治效果。

法家的无为而治集中指向了"尊君集权、富国强兵、兼并天下"[14]的现实政治诉求,与儒、道两家有着明显不同。也就是说,法家的无为而治主要指的是君无为而臣有为,所谓的"无为"只不过是强调君王对法、术、势的综合运用,进而借此来保障自身的权力与地位,臣下则在刑名法术的框架范围内行使政治治理的权限。进而言之,在韩非这里,不管是"虚静无为"还是"无为而治"在很大程度上都已经抽离了道家的形上超越意味和儒家的道德教化理想色彩,进而被演化成了术化和权谋化的政治工具,这也是君王不断加强集权和保有至尊地位所需要的。换句话说,周秦之变在战国时期的日益加剧,让君王不强为和道德教化都已变得困难重重,在这种情况下,所谓的"无为"只能遵从于君王不断集权的大势而被工具化,同时为了更好地控制国家和群臣,君王又不得不依凭自身威势,运用法和术的两手来助推秦制的日渐确立。

与黄老道家强调"道生法"(《黄帝四经·经法》),将"道"视为"法"产生的源泉与依据,"通过'法律'使'无为'成为可操作的政治智慧"[15]不同,在国际关系和社会秩序亟须重建的战国晚期,刑名法术虽然为法家的无为而治提供了显著的可操作性,但出于尊君集权的现实政治目的,仅凭法尚不足以充分应对君臣之间的利益冲突与现实政治博弈。因而,韩非势必要在法治一途之外,寻求更多的途径与手段来切实应对君王在战国晚期所面临的政治困境,试图为君王提供在确立秦制的过程中的良方。

在法家看来,君王要想真正做到维护至尊权力与地位,必须在形式上做到虚静无为,而在政治技巧与政治智慧上则要积极有为。只有巧妙地做到处于无为与有为之间,君王才可让臣民无从琢磨,只能乖乖地臣服和听命,这也是法家对老子之道和虚静无为思想经过充分改造和吸收之后的具体表现。显而易见,韩非对于君王的理论与形象如此

---

⑬ 黎红雷《"为政以德"与"无为而治"——〈论语〉集译三则》,载《齐鲁学刊》2015 年第 1 期,第 10—16 页。

⑭ 张林祥《论法家的无为而治》,载《甘肃理论学刊》2022 看第 3 期,第 73—79 页。

⑮ 王中江《早期道家的"德性论"和"人情论"——从老子到庄子和黄老》,载《江南大学学报(人文社会科学版)》2012 年第 4 期,第 5—14 页。

建构确实体现出了一定的理想化特点,而这种特点的形成,一方面表征了在中央集权政制逐渐确立的过程中, 有别于周制的政权组织形式与政治架构对君王的政治素养与政治能力的要求越来越高,另一方面也彰显了韩非政治理论的有效落实并非易事,而是需要充足的时间来被政治现实所接受与消化,而汉承秦制、"霸王道杂之"(汉书·元帝纪)的历史发展也证明了这一点。当然,需要指出的是,尽管法家的这套政治理论具有明显的时代局限性, 但在当时的历史条件下确实为中央集权制时代的真正到来做到了鼓与呼。

论韩非政治伦理的整体转向与深层机理

——以吏治为中心的考察

焦秀萍*

【摘　要】吏治是参透先秦法家政治伦理思想的一把钥匙,也是理解中国古代政治伦理文化的一个重要支点。韩非在批判儒家吏治的基础上,致力于引发吏治思维的根本转向。德性修为向法治规范的核心观念转换、道义担当向功利承认的价值认知转移、人格典范向制度合力的运作机制转化和自律管理向他律控制的践行方式转变,构成这一思维转向的核心内容。韩非吏治思维转向,既刻画出吏治发展的态势,亦折射着他对政治伦理的基本看法。韩非率先冲破抽象伦理道德对政治的约束,试图开创一种完全不同于正统的政治伦理新论说,旨在揭示政治自身的特质及政治伦理的"政治性"偏向。

【关键词】韩非;政治伦理;整体转向;深层机理;吏治

政治伦理是社会政治生活中调节人们的政治行为与政治关系时所应遵循的伦理规则。在中国伦理思想史上,以道德理想作为处理政治事务的指导原则和基本方针并赋予这一规则以道德化色彩的秉性,与清算道德在政治事务中的至上位置而极力探索政治自身的应有之义,给我们勾勒了两幅最具典型性的政治伦理图景。先秦儒家提供了前一图景的典范,先秦法家集大成者韩非则提供了后一图景的典范。前一图景占据了后世政治伦理的主流地位,学界研究成果甚丰,而对后一图景却甚少关注。学界这样的讨论进路主次分明,但也有重大遗漏,即忽视了两个图景的关系线索,尤其是后者对前者的批判性取向和替代性意图没有得到应有重视,而这恰恰既是周全理解主流论说的重要维度,又是廓清主流与非主流主旨趣意深度分歧的可靠途径。因此,如何合理阐释韩非的政治伦理理念就成为一个重要问题。

阐释韩非政治伦理理念需要一个突破口,吏治视角则是一个较为合理的选择。学界普遍认为,吏治是韩非政治伦理的轴心问题,将吏治视为韩非为政思想的根本。"韩子思振危亡之韩国,首以治吏为政本。""韩子重治吏,至今无可易也。[①]"'以术治吏'是法家治

---

* 焦秀萍,哲学博士,山西大学哲学学院副教授、硕士生导师。研究方向:中国伦理思想史、先秦法家伦理文化。本文为国家社会科学基金一般项目(21BZX106)阶段性成果。

① 熊十力《韩非子评论》,上海古籍出版社、上海书店出版社 2019 年版,第 42、43 页。

国之道的重要内涵。"②"整部《韩非子》足有十万余言,半数以上的篇幅均在探讨如何治吏的问题。"③为此,立足吏治,考察韩非克服传统儒家吏治思路,并在此基础上揭示韩非政治伦理的整体转向,具有非常重要的学理价值。

一、先秦儒家吏治的伦理谱系样态及韩非的质疑

先秦儒家在西周"以德配天"伦理诉求的基础上全然继承德性的精神,将其发扬光大并具体落实。吏治的德性视角,以及由此建构起来的伦理谱系样态,就是这一精神的直接体现。在很大程度上,先秦儒家以德为主的政治伦理体系和治世方略,广泛、深入和持久地影响着当时社会政治伦理的思考和后世的政治实践。

先秦儒家吏治的伦理谱系样态是先秦儒家政治理想、人文精神、哲学智慧的具体表征和鲜明体现。从整体来看,先秦儒家以儒家伦理理念引导现实政治难题的解决为基本思路,进而呈现德性修为之核心观念、道义担当之价值认知、人格典范之运作机制、自律管理之践行方式的立体多维的伦理谱系样态。这种将道德因素与政治操作打通为一,以道德切入政治思考并以道德作为评判官吏的根据与标准的政治伦理思维习性代代相传,塑造了传统吏治思考的主要审视视角和主体伦理面向,并对后世产生了深远影响。大体来说,先秦儒家吏治的伦理谱系样态可以从以下几方面展开分析。

首先,德性修为是先秦儒家吏治凸显的核心观念。把德性看作成人之道、为官之本,以德性阻止权力滥用并进而整顿吏治,是这一观念的主要意涵。在先秦儒家的学说脉络中,"德性主要表现为人在价值取向层面上所具有的内在品格,它关乎人成长过程中的价值导向和价值目标,并从总的价值方向上,展现了人之为人的内在规定性"④。而先秦儒家审视吏治的视野,自然也就落在官吏这一群体的德性之上。官吏的修身与其为政、为人与做官是紧密依存的,这是先秦儒家吏治一以贯之的原则。这一原则早在西周时就已确定。正如任剑涛所说:"从影响儒家至深的周公开始,就奠立了'敬德爱民'的为官原则。换言之,凡是为官不能谨守德性规范、又不能体现爱民精神的,就失去了为官的资格。"⑤

其次,道义担当是先秦儒家吏治内含的价值认知。这一认知将官吏视为君子,认为君子应以大公无私之心正万民,《孟子·梁惠王上》"何必曰利"的认知理路高度肯定了道义对官吏人生价值和为官之道的至关重要性。在孟子看来,道义是一切社会生活的根本原则,无论是在政治生活还是在其他社会生活中都具有绝对优先性。依照这一基本理念,对官吏的评判也须以坚守道义而不为物质利益所诱作为价值标准。宋希仁就孟子的大人、小人论说发表评议道:"孟子所讲的道理,概括起来就是强调要用理性所确立的道

② 葛荣晋《韩非"以术治吏"的思想及其现实意义》,载《中华文化论坛》2006 年第 2 期,第 88 页。
③ 宋洪兵《韩非子治吏思想的前提预设及运作思路》,载《哲学研究》2014 年第 3 期,第 45 页。
④《伦理、道德与哲学——李泽厚、杨国荣关于伦理学问题的对话》,载《中华读书报》2014 年 6 月 11 日。
⑤ 任剑涛《从中国古典政治文化看问责官员复出》,载《领导文萃》2015 年第 5 期上,第 69 页。

义原则,遵从做人之正道,在内心树立起道义原则。"⑥可见道义担当是先秦儒家坚守的为官之首要价值准则。

再次,人格典范是先秦儒家吏治始终如一的主体理想依托。人格典范式的吏治运作机制,凸显了官吏之道德人格与政治治理的相互依存关系,强调官吏的非制度约束定位和理想人格的引导效力。《论语·颜渊》所谓"其身正,不令而行;其身不正,虽令不从",将传统儒家的吏治运行机制清楚地表达了出来。官吏不仅要尽职守责,更要修身正己且率先垂范,事实上担当着政治领袖和道德榜样的双重责任。《孟子·离娄上》讲"惟仁者宜在高位;不仁而在高位,是播其恶于众也",《荀子·儒效》讲"儒者在本朝则美政,在下位则美俗",同样是强调官吏的理想人格典范对于政治秩序的保证及吏治的成效具有十分重要的意义。

最后,自律管理是先秦儒家吏治思想认可的主流践行方式。依靠官吏的自律以及内心对行为失范的主动抗拒,是这一方式的重要表征。《论语·颜渊》"为仁由己,而由人乎哉"很好地诠释了这一主张。儒家吏治具有明确的实践指示,是一种以自律为主要导向的政治活动。这种自律往往表现在通过不断强化内在德性良知去督促官吏养成道德责任,做到自检、自警、自省、自觉、自重、自成。正如李建华所说:"传统官德建设模式基本是局限于美德的自成,即注重自我修炼,表现为政治美德价值的自我内涵与内循。"⑦在很大程度上,自律有助于官吏不逾越为官的本质要求。

综上所述,先秦儒家以德性修为为吏治奠定道德基础,以道义担当为吏治提供价值标准,以人格典范为吏治激活主体动力,以自律管理为吏治养成行动模式。这四个方面相互联系、互为支撑,共同构筑起先秦儒家吏治的伦理谱系样态。归结起来,这一伦理谱系样态蕴含着两个重要的政治伦理理念:一是积极关注人本身,肯定政治主体对政治治理的极端重要性。只有对官吏加以德性引导和强化官吏之自律养成,才能使吏治具有最深厚的政治德性基础和最强有力的心理动力。二是主张政治应接受伦理道德的价值指引,强调政治并非赤裸裸的权力争斗和利益较量,而应当具备伦理道德的属性。从整体上讲,儒家是把从政者必须具备高尚的道德品质放在第一位的。

然而,先秦儒家吏治的伦理谱系样态及其凸显的政治伦理态势,在战国晚期遭到站在大变局时代当口的韩非的严重质疑。如何辨析传统伦理与当下复杂政治的契合性或相斥性,包括传统伦理存续的条件性问题、其指导现实政治的可行性与有效性问题;如何看待"政治人"的伦理道德,包括政治人的人性假设问题、政治人的人格引领问题,以及由此问题衍生的政治制度安排、政治理想设计、政治实践方式等问题;如何诠释伦理基本善与现实政治结合过程中由于"境遇"不同而导致的价值权衡问题,如忠君与孝父孰急孰缓、国家安危、社会安定、人民利益孰先孰后,个人权利与国家实力孰轻孰重,这

---

⑥ 宋希仁《中国传统伦理学的特点》,载《光明日报》2019 年 7 月 8 日。《孟子·告子上》记载,公都子问曰:"均是人也,或为大人,或为小人,何也?"孟子曰:"从其大体为大人,从其小体为小人。"曰:"均是人也,或从其大体,或从其小体,何也?"曰:"耳目之官不思,而蔽于物,物交物,则引之而已矣。心之官则思,思则得之,不思则不得也。此天之所与我者。先立乎其大者,则其小者不能夺也。此为大人而已矣。"

⑦ 李建华《官德建设的法治化之维》,载《光明日报》2017 年 2 月 27 日。

些问题是担负社会变革任务的韩非不得不重新思考的政治伦理问题。而对这些问题的思考,在韩非这里首先是从对儒家吏治模式的全面批判开始的。

二、韩非对儒家吏治模式的全面批判及其吏治理路

针对儒家吏治的伦理谱系样态,韩非认为,建立在伦理道德基础上的吏治样态掩盖了法治对于吏治的必要性,忽视了生而好利的人性实质,遮蔽了制度管控的紧要作用,轻视了他律举措的重要价值。因此,必须以批判式的姿态审视这一机制,以期建立适应战国晚期政治形势所需的吏治理路,进而探索政治伦理的别样模式。

(一)德性修为向法治规范的核心观念转换

韩非对于德性修为在吏治中的地位和作用进行了深刻反思。他认为,国家要致力于吏治探索,首先要转换吏治观念,将官吏的德性修为外化为政治实践的模式转换为以政治理性为基础的法治要求,明确法治规范替代德性修为的重要性和必要性。韩非指出:"夫圣人之治国,不恃人之为吾善也,而用其不得为非也。"(《韩非子·显学》。下引该书只注篇名)"服虎而不以柙,禁奸而不以法,塞伪而不以符,此贲、育之所患,尧、舜之所难也。"(《守道》)这套法治规范明确规定官吏"不能"从事以权谋私、人情买卖、卖官鬻爵等政治活动,并指明如果违反须偿付的巨大代价。这些代价迫使官吏只能从事与其政治职责相匹配的行为,而不敢进行与法相悖的活动。韩非特别看重法治规范的治理理念,强调吏治方针的群体针对性及硬性约束机制,绝不把希望寄托在官吏主动为善上。

确定性的法及对法的公正执行是韩非尝试以法治规范吏治的两大支点。就前者而言,韩非立意要制定明确、公开、健全的法来规范官吏的行为,着重强调成文法取代以往的判例法和礼俗习惯的积极意义。《难三》:"是以明主言法,则境内卑贱莫不闻知也,不独满于堂。"《爱臣》:"明君之蓄其臣也,尽之以法。"这种积极意义,首先呈现为法的客观性要求有利于克制按照君主主观意志对官吏行为进行评定的弱点,而这常常是可能导致官吏拉关系、找靠山的直接原因,"明主使法择人,不自举也;使法量功,不自度也"(《有度》),"夫立法令者以废私也,法令行而私道废矣"(《诡使》)。其次,也呈现为法的平等性诉求,对官吏的评判使用同一套标准,杜绝一切法外特权。"行之而法者,虽巷伯伸乎卿相;行之而非法者,虽大吏屈乎民萌"(《难一》)。再次,还呈现为法的强制性要旨,对官吏的违法行为绝不姑息,进而形成对意欲违法的官吏的震慑效果,《问辩》讲"言行而不轨于法令者必禁",《八说》讲"言不度行,而有伪必诛,故无重臣也"。就后者而论,公正执法与吏治的成效紧密相关。《外储说右上》篇中,韩非讲述了两则尚法的例证:一是楚庄王不偏袒犯法之子反而维护、赞赏严格执法的廷理,称其为"真吾守法之臣",并给予"益爵二级"的奖赏;二是晋文公虽不忍心但仍坚持处置了犯法之爱臣颠颉,来表明他执法严明以吏治的坚定主张。对韩非而言,公正执法是检验统治者是否为明主的基本标志,也是其履行公义的重要体现,更是吏治成效得以彰显的关键环节。在韩非看来,政治治理最急迫的莫过于形成制约官吏行为的法治规范,促使官吏在法治的基础上形成对自身行为的约束习性。

（二）道义担当向功利承认的价值认知转移

在价值认知层面，韩非对吏治的审视是站在充分肯定和保障官吏利益的角度进行的，他明确指出利益满足和进取激励具有推动吏治的动力效能。官吏道义担当的认定须向功利资格承认进行转移，即以往对官吏道义责任的制高点设定需要被肯定官吏的物质利益诉求替代，国家必须认可官吏的利益需求并给予官吏以足够的利益，《八经》说"奉足以给事"，《六反》说"厚其爵禄以尽贤能"，"富贵者，人臣之大利也。人臣挟大利以从事，故其行危至死，其力尽而不望"，《显学》说"夫上所以陈良田大宅、设爵禄，所以易民死命也"。韩非的理论要意乃是一种重利的建构思路，"不要用道德论人，而应以利害察人"。"人的本性是'自为''好利'，政治就应从这个实际出发，把全部政策自觉地建立在'利'的基础上。"⑧

韩非具体的利益激励方案可以从底线利益保障与绩效利益激发两个方面去理解。一者，以守法为官吏谋利之底线保障。官吏的一切谋利行为都必须以法为衡量标准，而国家也应给予官吏在法的范围内谋取私利的权利。《外储说右下》中，公仪休不接受别人赠送的鱼，就是因为他对"枉于法，则免于相"及随之带来的免于相则无俸禄以买鱼的严重后果抱有高度警惕，深刻明白守法是保有法内正当获利的前提条件的道理，即为显例。按照刘泽华的说法，"让人在法内取利，法外避利""承认在法范围内'私'的存在和意义"⑨。二者，官吏的政绩与个人利益挂钩。韩非要求打破依凭血缘、身份、等级来匹配利益的传统，将对官吏的考评标准安置在工作绩效的平台上。《八说》讲"计功而行赏"，《八奸》说"贤材者，处厚禄任大官；功大者，有尊爵受重赏"。这就意味着，有了官方认定的获利渠道，官吏谋求私利就有了明确的导向。在韩非看来，执政者要具备提供官吏和民众获利的正当渠道并保障他们所得的能力，而不要求他们具备超高的道德。将满足官吏利益诉求的举措安顿在绩效的平台上，就成为利益激励设计的基本精神，也是执政者执政能力的直接展现。

（三）人格典范向制度合力的运作机制转化

韩非质疑官吏人格典范在政治行为中的作用，主张人格典范向制度合力的运作机制进行转化，合理的制度安排才是吏治的重要向度。《有度》说："故审得失有法度之制者，加以群臣之上，则主不可欺以诈伪。"《饰邪》说："明主之道，必明于公私之分，明法制，去私恩。夫令必行，禁必止，人主之公义也"。官吏行政如何，不应指望其道德修养有多高尚，而应靠制度的约束和对权力的监督。

具体来说，韩非以制度合力整饬吏治的主张有三：其一，落实以贤能为唯一标准的官吏选拔考核制度。这一制度的落实，不仅体现为官吏被任用之前要进行严格的选拔以及履职之后要展开周密的考核，更为重要的是，选拔和考核的标准不能是出身门第，也

⑧ 刘泽华主编《中国政治思想史（先秦卷）》，浙江人民出版社 2020 年版，第 303 页。
⑨ 刘泽华《春秋战国的"立公灭私"观念与社会整合（上）》，载《南开学报（哲学社会科学版）》2003 年第 4 期，第70 页。

不能是裙带关系,而必须以贤能兼备作为硬性指标。《八奸》说"官贤者量其能",《难二》讲"官职所以任贤也"。在做法上,要测评官吏在各自岗位上取得的成绩并将它与官吏的升降进退相挂钩,成为落实贤能兼备硬性指标的主要途径。

其二,落实分权制,强化对官吏的权力制衡制度。政治的良好运转离不开官吏的权力赋予及其运用手中的权力履行政治职责,对此,韩非要求权力各自独立、权限明确,官吏各司其职、各履其责。"明主之道,一人不兼官,一官不兼事"(《难一》),"使事不相干,故莫讼;使士不兼官,故技长"(《用人》),"欲治其内,置而勿亲;欲治其外,官置一人;不使自恣,安得移并"(《扬权》),如此,既能充分发挥官吏的特长,调动他们的积极性,方便君主循名以责实;也能因权力被牵制而彼此形成监督,一定程度上可以防止官吏拉帮结派、垄断权力;更可有效避免出现问题时官吏们互相推诿,相互牵连,形成利益共同体而跟君主抗衡。

其三,善用法、术、势,实行对官吏的综合管理制度。在吏治问题上需要巧妙地将法、术、势综合运用、理性权衡。法以公开性条文的形式而呈现,是官吏行事之依据,是对官吏的刚性规约和硬性要求。术以隐蔽性的形式而存在,是君主察奸、知奸和禁奸的重要手段,是对官吏的柔性监督和弹性管理。势是位势、权势,是威慑力,是让官吏不敢造次的力量。术离不开法,无法禁,虽术也无法免除当权重臣利用法令从中逐利;法亦需要术,无术察,则君被蒙蔽而无以知奸。法与术都需要势的鼎力支持,君主无势治则难以压制当权重臣。

(四)自律管理向他律控制的践行方式转变

韩非从实践方式可行性的维度来反思吏治,强调自律为主的管理模式须向他律为主的控制模式转换的必要性。"韩非不承认人有自律的可能,而只相信外来因素——他律的作用。"[⑩]"与儒家追求德治意义上的自律和谐原则不同,法家乃力主法治基础上的他律控制"[⑪]。这种他律控制就是法令赏罚。赏罚之他律对于保证官吏遵守法纪和提高吏治实效具有至关重要的意义。《难一》说"夫善赏罚者,百官不敢侵职,群臣不敢失礼",《内储说下》讲"赏罚者,利器也,君操之以制臣,臣得以之雍主"。赏罚二柄作为制臣的利器,只有掌握在君主手中并善加利用,才能改进吏治。

韩非的赏罚是指国家依据所制定的法对官吏履行政治职责的情况予以奖赏或惩罚的报偿行为。韩非对赏罚进行了严格限定,从而使赏罚在落实他律控制理路中真正发挥重要作用。韩非特别强调赏罚的有效性,而这种有效性的发挥必须满足五个深层保障条件:一是赏罚的标准必须唯一,以法为标准而非圣人裁定,要做到"有赏罚而无喜怒"(《用人》),"人主诚明于圣人之术,而不苟于世俗之言,循名实而定是非,因参验而审言辞"(《奸劫弑臣》);二是赏罚的依据必须客观,以事实为凭借而非主观差别性对待,"赏罚随是非"(《安危》),"赏不加于无功,罚不加于无罪"(《难一》),"刑过不避大臣,赏善不遗匹夫"(《有度》);三是赏罚的结果必须透明,以公开性为特征而非隐蔽性呈现,以便增

---

⑩ 刘家和《韩非子的性恶说》,载郭沫若、王元化等《韩非子二十讲》,傅杰选编,华夏出版社 2008 年版,第 243 页。

⑪ 韩东育《法家的发生逻辑与理解方法》,载《哲学研究》2009 年第 12 期,第 35 页。

加官吏对赏罚的认同,从而保持赏罚的权威性,"故明君无偷赏,无赦罚。赏偷则功臣堕其业,赦罚则奸臣易为非"(《主道》);四是赏罚的力度必须强劲,以便强化赏罚对官吏的作用力量,进而激发官吏运用赏罚介入自我约束的积极性和主动性,"赏厚则所欲之得也疾,罚重则所恶之禁也急"(《六反》);五是赏罚的影响必须多元,不仅限于经济领域,还须伴有舆论层面的誉毁,以使官吏由"重名"驱动而畏于公权私用,"赏誉同轨,非诛俱行"(《八经》),"誉辅其赏,毁随其罚"(《五蠹》)。韩非藉此五条确立了他律控制的支撑条件。

三、韩非政治伦理整体转向及其缘由

韩非的政治伦理相对传统政治伦理而言是一种新型模式,是就契合政治实际情况而言的具有规范性作用的道德要求,是整合整个社会精神的一种价值体系。

以政治的视角来看待政治,不受制于道德力量,是韩非政治伦理的基本定式。韩非的政治伦理相较于传统政治伦理具有四个非常重要的转向。其一,韩非放弃了传统伦理道德立场,转而从法治的角度来审视政治原则,不再侧重个人德性在政治事务中的重要作用,而是要求政治形成一个具有公共性质的规则体系,培养全民厉行法治、谨守法治、崇尚法治的政治伦理习性。其二,政治伦理必须针对当下"政治人"的现实人性展开思考,不能忽略对"政治人"人性利己的考量,不能以单一的向善性来设计政治举措,也不能以遏制"政治人"合法利益的方式对政治展开筹划,更不能期望通过改变人性来改善政治。其三,韩非表明了以制度取代人格的政治伦理意图。这一意图显然跟韩非"政治人"的人性假设息息相关。将国家权力、行政管理、民众诉求等均安置在制度的平台上,发挥制度社会整合的积极作用。其四,从政治伦理实践方式的角度而言,政治伦理实践究竟应基于个人自律呢,还是应借助他律以促成实践效用呢?个人的政治伦理修为是否具有强烈的民众感召力,可以毫无障碍地推及他人?韩非怀疑自律管理而凸显他律控制的助力作用,要求扭转从德性、道义、人格、自律来解释政治的运行习性,重视从法治、功利、制度、他律的角度来介入政治的阐释理路,进而推动政治伦理的整体转向。

韩非积极推进政治伦理整体转向不仅有他对时代趋势和政治局势审慎思考方面的客观理由,也有他对人性判断之主观缘故。

从客观方面看,当时周天子丧失了政治控制能力,各国诸侯试图建立统一的新王朝,血缘宗法社会逐渐向地域性国家迈进。在这一时代趋势之下,以前在政治权力结构和行政管理体系中起中心支撑点作用的血缘宗法伦理、个体德性修养等思维理路不断得以调整,而超血缘的国家伦理、外在法治规范的治理理念逐渐彰显。毕竟在清除宗法血缘亲情的时代命题中,个人的伦理承诺,良心的道德谴责,远不如外在的硬性要求行之有效。韩非从时代趋势中得出对儒家偏个人道德意蕴的伦理样态的不同的认知,认为儒家重视个人的道德体验而忽视公共的管理维度。韩非"认为儒家所提倡的仁义道德是一种私德,即偏向于亲戚故旧朋友的熟人道德,与公天下的治国方略是对立的,因此必须抛弃"[12]。正是在顺应时代趋势的基础上,韩非提出了政治伦理转向的主张。

---

⑫ 焦国成《验证伦理学学术研究及思想价值的两个基准》,载《道德与文明》2022年第5期,第11页。

韩国政治局势所引发的一系列历史性事件,包括内政混乱、权臣当道、国力衰微,直接催生了韩非的政治伦理转向的意图。《孤愤》篇中韩非将掌权的大臣称之为"重人"或"当涂之人",指出"重人也者,无令而擅为,亏法以利私,耗国以便家,力能得其君"。《和氏》说"当今之世,大臣贪重",他们与国外势力勾结,出卖本国,"是以吏偷官而外交,弃事而亲财"(《八奸》)。可以说,现实中混乱的政治生态是韩非政治伦理转向的重要导因。

从主观方面看,对于人性自为自利的深刻洞察,构成韩非政治伦理思想的基本视点,也是其政治伦理转化的重要依据。自为自利的人性在"政治人"身上呈现出广泛性和纵深性两个显著特征。就前一个特征而言,上至当权重臣,中到各级官员,下至底层官吏,均沉溺于对利益的角逐之中。"人臣执柄而擅禁,明为己者必利,而不为己者必害"(《外储说右上》)。由此可以看出,"政治人"普遍在为自身利益谋划。就后一个特征而论,在韩非看来,人们为了利,轻则投机攀附,重则植党营私甚至弑君篡权。《八奸》说"为人臣者尽民力以美宫室台池,重赋敛以饰子女狗马,以娱其主而乱其心,从其所欲,而树私利其间"。《说疑》讲"内构党与,外携巷族,观时发事,一举而取国家"。从中可以看出,自为自利的人性论是韩非政治伦理转向的主观原因。

韩非政治伦理的整体转向不能被解读为对传统政治伦理的简单否定,而应被认作在"周秦之变"的大变局中国家需要有新的政治机制,也需要有与新的政治机制高度契合、普遍相宜的核心观念、价值认知、运作机制及践行方式。

四、韩非政治伦理整体转向的深层机理

韩非政治伦理整体转向,追根究底是一种政治哲学的思考。韩非通过阐述其政治伦理,试图参透隐藏在政治现象背后的深层机理与作用原理。

众所周知,中国自周代以来就确立了以伦理道德统合政治的政治伦理思路。这一思路由周公旦开创,在春秋时期由儒家承继,在汉代之后由于儒学官方化认同而得以充分阐扬,在宋儒那里得以系统和深化,构成了中国传统政治伦理致思的轴心。焦国成在分析中国传统伦理思想时指出:"政治只有符合了伦理和道德的理念,才被认为是合理的、理想的政治。"[13]任剑涛考察中西政治思想时提出:"在伦理王国中,严密的以政治控制和法律打击为目的的制度设计,退居一个次要的位置,伦理道德成为一个贯通各种社会关系政治关系的轴心、主线。"[14]韩非在特定的时代背景、政治局势和人性思虑的基础上,在切近人类真实且深刻的政治生活的体验中,率先冲破伦理道德对政治的约束,试图开创一种完全不同于正统观念的政治伦理新论说,揭示政治自身的特质及政治伦理的"政治性"偏向。

在韩非看来,政治伦理是在政治基础上的伦理设定,是政治决定了伦理道德如何设定,而不是首先设定伦理道德在政治中的优先性价值甚至是支配性价值,是政治事实决定了应采取什么样的价值导向,而不是相反。"韩非子的政治形上学事实上论证了人类政治必须首先尊重政治的客观事实基础然后再去实现相应的应然价值,而不是由应然

---

⑬ 焦国成《中国伦理学通论(上册)》,山西教育出版社 1997 年版,第 4 页。

⑭ 任剑涛《中西政治思想中的伦理际遇》,载《政治学研究》2000 年第 3 期,第 40 页。

价值来指导与规范政治手段"⑮。韩非并不否定传统伦理道德,甚至在很多篇章中明确表达对伦理道德作用的高度肯定。如他认为,文王"行仁义而怀西戎,遂王天下"(《五蠹》),告诫君主"小信成则大信立,故明主积于信。赏罚不信则禁令不行"(《外储说左上》),并强调官吏应秉公执法、不徇私情,"善为吏者树德,不能为吏者树怨。概者,平量者也;吏者,平法者也。治国者,不可失平也"。(《外储说左下》)可是,对于韩非来说,伦理道德只具有工具性价值、次生价值,并不具有终极性价值、原生价值。对于一个国家而言,支撑国家有序运作的价值导向是否选取伦理道德或选取什么样的伦理道德, 取决于国家的政治状态和社会条件。如果一套价值导向系统与现实政治高度契合,那自然具有政治正当性,如果强行将其楔入政治,便有可能导致严重的政治危机,甚至引发国家的覆灭。白彤东认为,韩非"给出了政治哲学史上最早的一个道德多元在大国里不可避免的论辩。他没有否定道德的存在,而只是怀疑我们如何绝对地认证它,以及这种基于对至善的整全理解之上的道德在大国里的适用性"⑯。正是在这种认证怀疑和至善落实的疑虑中,韩非政治伦理据以运思的观念基础得以转向。

其实,将儒、法对政治伦理的思考向前推进,就体现了对政治正当性的不同理解。从总体上看,二者都非常重视政治正当性的理论建构。先秦儒家是将伦理道德视为政治正当性建构的主要依托和决定性来源,呈现以伦理道德统领政治、判断政治、规范政治的特点,进而在政治伦理体系中侧重对伦理道德的系统阐发与全程运用。韩非对政治正当性的思考,是在面临"一个扩展意义上的古今之变"⑰的战国晚期进行的。于古今大变局中,他认为不能以政治行为的动机、过程、方式、手段等在内的各种因素中具备的伦理道德为标准,而应该以符合国家利益作为政治正当性评价的依据。解决时代迫切需要解决的问题是政治正当性证成的重要支撑,而不必拘泥于伦理道德的历史传统。从上述阐释中可以看出,政治正当性端赖国家的富强,国富兵强就是政治正当性的终极保证。"法家把国家设计为社会价值的过滤器,而能否服务于国家的富强事业则是价值判断的绝对标准。"⑱这样,政治正当性的探讨,是一种到底以政治效力服人还是以道德魅力服人的定位,是一种是否可以撇开伦理道德价值的制约而对政治本身展开思考的定位,是一种在政治操作层面政治统治方式重新选择的定位。

总的说来,韩非对政治伦理的看法以及政治正当性的设计,反对将伦理道德植入政治并为政治提供权威价值和全面制导,而要求回到政治本身。那是否就意味着,政治没有价值预设,君主可以为所欲为? 其实并非如此。韩非吸收老子之道并将其打造成国家建构的精神资源和形上理念。道作为最高轴心,是衡量和约束君主的判准,具有统摄后者的意蕴。从理论上讲,君主是"体道之君",必须服从道,道君同体。"有术之君,不随适然之善,而行必然之道。"(《显学》)这一必然之道,既是对君主个人好恶和私欲的克制,"去喜去恶,虚心以为道舍"(《扬权》),又表现为对普遍的、客观的规律的遵循,"以道为

⑮ 宋洪兵《为政治奠基:论法家的政治形上学》,载《人文杂志》2022年第5期,第34页。

⑯ 白彤东《韩非子:第一个现代政治哲学家》,载《世界哲学》2012年第6期,第35页。

⑰ 任剑涛《文本·语境·现代性:法家研究片思》,载《中国文化研究》2022年(春之卷),第18页。

⑱ 孙晓春《先秦法家富强观念的现代反思》,载《政治学研究》2014年第5期,第7页。

常,以法为本"(《饰邪》)。因此,君主在制定体现一般规律的规则即法时,要充分考虑客观根据,"顺天道,随时变,因人情,循事理,量可能"[19]。不仅如此,君主还要带头守法。"人主者,守法责成以立功者也"(《外储说右下》),"明主之国,令者、言最贵者也,法者、事最适者也。言无二贵,法不两适,故言行而不轨于法令者必禁"(《问辩》)。也就是说,"君主以法自治、以法自正,并先于民众服从法律"[20]。有学者指出,"君主立法,只能成为道与法的中介,将道的品格呈现为制度化的法"[21],可谓精准。就此而言,法虽为君主所立,但君主也要受道与法的制约,以此规避权力滥用及保证公正。

不惟如此,由君主依道制法所主导的政治亦不乏明确的向善指向。《守道》讲:"圣王之立法也,其赏足以劝善,其威足以胜暴,其备足以必完法。治世之臣,功多者位尊,力极者赏厚,情尽者名立。善之生如春,恶之死如秋,故民劝极力而乐尽情,此之谓上下相得。"《安危》言:"社稷常立,国家久安。"为了达成向善,实现美好和谐的善治结果,有必要首先把阶段任务、权宜之策与长远目标、长久之计的不同性质界定清楚。前者具有不可避免的紧迫性、妥协性与当下性,而后者的延缓性、原则性和前瞻性则是不言自明的。如何确认当下政治的复杂性,发现真正有利于达成向善目标所必须实施的有力步骤,化繁为简、以简驭繁、紧抓要领,构成韩非政治伦理的重要观念。除恶止奸乃是落实这一观念的重要支点和通达至善目标的桥梁。"夫至治之国,善以止奸为务"(《制分》),"因道全法,君子乐而大奸止"(《大体》),"塞其奸者必王"(《心度》)。只有恶得以治理,善才得以可能。恶的快速、全面、彻底被治理必然附带着非正当手段(如"潜藏于胸"的阴谋权术)和极端手段(如以刑去刑、轻罪重刑)的运用。一个似乎悖谬的矛盾在韩非这里有明显体现:为了达成至善的结果不得不采取非正当的手段,或者说,只有运用非正当的手段才有可能达到至善的结果。在无法兼顾所有正当性诉求的情况下,韩非的抉择往往是一种优先性抉择,即目的优先而手段服务于目的;而非否定性选择,即为了达成目的可以不择手段。正如学者所言:"韩非子并非为政治之恶辩护,而是为导向政治之善的过程与手段充满无尽复杂性辩护,是在为人类难以消除的'政治之诡'辩护。"[22]韩非为人们揭示了政治的非纯粹性,透露出行为手段的合理性与可行性之间的不一致。对于可行性的选择既是他的明智之处,亦是他的无奈之举。

⑲ 刘泽华主编《中国政治思想史(先秦卷)》,浙江人民出版社 2020 年版,第 247 页。

⑱ 荆雨《"德性的法治"如何可能?——以荀子为基点之历史与逻辑的考察》,载《文史哲》2023 年第 1 期,第 110 页。

⑲ 宋洪兵《"道法互补"与法家的权力、权利观念》,载《国学刊》2019 年第 1 期,第 81 页。

⑳ 宋洪兵《为政治奠基:论法家的政治形上学》,载《人文杂志》2022 年第 5 期,第 36 页。

从"君道无为"到"上下无为"

——君臣关系视域下《韩非子》对《老子》的诠释

郑博思*

【摘　要】《韩非子》诸多篇章受到《老子》思想的深刻影响,不仅体现在对《老子》语句的直接引用或化用,同时也体现在结合历史事件对《老子》文本给予诠释和例证,使得《老子》所阐述的抽象原理下贯于现实政治层面。《韩非子》洞察到"臣"的政治角色所发挥的重要作用,强调臣道应"顺上之所为",将"臣道有为"思想诠释为"臣道无为"。作为"臣道无为"的标准的"法"与"术",脱离了《老子》的"智"的范畴,成为了具有神圣意义的政治观念。《韩非子》对《老子》的诠释,不仅体现了法家哲学对"臣道"问题的关注,同时也反映了"臣道"观念在战国中晚期的突显。

【关键词】无为;臣道;法术;《韩非子》;《老子》

《史记·老子韩非列传》将老子与韩非子合传,言韩非子"喜刑名法术之学,而其归本于黄老",《太史公自序》亦言"李耳无为自化,清净自正;韩非揣事情,循执理",引发前人有关老子思想与韩非子思想渊源关系的广泛讨论。苏轼认为,韩非子继承了老庄之说,"得其所以轻天下而齐万物之术,是以敢为残忍而无疑[1]。事实上,《老子》书中并无"轻天下而齐万物"的思想,而"轻天下而齐万物"的庄子思想与韩非亦南辕北辙,故苏轼如此评价实是站在儒家立场将道法两家混为一谈之论。明代张鼎文一反韩非子"归本与黄老"之说,认为其"喜黄、老而归其本于刑名"[2]。清末俞樾从汉代从文、景到武、宣之间的政治变化对老子向韩非思想的转化进行了研究,认为这是历史的必然之势[3]。应该说,韩非子哲学思想或多或少受到了老子的影响,尤其是作为其哲学基础的道德之论。今本《韩非子》中,除《主道》《扬权》《解老》《喻老》四篇外,如《大体》篇也明显受到《老子》思想的深刻影响,这种深刻影响不仅体现在对《老子》语句的直接引用或化用方面,同时也体

---

*郑博思,中央美术学院人文学院讲师。研究方向:先秦哲学、道家哲学。

① 《苏东坡全集(3)》,燕山出版社 2009 年版,第 1292 页。

② 张鼎文《校刻〈韩非子〉序》,自陈启天《韩非子参考书辑要》,中华书局 21945 年版,第 102 页。

③ 赵一生主编《俞樾全集第 11 册·宾萌集·宾萌外集·九九销夏录》:"夫文、景之后不能不为武、宣,则知老、庄之后不能不为申、韩也。"浙江古籍出版社 2017 年版,第 14 页。

现在《韩非子》诸篇结合历史事件对《老子》的文本给予诠释和例证,使得《老子》所阐述的抽象原理下贯于现实政治层面。不同于《黄帝四经》等战国黄老学文献对"君道无为"的特别强调,"道"作为"术"与"法"的共同根据,在《韩非子》中被更多的加以呈现,这也反映了在战国中晚期乃至秦初期"术"与"法"的作用日益显著。在"术"与"法"的运用中,"臣"的角色得以施展和发挥,体现了新的时代特征下的政治生态的变化。

一、道物关系的诠释:从君民到君臣

道物结构是《老子》文本中的基本结构,表达了《老子》对世界结构的基本认识。在可见的"人道"与"天道"的基础上,《老子》抽象出了形上层面的"道",使得无法被直接感知、无法被直接言说和定义("名")的"道"具有了被近似描述("谓")的可能性。《老子》文本中多次出现诸如"非""无""虚""不"这样的否定词,用以将"道"和"物"划界,如《老子·十四章》言"视之不见名曰夷,听之不闻名曰希,搏之不得名曰微。此三者不可致诘,故混而为一"。凡是现象界中的事物大多都是视之可见、听之可闻、搏之可得的,而"道"与物的区分之一便是这种"无"的性质。《老子》所以重视这种"无"的性质,在于强调当某一现实的性质是"无"时,它才能潜在地具有全部可能性。

> 常无欲,可名于小;万物归焉而不为主,可名为大。(《老子·三十四章》)

《老子》开篇首章言明"道"的"不可名"的性质,在此则言"道"既"可名于小",又"可名为大",即"道"可同时具有两种相反的规定性,这即是"道"超越于万物规定性的一个体现。可以说,《老子》正是以这种"无"的性质来囊括相反性质的整全。或者说,这种"无"已非与"有"相对的"无",而是"有""无"的整全和统一,或者说是无形而实有之谓,这也是"道""物"之间的根本差异。将此道物结构类比于人事,《老子》强调的是圣人(理想统治者)与百姓的关系。百姓即道物关系中的"物",具有某种限定性,而可比拟于"道"的圣人则是超越这种限定性的。圣人如何能够超越百姓的这种限定性,这是《老子》中未曾展开的内容,但是基本可以沿着两个方向推论。如果圣人在才能方面超越了百姓,那么,《老子》的政治哲学便可理解为一种贤能政治,黄老学派正是沿着这样一条脉络发展了《老子》学说[④]。如果圣人仅凭势位超越于群臣百姓,那么,圣人治理的合法性则必须依托于律法与权术,这是《慎子》发展《老子》学说的逻辑起点。《韩非子》则对此二者兼而采之。

> 道不同于万物,德不同于阴阳,衡不同于轻重,绳不同于出入,和不同于燥湿,君不同于群臣。(《韩非子·扬权》)

《韩非子》以道、德、衡、绳、和譬喻君主,正如"道"是万物之所然、万物之所成,"德"

---

④ 曹峰认为:"黄老道家致力于将道家理论与现实政治相结合,力图从根本上提出打通天人关系的、无时不宜的政治主张。……为何需要贤能、需要怎样的贤能、如何使用贤能,成为黄老道家政治思想中的重要一环"。见曹峰《先秦道家关于"贤能"的思考》,载《人文杂志》2017年第10期。

"衡""绳""和"也分别对阴阳、轻重、出入、燥湿具有统率作用，而作为几者之统率，必然是超越于所统率对象以外。因而作为群臣百姓的统率，君主必然也具有某种超越于群臣百姓的属性。

在治理方式上，《老子》认为圣人模拟"道"而行"无为"之政，效果则是百姓的"自然"。《老子》的"无为"之政主要针对的是"以智治国"。

> 故以智治国，国之贼；不以智治国，国之福。知此两者，亦稽式。常知稽式，是谓玄德。玄德深矣远矣，与物反矣，然后乃至大顺。（《老子·六十五章》）

"玄德"既在道物关系中体现为"生而不有，为而不恃，长而不宰"，亦在人事关系中体现为"不以智治国"，由此可以推测"智"的作用便是"有""恃""宰"，即主宰控制万物（即百姓）。"智"即谓法令教化⑤，《老子》所反对的"以智治国"，其中尤其针对的是以"法"治国。与此相应，百姓的"自然"是价值上的天然理想状态。

> 故圣人云，我无为而民自化，我好静而民自正，我无事而民自富，我无欲而民自朴。（《老子·五十七章》）

王弼注云："上之所欲，民从之速也。我之所欲唯'无欲'，而民亦无欲而'自朴'也。此四者，崇本以息末也。"所谓"此四者"，即圣人的"无为""好静""无事""无欲"，此为"崇本"；"崇本"目的在于"息末"，"末"即指"法令滋彰"。《老子》认为，居上位者的行为与民众的行为之间具有某种因果联系。从正面来讲，如果居上位者节制欲望，民众也自觉不以纵欲为乐，保持淳朴民风。从反面讲，如果居上位者放纵私欲，民众也会争斗混乱。君主与百姓之间的这种政治关联，不依托于政教法令，而以"不言之教"为枢纽。事实上，这种所谓"不言之教"在形式上颇似《论语·颜渊》中"君子之德风也，小人之德草也，草尚之风，必偃"这般政治关系⑥。总之，《老子》的道物结构，恰为君主与百姓之间的政治关系的模拟。

《韩非子》继承了《老子》道物关系的论述结构，并在政治方面予以新的发展，这首先体现于《韩非子》在道物关系的"物"的范畴中容纳了"臣"的观念。

> 故有智而不以虑，使万物知其处；有行而不以贤，观臣下之所因；有勇而不以怒，使群臣尽其武。（《韩非子·主道》）

---

⑤ 王威威区分了"法"与"令"的区别，认为"'令'是君主所发布的用来强制百姓行为的命令"；同时她指出"'令'也可以包含在'法'之内，也常与'法'对举或连称'法令'"。见王威威《老子与韩非的无为政治之比较——从权力与法的角度看》，载《哲学研究》2013 年第 10 期。

⑥ 《论语》皇侃疏云："更为民从上之譬也。君子，人君。小人，民下也。言人君所行，其德如风也；民下所行，其事如草。"这意味着下民均以人君的德行作为范式。

《韩非子》多用三段骈句形式,此处"有行而不以贤"当作"有贤而不以行",则与后文"有智而不以虑""有勇而不以怒"文法一致。这里"有智""有贤""有勇"的主体都是君主,意思是君主无须运用自己的智慧,无须展现自己的贤能,无须显露自己的勇敢,而要做的仅仅是使群臣各安其位、各处其事。所谓"使万物知其处","万物"便是后文的"群臣""臣下"。如此,"智""贤""勇"仅成为君主理论上应具备的能力,而在政治实践中,"智者尽其虑""贤者敕其材"则成为了臣下的能力和行为。

> 明君无为于上,群臣竦惧乎下。明君之道,使智者尽其虑,而君因以断事,故君不穷于智;贤者敕其材,君因而任之,故君不穷于能;有功则君有其贤,有过则臣任其罪,故君不穷于名。(《韩非子·主道》)

《韩非子》亦言"无为",却全然有别于《老子》。上文所揭,《老子》的"无为"所针对的就是"以智治国",而"法""术"是"以智治国"的具体表现。《老子》追求的是百姓的"自然",即"使夫知者不敢为"的和谐状态,但《韩非子》的"无为"是指运用"法""术",通过臣下的"有为"以达到自身的"无为"。臣下的"有为"仅是针对君主的"无为"而言的,具体说来就是"智者尽其虑""贤者敕其材",在《老子》的政治理念中,这都与"万物"的"自然"有所抵牾。

《韩非子》所以重新诠释《老子》的道物结构,在于它根本上否定了《老子》政治模式中的两个前提。首先,《韩非子》否定有一个"万物"的"自然"状态,相反,它认为"夫民之性,喜其乱而不亲其法"(《韩非子·心度》),"自然"状态不仅不会形成天然的和谐秩序,反而是某种混乱的局面。《老子》"自然"状态的核心是"欲"的限度,认为"见素抱朴,少私寡欲"是有现实性的,减少私欲就可以使民不争斗,然而《韩非子》认为"民不争"的前提是"养足""财有余"。

> 不事力而养足,人民少而财有余,故民不争。是以厚赏不行,重罚不用,而民自治。……人民众而货财寡,事力劳而供养薄,故民争,虽倍赏累罚而不免于乱。(《韩非子·五蠹》)

《韩非子》从历史角度否定了仅凭借"少私寡欲"便能达到理想统治的可能,认为必须首先在可用资源范围内尽可能地满足人们的欲求,是形成理想秩序的前提。从历史角度看来,因为欲求和资源的矛盾,从"自然"状态走向"不自然"似乎是不可避免的。因此,《韩非子》也并非将"法"作为维持理想秩序的无上法宝,而是作为调节欲望与资源的补充手段。其次,《韩非子》认为,统治者的合法性也须依托于"势",而"势"之用必然为"臣"之政治角色的出现创造出空间。

> 中者,上不及尧、舜而下亦不为桀、纣,抱法处势则治,背法去势则乱。今废势背法而待尧、舜,尧、舜至乃治,是千世乱而一治也;抱法处势而待桀、纣,桀、纣至乃乱,是千世治而一乱也。(《韩非子·难势》)

《韩非子》承认，并非一切君主都是天生的"圣人"，贤者、不肖者都可能具有这样的势位，因此，"势"不是决定治乱的惟一因素。尧、舜、桀、纣都是"千世而一出"，历史上的君主更多是处于尧、舜、桀、纣之间的"中主"，因而只有通过法、术作为手段，方能保持政权的稳固和社会的安定。因此，韩非子区分了所谓"自然之势"与"人设之势"。

> 夫尧、舜生而在上位，虽有十桀、纣不能乱者，则势治也；桀、纣亦生而在上位，虽有十尧、舜而亦不能治者，则势乱也。故曰："势治者则不可乱，而势乱者则不可治也。"此自然之势也，非人之所得设也。（《韩非子·难势》）

对于"自然之势"，以往学者主要有两种不同的理解。一些学者将其理解为"受之天下"的权势，如陈启天认为"自然之势即谓主权之传袭"[⑦]，谷方谓"世袭的王位或官位"[⑧]。也有学者认为应理解为"事物发展的趋向"，如安乐哲将"自然之势"解释作"人类无法控制亦无法影响之势"[⑨]。事实上，安乐哲此处扩大了"自然之势"的影响——"势"虽"无法控制"却并非"不可影响"，否则韩非子无须提出"人设之势"的观念。结合对应的"人设之势"观念来看，两种对"势"的不同理解恐怕都有所偏颇。在此不妨将"势"折中地理解为一种"政治生态"，即统治秩序中君臣各自的地位及其关系所造成的统治效果。"自然之势"就是由于君主天生的贤或不肖所自然形成的统治效果。与之相应，"人设之势"就是君主利用法、术等统治技术，对自然形成的政治效果施加影响后的产物。

在"自然之势"与"人设之势"的关系方面，韩非子反驳了"自然之势"具有普遍作用的观点。

> 夫势者，非能必使贤者用己，而不肖者不用己也。贤者用之则天下治，不肖者用之则天下乱。人之情性贤者寡而不肖者众，而以威势之利济乱世之不肖人，则是以势乱天下者多矣，以势治天下者寡矣。夫势者，便治而利乱者也。（《韩非子·难势》）

这种观点认为，"（自然之）势"在社会治理方面仅具有某种扩大效应——当贤者得势，社会得以治理；不肖者得势，社会则沦为混乱。"贤不肖"与"势"之间的关系恰如王良或臧获御车马，前者才具有决定作用，故"自然之势"的作用仅是"便治而利乱"——既能为贤者提供秩序上的助益，亦能为不肖者造成混乱的危害，因而这种对"自然之势"的普遍强调，不过是将治乱依托于贤者的出现。然而韩非子却特别强调了"人设之势"，认为人设之势的理论前提及现实意义恰在于现实政治中"中主"存在的普遍性。

> 世之治者不绝于中，吾所以为言势者中也。中者，上不及尧、舜而下亦不为桀、纣，抱法处势则治，背法去势则乱。（《韩非子·难势》）

⑦ 陈启天《韩非子校释》，上海书店出版社 1996 年版，第 82 页。
⑧ 谷方《韩非与中国文化》，贵州人民出版社 1996 年版，第 173 页。
⑨ （美）安乐哲著、滕复译《中国古代的统治艺术：〈淮南子·主术〉研究》，凤凰文艺出版社 2018 年版，第 146 页。

而当统治者处于贤不肖之间的"中主"之材时,"人设之势"的作用便体现出来,这种作用就是,它为既非尧、舜之贤,亦非桀、纣之不肖的"中主"提供了治理的可能。如此,对"自然之势"的强调恰恰说明《韩非子》所追求的是有别于黄老之学那般的贤能君主,并希望借助一套完整的统治技术,以替代君主个体的德行对政治体系的影响,从而达到"千世治"的效果。而法、术、势三者不仅是限制民众的手段,同时也在君主百姓之间引入了"臣"的角色,将群臣捆绑在了这套政治机器之间,使之成为君主统治不可或缺的工具,故韩非子提出"圣人治吏不治民"。

二、臣之"无为":虚心而不用智

成书于战国中晚期的《韩非子》特别重视臣下的作用。《韩非子》认为,"臣"一方面对"民"有典范作用,所谓"吏者,民之本纲者"(《外储说右下》);另一方面,"臣"可以一定程度上补充君主智、力的有限性以及智、力在政治实践中的不周延性。据此,《韩非子》将黄老学"君道无为,臣道有为"思想化用为"臣道"的"无为",给予其以新的诠释。通过一系列历史事件的叙述,《韩非子》试图说明"臣"的作用是双向的。就其正面作用而言,存在"贤者之为人臣"的现象。此处"贤"之判断标准并非就臣之德性、才能而言,而是以"顺上之为""从主之法"为准绳。

> 贤者之为人臣,北面委质,无有二心。朝廷不敢辞贱,军旅不敢辞难,顺上之为,从主之法,虚心以待令而无是非也。(《韩非子·有度》)

臣之"无为"即无主观"是非"之心,完全以君之是非为是非,这就是所谓"虚心"。与之相对的则是行动上的"有为",具体而言就是"顺上之为""从主之法",对君主绝对服从。是故《韩非子》从臣下之心身的维度,通贯了黄老学"君无为臣有为"的观念,使得臣下"心(是非判断)""无为"而"身(政治实践)""有为"。《韩非子》以"手"喻臣下,认为臣下对君主的服从应该像双手受人控制那样,向上可以修饰头,向下可以料理足,一但身体遭遇寒热或是利剑威逼,都应该遵从主上的命令加以抗拒[10]。

这种君臣之喻广泛存在于先秦典籍之中,如清华简《心是谓中》即以心与目、耳、口、肢臂喻君臣关系,从而得到"为君者其监于此,以君民人"的结论[11]。尽管此处君臣之喻或不十分恰当,但是《韩非子》借此否定臣下主观性的"廉""忠""仁""义""智",认为这些德行都可能造成"臣"的僭越作用。真正的"贤臣"只须"从王之指""从王之路",仅仅作为君主的统治工具。《老子》的"无为"是"圣人"拟于"道"而在政治统治中具有的权力,是百姓"自然"的前提与条件。易言之,居下位者的百姓是不可作为"无为"的主词的。正如《庄子·天道》篇言:"上无为也,下亦无为也,是下与上同德,下与上同德则不臣。"《天道》篇一向被认为是受到黄老道家影响的"庄子后

---

⑩《韩非子·有度》:"为人臣者,譬之若手,上以修头,下以修足;清暖寒热,不得不救入,镆铘传体,不敢弗搏。"
⑪ 见清华大学出土文献研究与保护中心编、李学勤主编《清华大学藏战国竹简(捌)》,中西书局 2018 年版。

学"作品⑫,"无为"与"有为"由君臣身份所决定,即"上必无为而用天下,下必有为为天下用"。成玄英疏云:"夫处上为君,则必须无为任物,用天下之才能。居下为臣,亦当亲事有为,称所司之职任。"所谓"用天下"即君主运用臣下的才能,所谓"为天下用"即臣下运用才能为君主谋事。应该说,《老子》的"无为"本就包含减少思虑、去除智巧的意涵,《韩非子》所以将"无为"由"君道"下贯至"臣道",正是源于对臣下"顺上之为""从主之法"的强调,将"有为"界定为臣下的私用智虑,即某种主体作用的介入。臣下一旦发挥其智巧,将对君主的统治产生负面作用。从这个角度来讲,"无为"亦可理解为毋为君之所为。相较于其他先秦文献所涉及的君臣关系,《韩非子》尤其强调必须警戒主上被臣下所蒙蔽或利用。

> 是故人主有五壅:臣闭其主曰壅,臣制财利曰壅,臣擅行令曰壅,臣得行义曰壅,臣得树人曰壅。臣闭其主则主失位,臣制财利则主失德,臣擅行令则主失制,臣得行义则主失名,臣得树人则主失党。此人主之所以独擅也,非人臣之所以得操也。(《韩非子·主道》)

此处所谓"壅"即"壅塞",意谓臣下有五种蒙蔽君主的方式,即禁闭君主、控制财富、擅发号令、擅施仁义和扶植新人。这五种壅塞君主的方式分别侵占了君主的地位、赏罚、管制、声名和任用等权力,而这些权力本应为君主所独揽,不能为臣下所把持。除此以外,《韩非子·八奸》篇还总结出"凡人臣之所道成奸者有八术",即人臣的八种蒙蔽、威胁君主的手段,这些手段包括不仅包括利用君主的后宫宠妃、侍从亲信、父兄官吏,也包括收买民众、利用说客、胁迫百姓,甚至还直接勾结周边大国威胁本国君主。与"五壅"相似,"八术"旨在警戒君主牢固地把握手中权力,杜绝任何人施加影响。如果说《主道》篇中君主防范的对象是单一的"人臣",那么《八奸》篇中君主防范的范围则拓展到了包括后宫妃嫔、父兄亲信在内的一切社会人际关系,可以说君主将一切自身之外的人都视作政治关系中的假想敌,都视作对其权力势位的潜在威胁者,而对臣下的防范则是其中的重中之重。

《韩非子·孤愤》甚至认为,"万乘之患大臣太重,千乘之患左右太信,此人主之所公患也"。所谓"公患"即为"共患",《荀子·解蔽》篇"此心术之公患也",杨倞注:"公,共也。"意谓约束"臣"的权力是君臣关系这一链条中,处上位者必然面临的问题。从应然的角度分析,臣下扮演的角色是君主权力的执行者,而非权力的施加主体。其所以如此重视君主对权力的独揽,根源在于它以"利"而非"义"作为君臣关系的纽带——这是《韩非子》截然有判于《孟子》乃至整个儒家政治观念的内容。

---

⑫ 比较有代表性的是刘笑敢的观点,他指出《庄子》中的"黄老派作品包括《天地》《天道》《天运》《在宥》《刻意》《缮性》《天下》七篇",认为这一组文章与《庄子》内篇思想不同,与汉墓黄老帛书的思想特点及司马谈对道家的评述基本一致。见刘笑敢《庄子哲学及其演变》,中国人民大学出版社 2010 年版,第 271 页。郑开也持有相似的观点,认为"《庄子》中的'天字号'篇什,例如《天道》《天地》《天运》《天下》,都有明显的黄老学思想倾向"。见郑开《黄老道家学派及其文献:以稷下学为中心》,载于《齐文化与稷下学论丛》,齐鲁书社 2018 年版,第 254 页。

人臣之情非必能爱其君也，为重利之故也。（《韩非子·二柄》）

且臣尽死力以与君市，君垂爵禄以与臣市，君臣之际，非父子之亲也，计数之所出也。（《韩非子·难一》）

《韩非子》从人情观念出发，首先肯定人具有从"爱身"到"爱亲"进而到"爱君"的天然的情感序列[13]。接着提出一种更为极端的论述，认为"父母之于子也，犹用计算之心以相待"，而况君臣之间"非夫子之亲""无父子之泽"。根据《韩非子》的政治逻辑，作为人伦关系之基础的"父子"之间尚且不免有算计之心，那么，君臣之间以"利"作为纽带就是符合自然人情的。以此比较《孟子》的"性命之辨"，孟子认为，"仁之于父子也，义之于君臣也，礼之于宾主也，智之于贤者也，圣人之于天道也，命也，有性焉，君子不谓命也"（《孟子·尽心下》）。即君臣之"义"虽然看似命中注定，实则出于人之善的本性；与之相对的是天之所命的"自然之性"——"自然之性"即情欲，在孟子看来不可称之为"性"，更不可成为连结伦理关系的纽带。然而，在韩非这里，自然情欲即自利为己的本性才是构成一切社会关系的基础，由此而言"仁义爱惠之不足用，而严刑重罚之可以治国"（《韩非子·奸劫弑臣》）。顺承此种逻辑，臣下必以自身利益最大化为目标，而"臣主之利相与异"[14]。

主利在有能而任官，臣利在无能而得事；主利在有劳而爵禄，臣利在无功而富贵；主利在豪杰使能，臣利在朋党用私。（《韩非子·孤愤》）

《韩非子》认为，君主和臣下在利益方面是相互矛盾的，进而推以至极，认为篡逆僭主必然是臣下利益的极点和顶峰。《韩非子》大量列举了春秋战国时代臣下取代主上的事件[15]，甚至认为历史上记载的某些"忠臣"事件也不可避免有被利用来侵惑主上的嫌疑。

凡败法之人，必设诈托物以来亲，又好言天下之所希有，此暴君乱主之所以惑也，人臣贤佐之所以侵也。故人臣称伊尹、管仲之功，则背法饰智有资；称比干、子胥之忠而见杀，则疾强谏有辞。……今人臣多立其私智、以法为非者，是邪以智[16]。（《韩非子·饰邪》）

《饰邪》篇认为如伊尹、管仲这样的功臣事迹可能成为臣下违背律法、任用私智提供素材，比干、子胥这般的忠臣也可能成为臣下强行劝谏的根据。这些都是悖乱律法的人

---

⑬《韩非子·十过》篇借管仲之口，向桓公讲述了"人之情莫不爱其身""人之情莫不爱其子"的道理，认为违逆人情的臣下不可作为"霸者之佐"。桓公不听管仲之言，终于落得"身死三月不收，虫出于户"的结局。

⑭ 原文为"臣主之利与相异者也"，顾广圻认为"与"当在"相"字下。此处根据文义从顾广圻说。

⑮ 如《喻老》篇有"简公失之于田成，晋公失之于六卿"；又《说疑》篇有"田成子取齐，司城子罕取宋，太宰欣取郑，单氏取周，易牙之取卫，韩、魏、赵三子分晋"。

⑯ 原文句读为"今人臣多立其私智，以法为非者是邪。以智过法立智，如是者禁"。本文认为，人臣因"多立私智"，故有不遵从于法的现象，是谓"以法为非"；"多立私智"与"以法为非"这类邪佞的行为，根本上又是源于"私智"的运用，是谓"邪以智"。故以"邪以智"为句。

所采用的手段,他们以此亲近君主、迷惑暴君、排挤贤臣。一切标榜私智、悖反律法的行为,都是在利用聪慧来作恶。

最后,《韩非子》甚至将历史上一些为人称道的忠臣的行为也定义为"私用其智"加以批评。比如关龙逢、比干、季梁、泄冶、申胥、伍子胥六人均为春秋战国时代贤臣,都以"忠"得名。《荀子·宥坐》借孔子之口称其为"不遇时"[17];《韩非子·说疑》则称之为"疾争强谏以胜其君",认为一旦君主不能听从他们的谏言,他们就会用强硬的话语侵犯君主,甚至用气势强迫君主采纳谏言,甚至不惜牺牲自己的性命。对于韩非的政治体系而言,这种行为是难以接受的。《说疑》篇将其对比于"不敢矜其善""不敢伐其劳"的后稷、皋陶、伊尹等臣,认为后者才可称之为"霸王之佐"(《韩非子·说疑》)。

总之,在《韩非子》的政治系统中,君主的首要课题是如何保持势位,让臣下不用私智、不行僭越之事。故《喻老》篇将《老子》"鱼不可脱于渊"作了全新诠释,以突出"势"之重要。

> 势重者,人君之渊也。君人者,势重于人臣之间,失则不可复得也。(《韩非子·喻老》)

《老子·三十六章》于"鱼不可脱于渊"上句云"柔弱胜刚强";又王弼注云"鱼脱于渊,则必见失矣。利国〔之〕器而立刑以示人,亦必失也"。《老子》原文和王弼注文都强调不可让百姓失去其本真之性,换言之,只有让百姓保持在"自然"状态中,才能造就良好的统治秩序。而法(刑)之运用恰恰是使得百姓脱离"自然"的原因,故《老子》认为法不可乱用,必须以"柔弱"的方法达到治理的目的。然而,在韩非这里,"渊"却被诠释为"人设之势",即群臣时刻都应被禁锢于君主创造的政治生态中,并成为君主统治链条中的一环。那么,"臣道"的"无为"应以什么为标准?这便是"术"与"法"发挥作用的范围和具有的价值,也是"君道"之"无不为"的内容。

三、君之"无不为":君之所执与臣之所师

君道方面,尽管《老子》将矛头直指包涵法、术在内的"智巧",然而崇尚法、术的《韩非子》并未从根本上反对《老子》的"无为"思想,而是将"法""术"与"智巧"相剥离,使其融入进了"无为"观念中。

> 古之全大体者,望天地,观江海,因山谷,日月所照,四时所行,云布风动;不以智累心,寄治乱于法术,托是非于赏罚,属轻重于权衡;不逆天理,不伤情性;不吹毛而求小疵,不洗垢而察难知;不引绳之外,不推绳之内;不急法之外,不缓法之内;守成理,因自然;祸福生乎道法而不出乎爱恶,荣辱之责在乎己而不在乎人。(《韩非子·大体》)

此段文字亦见于《慎子》逸文。张觉认为"全大体"即指"顾全大局",全面把握事物的整体和关键[18],"全大体者"即理想的统治者。"望天地,观江海,因山谷"即"天理",在天为

---

⑰ 孔子曰:"……夫遇不遇者,时也;贤不肖者,材也;君子博学深谋,不遇时者多矣。"(见《荀子·宥坐》)
⑱ 张觉《韩非子译注》,上海古籍出版社 2012 年版,第 237 页。

"天理"，在人则为"情性"，因此"天理"不可悖逆，"情性"亦不可损伤，这就是《韩非子》所言"自然"。此处肯定了一条从天道（"天理"）到人事的思想结构，这与《老子》的政治哲学是相似的。与《老子》有所分别之处在于，此所言"不以智累心"等于"寄治乱于法术，托是非于赏罚，属轻重于权衡"，这就意味着"法"与"术"已经不属于"智巧"的范畴；相反，它们成为百姓"自然"的前提——即《老子》之"无为"。

那么，什么才是《韩非子》所言"智巧"呢？《韩非子》认为，君主个人情感才是"智"。所谓"祸福生乎道法而不出乎爱恶""荣辱之责在乎己而不在乎人"，是说包括群臣和民众在内的被统治者的任何福祸、赏罚都是依照律法而获得的；律法在人的行为与结果之间建立了一条因果律，这条因果律就像天理一般不可违逆，因而作为被统治者，必须将个体所获得的赏罚归因于自身的行为，而不可归咎于时命[19]，亦不可归咎于外在的他者（即君主）。这里便出现一个看似矛盾的问题。法术既要因循"情性"，同时"情"又属于"智巧"的范畴，与法、术截然相悖。其实，此两处"情"的主体有所不同。法术所因循的"情性"即万物的"情性"，具体而言即人之趋利避害的自然本性，"智巧"所涵盖的"情"是统治者私人的好恶情感。

从现实层面而言，作为统治者的君主很难不产生某种好恶情感，然而《韩非子》认为理想的统治者必须隐藏这种好恶之情，这便是所谓的"术"[20]。

人主之大物，非法则术也。法者，编著之图籍，设之于官府，而布之于百姓者也。术者，藏之于胸中，以偶众端，而潜御群臣者也。故法莫如显，而术不欲见。是以明主言法，则境内卑贱莫不闻知也，不独满于堂；用术，则亲爱近习莫之得闻也，不得满室。（《韩非子·难三》）

"术"与"法"具有几乎同等的重要性。一方面，二者之间存在着一定的差别。首先，法的特征可归纳为"显"，术的特征则是"不欲见"或"潜"。法之"显"一方面体现为在图籍、官府中展现和公开，另一方面它也须在民众的内心中生根，即呈现为某种广泛性和神圣性[21]。术之"潜"即是说除君主以外的人都不可对"术"有所了知，具有独一性和神秘性。其次，法、术之作用对象、作用范围判然有别。法的作用对象以百姓为主，也包括群臣在内，范围较广。术的作用对象仅限于群臣，范围偏窄。另一方面，二者之间具有深刻的相似性

---

⑲《韩非子》对于赏罚，尤其是对刑罚的解释或许可以理解为对《庄子·德充符》篇刑罚观的批判。《德充符》强调了刑罚的偶然性，并将其归咎于"运命"或"时命"。如申徒嘉将人生比喻作"游于羿之彀"，郭象注云："夫我之生也，非我之所生也，则一生之内，百年之中，其坐起行止，动静趣舍，情性知能，凡所有者，凡所无者，凡所为者，凡所遇者，皆非我也，理自尔耳。"通过强调时命、运命的偶然性，消解掉了法的规范性。

⑳《韩非子》的"术"思想意涵较为丰富，如葛荣晋区分了君主的"课能之术"以及"自神之术"，认为前者作用在于识别、考核、监督、检验群臣，后者作用则在于禁止和防范奸臣。见葛荣晋《法家的"无为而治"与"君人南面之术"》，载《理论学刊》，2008 年第 1 期。此处重点是在君臣相对的关系上讨论第二种"术"。

㉑蒋重跃指出，韩非时代的法具有某些成文法的特征，它经由君主制定、官府公布、官吏执行，在一定范围内是普遍适用的，且对君主权力的强化起了促进作用。见蒋重跃《韩非子的政治思想》，北京师范大学出版社 2010 年版，第 55 页。

和关联性。首先,术与法之所以被《韩非子》纳入"无为"范畴,除了其创造性诠释之外,二者在某种程度上体现了作为"无为"之主体的"道"的某一方面的特性,即术是君主控制群臣的工具,体现了道物关系中"道"的先在性,以及"道"超越于"物"的形上地位。在功能方面,术体现了"道"对"万物"的"为""生""长"之作用的一面。除此以外,术还具有"道"的"非常""无定"的特性。

> 唯夫与天地之剖判也俱生,至天地之消散也不死不衰者谓常。而常者,无攸易,无定理。无定理,非在于常,是以不可道也。(《韩非子·解老》)
> 故明主之行制也天,其用人也鬼。(《韩非子·八经》)

《老子》言道"先天地生",《解老》篇则言"俱生",因而如冯友兰等学者试图将此处的"道"解释做"气",以弥合二者之间的差异[22]。如果联系《主道》篇"道者,万物之所以成也""道者,万物之始"的表达,仍然需要承认,在《韩非子》这里道是先于物而存在的。所谓"与天地之剖判也俱生",非从道之体而言,而是从道之用而言,这也解释了政治关系中君主、百姓所成之"势"。法亦是君主治理百姓的工具,体现的是道物关系中"道"与"物"的共在性,即"道在物中"的方面。《八经》篇之"行制"即谓"法","用人"即谓"术"。"天"即"天行有常"之"天",体现了法的恒常性,"鬼"则形容"术"之变化难测的特征。虽然不同于黄老道家直接以"道生法"关联二者,但在《韩非子》中的道、法的关联是以"理"为中介的。

> 万物各异理,而道尽稽万物之理,故不得不化。不得不化,故无常操。(《韩非子·解老》)

所谓"万物各异理"即是说"理"具有条件性、多样性,理的这种特征恰合法的这两个特性。正如《韩非子·心度》篇指出的"法与时转则治,治与世宜则有功""时移而治不易者乱,能治众而禁不变者削",法的制定必须以时代、社会条件为转移,这样才能达到"治"的目的。因此,尽管韩非子认为,出于维护法的权威,法不可轻易更易,但同时他也指出,法是需要以现实社会条件为转移的。法之常与变,体现了"理"之条件性与多样性,从而体现了"道尽稽万物之理"。正如陈丽桂提出的,"在韩非心目中,'法'正是'道'在政治方面的落实,是'道'的具体化","法是更显实可把握的'道'"[23]。其次,"法"与"术"的作用方式与预期效果可谓殊途同归。《老子》强调"道"在使物生成方面的价值义,如三十九章的"天得一以清,地得一以宁"句,又如五十一章"故道生之,德畜之"等;而《韩非子》的道论则强调道的客观义,因而显得更加冷峻。

> 凡道之情,不制不形,柔弱随时,与理相应。万物得之以死,得之以生。万事得之以

---

[22] 冯友兰解释此句,认为"由混沌之气,剖判而为天地;天地消散复归于混沌之气",以此说明韩非所说的"道"也就是"气"或"精气"。见冯友兰《中国哲学史新编(上)》,商务印书馆 2020 年版,第 587 页。

[23] 陈丽桂《战国时代的黄老思想》,中国台湾:联经出版事业公司 1991 年版,第 218 页。

败,得之以成。(《韩非子·解老》)

《解老》篇描绘的"道"的真实情形是,既不造作又不彰显,顺时变化以适应具体的物之法则。应死之物得之而死,应生之物得之而生,应败之事得之而败,应成之事也得之而成。总之,无论物之死生、事之成败,都无法脱离道的作用。而道的使物死生、成败的作用,恰恰体现在法之赏与罚、术之刑与德的"二柄"中。二者在某种程度上都可谓君主顺应人情、治御下位者的手段。二者共同构成君主治理天下的政治工具。"术"看似体现的是君、臣二元的关系特征,但是它隐含了"臣"作为君主治理天下的工具这一作用。《韩非子》的"法"则直接体现了君、臣、民三者的关系特征——"术"为人主之所执,"法"为臣之所师。"臣之所师"意味着百姓虽然是法治的对象,但臣亦非法治的主体,而只是法治的执行者;惟有君主可以称作法治的主体。

通过"术"与"法"的建构,《韩非子》重新诠释了《老子》的"道"。法之"显"源于物之"理",是道在物之中的某种体现。同时,法作为人事之"理",体现了稽万物之理的道的一面,从而具有了某种必然性与合理性。术之"潜"源于道之"无",是君与臣之间的联结,相当于道对物之弱作用力。因此作为统治手段的"法"与"术"分别体现了道之超越性与道之共在性,由此,韩非子将《老子》的君主"无为"而百姓"自然"的思想转向了君主"无不为"而臣下"无为"的统治术。

四、结论

《韩非子》继承了《老子》的道物关系模式,在政治关系中,君主扮演着"道"的角色,百姓则扮演"万物"的角色。道以"无为"作为其特性,"物"的属性则为"自然"。"无为"与"有为"相对,所谓"有为",即智巧、法令之谓。经过战国时代的政治进程,《韩非子》洞察到"臣"的政治角色所发挥的重要作用,并强调臣道应"顺上之所为",从而将"下必有为为天下用"的"臣道有为"思想改造为"臣道无为"。而经由《韩非子》的诠释,"法"与"术"脱离了《老子》的"智"的范畴,成为了具有神圣意义的政治观念,且与"无为"关联,成为君主"无不为"的治理手段。

《韩非子》对《老子》的诠释,体现了法家政治哲学对君臣关系中君、臣双方的独特关注。尽管以《黄帝四经》《管子》为代表的战国中期黄老学已对君臣关系有所涉及,彼时的"臣"仍然被描述为君主治理天下的天然工具,强调其"有为"的积极作用。然而经由三家分晋、田氏代姜之后的战国时代,臣已不再仅仅以"工具"面貌而存在,君臣关系已变得越发复杂而立体。有鉴于此,《韩非子》一方面强调了臣之"顺上之所为",另一方面也强调君主须依法、术治理邦国。故前者可称作臣道"无为",后者则称之为君道"无不为"。

互见文献视域下的
《庄子》与《韩非子》关系析论

杨　玲*

【摘　要】《庄子》与《韩非子》的关系一直是一个语焉不详的问题,原因在于《韩非子》中与《庄子》直接相关的材料较少。但是,通过文献考证和文本细读可以发现二书之间有八组互见文献,其中六组故事型互见文献可为二书关系研究提供非常有力的论据。根据文本相似度,八组互见文献可分为文本互见、本事互见和反向互见,将其分类用于《庄》《韩》关系研究,最终可得出结论:《庄》《韩》之间有着密切联系,《韩非子》的某些观点或在对《庄子》的批驳中树立起来,或在《庄子》的启发下产生形成。借助互见文献的分类应用,可以推动早期典籍间渊源关系的研究。

【关键词】互见文献;《庄子》;《韩非子》

　　韩非生当战国末年,有先秦诸子"殿军"之称。特定的时间,加之韩国公子的身份,使韩非有优越的条件接触、继承先秦其他诸子学术成果,形成自己的学说。《韩非子》一书也鲜明地体现出这一特点。在《韩非子》中,不仅可以看到前期法家诸如管子、商鞅、慎到、申不害等人的思想,还可以看到儒家孔子、荀子,道家杨朱、老子,墨家墨子,名家惠施、公孙龙子、尹文子等人的思想、言行,这使我们在研究《韩非子》时不能不考虑先秦其他诸子的影响和作用。学界多有商、管、荀、墨,乃至名家之惠子、尹文子对《韩非子》影响的探讨,而对于《庄子》与《韩非子》关系的研究,则主要集中在从文学角度对二书寓言进行异同比较,其他方面,特别是在二书内在联系上,深入探讨较少。这不能不说是一个缺憾。

　　《庄》《韩》关系研究之所以没有得到充分重视,与《韩非子》中很少存有《庄子》"痕迹"有关。首先,先秦道家人物名字在《韩非子》中多次出现,如杨朱和詹何各6次,老子5次,列子1次,却没有庄子。虽然我们不能单纯以人名出现频次证明《韩非子》与其他

＊杨　玲,兰州大学文学院教授,中国先秦史学会法家研究会副会长,研究方向:先秦两汉文学、文献与文化。本文是国家社科基金重大项目"韩学文献整理与研究"(18ZDA250)、国家社科基金一般项目《韩非子》互见文献整理与研究"(21BZW078)阶段性成果之一。

先秦诸子关系的密疏①，但毋庸置疑，它是反映他们之间关系最直接的依据之一。其次，《韩非子》与先秦诸子之间的互见文献比较丰富，但与《庄子》的互见文献却非常有限，直接的互见文献更是了了。这些均使二书关系的研究困难重重。但是，从逻辑上推测，《庄》《韩》之间应该存在较为密切的联系。第一，《老子》是韩非思想的重要来源，《老子》同时对《庄子》有巨大影响，因此韩非不应该忽略《庄子》。第二，韩非的老师荀子评析诸子之学说："墨子蔽于用而不知文，宋子蔽于欲而不知得，慎子蔽于法而不知贤，申子蔽于势而不知知，惠子蔽于辞而不知实，庄子蔽于天而不知人。"②其中提及的"六子"，有五位都在《韩非子》中出现，唯独没有庄子。这显然不合常理。这种情形只有一个可能，即庄子"隐身"于《韩非子》中。第三，《庄子》和《韩非子》都大量使用故事说理明理，是先秦诸子著作中保存寓言最多的两家。假如仅仅将其归为巧合，似缺乏说服力。但是，逻辑推测最终能否成立，关键还在于能否得到实证。虽然"善行无辙迹"③，可是只要走过，辙迹必然有，只是微与显的问题。通过文本细审，从互见文献入手，我们或可妥当解决这一问题。

一、从文本互见文献看《庄子》与《韩非子》之关系

《韩非子》和《庄子》在创作上最显著的共同点就是二书均大量使用寓言故事说理。据统计，先秦寓言计千余则，其中来自于《庄子》的有181则④，来自《韩非子》的323则⑤，二书的寓言作品占先秦寓言一半过。但在内容上，《庄子》寓言和《韩非子》寓言区别明显。前者以动物寓言和生活寓言为主，后者以历史故事寓言为主。尽管如此，细绎文本，还是能够发现二书寓言之间的一些联系。这一点或许就是打开《庄》《韩》关系之锁的第一把钥匙。

《韩非子》中有六则寓言与《庄子》中的相关寓言构成互见文献⑥，分别是《自相矛盾》《一雀过羿》《鲁人徙越》《翾翾衔羽》《三虱食彘》《居士田仲》。相对应的《庄子》中的六则寓言是《自相矛盾》《一雀过羿》《宋人适越》《翾翾衔羽》《濡需豕虱》《惠子有大瓠之种》。六组互见文献分属不同类型，在研究《庄》《韩》关系上也起着不同作用。

依照文本相似度，互见文献可以分为文本互见和本事互见。文本互见即构成互见文献的一组文本在主旨、内容、表述上均高度相似。《一雀过羿》《自相矛盾》在《庄子》和《韩非子》中的文本几近相同，属于典型的文本互见⑦。本事互见指构成一组互见文献的文本内容相似，但是表述不同。《鲁人徙越》(《庄子》中是《宋人适越》)、《翾翾衔羽》《三虱食

---

① 韩非的老师荀子在《韩非子》仅出现一次，但不能因此否定荀子对韩非有非常重要的影响。《韩非子》中荀子出现频次低，首先因为先秦时期没有著作权观念；其次，主要在于荀、韩是师生关系，韩非引用老师的观点被视为理所应当。

② 王先谦《荀子集解》，中华书局1988年版，第392-393页。

③ 陈鼓应《老子今注今译》第27章，中华书局1983年版，第174页。

④ 陈蒲清《中国古代寓言史》，湖南教育出版社1983年版，第40页。

⑤ 同上，第59页。

⑥ 互见文献又称重文、互文、互见资料，指出现在两本或两本以上典籍中的内容相近相似的文本。

⑦《庄子》和《韩非子》虽然共有《逆旅二妾》这则寓言和"既雕既琢，还归其朴"短语，而且二书关于这则寓言和短语的文本高度相似。但《韩非子》是引自《列子》而非《庄子》。关于这一问题，另文再述。

蚑》(《庄子》中是《濡需豕虱》)等属于此类互见文献。文本互见文献在考察典籍彼此间的渊源中起着至关重要的作用。一般来说,保有文本互见文献的典籍间或者存在渊源,或者文献有共同来源。鉴于此,我们首先从两组文本互见寓言《一雀过羿》入手探讨《庄》《韩》之间的关系。

　　一雀适羿,羿必得之,威也。以天下为之笼,则雀无所逃。是故汤以庖人笼伊尹,秦穆公以五羊之皮笼百里奚。是故非以其所好笼之而可得者,无有也。(《庄子·庚桑楚》)⑧
　　宋人语曰:一雀过羿,羿必得之,则羿诬矣。以天下为之罗,则雀不失矣。(《韩非子·难三》)⑨

　　《韩非子》特别强调此故事是"宋人语",而庄子正是宋国人,所以这则寓言应该来自《庄子》。把《庚桑楚·一雀过羿》"是故"后面阐述道理的内容去掉,《庄》《韩》二书关于《一雀过羿》的叙述几乎相同,但在关键的一个词上,差异显现。《庄子》笔下,这则寓言前半部分是说:任何一只鸟雀被善射的羿看到,都必将被羿捕捉,这是羿的威力。《韩非子》改"威"为"诬",句意因此变成"任何一只鸟雀被善射的羿看到,都必将被羿捕捉,这是假的,不可能的"。一字之变,就文学而言,增加了表现的张力,"羿射雀"和"笼捕雀"的对比更加鲜明,而就思想而言,则体现出《庄》《韩》思想的不同。成玄英《庄子》疏曰:"假有一雀,羿善射,射必得之,此以威猛,(猛)非由德慧,故所获者少,所逃者多。以威御世,其义亦尔。大道旷荡,无不制围,故以天地为笼,则雀无逃处。是知以威取物,深乖大造。"⑩很显然,在《庄子》中,"羿射雀"喻以威(力)治国,"笼捕雀"喻以德慧治国,也就是无为而治。"羿射雀"和"笼捕雀"之间是递进关系。善射的羿虽然能射中所有他看见的鸟,但他没看到的鸟更多,这些鸟都逃走了。假如以天下为笼,所有的鸟都可以被捕获。意即以威力治国,固然有所获,但所失更多。无为而治,则无所失。而《韩非子》中,"羿射雀"与"笼捕雀"之间则是转折关系,意即羿虽然善射,但不可能把所有他看到的鸟都无一遗漏地射下来。以天下为笼,就可以把所有的鸟捕到。韩非笔下,"羿射雀"比喻以智治国,"笼捕雀"比喻以法治国前提下的无为而治。以智治国不仅失误难免,而且君主要亲力亲为,由此会造成"物众而智寡,寡不胜众,智不足以遍知物"的被动,所以是无术之举。以法治国就像用天下这个大笼子捕雀,国君可以因物制物,因人制人,从而实现君无为而臣无所不为。可见,虽然《庄子》和《韩非子》中《一雀过羿》的文本高度相似,但二书赋予这一故事的思想完全不同。方勇先生说:"庄子设出此喻,其用意就是为了让在位者实行无为政治。可是韩非引述庄子的这段话,却变成了他要求君主以法治国、以术御臣的理论依据……韩非认为,君主应该修备法网,依恃法术,这样才能无为而无不为,即'明君无为于上,群臣悚惧乎下'。"⑪这一解释至当。只是韩非不是完全"引述"庄子。《韩非子》从《庄

---

⑧ 本文所引《庄子》均出自陈鼓应《庄子今注今译》,中华书局 1983 年版。
⑨ 本文所引《韩非子》均出自陈奇猷《韩非子新校注》,上海古籍出版社 2000 年版。
⑩ 清郭庆藩《庄子集释》(下),中华书局 2004 年版,第 814 页。
⑪ 方勇《庄子学史》(第一册),人民出版社 2008 年版,第 205 页。

子》中"拿来"这一寓言故事,然后做了巧妙改编,使其成为阐述"君无为臣无所不为"术论的工具。这是韩非的高明。

《韩非子》中最有名的寓言故事莫过于《自相矛盾》,以至于国人把"矛盾"这一词的发明权也归于韩非[12]。但实际上《自相矛盾》不是韩非原创,而是来自《庄子》。《谷梁传》哀公二年杨士勋疏有:

> 《庄子》云:楚人有卖矛及盾者,见人来买矛,即谓之曰:"此矛无何不彻。"见人来买盾,则又谓之曰:"此盾无何能彻者。"买人曰:"还将尔矛刺尔盾,若何?"[13]

王叔岷、张远山等学者都认为这是一条《庄子》佚文,可补今本《庄子》所缺义[14]。杨士勋是隋末唐初人,他见到的《庄子》可能是刘安《庄子》大全本,所以还保存有《自相矛盾》。其后这一版本的《庄子》亡佚,读者多从《韩非子》中知道《自相矛盾》这个故事,因而认为它出自《韩非子》也就很正常了。《韩非子·难一》所录《自相矛盾》与《庄子》佚文几乎相同:

> 楚人有鬻盾与矛者,誉之曰:"吾盾之坚,物莫能陷也。"又誉其矛曰:"吾矛之利,于物无不陷也。"或曰:"以子之矛陷子之盾,何如?"其人弗能应也。夫不可陷之盾与无不陷之矛,不可同世而立。

所不同者,首先,《韩非子》加了一句说理的话"夫不可陷之盾与无不陷之矛,不可同世而立",以批驳儒家"贤舜"与"圣尧"的悖反,从而使这则故事作为寓言的要素更加完备[15]。其次,《韩非子》的《自相矛盾》在语言上比《庄子》佚文简洁紧凑许多。再次,从故事情节上看,韩非完全袭用庄子,但从寓言的构成要素上看,韩非加工后的故事寓言特点更加全面、鲜明。《难势》中,韩非又用自相矛盾论证贤与势的不可两立:"以为不可陷之楯,与无不陷之矛,为名不可两立也。夫贤之为势不可禁,而势之为道也无不禁。以不可禁之势,此矛楯之说也。夫贤势之不相容,亦明矣。"两次在驳难体文章中引用《自相矛盾》,可见韩非对这一寓言故事的看重。确切地说,韩非充分肯定了《自相矛盾》这一故事所蕴含的逻辑及其推理方法。韩非崇尚黑白、是非、彼此分明清晰,不允许灰色、模糊、不确定的存在。这一观念恰与《自相矛盾》吻合。假如你的矛是最尖锐的,你的盾就不能是最坚固的;假如你的盾是最坚固的,你的矛就不能是最尖锐的。用这一逻辑去分析战国各种思想和现实,韩非发现,儒家"圣尧"与"贤舜"不可两得,墨者薄葬以俭与儒者厚葬以孝不可并尊,烛私矫奸的法术之士与阴情奸行的当涂之人不可两存,贤与势不可相

---

⑫ 施觉怀《韩非评传》有:"韩非思想中还有一个比较突出的地方,就是首先提出'矛盾''斗争'两个概念。现代人对这两个词已司空见惯,但在两千多年前第一个使用这两个词却不简单。"(南京大学出版社2001年版,第84页。)

⑬ 阮元《十三经注疏·谷梁传注疏》,中华书局1980年版,第2449页。

⑭ 王叔岷《庄子管窥》,中华书局2007年版,第60页;张远山《郭象所删〈庄子〉佚文概览》,载《社会科学论坛》2010年第4期。

⑮ 陈蒲清《中国古代寓言史》:"寓言必须具备两个基本要素,第一是有故事情节;第二是有比喻寄托,言在此而意在彼。"(第2页)

容。掌握了矛盾律的韩非顿时成为言辞犀利、无往不胜的辩论家，常常把对手辩到无言以对。但这一利器却是他从批判对象庄子那里学到的。韩非这种擅长学习、转益多师的态度和做法成就了《韩非子》集大成的特点。

两组文本互见寓言之外，《庄子》和《韩非子》之间还有一组文本互见短语，即《庄子·让王》"天子不得臣，诸侯不得友"和《韩非子·外储说右上》"不臣天子，不友诸侯"。《太公诛贤》是《韩非子·外储说右上》中的一个历史故事，不足七百字，但其中有一句话出现4次，那就是"不臣天子，不友诸侯"。韩非主张所有人都是君王的臣子，都必须效力于君王，无有例外。《太公诛贤》就是申明他这一观点的故事。齐地东海上的居士狂矞、华士两兄弟，不食君禄，"不臣天子，不友诸侯"，因此被太公望"使吏执杀之以为首诛"。在韩非看来，狂矞、华士这样的隐者就是无用的实心葫芦、无法驯服的烈马。庄子恰相反，他追求"内圣"，因此称赞鄙弃名利，把心灵自由放在至高无上位置的隐者。《庄子·让王》塑造了各种各样的隐者，可以视为是一篇为隐者而唱的赞歌。韩非在《太公诛贤》中反复用到"不臣天子，不友诸侯"，实则就是要通过引用《庄子·让王》表明他对《庄子》思想的反驳、对隐者的批判。

以上三组文本互见文献已说明《庄子》和《韩非子》之间联系密切，存在学术渊源。本事互见文献和反向互见文献可以进一步证明之。

二、从本事互见文献看《庄子》和《韩非子》之关系

与文本互见文献不同，构成一组本事互见文献的文本只是内容有关联或相近，表达方式则差别很大，这些文献可能是来源不同的"公言"，因此用它们论证典籍与典籍之间的渊源关系就必须慎重。但在已有文本互见文献证明某两种或多种典籍之间存在继承与被继承、影响与被影响关系的前提下，经考证的本事互见文献就可以作为进一步论证典籍之间渊源关系的论据。《翩翩衔羽》《三虱食彘》《鲁人徙越》三则寓言在《庄子》中均为大致轮廓，没有对话，没有情节，简短的几句话即结束，而在《韩非子》中则通过大幅扩充改编、加工润色而成为生动有趣的故事，它们属于典型的本事互见文献。

《翩翩衔羽》是一条《庄子》佚文，见于《太平御览·羽族部十五》。

《庄子》曰：周周衔羽以济河。司马彪注曰：周周，河上鸟也，头重尾轻，是以衔他鸟羽乃飞过河。人之可求益于物，以补其所短也。

清人惠士奇《礼说》自注也说："《庄子·外篇》曰：周周衔羽以济。"⑯其后也有"司马彪注曰"云云，似亦来自《太平御览》。《庄子》佚文的《翩翩衔羽》非常简单，就一句话。翩翩鸟过河时为什么要衔羽，没有说。《韩非子》中的描写要详细生动许多。

鸟有翩翩者，重首而屈尾，将欲饮于河则必颠，乃衔其羽而饮之。人之所有饮不足者，不可不索其羽也。（《说林下》）

---

⑯ 惠士奇《礼说》第十三卷《秋官·萍氏》，《四库全书》本。

《韩非子》首先指出翾翾鸟的特点：头重尾秃。因此到河边喝水时很容易栽到河里，所以安全起见，饮水的翾翾鸟要让其他翾翾鸟衔着它的翅膀以保持平衡。韩非把《庄子》中的衔羽渡河改成了衔羽饮水，使之更加合理可信。李善注《文选·阮籍〈咏怀诗〉》"周周尚衔羽，蛩蛩亦念饥"说："《韩非子》曰：'鸟有周周者，首重而尾曲，将欲饮于河，则必颠，乃衔羽而饮。'"很显然，李善也认为衔羽饮水比衔羽渡河合理可信。惠士奇也说："衔羽饮河，其言有味。若衔羽济河，有何味乎？《韩非子》中这一寓言故事的结尾是"人之有饮不足者，不可不索其羽也"，以点其寓意：某些大臣为了谋取私利而结交党羽，从而使得这一故事的寓言性质更加显著。司马彪注《庄子》显然受到《韩非子》影响，把翾翾鸟要衔羽过河的原因归于它头重尾轻，而且还加了一句与《韩非子》非常相似的话"人之可求益于物，以补其所短也"，以说明这个故事所揭示的道理。在此过程中，司马彪还发现了《韩非子·翾翾衔羽》的一个破绽："乃衔其羽而饮之"的主语是谁？"其"又指谁？根据上文，此句主语和"其"都指到河里饮水的翾翾鸟。可是，如此一来整段话就讲不通了。翾翾鸟喝水要用嘴，又怎么衔羽？而且还是衔自己的羽？由此看来，很可能"乃"前脱了"他鸟"。此句补完整应是"他鸟乃衔其羽而饮之"。或者改原句为"乃衔他鸟羽而饮之"。司马彪注《庄子》时注意到了这一点，将此句变成"衔他鸟羽乃飞过河"。只是这个"他鸟"也有歧义：是指另一只翾翾鸟，还是指其他种类的鸟？惠士奇发现了这一点，然后给出了答案："衔其羽似非他鸟也。"这个解释应该正确。翾翾鸟彼此间需要互助互惠，其他种类的鸟没有这个必要。翾翾是什么鸟，至今不知。或许正因为这一点，《庄》《韩》所记翾翾衔羽的故事流传并不广。韩非之所以会注意到《庄子》中这则寓言，主要在于翾翾"衔羽"以行事的做法让他很自然地将其与大臣互相勾结欺骗君主相联系，所以把它收录到自己的寓言故事集《说林》中。

《韩非子·说林》中的《三虱食彘》与《庄子·徐无鬼》中的《濡需豕虱》之间也存在着明显的接受与被接受关系。

《三虱食彘》：三虱相与讼。一虱过之，曰："讼者奚说？"三虱曰："争肥饶之地。"一虱曰："若亦不患腊之至而茅之燥耳。若又奚患？"于是乃相与聚嘬其母而食之。彘臞，人乃弗杀。

《濡需豕虱》：濡需者，豕虱是也。择疏鬣，自以为广宫大囿，奎蹄曲隈，乳间股脚，自以为安室利处。不知屠者之一旦鼓臂布草，操烟火，而己与豕俱焦也。

两则故事的内容很相近，均以猪与其身上的虱为比说理。《庄子》只是叙述：虱子把猪身上毛发稀疏的地方视为自己宫廷园囿，把猪身上肉多的地方看作安全便利的处所，苟且偷安于其中，但是它们没有意识到，一旦屠夫持着火把烤猪，虱子将和猪一起被烤焦。《韩非子》则采取了拟人手法，通过一虱与三虱的对话完成《庄子》中叙述的内容，因而更富于情节性和故事性，也更加通俗易懂。同时韩非还加了一个情节：三虱听从劝告，一起使劲吸吮猪身上的血，猪瘦了，人不再杀它，虱子也得以保全性命，从而可以安然继续以前的生活。经韩非此番改编后的寓言不仅哲理意味大增，而且内涵更加丰富。《庄子》笔下的《濡需豕虱》以豕虱比喻某些苟且偷安的人，他们依靠环境而享乐，又因为环境而毁灭。经韩非神来之笔增饰后的《三虱食彘》以豕虱比喻心机深重的奸佞之臣，他们懂得如何在个人利益和安全之间寻求平衡，所以在危险的边缘常常起死回生。于此可以看出他们的狡诈。

《庄子·逍遥游》中的《宋人适越》也是一个比较简单的故事："宋人资章甫而适诸越，越人断发文身，无所用之。"《韩非子·说林上》有《鲁人徙越》：

> 鲁人身善织屦，妻善织缟，而欲徙于越。或谓之曰："子必穷矣。"鲁人曰："何也?"曰："屦为履之也，而越人跣行；缟为冠之也，而越人被发。以子之所长，游于不用之国，欲使无穷，其可得乎?"

两个故事乍看相差较远，仔细比较则会发现它们有内在关联。《庄子》中，到越国去做生意的是"宋人"，他到越国去卖的"章甫"是一种礼帽。可是越国人不留发，所以用不着帽子。《韩非子·鲁人徙越》中做生意的变成了鲁人和他的妻子。他们卖的是鞋和做帽子的材料缟。但是越国人赤脚，所以用不着鞋子；越国人不束发，所以用不着帽子。两个故事核心内容高度相似，都是某人到越国卖东西，但卖的东西却是越国人不需要的。《逍遥游》出自《庄子》内七篇，是庄子的重要作品，无论韩非还是其师荀子都不可能回避这篇文章，所以，从理论上说《韩非子》中的《鲁人徙越》应是韩非在《逍遥游·宋人适越》基础上修改而成。但也不排除两个故事来自不同版本。那么，究竟是哪种情形? 从其中的一个改变或许可以找到答案。

《逍遥游》的《宋人适越》中有一个小小漏洞：宋人到越国卖的是礼帽（"章甫"），与越人断发（戴不戴帽子）关系密切，但与越人"文身"（穿不穿衣服）没有关系，所以"文身"多余。非常凑巧，韩非笔下的《鲁人徙越》巧妙地弥补了这一漏洞。首先，韩非让鲁人夫妻二人一个做鞋，一个织缟；其次，把越人断发文身改为"跣行披发"。"跣行"，所以不用鞋子（文身只是穿衣服少，不是完全赤裸）；"披发"（即断发），所以不用帽子。一方面双管齐下强化中心思想，另一方面通过改平铺直叙为对话增加故事情节，使之更加生动。这样精妙的细节变化和主题提升，如不是着意改编，很难实现。因此《庄》《韩》对这一寓言故事记录的不同不可能是流传版本不同所致，而应是韩非对《庄子》中相应内容的改编而形成。经过韩非改编后，《庄子》中的准寓言成为标准的寓言。随着《韩非子》的流传，这一寓言也传播开来，《淮南子·说山训》《说苑·反质》《金楼子·立言下》均从《韩非子》而非《庄子》中采摭这一故事用于说理[17]，由此可见韩非的改编非常成功，得到了普遍认可。

---

[17]《淮南子·说山训》："鲁人身善制冠，妻善织履，往徙于越而大困穷，以其所修而游不用之乡。"《淮南子》所引应是综合了《庄子·逍遥游》和《韩非子·说林》关于这一故事的记载。《淮南子·道应训》有："庄子曰：'小年不及大年，小知不及大知，朝菌不知晦朔，蟪蛄不知春秋。'"这句话出自《庄子·逍遥游》。但在"鲁人徙越"这一故事上，《淮南子》的编纂者却没用《庄子·逍遥游》的说法，说明他们认为《韩非子》修改后的寓言故事更完善。因此他们用了《庄子》概述的方式，内容却是《韩非子》的。《说苑·反质》："鲁人身善织屦，妻善织缟，而徙于越。或谓之曰：'子必穷!'鲁人曰：'何也?'曰：'屦为履，缟为冠也，而越人徒跣剪发，游不用之国，欲无穷得乎?'"《说苑》所记与《韩非子》几无差别，应是直接采自《韩非子》。南朝梁萧绎《金楼子·立言下》："鲁人有身善屦，妻善织缟，而徙于越。或谓之曰：'子必穷矣！夫屦而履，越人跣行；夫缟而冠，越人被发。盖无益矣！'"与《庄子》相差甚远，也应是直接采自《韩非子》。成书于宋代的《太平御览》之"穷""履""缟""织"条目所引此故事，均注明出自《韩子》。由此可知，这一故事在先秦只有《庄子》和《韩非子》两个版本系统。后者在前者基础上修改而成。

·146·

把以上三则寓言故事与《韩非子》其他寓言故事相比，我们会发现它们的共同特点。第一，非历史故事，而且其中两则都是《韩非子》中占比极小、《庄子》中占比极大的动物寓言。第二，三则故事均收于《说林》。《说林》是《韩非子》的寓言故事集，其素材最初来源应是韩非日常阅读的典籍和文章，韩非根据需要改编后收录到一起，汇集成篇。第三，这三则寓言的主旨是什么，不像其他融贯到文章中的寓言故事那么清晰，但我们完全可以根据《韩非子》的思想推测出来。《翩翩衔羽》是说党人为了获得利益必然相互勾结。《三虱食彘》把党人比喻成虱子，把猪比喻成君主或国家。党人会为利益而起冲突，也会为利益妥协。《宋人适越》有可能说的是变法者游说于无心于法治改革的君王，最终必然陷入困窘。总之，它们都和韩非的法家思想有密切关系。《庄子》中的故事为表达《庄子》思想而存在，相应的故事到了《韩非子》笔下又成为阐述法家思想的工具，要说它们是流传版本的不同，实难相信。

三、从反向互见文献看《庄子》与《韩非子》之关系

文本互见和本事互见之外，还有一种较为特殊的互见文献，我们姑且称之为反向互见文献。反向互见指一种文本的内容是另一种文本评判的对象和目标。如《韩非子·备内》："故舆人成舆则欲人之富贵，匠人成棺则欲人之夭死也，非舆人仁而匠人贼也，人不贵则舆不售，人不死则棺不买，情非憎人也，利在人之死也。"谭家健先生认为韩非此说"显然是与孟子唱反调"[18]。因为《孟子·公孙丑上》有："孟子曰：'矢人岂不仁于函人哉？矢人唯恐不伤人，函人唯恐伤人。巫匠亦然，故术不可不慎也。'"[19]"矢人"指造箭者。"函人"指造铠甲者。"巫匠"分别指巫医和木匠。他们职业不同，对人之生死的态度也不同。孟子此说在告诫人们，选择职业不可不谨慎。意即职业由人选择，假如你追求仁，自然就知道该选择什么职业。韩非则由此得出，在利益驱使下，仁者也会变不仁，因为人们对利益的追逐常常战胜仁义，所以人与人之间最根本的就是交易关系。完全否定了孟子所说的人有求仁之心。很显然，这是一组反向互见文献。《韩非子》和《庄子》在某些观念上的分歧比儒法之间的分歧更严重。王叔岷先生说："法家重在强霸……庄子偏重内圣，心斋、坐忘之义，法家所不道。"[20]因为思想上的对立，《庄子》和《韩非子》之间必然存在反向互见文献。《韩非子》中的《居士田仲》和《庄子》中的《惠子有大瓠之种》即是。

《居士田仲》出自《韩非子·外储说左上》：

> 齐有居士田仲者，宋人屈穀见之，曰："穀闻先生之义，不恃仰人而食。今穀有树瓠之道，坚如石，厚而无窍，献之。"仲曰："大瓠所贵者，谓其可以盛也。今厚而无窍，则不可剖以盛物；而任重如坚石，则不可以剖而以斟。吾无以瓠为也。"曰："然，穀将弃之。今田仲不恃仰人而食，亦无益人之国，亦坚瓠之类也。"

---

⑱ 傅杰选编《韩非子二十讲》，华夏出版社 2008 年版，第 380 页。

⑲ 杨伯峻《孟子译注》，中华书局 2005 年版，第 81 页。

⑳ 王叔岷《韩非子与庄子》。傅杰选编《韩非子二十讲》，华夏出版社 2008 年，第 30 页。

这则寓言很容易让我们想起《庄子·逍遥游》中惠子与庄子关于大瓠的对话：

> 惠子谓庄子曰："魏王贻我大瓠之种，我树之成，而实五石。以盛水浆，其坚不能自举也。剖之以为瓢，则瓠落无所容。非不呺然大也，吾为其无用而掊之。"庄子曰："夫子固拙于用大矣。……今子有五石之瓠，何不虑以为大樽，而浮于江湖，而忧其瓠落无所容？则夫子犹有蓬之心也夫！"

传世先秦文献中，以瓠说理喻人的似只有《庄子》和《韩非子》中这两例。《庄子》用看似无所用的大葫芦比喻隐士逍遥自在的人生。韩非则反其道而行之，借屈穀之口表明，有思想有学问却不愿为执政者效力的隐士就像一个巨大的实心葫芦，没有丝毫用处，最终只能被抛弃。葫芦最早的用途有两个，一是食物，二是做渡河的腰舟，有时也做容器。《论语·阳货》中有"吾岂匏瓜也哉？焉能系而不食？""系"说的就是葫芦可用作腰舟的功能。庄子笔下的大瓠不能盛水，不能做瓢，但可以用做腰舟。在把"逍遥"视为人生要义的庄子看来，这就是葫芦最大价值所在。但到了韩非笔下，为了把隐者说得一无是处，一向写实的韩非想象出一个"坚如实，厚而无窍"的实心大瓠。因为实心，所以不能做容器；又因为实心，太重，也不能做腰舟，只能弃之。在韩非眼里，不开窍的隐者也是如此。所以，《庄子》的《惠子有大瓠之种》和《韩非子》的《居士田仲》乍看互不搭界，但实质却有密切联系。韩非为了批判、反驳《庄子》对隐者的称赞和歌颂，在《庄子》文本基础上创造出一个主旨相反、但可以让读者稍加思考即可将其与《庄子》联系起来的文本，即反向互见文本，这一批驳方式针对性更强，因而更有力。

《韩非子·忠孝》中对"恍惚之言""恬淡之学"的批判与《庄子》中的相关文献也构成反向互见。

韩非追求绝对确定性，因此非常反对《老子》和《庄子》中一些玄而又玄的言语。《韩非子·忠孝》说：

> 世之所为烈士者，虽众独行，取异于人，为恬淡之学而理恍惚之言。臣以为恬淡，无用之教也；恍惚，无法之言也。言出于无法，教出于无用者，天下谓之察。臣以为人生必事君养亲，事君养亲不可以恬淡；之人必以言论忠信法术，言论忠信法术不可以恍惚。恍惚之言，恬淡之学，天下之惑术也。

韩非从事君养亲的角度对"恍惚之言""恬淡之学"大加挞伐。那么，什么是"恍惚之言""恬淡之学"？今存先秦文献中"恬淡"凡 10 见，6 次见于《韩非子》，其中 4 次出现在《韩非子·忠孝》中，另 2 见于《解老》："人无愚智，莫不有趋舍。恬淡平安，莫不知祸福之所由来。得于好恶，怵于淫物，而后变乱。所以然者，引于外物，乱于玩好也。恬淡有趋舍之义，平安知祸福之计。"《韩非子》之外，其他 4 见，一见于《老子》第三十一章"兵者不祥之器，非君子之器，不得已而用之，恬淡为上"。很显然，老子所说"恬淡"主要是劝阻人们不要热衷于战争，仅此一见，很难上升到学问的高度。另 3 见均在《庄子》。《庄子·胠箧》："舍夫种种之民而悦夫役役之佞，释夫恬淡无为而悦夫啍啍之意，啍啍已乱天下矣。"《天道》："夫虚静恬淡，寂漠无为者，天地之平而道德之至，故帝王圣人休焉。""夫虚静恬淡，寂寞无为者，万物之本也。"在《庄子》中，恬淡或与无为结合，或与虚静结合，是庄子称赞的极高人生境界，是万物的根本。庄子把恬淡放在与道等同的地位。这样的"恬淡"完全称得上是一门学问了。由此可知韩非对"恬淡之学"的批判就是对《庄子》的反驳。"恍惚之言"是他对《老子》的批判，另文再论。

中国早期文学有口耳相传的特点，那么，以上寓言故事会不会是在口耳相传中形成了不同版本，《庄子》和《韩非子》所用版本不同所致？当然有这种可能。但是，假如是版本不同，为什么《韩非子》中各个寓言故事所用版本均比《庄子》中的内容更丰富、寓言的特点更完备？为什么三则本事互见寓言《翩翩衔羽》《三虱食彘》（《濡需豕虱》)《宋（鲁）人徙越》在《庄子》中都是平铺直叙，而《韩非子》中相应的寓言都是生动有趣的故事？而且，以上所论六组寓言故事，凡来自《韩非子》中的，都能看出明显的法家色彩，假如不是《韩非子》在《庄子》基础上的改编，而是因为版本不同所致，岂非太凑巧？《庄子》以动物寓言见长，其次是生活寓言，《韩非子》中这两类寓言则非常少，而偏偏在这两类很少的寓言中却恰好有五则（占绝对多数）与《庄子》或相同或有关，假如不是《韩非子》承袭《庄子》，岂非又一个太凑巧？传世先秦文献中，以上六则寓言，除《一雀过羿》又见于《列子》外，其他五则均仅见于《庄子》和《韩非子》，而《韩非子》与其他典籍的互见文献常常会见于三部甚至三部以上典籍。假如不是《韩非子》对《庄子》的继承和发展，岂非第三个太凑巧？

综上所述，《庄子》和《韩非子》之间存在影响与被影响、继承与被继承关系是无可争议的事实。两个在思想上看起来相距很远的先秦诸子实则有着内在联系。这是战国"百家争鸣"学术氛围自然所致，也是《韩非子》作为集大成之作所需。

韩学研究的另一种视角

——《韩非子》序跋的学术史意义刍论

马世年　马群懿 *

【摘　要】《韩非子》一书在流传过程中产生了为数众多的序跋,这些序跋对于深入认识《韩非子》有着重要作用,在韩学史研究方面更具有特别意义,是韩学文献整理与研究中的一个颇为关键的问题。以之为对象考察韩学史的发展演变,可以对很多重要问题做出新的认识。宋乾道本《韩非子序》和元代何犿的《校〈韩子〉序》重新发现了韩非子的思想价值和精神价值;明代的序跋则从思想维度和文学眼光两个方向表现出对《韩非子》的关注;清代序跋的新贡献表现为对宋本价值的新发现、文本校勘的新突破与经世情怀的新指向;民国以来,传统韩学研究开始现代转型,《韩非子》序跋也反映出了这种新变化。

【关键词】《韩非子》;序跋;韩学史

宋代以来,《韩非子》在流传过程中产生了为数众多的序跋,这些序跋对于深入认识《韩非子》有着重要作用,在韩学史研究方面更具有特别的意义,是韩学文献整理与研究当中一个颇为关键的问题。

关于此问题,学术界已有关注,清代陈梦雷、蒋廷锡《古今图书集成·经籍典》"韩子部"便辑录有关韩非子的史料、目录、书序、评论、艺文、杂录等各种资料 40 则(篇)。此后,陈启天《韩非子参考书辑要》辑录了纪载、序例、考证、评论等 55 则(篇),陈奇猷《韩非子新校注》附录有关韩非子纪载、旧刻本序、考证、旧评等 65 则(篇),而张觉《韩非子校疏》则附录了包括历代序跋在内的相关材料约 200 则(篇)①。这些都是对《韩非子》序跋的文献整理,充分体现出对此类材料的重视。

---

* 马世年,西北师范大学文学院教授,博士生导师。研究方向:先秦两汉文学、诸子学;马群懿,西北师范大学文学院中国古代文学专业博士生,研究方向:先秦两汉文学研究。本文为国家社科基金重大项目"韩学文献整理与研究"(18ZDA250)阶段性成果。

① 陈梦雷、蒋廷锡《古今图书集成》(第 591 册),上海中华书局 1934 年版,第 58—62 页;陈启天《韩非子参考书辑要》,上海中华书局 1945 年版;陈奇猷《韩非子新校注》,上海古籍出版社 2000 年版;张觉《韩非子校疏》,上海古籍出版社 2010 年版。

在此基础上,研究者进一步研究《韩非子》序跋的学术价值。早在 1930 年代,陈千钧便在《历代韩学述评》及《历代韩学述评续》中,将其作为评论韩学成就的重要材料,来反映历代韩学发展的样相[②]。其后的陈启天、郭沫若、陈奇猷、梁启雄、郑良树、周勋初、谭家健、张觉等先生[③]都不同程度论及《韩非子》序跋的文献价值、思想意义及文学评价等问题。近年来,宋洪兵《韩学源流》在讨论宋、元以后韩学发展状况时,对序跋予以特别重视,如其论元代韩学发展时即围绕何犿《校〈韩子〉序》来谈[④]。此外,笔者的《诸子学史视野中的“新子学”研究——兼论现代韩学史建构的四个维度》与《韩学文献整理研究的构想及意义》等文,在讨论现代韩学史建构的思想史、文献史、文学史、研究史四个维度时,也对《韩非子》序跋有专门论述[⑤]。

不过,总体来看,学术界对于《韩非子》序跋的研究还是较为单薄的,特别是对其韩学史意义的专门考察,目前还没有系统论述。这也是我们所要着力解决的问题。

一、宋元旧序:韩学低潮下《韩非子》再发现

在宋代儒学兴盛的大背景下,“严而少恩”的法家思想俨然成为儒学对立面,自然很难受到时人青睐。宋儒往往将批判法家作为彰显儒学的重要手段。《宋史·吕公著传》:“公著始令禁主司不得出题老、庄书,举子不得以申、韩、佛书为学,经义参用古今诸儒说,毋得专取王氏。复贤良方正科。”韩子思想与老、庄、申及佛学思想一道遭到科举的限制,从根本上受到官方排斥。元代统治时间短暂,社会矛盾尖锐,对诸种文化事业多有破坏,有“元代不文”之说,《韩非子》与整个法家学说亦遭压制。整体看来,宋、元时期韩学的发展处于低谷。然而,即便在这种整体的低潮阶段,韩学也有其光芒之处,尤其在《韩非子》版本刊刻方面,特别值得重视。考察南宋乾道本《韩非子序》与元代奎章阁侍书学士何犿的《校〈韩子〉序》可以看出,宋、元时期人们对《韩非子》的价值有了重新发现。

(一)乾道本《韩非子序》的发轫意义

乾道本《韩非子序》是现在能看到的最早的《韩非子》序文。不过,从文本看,它几乎是对《史记·韩非列传》的摘录:

> 韩非者,韩之诸公子也,喜刑名法术之学,而归其本于黄老。其为人吃口,不能道说,善著书。与李斯俱事荀卿,李斯自以为不如。非见韩之削弱,数以书干韩王,韩王不能用。于是韩非病治国不务求人任贤,反举浮淫之蠹,而加之功实之上。以为儒者用文乱法,而侠者以武犯禁。宽则宠名誉之人,急则用介胄之士。所用非所养,所养非所用。廉直不容于邪枉臣,观往者得失之变,故作《孤愤》《五蠹》《内外储》《说难》五十五篇,十余万言。人

② 陈千钧《历代韩学述评》《述评续》,载《学术世界》,1936 年 1 卷 11、12 期。

③ 相关论著可参马世年《〈韩非子〉的成书及其文学研究》,上海古籍出版社 2011 年版。

④ 宋洪兵《韩学源流》,法律出版社 2017 年版。

⑤ 马世年《诸子学史视野中的“新子学”研究——兼论现代韩学史建构的四个维度》,载《诸子学刊》(第 24 辑),2022 年 8 月;《韩学文献整理研究的构想及意义》,载《西北师大学报》(社会科学版)2022 年第 6 期。

或传其书至秦，秦王见《孤愤》《五蠹》之书，曰："嗟乎，寡人得见此人与游，死不恨矣！"李斯曰："此韩非之所著书。"秦因急攻韩。韩始不用，及急，乃遣韩非使秦。秦王悦之，未任用。李斯害之秦王，曰："非，韩之诸公子也，今欲并诸侯，非终为韩，不为秦，此人情也。今王不用，久留而归之，此自遗患也，不如过法诛之。"秦王以为然，下吏治非。李斯使人遗药，令早自杀。韩非欲自陈，不见。秦王后悔，使人赦之，非已死矣⑥。

这段文字非常特别，前人或将其与刘向的《韩非子书录》联系在一起，认为是刊刻者过录《韩非子书录》而成序文，也就是"以史实为序"。不过，这种看法受到现代学者的普遍质疑。根据武秀成先生考证，该序在节录本传之外，文字润色还参照了《资治通鉴》⑦。这样看来，该序当是刊刻者据本传删改而成（乾道本此序之后有"乾道改元中元日黄三八郎印"，也说明了这一点）。后来辑录刘向《别录》者如严可均、姚振宗等又将此序看作是《韩非子》的旧本所传，从而当作了刘向的手笔。

该序较之于本传，主要出入有两处。一是序文将本传中"韩非疾治国不修明其法制，执势以御其臣下，富国强兵而以求人任贤"改为"韩非病治国不务求人任贤"；二是将本传中《说难》的选段删去。这样一来，就把韩非重视运用游说之术、揣摩君主人心的方面略去了。整段的核心在于国家急需求人任贤，但现有局面却是"所用非所养，所养非所用"，相较于本传，该序文更加鲜明地突出贤才无所用，而对韩非思想的否定性评价只字不提，比如司马迁所说的"其极惨礉少恩"。这也反映出，在宋代，除了对韩非思想的批判之外，也有一部分人对他的一定程度的接受。

宋代人对韩非思想的接受有时会出现特别矛盾的情况。一方面，宋代积贫积弱的现实需要富国强兵，需要韩非课名实、尊法治、因时而变的思想主张。尤其北宋后期，奸佞内生，外患不绝，真正到了"宽则宠名誉之人，急则用介胄之士。所用非所养，所养非所用"的局面，以韩非为代表的法家思想有其实际的功用。另一方面，宋代以文治天下，儒学地位空前提高，儒士极力在儒学的立场上批判法家，认为法家一无是处，甚至对韩非的客死于秦也没有丝毫同情的意味，其游说之学也令人不齿。欧阳修对法家的评价就集中体现出这种矛盾性："法家者流，以法绳天下，使一本于术。商君、申、韩之徒，乃推而大之，挟其说以干世主，收取功名。至其尊君抑臣，辨职分，辅礼制，于王治不为无益。然或狃细苛，持刻深，不可不察也。"⑧欧阳修虽知法家思想的实用价值，但仍站在儒家立场上，认为法家严而少恩，从而予以严厉批判。乾道本序对此类状况无疑有着纠弊的作用。

此外，因为乾道本对明、清时期《韩非子》的刊刻流传影响深远，故而其序也流传甚广，影响甚大。此后源于乾道本的诸种《韩非子》刻本，大都保存了该序，如清代张敦仁影抄本、吴鼒仿刻本和钱曾述古堂影抄本《韩非子》等便是如此。

要之，乾道本序并未站在儒家立场对韩非及其思想进行道德批判，而是对其予以正

---

⑥ 方勇编纂《子藏·法家部·韩非子卷》（第 1 册），国家图书馆出版社 2004 年版，第 4 页。

⑦ 武秀成《刘向〈韩非子书录〉辨伪》，载曹顺庆主编《岁久弥光：杨明照教授九十华诞庆典暨中国古典文献学国际学术研讨会论文集》，巴蜀书社 2009 年版，第 268–277 页。

⑧ 欧阳修《欧阳修全集》，中华书局 2001 年版，第 1891 页。

面评价,对于韩非客死秦国的悲剧也抱有同情。这篇写成于南宋乾道年间的序文也成为宋代韩非思想被接受的另一个侧面。尽管宋代韩学处于低谷,但《韩非子》的救世价值依旧受到有识之士的垂青。

(二)何犿《校〈韩子〉序》与韩子精神的再认识

何犿的《校〈韩子〉序》是元代最为重要的《韩非子》书序,也是他向元顺帝进献《韩非子》一书时的上书,存于明万历年间刊刻的《韩子迂评》中。何犿,《元史》无传,由《校〈韩子〉序》中可知,其人曾为元代奎章阁侍书学士,而其献书在至元三年秋。元代使用"至元"年号的皇帝有两位,一是元世祖忽必烈,另一是亡国之君元顺帝。《四库全书·子部·法家类》存目《韩子迂评》:"考元世祖、顺帝俱以至元纪年,而三年七月以纪志干支排比之,皆无庚午日,疑'子'字之误。奎章阁学士院设于文宗天历二年,止有大学士,寻升为学士院,始有侍书学士,则犿进是书在后至元时矣。观其序中称:'今天下所急者法度之废,所少者韩子之臣。'正顺帝事势也。"⑨其说甚是。另据陈奇猷考证,文中"谦"为许谦,元代金华人,字益之,晚号白云山人⑩。据《元史·儒林传》,许谦卒于至元三年(1337),享年六十八,何犿序中既称"与臣谦考雠,略加傍注",则其献书必在元顺帝至元三年(1337)时无疑。

该序可分为两部分:第一部分为元代《韩非子》流传的基本情况,第二部分则是何犿结合韩子思想的献书言志:

臣犿窃谓人主智略不足,而徒以仁厚自守,终归于削弱耳。故孔明手写申、韩书以进后主,孟孝裕亦往往以为言,盖欲其以权略济仁恕耳。今天下所急者法度之废,所少者韩子之臣。伏惟万几之暇,取其书少留意焉,则聪明益而治功起,天下幸甚。臣犿不胜惓惓,昧死上⑪。

何犿说的"徒以仁厚自守,终归于削弱",已是顾及顺帝颜面的委婉之辞。事实上,元代到顺帝时积弊已久,国运岌岌可危。据《元史·顺帝纪》载,至元二年(1336)至三年(1337),地震、暴风、饥荒频发,"是岁,江、浙旱,自春至于八月不雨,民大饥"⑫。朝廷四面救灾,疲于应付,百姓陷入水深火热之中,各地起义不断。更为致命的是,至元三年四月,元顺帝颁布诏令:"禁汉人、南人、高丽人,不得执军器。开诏令省、院、台、部、宣慰司、廉访司及郡府幕官之长,并用蒙古人、色目人。禁汉人、南人,不得习学蒙古、色目文字。"此举进一步激化了蒙、汉之间的矛盾。面对如此深重的社会危机,何犿看得非常清楚,所以他说"今天下所急者法度之废",如再不谋求富国强兵,不求修明法治,天下大势只会更加恶劣。

⑨ 四库全书存目丛书编纂委员会编《四库全书存目丛书·子部第三六册》,齐鲁书社 1995 年版,第 890–891 页。
⑩ 陈奇猷《韩非子新校注》,第 1221 页。
⑪ 方勇编纂《子藏·法家部·韩非子卷》(19 册),第 252 页。
⑫ 宋濂《元史》,中华书局 1976 年版,第 943 页。

尽管王朝已经陷入风雨飘摇的境地,但是朝堂之上依旧权臣当道,气焰嚣张。据《元史·伯颜传》记载:"伯颜自诛唐其势之后,独秉国钧,专权自恣,变乱祖宗成宪,虐害天下,渐有奸谋。"伯颜屡行悖逆之事,他出行带领诸卫精兵,"道从之盛,填溢街衢"。相比之下,元顺帝身边的仪仗反而寥若晨星。伯颜目无皇帝如此,"势焰薰灼,天下之人惟知有伯颜而已"。此外,伯颜还构陷郯王彻彻笃,未经顺帝同意,他居然矫诏行刑,将其处死。此后,伯颜又故技重施,贬黜宣让王帖木尔不花。

所以,何犿所说的"今天下所急者法度之废,所少者韩子之臣",显然是有所指的。他希望元顺帝能用韩子之臣,以法治国,励精图治。在他看来,国家的弊病必须要用《韩非子》这剂药才能医治,这才是他进献《韩非子》的真正原因。何犿劝谏顺帝读《韩非子》,并将其用于政治实践,以挽救危亡。其对国家之热忱可谓得韩子风神。何犿在元末风雨飘摇之际、国家危急存亡之秋,将《韩非子》视为治道之要而重新提起,以期君主励精图治、挽救国祚,其本质就是对《韩非子》救世精神的再发现。

陈千钧感叹元代是韩学的"大厄"时期,但从何犿的《校〈韩子〉序》来看,韩学的思想价值与精神内涵并未因此"中绝",而是代有传承,不绝如缕。这种对韩子精神的充分肯定也是后来韩学发展中所不可或缺的。

二、文学眼光与思想观照:明代《韩非子》序跋的意义

按照陈千钧的看法,明代处于韩学的"复兴时期",该时期"上焉者则儒法兼用,学者亦儒法兼治;下者亦模仿其文,学其犀利之笔"[13]。受明代文学领域复古思潮的影响,文人纷纷把先秦古文作为文气革新的标准。《韩非子》作为战国诸子文章的代表,自然进入到了明人的视野,从而涌现出许多评选本和节录本。这些本子在文本校勘方面或无足称道,但作为文学读本,却体现了明代人对《韩非子》文学性的认识。而随着明代政弊的日益显现,学者们不再仅仅停留在《韩非子》的文学层面,而是"由文学而思想",更多关注其思想价值,力求在其中寻找救世之途,《韩非子》因而广为重视,反复刊刻,《韩非子》序跋也集中产生,成为明代韩学复兴的一个缩影。其中严时泰《重刊〈韩非子〉序》、张鼎文《校刻〈韩非子〉序》、门无子《刻〈韩子迂评〉序》、陈深《韩子迂评〉序》、茅坤《〈韩子迂评〉后语》、赵用贤《〈韩非子〉书序》、孙鑛《〈韩非子节抄〉序》、王道焜《重刻〈韩非子序〉》、庄元臣《〈韩吕弋腴〉自序》、沈景麟《〈韩非子〉小序》等,在诸多序跋中最具代表性。

(一)文学体认与文章价值

《韩非子》不仅集先秦法家思想之大成,也是战国文章的杰出代表。宋儒对韩非进行激烈批判时,忽视了对《韩非子》一书文学价值的肯定。明代则不然。胡应麟在《少室山房笔丛》中就对韩非文章之"奇"的特征做出正面评价:"余读韩非书,若《孤愤》《五蠹》《八奸》《十过》诸篇,无论文辞瑰伟,其抉摘隐微,朗如悬镜,实天下之奇作也。"[14]明代的《韩非子》序跋也体现出对《韩非子》文学性的特别关注,特别是在文学复古的思潮下重审

---

⑬ 陈千钧《历代韩学述评》,载《学术世界》第 1 卷 11 期,第 82 页。

⑭ 胡应麟《少室山房笔丛》,上海书店出版社 2001 年版,第 268 页。

《韩非子》的古文价值。更为可贵的是,这些序跋明确了思想和文学的分野,在思想的批判中揭示了《韩非子》的文学价值。

第一,重估《韩非子》的文章价值。

明代《韩非子》序跋有许多关于《韩非子》文学的评论,这与文学领域的复古思潮密切关联。明中叶以后,台阁体诗文日益走向僵化,文学领域追求改革的倾向越来越明显,文人将目光投向秦汉古文,以"前、后七子""唐宋派"为中心,掀起了一股声势浩大的复古风潮。弘治、正德及嘉靖初期,李梦阳、何景明为代表的"前七子"率先拉起复古的旗帜,提出所谓的"文必秦汉,诗必盛唐",要求一扫啴缓之弊,转为雄健之风。《明史·李梦阳传》:"梦阳才思雄鸷,卓然以复古自命,弘治时,宰相李东阳主文柄,天下翕然宗之,梦阳独讥其萎弱。倡言文必秦、汉,诗必盛唐,非是者弗道。"李梦阳的这一号召,"有如长夜中出现的火炬,士流群起相从"⑮。这股复古的文艺思潮使得湮没已久的先秦古文重新获得关注,文坛倡导学习先秦古文的风气渐开。其后,以王慎中、唐顺之、茅坤、归有光为代表的"唐宋派"虽然提出反对"文必秦汉"的主张,但是为了重造文统,他们追根溯源,仍然崇尚秦汉古文。嘉靖后期,王世贞、李攀龙为代表的"后七子"接过"前七子"复古的大旗,继续师法先秦古文。前后七子以复古为革新的主张,在改变当时的文风方面有无法磨灭的功绩,更为重要的,他们在复古的过程中重新发现了先秦古文的文学价值,把时人的眼光引到对先秦古文的关注上。

茅坤作为"唐宋派"的代表人物,认为《韩非子》是先秦散文的"擅场"之作。"擅场"一词,语出茅坤《〈韩子迂评〉后语》:"先秦之文,韩子则擅场矣。"意为"压倒全场"。《〈韩子迂评〉后语》是茅坤假托与"客"的讨论。文章开篇,"客"对《韩子迂评》一书的刊刻提出质疑,认为《韩非子》一书不流传于世已经很久了,现在又刊刻这部书,没有什么必要。茅坤对此予以回应:"顾先秦之文,《韩子》其的彀焉。"其所写内容无所不包,"纤者、巨者、谲者、奇者、谐者、俳者、唏嘘者、愤懑者、号呼而泣诉者",细小、庞杂、奇诞、诡谲之事俱在撰述之列,谐趣、轻肆、唏嘘、愤懑的情感包藏其间,这与陈深所言"上下数千年,古今事变,奸臣世主,隐微伏匿,下至委巷穷闾,妇女婴儿,人情曲折,不啻隔垣而洞五脏"有异曲同工之妙,只是侧重点有所不同。陈深此语认为世间一切事物难逃韩非犀利冷峻的眼光,而茅坤认为,韩非所写"皆自其心之所欲为,而笔之于书",其思想或出自荀卿,但其文实为韩非内心情感的迸发,"未尝有所宗祖其何氏何门也"。茅坤批评当时的复古文风:"世之所竞慕,以为摹《左传》、摹《史记》、摹《汉书》。纵极其工,当亦优人者之貌孙叔敖焉耳。而况其所摹者,特字句之诘屈,声音之聱牙而已。仆窃耻之。"⑯因此,茅坤说韩非之文是先秦散文的的彀,实是通过肯定《韩非子》缘心而发,不囿于师承,来反对当时散文创作的拟古风气。

第二,思想与文学的分野。

明代的序跋尽管依旧存在站在儒家立场批判韩子思想的现象,但并没有因此而将其完全否定,而是将《韩非子》的思想性与文学性予以区分,在思想与文学之间有着明确

⑮ 吴志达《明代文学与文化》,武汉大学出版社 2010 年版,第 499 页。
⑯ 茅坤《复沂水宋大尹书》,载《玉芝山房稿》卷三,四库全书存目丛书本。

分野。这其中以严时泰《重刊〈韩非子〉序》和张鼎文《校刻〈韩非子〉序》为代表。

严时泰《重刊〈韩非子〉序》引《论语·卫灵公》说："君子不以人废言。"他认为，韩非的思想和《韩非子》的文学性应该分开来看，不能因为排斥韩非思想就否定《韩非子》的文学性。严时泰序文一开始即表明对韩非思想不认同，但"其书未可黜焉"，"苟略其理而论其文，不无可观者"，并非全无可取之处。

严时泰对《韩非子》文学性的肯定从两个方面展开。第一，《史记·韩非列传》里讲，韩非、李斯同游于荀卿门下，非尤善著书，斯自以为不如。但南宋文章大家真德秀《文章正宗》中收录了李斯的上秦始皇书，却未收韩非之文，这是不合常理的。之所以如此，"则以体制不同，或全书不容有所简择故而"，只是因为《文章正宗》的体例所限；第二，吕本中、李性学等人都称赞韩非的文章，"其鉴别文字亦不在景元下也，而皆尝称许其书"，可见《韩非子》的文学价值也是值得肯定的。

张鼎文的《校刻〈韩非子〉序》在评价《韩非子》的文学成就时，表现出了极高的见解："其文则三代以下一家之言，绝有气力光焰！"认为韩子之文出自三代，载古人事多奇崛，其"气力光焰"正是当下疲弊文风需要借鉴的。"学士选其近正者读之，未必不如更帜易令，登陴一鼓，以助三军之气也。"在他看来，革除一代文风之弊，非韩子之文不可。

此外，门无子《刻〈韩子迂评〉序》、陈深《〈韩子迂评〉序》、茅坤《〈韩子迂评〉后语》、赵用贤《〈韩非子〉书序》、王世贞《合刻〈管子〉〈韩子〉序》、陈箴言《〈韩非子〉序》、沈景麟《〈韩非子〉小序》和庄元臣《〈韩吕弋腴〉自序》等其他序跋都充分肯定韩子文章的文学价值。譬如王世贞序所说"其于文也，峭而深，奇而破的者也，能以战国终者也"，也对韩子文章予以充分肯定，因而多为后世论者所引用。

比较而言，严时泰序全篇以重视《韩非子》文学性为中心，代表性更加突出。张鼎文序所论《韩非子》的文学价值，看法更为超拔。这两篇序在时间上也早于明代其他序跋，因而更具有标志意义。

(二)思想观照：批判与认同

明代的《韩非子》序跋，绝大多数都关涉韩非思想的评价。按其思想倾向，可分为批判与认同两个方面。

就批判一类而言，以张鼎文、严时泰序为代表。张鼎文的《校刻〈韩非子〉序》站在儒家立场进行道德批判，认为韩非专意刑名，思想主张尽显"刻核(礉)"。他甚至认为韩非、李斯虽言智术，却或"止于狱死"，或"遂至车裂"，皆不得善终，"为法之弊，反中其身，非、斯则同，特后先而！"严氏《重刊〈韩非子〉序》认为《韩非子》一书"不甚行于世"、流传不广的重要原因是韩非"喜形名法术之学，惨刻少恩"，不讲忠厚仁义。这种对思想的批判甚至影响到对韩非其人的评价："非乃如彼，是诚吾道中之罪人，百世所不圊者。"甚至比之于"虎豹之猛""蛟鳄之暴"，其论调纯为儒生立场，见解固无足观，而其情绪之难以自已，亦颇可玩味，也流露出某些儒生对法家思想的狭识与偏见。

相较于宋代几乎一边倒批判的局面，明代则更为开放一些，认同韩非思想的声音多方涌现。由此也显示出明代对韩非思想由批判走向认同的态度。门无子《刻〈韩子迂评〉序》与王世贞《合刻〈管子〉〈韩子〉序》即是其中特别的一类，其对于韩非思想的认同，与对宋儒的批判是联系在一起的。

门无子《序》云："夫言期于用,言而无用,言虽善,无当也。众人皆以为然,而吾亦以为然者,六经也;众人皆以为然,而吾独以为不然者,宋儒也;众人皆以为不然,而吾独然者,韩子之书也。"他将批判的矛头指向宋儒,而特别强调了对韩非之书的认同。这就关系到对《韩非子》思想价值的认识:"韩子之书,言术而不止于术也,言法而不止于法也。纤珠碎锦,百物具在。诚汰其砂砾,而独存其精英,则其于治道,岂浅鲜哉?顾用之何如耳。"认为韩非之书,实存思想之精英,治世之要旨,宋儒对此认识不清,反而批判韩非持论刻薄,因而是不对的:"以韩子为刻而不可用者,宋儒之言也。夫宋儒之言,密如猬毛,刻则刻矣,以试于用,则如棘刺之母猴。"

王世贞《合刻〈管子〉〈韩子〉序》也对宋儒做了激烈批判:"儒至宋而衰矣……宋儒之所得浅,而孔明之所得深故也。宋以名舍之,是故小遇辽小不振,大遇金大不振。"宋儒一味站在道德的立场上对韩子进行批判,而忽略了其中的富国强兵之术,这也是宋儒不能积极面对现实,缺乏时代责任的体现。由此来看韩非学说,就别具现实意义:"非子之所为言,虽凿凿,衡名实,推见至隐,而其技殚于富强而已。"富强的指向,的确是一语中的。此外,王世贞对于韩非的命运也给予理解和同情:"秦并天下之形成,亡所事非,而非以并天下说之,欲胜其素所任之臣而自功,则机不合;机不合,非不得不轻。""机不合"也就是机缘条件未备,这也是认识韩非人生悲剧的一个新路径。

门无子和王世贞都试图通过抨击宋儒之弊,借古讽今,来发掘韩非思想的现实意义,从而为革除社会弊病提供一种新的思路,这也是其认同韩非思想的深层动因。他们更多是结合韩非的时代背景和当时的政治现实来接受韩非子的。

不同于门无子和王世贞,陈深的《〈韩子迂评〉序》和周孔教的《重刊〈韩非子〉序》则从另一条路径展开对韩非思想的认同。陈深认为,理解韩非思想首先要结合战国的时代背景,离开历史条件无端指责,是对韩非思想误读的开始:"战国之时,诈欺极矣。纵横之徒遍天下,而以驰骛有土之君,以至君畏其臣,臣狎其君,而篡弑攸起,诸侯是以不救。此皆上下浮谣而怠慢纾缓、不振于法之效也。于是申、韩之徒出,而以名实之说胜之矣。"[17]应运而生的申、韩名实之说正是破除此时的浮淫之说的。同时,陈深对秦用韩非之说而亡的观点也予以驳斥,认为是"所遇"君主的问题,"使其遇圣主明王,与之折衷,被之以封疆折冲之任,则其治功岂可量哉?……使其遇始皇、二世,直丧亡之雄耳"。这就是"物有受也,人有器也"。世间事物都有一个接受的程度,人主也一样,不同的君主接受韩子之说的程度和方式也各有不同。一句话,秦之亡,根本在于始皇、二世,是韩子所遇君主不明的缘故。这就涉及到对秦亡原因的探讨了。还需提到的是,陈深特别强调《韩非子》犀利的洞察力,所谓"上下数千年,古今事变,奸臣世主,隐微伏匿,下至委巷穷间,妇女婴儿,人情曲折,不啻隔垣而洞五脏",显然是对韩非思想的另一种肯定性理解。

周孔教则特别强调韩非思想的政治功用与历史实绩,一针见血地指出:"《韩非子》之书,世多以惨刻摈之。然三代而降,操其术而治者十九。"他一反"惨刻少恩"的批判,认为"法令之行,自亲贵始,则疏者贱者日凛凛守法令惟谨,不敢以疏越亲、贱凌贵"。他进

⑰ 方勇编纂《子藏·法家部·韩非子卷》(28册),第341—347页。

一步指出：

> 今天下愉愉恬恬，其为浮淫之蠹，盖极坏而不可支矣。使太史氏而生今之世，其焦心蒿目，必急欲起韩非，而为之一藻刷者。倘得是说而存之，庶几哉！分职修明，而颓波或可挽乎？是书之刻，又乌可废也？⑱

周氏借此序表达对万历朝种种乱象的担忧，希望以韩子之说挽救朝政之疲弊。因此，他刊刻此书的目的，就是"取其言之适于用，且深有慨于中矣，岂直艳其文辞也与哉？"与韩非思想一样，表现出了浓郁的经世情怀。

三、清代序跋："发现"宋本与经世治用的新指向

传统韩学在清代进入总结阶段，在文本整理与版本流传上取得了很大成绩，既有对此前流传善本的刊刻翻印，又有对文本的考据校订。前者如钱曾述古堂影钞宋乾道本、张敦仁影钞乾道本、吴鼒影刻乾道本、二十二子本、汪氏编印韩晏合编本等，还有上述明代以来所刻各本的翻刻重印；后者如卢文弨《韩非子校正》、黄丕烈校并跋述古堂影钞本、顾广圻《韩非子识误》、王念孙《读书杂志·韩子杂志》、俞樾《诸子平议·韩非子平议》、孙诒让《札迻·韩非子某氏注》、于鬯《续香草校书·韩非子校书》等。及至晚清，王先慎的《韩非子集解》博采诸家，详加注解，遂为集成之作⑲。特别要说的是，有清一代，韩学研究表现出新的特征。一方面，韩学研究更为集中于文本校勘，这主要得力于清人对宋本《韩非子》的特别重视，由此也实现了《韩非子》校勘的新突破。另一方面，晚清以来，整理者更将《韩非子》思想与现实联系起来，密切关注政治变革与国家治理，流露出了浓郁的经世情怀。

（一）宋椠价值的新发现

南宋黄三八郎所刻乾道本《韩非子》元、明两代未得重视，直至清代，宋椠的价值得以发现。总体来说，清代流传的宋本《韩非子》主要有三种。一是清初钱曾述古堂影抄宋本；二是嘉庆年间张敦仁借得李奕畴私人收藏的乾道本《韩非子》一种，张氏据此影抄一部，延请顾广圻（字千里）校勘文字，惜其未能刊刻流布，影响有限；三是宋乾道本的仿刻本一种，此本乃吴鼒据李奕畴所藏乾道本影抄后刊刻而成。

据顾广圻、黄丕烈、吴鼒三人所作序跋，嘉庆年间，李奕畴（字书年）收藏有南宋黄三八郎所刻乾道本《韩非子》，并且借与吴鼒、张敦仁、黄丕烈等人。吴鼒序云："翰林前辈夏邑李书年先生好藏古书精椠，而宋乾道刻本《韩非子》尤其善者。"他深知宋本之珍，故而嘉庆十六年（1811），"鼒以后进礼谒于途次，求借是书"，未曾想借书心愿六年后才达成。吴鼒非常重视乾道本《韩非子》，于是"属好手影钞一本"，并延请校勘名家顾广圻校刊是书，这便是吴鼒仿刻本《韩非子》。更加可贵的是，顾氏也十分重视乾道本《韩非子》的价

⑱ 张觉《韩非子校疏析论》，知识产权出版社 2011 年版，第 1288 页。

⑲ 马世年《韩学文献整理研究的构想及意义》，载《西北师大学报》（社会科学版），2022 年第 6 期。

值,仿刻本校刊完毕后,将自己数十年校《韩》的成果《韩非子识误》三卷附刊其后。诚如吴鼒序所说:"宋椠诚至宝,得千里而益显矣。"

影响较大的清代另一种《韩非子》即述古堂影宋抄本(黄丕烈所藏)是经由顾广圻推荐所购,但顾广圻最先拿到书,于嘉庆七年(1802)七月十二日为之跋,对此本源流、基本面貌和版本优劣作基本交代。顾广圻摩挲数日,于嘉庆七年(1802)中元日送至士礼居,黄丕烈见此书,欣喜之下,当日也作一跋。黄丕烈跋讲述购得述古堂影宋抄本《韩非子》的前后,与顾广圻跋相呼应。顾跋讲为何劝黄丕烈买书的事,而黄跋又说购得此本的经过,是对购书一事不同视角的描述。当然,黄丕烈作为该书主人,他的跋显得更为详尽,除了交代购书经过之外,也对成人之美的顾广圻多加称颂。顾广圻为清代最具影响力的校勘名家,黄丕烈为清代最著名的藏书家,二人的深厚友谊于此二跋可略得一见。

就在黄丕烈得到述古堂影宋抄本《韩非子》后不久,黄丕烈得知尚有宋本,即李奕畴所藏乾道本《韩非子》流传于世。他见到此本后,又于嘉庆七年(1802)八月六日作跋。如跋文所言,黄丕烈得到述古堂影宋抄本《韩非子》后,深觉此本精良无可比,平生所见书中几无优于此本者,遂打算用此本校明人赵用贤所刻《韩非子》。恰好钱塘人何梦华来拜访,见此本后亦以为珍。后黄氏从何梦华寄来的书札中得知,张敦仁(字古余)处有一部宋刻《韩非子》,遂前去拜谒张敦仁,希望能够借书一观,未果。后又借张敦仁友人夏方米的关系,才如愿以偿。这样,李奕畴所藏乾道本的《韩非子》由张敦仁转借至黄丕烈处,黄氏遂将此书与述古堂影宋抄本作了精心比勘。

由上可见,黄丕烈、顾广圻、张敦仁和吴鼒等人都亲见李奕畴所藏宋本《韩非子》,并且都将其奉若珍宝。诸家所作序跋也都反映出宋本《韩非子》在清代的流传。李藏宋椠出现后,衍生出张敦仁影抄本和吴鼒仿刻本,并均由清代校勘名家顾广圻手校。此外,黄丕烈也将其所藏述古堂影抄宋本和李藏乾道本《韩非子》精心比勘,足见宋椠乾道本《韩非子》的重要性。至此,除张敦仁本因未刊刻而不被关注外,述古堂影宋抄本和吴鼒仿刻本为《韩非子》诸本的系统校勘奠定了基础。

(二)《韩非子》校勘的新突破

清人对乾道本系统的高度重视,极大地推进了《韩非子》的文本校勘,使得校勘工作有了全面的进步。这种全面性体现在清人对宋、明以来各种版本《韩非子》进行的校理。顾广圻于嘉庆二十四年(1819)所作《〈韩非子识误〉跋》称:

《韩子》各本之误,近又得其二事。《外储说左下》两云"盂献伯","盂"皆当作"盂"。盂者,晋邑,杜预云"太原盂县"者是也。献伯,晋卿;盂,其食邑,以配谥而称之,犹言随武子之比矣。《说疑》云"楚申胥","申胥"当作"葆申"。葆申者,楚文王之臣,极言文王茹黄狗、宛路矰、丹姬事而变更之,下文所谓"疾争强谏以胜其君"者也,见《吕氏春秋》,高诱注曰:"葆,太葆,官名申。"又载《说苑》:"葆"作"保",《古今人表》同。"葆""保"同字也。时已刊成,补识于后[20]。

---

[20] 方勇编纂《子藏·法家部·韩非子卷》(24册),第671页。

跋文内容很简单,即对《外储说左下》的"孟献伯"、《说疑》的"楚申胥"两处文字的校勘特作说明。"孟献伯"引杜预的说法应该作"孟献伯";"申胥"引《吕氏春秋》《说苑》《汉书古今人表》等,当出"葆申"。这些问题很具体,也很专门,跋文专门提及似乎过于细碎。但如果考虑到此时距《韩非子识误》刊成(1817)已近两年,则不难想见顾氏对《韩非子》一书所做的艰苦工作,"时已刊成,补识于后",正可见其校书之用心。从《韩非子识误》初作到最后刊刻,中间经过十余载[21]。十年之间,顾广圻携带《识误》三卷,推求弥年,随加增订,其校书之热忱、态度之审慎与精益求精之精神,足以为后世法。

顾广圻《韩非子识误》是其广校众本的成果,清代序跋多载校勘《韩非子》各本诸事。如同治年间李慈铭校扬州汪氏依吴鼒影宋本刊《宋本校刊韩晏合编》本《韩非子》,他在跋文中不仅评价该本,而且简评韩非思想:"韩子得失,前人论之已详。然在周末诸子中,已不能自成一家,言与申、商异矣。其意主于尊上用威而设术太多,往往自穷其说。至引证古事,每有复出,亦多相抵午,则后人传写之伪,其所称一曰云云者皆出校,读者附记之语。"他还声明,他的校勘原则是"惟求不爽原椠毫发"。

此外,明刊本的《韩非子》校理也很盛行,如吴广霈校万历六年(1578)刻《韩子迂评》,在跋中指出该本上源为元何犿所校残本《韩非子》,后来根据赵用贤的刊本将该残本补足,成《韩子迂评》补足本。而他"并获其先后印本,因为照补《内储说》脱文及《和璧》《劫杀》篇上下佚文各半,削牍而增修之殊,失原书之式,故一仍其旧云"。

翁同书则对明刊赵用贤《管韩合刻》本《韩非子》进行校勘,校毕有跋文如下:

> 是编系二十卷足本,虽明刻,实善本也。去年以卢抱经先生校一过。既又得全椒吴山尊学士重刊宋乾道本,乃得夏邑李书年先生所藏本影钞顾涧苹为精校而墨诸板,附以校语。予因取而再校之,甫动手而克瓜洲,携至浦口改。勤之饿辄临实之。迨校毕,孙城亦克矣。千载而下,其尚珍此军中再校本也[22]。

该本为明刊二十卷足本。在翁同书校勘前一年,卢文弨已经校过一次。翁氏在得到了吴鼒重刊的《韩非子》再做校理。颇具意味的是,翁同书校书全是在战火中进行的,一波三折,殊为不易,他故而感叹:"千载而下,其尚珍此军中再校本也。"根据最后落款,此书校勘结束后,正是江南濛雨之际,可以想见其校完此书的心境。

除此之外,黄丕烈、方功惠、戈襄、王渭、韩应陛等在明刊《韩非子》上也有校跋。这些校跋大多比较详细地介绍了校勘经过,并将校理《韩非子》的重要成果简洁道出,具有很高的学术价值,集体反映出清代前中期《韩非子》校勘的丰赡成果。

㉑ 尽管《韩非子识误》的序作于嘉庆二十一年(1816),但该书实际上早在嘉庆十年(1805)顾广圻为张敦仁校勘影宋抄本时已经写好,这件事可以在顾广圻为张敦仁影宋抄本的跋文中互见。但顾氏并未就此写定,而是"携诸行箧,随加增定"。直到嘉庆十九年(1814),在扬州得遇吴鼒所收精善宋椠《韩非子》,并拟重刊时,才决定将自己的《韩非子识误》三卷附此书刊行。

㉒ 方勇编纂《子藏·法家部·韩非子卷》(10 册),第 376 页。

（三）经世治用的新指向

清末王先慎《韩非子集解》刊行，其兄王先谦遂作《〈韩非子集解〉序》。其时正当甲午新败，在国家危难的特殊时期整理、注释这部两千年前的法家经典，《韩非子集解》便有了特别的意义。王先谦序对此有着充分体认。

王先谦以其著述颇丰、学术造诣高超而闻名于世。他关心时局，响应洋务，赞同师夷长技以制夷，主张建设海军，指出"今国之急务在海军"，主张"创办海军，进可战，退可以守"[23]。此外，他在深重民族危机的刺激下投身实业，经湖南巡抚陈宝箴支持，集资创办湖南宝善成机器公司，打破湖南保守落后局面，开辟湖南兴办近代工业企业的先河。因此，王先谦在政治上是怀着满腔爱国之情和深深忧虑着国家未来的。

此序有几个方面需要重点关注。首先，王先谦从《韩非子》著述的时代背景出发理解韩非。他指出，韩非生活的战国末期，韩国处于存亡之秋，一方面，王室的责任和爱国的心情让他对操持国柄、无所作为的浮淫之徒痛心疾首，另一方面，对于屡屡以空言游说韩王、沽名钓誉的奸猾之臣，韩非却束手无策。韩非洞见国家的种种疲弊，只能怀着悲愤的心情著书明志。总之，韩非之所为都是从现实出发，所以，王先谦说："其情迫，其言核，不与战国文学诸子等。迄今览其遗文，推迹当日国势，苟不先以非之言，殆亦无可为治者。"[24]后人一味诟病韩非惨礉少恩，却不考虑当时的现实条件，不能抱着同情理解的眼光看待其思想，本身便是对韩非及《韩非子》的误解。

其次，王先谦肯定了韩非所言刑名法术的思想主张。他认为，孟子以仁义、王道引导君主，在全社会风行仁的主张，造成的局面是"世主亦美仁义之名而不察其实"[25]。事实上，君主夙兴夜寐孜孜以求的不是孟子所讲的仁义，而是富国强兵，一统天下。天下的游士满口仁义，也不过是迎合君主对"仁义"的虚假兴趣，所图谋的不过名利而已。

最后，王先谦反对韩非亡秦说。王先谦从历史发展的角度出发，说明韩非出使秦国时，秦国统一天下的大势已然形成，其以法治国的基本方针自秦孝公推行商鞅变法以后已经深入人心，韩非并非秦法的推动者。更何况，韩非一到秦国，没来得及施展才华就陨落秦狱，何谈秦行韩非之说？王先谦在序的末尾继续强调，韩非入秦，为韩不为秦，为国家宗社而死。王氏为此深感悲切，大概在清末国家遭逢困苦之际，他内心的悲痛也会加深一重。

王先谦对《韩非子》的肯定，与清末政局的乱象有莫大关联。他对韩非的同情理解也寄予了他对现实的情感，因而表现出浓郁的经世特色，这与明代中后期诸多序跋中体现出来的经世情怀既一脉相承，更有其特定时代的历史感喟。

四、民国序跋与现代韩学的建构

20世纪初，尤其是"五四"以后，受西方学术思想的影响和现代学术精神的推动，韩

㉓ 王先谦《虚受堂文集·卷一·海军论》，文海出版社1966年版，第55页。

㉔ 张觉《韩非子校疏析论》，第1279页。

㉕ 同上。

学研究真正开始了新的转型与发展。研究者在西方现代学术视野下重新认识韩非的文化地位和思想价值,同时,"西学"的引入也提供了诸多新的理论和方法,客观上实现了传统韩学的现代转型。此一时期的韩学研究,一方面承续着传统研究模式,另一方面又积极接纳新的学术思想和方法,尝试变革,体现出新旧学术范式的转换。尹桐阳《〈韩子新释〉自叙》、尹鸣阳《〈韩子新释〉跋》、唐敬杲《〈韩非子选注〉叙》、陈启天《〈韩非子校释〉自序》等序文即体现出传统韩学的现代转型。这些序文接续了王先谦《〈韩非子集解〉序》的经世特色,表现出愈加浓烈的经世情怀。这当然与晚清以来深重的民族危机息息相关,更与韩非循名责实、明法治国的思想主张在国家危难时所具有的实践性相关。自乾道本序以来,尝试运用韩非政治思想中务实的一面去解决社会实际问题,一直是相关序跋的重要内容。民国学者《韩非子》序跋沿袭了这种传统内容,通过序跋肯定韩非思想,以此来表达对国家命运的看法。这种强烈的经世情怀也成为联接晚清与民国韩学的一条纽带。

这种经世情怀也有其新变,即在论说中引入西方政治学说。尹桐阳深受西方法政理论影响,认为韩非是中国"三权分立"的始祖。他试图借助西方分权学说解当时中国倒悬之急,其弟尹鸣阳也大力附和,尹氏兄弟序跋正显示出《韩子新释》的西方政治学色彩,成为宣扬"三权分立"学说的窗口,具有思想启蒙的作用。唐敬杲《〈韩非子选注〉叙》以西方实证科学的精神对应韩非循名责实的思想主张,以之为"参验与实用之观念",他对韩非法治思想的理解也是从西方平等的社会价值观念出发进行考量的。而政治家出身的陈启天则从国家学说的角度出发,提出"新战国时代",《韩非子》也成为纯粹的政治学经典。

在文本方面,民国学者继踵清代全面校韩的实绩,对前人的成果做出了重要补充。尹桐阳《韩子新释》对"其中有文如魑魅不易晓者,训诂之,疏解之",将《韩非子》注释同《管子》《商君书》《战国策》等书相发明。尹鸣阳在《〈韩子新释〉跋》中说其兄闲暇之余常看《韩非子》,但"读而以难索解为学者病",于是决意注释,注韩之时,"钻仰沉研,旁搜遐引,茹中咀西,含今统古,夙夜矻矻,緟以岁月"。后来的陈启天有《韩子校释》也表现出民国时期对《韩非子》文本的特别关注,是现代学术话语体系下对《韩非子》文本的整理。唐敬杲《〈韩非子选注〉叙》涉及韩非传略和《韩非子》注校情况时,表现出对韩学文献的特别关注。此外,该序还简论韩非的思想渊源,更有"学说概要"一节,论及人性利己、因时、参验等观念及法治论等问题。是书虽是选注,但从唐序来看,显然更趋综合研究的态势,更具有现代学术研究体系的特色。

要之,晚清至民国以来的韩学研究,在民族危机深重和欧风美雨的双重作用下,《韩非子》经世致用的属性进一步凸显。比之清代校韩成绩,民国诸家在阐释《韩非子》文本方面继续推进。民国韩学在对《韩非子》思想和文本注释的特别关注中,已开启了现代韩学的建构之路。

现代韩学的建构是一个复杂而又系统的问题,就其外在形态说来,现代韩学的建构主要围绕文献、思想、文学、接受四个维度展开。从文献维度看,每一次《韩非子》文本的重新整理都以前人的丰赡实绩为基础。清人对《韩非子》的全面校理奠定了现代韩学转型的深厚基础,而诸如尹桐阳、唐敬杲和陈启天等民国整理者在特殊时代背景下将自己关于韩非思想的理解和《韩非子》文本属性的判断注入其中。由此,以文本为核心的韩学文献的整理工作具有了开放性,现代韩学史的文献史维度也不断凸显。从思想维度看,宋元以来,各种序跋中关于韩非思想的关注与讨论日渐深入,而以晚清以后为甚,而这正是传统韩学向现代转型的重要内涵。从文学维度看,如何深化对《韩非子》文学价值的体认,是建构现代韩学的重要方面,而明清序跋关于《韩非子》文学价值的认识则为现代韩学的建构提供了借鉴,《韩非子》文学史的考察,也应回归中国文学的传统。不唯如此,还可以从其文学价值出发,进一步扩大到《韩非子》文化意义的探讨上。从接受的角度看,不同序跋所反映的是对《韩非子》不同方面、不同程度的接受,特别是晚清以后,更表现出不同于传统的样态。受西方学术思想和现代学术精神的推动,韩学研究开始了新的转型与发展,无论是思想阐释还是文本整理,都显示出对新的学术思想的吸纳与接受。

荀子,韩非生命中的偶然

——再论荀韩关系

曾晞杰 *

【摘　要】在思想史脉络中,大多根据《史记·老子韩非列传》所述"(韩非)与李斯俱事荀卿"来确立荀韩的师生关系,而荀子与韩非思想上的异同论述,也多由此一前提展开。然而亦有学者否定藉由太史公的单一论述证成荀韩的师生关系。这样诠释的差异来自于"师生"如何定义,以及未能明确区分战国中期以前的情感性师生关系所形成的"人师"与战国中期以降的工具性师生关系所形成的"君师"两种师生系统。"事荀卿"仅是一个无关论述主轴情节的背景叙事,司马迁从无藉此建构突显荀韩关系的企图。假使搁置荀韩作为师徒的前提,韩非子研究或许会有截然不同的新视域。

【关键词】韩非子;荀子;荀韩;李斯;史记

一、前言——从"与李斯俱事荀卿"谈起

"荀韩"在思想史论述的脉络中,已然成为一个不可分割的符码(symbol),其关键在于《史记?老子韩非列传》所叙韩非"与李斯俱事荀卿"[①]的传承系谱,而被作为儒法的错落或转化的关键,亦是一种具有权威主义性格的学术性格与型态。也因为如此,在心性儒学主流意识型态下,多有指摘作为儒学歧途的荀子,形塑了韩非的权威性格及法家刻薄寡恩的学术系统,也就造就了亡秦的暴虐[②]。如苏轼(1037—1101)指出:"所以事秦者皆出于荀卿,而不足怪也。"(《荀卿论》)[③]认为正是由于荀子自身的学术有其缺陷,才会将李斯韩非者流走向助秦为虐的歧途。朱熹(1130—1200)亦言"世人说焚坑之祸起于荀卿。荀卿著书立言,何尝教人焚书坑儒,只是观它无所观籍,敢为异论,则其末流便有焚坑之理"[④]。

---

* 曾晞杰,台湾师范大学国文学院副教授。研究方向:儒家思想。
① 〔日〕泷川资言《史记会注考证》,上海古籍出版社 2016 年版,第 987 页。
② 参劳思光《新编中国哲学史》(一),中国台北:三民书局 2005 年版,第 124 页。
③ 张志烈等校注《苏轼全集校注》,河北人民出版社 2010 年版,第 341 页。
④ 王星贤点校《朱子语类》,中华书局 1986 年版,第 3256 页。

牟宗三(1909—1995)便据此宋明儒学意识接着讲⑤，以似乎较为客观且同情的态度陈述荀韩之间的关系："荀子诚朴笃实人也。……凡巧便于功利者无不可为，不必礼义也。是刻薄者终将由荀学转而为法家，李斯韩非是也。此岂荀子之所及料哉？"⑥这样的论述是由传统"荀韩并斥"变为"怜荀斥韩"，将"荀韩"符码由系谱传承叙事转化为儒法错落叙事。当代学者的荀韩评述也基本上是在这两个叙事形态中开展，前者在心性儒学脉络中批判荀韩，藉此尊孟抑荀，将"荀韩"作为一元结构；后者则欲收摄荀子而扬弃韩非，藉此扬荀抑韩，将"荀韩"视为二元结构。

但无论是"荀韩"一元结构的系谱传承叙事，抑或二元结构的儒法错落叙事，基本上都认定并接受了一个前提：荀子与韩非具有师生关系。也就是说这两种叙事都是先认定了荀子与韩非的师承，进而讨论韩非对于荀子的学术系统，究竟是正传承或是逆传承⑦。然而所谓的"传承"必须建立在荀子所授的学说系统与韩非所据以开展的学术系统是一致的基础上——假使荀子未尝传授韩非性恶论、礼法思想，就没有韩非究竟是否继承了性恶论或是扬弃了性恶论的问题、也没有韩非是否因荀子的启发而堕入权威主义的问题。

当然这并不是要全然否认荀子与韩非之间的密切关系，而是应如佐藤将之所说："即便不能从正面去论证韩非必然不是荀子的学生此一命题，但至少不能宣称此一命题是不证自明的历史事实，或是作为评估荀韩各自哲学系统的必然前提。"⑧亦即从太史公谓韩非"与李斯俱事荀卿"的叙事而论，可以肯定的是韩非、李斯与荀子三人必然曾有过密切联系以及交迭的生命历程⑨；但是否可将此一荀韩交会的生命历程径自诠释为韩非与荀子具有师生以及学术传承关系，这点将是有疑义且需要进一步探究思考的⑩。

---

⑤ "接着讲"是相对于"照着讲"的学术论述进路，前者指在固有的系统中开展出新的视域与论述方向，而后者则是在固有系统中深化与延展。此乃冯友兰(1895—1990)在《新原道》中所提出之方法论，用以表述新儒学与当代新儒学的连续性及其差异性。参冯友兰《三松堂全集》第四卷，河南人民出版社2001年版，第5页。

⑥ 牟宗三《名家与荀子》，中国台北：学生书局2006年版，第214–215页。

⑦ 参刘桂荣《韩非对荀子的接受研究》，载《淮北煤炭师范学院学报(哲学社会科学版)》第29卷第4期(2008年8月)，第64–68页。

⑧ Masayuki Sato, "Did Xunzi's Theory of Human Nature Provide the Foundation for the Political Thought of Han Fei？" in Paul R. Goldin ed., Dao Companion to the Philosophy of Han Fei. NY：Springer Publishing Co., 2012, p.152.

⑨ 《老子韩非列传》中大史公亦同时记载："人或传其书至秦，秦王见《孤愤》《五蠹》之书，曰：'嗟乎，寡人得见此人与之游，死不恨矣！'李斯曰：'此韩非之所著书也。'"由此可以理解到司马迁的书写有其连贯性，证明了李斯对于韩非其人其书相当熟悉，可以推论韩非"与李斯俱事荀卿"一事不假。在《史记》中李斯除了此段与韩非、荀子交迭的生命历程外，并无其他与韩非产生交集的叙事。且"李斯使人遗非药，使自杀"，正呼应了"斯自以为不如非"的叙事，由此可见韩非"与李斯俱事荀卿"的叙事应非偶然，有其可信度。唯一的问题只在于"事"荀卿意味着拜师于荀子吗？这也正是本文立论的关键问题所在。参《史记会注考证》，第1041页。

⑩ 亦即，假使有一位杰出的法学学者，曾经在年少时向某位老师学习哲学，恐怕在学术系统中不会称这位法学学者师承此位哲学老师，或是特别强调是此位哲学老师形塑了此一法学学者的法学系统，而会从法学界内部的脉络来定义其师承或学派。在这样的情况下，只能说那位哲学老师或许对该法学学者的生命历程有所影响，但不能在没有更深层的脉络下，径言其所建构的法学体系出自于哲学老师的讲述。

二、两种师生,两种史实——荀韩师生关系的回顾与评述

根据张涅的观点,《史记》中"'事'只用以表示'事奉''事从'的意义",并非指涉明确的学说师承关系;虽然具有师生关系者也可以"事"来表达弟子对其师的尊敬与侍奉,但真正用以表达学术传承者,太史公多用"师""学"和"受业"表达,如"今孔丘年少好礼,其达者欤?吾即没,若必师之"(《孔子世家》);"孟轲,驺人也。受业子思之门人"(《孟子荀卿列传》)⑪。是以不能从《史记》中所谓韩非"与李斯俱事荀卿"便指出荀韩之间有着学术上的传承关系。且在《韩非子·难三》中"燕子哙贤子之而非孙卿"的叙事来看,韩非对于孙卿(荀子)似乎并无特别的敬意,由此也让人对于二人的师生关系产生怀疑⑫。

(一)师生定义的错落:用以否定荀韩师生关系的情感性关系

问题在于《老子韩非列传》中特别强调韩非"与李斯俱事荀卿,斯自己为不如非"⑬,似乎有着刻意凸显出韩非与李斯的同室操戈情节;且张涅根据《李斯列传》所载李斯"乃从荀卿'学'帝王之术"认定仅有李斯与荀子具有师生关系,而韩非则无,似乎显得有些突兀⑭。这两处记载的不同文字应以太史公"详略互见"的笔法视之,而不能视为两个截然不同的脉络⑮。

张涅指出,太史公于《史记》中"某甲事某乙"的用例,大抵等同于"尝学"之义,有着明示某甲未得某乙学术本旨的意涵,此一说法确实对于探究荀韩关系颇有启发⑯。不过,可以肯定的是,荀子在韩非子的生命历程中,亦即在其"与李斯俱事荀卿"的时空中,或多或少必然对其思想与生命产生一定的影响力。如同荀子所说:"君子之学也,入乎耳,着乎心,布乎四体,形乎动静。端而言,蝡而动,一可以为法则。"(《劝学》)⑰所谓的"学"并

---

⑪《史记会注考证》,第 1011 页。

⑫ 关于《难三》中韩非对于荀子并无作为学生的敬意一事,根据贝冢茂树(Kaizuka Shigeki,1904—1987)的考证,荀子所处的时代不可能与燕子哙产生交集,是以由这条文献反而能够证成韩非可能根本不认得荀子。此说虽与张涅不同,但基本上都是站在荀韩没有师生关系的立场来立论。然而本文认为,《韩非子》此处所提及之"孙卿",并无直接证据可以证成即是荀子,是以这样的论述在拥有更多证据以前,可能仍有讨论的空间。参张涅《论韩非与荀子无思想承传关系》,载《中州学刊》1998 年第 1 期,第 55-56 页;Shigeki Kaizuka, Han Fei. Tokyo:Kōdansha,1982, pp. 48-129;Masayuki Sato,"Did Xunzi's Theory of Human Nature Provide the Foundation for the Political Thought of Han Fei?",pp.149-150.

⑬《史记会注考证》,第 1023 页。

⑭ 当然张涅根据李斯的论述以及史料文献的记载指出,相较于荀韩关系,李斯与荀子有着较深的学术联系性与师生情节,这点是可以肯定的。但那应该视为荀子作为韩非、李斯生命历程中不同的向度与涉入其生命历程深浅的差异,而不宜以此来明确划分孰是荀子弟子、孰不是。又或者说,如何定义师生关系,将会有着不同的理解与诠释。

⑮ 根据张大可所说,"互见法详此略彼,便于史事叙述条理分明"。《老子韩非列传》强调的是韩非生命历程中藉由荀子与李斯产生交集与冲突的情节,不宜涉入其学术的内涵,否则便蔓生枝节、条理不明;而《李斯列传》所突出的是其立志、求学乃至成为一代名相的历程,是以特别书名其学帝王之术之实质内涵,两者各有其应突显的脉络,但实应以完型(Gestalt)结构视之。参张大可《史记研究》,华文出版社,2002 年版,第 268 页;〔德〕柯勒(Wolfgang Kohler)著、李珊珊译《完型心理学》,台北:桂冠图书,1998 年版,第 23-44 页。

⑯ 参张涅《论韩非与荀子无思想承传关系》,第 55 页。

⑰ 王先谦《荀子集解》,中国台北:世界书局 2016 年版,第 143 页。

非单纯地阅读经典与接受宣讲,生命中的对话与实践,也是一种学习的历程。

况且荀子对于韩非而言,并非仅只是生命中不可知觉的过客,而是有着切切实实"与李斯俱事荀卿"的历程,是以可以说荀子必然曾教给他了什么——未必是具体的经典讲授,而是任何在他们这段生命的交会中所带给他的一些观念与启发。那么,这样的互动是否可以说荀韩具有师生关系呢? 如果所谓的师生的定义必须建立在"孟轲,驺人也。受业子思之门人"那样的道统传承,必须如同"受业身通者七十有七人"(《仲尼弟子列传》)[18]的孔子弟子那般继承了孔子德行、政事、言语或文学不同的生命境界之面向,那么,如同张涅与佐藤将之所说,就不应该轻易地建立荀韩师生关系的历史事实。

因为张涅与佐藤将之所强调的师生关系是建立在学派的道统传承之上,那么,在这个意义下否认荀韩的师生关系就有其正当性与合理性。但是,假使从广义脉络而论,却可以说在韩非"与李斯俱事荀卿"的生命历程中,荀韩是具有师生关系的,荀子必然带给韩非思想上的影响与改变。那样的师承关系甚至不只是浮泛地"三人行,必有我师焉。择其善者而从之,其不善者而改之"(《述而》)[19]的延展与模拟,而是确实有着教学主体与学习主体具体互动行为的师生关系——一种非关学派认同与道统传承的师承关系。

(二)师生关系的厘定:用以确立荀韩师生关系的工具性关系

荀韩的链结是一种有别于战国中期以前学术传承系统下的师生关系。亦即如同孔子及其弟子、子思门人及孟子、墨子及其弟子与墨者,那都是一种以生命实践为核心的实践群体,教师是作为人格典范与道德导师的存在,如同孟子所说:"圣人,百世之师也。"(《尽心下》)[20]——圣人的生命境界无论在哪一个时代都有资格成为人们生命的导师,而作为师也被期待具有作为学生典范的圣贤人格。亦即传统的师生关系是以道德领导(ethical leadership)建构的自我认同下形成的群体,师生之间有着共同信念和价值,是以形成一个关系紧密的生命链结[21]。

在这样的道德共同体所形塑的师生关系,师生之间不仅只是知识系统的传递的工具性关系(instrumental relationship),更会形成"事师之犹事父也"(《劝学》)[22]的情感性关系(expressive relationship)。那是重视彼此就如同重视自己的同一性关系,是自我认同与情感依附的需求法则之体现[23]。这也是为何孔子曾悲叹"回也视予犹父也,予不得视犹子也,非我也,夫二三子也"(《先进》)[24]——那正是颜回与孔子的在互为主体的情感性关

[18]《史记会注考证》,第 1013 页。

[19] 邢昺《论语正义》,载阮元校勘重刊宋本《十三经注疏》,中国台北:艺文印书馆,2013 年版,第 37 页。

[20] 孙奭《孟子正义》,载阮元校勘重刊宋本《十三经注疏》,中国台北:艺文印书馆,2013 年),第 107 页。

[21] 参 S. Mo,C. D. Ling& X. Y. Xie,"The curvilinear relationship between ethical leadership and team creativity: The moderating role of team faultlines." Journal of Business Ethics,154:1(2019.1),pp.229-242.

[22] 许维遹《吕氏春秋集释》,中华书局,2009 年版,第 226 页。

[23] 根据黄光国所建构"儒家的心之模型",主体在面对群体时可分为三个关系层次:(1)情感性关系,(2)混合性关系,(3)工具性关系。三者分别根据需求法则、人情法则与公平法则产生行动的驱力与思维。参黄光国《儒家思想与东亚现代化》,中国台北:巨流图书公司 1988 年版,第 174-175 页。

[24]《论语正义》,第 69 页。

系中,将师生之情转化为父子情谊。颜回在这段关系中实践了他的需求法则,但孔子在这段关系中的需求却被剥夺了,是以悲叹如斯。

这样的在情感性关系中实践的师生互为主体性关系, 出自于心理需求法则的深层动力,从而形成《礼记·檀弓》所说:"事师无犯无隐,左右就养无方,服勤至死,心丧三年。"㉕是以"孔子葬鲁城北泗上,弟子皆服三年。三年心丧毕,相诀而去,则哭,各复尽哀;或复留"(《孔子世家》)㉖的生死情谊。甚至还有"子贡庐于冢上,凡六年,然后去"之疗愈成年孤儿(orphaned adult)的深沉心理创伤的过程,亦即子贡欲弥补"孔子病,子贡请见。孔子方负杖逍遥于门,曰:'赐,汝来何其晚也?'"(《孔子世家》)㉗的不安与懊悔——那是身而为人的深层心理结构的需求法则所驱动的自我追寻与心灵整合,是无从掩饰与伪装的㉘。这便是所谓的情感性关系中所建构的深层师生情谊。

三、"学中侍"或是"事中学"——荀韩师生关系的重建与诠释

如果从情感性关系的情谊中去定义师生关系,可以说在韩非"与李斯俱事荀卿"的脉络中,荀韩是没有"师生关系"的。韩非"与李斯俱事荀卿"是一种在事奉中学习的关系,不同于孔门弟子"颜渊、季路侍。子曰:'盍各言尔志?'"(《公冶长》)㉙那般以学为主体的生命历程——在对话中学习与成德,便是孔子及其弟子生命历程的本体,而无其他目的性,同时那也是在互为主体中的对话伦理学之显现。而韩非事荀卿此一"事"字,正显现出那是在一个非对等主体中呈显的关系,其之间的互动也并非以"学"为主体,而是在事奉中学习的情境。亦即荀韩师生关系的定位,并不同于孔门弟子那般具有学术传承与自我认同意义上的师承关系。

(一)情感性师生关系的转向:战国中期秩序崩坏下的孔门"人师"失落

其一,荀子处于战国中晚期,其所谓的"师"的定义和观念已与春秋时期孔孟观念中"师"的定义不相同。荀子在《致士》中强调,作为师者有四个原则与定位:

> 师术有四,而博习不与焉:尊严而惮,可以为师;耆艾而信,可以为师;诵说而不陵不犯,可以为师;知微而论,可以为师。水深而回,树落则粪本,弟子通利则思师㉚。

可见,得荀子所谓师法的关键在于:(1)道尊而有威严,(2)年长而有威信,(3)诵读解说经典时能不凌驾本义而曲解,(4)了解精微的学问却能够以浅白的道理讲述。前两者在于定义师的资格与态度,后二者则在于界定师的能力与责任,这四者都具有权威性的意义,亦即道德、身份、经典和知识的权威性。那不同于"盍各言尔志"下的师生互为主

㉕ 孔颖达《礼记正义》,阮元校勘重刊本宋本《十三经注疏》,中国台北:艺文印书馆2013年版,第218页。

㉖《史记会注考证》,第1102页。

㉗《史记会注考证》,第1137页。

㉘ 参〔美〕亚历山大.利瓦伊(Alexander Levy)著、洪明月译《成年孤儿》,中国台北:宝瓶文化2016年版,第3–17页。

㉙《论语正义》,第35页。

㉚ 王先谦《荀子集解》,第168页。

体性的对等关系,而具有垂直的阶层性。

也就是说,荀子的师弱化了博雅教育(liberal education)"属于自由人"的性质——在比春秋时代更加混乱无道、失去秩序的世界中,荀子比其先前任何的哲人都更迫切地追求秩序至上观念,是以他不能再单纯地强调"复兴艺术、文学、辩论术与学习之道",而必须强化师的权威性与政治实用性[31]。是以对荀子而言"师"不再是孔门典范中所呈现出的"人师"——自由人的道德导师、生命实践的引领者,而是具有权威性的"君师""师法"。因为就其而论,"君师者,治之本也。无君师,恶治?"(《礼论》)[32]"师"是具有政治实践的意义,也是实践秩序至上观念的必要存在——"今人之性恶,必将待师法然后正,得礼义然后治,今人无师法,则偏险而不正"。(《性恶》)[33]在这样的脉络下,师的定位势必不能在"适合自由人"的博雅思维中开展。

荀子此一"君师""师法"观念的建构,是战国中期以降对于"师"观念的转向,那是一个追求秩序至上观念的极端化时代的趋势,并非偶然。韩非在《诡使》中批判当时社会错误风气与观念时,便特别指出时人有"无二心私学,听吏从教者,则谓之陋""私学成群谓之师徒"的错误观念,而这点是需要予以导正的,否则便是"教下乱上只为治"[34],颠倒是非观念,将造成国家的混乱。由此可以推论,韩非自身根本不认同或者认为在战国中后期的当下,没有在情感性关系中建构师生互为主体性的条件与意义;而荀子的"君师"和"师法"观念也与孔门的情感性师生关系截然不同,那么,"韩非事荀卿"情境中所形成的自然不会是情感性师生关系,假使由此意义上否认荀韩的师生关系,的确有其合理性。

(二)工具性师生关系的开展:稷下政治学术场域下的荀韩"君师"链结

不能否认的是,韩非"与李斯俱事荀卿"可能展现出韩非与荀子之间的一种工具性师生关系——在强调实践与效率的"公平法则"中呈显的互动。工具性关系并非马克斯?韦伯(Max Weber)所谓通过实践确认手段工具的有效性,以追求最大功效之工具理性(instrumental reason),亦即此处所说并非单纯把师的存在作为一种手段[35],而是指在黄光国"人情理论模型"中所凸显的心理驱力与行动原则——工具性关系是建立

---

[31] 史华慈(Benjamin I. Schwartz,1916—1999)指出,古代中国的思想家具有秩序至上观念,学说也多以此为建构的目标。但在春秋甚至战国早期,思想家多能在理性中追寻秩序至上的观念。至战国末期则有着趋向在工具理性(instrumental reason)中追寻秩序至上,将其作为终极目标。荀韩所交集的生命历程,则是在东周由理性至工具理性发展的过渡中,其代价便是自由人的成分、亦即博雅教育的思维逐渐被弱化。但或许对于荀韩而言,强化师生之间的权威性、弱化自由人的向度是不得不为之的手段,唯有如此,才有再次博雅的可能。参[美]史华慈(Benjamin I. Schwartz)著、程钢译《古代中国的思想世界》,江苏人民出版社2004年版,第414页;Bruce A. Kimball,Orators & philosophers:a history of the idea of liberal education. New York:Teachers College,Columbia University,1986,pp.134–136.

[32] 王先谦《荀子集解》,第206页。

[33] 同上,第217页。

[34] 王先慎《韩非子集解》,台北:世界书局2010年版,第241页。

[35] 参[德]韦伯(Max Weber)著、康乐、简惠美译《基督新教伦理与资本主义精神》,中国台北:远流2020年版,第197–206页。

在非亲密关系存有间互动的心理模式，系相对于情感性关系建立在亲密关系存有间互动的模式㊱。

也就是说，韩非、李斯与荀子的师生关系很可能是在政治学术场域中建立工具性关系，而非在自我认同中所追寻的生命归属。根据韩、李、荀三人的时代交集来看，韩非能"与李斯俱事荀卿"的时序，大抵是"田骈之属皆已死齐襄王时，而荀卿最为老师。齐尚修列大夫之缺，而荀卿三为祭酒焉"（《孟子荀卿列传》）的稷下时期㊲。这意味着韩非与李斯是在稷下学宫此一政治学术场域中"事荀卿"。那是一个具有上下阶层性的工具性师生关系，符合《王制》中所说"上无君师，下无父母，夫是之谓至乱"所呈显出之君师与生徒之间的垂直性权威关系。

荀子"年五十始来游学于齐"，可见其在稷下学宫时年纪已大，又于齐襄王时"最为老师"，符合荀子所谓师术之二"耆艾而信，可以为师"。荀子"三为祭酒"，则属于荀子所谓师术之一"尊严而惮"。处于"不治而议论"（《田敬仲完世家》）的稷下，荀子必然也是"各著书言治乱之事，以干世主"（《孟子荀卿列传》）㊳，所言所谈所授当非生命的学问之属，而是黄老治术之类，此亦正符合荀子所谓师术之三、四"诵说而不陵不犯""知微而论"㊴。这可以有助于理解，荀韩之间的师生关系应为工具性关系，其间具有权威性与严肃性。

亦即韩非事荀卿可能并非出自学术认同与追寻生命归属，而与李斯一样，重点在于"从荀卿学帝王之术"，关键在于由稷下习得黄老治术，未必是对于荀子核心学说及荀卿其人的认同与倾慕。从文献的脉络来推论，这或许便是韩非"与李斯俱'事'荀卿"，而从未"师从"荀卿、"学于"荀卿——即便有所学，也是学帝王之术，并非学荀卿其人其说。是以韩非"事"荀卿在于处于稷下此一政治学术场域，是"事"其最为老师、三为祭酒，而非"事"其人，那是一种在"事中学"的工具性师生关系的建构。

再看孔子门下，弟子"颜渊、季路侍"（《公冶长》）"闵子侍侧""子路、曾皙、冉有、公西华侍坐"（《先进》）㊵，则是出于对于孔子的景仰与认同，在情感性关系中追寻自我生命的价值。那样的"侍"是在亲密关系中发展与孔子的正向关系与认同，是一种深层的心理需求法则之驱动。这样的孔门情谊，是在"学中侍"的情感性师生关系之建构㊵。由

㊱ 黄光国《儒家关系主义的理论建构及其方法论基础》，载《教育与社会研究》第 2 期（2001 年 6 月），第 8-9 页。

㊲ 根据荀子与李斯、韩非的可能生卒年对比，其生命的交会应是在荀子五十岁以降，也就是荀子游学于齐以后。而《孟子荀卿列传》指出："齐人或谗荀卿，荀卿乃适楚，而春申君以为兰陵令。春申君死而荀卿废，因家兰陵。李斯尝为弟子，已而相秦。"李斯为秦国宰相时，荀子早已离开齐国，这意味着荀李的师生关系应在其离开齐国之前产生链结。参《史记会注考证》，第 1121 页；钱穆《先秦诸子系年》，中国台北：东大图书公司，2008 年版，第 95-137 页。

㊳《史记会注考证》，第 1128 页。

㊴ 这便可以理解到，为何韩非"与李斯俱事荀卿"，但于《韩非子》书中通篇不言荀子，且并无实质继承荀学核心的性恶论与礼论等脉络。关于韩非子并未继承荀子性恶论与礼论的论证，请参詹康《韩非子论人新说》，载《政治与社会哲学评论》第 26 期（2008 年 9 月），第 99-100 页；〔日〕佐藤将之《荀子礼治思想的渊源与战国诸子之研究》，台北：台大出版中心 2013 年版，第 244 页；张鸿恺《先秦至汉初〈老子〉思想之发展与变迁》，中国台北：万卷楼 2009 年版，第 284 页。

㊵《论语正义》，第 37 页。

此可以理解到,假使从传统学术传承的脉络与家派归属的视域去否认荀韩的师生关系,可也;但如果完全否定荀韩在历史的脉络中有着师生关系的链结,则不可也——关键在于必须厘清战国中期以前的情感性师生关系,与战国中期以降的工具性师生关系的差异,不宜将两者混淆,否则便无法在学术场域中形成对话。

四、结论——不存在的荀韩关系

据上所述,韩非与荀子之间应有其师生关系,但是并非建立在亲密关系的需求法则之上,而是具有权威性意义的上层与下层关系的互动。他们之间恐怕没有"事师之犹事父"的情感性师生关系,而是有着强调政治实践的工具性师生关系。那是严肃而谨慎的互动,关键在于能否以政治理论与治乱学说去创造具有意义的经典讲述与精妙学理。易言之,那不是用生命实践感动学生、而是以政治理论说服学生的公平法则——人人都可以选择自己要学什么、选择自己要向何人学。亦即战国中期以降的如同荀韩般的师生关系,并非藉由师从来建构自我认同、也并非从某而学即认定了自己属于某某学派。对于韩非来说,荀子可能仅是一个生命中的历程,而非生命的归属,这可能也就是韩非"与李斯俱'事'荀卿"的真意[42]。

也就是说,当仲尼七十二弟子师从孔子,便是认同孔门、传承孔门、代表孔门;当孟子"受业子思之门人",从后设的角度而论,孟子便是认同思孟学派、便是思孟学派的传承者。孔门与思孟学派便是他们追寻自我认同之处、便是他们生命的归属。但是对于韩非、对于李斯、对于战国中期以降的学人而言,面对的是一个综合整个战国诸子思想的大思潮时代,[43]他们可以选其师、择其学,且从师而学并不等同于认同其师学系统的全部、他们也未必只能从一师一家一派。太史公于《史记》中记载之师生关系仅是在传主的生命历程中有着关键性意义的部分,未必代表韩非与李斯只从师荀子一人。

如从《李斯列传》中所载"乃从荀卿学帝王之术",很明显是因为李斯师从荀子所学帝王之术,对于其入秦拜相的生命历程有关键性意义。其从荀卿学成之后"辞于荀卿"之言,正象征着其与儒家的荀子在生命历程中分道扬镳[44]。然而,《老子韩非列传》中所载"(韩非)与李斯俱事荀卿",似乎并非在于强调荀子对于韩非的生命历程有着关键性意义。一则《史记》中除了此一句再无荀韩关系链结的叙事,二则《韩非子》的论述系统并未

---

④ 在《论语》中从未有以"事"来记述弟子与孔子间的互动,孔门间的互动皆以"侍"表述。这点由《说文解字》:"侍,承也。""事,职也。"或许可以探得其间的差异与端倪。前者出于内心的恭敬畏奉,而后者则蕴涵着政治场域中的义务与责任之意。见段玉裁《圈点说文解字》,中国台北:万卷楼1999年版,第114、207页。

② 如此便能够理解为何《韩非子》书中几乎没有提到荀子,甚至《难三》中所言"燕哙贤子之而非孙卿"之"孙卿"真是指荀子,那么也并不让人意外。关键即在于韩非事荀卿仅是生命历程中的一个过程,并不等同于他全然认同荀子甚至意欲传承荀子的理论与学派。

③ 参〔日〕佐藤将之《后周鲁时代的天下秩序:〈荀子〉与〈吕氏春秋〉政治哲学之比较研究》,中国台北:国立台湾大学出版中心2022年版,第157页。

④ 《史记》载李斯学成帝王之术后辞别荀子之言正与《荀子·议兵》中荀子反对李斯入秦的对话两相呼应。由此可以了解到司马迁应是有意识地书写荀子与李斯的师生关系,并由此暗示二人至此在生命历程中失去了交集。详见《史记会注考证》,第1109页;王先谦《荀子集解》,第147页。

继承荀子包括性恶论、礼论等核心思想，甚且从未提及荀子之名及其学说⑤。

从《老子韩非列传》的脉络来看，太史公特别书写了韩非"与李斯俱事荀卿"，却完全不着墨其思想与行动受到荀子的影响之处，其用意似乎在于带出更关键的下一句"斯自以为不如非"。也就是说，"（韩非）与李斯俱事荀卿"的重点在于创造韩非与李斯在生命历程中的交会点，亦即交代韩非与李斯为何会产生交集。"事荀卿"只是《老子韩非列传》核心情节下的背景式事件，并无特殊意义。司马迁如此书写，关键在于呼应为何在"秦王见孤愤、五蠹之书，曰：'嗟乎，寡人得见此人与之游，死不恨矣！'"时，李斯能够立刻向秦王表示："此韩非之所著书也。"因为他们尝"俱事荀卿"。

又为何当韩非使秦后，"秦王悦之，未信用。李斯、姚贾害之，毁之"；"使人遗非药，使自杀。韩非欲自陈，不得见"⑯。关键正在于韩非与李斯俱事荀卿时，李斯"自以为不如非"，因而害怕韩非受到秦王重用而毁了自己的仕途，故而出此心计逼死韩非。可以说，太史公想要传达的是，韩非生命的终结及其悲剧的爆掷点（tipping point）⑰，来自于生命中其"与李斯俱事荀卿"的偶然，却也造成了他走向悲剧的必然。

是以可说，司马迁可能从来没有建构荀韩关系的意图，"（韩非）与李斯俱事荀卿"的重点在于创造韩非与李斯的交会。但是，当心性儒学典范逐渐成为主流意识形态后，"（韩非）与李斯俱事荀卿"此一段文字——也是目前可见文献中唯一可见书写荀韩师生关系的文字，被无限放大与聚焦。在韩非思想研究中，荀韩关系反而成为诠释的包袱与枷锁，而如同佐藤将之所说，学者们即便从《韩非子》与《荀子》文本脉络去分析，"推断出虽然荀韩思想有相当大的差异"，但却因着"（韩非）与李斯俱事荀卿"此一前提，而依旧做出"但韩非似乎仍采用荀子'性恶论'的理念"⑱；或是指出"韩非师事荀子，其思想观点有与荀子论调相近者，然而亦不乏针锋相对者，正反映了韩非由师儒至非儒之思想转变"⑲。

但如果能够理解韩非与荀子是一种工具性师生关系，能够了解太史公无意强调荀韩的学术传承与家派认同的链结性，那么，唐宋以降的韩非研究是否会有不一样的视域呢？会不会韩非其实从未有由师儒至非儒的转变，因为其自始至终都未曾认同儒学、倾慕荀子。也就是说，在汉代以前，学者并未将韩非的思想与行为归咎于荀子，这或许是有道理的⑳。将荀子与韩非生命中的偶然视为荀韩师生学术传承关系，这也许是一种误解，但却是一个有意义的误解，因为它创造了丰富的荀韩关系之研究与论述。但无论这是否是一个误解，值得反思的是，假使没有"（韩非）与李斯俱事荀卿"的叙事，并搁置荀韩具有师生关系的前提，那么，荀韩研究的论述是否会有不同的诠释？

---

⑤ 韩非的人性论述可能并非性恶论，甚且全书无一次提及"性恶"，此一关键近来学者多有阐发与论证。参詹康《韩非子论人新说》，载《政治与社会哲学评论》第26期（2008年9月），第97–153页；〔日〕佐藤将之《荀子礼治思想的渊源与战国诸子之研究》，第244–245页；曾暐杰《一种人性、两家学说——荀子与韩非子从相同的人性观开展不同政治论之可能》，载《成大宗教与文化学报》第21期（2014年12月），第61–80页。

⑯《史记会注考证》，第1112页。

⑰ Malcolm Gladwell, The tipping point: how little things can make a big difference. Boston: Back Bay Books, 2001, pp.74–83.

⑱〔日〕佐藤将之《荀子礼治思想的渊源与战国诸子之研究》，第244–245页。

⑲ 凌超煌《韩非对荀子思想之承与变》，载《鹅湖月刊》第447期（2012年9月），第17页。

⑳ 参马积高《荀学源流》，上海古籍出版社2000年版，第185页。

荀子弟子概说

高专诚

【摘　要】荀子是中国古代伟大的教育家。荀子有着博大精深的教育思想,更培养出了震撼历史的弟子。荀子教育思想和教育成就在中国古代史上是罕见的,对中国古代社会的影响是独特而深远的。在从事教育事业方面,荀子的情形与孔子、孟子都很相似。从历史上看,既然可以把以孔子和孟子为首的思想团体称作孔门和孟门,当然也就可以把荀子及其追随者组成的思想团体称作荀门。从外在可比的方面来看,荀门的人数不及孟门,更不及孔门;从内在的不可比的学生质量来说,即使不能说荀门一定强于孔门和孟门,至少荀门也是很有特色的,并且是光芒万丈的。

【关键词】荀子弟子;孔门;孟门;荀门

荀子是中国古代伟大的教育家。荀子有着博大精深的教育思想,更培养出了震撼历史的弟子。荀子教育思想和教育成就在人类史上是罕见的,对中国社会的影响是独特而深远的。荀子的教育成就是先秦儒家教育成就的重要组成部分,而早期儒家的教育成就在先秦时代则是独一无二的。

荀子是学者型思想家,也是儒家思想家,同时也对法家思想发展产生了深刻影响,甚至可以说荀子思想是儒法融合的典范。在荀子时代,社会转型的复杂性以及思想潮流的多样性,都是孔子和孟子时代难以想象的。与孔子和孟子相比较,荀子的思想历程相当复杂,思想内容也更为丰富,涉猎的思想面更为宽广。尽管荀子始终遵循儒家思想这个核心,但他对法家思想的深入思考,尤其是对法家政治思想的现实作用的肯定,不仅使他的思想表现出儒法融合的特性,也使他的门下出现了遵从法家思想、推动法家政治的重要弟子。特别是在晚年,当荀子离开官职,专心在兰陵讲学的时候,①更是以其异常丰富的人生经历和广博的思想历程,大力拓展其教育思想,实践其教育理念。

荀子思想的各个方面相互作用,在教育事业中有着精彩体现。先秦时代的思想家大多都有远远近近的追随者,但并不是每一位思想家都能把这样的追随转化为成功的教育。在向教书育人的成功转化方面,儒家有着行之有效的方式方法,并从孔子开始就逐

---

*高专诚,研究员。研究方向为先秦两汉思想史。

①《史记·孟子荀卿列传》:"春申君死而荀卿废,因家兰陵。李斯尝为弟子,已而相秦。"

渐形成独特的教育传统。严格说来，先秦诸子百家中，儒家的教育事业开展得最早，效果也最好，并且一直坚持到先秦时代结束。儒家思想在汉代之所以脱颖而出、独享其尊，与先秦儒家无与伦比的教育传统是有重要关系的。儒家之外的其他各家普遍不重视师生相传，也没有形成代代相传的思想。仅有的从事教育的几家，如墨家，其思想与儒家息息相关，甚至有研究认为墨家创始人墨翟就出自儒家。再如农家，其门下弟子也曾是儒家人物。②可以说，在整个先秦时代，只有儒家把教育事业行兴办得有声有色。更为重要的是，传统儒家教育不仅有着鲜明的教育行为、教育思想，还非常注重教育的现实功用，把教育思想落实在卓有成效的社会实践中。从荀子的教育思想和教育成就中，更能看出儒家的这种教育精神。

身为教育家，荀子的教育思想影响深远，而他最了不起的成就，是教育出了一批卓有成就的弟子。其中最为著名的是历史上两位重要的法家人物，即法家思想家韩非子和法家实干家李斯，以及以传承儒家经典、传播儒学精神而闻名的儒家人物浮丘伯(包丘子)。③韩非子是公认的先秦法家思想的集大成者，中国古代"帝王之术"的全面创制者；李斯则是秦始皇统一天下过程中的秦国重臣，为秦国一统天下、建立和巩固秦王朝立下了不可或缺的大功；浮丘伯因其在儒学史上的传经成就，在整个汉代都有着重要影响。

在从事教育方面，荀子的情形与孔子、孟子都很相似。与那个时代的几乎所有学者和思想家一样，这些儒家大师的首要追求也是从政，力图以其思想学说指导现实政治，以便最有效地造福人世间。在此过程中，他们必须传播其思想学说，这势必会吸引人们的注意力，更会激起年轻人的兴趣。有或多或少的后生晚辈集聚在这些思想大师周围，在聆听其思想学说的同时，形成某种形式的团体。这样的团体，既有思想学术追求，也有政治社会追求，从教书育人的角度看去，也有教育事业的追求。不过，对于孔子、孟子和荀子来说，他们的教育事业严格说来是其政治事业的副产品。这并没有贬低之意，而是强调，他们的教育成就与他们的政治追求是息息相关的。还有一个重要方面是，儒家教育在注重现实功用的同时，还有鲜明的教育思想，而到了荀子这里，这样的教育思想更为全面和系统，并深刻影响了他身后的中国历史。凡是受过教育的人，无不记得荀子的著名论断，"青，取之于蓝而深于蓝；冰，水为之而寒于水"，这句话来自于《荀子·劝学》，而这篇著名的文章同样是每个求学者的必读之文。

从历史上看，既然可以把以孔子和孟子为首的思想团体称作孔门和孟门，当然也就可以把荀子及其追随者组成的思想团体称作荀门。从外在可比的方面来看，荀门的人数不及孟门，更不及孔门；从内在的不可比的学生质量来说，即使不能说荀门一定强于孔门和孟门，至少荀门也是很有特色，并且是光芒万丈的。

一、李斯和韩非子

《史记·孟子荀卿列传》记载："李斯尝为弟子，已而相秦。"一位名叫李斯的人，曾经

---

② 详见《孟子·滕文公上》"有为神农之言者"章。

③ 胡元仪《荀卿别传》："荀卿弟子，今知名者：韩非、李斯、陈嚣、毛亨、浮丘伯、张苍而已，当时其盛也。"见王先谦《荀子集解》，第39页。

是荀子的弟子,后来做了秦国的丞相。《史记·李斯列传》称:"李斯者,楚上蔡人也"。李斯是楚国上蔡地方的人,年轻时做郡中小史,看见生活在厕所附近的老鼠只能去吃不洁之物,却还不断受到来来往往的行人和狗犬的惊扰,过着恐慌的日子,而粮仓中的老鼠却是悠哉悠哉地吃着上好的粮食。这样的不同让李斯大为感慨,"人之贤不肖譬如鼠矣,在所自处耳"。人的贤与不肖,很大程度上决定于所处的位置、所生活的层次。为改变处境,李斯"乃从荀卿学帝王之术",跟随荀子学习政治学。李斯学成之后,认识到楚王不足以成就大事,而山东六国日渐衰弱,无法让人建立盖世之功,就打算西入秦国,参加到秦国统一天下的大业之中。

从开始学习到学成后入秦,对于李斯在荀门的求学历程,我们只知道一个时间节点,即"至秦,会庄襄王卒"(《史记·李斯列传》),入秦之时,适逢秦庄襄王去世,秦王政继位,这一年是公元前246年(楚考烈王十七年)。荀子最迟在公元前259年到达楚国,④这距李斯奔秦还有十多年的时间。所以,李斯在荀门学习"帝王之术",最有可能就在这段时间。

《史记》之所以认为李斯跟随荀子学习的是所谓"帝王之术",应该有两方面含义。一方面,至少在部分汉代学者看来,荀子思想与所谓的"孔孟之道"并不在同一层次,而是适应了战国末期一统天下的现实的政治需求。另一方面,他们也认为李斯(或许还包括韩非子)的法家行为和思想,与荀子的教育和思想影响是分不开的。这样一来,人们显然会更为关注李斯所表白的离开师门的理由。

斯闻:得时无怠。

今万乘方争时,游者主事。

今秦王欲吞天下,称帝而治,此布衣驰骛之时而游说者之秋也。

处卑贱之位而计不为者,此禽鹿视肉,人面而能强行者耳。

故诟莫大于卑贱,而悲莫甚于穷困。

久处卑贱之位,困苦之地,非世而恶利,自托于无为,此非士之情也。(《史记·李斯列传》)

李斯的人生总则是,一旦看中时机,就必须毫不懈怠地去努力、去争取,直至获得成功。那么,李斯看中的时机是什么呢?他认为,各国君主此时此刻都在争取压制甚至消灭他国的机会,并因此而对"游者"格外重视。所谓"游者"就是游说之人、游仕之士,即非本国世家大族的、具有真才实学的士人。李斯认定,最有资格吞并天下的是秦王,而历代秦王最为看重出身布衣的游说之士。另一方面,李斯深深感到,身处社会下层的人士,如果不以卑贱的社会地位和穷困的生活为耻辱,就只能算是长着人的面孔、能够勉强行走的行尸走肉一般。这样的人,本来没有地位,生活无着,却还喜欢议论长短、空谈世事,甚至号称厌恶现实利益,自认为是无为之人,在李斯看来,这并不是士人内心的真实想法,而是懈怠之心在作怪。李斯完全不赞成这样的思想,也根本不想做这样的人,所以,他毅然决定,"将西说秦王矣",要起身西去,说服秦王,成就功业。

---

④ 参见高专诚《荀子传》,第395–396页。

李斯其人及其坚定的政治立场和鲜明的政治观点,在历史上影响深远。上述李斯之语,是他告别老师时的自白,铿锵有力,不容辩驳,很有震撼力,让人难以相信会是发自儒家师门的声音。早在汉代初期,著名学者陆贾就指出:"鲍丘之德行,非不高于李斯、赵高也,然伏隐于蒿庐之下,而不录于世,利口之臣害之也。"(《新语·资质》)此处的鲍丘就是上文的荀子弟子浮丘伯⑤,是荀门中以持守坚定的儒家立场并因传授儒家经籍而著称的弟子,也就是李斯和韩非子的同门。陆贾之语证明,荀子兼容儒、法的政治思想并没有被所有弟子接受,这就很自然地出现了宗儒与宗法的两类弟子。坚守儒家仁义的书生之气,与推行法家法制者的现实主义追求,在更多情况下是难以相容的。但是,在荀子看来,儒法必须在实际政治中相辅相成,才是切实可行的治国安邦之策,尽管这种相互融通经历了艰难过程,也不断出现各种起伏。事实也证明,尽管荀子难以接受李斯的观点,但也没有因此而不承认李斯的弟子身份。这一方面证明了荀子教育的宽容度,另一方面也说明了荀子对于法家思想的很大程度的认可。反过来讲,就算从儒、法之分的角度看待荀子与李斯、韩非子的师生关系,这两位学生的思想选择,也与荀子对待当时法家思想的态度甚至是荀子思想中的法家因素有关。

在两千一百多年前的西汉昭帝始元六年(公元前81年),朝廷专门召开了历史上著名的盐铁会议,名义上是讨论经济政策,实际上是要统一政治思想,即如何使儒、法思想在实际政治中并行不悖。参会者是朝廷主要大臣和各地著名儒家学者,共计六十多人。他们就治国之道和理政之策展开对话,后由东汉著名学者桓宽将会议记录整理成书,即《盐铁论》。书中把对话的双方称作"大夫"和"文学",前者主张以霸道治国,后者则主张以仁政治国,这显然是荀子政治思想面对的主要问题。对话双方屡次提及李斯,显示出荀子的思想和李斯的功业在西汉时代的广泛影响。

大夫曰:昔李斯事荀卿,既而入秦,遂取三公,据万乘之权以制海内,切侔伊、望,名巨泰山。

文学曰:方李斯之相秦也,始皇任之,人臣无二,然而荀卿谓之不食,睹其罹不测之祸也。

今之在位者,见利不虞害,贪得不顾耻,以利易身,以财易死。无仁义之德,而有富贵之禄,若蹈坎阱,食于悬门之下,此李斯之所以伏五刑也。(《盐铁论·毁学》)

官员们显然肯定和仰慕李斯的功业。他们认为,李斯不仅身居高位,权倾天下,而且其功业可以与辅佐商汤王打江山的伊尹和辅佐周武王夺天下的姜太公吕望相提并论。可是,学者们却认为,李斯虽然深得秦始皇的信任和重用,却让他的老师荀子一直担心他可能遭受的不幸结局。李斯最终受刑而死,就是因为身无仁义的修养,却享受了高官厚禄。

事实上,在此之前,《荀子·议兵》就记载了李斯与荀子的一番针锋相对的对话。这段对话的意义,不仅可以作为荀子与李斯存有师生关系的证据,也证明了师徒二人在思想

---

⑤ 又称"包丘子","鲍、浮、包"三字为一音之转。

上的分歧。由于本文主旨所限，不能深入讨论李斯的思想，不过，从结局上看，李斯在行动上与老师分道扬镳，与荀子对法家治国之术的重视，以及荀子对秦国政治的某种程度的肯定，也是有着一定关系的。

在《荀子》中，李斯与老师的对话只有这一处，简单地说，就是在荀子与李斯和另一位叫做陈嚣的弟子讨论兵道即兵家思想的时候，李斯向老师提出了疑问。两位弟子的提出的问题虽然相同，但李斯置疑的力度更为犀利。如前文所述，李斯在荀子门下学成之后，毅然奔赴秦国求取功名，最终做到了秦国宰相。李斯赴秦，既是对荀子政治学说或者如《史记》所理解的"帝王之术"的肯定，也是对荀子某些观点的否定。李斯与老师的这次对话，对中国古代的政治走向影响深远。

李斯的观点开门见山，显然是荀子的风格。李斯认为："秦四世有胜，兵强海内，威行诸侯，非以仁义为之也，以便从事而已。"秦国自孝公推行"商君之法"开始，经惠王和武王，到现在的昭王，连续四世以强兵取胜，山东诸侯无可奈何。在李斯看来，秦国的取胜显然不是遵循仁义的结果，而是面对现实、实事求是的结果。

对于李斯的观点，荀子予以了严厉批评。荀子说：

非汝所知也。

汝所谓便者，不便之便也。吾所谓仁义者，大便之便也。

彼仁义者，所以修政者也。政修，则民亲其上，乐其君，而轻为之死。

故曰：凡在于军，将帅，末事也。

秦四世有胜，諰諰(xǐ)然常恐天下之一合而轧己也。此所谓末世之兵，未有本统也。

故汤之放桀也，非其逐之鸣条之时也；武王之诛纣也，非以甲子之朝而后胜之也。皆前行素修也，此所谓仁义之兵也。

今汝不求之于本而索之于末，此世之所以乱也。(《荀子·议兵》)

在儒家看来，秦国的强大，每一步都伴随着不合仁义的无道和血腥。所以，对于李斯的观点，荀子首先批评道，你所看到的事情，都是肤浅的表面现象。荀子接着指出，李斯的观点看上去一气呵成，颇有道理，其实是对事实的错误判断并因此而得出的错误结论。在李斯看来，秦国的取胜法门是"以便从事"。李斯所肯定的"便"是方便行事之便，具体说来就是，当时的秦国不受任何道德教条或所谓人间大义的限制，只要能够在与山东六国的竞争中得利、得势，什么样的方法都可以使用，如秦国对付六国君臣所使用的离间、收买、暗杀和背信弃义等策略，以及以不择手段的纯暴力获取利益，比如长平之战中对俘虏的大量坑杀以及战争中的屠城之类。至于面向国内的政治高压、严酷法治、全民皆兵等政策，更是秦国的不二选择。所以，荀子才不客气地指出，李斯所谓"便"只是秦国统治者利用对他人和他国的不便，本质上是对仁义的不便，以实现自己的方便，而在荀子看来，持守仁义，以仁义行事，才是"大便之便"，也就是方便天下之人的伟大的方便。

进而言之，荀子主张的仁义之道是"大便之便"，即以天下人的方便成就自己的方便。所以，荀子所说的"大便"，是符合天下人利益的最大便利。以仁义为政治原则，民众才会从心底里亲近统治者，甚至可以为君而死。正是在此意义上，荀子甚至认为，对于一个国家的军事力量来说，与维护国家正确的政治方向相比，有没有将帅是次要的。

在现实证据层面，针对李斯所举秦国"四世有胜"的例证，荀子有着完全相反的理解。荀子认为，秦国的"四世有胜"并没有让天下之人诚服，而是使秦国经常处在恐惧之中，惟恐天下诸侯合力对付他。秦国看似强大的军队只能说是"末世之兵"，行将走向灭亡的军队，因为这样的军队没有"本统"，即没有符合仁义之道的思想支撑，缺乏必要的道德基础和正义原则。荀子的这个断言很具有预见性。不过，在当时形势下，面对秦军节节胜利，似乎很难说荀子的预言能够应验。但是，从李斯入秦，到秦王朝灭亡，也不过是短短的二三十年，秦军的由盛转衰，真可谓是其盛也速，其衰也忽，这不是"末世之兵"又是什么呢？秦国统一天下之后，强大的军队竟然经不住陈胜、吴广这两位农民造反者的振臂一呼，确实是被荀子有幸而言中了。

回望历史，当年商汤王灭夏之后，把夏桀王放逐于鸣条山；周武王讨伐商纣王时，在甲子那天一举击败纣王的大军。乍看上去，好像事情就发生在鸣条山一地和甲子一时，但荀子却指出，这都是"前行素修"的结果，是在一个相当长的时期里不断累积的结果。夏桀王和商纣王不断累积其非仁义之行，商汤王和周武王则不断累积其仁义之行，成就其仁义之兵，然后才在某一地点、某一时刻产生了那样的结局。既然秦国"四世有胜"累积的并不是仁义之行，其结局就决不会如李斯设想的那样美好。说到此，荀子严厉地训斥李斯说："今汝不求之于本而索之于末，此世之所以乱也。"现在的你，看问题不求根本，而是根据枝节末梢来下结论，荀子认为，这正是当今时代人们的思想之所以混乱不堪的主要原因。

在那个时代，如果没有高深的学术修养和精准的政治洞察力，如果不能怀有正确的道德准则，确实难以认识到秦国政治的不足之处，所以，李斯难以接受荀子的上述看法也是很自然的。

从结果上看，荀子并未阻止李斯，或者是阻止未果。李斯最终踏上了赴秦国之路。在秦国，李斯一路披荆斩棘，爬升到秦国官员的顶端，即身为丞相，并为秦国统一天下和秦朝早期法制建设做出了巨大贡献。但是，秦朝的迅速灭亡，也与李斯的推波助澜，一味以非正义的强力统治天下的做法大有关系。至于李斯本人，最终死在奸臣赵高的手中，也从一个侧面证明了秦国政治的缺陷和像李斯这样的政治人物的短视。

桓宽《盐铁论·毁学篇》说，李斯获得秦始皇信任，担任秦国之相。对此，荀子忧心忡忡，甚至食欲全无，原因是，荀子已经预感到了李斯在秦国肯定得不到好的结局。不过，《盐铁论》所记，凡事多概而论之，缺乏准确时间。如前所述，在李斯下决心离开荀门，赴秦求仕之时，荀子就明确表达了不同意见，认为那并不是李斯真正的事业所在。在担任丞相之前，李斯就已获得了秦王嬴政的全面信任，并表现出了坚强的法家治国精神，荀子对李斯的担心，会发生在这期间的任何一个时候。

李斯还有一位同窗，即来自韩国的韩非子。

《史记·老子韩非列传》说："韩非者，韩之诸公子也。喜刑名法术之学，而其归本于黄老。非为人口吃，不能道说，而善著书。与李斯俱事荀卿，斯自以为不如非。"这是说，韩非是韩国公室后人，贵族出身，与李斯同学于荀子门下。韩非有口吃之疾，不方便与人交流,于是就把更多时间用在学习上,以至于壮志雄心的李斯也不得不自愧弗如,并在后来的关键时刻把这种"学不如人"转化成了报复行动。

韩非子后来成为最杰出的法家思想家,思想史上认为他是法家思想的集大成者,集传统法家的"法、术、势"为一体,提炼出不折不扣、货真价实的"帝王之术"。司马迁说韩非喜欢"刑名法术之学",就是强调了在韩非子之前,法家思想已经在社会上广泛存在了,而韩非子则为传统法家思想找到了真正的归宿,即"黄老"之学,一种假托于黄帝和老子的唯我独尊、专制独裁的思想潮流。这些思想看似与荀子思想毫无共同之处,但是,荀子是能够读懂法家思想真谛的人。荀子对儒家思想的信仰、对圣王的崇敬也很具有独断性,也就是说,荀子之学与韩非子之学在方法论上是一致的。更重要的是,荀子的理性精神也完全映照在了韩非子的思想中,而《荀子》之文和《韩非子》之文在文气上无疑是息息相通的。不过,哲学上的理性主义精神一旦失度,就容易滑向独断,在政治上则容易走向集权和专制。

后世学者,尤其是尊崇荀子的儒家学者,完全想不通荀子思想与韩非子思想会有共通之处。不过,更接近于荀子和韩非子时代的西汉学者司马迁,已经看出了荀子之学至少是李斯眼中的"帝王之术"⑥,那么,如果说与李斯同受荀学熏陶的韩非子也认为荀学是"帝王之术",并在学成之后升华出新形态的"帝王之术",也就没有什么令人不解之处了。换句话说,荀子的"帝王之术"被李斯所实践,被韩非子所升华,就算不是荀子的初衷,也与荀学有着不可否认的关联。所谓"儒""法"之分是后世学者的看法,而在荀子、韩非子的时代,所有的思想学说,严格说来都是所谓的"帝王之术"。从这个角度来看,李斯和韩非子从学于荀子,是很自然而然的事情。⑦

韩非子对儒家思想有过许多极其辛辣刻薄但也不乏中肯的批判,这就说明,韩非子对儒家思想是相当了解的。对于已经成了名的儒家人物,韩非子对孔子和子夏尚存好感,对子思(孔子之孙)则持批评态度,这与荀子对这几位的态度是一致的,由此也许可以说,韩非子对于儒家思想和人物的了解和态度,也与荀子有着很大的关系。

思想成熟之后的韩非子完全瞧不起他那个时代各家各派的学者,对于儒家主张的以道德约束政治的观点也嗤之以鼻,这可能也是受到荀子诸如对"十二子"所持苛刻批判态度的影响,⑧尽管荀子可能无法接受韩非子否定人的道德修养和道德品格可以在政治社会领域里发挥作用的观点。

对于韩非子铺陈在他的犀利文章中的极端法家思想,秦王嬴政(后来成为秦始皇)却极度欣赏,并把韩非子请到秦国,当面求教。不过,秦王和韩非子都是"帝王之术"的学习者,而对"帝王之术"深有心得并能娴熟使用的,却是韩非子的同窗李斯,毕竟李斯明确地把荀学定义为"帝王之术"。李斯恐怕受宠中的韩非子取代自己的地位,便联合朝中

---

⑥《史记·孟子荀卿列传》:(李斯)"乃从荀卿学帝王之术"。

⑦ 韩非子从学于荀子,仅有《史记·孟子荀卿列传》的记载,荀子和韩非子的著作中并没有提及,故颇有人怀疑韩非子学于荀子的事实。怀疑者的重要依据就是,荀、韩二人的思想学说一儒一法,大相径庭。其实,儒、法之分是汉代人的发明,在荀、韩的时代,"帝王之术"才是他们的共同追求。

⑧ 详见《荀子·非十二子》。

大臣进谗言，最终把老同学害死在了狱中。可怜的韩非子，虽然他的书中把君臣之术讲得头头是道，本人却惨死在了脱不掉的书生气之中。在这一点上，韩非子与老师荀子倒是相差无几。

在先秦政治史和思想史上，韩非子可能是最有争议的人物之一，从当时直到当代。韩非子思想是中国思想上重要的一环和转折点，韩非子本人的遭遇则是中国古代知识分子命运的重要代表和转折点。韩非子思想的诞生，标志着一种思想可以与政治现实、与专制君主的利益密切结合，甚至不分彼此。在此之前，这样的思想是没有过的。韩非子死于秦王嬴政之手，标志着先秦时代诸侯国君主尊重和敬畏思想家、学问家的时代的结束。当那个激荡的时代结束之时，中国古代知识分子的命运日渐清晰，或者与当权者合作，或者不合作，选择前者可以荣华富贵，选择后者就得遭受各种磨难，直到发生韩非子式的悲惨结局。

不过，以韩非子为荀子弟子，二子的师生关系，在《荀子》和《韩非子》中都得不到直接证明。这两部书都是大部头著作，《韩非子·显学》中说，孔子去世后，儒家先后出现过八个主要派别，其中就有"孙氏之儒"。一般认为此处的"孙氏之儒"是指宗从荀子思想的一派儒生，[⑨]也许其中会有上述浮丘伯等人，但这并不能证明韩非子就是荀子的学生，因为人们期望看到的是韩非子与荀子更为直接的关联。至于《荀子》之中，则完全没有韩非子其人的影踪。

要说荀子与韩非子有师徒的关联，可能更多地体现在二人的思想取向和作品中，尤其是他们的思想作品，保存的数量较多，并且具有那个时代政论文的典型性。《荀子》政论文的主要特点是，文辞犀利且有规法，既有力度，又闪耀着理性光辉。荀子是出色的逻辑学家，反映在他的政论文中，论点鲜明，论据充分，论证环节更是密不透风，往往是一气呵成。读《荀子》的政论文，必须集中注意力，若有一处理解不透彻，再往下就难以读懂了。

《史记·老子韩非列传》称，韩非子"作《孤愤》《五蠹》《内外储》《说林》《说难》十余万言"。这些篇章现在都能读到，写作风格也相当一致。在这些政论文章中，韩非子用词简明、表达直率，无论是针砭时弊，还是表达政治理念，都是直来直去，毫无拖泥带水之处，是政论文的典范之作。《韩非子》所表达的，既有理性主义的严酷性，又有理想主义的浪漫性，前者让人拍案叫绝，后者让人扼腕叹息。

《荀子》的体裁和写作风格在《韩非子》中有着明显回应，但是，与《荀子》相比，《韩非子》的文章更具战斗性，观点独到，用词简明而辛辣，举例直白而无情。但从文学表现力上来看，《韩非子》比《荀子》还是稍欠一些火候。

二、陈嚣和浮丘伯

我们已经看到，在那样一个战争频仍的年代，对于荀子倡导的仁人之兵，如果不能

---

⑨ 荀、孙二字为一音之转，故荀子被后人称为荀卿或孙卿，"孙氏之儒"或为孙卿之儒。另外，《韩非子·难三》说："燕子哙贤子之而非孙卿，故身死为戮。"这是《韩非子》中唯一提到"孙卿"之处，似乎也很难以此证明荀子与韩非子之间存有师生关系。

站在足够高的历史和思想高度,确实无法接受。甚至是荀子身边的弟子,也曾就这个问题质疑荀子,与荀子进行了面对面的争论。在荀子与弟子的对话中,除了李斯,《荀子》之中就只有口称荀子为"先生"的陈嚣了。陈嚣在《荀子》中仅此一见,其他典籍中也没有记载,想必是荀子的一位普通弟子。很显然,陈嚣出现在《荀子》中,并不是因为他是个重要人物,而是他与荀子讨论了重要问题。从他与荀子的对话中,很难看出陈嚣的思想属于哪家哪派,如果他能够有自己独到的思想追求的话。至于在"议兵"问题上荀子对陈嚣的教诲是不是发挥了作用,后人也是不得而知。

陈嚣问孙卿子曰:先生议兵,常以仁义为本。仁者爱人,义者循理,然则又何以兵为?凡所为有兵者,为争夺也。

孙卿子曰:非汝所知也。彼仁者爱人,爱人,故恶人之害之也;义者循理,循理,故恶人之乱之也。彼兵者,所以禁暴除害也,非争夺也。故仁人之兵,所存者神,所过者化,若时雨之降,莫不悦喜。(《荀子·议兵》)

与李斯一样,陈嚣也是在对待武力的问题上与老师产生了思想分歧。可以想见,如果没有像荀子那样五十岁之前一直对儒家思想的执着追求,要想在战国后期的社会环境下不对诸如法家和兵家之类的实用性很强的思想学说产生特殊兴趣,真是一件困难的事情。

弟子陈嚣发出疑问说:"先生您把仁义视为兵道之根本,但在我看来,仁者要表现出爱人,义者要表现出遵循理义,这完全是与出兵打仗背道而驰的!"陈嚣还表明了更深一层的观点,那就是,用兵的目的无非是争夺利益,争夺利益的手段免不了兵戎相向,甚至杀人盈野,这与仁义更是风马牛不相及啊!

不用说,陈嚣置疑仁人之兵的意见是很有代表性的,荀子不能不加以重视。荀子批评这位弟子说"非汝所知也",明确指出弟子的观点是错误的,而错误的根源是见识不足、认识肤浅。

荀子的具体回答与对待李斯一样,还是首先认为陈嚣对荀子所主张的"仁人之兵"的理解在根本上就有问题。在荀子看来,仁者正是因为爱人,才会厌恶那些害人之人;义者正是因为遵循礼义,才会厌恶那种胡作非为之人。换句话说,仁人之武力的本质是用来禁止暴虐、除掉祸害的,而不是去争夺利益的。所以,仁人之军队,要保护什么的时候就好像神灵在起作用,凡是其经过的地方都会被彻底改变,好比是及时雨洒过,人人都会感到喜悦。

为了深化仁者之兵的主张,荀子又以先圣先王为例加以论证。荀子说,上古之时,尧帝讨伐驩兜,舜帝讨伐有苗氏,大禹王则是讨伐共工氏,到后来,商汤王讨伐夏桀王,周文王讨伐有崇氏,周武王讨伐商纣王,这些都不是为了个人或氏族利益,而是"皆以仁义之兵行于天下"。因为圣王兴起的是仁义之兵,所以,近处之人因其和善而感觉亲近,远方之人则因其仁义而产生仰慕,以至于虽有军队,却毋须使用暴力就能让远近之人心悦诚服,让圣王的德义播洒到四面八方。总之,仁者之兵、王者之师，是通过仁义道德之行让人心服，而不是使用暴力让人表现出表面上的服从。⑩

荀子的这番主张，在一般人看来未免有些书生气、理想化。但是不要忘记，荀子是思想家，不是现实的政治家，他有责任替社会眺望更远更合理的目标。他为世人展示的仁人之兵的力量，尽管连他自己都说是"所存者神，所过者化"，难以一桩桩一件件地历数其具体力量所在，但他对人的内心世界的肯定、对人的道德之心的崇敬，却不失为一位儒家大师的良知呈现。

在百家争鸣的时代背景下，荀子门下也可谓百花齐放。在法家思想家韩非子、法家实干家李斯之外，根据可信的历史典籍记载，还有传统型的儒家学者浮丘伯，也就是包丘子⑪。从史籍记载来看，这位浮丘伯在荀子门下学习，专攻荀子《诗》学，最终自成一家。汉代儒家经典的《诗》学传统与荀门的传承密切关联，其中，"鲁《诗》"的传统就是源之于荀子弟子浮丘伯。

既然浮丘伯的儒学成就主要在传承儒学经典方面，所以这一定要从荀子对儒家经典的重视讲起。

荀子是多才多艺的学者，这在先秦时代是绝无仅有的。在他伟大的思想创建之外，对于儒家经典文本的研习和传承，在儒学史上是独一无二的。⑫荀子儒学思想的直接来源是卜子夏，而子夏在孔门被孔子肯定为"文学"弟子，⑬即对于传统的文物典章有着特殊兴趣和研究成就，这样一来，子夏对于孔门所重视的经籍必然会有深湛研究，也会有积极的传授。荀子学遵子夏，自然就与儒家经典结下了不解之缘。⑭

在西汉前期就已受到官方重视的儒家"五经"中，《诗经》《礼经》《春秋》的传承都与子夏有关。而在《荀子》中，儒家五经都是被经常引用和直接论说的对象。到了汉代，儒生就把儒家经典的流传几乎都与荀子挂起钩来。唐代以后的儒家学者们甚至认为，儒家五经都经过了荀子的传承，甚至列出了具体的传承线索。这样的说法显然有攀附名人的嫌疑，并引发了太多的学术公案。不过，汉儒之所以选择荀子为儒家若干重要经典的传承始祖之一，也并不是没有道理的。⑮

---

⑩《荀子·议兵》："是以尧伐驩huān兜，舜伐有苗，禹伐共工，汤伐有夏，文王伐崇，武王伐纣，此四帝两王，皆以仁义之兵行于天下也。故近者亲其善，远方慕其义。兵不血刃，远迩来服，德盛于此，施及四极。"

⑪胡元仪《郇卿别传考异》："'浮丘'一作'包丘'，见《盐铁论·毁学篇》。浮丘盖齐地名，因以为氏。'浮''包'同声字，如《春秋》'浮来之地'，《左传》'浮来'，《公》《榖》皆作'包来'，是其例也。"见王先谦《荀子集解》，第47页。

⑫廖名春："就现有文献资料来看，将儒家的一些原始性重要著作称为'经'，就起于荀子。……就群经的流传来说，荀子是孔门的最大功臣。……在先秦、秦汉经学史上，荀子是承上启下的大家。"见氏著《〈荀子〉新探》，第235页、第254-255页。

⑬《论语·先进》："文学：子游、子夏。"

⑭详见高专诚《荀子传》，第22-29页。

⑮参见高专诚《荀子的经学贡献之一：荀子对儒家经典的解读与传承》，载《名作欣赏》2016年第7期。

在汉代，传授儒家《诗经》的有多个传统⑯，其中"鲁《诗》"的传统与浮丘伯有着可靠的直接关系。《汉书·儒林传》记载："申公，鲁人也，少与楚元王交俱事齐人浮丘伯，受《诗》。……申公卒以《诗》《春秋》授，而瑕丘江公尽能传之。"申公即鲁地之人申培公，因主要在鲁地传授《诗》学，⑰所以，申公传授的《诗》学一派，史称"鲁《诗》"。⑱在西汉时期，"鲁《诗》"是最早立为一家的，且是传《诗》早期声势最壮的研习《诗经》的学派。

关于浮丘伯的生平和行事，史籍记载：

春申君死而孙卿废，因家兰陵。李斯尝为弟子，已而相秦。及韩非号韩子，又浮丘伯，皆受业，为名儒。⑲

楚元王交字游，高祖同父少弟也。好书，多材艺。少时尝与鲁穆生、白生、申公俱受《诗》于浮丘伯。伯者，孙卿门人也。及秦焚书，各别去。元王既至楚，以穆生、白生、申公为中大夫。高后时，浮丘伯在长安，元王遣子郢客与申公俱卒业。（《汉书·楚元王刘交传》）

申公，鲁人也。少与楚元王交俱事齐人浮丘伯受《诗》。汉兴，高祖过鲁，申公以弟子从师入见于鲁南宫。吕太后时，浮丘伯在长安，楚元王遣子郢与申公俱卒学。（《汉书·儒林传》。师古《注》：郢即郢客也。）

从这些较早的可信记载来看，浮丘伯受业荀子，是在荀子长住兰陵时期。荀子去世在秦统一之前，但直到秦朝"焚书"时，⑳浮丘伯还与刘交、鲁穆生、白生、申公等弟子们在一起。秦"焚书"令下，儒生不能公开授学，大家只好各奔东西。西汉建立后，作为汉高祖刘邦之弟的刘交受封楚王，同门穆生、白生、申公在楚王朝中为官，而浮丘伯则在都城长安讲学，刘交又把儿子刘郢（客）送到浮丘伯门下学习。这种父子同学一师的景象，在那个时代并不多见。㉑

很显然，浮丘伯从事学术活动并得到社会认可的主要时期是在西汉王朝建立前后，并与他在西汉建立之前就收授刘交、申公等人为弟子有关。作为楚元王的刘交能够保证和扩大浮丘伯的社会影响，而申公传"鲁《诗》"自成一家，则是继承和发扬了浮丘伯甚至荀子的儒学传统。总之，正是由于浮丘伯的存在和业绩斐然，才为荀子儒学成就的传承

⑯ 一般认为主要有毛《诗》、鲁《诗》、齐《诗》、韩《诗》等四家。胡元仪《郇卿别传》认为："郇卿善为《诗》《礼》《易》《春秋》。从根牟子受《诗》，以传毛亨，号《毛诗》；又传浮丘伯，伯传申公，号《鲁诗》。谷梁俶亦为《经》作《传》，传郇卿，卿传浮丘伯，伯传申公，申公传瑕丘江公，世为博士。由是，汉之治《诗》《春秋》者皆源出于郇卿。郇卿弟子今知名者，韩非、李斯、陈嚣、毛亨、浮丘伯、张苍而已，当时其盛也。"其实，毛、张二位，史籍佐证并不充分，故本文不论。另外，荀子传《春秋》经传于浮丘伯之事，汉人未有记载，亦不论。

⑰《汉书·儒林传》："申公归鲁退居家教，弟子自远方至受业者千余人，申公独以《诗经》为训故以教。"

⑱《汉书·楚元王传》："文帝时，闻申公为《诗》最精，以为博士。申公始为《诗》传，号'鲁《诗》'。"

⑲ 刘向《孙卿书录序》，见王先谦《荀子集解》，第558页。

⑳《史记·秦始皇本纪》："非博士官所职，天下敢有藏《诗》、《书》、百家语者，悉诣守、尉杂烧之。"时在公元213年（秦始皇三十四年）。

㉑ 刘向为楚元王刘交第四代孙，其将荀子著述整理为《孙卿书录》，或许多多少少传承了浮丘伯、刘交、刘郢（客）的学术。

保留了重要根脉。

浮丘伯的修养和学养都很深厚，甚至远到西汉后期，我们在《盐铁论》中都能看到，当时的人们还视浮丘伯为儒家学者的典范。在前文所叙《盐铁论》记载的官员与文士的对话中，双方也说到了浮丘伯(《盐铁论》称"包丘子")。

> 大夫曰：昔李斯与包丘子[22]俱事荀卿，……包丘子不免于瓮牖蒿庐，如潦岁之蛙，口非不众也，卒死于沟壑而已。今内无以养，外无以称，贫贱而好义，虽言仁义，亦不足贵者也！
>
> 文学曰：包丘子饭麻蓬藜，修道白屋之下，乐其志，安之于广厦芻豢，无赫赫之势，亦无戚戚之忧。(《盐铁论·毁学》)

官员们显然瞧不起浮丘伯的穷困潦倒，而学者们则高度赞扬浮丘伯的高尚气节。更为难得的是，同出于荀子之门的两位弟子，李斯和浮丘伯，政治立场和人生结局是如此的不同，却在几百年后还让立场完全不同的人们不断提及，并拿来证明各自的政治主张。

对于儒家学者，官员极尽嘲讽之能事。他们认为，以浮丘伯为代表的这类学者，他们的思想并不正确，却自认为是正当的；嘴上说没有欲望，实际上并非如此。他们对内无力奉养家人，在外没有名望，身处贫贱之中，却声称喜好大义。这样的人，即使能够言说仁义，又有什么可贵之处呢！

但是，学者们却大声地发出辩护，认为学者确实有可能生活很窘迫，但这又有什么关系呢？因为坚持仁义而过不上富裕的生活，当不上权力赫赫的高官，这只能让学者的内心更加坦然。他们不会像现实中的那些在位者一样，见到利益之时就不去考虑危害，贪婪而不顾廉耻，直到因为牟利而丢掉性命。

从各方面记载来看，浮丘伯一生的穷困潦倒是公认的事实，但各方面的说法都是泛泛而言，并没有提供能够证明浮丘伯贫贱生活的具体事件和细节，所以，我们也不能确定浮丘伯的如此窘迫的物质生活存在于他一生的哪个阶段，比如入荀门之前或之后，或者一生便是如此。不过，《荀子·成相》中宣称："世无王，穷贤良。暴人刍豢，仁人糟糠。礼乐息灭，圣人隐伏。"在中国古代政治专制制度之下，坚守正义的人士，尤其是其中的儒生，身处困顿已经成为他们的标配。在这种背景下，儒家大学问与生活大困境是成正比的，浮丘伯也不能例外。更有学者认为，"浮丘伯有颜回之志，在陋巷不改其乐，修道白屋之下，乐其志。由此可知，浮丘伯是荀门之中颜回一般的弟子"[23]。

官员们看重现实功利，而无官职无财富的浮丘伯自然会成为他们鄙视的对象。但学者们看重思想创建和持守道义，认为勤恳传承儒家经典且安贫乐道的浮丘伯才是正义的中坚和真正的社会财富。由此可见，虽然荀子一直致力于弥合儒法分歧，但现实中的儒法分野却势不可挡。

---

[22] 王利器曰：《御览》八四一引"包"作"鲍"，王应麟《姓氏急就篇》下引仍作"包"。顾广圻曰"包邱子者，浮邱伯也。"见《盐铁论校注》，第230页。

[23] 范文华《荀子弟子浮丘的考》，载《邯郸学院学报》2021年3月第31卷第1期，第13页。

三、其他弟子

　　荀子拥有弟子是毋庸置疑的，但对于这些弟子的数量和集体影响力，也就是研究者所说的荀子后学或荀子学派或荀门，尽管有一些研究者提出了一定程度的怀疑，但仅从《荀子》一书的情形来看，这样的怀疑总体上是难以成立的。事实上，荀子直传弟子的数量可能无法与他的儒学前辈比如孔子和孟子甚至子夏相比，但一如本文的叙述所显示的，他们对于荀子学说的传递和秦汉之际以及汉代荀学和儒学的传扬却都做出过巨大贡献。㉔

　　凡是在传统文化深厚的民族和国家，人们尤其看重身后的名声和影响。孔子断言"仁者寿"㉕，认为仁义之人的长寿，重点并不在于生前寿数，而更在于身后在世人记忆中的地位。儒学是入世的学问，儒家君子不仅重视在世时的成就和口碑，也重视离世之后对人世的影响以及后人对他们的评价，对此，孔子更是说过："君子疾没世而名不称也。"㉖如果身后没有好的名声传世，对君子来说是疾愤至极、难以瞑目的憾事。当然，这样的影响和名声并不是仅靠主观愿望就能获得的，而是由生前的所作所为决定的。对于学者来说，生前所作所为之所以能够留存和传布，若干弟子的存在肯定是一个有利条件。

　　荀子是那个时代的长寿者，尽管他去世的确切时间已无法得知。《史记·孟子荀卿列传》记载，荀子去世后葬在了他曾经担任行政长官的楚国兰陵，而没有回归赵国故地，这应该是荀门弟子所为。

　　一代宗师荀子的去世，标志着先秦学术的终结。对于荀子思想成就和历史地位的评价，他的弟子们认为甚至胜过了孔子。传世《荀子》一书的最后一篇是《尧问》，㉗这一篇的结尾处有一段话，可能是弟子们为最早版本的《荀子》一书所作的后记。因为这一段对于证明荀子身后那些不算知名的弟子们的存在至关重要，故本文全部摘引如下：

> 为说者曰："孙卿不及孔子。"是不然。
>
> 孙卿迫于乱世，鰌（qiū）于严刑。上无贤主，下遇暴秦。礼义不行，教化不成。仁者绌约，天下冥冥。行全刺之，诸侯大倾。
>
> 当是时也，智者不得虑，能者不得治，贤者不得使。
>
> 故君上蔽而无睹，贤人拒而不受。
>
> 然则孙卿怀将圣之心，蒙佯狂之色，视天下以愚。《诗》曰："既明且哲，以保其身。"此之谓也。
>
> 是其所以名声不白，徒与不众，光辉不博也。

㉔ 参见周炽成《〈非十二子〉之非子思、孟轲出自荀子后学考》，载《国学学刊》2014 年第 3 期，第 62–73 页。范友芳、赵宏伟、康德文《〈礼运〉篇出于荀子后学考辩》，载《九江师专学报(哲学社会科学版)》2001 年第 1 期，第 62–67 页。

㉕《论语·雍也第六》。

㉖《论语·卫灵公十五》。

㉗ 王冉冉、张涛《〈荀子·尧问〉篇与〈荀子〉成书问题》："关于《尧问》末章的作者，唐人杨倞、近人钱穆、今人杨朝阳等都认为，此章当为荀子弟子所作。"载《理论学刊》2012 年第 6 期，第 111 页。

今之学者,得孙卿之遗言余教,足以为天下法式表仪。

所存者神,所过者化。观其善行,孔子弗过。世不详察,云非圣人,奈何!

天下不治,孙卿不遇时也。德若尧、禹,世少知之。方术不用,为人所疑。其知至明,循道正行,足以为纪纲。呜呼! 贤哉! 宜为帝王。

天地不知,善桀、纣,杀贤良。比干剖心,孔子拘匡,接舆避世,箕子佯狂,田常为乱,阖闾擅强。为恶得福,善者有殃。

今为说者又不察其实,乃信其名。时世不同,誉何由生? 不得为政,功安能成? 志修德厚,孰谓不贤乎! (《荀子·尧问》)

　　荀子弟子们首先强调说,那些多嘴多舌的人会说,荀子不如孔子。可在这些弟子看来,这种说法并不符合事实。他们提出的理由是,从个人角度来看,荀子生活在乱世,那时候的山东六国已经走到尽头,并没有出现贤能之主,再加上秦国的横暴行径,使得儒家的礼义教化难以实行,这就导致像荀子这样的儒者迫于时势压力也是无所作为。从天下大势来看,智者没有机会运用智慧,有才能者登不上施展本领的舞台,贤者也无法获得适当的任用,正所谓君主受到蒙蔽,对国家的混乱根本看不到,贤能之人自然就会被拒之门外。在这种形势下,荀子尽管没有把其他人放在眼里,但也只能是胸有圣者志向,努力做到明哲保身而已。结果就是,荀子并没有获得巨大名声,也没有收受众多弟子,更没有把他的思想光辉广泛发散出去。

　　那么,在弟子们看来,荀子的人格高度和思想成就到底在哪里呢?他们认为,那个时代的任何一位学习者,只要能够得到荀子的遗言余教,就足以为天下人树立起榜样。荀子的人格和思想,只要是存在过的地方,就会显现出神奇的效果,只要是经过的地方,人们就会受到道德化育。仔细观察荀子妥善的行为,是孔子都难以超过的。世人不去详细了解,却说荀子不是圣人,真是让人无奈啊!

　　接着,荀子的这些弟子们又举出了历代贤能之人所遭受到的不公正待遇,以及祸乱天下之人却得到的良好结果的例子,以证明荀子确实生活在一个作恶者得福、行善者遭殃的时代。

　　可是,那些多嘴多舌之人却相信表面现象,不去深入考察实际情况。而在荀子弟子们看来,正是这样的时代使荀子无所作为。在这样恶浊的时代里,荀子凭什么能得到荣誉? 那些昏庸的君主连从政的机会都不给荀子,凭什么让他建功立业? 然而,弟子们深信,荀子的志向是那样崇高,德行是那样深厚,凡是对他有所了解的人,肯定不会认为他不是贤者!

　　这段文字的中心思想,一是认为荀子是胜过孔子的圣人,二是认为荀子具有成为帝王的品德和才能。这当然是弟子们的溢美之辞,后人可以理解。但是,这些弟子们对于荀子一生遭遇的描述,以及对于荀子之学的巨大价值的肯定,却是非常可取的。与孔子时代不同,荀子的时代政治更加混乱,各种各样的学说层出不穷,争鸣激烈,要想在这样的一个时代有所成就,有所作为,难度可想而知。荀子不受世俗影响,坚持自己的主张,最终成为一代宗师,就对中国历史和思想史的影响而言,在许多方面确实不亚于孔夫子。

　　平心而论,上述荀子弟子对荀子的评价中,断言荀子胜过孔子,甚至认为荀子可以做帝王,应该说有着很浓厚的对于荀子的个人崇拜甚至造神的成份在其中。这种情况,在任何时代、任何思想大师身后都是发生过的。孔子之后,有弟子认为孔子之高明堪比日月,无人能及,[23]甚至超越了尧舜[29],这同样是对孔子的神化。神化固然有些过度,但孔子之高明,荀子光辉,却也是事实。

从这一大段难得的历史记载中,我们也可以对荀门弟子有一些新的认识。[30]除了上述李斯、韩非子、陈嚣和浮丘伯等荀门"四杰"之外,就是写下这段"辩护辞"的一些不知名的荀子弟子了。他们之中显然没有达官显贵,但却妥善安排了老师的后事;他们之中并没有杰出的学者和名声显赫的官员,甚至后人都不知道他们的名姓,但他们却能忠诚于师长,对老师没有任何的"背叛"[31]。严格说起来,他们与"四杰"一样,都是"青出于蓝而胜于蓝"(《荀子·劝学》)者。从他们对荀子的倾心评价和尽心维护中,我们再次领略到了荀子教育事业的成功之处。

四、孔子、孟子和荀子的弟子异同

在先秦百家争鸣的时代,通过收授弟子而壮大力量、扩大影响的思想派别其实并不多,并且也只有儒家在这方面做得最为成功。正是由于弟子们的不懈努力,使先秦儒家思想在孔子、孟子和荀子三位大师之间没有出现学术空缺,甚至还有不同程度的推进和发展。应该说,儒家思想之所以在秦汉之后成为主流意识形态,与这种思想发展的延续不断是有重要关系的。而先秦儒家教育事业获得成功的原因,最根本之处是儒家思想特殊的入世取向。儒家弟子们的思想虽然深受老师影响,但更多地是受时代和现实的促动,尤其是荀子弟子,以至于各有创新性追求、各有不同的政治前程,最终形成浩荡的思想之风和行动之潮。

严格说来,先秦诸子的思想都是入世的,只是切入点不同而已。但是,其他收授弟子的思想派别对于投至其门的弟子均有特别的要求,不是要求某一种专门技能,比如农家要求耕田,就是提出某些特殊管理要求,比如墨家的层级管理。反观儒家,对于投入其门的弟子并没有如上述派别的具体要求,而只是要求弟子勤学好问,在学习中获得做人的修养和治国理政的综合才能。这样一来,儒家学派对于弟子的要求,既不偏执,又能使弟子们获得个人品格的提高,更能得到更多的从政机会。在此基础上,儒家学派的教学活动更易于取得成功就是很自然的事情了。

儒家的教学活动开始于孔子。孔子是儒家学派的创始人,也是儒家教育的开拓者,更是改变中国古代教育方向的第一人。在孔子之前,官学式微,私学兴起,但是,正是在孔子的努力之下,从事教育才逐渐成为一种行业,教师也才从一种单纯的以教学为谋生手段的劳动者,上升为一个有着特殊政治追求的社会阶层的成员。

---

[23]《论语·子张》:"子贡曰:他人之贤者,丘陵也,犹可逾也。仲尼,日月也,无得而逾焉。"

[29]《孟子·公孙丑上》:"宰我曰:'以予观于夫子,贤于尧舜远矣。'"

[30]孔繁:"以上引《荀子·尧问篇》,按其内容口气,当属汉初荀子后学所作。……荀子后学为荀子生时未遇而兴叹,对其身后影响之褒扬,和历史变迁的实际情况是相吻合的。"见氏著《荀子评传》,第15—16页。

[31]《荀子·大略》:"言而不称师谓之叛,教而不称师谓之背。"

尽管教育只是孔子政治追求的副产品,但他的教育活动是相当成功的。众所周知,孔子一生共有弟子三千多人,其中有成就的大约七十多人,在《论语》中留下名姓和事迹的有三十人左右,个人成就在史籍中有记载的也有二十人左右,并且遍及各个社会阶层和领域。㉜孔子在世时,对有成就的弟子就有著名的“四科”之分。㉝颜回等人的德行表现,冉求等人的治国理政才能,子贡等人的外交成就,子夏等人的文化建设事业,既在他们的时代耀眼夺目,更深刻影响了中国社会的文明进程。《韩非子·显学》记载孔子之后“儒分为八”,这八派尽管并非都是孔子直传弟子,但也代表了孔子儒学强大的传承力。

　　孔子的教育成就,在人类历史上是绝无仅有的。最为重要的是,孔子思想之所以能够流传后世,并形成儒学发展的浩荡洪流,一个不可或缺的原因就是孔子弟子的集体成就。孔子及其弟子的影响遍及全社会,是那个时代的历史和思想史链条中不可缺少的一个重要环节。如果没有孔子弟子的存在,中国古代社会恐怕会走向另一个方向。

　　孟子的活动年代距离孔子去世已经百年,但孔子积极从事教育活动的精神却被孟子继承下来。在孟子时代,各家各派收授弟子的活动已然成风,孔子时代没有遇到过的与各家弟子直接交锋的事情,孟子却屡屡面对。㉞孟子广招弟子,尽管也有被他拒绝收入门下的人,但总体上讲,“后车数十乘,从者数百人,以传食于诸侯”(《孟子·滕文公下》)的场面无疑是相当壮观的,并且是孔子在世时不可想象的事情。孟子弟子数量最高峰时达到有数百人同时在门下,并受到各国诸侯的轮流接待,证明孟子的教育活动也是相当有成就的。然而,孟子弟子虽众,但有出息、有作为的弟子却没有见到,同样是令人深感诧异的。无论是在孟子的有生之年,还是在他去世之后,弟子们在社会上基本默默无闻。《史记·孟子荀卿列传》说,各国君主认为孟子的思想“迂远而阔于事情”,太空洞辽远,难以解决眼下的事情,所以都不愿意任用孟子。晚年的孟子在从政无望的情况下,无奈地“退而与万章之徒序《诗》《书》,述仲尼之意,作《孟子》七篇”,只好与以万章为首的弟子们讨论学问,并著写了《孟子》这部书。

　　《孟子》是孟子与弟子们共同完成的,大概的情况是,弟子们记录,孟子审定,所以也可以说是孟子亲自撰写的,比较真实地反映了孟门的实际情况。孟子弟子基本上都出现在了《孟子》之中。与孔子一样,正是在周游各国的政治追求中,孟子才带出了一批有才能的弟子。孟子接收弟子的目的,不是要他们做纯粹的学究,而是为自己的政治事业寻找支持者和同行者。不过,与孔子不同的是,孟子的言论和思想比较刻板和激进,对弟子的要求也比较苛刻和单一。所以,与孔子弟子相比,孟子弟子较少思想上的创新,也就更缺乏个人魅力和影响,以至于在他们之后并没有出现接续孟学的突出弟子,遑论表现特殊的思想创建者。

　　因为孟子弟子较少个人表现,所以,当世及后世,对这些弟子的记载和评说都比较少。出现在《孟子》中的孟子弟子只有十五六位,并且几乎没有什么单独的言论。比如说,同样是问难孟子,比较成熟的弟子能够从同情的角度出发,使孟子有机会全面而深刻地

㉜ 详见高专诚《孔子·孔子弟子》,第12—15页。

㉝ 《论语·先进》:“德行、言语、政事、文学。”

㉞ 如《孟子·滕文公上》:“墨者夷之,因徐辟而求见孟子。”

阐述其主张,而比较肤浅的弟子则更多地在一些细枝末节的问题上纠缠不清,甚至使孟子感到为难和恼火。可惜的是,尽管他们有时也有一些自己的思考,但孟子并没有给他们太多的发挥余地。所以,当我们难以找到孟子弟子们的思想传人的时候,也就不会感到惊讶了。

荀子弟子的情形则一如本文所述。在数量上,让后人熟知的荀子弟子极其有限,不出十位,甚至他的弟子们也承认荀子"徒与不众"(《荀子·尧问》)。在整体质量上,荀门也算不上有多精彩,而真正出彩的是荀子的个别弟子。但正是由于这几位出彩的弟子,才把荀子的教育成就推高到了一个其他人难以企及的高度。

总的来说,要论整体上的教育事业的成功,孔、孟、荀相比,则非孔子莫属。孔子弟子人数多,质量好,从整体上形成对于时代精神和历史走向的影响,尤其是在学术思想和社会思潮领域,没有孔子弟子的成就,很难想象孔子儒学能够一直延续下去,直到汉武帝时代的儒术独尊。孟子弟子虽然人数众多,但都被孟子本人的光辉所覆盖,没有形成多少可见的影响力。荀子弟子人数很少,但仅有的几位却光芒四射,多是历史上的重量级人物。韩非子的法家思想和帝王之术、李斯的政治地位和历史功绩、浮丘伯等人对儒家典籍的传承,是孔子和孟子的任何一位弟子都难以做出的贡献。所以说,虽然荀门的历史贡献与他们所处的特殊时代有关,但无论如何,在对中国古代君主专制社会政治传统的塑造中,不去关注荀子及其弟子肯定是说不过去的。

第四编
法家与诸子关系研究

秦朝法律思想形态的构建与瓦解

——"儒法竞合"的意识形态话语解释

马　腾[*]

【摘　要】昔秦以法家立国称霸,承商君之刑统,采韩李之法术,构建了一套法家化的意识形态。这一法律思想体系展示了"事统上法"的政法理念与统一化制度体系相互依存的法权格局,以"皆有法式"为合法性叙述,呈现出显著的"法治"面相。然而,及秦国进于秦朝之际,其政权神圣性话语失之疏阔,法治的兵刑修辞激化仇恨,于权力转化、政策转型、文化关怀方面均有疏失,未能有效解决法统困境以致重刑而亡。而在法家思想居于意识形态至尊、佐成秦治之际,儒家之学则弘扬品行德目,浸润世风,成为政法实践的一般知识与思维方式,显露出儒学话语的生机,预示了后世儒法合流之态势。秦朝法律思想形态的话语分析,既描绘出周秦汉之际"儒法竞合"的思想发展,亦透射着传统思想随皇权政治亦步亦趋的经世旨趣。

【关键词】秦朝;儒家;法家;法律思想;意识形态

秦灭六国一四海,承商君之刑统,采韩李之法术,堪称中国思想史上全面践履法家之学,从而变法崛起、霸道强国、统一天下的异彩篇章。诚然,商君倡农战,孝公剑及履及;韩非曰势术,嬴政奉若圭臬;李斯谏督责,胡亥日益深刻等,均是难以回避的史事。诸多历史著述走笔至秦,无不依葫芦画瓢,申言法家对秦政的全盘支配。但也应注意,诸子百家原本有着共同的文化统序与知识体系,也不乏交织的思想来源与师承关系、相似的思维结构与理论旨趣、互通的治道主题与阐述语言。故而,"儒法竞合"[①]仍是核心问题,当我们审思秦朝法律思想形态之时,应始终兼及两个方面。一方面是法家思想佐成秦

---

* 马　腾,暨南大学法学院教授、博士生导师。研究方向:法理学、法史学。

① "竞合"一词,有"合作竞争"(cooperation-competition theory)的一般涵义,也有现代法学的特定涵义,如所谓"法律责任竞合"。但本文所用"竞合"非法学术语涵义,而是取一般涵义,统括竞争、融通、合作、合流诸义。这区别于纯以"竞争"或"融通"的视角审视儒法关系,尤其是面对所谓公认的以商韩法家治国的秦朝时,更容易夸大儒法两家的互斥性。析言之,以"儒法竞合"概括秦汉之际儒法关系时,可以看到两家之思想均力图上升为官方意识形态。然而,由于学说上的某些互斥性,两家具有形式上的相互"竞争"关系。在"竞争"关系下,两家思想的治道主题与知识方法不乏相通性,故始终可以"融通"。在塑造中国思想传统方面,尤其是在尊崇皇权、重视伦常、主张文化专制等问题上,两家又实质性地形成一种意识形态框架下的"合作"互补关系。两家思想话语终又演绎成一番"合流"的发展史,即从秦时法家专宠,至汉时尊儒,继而经过数百年"儒法合流"的过程,最终形成"外儒内法"的格局。

治,主张事统上法,标榜皆有法式,高居于制度思想与意识形态的至尊之位;另一方面是儒家之学浸润世风,弘扬品格德目,左右官员观念,沉淀于社会治理一般知识与思维方式的暂栖之所。就思想学派发展而言,在战国儒法兴替与汉代儒家独尊之间的法家显扬时期,曾展现出儒法思想的竞合关系及其各安其位的文化现象。从秦朝法律思想形态的角度来说,则暴露出法家式意识形态的症结所在,预示着儒学于社会治理的作用及其成为帝国新意识形态的趋势[②]。

一、事统上法:秦朝意识形态的法权格局

战国末期,经过商鞅变法,秦国日渐强盛,最终开创中国历史上"海内为郡县,法令由一统"(《史记·李斯列传》)的崭新局面。与之相应,秦朝的意识形态则展现出"事统上法"的法权格局。秦皇泰山封禅,度名据德,皆为"事统上法"之极尽修饰(《史记·封禅书》)。

以"法令由一统"为指导思想,秦始皇接受李斯建议,颁布"一法度衡石丈尺、车同轨、书同文字"的诏令,从而结束"田畴异亩、车涂异轨、律令异法、衣冠异制、言语异声、文字异形"之歧互。据《史记·李斯列传》李斯上秦二世疏,秦政受之于法家者,既遥宗商鞅集权治法以推郡县,又纯本申韩刑名督责以饬吏治[③]。凡此二端,均为完备皇权政制体系之枢轴,为"事统上法"法权格局之配制。质言之,郡县制与官僚制实乃充分吸纳履践法家刑名法术之学,将其统合于专制帝王权势中。《史记·秦始皇本纪》载,秦统一中国后即依李斯之见,在全国确立郡县制度以维系中央集权与君王专制。同时,战国时期"法治"国家"所创立并由秦朝所发展的官吏组织和管理体制,其基本模式一直被延续下来,并成为了以科层制/官僚制为主要特色的现代文官制度的原型"[④]。在以皇帝为中心的政制系统中,从中央到地方的各级主要官员均由皇帝任免,领取政府俸禄,先秦世卿世禄寿终正寝。

与法家"术数化"的政治论述与"去道德化"的法律思想有关,在"以法为教,以吏为师"观念的笼罩下,理论上人们只应学习关于法令与行政的专业技能。钳制官吏的主体价值观与司法能动性,乃是"事统上法"的法权格局的题中之义。帝国的官僚体制需要的是技能型官吏,他们应以政治经济的功利目的为取向,学习掌握适合专制王朝官僚政治的实用性知识系统,不应深入探求具有道德价值与人文关怀的理论体系。这一政法理念,纯本弃仁智去心治之旨,既承商君治吏之策,亦扬申韩刑名之学,为秦朝乃至汉代法吏的发展壮大奠定了基础。故秦既已悉数制定繁密法制,还竭力抑制官员能动性的发挥

---

② 加之近年倍感扬法美秦之声甚嚣尘上,深觉有待拂鉴重观。民国曾有西学东渐、西法东移态势下的新法家思潮希求挖掘法家富强之道 20 世纪 70 年代评法批儒运动奉法家为进步之道,晚近亦有随依法治国之旨而伸张法家法理价值者。百年来"新法家"思潮,参见喻中《显隐之间:百年中国的"新法家"思潮》,载《华东政法大学学报》2011年第 1 期。

③ 其疏开宗明义:"夫贤主者,必且能全道而行督责之术者也,督责之,则臣不敢不竭能以徇其主矣。此臣主之分定,上下之义明,则天下贤不肖莫敢不尽心竭任以徇其君矣。是故主独制于天下而无所制也。"(《史记·李斯列传》)

④ 高鸿钧《先秦和秦朝法治的现代省思》,载《中国法学》2003 年第 5 期。

与解释权的行使,以强制手段势临臣民,因而每一运转环节、显化场景皆不逃国家强制力之威慑。作为新意识形态的实施关键,"以法为教、以吏为师"的直接意义是消除官吏枉法的现象,更深层的文化意味则是让社会生活中一切是非准则皆挣脱不出国家法的粗暴网罗。

故而,后人认为秦朝意识形态无不源于法家学说,中国传统的郡县制与官僚制也被视为法家思想对中国传统制度的独特贡献。不管法家锻造之法系如何日益"儒家化",法家对此类法度成制方面的历史性创建,在文化观念中始终难以撼动,成为一种固有的法家"贡献"⑤。

鲜有治道体系犹如"法家—秦朝"般,从思想学说到官方理念再到现实政制如此地一以贯之。不管是秦朝意识形态的核心精神,还是秦朝立国的基本制度,法家"法术势"的话语体系始终发挥着建构黏合的理论功效。此前,韩非对春秋战国以来法术思绪与轶事的拾掇汇集,已然使法术势三题浑然一体。与之类似,在秦朝意识形态与制度体系中,皇权成为法家各式治法思绪的绝对中心。"事统上法"的意识形态与郡县制、官僚制的统一化制度体系严丝合缝,展现出一个融贯于从韩非的法家集大成理论体系到秦朝意识形态的法权格局。

二、皆有法式:秦朝意识形态的"法治"面相

如果说"事统上法"是对秦朝意识形态法权格局的高度总括,那么"皆有法式"则更为整全而直接地刻画有秦一代的"法治"面相。在秦朝制度体系中,政治管理、军事管制、经济生产、交通运输、官吏任免、案件审理各方各面确可谓"皆有法式",体现一种"事皆决于法"的"法治"思想。国家社会生活大小事务都诉诸对应的法律制度,形成一种拟同国家机器的法律调整体系,堪称古典时期制度规则的急剧繁密膨胀时期,正如陈顾远所言:"中国法系之体躯,法家所创造也。"⑥同时,"皆有法式"不仅体现为政客言论中的制度理念、学者策论中的"法治"用语,还成为秦统治者自我歌颂、粉饰太平的主题格调。秦始皇巡行天下,各处立碑刻石,极尽歌功颂德,自诩圣绩之能事⑦。后世曰:"刻石著其功,自以为过尧舜统。"(《汉书·贾山传》)据大致统计,秦刻石文字所见儒法重要概念次数如下⑧:

---

⑤ 汉学家顾立雅颇为强调中国官僚政治体制源于"法家",且与儒学教旨判然有别。Herrlee G. Creel, The Fa-chia: "Legalists" or "Administrators"? , What Is Taoism? , The University of Chicago Press, 1970, pp.119—120.

⑥ 陈顾远《中国法制史概要》,中国台湾三民书局 1977 年版,第 3 页。

⑦ 秦刻石即秦始皇统一六国后出巡各地,群臣为歌功颂德、昭示后世所刻之石。七刻石分别为"峄山刻石""泰山刻石""琅琊刻石""之罘刻石""东观刻石""碣石刻石""会稽刻石"。"峄山刻石"《史记》不载,参见严可均《全秦文》,商务印书馆 1999 年版,第 228 页。后六刻石见于《史记·秦始皇本纪》,中华书局 1959 年版,第 223—294 页。

⑧ 这番统计只能粗略说明问题。其一,提炼范畴本身可以有不同取舍,某些被视为学派特有品格的范畴,如"纲""纪""忠""教"依语境未必明显偏于哪家,未列于此;其二,某些字虽典型代表学派品格,如法家的"法",与之相关的"度""式""矩"等也能说明问题,有的连用,有的独见,单字频次难以完全反映其重要性;其三,有些学派重要范畴未充分体现,最突出的问题便是法家的"刑"字少见,所见一处"刑名"尚非刑事之义;与之相对,吻合刻石歌功颂德主题的"服""安""乐"则颇为显著;其四,所涉范畴未必作为学派重要范畴的含义,如"文"有作"文字"之含义;"道"字刻石所见并未体现典型的学派特征;"义"字虽多见,但离儒家义利之"义"较远,且有"武义""义威"之说;更

儒家					法家				
仁/孝	良/文	德	礼	义	诛/灭	威/武	禁/刑	法/度/式/矩	功/利
2	4	9	1	9	10	9	3	15	10

大体看来,刻石文字偏于法家色彩的概念更为显著,印证秦政依循法家之学的基本面貌,析言之:

首先,秦朝"法治"意识形态的叙事方式,无不表达为一种"兵法合一"的修辞:圣法的无所不包,正仿佛兵威的无所不至。将扫灭六合统一天下之事归因于"圣法"之"兴",展现出法式万能的治理治术与耀武扬威的武德武功之间的共相同形。刻石叙述多有呈现"经时不久,灭六暴强"(《峄山刻石》),"大圣作治,建定法度,显著纲纪……烹灭强暴,振救黔首,周定四极"(《之罘刻石》),"圣法初兴,清理疆内,外诛暴强,武威傍畅,振动四极,禽灭六王"(《东观刻石》)。

其次,秦朝"法治"意识形态的主旨重心,就是将全国推行"法治"视为亘古未有、功盖五帝的圣治,"黔首改化,远迩同度,临古绝尤",民众"欢欣奉教,尽知法式"(《琅琊刻石》),后继者必须永远遵循已经制定的法度行事,所谓"普施明法,经纬天下,永为仪则"(《之罘刻石》),"常职既定,后嗣循业,长承圣治"(《东观刻石》)。强调圣法圣治代表着永恒不变的秩序,是这套"法治"叙事的显著特征。其实,先秦法家不乏法与时移、法随时变的思维,而刻石合法性叙述试图仰仗的却是一种与之相左的永恒秩序观。在这样一个法网笼罩的社会中,法度之光无所不照,世间万物各安其意,人间秩序仿佛实现了静态而终极的永恒秩序,"莫不如画"。正如《琅邪刻石》所记:"端平法度,万物之纪。……日月所照,舟舆所载。皆终其命,莫不得意。……功盖五帝,泽及牛马。莫不受德,各安其宇。"

最后,秦朝"法治"意识形态的最大特色,即其颂辞尤为凸显"法"。在刻石文字中"法"出现 10 次,基本作为各刻石颂词的核心概念,彰显法律统一与完整的合法性义涵。如《泰山刻石》:"皇帝临位,作制明法,臣下修饬。……治道运行,者(诸)产得宜,皆有法式。"仿佛"法式"本身的齐整完备,就足以象征天下太平,而德化万民、天下归心可以避让居次。在这种"法治"意识形态中,非但不论官吏执政的能动性,而且突出法式对治人的优先与支配。所谓"职臣遵分,各知所行,事无嫌疑",大小官吏只要严格执行法度"仪则",自会"举措必当"(《泰山刻石》)。合法性叙述往往会趋于宏阔抽象,而秦刻石文字坐实于法式的合法性叙述则具体而微,甚至于从淫泆奸罪的具体法律规则理念层面去彰显法式的普遍与平等:

明显的是"德"字,其义多为功德而非品德,多为德惠而非德教,似更近于韩非所论之"德"。"德"字在刻石文字中出现 9 次,但大多有功德、德惠、威德、武德之义,而非德行、德教之义。其实,这种倾向符合韩非"庆赏之德""长利大之德",参见马腾《儒法合流与中国传统法思想阐释》,法律出版社 2016 年版,第 131—132 页。

吕思勉认为,假以时日,秦朝兴道德教化也是势所必然。他说:"始皇虽焚书,所用未尝无儒生。盖亦有意于改制度、兴教化之事矣。其任法而治,特因天下初定,欲以立威,使其在位岁久,自以晏然无复可虑,亦未必不能为汉武之所为也。"见吕思勉《秦汉史》,中国友谊出版公司 2009 年版,第 75 页。还应注意,有论者虽洞识刻石之德为功利之德,却仍认为:"在帝国事功的赞颂旋律中,刻辞亦掺杂了东方儒家伦理价值的音符。"主要包括端直敦忠、贞良、圣智仁义等伦理规范。参见王健《秦代政治与儒家伦理探微——以秦刻石铭文为中心》,载《安徽史学》2012 年第 3 期。

贵贱并通,善否陈前,靡有隐情。饰省宣义,有子而嫁,倍死不贞。防隔内外,禁止淫泆,男女絜诚。夫为寄豭,杀之无罪,男秉义程。妻为逃嫁,子不得母,咸化廉清。(《会稽刻石》)

概言之,秦朝统治者常以"建定法度""初平法式""普施明法"之功自居,希望后代"永承重戒""后嗣循业""长承圣治",法家"法治"思想的意识形态化已无以复加。在秦朝标榜的宏大而绵密的法律体系中,已存在着律、令等诸多法律规范形式⑨。睡虎地秦墓出土大量秦代竹简可窥秦朝法制之一斑,其所包括法律条文、法律答问、治狱程式,确在一定程度上印证从秦国到秦朝逐步形成一套"繁于秋荼,密于凝脂"的法律制度。除法律条文外,秦简还记载了具有最高法律效力、全体臣民均须严格遵行的君王诏令⑩。对观李斯之"督责书",大倡法家之学,修明法术,最终无非使皇帝"独制于天下而无所制"。显然,法家学说在与帝制政治的结缘过程中,愈发成为一种以"法治"修饰"统一"的意识形态,而"法治"话语背后规范正当性的薄弱也暴露无遗。

三、重刑而亡:秦朝意识形态的法统困境

荀卿曾游秦地,尽管认为秦政未逮理想王道,仍不吝赞美之词:

观其风俗,其百姓朴,其声乐不流污,其服不佻,甚畏有司而顺⑪,古之民也。及都邑官府,其百吏肃然,莫不恭俭敦敬忠信而不楛,古之吏也。入其国,观其士大夫,出于其门,入于公门,出于公门,归于其家,无有私事也。不比周,不朋党,倜然莫不明通而公也,古之士大夫也。观其朝廷,其朝闲,听决百事不留,恬然如无治者,古之朝也。故四世有胜,非幸也,数也,是所见也。故曰:佚而治,约而详,不烦而功,治之至也。秦类之也。(《荀子·强国》)

其时,法术之士多以"非儒"立说施政,而善于辩驳非议的儒家荀子,竟对商鞅变法后的国家政治与社会生活颇为认可,确实值得玩味。当然,荀子也曾批判秦政不为仁义,"以便从事",驳斥李斯"不求之于本而索之于末"(《荀子·议兵》)。不管是言不由衷还是吐露真言,多少反映战国末期之秦治应有可观之处。儒法共同期待的大一统秩序已如期而至,荀卿弟子韩非、李斯等当世智囊倾心归秦,亦无不鉴于秦国的治世面貌。秦国、秦朝本一脉相承,法家指导思想亦一以贯之,但后世史评中,对前者凭恃赏刑农战之霸

⑨ 秦律研究成果已颇多,相关综述可参见徐世虹《出土法律文献与秦汉令研究》,载王沛主编《出土文献与法律史研究》(第一册),上海人民出版社 2012 年版,第 63—70 页。

⑩ 在周秦"法治"化的改革发展中,春秋子产铸刑书曾遭叔向指摘,以其导致"民知有辟,则不忌于上"(《左传·昭公六年》)的弊端。战国秦法应属春秋以降公布成文法之后劲大成,荀况所谓百姓"甚畏有司而顺"虽属美言,个中治法胜民之实情却耐人寻味。

⑪ 王进文指出:"统一政权的合法性与正当性问题未得到解决。秦专任刑罚,或可视为这种冲突的一个表现。"王进文《荀子见秦昭王——一次被遗忘的法政对话》,载高鸿钧主编《清华法学》第 11 辑,清华大学出版社 2007 年版。

道实现统一稍有认可和肯定,对后者严法刻刑以致激怨骤灭则极尽否定和摒弃。评价的陡然下滑,不仅牵涉"重刑而亡"的论断,其深层原因还在于秦国变为秦朝面临的"法统"困境。⑫

秦国历史悠久,有族群亲缘性与政府连续性作为其合法性基础。商鞅变法后秦国的强力政治与农战政策,更是以国内资源的重新分配与对外征服的粲然功绩备受民众追捧,甚至有说"行五年,秦人富强,行之十年,秦民大悦"(《史记·商君列传》)。但相比秦国,不管就历史统序还是现实民情而言,秦朝合法性的建立与宣示都任重道远。然而,秦朝的合法宣示、法律推广、重刑治理都有失当之处。

改朔易服、泰山封禅固然形成一番政治神圣性宣示,却不足以自洽。五德终始说既让其"德"失之疏阔虚伪,又自陷于俗国相代的循环论⑬。相较之下,"圣法"的宣传歌颂,始终抱持"法统"话语,不失为一种合法性论证的精当策略,至少可基于号称客观平允的"法式"之治,让民众油然期许战乱停息、天下一统、偃武修文、无为而治的局面。尽管刻石不乏"兵不复起"(《峄山刻石》)、"不用兵革"(《琅琊刻石》)、"永偃戎兵"(《东观刻石》)的豪言宏愿,惜乎"圣法"宣言仍俯拾皆是"禽灭六王""黔首改化"的挑衅之辞,时刻勾起六国遗民对异族奴役的忿恨不甘。这也与《秦始皇本纪》刻石记述间穿插夹叙的巡游遇险诸事形成鲜明反差,不管史家有意无意,看来真是对"莫不宾服""庶心咸服"(《碣石刻石》)等粉饰文字的莫大讽刺。

进而,秦朝法制推广过程中的权力转化、政策转型、文化关怀均步入歧途。其一,剧烈的权力重整过程中,建立在强制力基础上的合法性容易随之动摇。灵活运用政治法律手段将军事暴力转化为政治权力,把军事的征服化为法律的统治是亟须完成的工作⑭。其二,与权力的转化相应,皇朝政策也急需根据现实考量而定。改变急进霸道适当休养生息,是法律在社会剧变时期应有的缓和转型。对此,汉初君臣之治足以诠释。其三,即便难以短期消除国家族群因在战争中的残酷屠杀而产生的怨恨,也应为维护一统而包容文化。有所因地制宜地尊重六国法俗,是立法建制应有的文化关怀。⑭这三点,是秦政成功而秦朝失败的关键。政治法令固然可随暴力征服添附权威,而当繁密法网撒向全国之时,随之而来的挣脱阻力不言而喻。商鞅之法在秦国已历经百年磨合而渐趋稳固,遽尔推及辽阔幅员,却非朝夕可成之事。然而,政治文化之重势尚力的思维,以强制力构筑合法政权基础的观念,却未能省察这一"合法性"的薄弱环节,或以为军事暴力与刑事制

⑫《史记·秦始皇本纪》:"始皇推终始五德之传,以为周得火德,秦代周德,从所不胜。……刚毅戾深,事皆决于法,刻削毋仁恩和义,然后合五德之数。于是急法,久者不赦。"企图论定秦代周兴的合法性,以及秦朝的"事统上法"、刻薄寡恩和"急法"都合乎超验天道,与周代初年"天命靡常,惟德是辅"的合法性论证相形见绌。

⑬韩非批判商君"官爵之迁与斩首之功相称","是以斩首之功为医、匠",指出其法不符合国家治理一般要求而未尽善,实已从职官制度层面揭示秦法症结。这也可视为韩非深富统一意识形态意味的思想体系对权宜军法转向常态治法的隐喻。参见《韩非子·定法》。

⑭对秦强力统一的举措,一般多有溢美。关于法制与文化的复杂关联,至少可汲取西哲孟德斯鸠"地理环境论"的启示,其揭示法制与文化精神的关系:"在不违反政体原则的限度内,遵从民族的精神是立法者的职责。"见孟德斯鸠《论法的精神》,张雁深译,商务印书馆 2005 年版,第 365 页。

裁便可一蹴而就,将西秦政治形态与法律体系推向全国。⑮刻石文字正反映出秦廷极其依赖威武征服的赋彩言辞,秦简法制的再现也流露出寄托军备的设计思路。⑯面对六国遗民遗风,则一味改化更俗⑰,招徕东方儒生充任博士,又仅是有名无实。⑱未转变军事思维,改革军国政策,包容各国文化,终使秦朝合法性难以构建。军政思维、急进政策、文化专制又共同驱使秦政坐实于重刑。

秦朝对法家理论的实践,无不忠实于商鞅的重刑主义。《汉书·刑法志》:"秦用商鞅连坐之法,造参夷之诛;增加肉刑、大辟,有凿颠、抽胁、镬烹之刑。"法家贡献于秦政者有农战政策、郡县制度、官僚职制等,可是,究其最彰著者,实为刑治之模式。《汉书·刑法志》载秦始皇"专任刑罚,躬操文墨",导致"赭衣塞路,囹圄成市";赵高鼓吹"严法而刻刑",李斯奏言独断、督责⑲,深罚诸义,更使秦二世践祚不久便"法令诛罚日益深刻"(《史记·李斯列传》)。所谓重刑主义是一套繁复的治理理念,可以体现为法家导向、法网细密、刑治一切、先刑后赏、刑九赏一、法典刑化、以刑统罪、轻罪重刑、重罪繁多、刑于将过、禁心禁言、严厉督责、责任连带(族诛连坐)、不赦不宥、行刑残酷、有悖人道等理念。虽说不应以今论古,然秦朝统领重刑,峻刻以亡,已是传统共识。或以为汉人书史不乏诬罔,但晚近秦律发掘研究后,仍可管窥秦律之重刑特征,而无从颠覆旧识。⑳

特定时空的罪刑认知虽各不同,但在其所处社会环境中认同刑罚匹配于罪责,应为

---

⑮ 古人尚以秦鉴未远,今人则多以誉秦。曾有人评价道:"秦始皇就是利用刻石大造舆论,远播新制度的声威,肃清六国旧贵族分裂复辟旧势力和反动儒家学说的流毒。……它宣告了分裂割据的旧制度的覆灭和儒家学说的破产,歌颂了秦始皇统一中国战争的正义性和法家学说的胜利。"参见冯佐哲、杨升南、王宇信《秦刻石是秦始皇推行法家路线的历史见证》,载《考古》1975年第1期。

⑯ 秦简《徭律》《戍律》等多有反映,尤其刑罚制度的赀盾赀甲赀徭赀戍,正是军国主义制度延续的痕迹。相反,汉代虽普遍继承秦朝法制,但将赀盾赀甲改为罚金,扩大赎刑范围,体现尚武到尚文的转变。参见臧知非《赀刑变迁与秦汉政治转折》,载《文史哲》2006年第4期。

⑰ 睡虎地秦简《语书》载,南郡守腾通告县道官员,开宗明义以"矫端民心,除其恶俗"为"法治"功能。然而,"今法律令已具矣,而吏民莫用,乡俗淫失(泆)之民不止,是即法(废)主之明法殹(也)",鉴于"法治"遭遇"异俗"的阻力,权威实效大打折扣,丝毫未有尊重民俗之思,反而一味再行修法督责,其时秦推广法治实践、罔顾六国文化民俗可见一斑。参见睡虎地秦墓竹简整理小组编《睡虎地秦墓竹简》,文物出版社1990年版,第13页。

⑱ 有论者认为,刻石"从原来的炫耀个人功绩,文治武功慢慢转向将自己当作圣人,而行圣人之治、德治,以求认同"。即便这番转变理解貌似合理,但如此粉饰却难以苟同:"我们应该对传统的有关秦始皇个人的评价有一个新的认识:他不仅仅是一个重法治的君主,同时为了秦的统治稳定,也曾'悉招文学方士甚众,欲以兴太平',只是后来由于儒生们的事古非今,也没有意识到要及时转变自身的价值定位,仍停留在传统的'舍生取义'中,才导致了'焚、坑'惨剧的发生。"参见陈宁《秦刻石新论》,载《黑龙江史志》2009年第5期。

⑲ 李斯所谓"督责",似已无申不害"人主当执术无刑,因循以督责臣下"(《新序》)之旨,而造成"税民深者为明吏""杀人众者忠臣"的后果。参见《史记·李斯列传》。Herrlee.G.Creel.Shen Pu-hai——A Chinese Philosopher of the Fourth Century B.C.,The University of Chicago Press,pp.222–223.

⑳ 如盗窃行为,不论数额尽皆入罪,"或盗采人桑叶,臧(赃)不盈一钱,可(何)论?赀徭三旬"。对于群盗行为,秦律处罚非常严厉,如"五人盗,赃一钱以上,斩左趾,又黥以为城旦"。睡虎地秦墓竹简整理小组《睡虎地秦墓竹简》,第93、95页。赀刑很重,"隶臣妾""鬼薪""白粲""城旦舂"等刑徒一经判定则终身为刑徒,均多有论述。参见林剑鸣《从云梦秦简看秦代的法律制度》,载《西北大学学报》1979年第3期。刘海年《秦律刑罚的适用原则(上)》,载《法学研究》1983年第1期。

古今相通之法律价值观。秦朝所崇尚的法家倡导"轻罪重刑"，即明知行为者实施的属于轻微犯罪，却仍坚持施加一种与其罪责不匹配的重刑，近乎向人道原则与公平正义宣战。再怎么依托于功利效用倡言刑罚惩治者，也不啻落入"以刑去刑"的窠臼，而罔顾人道与公平。贾谊"刑罚积而民怨背"（《治安策》）之论，其一"积"字，便钳住法家"重刑胜民"之命门。刑治固然可能立竿见影，但置于历史检验，持续压迫必然积累民怨，最终招致政权覆灭、国祚至短。

概言之，政权的"合法性"困境本难突破，秦朝再强推法律体系，以弃置恩德、仁义、礼仪为要务，以繁密法网、严刑峻法为宗旨，为六国遗民蓄势反扑营造契机。虽然陈胜、吴广起事是否缘于"失期当斩"的严刑峻法还有待更进一步的推考，毕竟理性反思已让后人意识到纯任重刑之恶果。成也法家，败也法家，秦帝国轰然坍塌，让法家随之坠入深渊。

四、为吏之道：秦朝意识形态的道德话语

虽然法家思想在秦国以至秦朝一直睥睨百家，但秦时去古未远，法家而外的思想学说、观念意识仍不可忽视。且由于秦相吕不韦延揽门客学人，儒学诸家也可能徜徉秦廷，《吕氏春秋》便成为凝汇诸家的载体之一。[21]林剑鸣认为："秦王朝的统治思想和实际的政治，并不像韩非的理论及秦始皇的实践那样极端，从《吕氏春秋》开始的各流派合流的趋势（主要是法、儒、道及阴阳五行）并没有改变。"[22]这样看来，《吕氏春秋》就是秦国思想界在长期法家主导的实践基础上，对新社会与政治结构之治道基础的全面建构，其中不乏对儒家血缘观念与道德理念的封存诠释，并对汉儒理论建构中的系统化思维有所启示。[23]有秦一代虽崇法抑儒，但不管就文化源头还是政治现实而言，儒法诸家作为"王官之学"同宗而共生的关系，决定其相互竞争的格局与思想融通的趋势。

在意识形态化的法家思想之外，晚近出土的文献提供了考察秦朝治道的一些新线索。[24]《为吏之道》中显现出的观念形态，包含儒道之说，仍具有对士人官员治理观念的历史影响。《尸子》《吕氏春秋》之斑斓治术，体现的是执政相国与精英硕学寻求的思想整合；《为吏之道》的官吏格言，则体现着官吏施行治理的品行标准与道德准则。

出土秦律可见秦时刑法的等差性，似有悖法家"刑无等级"的口号。然学人多能察见

㉑ 李泽厚径以《吕氏春秋》为新儒家，视作"在法家实际政治的长久实践的经验基础上，在新的社会基础和政治结构的需要和要求上，对儒家血缘氏族体制和观念的保留和改造"。李泽厚《中国古代思想史论》，天津社会科学院出版社 2008 年版，第 112 页。

㉒ 林剑鸣《秦汉史》，上海人民出版社 2003 年版，第 1038 页。

㉓《吕氏春秋》对春秋战国思想的汇集封存，及对汉代思想之"杂"与系统化的影响未及详述，前一方面可参见潘俊杰《先秦杂家研究》，西北大学博士论文，2005 年。后一方面可参见徐复观《两汉思想史》（第二卷），华东师范大学出版社 2001 年版，第 39-48 页。周桂钿、李祥俊《中国学术通史》（秦汉卷），人民出版社 2004 年版，第 25-26 页。

㉔ 随着出土文献的增多与研究的深入，晚近儒法关系研究取得一些新的成果。如韩星系统研究并归纳郭店儒简的儒法融通思想，参见韩星《儒法整合——秦汉政治文化论》，中国社会科学出版社 2005 年版，第 43-49 页。

法家刑法之平等性与等级性的辩证，故无须因秦律存在罪刑差异性怀疑法家的影响。[25]不过，秦律中涉及亲属关系认定的疑难时，如《法律答问》所示司法官员对"不孝罪"与"非公室告"的解释，也体现某些貌似属于儒家的纲常伦理要求。[26]陈寅恪曾提出的"秦之法制实儒家一派学说所附系"[27]的命题，秦律出土后甚至有学者主张"法律儒家化"之进程应上溯秦朝。[28]但法家并未否认国家法度应立足于纲常伦理之维系[29]，故而秦律本乎儒家精神还是法家精神，不在于秦律在多大程度上涉足纲常伦纪问题，而在于秦律是否在形式上条文繁密而足以"据法而治"，是否在内容上依赖制裁后果而成"刑治"之法。由此观之，瞿同祖"秦汉之法律为法家所拟定，纯本于法家精神"的命题仍为确论。[30]其实，秦简所显现儒家思想，主要在于"治人"与"道德"的规范功能。

《法律答问》的法律解释文字揭示了一个普遍的法律问题，即法律实施运转过程中官员角色与司法姿态的问题。孟子认为"徒法不能以自行"，那么即便是"皆有法式"的秦法，其法律实施也离不开"吏"群体的共同实践。若按法家构想，法官法吏应是机械化地在法治运转中充当一个齿轮，则自然不应在司法实践中凸现主体意识，附加主观价值，也就是说，违反设计原理者即便"辩慧贤良"[31]，将以苛重罪刑论处。然而，法律总是需要解释，所以并无真正绝对"据法无为"的可能。《法律答问》共解释法律条文 187 条，解释法律概念 70 多个，对秦朝法律体系举足轻重，恰表明求诸官员观念之法律解释的不可或缺。整理小组认为，《法律答问》不会是私人对法律的任意解释，在当时应具有法律效

㉕ 法家在家族伦理、社会阶级、政治层级上的等级思想，参见马腾《儒法合流与中国传统法思想阐释》，法律出版社 2016 年版，第 29–69 页。《史记·商君列传》所载"明尊卑爵秩等级"，《商君书·境内》按爵论罪刑、《申子》《慎子》《韩非子》之纲常伦理命题，秦刻石"尊卑贵贱"诸语等等，才代表法家更真切的等级法观念。不过，海外多有申言秦律罪刑差异有悖法家"一刑"者，参见 Yongping Liu, Origins of Chinese Law: Penal and Administrative Law in its Early Development, Oxford University Press, 1988, pp.236–237.

㉖ 如以下二例：(1)"免老告人以为不孝，谒杀，当三环之不？不当环，亟执勿失。"(2)"子告父母，臣妾告主，非公室告，勿听。""可(何)谓'非公室告'？主擅杀、刑、髡其子、臣妾，是谓'非公室告'，勿听。而行告，告者罪。告者罪已行，它人有(又)袭其告，亦不当听。"睡虎地秦墓竹简整理小组编《睡虎地秦墓竹简》，第 217–218 页。

㉗ 陈寅恪《审查报告三》，冯友兰《中国哲学史》"附录"，商务印书馆 2006 年版，第 488 页。

㉘ 参见崔永东《儒家刑法思想对秦律影响之管见》，《中国法学》1997 年第 5 期。还有学者就父权孝道、乱族严惩、官吏影响几个方面论述儒家思想的影响，参见刘远征、刘莉《论秦朝法制中儒家法律思想》，载《西安建筑科技大学学报》1999 年第 2 期。

㉙ 《商君书》有时不排斥道德伦常："所谓义者，为人臣忠，为人子孝，少长有礼，男女有别，非其义者，饿不苟食，死不苟生，此乃有法之常也。"(《商君书·画策》)《申子·大体》开篇强调"嫡庶"和"妻妾"之别以明君臣之分。《慎子》也阐释权力秩序的重要性以及家国一体之义："立正妻者，不使婢妾疑焉。立嫡子者，不使庶孽疑焉。"(《慎子·德立》)韩非承法家诸子余绪，认为君臣、嫡庶、妻妾不别即是亡国之征："无尊妾而卑妻，无孽嫡子而尊小枝。无尊嬖臣而匹上卿，无尊大臣以拟主上。"(《韩非子·说疑》)而且，韩非还将道德伦理秩序视为天下治的根本，于是构筑"三纲"的理论雏形："臣事君，子事父，妻事夫，三者顺则天下治，三者逆则天下乱，此天下之常道也。"(《韩非子·忠孝》)

㉚ 参见瞿同祖《中国法律与中国社会》，中华书局 1981 年版，第 329–330 页。

㉛ 这也基本遵循《商君书》"以吏为师"的方略。《商君书·定分》曰："诸官吏及民有问法令之所谓也于主法令之吏，皆各以其故所欲问之法令明告之。……主法令之吏不告，及之罪，而法令之所谓也，皆以吏民之所问法令之罪，各罪主法令之吏。……天下之吏民虽有贤良辩慧，不能开一言以枉法；虽有千金，不能以用一铢。故知诈贤能者皆作而为善，皆务自治奉公。民愚则易治也，此所生于法明白易知而必行。"

力。㉜可见，当时秦法体系正是成文律令与这些法律解释文本的结合。例如："同母异父相与奸，何论?弃市。"显然，既然提出疑问，本应考虑同父异母相奸与一般兄弟姐妹相奸的情形不同，刑罚应有明显差别。观诸后世，法律在罪刑认定上确有区分，姊妹通奸属死罪，唐明律为"绞"，清律为"斩"，而同母异父相奸则是徒三年（或加杖一百）。而《法律答问》的回答却是"弃市"，反映官员采用限制解释（即"同母异父兄弟姐妹"也是"兄弟姐妹"），从严认定罪刑的态度。同时，这也可视为秦律立法重刑、执法严刑的例证。㉝

同时，"治人"还应受"为吏之道"的熏陶。官方标榜"皆有法式"，强调人的主观意念在圣法之治下的压抑隐没；相反，实践中树立"为吏之道"，表达人的思想道德在司法实践中的张扬显现。于是，在繁密的法式之外存留解释空隙，法家之外的各家学说亦获得发挥空间。

为吏者应加强道德修养的命题，在睡虎地云梦秦简《语书》和《为吏之道》中间见层出，说明在法律制度的运转过程中，始终不离道德因素。《为吏之道》开宗明义："凡为吏之道，必精絜（洁）正直，慎谨坚固，审悉毋（无）私，微密纤察，安静毋苟，审当赏罚。"㉞作为司法官员应首先树立道德良知，秉持善政理念，进而适用法律之时有其主体省察。这种观念显然与法家寡言治人与德性，侈言重刑而无刑存在不小差异。在这一最早"官箴书"中，归纳罗列了官吏的五种重要善德："吏有五善：一曰中（忠）信敬上，二曰精（清）廉毋谤，三曰举事审当，四曰喜为善行，五曰龏（恭）敬多让。"㉟虽然有些价值或为法家思想话语体系中的应有之义，但诸如"善行""敬让"等德性术语，很难不让人由"为吏之道"联想到"孔孟之道"。

再看看《为吏之道》中对宽惠德政、社会伦纪的阐述：

> 宽俗（容）忠信，和平毋怨，悔过勿重。兹（慈）下勿陵，敬上勿犯，听间（谏）勿塞。审智（知）民能，善度民力，劳以率之，正以桥（矫）之。
> 为人君则怀，为人臣则忠，为人父则兹（慈），为人子则孝，无官不治，无志不彻。
> 父兹（慈）子孝，政之本（也）；志彻官治，上明下圣，治之纪（也）。
> 施而喜之，敬而起之，惠以聚之，宽以治之。
> 表若不正，民心将移乃难亲㊱。

在作为治者的"君""吏"与作为被治者的"民"的关系上，法家既然否认和抛弃道德教化，就得相对弱化君主、官吏的人格意象与道德表率。即便有所谓"以吏为师"，也是更多包含着要求文化专制政策中民众熟习法律的意旨。然而，《为吏之道》却教导官吏"劳以率之，正以矫之"，而官员所要表率与矫正的范畴，其语境竟不涉任法、遵制的理念，而

㉜ 睡虎地秦墓竹简整理小组编《睡虎地秦墓竹简》，文物出版社 1978 年版，第 93 页。

㉝ 同上，第 134 页。

㉞ 同上，第 167 页。

㉟ 同上，第 168 页。

㊱ 同上，第 167–176 页。

是围绕着一种忠信、和平的道德品格[37]。同理，上述话语还旨在表达，最高统治者的道德表率是人臣尽忠与民心归附的重要基础。虽说教导人臣尽忠是儒法共通之义，但倡导人君宽怀亲民的诸多言说则富有儒学色彩。[38]

在以法家为统治指导思想之外，儒家道德话语似乎顺理成章地渗透到社会治理，混成一种"为吏之道"，由此乃可窥见当时治道的实际面相。尽管法家更属意"皆有法式"，但在"法治"的实际运作中却难免存在着外乎法式的谈论空间。这既是法家社会规范学说专注法令以自洽的体现，也反映其学说的形上基础、道义理念的薄弱。

虽然纲常伦理本亦为法家题中之义，但确非法术学说与秦意识形态之重心。[39]毕竟，在"为吏之道"的主题当中，倡言关于孝慈、忠信、敬让等儒家已驾轻就熟的言说，显然会冲淡"事统上法""皆有法式""据法而治""以刑去刑"此类统治意识形态话语。这也表明，即便是皆有法式、垂法而治的理想，也无法脱离官员在法治实践中必须面对根植于社会的伦理价值。

从这些话语中，也能解释缘何李斯之时尚且巍然屹立的"皆有法式"理念，会在汉初遽尔面临黄老与儒学的激烈批判而猝然瓦解。反之，后儒不断显扬德礼，批判法刑，塑造变通开放的规范结构（如汉儒"经义决狱"之事、晋儒"法体变通"之思），奠定了中国传统德主刑辅的国家规范话语。[40]

而且，在跟随政治一统步伐的思想史中，《为吏之道》还预示了之后"精英思想"的转型，可谓"儒学法家化""儒学术化"的前奏。[41]君子乃至儒家本身，都已愈发显现出拢合于政治秩序与君王利益的趋势。不必视尊君为法家余绪或儒学蜕化，竞合的儒法之学在皇权意识形态中互补调摄，凝合成一个以儒学旗帜统领诸家治道话语的官学，应是大势所趋。

"儒法竞合"展现儒法两家交锋竞逐成为官方意识形态的历史过程，亦揭示了中国正统法律思想形态在择取淬炼古典学说意义上的形成史。同时，它还呈现一种"思想—历史"意义的合力。文化传统的官学渊源、诸子学说的经世理念、政法治理的现实运转，共同驱动法律思想形态向着新的皇权政治体制衍化成型。

---

[37] 李平认为，《为吏之道》乃社会普遍认同的"君子"人格与法家所要求的具有高度执法能力与思想觉悟的"能吏"的整合，但着重指出，秦制在"吏"身上赋予了太多的职能，要求吏在完成日常政务的同时还兼具以往师、长道德表率的作用。参见李平《秦"法治"的理论困境透析——以睡虎地秦简〈语书〉〈为吏之道〉为中心》，载《学术探索》2012年第5期。而笔者以为虽有官方宣显的因素，仍不无儒学影响之社会道德标准与实际治理挣脱于"法式万能"诉求的问题。

[38] 朱腾详考包括《为吏之道》在内的秦简吏道文本，认为可视为一种"柔性法治观"，融入了儒道思想。参见朱腾《秦法治观再考——以秦简所见两种吏道文本为基础》，载《政法论坛》2018年第6期。

[39] 将三纲五常视为儒学专利，正是古代儒学道统的观念，故后来宋儒曰："秦将先王之法一切扫除了，然而所谓三纲五常，这个不曾泯灭。"参见朱熹《朱子语类》(第二册)卷二十四，中华书局1988年版，第598页。而在批判纲常的时代，倒要强调三纲论说首见于《韩非子》。

[40] 晋儒"法体变通"之思，参见马腾《中国传统法思想形态新探——以晋〈律注表〉为中心》，载《法制与社会发展》2017年第1期。

[41] 余英时曾提出"儒学法家化"的命题，主要不是指"儒家日益肯定刑罚在维持社会秩序方面的作用"，而是表现为"君臣关系"的根本改变。余英时《中国传统思想的现代诠释》，江苏人民出版社2006年版，第66页。

余论

所谓法家为秦政之指导,以事统上法、皆有法式、重刑治国诸义形成对秦朝法律思想的建构,然在诸如"为吏之道"的治理实践上,法律刑罚的万能主义不免受到儒家修身治人及其品格德目理念的瓦解。由汉初"黄老帷幕",儒生通过德礼显扬,清算重刑,消解法术,逐步令法家让步,进而伴随着延绵之学统,儒术大兴而于汉代中期成为至尊之道。至于法家之学,则在偶有如盐铁会议或乱世雄主时才粉墨登场。因而,不重学统的法家思想,在失去强权撑持与时运眷顾之后,深受清算宰割之余,只剩委身寄宿的出路。毕竟凭法令显扬,实践社会治理的成功与否,实为法家命门。近世章太炎曾想象:"以法家之鸷,终使民生;以法家之觳,终使民膏泽。"[42]法家着实奠定一套曾粲然功成,实亦成就儒家大一统理想的制度体系,但严刑峻法终究在汉初备受谴责。于是,法家的规范思想只能委身于黄老,寄宿于儒学之中。从此,失去道家"无为而治"支撑而曾有"神圣法则"建构的法术,就仅余"重刑"观感。法家关于法、术、势、刑的阐释,附带其"法治"的自洽旨趣,都在儒家朝向"制度话语权"进军之时被肆意侵夺。

或如司马迁所言,诸子之学究其旨归"百虑一致,殊途同归",又如刘安所言:"百川异源,而皆归于海;百家殊业,而皆务于治。"(《淮南子·氾论训》)可从学派命运而言,诸子之学亦可谓"殊途殊归"。[43]王官失职,私家讲学,著述自由,书籍传播,养士竞争,社会变迁,是诸子学所由兴的要因;而学说不适,民智未开,书籍丧失,君主专制则是其所由废的要因,但终极原因是君主专制。[44]诸子干世主之说,无不面临后世"同行""史家""政客""帝王"依从政治效用与功利标准的审视,从贾谊到刘安,从司马谈到班固,从李斯到霍光,从秦皇到汉武,皆是如此。官学言境所牵引的子学消长及其竞合,也无不以迎合政法体制现实,达成思想资源的优化配置为旨归。胡适说:"秦以前的思想虽有混合的趋势……但秦汉一统之后,政治的大权集中了,思想的中心也就跟着政府的趋向改换。"[45]在"道术为天子合"[46]的情势下,思想必须重整成其体系,给出一套兼有形上理论和实用效应的模式,是谓"重定于一""道术相通"。[47]

虽"法家"未必不能于秦朝渐次实现思想统合,但与生俱来的局促格调与缩聚视界,令法家难以旋即充任国家意识形态的角色[48];相反,暴秦遽灭终使"儒家"践履正路一统诸学,题旨宏富、学统博厚、德义深切乃儒学与法家竞胜的优长,此亦为洞识秦汉转掖、儒法合流之关键。

　　[42] 章太炎《检论·商鞅》,载《章太炎学术论著》,浙江人民出版社 1998 年版,第 247 页。

　　[43] 萧公权指出:"及至秦汉各家后学相攻已久,接触已多,于是互相折衷调和,而浸有学术混同之趋势。放弃门户之见者遂成杂家之学,坚持门户之别者亦参采异端,以与师说相糅合。……故秦汉以后为学术内容调和之时期,亦为学术派别决战之时期。秦亡后之千余年中,各派相争雄长,随历史环境之转变而相代起伏。或先盛而后衰,或既废而复兴,或一时熄灭而不再起,或取得独尊之地位而不以垄断全局,或失去显学之势力而仍与主潮相抗拒。四者分别如法家之在秦汉,儒家之在汉魏;如道家之在魏晋;如墨家之在汉代;如儒家之在汉代;如道家之在汉代,儒家之在魏晋。"参见萧公权《中国政治思想史》,新星出版社 2005 年版,第 5 页。

　　[44] 参见罗焌《诸子学述》,华东师范大学出版社 2008 年版,第 74—79 页。

　　[45] 胡适《中国中古思想史长编》,载《胡适学术文集·中国哲学史》(上),中华书局 1991 年版,第 320—321 页。

　　[46] 参见雷戈《道术为天子合——后战国思想史论》,河北大学出版社 2008 年版,第 31、90—120 页。

　　[47] 参见葛兆光《中国思想史》(第一卷),复旦大学出版社 2009 年版,第 215 页。

　　[48] 参见马腾《儒法意识形态之文化史漫谈——以殷周巫史王官为线索》,载《殷都学刊》2015 年第 1 期。

法家的师承：出乎儒而返乎儒

武树臣*

【摘　要】探讨法家师承关系应当从宏观的法律文化视野入手。法家的产生、发展与儒家有不解之缘。其脉络即由孔子、子思、子夏，乃至李悝、慎到、吴起、商鞅，再由荀子、韩非、李斯及至吴公、贾谊、董仲舒。此间，《春秋》学起着重要作用。这个师承链条，既是法家思想的沿革史，又是儒家思想的演化史。及至荀子、董仲舒，先秦儒家完成了脱胎换骨的涅槃，法家思想则被融入新儒家思想体系当中，儒法两家共同缔造了古代正宗学术。法家精神始终未退出历史舞台，以法治国的精神，守法尽职的职业法家群体，始终在古代法律实践活动中宣示着自己的存在。

【关键词】法家；儒家；师承

春秋末期的孔子创立了儒家学派。在孔子时代，孔门弟子队伍十分庞大，史传弟子三千，贤人七十二。其时，孔子虽然言及"君子儒""小人儒"，但也许还不曾意识到自己创立了中国历史上第一个民间学术团体——儒家学派。到了战国时，庄子才提出"缙绅先生"的概念。《庄子·天下》："其明而在数度者，旧法世传之史尚多有之。其在于诗、书、礼、乐者，邹鲁之士、缙绅先生多能明之。……其数散于天下而设于中国者，百家之学时或称而道之。"自从有墨翟、杨朱标新立异另起炉灶，如《孟子·滕文公下》所说"天下之言不归杨则归墨"，才导致出现民间派别的苗头。此后，《韩非子·显学》谓孔子之后"儒分为八"。《荀子·儒效》则更有"俗儒""雅儒""大儒"之名。儒家阵营在新的社会环境之下的分化，也许与诸家思想的问世异曲同工，最终促成百家之学的兴起。而法家则是晚起的一个学派。

关于法家的师承关系问题，应当说不是一个新题目。学术界除了法家与墨、道、名等诸家的学术联系之外，也曾经注意到法家和儒家的联系。如章太炎《诸子系统说》指出："《荀子·非十二子》儒家思轲张夏之伦，亦所鄙夷不道，比于孟子为尤峻矣。深睹儒家之弊，博而寡要，是故隆礼义而杀诗书。韩非、李斯之法自此萌芽。原夫法家者本未自儒家流出，蕞尔一邦，必有典章可守，上溯《周官》，下逮《管子》，孰非法家经国之书，然其自名一家，实由矫拂儒家而起。"[1]谭正璧说："古时礼法并称，二者实相贯通。至管仲主以法治

---

*武树臣，西北大学特聘教授。研究方向：中国传统法律文化、中国法律思想史。
[1] 章太炎《诸子系统说》，载《华西学报》1933 年第 1 期。

国，法始专就刑罚言。然由此可见法家本起于礼。……礼不足治，而后有法。礼流而为法，所以礼家流为法家。"②"礼家"或即指儒家或与儒家相接近。钱穆说："法家主庆赏刑罚，原于儒；道家言反朴无治，原于墨。"③其《先秦诸子系年》谓："至魏文时，而李克著《法经》，吴起偾表徙军辕以立信，皆以儒家而尚法。盖礼坏则法立，亦世变之一端也。""人尽夸道鞅政，顾不知皆受之于李、吴。人尽谓法家原于道德，顾不知实渊源于儒者。"④郭沫若主法家源于儒家且出于子夏一派。他在《前期法家的批判》中说："李悝、吴起、商鞅都出于儒家的子夏。……因此，前期法家，在我看来是渊源于子夏氏。子夏氏之儒在儒中是注重礼制的一派，礼制与法制只是时代演进上的新旧名词而已。"《韩非子·显学》历数儒家八派，独无子夏，"是因为韩非把子夏氏之儒当成了法家"⑤。这种观点使人耳目一新。

由于直接资料或缺，学者关于法家源于儒家的意见，大多只是出于推测，而缺少进一步的系统发掘，致使法家源于儒家而自立的师承脉络并不清晰。这里首先涉及研究视野问题。探讨法家的师承应当摆脱诸子百家壁垒森严这样的僵硬概念和界限，用一种宏观的混合的发展变化的眼光来看待古代文化现象。张岂之说："近世学者多注意到法家思想与道家学说有渊源关系，是很对的。但是很少有人对早期法家与儒家的联系加以研究，从而没有追索法家思想与上古政治思想的渊源关系。"⑥诚如所言，学界很早就注意到法家和道家、墨家、名家、兵家的联系。这些联系大体上只是横向的联系。至于法家之来龙去脉的纵向联系问题尚未得到充分关注。由于儒家是先秦第一个民间学术团体，对古代文化曾经有过深刻的研究和全面的总结，因此对当时以及对后世均发挥深切的影响。我们追索法家思想渊源，探寻法家师承关系，探讨其发生发展过程，不能不把儒家作为重点考察对象。大体而言，作为学术意义的法家，其师承关系其始为孔子，其终为董仲舒，即由孔子、子思、子夏，乃至李悝、慎到、吴起、商鞅，再由荀子、韩非、李斯，及至吴公、贾谊、董仲舒。这个师承链条，既是儒家思想的演化史，又是法家思想的沿革史。及至荀子、董仲舒而止，先秦儒家完成了脱胎换骨的涅槃，法家思想则被融入新儒家思想体系当中，儒法两家共同缔造了古代正宗学术。这也正是一部法家学派生成、发展的文化史。但是，法家精神从来没有退出历史舞台，以法治国的精神，守法尽职的职业法家，依然在古代法律实践活动中顽强地宣示着自己的存在。

一、孔子之后"儒分为八"与法家思想交相浸润

生活在战国末期的韩非，有条件对春秋战国学术派别的沿革进行分析和总结。如《韩非子·显学》谓："孔墨之后，儒分为八，墨离为三。""自孔子之死也，有子张之儒，有子思之儒，有颜氏之儒，有孟氏之儒，有漆雕氏之儒，有仲良氏之儒，有孙氏之儒，有乐正氏之儒。"同时代的荀子则更有条件对各家各派进行比较和评判。如《荀子·非十二子》历数

②谭正璧《国学概论讲话》，当代中国出版社2014年版，第90、91页。
③钱穆《国学概论》，商务印书馆1997年版，第59页。
④钱穆《先秦诸子系年》，商务印书馆2005年版，第158、264页。
⑤郭沫若《十批判书》，载《郭沫若全集》历史编第二卷，人民出版社1982年版，第341、342页。
⑥张岂之《中国思想学说史》先秦卷下，广西师范大学出版社2008年版，第610页。

十二位学者的不足,颂孔子、子弓为圣人。这种总结和批判,不仅意味着学术风格的转变,而且更重要的是标志着思想本质的转型。

"孔子死后的儒家,除了战国末期的荀子(孙氏之儒)综合各家思想,代表了向上的发展并与法家结合以外,其余各派均已失去孔学的优良传统,或古言古服,固执着孔子所批判的形式文化而自谓真儒,实则仍继承邹鲁缙绅先生的传统儒术——形式说教。"⑦

蒙文通谓:"儒之分为八者,正以儒与九流百家之学相荡相激,左右采获,或取之道,或取之法,或取之墨,故分裂而为八尔。"⑧儒分为八是个漫长的过程。此间,有儒家取于诸家而分化者,亦有儒家启发促动诸家之诞生者,其中就包括法家之问世。

孔子思想博大精深,其主体思想奠定了后世儒家思想的基本轮廓,然而,其中也不乏某些可以启发后世各家思想包括法家的思想元素。有些思想元素和后世法家思想是相通的,主要有以下几个方面。

首先,孔子在一定程度上承认政令刑罚的作用。孔子主张治理国家应当以德治、礼治为本,但是孔子也认识到推行德治、礼治是十分困难的事情。他说"博施于民,而能济众"是"尧舜其犹病诸"的难题(《论语·雍也》)。孔子虽倡"德治",但从不否定刑罚等强力作用。每当教化无效时,他也主张使用刑罚。甚至当他听到郑国子产的继任者"尽杀萑苻之盗"的消息,竟说:"善哉!政宽则民慢,慢则纠之以猛。猛则民残,残则施之以宽。宽以济猛,猛以济宽,政是以和。"(《左传·昭公二十年》)这种"宽猛相济"的思想曾被后世统治者奉为圭臬。但在一般情况下,孔子总是强调德化的首要性。《论语·为政》说:"道之以政,齐之以刑,民免而无耻;道之以德,齐之以礼,有耻且格。"意思是说,用政令、刑罚驱使人民,人民可以被迫去做,但心中没有善恶的道德观念;用恩德、教化对待人民,人民由于获得善恶的道德伦理观念而自我约束。看来,道德伦理规范的价值要高于法律规范。在这里,孔子虽然强调德政礼教的终极性价值,但并没有排斥政令刑罚的作用。

其次,孔子强调君主施行赏罚不能出自私心。《左传·昭公五年》载:"仲尼曰:'周任有言曰:为政者不赏私劳,不罚私怨'。"孔子还主张司法官员应当遵从法律,"司法以直"。《左传·昭公十四年》载,叔向的弟弟叔鱼接受贿赂,枉法载判,叔向主张"杀之以正刑书"。孔子称赞叔向"治国制刑,不隐于亲","杀亲益荣",是"古之遗直也"。

再次,孔子主张"举贤才"。孔子不惜修正周礼的"亲亲"原则而主张"举贤才",在"近不失亲",即"笃于亲"的原则下,做到"远不失举"(《左传·昭公二十八年》),让非贵族出身的"贤才"参与国政,并认为"举直错诸枉,则民服;举枉错诸直,则民不服"(《论语·为政》),主张选拔贤能者进入国家管理层面。

最后,孔子主张"正名",要求纠正当时各种违反"君君、臣臣、父父、子子"等级名分的混乱现象。孔子的"正名"原则一旦运用到政治领域的"君君、臣臣"之间,自然引申出相应的职责或权利义务等观念。名分与国家权力直接相关。《左传·成公二年》载:"新筑人仲叔于奚救孙桓子,桓子是以免,既,卫人赏之以邑,辞。请曲县繁缨以朝,许之。仲尼闻之曰:'惜也,不如多与之邑。唯器与名,不可以假人,君之所司也。名以出信,信以守

⑦ 侯外庐等《中国思想通史》第一卷,人民出版社 1957 年版,第 191、192 页。
⑧ 蒙文通《经史抉原》,巴蜀书社 1995 年版,第 151 页。

器，器以藏礼，礼以行义。政亡则国家从之，弗可止也。'"仲叔于奚自恃有功而欲享受诸侯之礼乐，卫侯竟然同意了。孔子以为"器与名"（国家政权的象征）只能由君主支配，他人不能染指。

梁启超谓，孔子卒后，孔门分成两派。曾子、子思一派"注重内省之学，"孟子源于此派；有子和子夏、子游、子张一派"注重外观的礼乐"，荀子与之具有渊源关系⑨。蒋伯潜说："学是向外的，思是向内的。"孔子"其门下之大弟子，则有致力于多学而识者，如博学切问之子夏，有致力于一以贯之者，如悟忠恕之道之曾子。子思孟子，承曾子之传者也。宋儒所谓道统，即出于此。荀子继子夏之学者也。汉儒所传之经，即由于此。是孔子之弟子门人，已分为传道、传经二派矣。……此二派之为学，虽有偏于向外或偏于向内，偏于学问或偏于思辨，偏于客观的书本之章句训诂或偏于主观的心性之体验存养之异，而其奉孔子为不祧之始祖，以经籍为研究之对象，则一"⑩。梁启超、蒋伯潜的论断颇具启发性。换一个角度来看，孔子学术之渊源大抵包含两部分：一是周礼的"郁郁乎文哉"的制度文明，这种制度文明的哲学基础又与宗法伦理观念相联系；二是植基于东夷、殷商风俗习惯之价值传统，即"相人耦"的"仁"，这种价值观多少超越了血缘群体的界限，与陌生人的世界或曰个体自然人组成的社会具有潜在的联系。是否可以说，有子和子夏、子游、子张、荀子一系是制度文明的继承者，他们的研究成果是礼乐法制；曾子、子思、孟子是价值文明的继承人，他们的研究成果是原始民主和仁政学说。当然，制度文明和价值文明在许多场合下是可以交叉的。法家学说应当是以制度文明成果为其出发点的。由于实践经验的积累尚不充分，法家学说在价值文明方面显得十分苍白。

孔子留给后世许多宝贵遗产，其中最为宝贵者有二。一是关于"仁"的学说。一部《论语》无非讲了"郁郁乎文哉"的西周之"礼"，和"人相耦"的东夷之"仁"，表现了孔子一生由崇拜西周之礼到发掘东夷之仁的思想历程。二是《春秋》。正如皮锡瑞所说："孔子空言垂世，所以为万世师表者，首在《春秋》一书。"与孔子整理的《易》《诗》《礼》《乐》不同，《春秋》是孔子写作的史书，"是作不是抄录，是作经不是作史"⑪。如郭店竹简《语丛一》所谓："《春秋》，所以会古今之事也。"⑫它包含丰富的故事、先例、教训、恒言，对政治生活方面所具有的制约、参照和指导作用，比其他诸经更为直接和强烈。孔子素重《春秋》，将自己扬善抑恶的政治主张渗透其中。《史记·孔子世家》："弟子受《春秋》，孔子曰：'后世知丘者以《春秋》，而罪丘者亦以《春秋》。'"《春秋》之义，"盖君父虽有过恶，臣子无可解免。以此推之，臣子之于君父，不当论是非曲直，亦不当分别有道无道。臣子既犯弑逆之罪，即人伦之大变，天理所不容"⑬。此立场与孟子"民贵君轻""诛纣非弑"之论大异其旨，而被法家视为世乱之源。法家人物若读《春秋》，就不难从《春秋》当中找到变法治国的依据。《孟子·滕文公》谓："孔子成《春秋》，而乱臣贼子惧。"畏惧《春秋》的正是那些乱臣贼子，赞成《春秋》的自然有后世儒家，而实践《春秋》大义的却是尊君尚法的法家。

---

⑨ 梁启超《饮冰室诸子论集》，广陵古籍刻印社 1990 年版，第 62 页。

⑩ 蒋伯潜《十三经概论》，上海古籍出版社 1983 年版，第 9 页。

⑪ 皮锡瑞《经学通论·春秋》，中华书局 1954 年版，第 1、2 页。

⑫ 王博《奠基与经典：先秦的精神文明》，北京大学出版社 2009 年版，第 149 页。

⑬ 皮锡瑞《经学通论·春秋》，第 26 页。

二、"子夏说教西河,是儒学西行一大关键"

傅斯年说:"子夏说教西河,是儒学西行一大关键。"[14]子夏居于西河,为魏文侯所礼遇,聚徒讲学,有孔子之风。曾参曾责备子夏"退而老于西河之上,使西河之民疑女于夫子(孔子)"(《礼记·檀弓上》)。据《吕氏春秋·当染》《史记·儒林列传》《后汉书·徐防传》《经典释文·叙录》等文献所记,子夏在西河讲学,其弟子有田子方、段干木、吴起、曾申、子弓、李悝、禽滑厘、公羊高、谷梁赤、高行子、子伯先等人。被郭沫若称为"子夏氏之儒","李悝、吴起、商鞅都出于儒家的子夏,是所谓子夏氏之儒"[15]。蒙文通谓:"儒家之李克,固亦浸淫于法者。战国之世,儒之杂取法家者多,岂特贾生、晁错然后乃兼明申商之说哉?……儒分为八者,皆儒之出入于诸子者也"[16]。

这一团体又被称为"西河学派"。值得注意的是,西河的"子夏氏之儒""比较注意与统治者的合作,与子思、孟子一派的抗议精神和批判精神不同"[17]。同时,"子夏氏之儒"与其他孔门弟子充当各类实力家族之家宰以食人之禄也不同,他们有意或无意间捕捉到时代的大潮,有机会佐助魏文侯,提拔任用改革人士,实行变法,富国强兵,首开战国养士和变法之序幕,从而为法家的正式出台奠定了政治实践基础。因此,子夏入西河聚徒讲学,参与国家政治,是鲁国孔孟儒学晋国化的开端,也是三晋法家思想酝酿的第一缕阳光,是法家之舟驶出儒家江湖的第一座港湾。

后儒当中,最重要的人物是子夏。子夏小孔子44岁。作孔子学生期间,子夏以"文学"见长。何谓"文学"?"文学——指古代文献,即孔子所传的诗、书、易等。皇侃《义疏》引范宁说如此。"[18]其中,"书"或指《尚书》,如誓、典、谟、训、诰之类,亦泛指古代官方政治文献。宋代洪迈《容斋随笔》谓:"孔子弟子,惟子夏于诸经独有书。"故"《后汉》徐防上疏曰:'经书礼乐,定自孔子,发明章句,始于子夏。'斯其证云"[19]。

《史记·仲尼弟子列传》载:"孔子既没,子夏居西河教授,为魏文侯师。"《正义》:"孔子卒后,子夏教于西河之上,文侯师事之,咨问国事焉。"子夏得到魏文侯礼遇,虽然出于现实需要,但与子夏的知识结构和务实学风是分不开的。

子夏重视政治实践、不尚空谈的风格,在有关文献中已见端倪。《论语·学而》载,子夏主张"事君能致其身",强调臣子对君主要无限忠诚,但其条件是人格必须得到尊重。《荀子·大略》载:"子夏家贫,衣若县鹑。人曰:'子何不仕?'曰:'诸侯之骄我者,吾不为臣;大夫之骄我者,吾不复见。'"《子张》载:"子夏曰:君子信而后劳其民,未信,则以为厉(欺骗)己也。"此言与吴起、商鞅变法之际"徙木立信"的做法如出一辙。

清陈玉澍认为子夏在继承传播儒家经典方面功勋卓著:"下逮战国之世,六籍益替,

⑭ 傅斯年《战国子家叙论》,载《傅斯年文集》,上海古籍出版社2012年版,第62页。

⑮ 郭沫若《十批判书》,第341页。

⑯ 蒙文通《古学甄微》,巴蜀书社1987年版,第235页。

⑰ 姜广辉《中国经学思想史》(第1卷),中国社会科学出版社2003年版,第170页。

⑱ 杨伯峻《论语译注》,中华书局1980年版,第110页。

⑲ 皮锡瑞《经学历史》,中华书局1959年版,第48页。

九流并兴，至圣微言，不绝如缕，独赖卜氏。""无卜子则无汉儒之经学"⑳。梁启超认为，子夏一派对后世之学影响最大。"当时最有势力且影响于后来最大的，莫如子夏一派。……当时中原第一个强国的君主魏文侯，受业其门，极力提倡，自然更得势了。后来汉儒所传六经，大半溯源子夏。虽不可尽信，要当流传有绪，所以汉以后的儒学，简直可称为子夏氏之儒了。"㉑

子夏有从政经历。《论语·子路》："子夏为莒父宰，问政。子曰：无欲速，无见小利。欲速，则不达。见小利，则大事不成。"《子路》又载："子夏曰：仕而优则学，学而优则仕。"这些记载都证明子夏是有管理社会经验的官方人士。因此，子夏的弟子理应保持注重社会实践的风格。"《春秋》传于子夏。子夏退老西河，为魏文侯师，魏人必有从之受《春秋》者"㉒。当时师从子夏学习《春秋》的就有李悝和吴起。

三、师从儒家的李悝、吴起

在子夏弟子当中，李悝、吴起都是佼佼者。"当时知名之士李克（悝）、翟璜、吴起、西门豹、乐羊、屈侯鲋都到了魏国。魏文侯在他们的帮助下，在中央设立了可以自由任免的相，在地方设立可以自由任免的守、令。魏成子、翟璜、李悝为相，西门豹为邺令。这些人除魏成子是文侯弟以外，都不是贵族。平民出身的官吏代替了世族政权，因而建立了较为集权的政权。魏文侯任用李悝、吴起等推行法治。李悝是法家鼻祖，著《法经》六篇。"㉓"至魏文时，李克著《法经》，吴起贲表徙车辕以立信，皆以儒家而尚法。盖礼坏则法立，亦世变之一端也。"㉔李悝在魏文侯支持下主持魏国变法。《史记·平准书》说："魏用李克，尽地力，为强君。"《汉书·食货志》说："李悝为魏文侯作尽地力之教，""行之魏国，国以富强。"可见，其变法的目的是"强君"，即从土地制度改革入手，鼓励农民生产积极性，增加国家赋税进而提高君主的地位。在政治方面，他主张抑贵族、尚君权。《说苑·政理》记李悝云："臣闻为国之道，食有劳而禄有功，使有能而赏必行、罚必当。……夺淫民之禄，以徕四方之士。"

李悝在中国法律史上的重大贡献是作《法经》。《晋书·刑法志》谓："秦汉旧律，其文起自魏文侯师李悝。悝撰次诸国法，著《法经》。……其轻狡、越城、博戏、借假不廉、淫侈、踰制以为《杂律》。"从罪名可知，当初压抑贵族、提高君权的措施都变成了国家制度。据《战国策·魏策》载，魏国本有"大府之宪"，"宪之上篇曰：子弑父，臣弑君，有常刑不赦"。这些法令应当存于《法经》。值得注意的是，李悝特别反对"富足者为淫佚"。他说："雕文刻镂，害农事者也。锦绣纂组，伤女工者也。农事害，则饥之本也。女工伤，则寒之源也。饥寒并至，而不能为奸邪者，未之有也。"（《说苑·反质》）其寓意是反对君主淫佚之行。

吴起，卫人。《史记·孙子吴起列传》载，"其少时，家累千金，游仕不遂，遂破其家"。因

⑳ 陈玉澍《卜子年谱》，《北京图书馆藏珍本年谱丛刊》，北京图书馆出版社版，1999年，第688、689页。

㉑ 梁启超《饮冰室诸子论集》，第63页。

㉒ 皮锡瑞《经学通论·春秋》，第65页。

㉓ 徐中舒《先秦史十讲》，中华书局2009年版，第110页。

㉔ 钱穆《先秦诸子系年》，第158页。

杀人被卫国通缉，避罪逃至鲁国。"遂事曾子。居倾之，其母死，起终不归。曾子薄之，而与起绝。起乃之鲁，学兵法，以事鲁君。鲁君疑之，起杀妻以求将。"后至魏国，为魏文侯将，有功。为西河守。后至楚国，事楚悼王有功，死于政变。

从现存记载来看，吴起曾经师从两位儒家学者，一位是曾申，一位是子夏。曾申的思想成就后世记载不详，依理分析，很可能会源于其父曾参。曾参思想集中表现在《曾子》一书中。"《曾子》十八篇，《汉志》列儒家，今存十篇于《大戴礼记》。"㉕纵观曾参思想，除了继承和发扬了孔子的孝道思想之外，他非常注重守信。曾参主张，"君子不先人以恶，不疑人以不信"，"可言而不信，宁无言也"（《大戴礼记·曾子立事》）。从吴起的行事来看，他是实践了曾子思想的。据《韩非子·内储说上》，吴起为西河守，先以言而有信的小事取得民众信任，然后才带领军民与秦人对抗，并不断取得战绩。魏武侯继位后，吴起不受重视，遂奔赴楚国，在楚悼王支持下进行变法活动，最后以生命殉变法事业。

吴起的另一位儒家老师是子夏。"《春秋》传于子夏，子夏退老西河，为魏文侯师，魏人必有从之受《春秋》者。"㉖而"受《春秋》者"当中，就应当有最初的法家人物吴起。吴起不仅专门学习《左传》之学，而且参与《左传》传播。刘向《别录》记载左丘明之后《左传》的传授系统："左丘明授曾申，曾申授吴起，起授其子期，期授楚铎椒，椒作《钞撮》八卷，授虞卿，卿作《钞撮》九卷授孙卿，卿授张苍。"㉗

四、"《春秋》者孔子之刑书，儒家之《法经》也"

在儒家经学史上，子夏、荀子在研究、整理、传播儒家经典方面的功劳最巨，而在《春秋》研究和教学方面的贡献尤为突出。《史记·孔子世家》："孔子在位听讼，文辞有可与人共者，弗独有也。至于为《春秋》，笔则笔，削则削，子夏之徒不能赞一辞。"可见，子夏曾经精研《春秋》。《史记·仲尼弟子列传》司马贞按："子夏文学著于四科，序《诗》传《易》，又孔子以《春秋》属商（子夏），又传《礼》，著在《礼志》。"钱穆说："按史公又云：'左丘失明，乃传《国语》'。子夏居西河，晚年失明。疑左丘失明或自子夏误传。子夏居魏，为儒术传于三晋之鼻祖，宜亦与《春秋》传统有关。"㉘皮锡瑞说："公羊、谷梁，初亦口授，……然其大指，亦是子夏所传。"㉙据刘向《别录》记载，《左传》的传授脉络是左丘明、曾申、吴起，后辗转至孙卿、张苍。杨士勋《谷梁疏》云："谷梁子，名俶，字元始，一名赤，鲁人。受经于子夏，为经作传，授孙卿，卿传鲁人申公。"㉚

其实，《春秋》区别于诸经之处，就在于尊崇社会秩序，故尊君而尚法。"邵子曰：'《春秋》，孔子之刑书也。'程子曰：'五经之有《春秋》，犹法律之有断例也。'唐陈商立曰：'《春秋》者，儒家之法经也。'""《春秋》之为法经，为刑书，为断例，可以见其梗概矣。"㉛高恒

㉕ 皮锡瑞《经学历史》，第52页。

㉖ 皮锡瑞《经学通论·春秋》，第65页。

㉗ 参见柳诒徵《中国文化史》上，东方出版社2008年版，第269页。

㉘ 钱穆《先秦诸系年》，第225页。

㉙ 皮锡瑞《经学通论·春秋》，第57页。

㉚ 参见柳诒徵《中国文化史》上，第269页。

㉛ 范罕《法论四篇》之程波点校《法意发凡：清末民国法理学著作九种》，清华大学出版社2013年版，第20、21页。

说："清经学家皮锡瑞说：'《春秋》近于法家。'³²此说不无道理。他指的是《公羊春秋》。其理论与法家相似之处，主要表现在重视法制的功效，强调运用法律维护以三纲五常为核心的封建等级制度。因此，酷爱公羊学的汉武帝崇尚法制，是不足为奇的。"³³金春峰指出："《公羊》的基本精神是崇尚法治，而《谷梁》则崇尚礼治。"³⁴可见，子夏思想中的法家倾向或即酝酿于《春秋》之学。

总之，傅斯年谓"子夏说教西河，是儒学西行一大关键"³⁵；钱穆谓"子夏居魏，为儒术传于三晋之鼻祖，宜亦与《春秋》传统有关"³⁶。这两句话既概括了子夏在儒法浸润、法家酝酿过程中的特殊作用，又指明了儒法浸润、法家酝酿的典型路径——《春秋》之学。

五、"子思氏之儒，固援法而入于儒者也"

蒙文通谓："子思氏之儒，固援法而入于儒者也。""儒分为八之事，其一为子思氏之儒，儒之兼取法家，莫著于此。而文质之说，亦源于《表记》。《表记》固为取之《子思》书。""《隋书·音乐志》载沈约奏言：'《礼记·中庸》《表记》《坊记》《缁衣》皆取《子思子》'。"³⁷

子思的思想可能直接源于《洪范》。《洪范》首重五行（水火木金土）、三德（正直、刚克、柔克）、八政（食、货、祀、司空、司徒、司寇、宾、师）。五行属哲学范畴，三德讲求治国策略，八政是对"国之大事在祀与戎"的扩充和完善。这些都是治理国家的基本方针。其中，刚克、祀、司寇、师大都与法家思想有关联。

子思的思想和主张还可以从《中庸》《表记》《坊记》《缁衣》等著述中略见一斑。

《中庸》言治理天下国家之"九经"，包括"尊其位，重其禄，同其好恶，所以劝亲亲也；官盛任使，所以劝大臣也；忠信重禄，所以劝士也；时使薄敛，所以劝百姓也；日省月试，既廪称事，所以劝百工也"。这其中充满了与"重义轻利"相左，而以物质利益役使臣民的"同其好恶"的色彩，与法家好利恶害的人性论是相通的。

《坊记》提出"礼以坊德，刑以坊淫，命以坊欲"的治国原理，同时又指出"大为之坊，民犹踰之"的社会现实。社会普遍存在着"小人贫斯约，富斯骄，约斯盗，骄斯乱"，"觞酒豆肉，让而受恶，民犹犯齿，衽席之上，让而坐下，民犹犯贵"的现象，这一切都暗示着传统礼仪教化已经普遍失去作用。《孟子·滕文公下》："世衰道微，邪说暴行有作，臣弑其君者有之，子弑其父者有之。"面对混乱世道，治国治民不得不另辟蹊径。孟子继承孔子仁学而选择了王道仁政，子思对德治礼教的失望也许正是他同情理解法治的原因。

孟子是子思的后学，二者的思想被称为思孟学派。孟子对法治同情理解的思想倾向可能源于子思。《史记·孟子荀卿列传》："孟轲，邹人也。受业子思之门人。"因此，孟子在承认法的作用方面明显是超越孔子的。《孟子·离娄上》："离娄之明，公输子之巧，不以规

㉜ 皮锡瑞《经学通论·春秋》，第6页。

㉝ 高恒《秦汉法制论考》，厦门大学出版社1994年版，第229页。

㉞ 金春峰《以时兴衰的两汉经学》，《文史知识》1981年第6期。

㉟ 傅斯年《战国子家叙论》，第62页。

㊱ 钱穆《先秦诸子系年》，第225页。

㊲ 蒙文通《古学甄微》，第234、232页。

矩,不能成方圆……徒善不足以为政,徒法不能以自行。遵先王之法而过者,未之有也。圣人既竭目力焉,继之以规矩准绳,以为方圆平直,不可胜用也。既竭耳力焉,继之以六律,正五音,不可胜用也……上无道揆也,下无法守也,朝不信道,工不信度,君子犯义,小人犯刑,国之所存者幸也。"孟子以规矩比喻法律,和法家以绳墨角斛比喻法律如出一辙。《告子下》:"入则无法家拂士,出则无敌国外患者,国恒亡。然后知生于忧患而死于安乐也。"《论语》"法"字仅二见,即《子罕》所谓"法语之言",《尧曰》的"谨权量,审法度"。而《孟子》"法"字八见。可见孟子多少受到法治思潮的影响。孟子深知"万乘之国,弑其君者,必千乘之家;千乘之国,弑其君者,必百乘之家"(《孟子·梁惠王上》)。当孟子发现"仁义"说教对君主无用之后,转而理解法治则是很自然的。

　　《表记》首次论及"仁"与"法"的关系:"中心僭怛,爱人之仁也。率法而强之,资仁者也。"从认识到"徒善不足以为政",到强调"法"具有"资仁"的作用,应当说是子思学派的一个创举。与《商君书·画策》所谓"仁者能仁于人而不能使人仁,义者能爱于人而不能使人爱。是以知仁义之不足以治天下也。……所谓义者,为人臣忠,为人子孝,少长有礼,男女有别,非其义也,饿不苟食,死不苟生,此乃有法之常也"在逻辑上是相通的。同时,在"仁"的特征方面,子思之言与《韩非子·解老》"仁者谓其中心欣然爱人也"、《春秋繁露·必仁且智》"仁者僭怛爱人"也是相通的。《春秋繁露·度制》谓:"孔子曰:君子不尽利以遗民。……以此坊民,民犹忘义而争利以亡其身。"这显然是引自《坊民》。

　　蒙文通说:"《子思子》佚文多法家之说,……正儒之滥于申、商者乎!《后汉书·袁昭传》注述《子思子》曰:'兔走于街,百人追之,贪人具存,人莫之非者,以兔为未定分也。集兔满市,过者不顾,非不欲兔也,分定之后,虽鄙人不能争。'此慎到、商鞅、韩非书文也,而为子思之儒者取之。"[38]思为孔子之孙,孟子系子思再传弟子。子思应年长于慎到、商鞅,故此言当慎子、商鞅取于子思。此言是子思与慎到、商鞅思想传递交合的一个可靠记号。我们知道,孔子重视"君君臣臣父父子子"的名分。子思不仅继承了孔子思想,而且把名分从政治领域拓展到社会领域,这是一个伟大发明。商鞅正是从社会生活出发,发现了人们皆"好利恶害"的秉性,继而推崇以赏罚二柄为手段的法治。

　　孟子的思想是继承孔子的。这主要有两方面:一是把孔子"仁者爱人"的仁学发展成"仁政"学说,其实行方法是解决土地问题——"制民恒产"(《孟子·梁惠王上》);二是《春秋》之学。可以说,孔子后学中最明了《春秋》之义的莫如孟子。"孟子《春秋》之学,与公羊同一师承,故其表章微言,深得公羊之旨。"[39]孟子思想中的法家倾向或许源于《春秋》之学。儒家后学之所以能够孕育出法家思想,与《春秋》之学不无关系。

六、从"王道"转入"霸道"的商鞅

　　关于商鞅的师承关系,尚未发现确切根据。但是,可以推测,商鞅之学术有刑名、兵家、儒家的渊源。首先是刑名之学。《汉书·艺文志》以《商君》二十九篇列入法家。该著就理论之完整和深度皆远在前期法家之上。《史记·商君列传》说:"鞅少好刑名之学。"《晋

---

　　[38] 同上,第 234、232、233 页。

　　[39] 皮锡瑞《经学通论·春秋》,第 1、2 页。

书·刑法志》谓:"是时承用秦汉旧律,其文起自魏文侯师李悝。悝撰次六国法,著《法经》。……商君受之以相秦。"商鞅很可能研究过李悝的《法经》及其变法经验。商鞅入秦,以"强国之术"游说秦孝公而见用。其次,《汉书·艺文志》以《公孙鞅》二十七篇列入兵家。此著已佚。但是从今本《商君书》中的《战法》《立本》《兵守》来看,商鞅对兵家之术是很有研究的。再次,郭沫若判定"商鞅是李悝的学生,与吴起同是卫人而年辈略后",商鞅"出于儒家的子夏"[40]。其依据也许是商鞅有可能向李悝学习《法经》。

商鞅入秦游说秦孝公,先阐述"帝王之道,比三代",后"说公以王道"。所谓三代"帝道""王道"盖与儒家仁政德教之说有关。其理论宏大而不免迂回。故孝公曰:"久远,吾不能待。且贤君者各及其身显名天下,安能邑邑待数十百年以成帝王乎!"

商鞅变法,"令民为什伍,而相收(牧)司连坐",并非商鞅创造。《周礼·地官·大司徒》:"令五家为比,使之相保。"《史记·高祖本纪》《集解》张晏云:"秦法一人犯罪,举家及邻伍坐之,盖本梁法。"《春秋繁露·王道》:"梁内役民无无已,其民不能堪,使民比地为伍,一家亡,五家杀刑。"商鞅曾事魏相公叔痤,为中庶子(《史记·商君列传》)。梁比魏地,故商鞅的"什伍连坐"之法当源于梁法。

商鞅并非一般地否定儒家义理。《商君书·画策》说:"仁者能仁于人,而不能使人仁,义者能爱于人,而不能使人爱。是以知仁义之不足以治天下也。……所谓义者,为人臣忠,为人子孝,少长有礼,男女有别,非其义也,饿不苟食,死不苟生,此乃有法之常也。"从变法实践来看,商鞅曰:"始秦戎狄之教,父子无别,同室而居。今我更制其教,而为其男女之别","令民父子兄弟同室而息者为禁","民有二男以上不分异者倍其赋。"(《史记·商君列传》)这些改革,正是以儒家礼仪整饬民间风俗。

七、荀子:"隆礼重法"儒法融合的设计者

梁启超认为,荀子之学与子夏、子弓具有渊源关系[41]。如前所言,子夏对于传播儒家经典之功最巨。荀子学术源于子夏。《荀子·非十二子》极力颂扬仲尼、子弓。关于子弓其人,素有异议。一说为冉雍仲弓,一说为馯臂子弘。《史记·仲尼弟子列传》:"商瞿,鲁人,字子木。少孔子二十九岁。孔子传《易》于瞿,瞿传楚人馯臂子弘。"《索隐》:"《儒林传》《荀卿子》《汉书》皆云馯臂字子弓,今此独作弘,盖误耳。应劭云:子弓,子夏门人。"

子夏而后,惟荀卿传经之功甚巨。唐陆德明《经典释文序录》:"荀子能传《易》《诗》《礼》《乐》《春秋》,汉初传其学者极盛。"[42]如此,则谓荀子从子夏、子弓一派继承孔子所传《易》《诗》《礼》《春秋》诸学,是顺理成章的。

梁启超说:"汉兴,群经皆传自荀子,十四博士,大半属于荀子之学。"[43]刘师培说:"子夏荀卿者,集六经学术之大成者也。西汉诸儒,殆皆守子夏、荀卿之学派者与。"[44]荀子思想

㊵ 郭沫若《十批判书》,第 322、341 页。

㊶ 梁启超《饮冰室诸子论集》,第 62 页。

㊷ 参见皮锡瑞《经学历史》,中华书局 1959 年版,第 55 页。

㊸ 梁启超《饮冰室合集》(一),中华书局 1989 年版,第 19 页。

㊹ 刘师培《孔子弟子之传经(上)》,载《经学教科书》,科学技术文献出版社 2015 年版,第 6 页。

既然源于子夏,那么,荀子为什么称"子夏氏之贱儒"?《荀子·非十二子》批评十二位学者,盛赞仲尼、子弓,均直呼其名而不言"氏"。独未涉及子夏,或因荀子、韩非均视子夏为师。同篇尾部有"正其衣冠,齐其颜色,嗛然而终日不言,是子夏氏之贱儒也"句。如何理解?《论语·子张》:"子夏曰:君子有三变:望之俨然,即之以温,听其言也厉。"子夏主张君子应当关心现实并严肃地发表言论(听其言也厉),而子夏的后学却装模作样明哲保身"终日不言",完全违背了子夏教诲,故荀子批评之。说"子夏氏之贱儒"不等于说"子夏这个贱儒",实特指子夏门生后学的孤傲做派,决非指子夏本人。"荀子所云子游氏、子夏氏,亦非指子游、子夏其人,而指学子游、子夏之徒可知矣。"[45]

荀子的功劳不仅在于传播经学,更在于与时俱进有所创新。郭沫若说:"汉武以后学术思想虽统一于一尊,儒家成为了百家的总汇,而荀子实开其先河。"[46]梁启超也说:"自秦汉以来,政治学术皆出于荀子……而所谓学术者,不外汉学、宋学两大派,而实皆出于荀子。"[47]

荀子之学以"隆礼重法"为旗帜,这个理论是荀子在对以往的思想材料＊主要是儒家和法家)进行加工修正之后形成的。这一理论从某种角度而言,是对先秦法律思想的高度总结,也是献给未来社会的一宗遗产。同时,荀子还是第一个提出关于"德礼政刑"相互为用理论的思想家。整个古代社会的政治家、思想家,自西汉董仲舒到南宋朱熹,都不过是重复和阐释这一理论。在政体和君臣关系上,他继承法家"尊君""尚贤使能"的思想,主张建立和维护集权官僚君主制,又继承儒家限制君权的思想,主张社稷大臣"从道不从君"(《荀子·臣道》)。其限制君权的程度远远超越了孟子的"民贵君轻"和"诛暴"说。荀子思想不为后世王朝所容,盖源于此。在家庭宗族领域,荀子坚持礼制的等级秩序,甚至主张对不服从教化者施以严刑。在立法司法方面,荀子既坚持成文法,又重视判例法,主张实行二者合一的混合法。荀子学术对中国古代学术影响极大。故谭嗣同说:"二千年来之学,荀学也。"[48]

八、"韩非尊君卑臣崇上抑下,其得《春秋》之学可知矣"

荀子学术不仅包含孔孟儒学,还包含法家学术。荀子在齐稷下学宫三为祭酒,有条件接触法家思想。荀子的学生当中就有法家式的人物,包括韩非和李斯。《史记·老子韩非列传》:"韩非者,韩之诸公子也。喜刑名法术之学,而其归本于黄老。非为人口吃,不能道说,而善著书。与李斯俱事荀卿。"

韩非的思想源于荀子之迹象者颇多,但是,能够把荀子和韩非联系起来的仍然是《春秋》。《韩非子·显学》言儒家八派而不及子夏,然《外储说右上》两度提及子夏云:"患之可除,在子夏之说《春秋》也";"子夏曰:'《春秋》之记臣杀君、子杀父者以十数矣。皆非一日之积也,有渐而以至矣。……故子夏曰:'善持势者,蚤绝奸之萌。'"子夏遵从孔子

　⑤ 江琼《读子卮言》,华东师范大学出版社 2011 年版,第 52 页。

　⑥ 郭沫若《十批判书》,第 251 页。

　⑦ 梁启超《饮冰室合集》(一),第 57 页。

　⑧ 谭嗣同《仁学》第二十九,载《谭嗣同全集》,中华书局 1981 年版,第 337 页。

“唯器与名，不可以假人，君之所司也”（《左传·成公二年》）的主张，并演化出权势的概念，认为君主应当把持好权势以禁绝奸臣，这一主张直接被法家吸收。

子夏关于明主“持势以绝奸”的主张是涉及君臣关系的原则性命题。自从孔子提出理想主义的“君使臣以礼，臣事君以忠”（《论语·八佾》）以后，后世儒家出现了两派意见。一派以孟子为代表，以为国家社稷高于君主，国家治理得不好责任全在君主，故谓“民为贵，社稷次之，君为轻”，“诸侯危社稷，则变置”（《孟子·尽心下》），“君有过则谏，反复之而不听，则易位”（《孟子·万章下》），认为能够决定王位大事的是“贵戚之臣”。及至荀子，主张为了维护国家利益甚至可以“强君”“矫君”“抗君之命”“反君之事”（《荀子·臣道》），认为能够左右君主的是“社稷之臣”。另一派以子夏为代表，以为国家治理得不好，责任在于乱臣贼子，故君主应当运用权势禁奸于未萌。慎到的重势之论或源于此。二派之分歧盖源于宗法贵族政体和君主集权政体。如李源澄所言：“韩非与儒家论政之异，重君与重臣而已。儒家以贤人格君心之非，韩非则以君率臣以法。韩非恶大臣太重，左右太贵，群臣比周，而制其主，故术尚焉。”㊾韩非显然继承了子夏、慎到重势和申不害重术的意见，无意之中背弃了荀子的主张，进而宣布：“尧舜汤武或反君臣之义，乱后世之教者也。尧为人君而君其臣，舜为人臣而臣其君，汤武为人臣而弑其主，刑其尸，而天下誉之，此天下所以至今不治者也。”其结论是“人主虽不肖，臣不敢侵也”（《韩非子·忠孝》）。

就思想来源而言，孙德谦云：“韩非之论法源于《春秋》。”“《春秋》之说亲受之于荀氏。”他论述道：“彼法家者，虽严刑竣法，为吾儒所不取，不知《庄子》有曰：‘《春秋》以道名分。’故其辨名定分，实本《春秋》之义，而推衍之者尝读《史记》矣。其二《诸侯年表》叙述《春秋》源流，自邱明以下并及韩非，则韩非者得《春秋》之传矣。况全书中凡说春秋时事文，多与《左传》同，又足征非之论法源于《春秋》也。是故百家道术，无有乘于《六经》者。不乘《六经》，犹斥为异端焉，岂不厚诬古人哉！”韩非，师事荀卿者也。刘向序《荀子》曰：‘善为《诗》《礼》《易》《春秋》’，则非之论法，其书虽为韩而作，而《春秋》之说亲受之于荀氏矣。抑又闻之：《春秋》孔子之刑书。是圣德在庶，不能行赏罚之权，而其褒善贬恶，达吾王心，则实立一王之法也。若是，法家者不特辅佐礼教，规规于信赏必罚者，窃取《春秋》之义云尔。”(50)

与其他儒家经典不同，《春秋》是孔子编纂和用来教学的历史课本，记载着大量的故事、先例，其中当然保留着许多案例。诚如范罕所云：“史者，我国惯习法之专司也……祝官主天法史官掌祖法，遂为我国最古之学问机关，亦即法学思想渊源之所自也。”“祖法可称为经验天学而得之惯习法。司法之事，则史官掌之。”“自是以后，是为史官与儒家继续时代。而理官一小支流，遂为周末法家之鼻祖。”“左史记言，右史记事，事为《春秋》，言为《尚书》。”(51)亦如孙德谦所称：“法家之明罚敕法，固以佐礼仪之不及，然《春秋》以道名分，则申、韩之尊君卑臣，崇上抑下，其得《春秋》之学可知矣。”(52)

㊾ 李源澄《诸子概论》，华东师范大学出版社 2009 年版，第 110 页。

(50) 孙德谦《诸子通考》，华东师范大学出版社 2013 年版，第 65、64、67、85、131、132 页。

(51) 范罕《法论四篇》，第 18、20 页。

(52) 孙德谦《诸子通考》，第 2、138 页。

总之,《春秋》所包含的"正名分""尊王者""大一统"诸"大义",均被法家所继承。法家明君臣之序不得相逾越,以帝王之法术巩固王权、驾驭臣下,及至秦朝建立之后统一文字、道路、度量衡,皆秉承《春秋》之旨。

与韩非曾经同师事荀子的还有李斯。李斯的学生当中有吴公,官至廷尉。吴公又是贾谊的老师。《汉书·贾谊传》:"贾谊,洛阳人也。年十八,以能诵诗书属文称于郡中。河南守吴公闻其秀材,召置门下,甚幸爱。文帝初立,闻河南守吴公治平为天下第一,故与李斯同邑,而尝学事焉,征以为廷尉。廷尉乃言谊年少,颇诵诸家之书。文帝召以为博士。"贾谊的思想也是兼容儒学和法术的。他一方面运用儒学思想总结秦暴虐亡国的教训,另一方面又坚持集权君主政体。建议用"刑不上大夫"取代"刑无等级",则是用儒家思想改造法家政治。

就《左传》的传承而言,吴起、荀子、贾谊又为师徒关系。唐陆德明《经典释文序录》谓:"左丘明作《传》以授曾申,申传卫人吴起,起传其子期,期传楚人铎椒,椒传赵人虞卿,卿传同荀卿名况,况传武威张苍,苍传洛阳贾谊,谊传其孙嘉,嘉传赵人贯公,贯公传其少子长卿。"刘向《别录》记载左丘明之后《左传》的传授系统:"左丘明授曾申,申授吴起,辗转而至荀卿,荀卿授张苍。"[53]贾谊之学兼儒法二家,或源于荀子。

九、董仲舒:儒法融合的实践者

董仲舒本是治公羊《春秋》的大儒,刘向《孙卿叙录》说:"汉兴,江都相董仲舒亦大儒,作书美孙卿。"可见他对荀子十分敬仰。董仲舒的学术源于荀子,兼及阴阳五行而成完整的理论体系,晚年又以《春秋》决狱成为儒法融合的实践者。

董仲舒的师承关系比较复杂,大致有两条脉络。第一条线索:孔子→子夏→公羊高→公羊平→公羊地→公羊敢→公羊寿→董仲舒。"昔仲尼志在《春秋》,行在《孝经》。……于是以《春秋》属商(子夏),商乃传与公羊高。高传与其子平,平传与其子地,地传与其子敢,敢传与其子寿。自高至寿,五叶相承,师法不坠。寿一传而为胡勿生,再传而为董仲舒。太史公谓汉兴五世之间,唯董仲舒明于《春秋》。"[54]孔子作《春秋》,其"微言大义"皆载于《春秋》。子夏继承《春秋》之学,严守师法。《史记·孔子世家》载:"孔子曰:后世知丘者以《春秋》,而罪丘者亦以《春秋》。"《春秋》公羊之学素重"微言大义"。《史记·儒林列传》:"言《春秋》于齐自胡母生,于赵自董仲舒。"《公羊序疏》疏引《孝经》说云:"子夏传与公羊氏,五世乃至胡勿生。""是董与胡勿生同为子夏六传弟子。"[55]董仲舒从《公羊春秋》之学而倡"大一统""三世说"阴阳五行、德主刑辅之说,完成了儒学的更新。

第二条线索:荀子→李斯→吴公→贾谊→董仲舒。孔子思想的核心内容是"礼"和"仁"。孟子主要继承"仁"的思想并扩充为"仁政"学说,荀子则主要继承"礼"的思想并形成"隆礼重法"的"礼法"观。李斯与韩非师从荀子,荀、李之间"重法"并无本质不同,但荀子反对严刑酷罚,主张罪刑相称。董仲舒深明荀子之学,又力主贾谊"改正朔,易服色,法

㊽ 参见柳诒徵《中国文化史》上,第269页。
㊾ 凌曙《春秋繁露注·序》,参见苏舆《春秋繁露义证》,中华书局1992年版,第507页。
㊿ 苏舆《春秋繁露义证》,第476页。

制度,定官名,兴礼乐"(《史记·贾生列传》)之论。荀子"兼重礼法"的思想虽经李斯一度走入极端而偏重法刑和君主独断,可谓失之毫厘,谬以千里。而后又经贾谊之修正,至董仲舒始得复其元。

苏舆谓:"汉儒经学,当首董次郑。……两汉多用董学。魏晋南北朝多用郑学。宋以后多用朱学。董学在《春秋》,郑学在《礼》,朱学在《四书》。近人调和汉宋,专取郑、朱语句相同者,牵合比附,用心虽勤,亦失所宗矣。"[56]汉武帝时,董仲舒"罢抑百家,独尊儒术"的建议被采纳,"立学校之官,州郡举茂材孝廉,皆自仲舒发之"(《汉书·董仲舒传》)。

董仲舒和荀子同样背离原始儒家坚持贵族政体的主张,转而拥护中央集权的君主专制政体,这一立场与先秦法家是毫无二致的。董仲舒能够吸收法家思想可能是以《公羊》学作媒介的。"《春秋》之学,孟子之后,亦当以董子之学为最醇矣。"[57]

董仲舒首创的"《春秋》决狱"是对荀子"有法者以法行,无法者以类举"(《荀子·王制》)的混合法原理的实践,同时又将儒家义理提升至国家法律原则的高度,开创了以儒家经义决狱的先河。汉代儒家之经学,既研究经文又研究经例,如礼经、礼例。把这种方法运用到法律上面,自然又研究法条,又研究法例。因此,汉代形成的混合法与经学传统及方法是分不开的。

董仲舒首创"《春秋》决狱"的审判方法在中国法律史上具有十分重大的意义。首先,这种审判方式实际上宣布,儒家经义具有等同于甚至高于现行法律的价值,从而使儒家思想进入法律实践领域成为可能。而事实上儒家思想正是从司法领域入手,逐渐深入到法律注释和立法领域,最后终于按自己的理想来改造整个法律实践活动的形象。其次,董仲舒的"《春秋》决狱"一改先秦儒法两家对立的局面,使两者自然地融合起来。先秦儒家是个民间学派,无缘登上政治舞台,故无机会从事现实的法律实践活动。而法家人物又是在批评儒家思想的同时,按法家的意愿来从事立法、司法活动的。董仲舒的做法,使儒学从书斋走向实践,又使法官转而关心儒学,从而使截然对立的儒法两家水乳交融般走向统一。再次,董仲舒以"《春秋》决狱"的方式恢复了古已有之的判例法,再一次宣示着判例法的生命力。这样一来就开始构筑一个新的法律样式的雏型——成文法与判例法相结合的"混合法"。

董仲舒生活的时代是一个过渡的时代。史载:"孝惠、吕后时,公卿皆武力有功之臣。孝文帝时颇征用。然孝文帝本好刑名之言,及至孝景,不任儒者,而窦太后又好黄老之术。"(《史记·儒林传》)及至"元、成以后,刑名渐废,上无异教,下无异学,皇帝诏书,群臣奏议,莫不援引经义以为据依。国有大疑,辄引《春秋》为断"[58],从而大大巩固了儒学的正宗地位。可以说,董仲舒不仅是荀子儒法合流思想的继承人,而且还是荀子儒法合流政策的实践者。董仲舒的思想和事功带有终结一个旧时代、开启一个新时代的意义。

---

[56] 同上,第490、491页。

[57] 皮锡瑞《经学通论·春秋》,第4页。

[58] 皮锡瑞《经学历史》,第103页。

十、结束语:"儒为诸子之前驱,亦为诸子之后殿"

法家经过了先酝酿,后独立,再与儒家融合的发展过程。秦国采纳法家之术横扫六国,建成统一的帝国,此非独法家之功也。秦帝国迷信暴力、独任刑罚,致二世而亡,亦非独法家之过也。帝国新立,治国理政经验不足,六国旧族耿耿于怀,政治形势十分严峻。同时,儒学的影响尚微,故朝廷还来不及整体吸收儒家思想。但是,就基层官僚群体而言,对儒家思想的吸收已经开始。如《睡虎地秦墓竹简》之《为吏之道》云:"为人君则怀,为人臣则忠,为人父则慈,为人子则孝。……君怀臣忠,父慈子孝,政之本也。""敬而起之,惠以聚之,宽以治之,有严不治,与民有期,安驺而步,毋使民惧。"[59]

汉承秦制,国家官僚机器如旧,法家之吏充斥于官府,如何能够告别法治而恢复贵族政体?此间,法家学术在批评反思中改变形象,儒家学术在休养生息中恢复能量。儒法两家在互相浸润中重新登上政治舞台。"公孙弘以《春秋》白衣为天子三公,封以平津侯,天下之学士靡然乡风矣。"(《史记·儒林列传》)公孙弘、董仲舒、兒宽"三人皆儒者,通于世务,明习文法,以经术润饰吏事"(《汉书·循吏传》)。汉武帝罢抑百家,独尊儒术。其时之儒,已非孔孟思想原貌,而主要是荀子董仲舒之学。进居统治地位的儒家思想实际上已经演化为儒法家、法儒家,或者说被独尊的儒术已经变成儒法之术了。因此,法家的终结,不是像一个物体失去质量形状那样地毁灭掉了,而是借助于融入另一个物体从而变异成一个全新的物体,并继续保持着生命力。这种生命力凭借着官僚群体的日常施政行为而代代相传。同样,儒家学术也正是凭借着吸收法家等诸家思想而完成自我更新、与时偕行。

刘师培说:"子夏荀卿者,集六经学术之大成者也。两汉诸儒,殆皆守子夏荀卿之学派者与。"[60]西汉的儒学实即荀子、董仲舒之儒学。荀董之学,实为儒法之学,法儒之学。这种新学术,既像法家那样维护集权君主政体,又像儒家那样坚持约束君权;既像儒家那样重视德政教化,又像法家那样重视政令刑罚;既像法家那样重视成文法的作用,又像儒家那样重视统治者个人素质。汉代以后,所谓"古代法律儒家化",实乃古代法律之儒家法家化。在政治领域,一秉战国法家理论,尊君卑臣,依法治吏,天下事皆决于法。在社会生活领域,古老习俗礼仪逐渐经过国家立法程序上升为成文法。其实,生活领域的儒家化在秦朝时即已开始。会稽刻石辞曰:"有子而嫁,倍死不贞","妻为逃嫁,子不得母。"(《史记·始皇本纪》)故顾炎武《日知录》谓:"秦之任刑虽过,而其坊民正俗之意,固未始异于三王也。"[61]秦律中的"不孝"罪和"非公室告"的规定,正是儒家伦理法律化的重要标志。汉后及至隋唐,所谓"古代法律的儒家化",虽然亦表现为仁政德教思想对古代州政的浸润,但究其实只是古老民间礼俗逐渐上升为国家的成文法条,而古老的庙堂之礼则逐渐演变为国家礼仪。

两汉以后,学术派别意义上的法家逐渐退出学术领域,但职业或施政意义上的法家

---

[59] 睡虎地秦墓竹简整理小组编《睡虎地秦墓竹简》,文物出版社1978年版,第285、288页。

[60] 刘师培《孔子弟子之传经(上)》,第6页。

[61] 顾炎武撰、黄汝成集释《日知录集释》中册,上海古籍出版社2006年版,第752页。

不绝如缕。"东京之变,刑赏无章也。儒不可任,而发愤者变之于法家。……自汉季以至蜀魏,法家大行,而钟繇、陈群、诸葛亮之伦,皆以其道见诸行事,治法为章"。[62]而儒学的蜕变与复兴,似乎功德圆满地演绎了"儒为诸子之前驱,亦为诸子之后殿"[63]的历史剧目。但是,就法律文化角度而言,法家传统并没有退出历史舞台。由于中央集权君主政体的内在需要,以及民众对清官廉吏的渴望,以法治国的精神,"诸产得宜,皆有法式",事皆决于法,不畏豪强,为民请命,守法尽职,钻研法例的职业法家群体,依然在古代法律实践活动中顽强地宣示着自己的存在。

---

[62] 章太炎《检论·学变》,载《章太炎全集》(三),上海人民出版社 1984 年版,第 445 页。

[63] 傅斯年《战国子家叙论》,第 23 页。

"德性的法治"如何可能？

——以荀子为基点之历史与逻辑的考察

荆　雨*

【摘　要】长期以来,学者或从二元对立的视角看待德与法的关系问题,或以"法即是刑"的观点认识中国古代法的性质。在先秦儒家德与法相互补充、相互协调主张的基础上,现当代学者亦提出德与法有机融合及"德性的法治"观念。从历史发展的角度看,法是适应社会复杂化进程及富国强兵的现实需要而采取的治国方法;从政治思想发展的逻辑看,法是实现"公"、反对"私"而施行的政治主张,具有普遍性、客观性与公正性的精神实质。在荀子那里,法是以公正与理性为根据和精神实质的爱的制度;礼法、礼义既具有社会规范作用,更具有道德教化作用;法是君子所立、所论、所行之义法,其所欲实现的是一个礼乐平治、上下和乐的王道社会。在荀子的政治哲学中,"德性的法治"最终得以实现。

【关键词】儒家;法家;德治;法治;荀子;德性的法治

在现当代政治哲学研究中, 德治与法治及儒家与法家的关系问题是研究者极为重视且欲辩难言的问题。在法哲学家那里,法律与道德的关系甚至被称为法学研究中的好旺角①,不能轻易涉足。"坚持依法治国和以德治国相结合"是当代中国根本的政治主张和社会共识。近些年,学术界对德治与法治关系问题进行了有益的理论探讨和研究。然而,问题依旧存在,人们仍然易于从法是惩罚性手段的角度看待法律并从二元对立的视角看待德治与法治的关系②。如何破解德、法二元的难题而实现德治与法治的有机融合？如何冲出道德与法律关系的好望角而达到对此问题的全新认识？如何对中国古代法律予以积极和公正的认识？我们以"'德性的法治'如何可能？"的问题为核心和线索,进行一番思想的梳理和研究,并尝试回答和解决以上问题。本文的基本思路是:从德治、法治

---

*荆　雨,东北师范大学马克思主义学部哲学院教授。研究方向:中国古代政治哲学、儒家哲学、道家哲学。

① 美国学者罗斯科·庞德说,法律与道德的关系问题是法学中的好望角;那些法律航海者只要能够征服其中的危险,就再无遭受灭顶之灾的风险了。见《法律与道德》,商务印书馆 2015 年版,第 67 页。

②"德主刑辅说"主张以德治为主,将"法"作为辅助性的手段,有学者提出"德法并举"说以及"宪法原则下的德治"等,但这些主张体现的仍是德、法二元的立场和视角。

关系问题入手,从思想史的角度梳理中国古代法产生的历史背景与思想逻辑,并以荀子政治哲学的相关思想为基点,具体分析"德性的法治"是否可能及如何可能的问题。

一、"德法二分"之成见与"德性的法治"之提出

综合地说,关于德治、法治内涵及二者的关系问题,学界主要有以下几种代表性观点。一是认为,古代法治是"刑治",是君主进行集权专制的惩罚性手段,法的产生缺少理性的基础和超越的根据;二是认为,德治是儒家圣王、君主凭主观意志及道德情感进行国家治理的方法,是与客观、理性的法治相对立的"人治";三是认为,儒、法两家都是人治主义者,儒家是相对的、君主主义的人治,法家则是极端的、君主专制的人治③。上述观念所带来的理论与实践的后果是,中国古代思想文化中缺少法的理念和法治精神,法的产生和存在缺少本原上崇高、超越的根据,而古代政治亦采取"犹抱琵琶半遮面"式的"阳儒阴法"做法。

关于中国古代法的性质问题,法律史专家倾向于"法即是刑"的认识,认为中国古代缺少一种理性的、逻辑的精神作为法产生的思想基础。无疑地,这是一种法的非道德性观念。美国汉学家D·布迪指出,"'刑'这一概念在早期法律中使用的频率——包括独立使用和作为'法'的替换词——表现了古代中国人这样的一种法律意识:法就是刑",并且,"中国人最初是以明显的敌意来看待法律的,似乎法律不仅是对人类道德的背叛,而且也是对宇宙秩序的破坏"④。梁治平指出,由最早的"文化自觉"所产生的新的法律理论,根本上还是一种刑罚理论,"中国古代法的合'理'不仅不能够造就一种严密的、无隙可寻的法律体系,反而使法律只具有否定的价值"⑤。牟宗三对于法本身不持否定态度,但他却如此批评申、韩法家:"其所措定之'法'亦不本于理性,而乃本于功利与事便。故为自上而硬加诸其所愚昧之民者。在此,民之守法,不本于其理性之自觉,而乃迫于外在之利害与功利而为外铄者;而上之制法,亦不本于光明理性之客观化,而乃系于急切之功利,主观之私欲。故此种法乃上无根下无着者。"⑥牟宗三基于儒家的德性视角对申韩法家所做的评论,无疑代表着一类轻视与贬低"法"的观点。虽然有学者认识到,"法"字在中国古代有模型、标准的意思,法的根本意义是一国人民的行动规律,但多数人对中国古代法律仍然持有以下观念。一、法只是刑罚,人只会思考如何躲避它,而不会因其产生人格追求上的努力;二、法只是君主以强力制定的进行专制统治的工具,没有神圣的根源和超越的本体根据;三、古代所谓的"法治"只是"人治",不但在本质上不同于现代西方的法治,而且不具有法治的精神和理性的逻辑。此类理解强化了古代法的刑治特征,却淹没了法的客观、公正、理性的实质。欲实现德、法之有机融合及达致"德性的法治"之实现,必对此类观念予以澄清。

② 俞荣根《儒家法思想通论》,广西人民出版社 1992 年版,第 39 页。

③ [美]D·布迪《中华帝国的法律》,朱勇译,江苏人民出版社 1998 年版,第 7-8 页。

④ 梁治平《寻求自然秩序中的和谐》,商务印书馆 2013 年版,第 320 页。

⑤ 牟宗三《历史哲学》,中国台湾学生书局 1988 年版,第 137 页。

⑥《论语·为政第二》,见朱熹《四书章句集注》,中华书局 2012 年版,第 54 页。

在传统儒家"道德的政治"思想中,德与法、礼与刑并用,都是实现善治的工具。孔子说:"道之以政,齐之以刑,民免而无耻;道之以德,齐之以礼,有耻且格。"⑦(《论语·为政》)一方面,在现实的层面上以政、刑治国,发挥其规范社会秩序的作用;另一方面,以根于人性的道德引导民众,以具有传统基础和生活根源的礼俗教化民众,才能实现道德至善的目标。朱熹言:"圣人之意,只为当时只用政、刑治民,不用德、礼,所以有此言。谓政、刑但使之远罪而已;若是格其非心,非德、礼不可。圣人为天下,何曾废刑政来?"⑧依照朱熹的意思,孔子之所以强调以德、礼治国,是因为在现实政治中,执政者更愿意以政令、刑罚的方式统治天下百姓。虽然孔子奠定了"为政以德"之本,政治的要点是执政者发挥其道德表率作用,以实现和促进整个社会的秩序合理及德行端正。政治的目标不仅是追求一个有秩序的社会,更重要的是实现一个善的、有道德心的社会⑨。但在具体施政上儒家皆主张德、礼与政、刑不可偏废。以性善和心性工夫为核心精神的孟子亦说:"徒善不足以为政,徒法不能以自行。"(《孟子·离娄上》)⑩只有良好的善良意志是不能够进行政治治理的。荀子常将礼义与刑罚并提,他说:"故为之立君上之势以临之,明礼义以化之,起法正以治之,重刑罚以禁之。"(《荀子·性恶篇》)⑪后引《荀子》,皆只注篇名)他又说:"以善至者待之以礼,以不善至者待之以刑。"(《王制篇》)⑫先秦儒家多有此类主张及言语,此不赘引。我们只是概要地指出,在儒家那里,德、礼与政、刑的关系并非彼此对立,而是互相辅助和递进的,德、礼、政、刑都是使民向善、导民向善的手段。

现当代学者在德治与法治有机融合的视域下对儒家思想进行理解和阐发。贺麟提出"基于道德礼乐的法治"的概念,以德量为本,以法律为用,一切法令设施,目的在于求得道德的实现,谋人民的福利,则此种法治便可称为诸葛式的法治。此即"德性的法治"。关于儒家与法家的关系,贺麟说:"真正的儒家,不惟不反对法治,甚且提倡法治,提倡诸葛一类型的法治。换言之,儒家与申韩的冲突,不是单纯的德治与法治的冲突,而是基于道德礼乐的法治与功利权术的法治的冲突。"⑬徐复观认为,若将法解释为政治上所应遵守的若干客观性原则,及由此等原则而形之为制度,见之于设施,则孟子乃至整个儒家,都是重视法治的。荀子所谓的礼,在政治上也指法治⑭。李泽厚提出,新一轮的"儒法互用、礼法交融",绝不是"阳儒阴法"的软硬两手,不是一面宣讲仁义道德,一面实现峻法严刑,而是要考虑,"儒学传统所重视的'人情',应该在今后的法律制度的建构和调整中,发挥某种建设性的作用"⑮。郭齐勇说:"'德主刑辅'并非意味着伦理与刑律的对立,在儒者看来,'无非教也'。'德'为教,'刑'也是教。'德'与'刑'其实是同一的,二者都是

⑦《论语·为政第二》,见朱熹《四书章句集注》,中华书局 2012 年版,第 54 页。
⑧朱熹撰、黎靖德编《朱子语类》卷二十三,中华书局 1986 年版,第 546 页。
⑨陈来《论"道德的政治"——儒家政治哲学的特质》,载《天津社会科学》2010 年第 1 期,第 24 页。
⑩《孟子·离娄章句上》,见《朱熹四书章句集注》,中华书局 2012 年版,第 280 页。
⑪王先谦《荀子集解》,中华书局 1988 年版,第 520 页。
⑫同上,第 176 页。
⑬贺麟《文化与人生》,商务印书馆 1988 年版,第 47—50 页。
⑭徐复观著、李维武编《徐复观文集 2》,湖北人民出版社 2002 年版,第 78 页。
⑮李泽厚《历史本体论·己卯五说》,三联书店 2006 年版,第 213 页。

为了'教'。"⑯法不只是刑和赏罚手段,而是与德一样具有教化作用。透过表面之赏罚的含义,法从本质上是一种法治的精神、一种尊重秩序的理性精神,可以浸染为一种内生的德性之法的精神。

需要指出的是,当代法律思想史家梁治平指出,中国古代道德与法律的关系之特征是"法律的道德化"和"道德的法律化",是法律与道德合而为一的混合物,而且,"以法律去执行道德,其结果不但是道德的外在化,而且是道德的法律化。这种外在化、法律化了的道德,……不但不是道德,而且是反道德了。它以刑罚的手段强迫人们行善,结果可能是取消善行"⑰。法学家孙莉认为,现今主张德治者之所谓"法能刑人,不能使人廉",法能惩治于后不能防范于前,等等论证,都未能脱出法即刑罚这一传统理念。事实上,只有在把法仅仅等同于刑罚的前提下才可能主张德治或德治与法治并用。但这种可与德治并用的法治绝非现代意义的法治⑱。此类认识提醒我们,必须将法与刑罚区别开来,否则所谓的德治与法治的结合只能是德治与刑治的二元结合,遑论"德性的法治"之实现。

二、公正与无私:法的发生逻辑、精神实质及其"正名"

法即是刑,这是多数人对于中国古代之法及法家的典型印象。然而,表面的印象却掩盖了对法之实质的认识。法是适应社会历史的发展变化而产生的,是对客观、公正、理性的政治治理的追求,亦可谓之法治的精神。我们可以从历史背景和思想逻辑两个方面对法之产生及其精神实质进行重新认识,并为之"正名"。

从社会历史背景看,法是适应社会复杂化及宗法制崩坏这一变化而产生的,是对普遍、客观的理性政治的要求。春秋到战国这一时期,社会发展呈现一种复杂而多变的趋势,政治上表现为废封建、立郡县的转型,经济上则表现为废井田的转变。在此社会日益复杂化的情势下,传统的礼制已难适应复杂多变的社会发展趋势,所以需要用一种更客观和普遍的法来治理国家。牟宗三指出,"社会简单,客观的事业就愈少,大体都是些直接的行为。直接行为大体都是主观性的,都是个人的主观性行为。而客观的事业则不属于个人,而是公共的事。公共的事就当有一客观的标准,所以当时提出'法'的观念来作为办事的标准是必要的,并不算坏"⑲。

战国时期社会发展变化的另一重要表现是宗法秩序的崩坏——礼坏乐崩。在封建宗法社会中,关系从人,故制度尚礼。宗法制既衰,从人之关系渐变为从地,执政者势不得不别立"贵贵"之制度以代替"亲亲"⑳。随着"亲亲"原则的日趋衰落,"尊尊"的原则也需要适应新的社会变化而不得不进行新的创制,此即表现为由"俗"至"礼"、由"礼"至"法"的发展过程。相对于更为传统的"俗"而言,礼是为了适应社会分化和复杂化而形成

---

⑯ 郭齐勇、龚建平《"德治"语境中的"亲亲相隐"》,载《哲学研究》2004 年第 7 期。

⑰ 梁治平《寻求自然秩序中的和谐》,商务印书馆 2013 年版,第 268 页。法律史家瞿同祖有"法律的儒家化"的提法,见其《中国法律与中国社会》,中华书局 2003 年版,第 309–319 页。

⑱ 孙莉《德治与法治正当性分析——兼及中国与东亚法文化传统之检省》,载《中国社会科学》2002 年第 6 期。

⑲ 牟宗三《中国哲学十九讲》,上海古籍出版社 1997 年版,第 158 页。

⑳ 萧公权《中国政治思想史》,中国台北:联经出版事业公司 1982 年版,第 105 页。

的相对普遍的制度形式。相对于更为普遍和客观化的法来讲，礼则是相对特殊而具体的仪则。概括地说，在封建宗法制度下，维护国家秩序稳定的因素是德与礼，但随着宗法制度的崩坏，儒家所提倡的道德礼教仿佛成为了迂阔之论，于是只得让那般政治家拿法来救时弊[21]。总之，法治是突破了以宗法血缘为根基的礼治而产生的。自宗法政治崩坏以后，为政者不得不立法度以治理国家、整齐其民。

此外，战国时期，法治主张的集中出现还有一个背景，即在天下大争、诸侯争霸的局面下，政治家们都提出了"富国强兵"的政治诉求和政策建议。这也是所谓法家的一个共同的特征。追求国富兵强就不能以一种松散的、自然主义的方式治国，甚至不能采取"为政以德"的治理方式，必须在全国上下依照统一的目标与原则进行政治活动，实施集中的、国家主义的治国方略。相较于西周初期和春秋时期，处于诸侯争霸、天下一统大势下的战国后期的执政者，必然会选择更具普遍性和形式化的法作为其治理国家的工具，"以更能代表新兴势力的法代替礼，就成为势所必然的事情了"[22]。从礼、法之"异""同"的角度看，儒家注重贵贱、尊卑、长幼、亲疏之"异"，故以富于差异性的、个别的礼作为维持社会秩序的工具；法家欲以同一的、单纯的法律约束全国人民，故而重视"同"。需要指出的是，适应时代发展需要而产生的法不是对礼的倾覆式代替，而是从礼之中不断发展变化而来的。法从礼中"脱颖而出"的方式大致表现为：一者，传统的礼通过不断修正而具有较多的规范性、普遍性特征；二者，合理性、客观性的精神作为制度理性而体现在政治行为中；三者，更具规范性、客观性、普遍性的"法"出现。作为圣人制礼作乐、新旧相因的政治制度和秩序规范，礼或周礼不能说不具有普遍性及理性，但其深厚的宗法基础最终仍使其以"别异"为根本特点和主要目标并为更具普遍性的法所替代。赅而言之，法是适应新的社会情势的复杂性与新兴富国强兵的国家利益和需求的、继承礼并代替礼的客观性原则与普遍性制度。

就法的性质而言，法是追求"公"、反对"私"的，是客观、公正、无私的政治理性的制度表现。战国中后期的思想家为了实现社会有序的政治目标，将思想的目光聚焦于代表"公"的、具有客观性的法。司马谈《论六家要旨》言："法家不别亲疏，不殊贵贱，一断于法。"此说表明，"法"之根本为不讲私情的、非人格化的、客观的政治秩序。稷下先生尹文子等人有如下讨论："圣人者，自己出也；圣法者，自理出也。理出于己，己非理也；己能出理，理非己也。故圣人之治，独治者也；圣法之治，则无不治矣。"（《尹文子》）

"圣人之治"是根据君主个人的主观意见——"己"来治理国家；"圣法之治"则是根据客观化、形式化、普遍化的"理"来裁断是非。理、法由人（己）而立，但理、法一经奠定便具有了"不以人的意志为转移"的客观性和独立性。以君主个人德行、智慧治理国家，虽然也可以使国家政治秩序和谐有序，但却将国家之治乱托付到了君主一个人身上。此段是对法之客观性、普遍性、独立性、理性特质的最精到和集中的议论[23]。虽然有不少学者

㉑ 杨鸿烈《中国法律思想史》，商务印书馆1936年版，第82页。

㉒ 阎步克《士大夫政治演生史稿》，北京大学出版社2015年版，第148页。

㉓ 梁启超谓："此以严密论理、法，剖析人治、法治两观念根本不同之处，可谓犀利无伦。"参见氏著《先秦政治思想史》，东方出版社1996年版，第176页。

指出传统中国所谓"法治"在本质上不同于西方与现代之法治,是实质上的人治,但我们也不能因此而否定中国古代法治主张中的这种普遍、理性、客观的精神。黄老道家著作《黄帝四经》之《经法·君正》篇言:"法度者,政之至也。而以法度治者,不可乱也。而生法度者,不可乱也。精公无私而赏罚信,所以治也。"法度、法制是政治的极致、是去除天下之乱的根本,而公正、无私、信赏、必罚则是蕴蓄于制度之中的核心精神。商鞅主张:"夫释权衡而断轻重,废尺寸而意长短,虽察,商贾不用,为其不必也。"(《商君书·修权》)韩非子主张:"法不阿贵,绳不挠曲,法之所加,智者弗能辞,勇者弗敢争,刑过不避大臣,赏善不遗匹夫。"(《韩非子·有度》)法之所以能成为治国的标准,关键在于其具有客观性、公开性与平等性,布政施治、量功课能、决断赏罚,都有既定的轨迹和常法可循。

法家既已明确了君主的无私和不干涉是客观、公正的法治得以执行的关键,进一步则集中地提出了君主"无私"的主张。《管子》之法家以及慎到、韩非等都主张"公",反对"私",其中,《管子》的主张较为典型。该书言:"有道之君,善明设法而不以私防者也。而无道之君,既已设法,则舍法而行其私者也……为人君者,倍道弃法,而好行私,谓之乱。"(《管子·君臣》)梁启超谓:"统观《管子》全书,其于人主公私之辨,一篇之中,三致意焉。所谓公者何?从法而已矣。所谓私者何?废法而已矣。"[24]君主不可以舍弃法度而用一己之私。用己之弊,遇智慧、德行超群之圣人有治世,遇平庸甚至昏庸之主则会出现社会混乱、国家危亡之局面。法治的施行,不只是君主的无私,还是整个社会官、士、民的无私,乃至天下之无私。《管子》有言:"以法制行之,如天地之无私也。是以官无私论,士无私议,民无私说,皆虚其匈(胸)以听于上。上以公正论,以法制断,故任天下而不重也。"(《管子·任法》)韩非子亦多言"法"与"私"之不相容,其云:"夫立法令者以废私也,法令行而私道废矣。私者所以乱法也。……所以治者,法也;所以乱者,私也。法立,则莫得为私矣。"(《韩非子·诡使》)韩非集中反对所谓的私词、私意、私惠、私欲。此类行为的动机未必不善良,出发点也未必是不为了国家利益着想,然而治国之道,在于以追求国家整体利益为目标,制定全国上下共同遵守的标准,标准之具体表现,则为国家制定公布之"公法"。"公法"与"私行"不能并容。[25]毋庸置疑,中国古代法家立公去私的主张即是一种法治精神。西方政治思想家对此有共通的认识,西哲亚里士多德主张,"即使是最明智的统治者,也不能罢废法律,因为法律有一种不受个人情感左右的品质,这种品质是不论多么善良的人也不能得到的。法律是不受欲望影响的智慧"[26]。当然,古代法家的"公"更多的指向治理原则的客观化、普遍化,而与西方政治哲学的公平、正义、权利等有别[27]。

我们还需要澄清一种颇有代表性的观点,即认为法是君主的权术和威服臣民百姓的集权手段。如所周知,慎到、申不害、韩非等法家皆主张势与术。"势治"之说,在商鞅、

---

24 梁启超《管子评传》,载《诸子集成》,上海书店出版社 1986 年版,第 17 页。

㉕ 参见姚蒸民《韩非子通论》,中国台北:台湾东大图书有限公司 1999 年版,第 169 页。

㉖ [美]赛班《西方政治思想史》,李少军等译,中国台北:桂冠图书出版有限公司 1992 年版,第 109 页。

㉗ 宋洪兵教授认为,法家思想中有公正观念,法家之"法治"表达的是一种扬善惩恶的正义价值。参见宋洪兵《论法家"法治"学说的定性问题》,载《哲学研究》2012 年第 11 期。笔者认为,中国古代法家的"公正"表达的是对客观、普遍、理性治理的追求,到韩非子等法家那里寻找权利、正义等思想,处理不当就会落入以西方现代法治判断中国古代法治的窠臼。

慎到处皆有表现，而韩非倡之。韩非说："无庆赏之劝，刑罚之威，释势委法，尧、舜户说而人辩之，不能治三家。夫势之足用亦明矣。"（《韩非子·难势》）势就是权力、权势，即君主之所以为君主、之所以控御臣下、统治百姓所处之势位。韩非亦主张君主治国要用"术"。他说："术者，因任而授官，循名而责实，操杀生之柄，课群臣之能者也，此人主之所执也。"（《韩非子·定法》）申、韩法家的术治、势治思想遭到了来自各方的批评，而批评的主要内容就是法家尊君、使君主成为政治之无限体、法无客观光明的理由，等等。依笔者之见，法家为了保证法的实施、保证法的权威，必须增进代表法之意志、国家之意志的君主的权与势，并将德与刑、赏与罚这两种行政手段牢牢掌握在君主手里。国君如不能居高位、掌握绝对权力，法只是徒具形式，而无法实现治国之目的㉘。宜乎，商、韩等主张术与势！宜乎，商、韩等遭受"导致绝对的君主专制主义"之批评！

另外，不可忽视的是，法家鲜明地主张君主以法自治、以法自正，并先于民众服从法律。《管子·法法》言："是故明君知民之必以上为心也，故置法以自治，立仪以自正也……行法修制，先民服也。"梁启超认为，《管子》所代表的法家之法，"非谓君主所立限制其臣民，实国家所立而君主与臣民同受其限制者也"，"管子之独张君权非张之以压制人民，实张之以压制贵族也"㉙。梁启超的理解固然有理想主义成分，但其说也具有一定的合理性。帛书《黄帝四经》有言："故执道者生法而弗敢犯也，法立而弗敢废也。能自引以绳，然后见知天下而不惑矣。"（《经法·道法》）绳，即法。作为立法的主体，"执道者"（即君主）对于法律要"不敢犯""不敢废""自引以绳"。此主张表现了对立法之君进行限制、在生法和执法过程中保持法的至上性的思想努力。当然，如儒家的德治最后必寄托于君主的个人修身一样，法家的法治最后亦依赖于君主的自觉、无私及道家式的修养㉚。

三、公正之法与制度之爱："德性的法治"之理性表达

在法家那里，虽然有《管子》所代表的齐法家对儒家道德的追求，但德与法终究表现为一种二元的关系。欲实现德与法的有机融合，须将目光转到儒家的荀子那里。一方面，荀子具有与孔孟儒家尤其是与孔子相同的养民、教民、礼治、乐教等治世追求；另一方面，他又吸收了道家、名家的思想，具有客观化、普遍化的精神特质以及重制度、重经验的理性精神。两方面的结合，可实现德与法的有机融合，是"德性的法治"得以落实的基础。

荀子"德性的法治"思想首先表现于其对礼义之公的追求中。前已提及，法家主张以法治国，反对政治生活中的"我""私""己"，这种主张背后的精神实质即是"公"。溯其源，道家老子有"公"的主张："知常容，容乃公，公乃王，王乃天，天乃道，道乃久，没身不殆。"（《老子》第十六章）帛书《黄帝四经》主张："公者明，至明者有功。"（《经法·道法》）在儒

㉘ 中国台湾学者王晓波在解释《商君书》之"势"时说，国君之所以能立"法"，能去"私"存"公"，并不是依靠他个人的能力，而是凭恃著他的权势。参见王晓波《先秦法家思想史论》，中国台北：台湾联经出版事业公司1992年版，第183页。

㉙ 梁启超《管子评传》，第16页。

㉚ 笔者认为，执道者在生法、执法的过程中能否不以私意害公，能否"精公无私而赏罚信"，全赖君主个人的自觉程度，而没有设立一个监督机制或力量来制约君主，没有一个具有可操作性的制度建构。参见荆雨《试析帛书〈黄帝四经〉"道生法"思想的内涵及意义》，载《中国哲学史》2005年第4期。

家,既有澹台灭明坚守原则的公㉛,也有"大道之行"的"天下为公"(《礼记·礼运》),荀子之"公"则主要是相对于"私"而存在的"法"。荀子说:"(君子)怒不过夺,喜不过予,是法胜私也。"(《修身篇》)㉜君子不会因为喜怒之情而过分、过度地予夺,君子依法度(公)而不依私情、私利进行政治治理。法治最需要的是客观的、普遍的、公正的理性,所以要"精公无私而赏罚信"。荀子又说:"公生明,偏生闇,端悫生通,诈伪生塞……"(《不苟篇》)㉝荀子认为,"公"在政治判断中的作用是公而无私的明辨是非,只有不带任何偏私的、客观公正的"公",才会使人在判断事物时明辨是非,从而使政治事务畅通无阻。荀子指出,现实社会中的行政人员——"士仕者"完全处于谋求私利、争夺权势甚至不惜触犯法律的状态中。在下者结党以蒙蔽君王或上级,趋同谄媚于上以欺诈下层,这些做法都是政治中"私"的表现。荀子主张,治理天下的人必须是具有"公正"的修养之"公士":"不下比以闇上,不上同以疾下,分争于中,不以私害之,若是,则可谓公士矣。"(《不苟篇》)㉞政治领域中的"公士",其观点意见的不同和争执应该只由于对事物本身是否合理、恰当(中)的判断,而不是出于私心、私利。荀子欣赏秦国之公与法,盛赞秦国政治领域之士大夫都以"公事"为主,而没有私事、私心:"入其国,观其士大夫,出于其门,入于公门,出于公门,归于其家,无有私事也,不比周,不朋党,偶然莫不明通而公也,古之士大夫也。"(《强国篇》)㉟荀子追求的是在"至道大形"之下,"公道达而私门塞矣,公义明而私事息矣"的政治状态,是最能体现理性政治即法治的状态。

"公"的主张和内容展现了荀子政治哲学之公正、理性特质,而此理性特质又可以通过荀子之重"理"可见㊱。荀子之理多指古代圣王传下来的客观礼乐制度及其中所贯通的普遍性的理则,其所谓"中理",即是合于此客观制度之理则的意思㊲。荀子说:"言必当理,事必当务,是然后君子之所长也。凡事行,有益于理者立之,无益于理者废之,夫是之谓中事。"(《儒效篇》)㊳荀子以有益、无益于理作为行事是否恰当及理论是否正确的标准。试若具体问:什么是理? 理由谁定? 则荀子的回答是:行事上,于后王之政治行事上见;历史经验上,于先王制度的统类中寻绎。荀子言理处极多:"少而理曰治"(《修身篇》)㊴;"心之所可中理,则欲虽多,奚伤于治?"(《正名篇》)㊵"义者循理"(《议兵篇》)㊶,等等。以上所

㉛《论语·雍也》载,子游为武城宰。子曰:"女得人焉尔乎?"曰:"有澹台灭明者,行不由径,非公事,未尝至于偃之室也。"

㉜王先谦《荀子集解》,第42页。

㉝同上,第59页。

㉞同上,第58页。

㉟同上,第358页。

㊱唐君毅指出,"先秦诸子中,唯荀子喜言理",见氏著《中国哲学原论》,中国台北:台湾学生书局1992年版,第10页。言荀子"理"之义,参看该书第23页。

㊲韦政通指出,"具备逻辑心灵,遂能由历史杂乱分歧之事象中,发现其共理。……荀子知统类之说,便是为发现礼义法治(圣王之迹)中之共理而提供者"。见韦政通《荀子与古代哲学》,台中中国北:台湾商务印书馆1966年版,第21页。

㊳王先谦《荀子集解》,第146页。

㊴同上,第28页。

㊵同上,第506页。

㊶同上,第330页。

引语句中的"理",皆是指人的意志行为所当遵循的当然之理,而大概同于"义"者。荀子又说:"礼也者,理之不可易者也。"(《乐论篇》)㊷此处,论述的中心已经是"理"——作为制度规范的礼,是理的固定的、不可改变的形式。荀子的制度及法治追求是其理性精神的必然表现,有此理性的精神与思想实质必有荀子对于客观、理性之制度的重视和追求。

荀子政治哲学另一引人注目之处是其在重"理"基础上对制度的重视。荀子说:"上莫不致爱其下而制之以礼,上之于下,如保赤子。政令制度,所以接下之人百姓,有不理者如毫末,则虽孤独鳏寡必不加焉。"(《王霸篇》)㊸先秦儒家皆主张爱民、利民,荀子的特殊之处在于指出了君主表达爱民之意要"制之以礼"。一方面,爱民可以通过省刑罚、薄税赋、深耕易耨等方式实现;另一方面,爱民之心、爱民之意则需通过政令制度来表达和实现。在荀子看来,爱不应是偶然的、不确定的、主观任意的,而应是循其理而施以制度化建构的"爱之礼""爱之法"。在先秦儒家"民之父母"思想中,孔子、孟子等都是从仁心、恻隐之心出发倡导君王为百姓父母的,荀子提出的思路却有所不同。荀子在社会复杂化的背景下意识到了上与下之间、君王与百姓之间已不再是直接面对、直接影响的简单关系,而是要通过政令制度的中介来联结。君王对百姓"如保赤子"的爱,不只是通过恻隐之心予以表达,而且要审慎地制定和审议政令制度是否合理、是否足以表达和表现君王之爱。荀子说:"礼乐则修,分义则明,举错则时,爱利则形。"(《强国篇》)㊹王先谦引郝懿行的话说:"形,《韩诗外传六》作刑。刑者,法也。爱人利人皆有法,不为私恩小惠。"㊺荀子的意思是,国家的政令制度、法律制度必须合理,不合理的政令法律制度,即便细微如毫末,也不能施加给最普通的底层民众。荀子的制度、理性精神使其在政治思想方面逐渐向法倾斜:"好法而行,士也;笃志而体,君子也。……人无法,则伥伥然;有法而无志其义,则渠渠然。依乎法而又深其类,然后温温然。"(《修身篇》)㊻"政令法,举措时,听断公,上则能顺天子之命,下则能保百姓,是诸侯之所以取国家也。……循法则、度量、刑辟、图籍,不知其义,谨守其数,慎不敢损益也,……是官人百吏之所以取禄秩也。"(《荣辱篇》)㊼

综合而言,荀子政治哲学主张可以概括为:在实现"公"、反对"私"的思想追求下依理而行"制度之爱",公正之法与制度之爱是政治理性精神的内在要求。如此,"起法正以治之,重刑罚以禁之"的法治主张,对于荀子而言似乎是顺理成章之事了。但若就本文"'德性的法治'如何可能"的主题而言,荀子如何使法令制度以德性的精神为内在根据?德性的精神如何贯注于法治的框架中? 此问题尚需进一步地分梳。

㊷ 同上,第 452 页。

㊸ 同上,第 261 页。

㊹ 同上,第 345 页。

㊺ 同上,第 295 页。《管子·明法》篇有"不为惠于法之内"的主张,即不超越于法律制度而实行恩惠的意思,与荀子此处主张相同。

㊻ 王先谦《荀子集解》,第 39 页。

㊼ 同上,第 70 页。

四、礼义之化与王道之治:"德性的法治"之理想境界

在历史与思想的双重逻辑之下,荀子通过公正之思、理性之爱、制度之设等途径步步逼近了"德性的法治"之主张。荀子在坚持儒家德与礼的基础上,吸收了法的治国手段,而在其对法的主张中,又不失其儒家之本。一方面,荀子之礼吸收了法的合理性、普遍性、客观性、制度性而具有"制度儒家"的特征;另一方面,荀子又以礼义、心知、化性起伪、慎独等修养主张,而使其礼法建构内在地贯通了儒家德性的精神⑱。

首先,荀子"德性的法治"表现为礼义之化。就荀子思想的根本来说,其政治主张无疑是礼义之治,进一步说即是礼治。荀子的礼,既突出了制度化、规范化、客观化的特征,又具有教化性、引导性的特征,兼具客观性与教化性的礼治可称为"德性的法治"。荀子敏锐地认识到"礼义之分"对于社会秩序稳定的根本作用,所以,他特别强调礼的地位和作用⑲。荀子说:"国无礼则不正。礼之所以正国也,譬之犹衡之于轻重也,犹绳墨之于曲直也,犹规矩之于方圆也,既错之而人莫之能诬也。"(《王霸篇》)⑳礼在这里即是治国之法。礼的作用在于规定各人之间的分别,包括等级、名分,并由此形成社会的秩序。荀子说:"礼者,治辨之极也,强国之本也,威行之道也,功名之总也。"(《议兵篇》)㉑在荀子这里,礼法具有根本上的价值的合理性,以及维护社会安定、天下平安的手段的合理性。荀子的用心,"是要以'礼'来建立一种'各尽所能,各取所值'的合理的社会秩序"㉒。荀子多言礼义:"故为之立君上之势以临之,明礼义以化之,起法正以治之,重刑罚以禁之。"(《性恶篇》)㉓礼义是和"法正""刑罚"并用的政治手段,与临之、治之、禁之等强力的、惩罚性的手段相比,礼义之化是温和的、教化的手段㉔。荀子政治哲学接纳并吸收了"法",

---

⑱ 诚然,如某些学者所指出的那样,荀子思想的理性主义特征使其在"德性之知"方面显示出了理论上的先天不足,其对道德建构的知性分析和客观要求使其在内在价值、心性本体方面有所欠缺,但我们须指出的是,荀子思想的重点与重心是政治哲学而非道德哲学,其人性恶的主张亦须加以重新认识。

⑲《左传·隐公十一年》:"礼,经国家,定社稷,序民人,利后嗣者也。"《礼记·乐记》云:"礼者,理之不可易者也。"礼即是国家政治制度,是不可改易的、客观性的理。在此意义上说,礼即是法。荀子"礼法"并提、并举的做法足以说明荀子对于礼之客观性的重视,以及使礼向法靠近的思想趋向。

⑳ 王先谦《荀子集解》,第248页。

㉑ 同上,第332页。

㉒ 徐复观著、李维武编《徐复观文集2》,湖北人民出版社2002年版,第228页。

㉓ 王先谦《荀子集解》,第520页。

㉔ 荀子说:"人生而有欲,欲而不得,则不能无求,求而无度量分界,则不能不争。争则乱,乱则穷。先王恶其乱也,故制礼、义以分之,以养人之欲,给人之求。"(《礼论》)对于人的基于本性的欲望,在政治生活中要通过礼义疏导、引导而规范之。荀子的礼义制度不是要压制、克服乃至完全摒绝人之欲望,而是通过"养"的方式,使人的欲求、情性得以熏养、升华,化人之性而有礼义道德产生。参见荆雨《儒家政治公德之内向性及困局突破》,载《社会科学战线》2017年第4期。虽然荀子提出"性恶",但其养欲、化性、慎独等主张则使其政治哲学在人性问题上根本不同于商、韩法家。王正认为,"商鞅、李斯(包括韩非)则在与荀子相近的人性论上,不采取对治的态度,而是用顺之、纵之的方法将人性之恶彻底释放出来,并让这种力量膨胀到极致"。参见《"法儒"还是"儒法"?——荀子与法家关系重估》,载《哲学研究》2017年第2期。在荀子的观念中,性不是现实的、固定的恶,而是可以引导向善的并由认识善而成为善的。心不但能因学师法而成为善的,而且,又能创造新的善。唐君毅认为:"荀子之心,即只在第一步为一理智心,而次一步则为一意志行为之心。此意志行为之心,乃能上体道而使之下贯于性,以矫性化性者也。"参见唐君毅《中国哲学原论·导论篇》,香港:东方人文学会1974年版,第111页。由之,我们才可以说,荀子的政治哲学有"德性"的内在根基,"德性的法治"在人性基础才成为可能的。

然而,荀子并没有以法代替礼。荀子重视礼原本的规范义并使其制度之义(等同于广义的法)越发凸显,重视发挥礼的教化作用,保持着儒家道德的政治之教化本质及对至善社会追求的理想。

其次,荀子提出与法家不同的"议法"及"义法"的主张。

> 故法法而不议,则法之所不至者必废。职而不通,则职之所不及者必坠。故法而议,职而通,无隐谋,无遗善,而百事无过,非君子莫能。……其有法者以法行,无法者以类举,听之尽也。……故有良法而乱者有之矣,有君子而乱者,自古及今,未尝闻也。"⑤

此段包含了荀子关于"法"的基本主张。一者,法是维护国家安定、社会有序的重要手段。荀子多处主张法法、师法、隆礼重法等,提出"故有师法者,人之大宝也;无师无法者,人之大殃也"(《儒效篇》)⑤的主张,认为"行法志坚,不以私欲乱所闻"的人可谓"劲士"。二者,政治行为需要"以类举",用普遍的、可行的原则治理社会。此"以类举""以人度人,以情度情,以类举类"的行为,必依据一个客观普遍之理性精神方可实行。法在施行过程中需要此种理性精神的贯注,以其判断法是否为"义法"并补充法律所不及之处。此理性的行政精神,也可说是法治的精神。三者,君子之治,"法而议",会减少不通不至的方面。关于"议"的意思,注曰:"议谓讲论也。虽有法度而不能讲论,则不周洽。"⑤"法而不议"是法家的基本主张,荀子却恰恰反对此原则。荀子认为,如果众人畏于君上之威严而不竭其言尽其力,那么,法律涉及不到、考虑不到的地方,则会存在废弃、坠落的乱局。荀子极为重视法之立、法之义,认为君子必须了解"法之义"及法之所从来,关注法是否为义法、良法。

再次,荀子认为,君子是"议法"及"义法"之本,是制定和执行法的根本。荀子主张隆礼重法,以礼法安定天下,然而,荀子又言:"君子者,礼义之始也"(《王制篇》)⑤;"君子者,治之原也。"(《君道篇》)⑤荀子认为,法度和礼义的根源都来自于君子,礼法治国的根本在于君子。荀子的君子思想不同于依靠权威统治的人治主义,二者最大的区别在于政治主体是否具备了道德。荀子深知君主对于立法、行法、议法、义法的重要性,所以,定夺"义法"与否的君主(子)必须具备基本的德行修养,如公而无私、知通统类等。如果上、下都好利,没有公、义之德,则有法而无法,有法而乱。故荀子强调,必在法度之下、法度之中发挥君子的根本作用,以补法治之不足。荀子提出最著名的主张:"法者,治之端也;君子者,法之原也。故有君子则法虽省,足以遍矣;无君子则法虽具,失先后之施,不能应事之变,足以乱矣。不知法之义而正法之数者,虽博,临事必乱。"⑥荀子思想中的君子不是

⑤ 王先谦《荀子集解》,第 179 页。

⑤ 同上,第 169 页。

⑤ 同上,第 151 页。

⑤ 同上,第 192 页。

⑤ 同上,第 274 页。

⑥ 同上,第 272 页。

与法对立的君子,而是在礼法世界、天地境界中的君子。荀子所强调的是,君子应具有治世、养民之责任心,具有理性、法治的精神,依礼法制度而行[61]。依荀子,圣贤、君子能够反思并超越人的先天秉性以形成理性思想、具有法治精神,并能够通过立法或者建立礼义制度的方式教导人们遵循礼义道德。

在荀子这里,政治世界是一个由君民、上下组成的政治共同体。实现共同体有序、有德、和乐的关键在于君上之德与行。荀子指出了礼义之化由上至下、及于小民的顺序。民众具有信、公、平、齐之德,是因为君上率先具有了礼义之德。在君主之德、礼义之化下,百姓会自然地追求道德,自觉达到法治所欲实现的目标,不需要法律的赏罚手段、法律官员及具体的法规事务,便能实现顺从、尊重君主的意图,为君主(即国家)的事业做出努力,从而达到最后的和乐之境。于此,礼法之教化作用跃然可见。

综合本文论述,我们由德、法关系问题开始,经过对历史与思想之双重逻辑的梳理,得出基本的认识,即中国古代之法虽以刑为手段,但法不只是刑,更是社会总体发展的需要以及对客观公正的政治治理之寻求;法是制度理性、政治理性的表现,亦是道德理性的要求;法是贯穿着德性精神的框架制度,是走向"至善"社会的根本方式。荀子通过礼义之化、君子之治、王道之归等,使德与法实现了实质性的、有机的融合,"德性的法治"思想在儒家荀子这里最终得以实现。

---

[61] 关于荀子"法不能独立,类不能自行,得其人则存,失其人则亡""有治人无治法"的主张,梁启超认为,这是"至当而不可易者也","政治习惯不养成,政治道德不确立,虽有冠冕世界之良宪法,犹废纸也"。参见梁启超《先秦政治思想史》,东方出版社 1996 年版,第 195 页。

黄老刑德是法家思想吗？

徐　莹*

【摘　要】刑德既是战国诸子的重要论题，也是群雄争霸中的治国之术。马王堆汉墓出土的黄老帛书阐述了一种"先德后刑"的刑德相养理论，学者借韩非的"刑德二柄"加以解读，认为二者同义。虽然黄老刑德与商鞅的刑赏在"物质刺激"等内容上有相通之处，但黄老刑德概念的内涵远大于刑赏，二者在天人关系、人性驱动论等方面，也有本质区别。法家讲赏罚，以商韩为代表，商鞅之学在这一问题上主张"先刑而后赏"。韩非的"刑德二柄"与商鞅的刑赏治术并无二致，黄老刑德与商韩的赏罚之术并非同一思想体系。通过对"先德后刑"与"先刑后赏"这两种早期刑德学说的比较分析，可以澄清目前研究中的相关误解，在梳理黄老道家与法家的思想纠葛中明确黄老刑德学说的思想独立性，并由此管窥战国时期的天人关系。

【关键词】刑；德；先德后刑；先刑后赏

刑德，即刑罚与恩德，是国家治理体系中的重要内容。在群雄逐鹿的战国时期，刑德论既是诸子百家竞相争鸣的思想学说，也是国君人主争霸图强的治国之术。与儒家的重德隆礼、法家的严刑峻法不同，马王堆汉墓出土的黄老帛书①阐述了一种"先德后刑""刑德相养"的刑德并用理论。这种兼行并用的"黄老刑德"不仅超越了此前刑罚与德治的二元对立，而且因为强调天道的赋予和加持，从具体的治国之策上升为一种政治哲学。虽然学界对帛书黄老刑德学说的研究已经取得了丰硕的成果②，且《经法》等四篇帛书业已被认定为黄老文献，但关于其刑德学说的思想倾向抑或是黄老道家的学派问题，都始终存在不同意见。有学者认为黄老学说实属法家；有学者认为帛书虽属黄老学派，但其刑德思想属于法家学说③。

* 徐　莹，河南大学《史学月刊》编辑部编审。研究方向：先秦、秦汉思想史。

① 指马王堆汉墓帛书《老子》乙本卷前出土的四篇古佚书：《经法》《十六经》《称》《道原》，学界习称"黄帝四经"。

② 学术史回顾详见拙作《马王堆汉墓帛书〈黄帝四经〉"刑德"说研究综述》，载《简帛研究》2020秋冬卷。

③ 认为黄老之学实为法家学说者，如张纯、王晓波《韩非思想的历史研究》，中华书局1986年版；孙景坛《〈黄帝四经〉研究的几个重要问题》，载《南京社会科学》2003年第2期；宋洪兵《论司马谈之"道家"概念与司马迁之"黄老"概念》，载《国学学刊》2016年第2期；等等。冯友兰认为，黄老学所论的治国道理是法家的道理（《中国哲学史新编》，人民出版社，第195页），而陈丽桂在《战国时期的黄老思想》一书中说，黄老帛书尽管"先德后刑"，但在刑、德之间重刑、尚霸道，具有浓厚的法家气质（中国台北：联经出版事业公司1991年版，第87–99页）。

道法结合是黄老学的特征。自司马谈、司马迁父子先后使用"道家"和"黄老"概念，并将韩非、申不害等"归本于黄老"以来，关于黄老道家④的本质和属性，尤其是黄老与法家的关系等问题，一直模糊不清。《史记·论六家要旨》中的道家以兼容百家著称，其实战国诸子均有彼此吸取、相互融合之势，从而使诸家学说都或多或少地包含其他学派的思想因子。蒙文通指出："周秦诸子学术是极其复杂的，要加以系统的清理，本极困难，但提出些共同的问题，把各家的议论和态度作对比观察，各派的思想感情也还不难看出一些。"⑤蒙先生提出的这种以"共同问题"为中心的研究方法，尤其适合清理黄老与法家的思想纠葛。

黄老学是风行于战国时期的政治思潮，商鞅之学使原本落后的秦国迅速崛起，最终横扫六国，二者均为中国古代政治思想的重要内容，而"刑德"也是黄老和法家共有的核心论题之一。本文拟以此为切入点，将"先德后刑"与"先刑后赏"这两种刑德学说进行对比分析。通过两者之间及其与韩非、管子思想的比较，澄清目前研究中的相关误解，探讨黄老刑德学说独具一格的思想性，梳理黄老道家与法家的关系与纠纷，并由此管窥战国时期的社会思潮。

一、刑德与刑赏

"先德后刑"出自帛书《十六经·观》："春夏为德，秋冬为刑。先德后刑以养生。"⑥"先刑后赏"出自《商君书·壹言》："民之于上也先刑而后赏。"⑦对二者的分析和比较当从辨析基本概念开始。

（一）黄老帛书的刑德

作为中国古代政治思想的核心范畴，先秦时期的刑与德都是相当复杂且颇具争议的概念，特别是德。目前学界对黄老帛书刑德概念的界定也可谓众说纷纭。概括而言，大致有以下几种观点：（1）赏罚说：高亨、丁原明、荆雨等认为"德"为赏、"刑"为罚；（2）刑罚德政说：余明光、王海成等释"刑"为"刑罚"、"德"为"德政"；（3）法治德治说：吴光、白奚等认为"刑"泛指法治、"德"指德治；（4）生杀损益说：王沛、刘黎明等立足于哲学层面，认为"刑"为"消减"、"德"为"生长"；（5）多重含义说：金春峰、陈松长等认为黄老刑德概念具有多重含义。上述诸说均有各自的文本依据和逻辑，但也存在不足之处。赏罚说无视了帛书中有关德政的内容，刑罚德政说与法治德治说又高估了德政在黄老刑德中所占的比重，生杀损益说虽较好地涵盖了帛书刑德概念中的多种思想因子，但显然与黄老学聚焦现实政治的基本特征不符。相较而言，多重含义说更具方法论优势，但其具体内

---

④ 本文所论的黄老和黄老道家，是指战国秦汉时期广泛存在的，具有大致相同的思想宗旨、学术理念和解释体系的学术派别，其内涵不仅限于《史记·乐毅列传》中具有明确师承关系的黄老学派。

⑤ 蒙文通《先秦诸子与理学》，广西师范大学出版社 2006 年版，第 209 页。

⑥ 裘锡圭主编《长沙马王堆汉墓简帛集成（肆）》，中华书局 2014 年版，第 152 页。以下黄老帛书的引文均出自该书。为免繁琐，凡行文中指出篇名者，均不再出注。文中对《商君书》《管子》《韩非子》等古籍的注引方式亦然。

⑦ 蒋礼鸿《商君书锥指》，载《新编诸子集成》，中华书局 1986 年版，第 62 页。

容还有待详查⑧。

由《十六经·姓争》"凡谌之极,在刑与德。刑德皇皇,日月相望……天德皇皇,非刑不行;缪(穆)缪(穆)天刑,非德必顷(倾)。"可见,帛书刑德概念的内涵分为两个层次:第一层次为上天的生杀损益,刑为损减、杀伐,德为增益、生养,即引文中的天德、天刑;第二层次为人类社会的刑罚和庆赏,即"凡谌之极"中的刑与德⑨。《经法·道法》曰:"天地之恒常,四时、晦明、生杀、輮(柔)刚。"这里的"生杀"即"刑德"。成玄英注疏《庄子·天运》"怨恩取予谏教生杀"八者中的"生杀"曰:"应青春以生长,顺素秋以杀伐。"⑩正与帛书刑德之意相合,即统治者遵循天地间春生秋杀、四时轮转的自然规律,交替使用庆赏和刑罚两种手段,一则长养民力,一则杀伐征战。

(二)《商君书》的刑赏

《史记·秦本纪》载:"卫鞅说孝公变法修刑,内务耕稼,外劝战死之赏罚。"⑪和黄老帛书相比,商鞅刑赏概念的内涵要单纯得多:刑为刑罚、赏为爵赏,以此驱使民众内务耕稼、外务战死。

刑赏是《商君书》最重要的内容之一。在其书存世的二十四篇中,除论辩变法必要性的《更法》、普及法令的《定分》和论述作战方法的《战法》《兵守》四篇之外,其余二十篇都对刑赏之术多有阐发。在行文中,刑赏常常被直截了当地称为"赏罚",如《禁使》篇的"人主之所以禁使者,赏罚也。赏随功,罚随罪。"但间或,《商君书》也将"刑"与"德"互文对举。

《说民》:"刑生力,力生强,强生威,威生德,德生于刑。故刑多则赏重,赏少则刑重。"《靳令》:"力生强,强生威,威生德,德生于力。"《去强》:"刑生力,力生强,强生威,威生惠,惠生于力。"在这三处类似的表述中,德、赏、惠三者显然是同义的。这显示出刑赏与刑德两概念的关联性。

(三)刑德与刑赏的异同

刑德与刑赏的关联性,在于二者在刑德治民的具体操作层面具有某些相同之处,虽然黄老刑德概念的内涵远大于刑赏。

其一,文武并用的统治术。虽然学界对黄老刑德概念的界定聚讼纷纭、莫衷一是,但也在一点上达成了共识,即刑德与文武相通,均为因顺天时去养生伐死。如《经法·君正》:"因天之生也以养生,胃(谓)之文;因天之杀也以伐死,胃(谓)之武;【文】武并行,则天下从矣。"而《商君书》对刑赏、文武两种治术的互通也有明确的表达。《修权》曰:"凡赏者,文也;刑者,武也;文武者,法之约也。"

其二,物质刺激。如金春峰所言,帛书中的"文"和"德"都是物质恩惠,并非文明、文化

---

⑧ 详见拙作《马王堆汉墓帛书〈黄帝四经〉"刑德"说研究综述》,载《简帛研究》2020 秋冬卷。

⑨ 具体分析参见拙作《春夏与三时:帛书〈黄帝四经〉"先德后刑"考辨》,载《天津社会科学》2021 年第 1 期。

⑩ 郭庆藩《庄子集释》,载《新编诸子集成》,中华书局 2004 年版,第 521 页。

⑪ 司马迁《史记》卷五《秦本纪》,中华书局 1959 年版,第 203 页。

和宗法情谊⑫。《商君书》亦直言："夫民之从事死制也，以上之设荣名、置赏罚之明也。"⑬令民众"从事死制"、拼命效力的，是作为物质奖赏的利禄。

其三，德施于民。"德"在西周初年是最高统治者的特权，本为周天子专有，其后逐步下移。西周中期偏晚的遂公盨铭文中已经出现"民德"："民好明德，寡顾在天下。"⑭帛书《经法·六分》强调"文德廄（究）于轻细"，即统治者的庆赏要遍及细民。商鞅变法打破了西周的世卿世禄制，粟爵粟任、武爵武任。《去强》："兴兵而伐，则武爵武任，必胜；按兵而农，粟爵粟任，则国富。"利禄官爵一则出于"兵"、一则出于"粟"，社会各阶层都可以通过农战而获得。由黄老帛书与商鞅之学的"德施于民"可见，德观念由天德、王德、臣德到民德的下降，在战国时期已是稳定且普遍的存在。

刑德和刑赏虽然在"物质刺激"等内容上有所重合，但二者的不同之处则更为显明和根本。

其一，天人关系。

殷人宗天，殷鉴之下的周人依然敬天但已疑天。春秋时期，子产、内使叔兴等人以"天道远，人道迩"⑮"吉凶由人"⑯的宣言，向天命鬼神发起挑战。天人关系由天道决定人事这种单一的、绝对的天人相合，开启了天人相分的新路径。黄老刑德与商鞅刑赏的区别，首先表现为春秋战国时期，天人关系在相合与相分这两种反向路径上的持续发展。

虽然目前学界对德的起源和初义存在极大争议，但无论是李宗侗的图腾说、斯维至的生性说、李泽厚的习惯法、还是巴新生的宗教信仰以及郑开的族类说等⑰，德最初的含义都与天密切相关，并大多是由天而得的。晁福林指出，德观念在商代已经出现，"德"字应解释为恩惠，意即"得"也，所得来源于神意⑱，可谓之"天得"。"刑"字的原形和字义学界也有多种看法，但杀伐仍是其早期内涵之一：西周后期兮甲盘铭文"敢不用命，则即刑扑伐"（《铭图14539》），"刑"即动词性质的"施加刑罚"。《尚书·甘誓》："今予惟恭行天之罚。"⑲《汤誓》也言"致天之罚"。黄老帛书的"皇皇天德"与"缪（穆）缪（穆）天刑"上承"刑德"之古义，由天道的生杀节律推衍出人世的刑德治术。作为一个表示天道的概念⑳，黄老刑德是对殷商天人相合思维路线的继承，人世的刑德之政均来自上天。而《商君书》中涉及"天"的内容，几乎都是关于"天下"的，且天下之事与上天无涉，也与天道、天命无

---

⑫ 金春峰《论〈黄老帛书〉的主要思想》，载《求索》1986 年第 2 期。

⑬《商君书·壹言》。

⑭ 朱凤瀚《遂公盨铭文初释》，载《中国历史文物》2002 年第 6 期

⑮《左传·昭公十八年》。

⑯《左传·僖公十六年》。

⑰ 李宗侗《中国古代社会新研 历史的剖面》，中华书局 2010 年版，第 122 页；斯维至《说德》，载《人文杂志》1982 年第 6 期；李泽厚《由巫到礼 释礼归仁》，三联书店 2015 年版，第 22—23 页；巴新生《试论先秦"德"的起源与流变》，载《中国史研究》1997 年第 3 期；郑开《德礼之间：前诸子时期的思想史》，三联书店 2009 年版，第 144、220—222 页。

⑱ 晁福林《先秦时期"德"观念的起源及其发展》，载《中国社会科学》2005 年第 4 期。

⑲ 刘起釪认为《甘誓》写成于殷代，郭沫若认为《甘誓》应该入《商书》（顾颉刚、刘起釪《尚书校释译论》，中华书局 2005 年版，第 873、875 页）。本文从其说。

⑳ 曹峰指出，帛书刑德首先是一个表示天道的概念。曹峰《〈黄帝四经〉所见"节""度"之道》，载《史学月刊》2017 年第 5 期。

关。其刑赏与帛书依托于天道的刑德不同,是春秋时期刑法主义崛起与天人相分思想的发展和延续。

其二,内涵的广度。

司马谈总结黄老道家的特征是"其为术也,因阴阳之大顺,采儒墨之善,撮名法之要"[21]。刑德作为黄老学说中的治术,确实兼容了百家之学。

《老子》中没有作为具体统治之术的刑德,其虽多言"德",且有一个"德"与"得"相通的例子,即第四十九章:"善者,吾善之;不善者,吾亦善之;德善。"[22]但老子之"德"主要是指内在于万物的"道",黄老帛书的刑德概念并非来自老子。《尉缭子·天官》:"梁惠王问尉缭子曰:'黄帝刑德,可以百胜,有之乎?'尉缭子对曰:'刑以伐之,德以守之,非所谓天官时日阴阳向背也。黄帝者,人事而已矣 。'"[23]但尉缭子的这一回答,恰恰说明当时的"黄帝刑德"并非"人事",而是关于"天官时日阴阳向背"的兵阴阳之学。《论六家要旨》说阴阳家的可取之处是"序四时之大顺":"春生夏长,秋收冬藏,此天道之大经也,弗顺则无以为天下纲纪。"帛书"刑阴而德阳""春夏为德,秋冬为刑"的刑德说显然是汲取了阴阳家的思想。《经法·君正》的"德者,爱勉之【也】"等有关德的"爱人"内容,与儒家仁政说有关。"鬼神"以及具有鬼神意义的"鬼""神"字词在帛书原文中出现了五次,陈鼓应认为,其对鬼神的尊崇也许是受到墨子的影响[24]。上天以及鬼神对人间的善恶施以赏罚,是墨学的重要理论。帛书由天及人的刑德思想,在继承殷周传统天命观的同时,也应与当时风行于世的墨子学说有关。

与兼容百家、纷繁复杂的黄老刑德概念相比,商鞅简单明了的刑赏概念,则显示出秦文化一贯的实用主义特征。

其三,人性驱动论。

黄老刑德概念在因循天道的同时,还因顺人性;商鞅的刑赏之术也是由于人性才得以展开的。但是,这两种关于刑德的人性驱动论貌似相类,实则并不相同:一者是引导和顺应、一者是强制与重塑。

《十六经·观》:"夫民之生也,规规生食与继。不会不继,无与守地;不食不人,无与守天。"[24]饮食和生育是人类的生存之道,人类获取食物和繁衍后代的欲望,亦属天道自然。帛书因此肯定人欲的合理性,并认为统治者以刑德统治万民,本身也是对天地之道的持守。在刑德之术中,德是施恩泽以顺应和满足人们基本的生存欲望;刑是在因循人性的基础上加以引导和规范。黄老刑德强调顺应,因此并不要求统治者改造人性,也不要求人们舍己为君。《称》篇曰:"不受禄者,天子弗臣也。禄泊(薄)者,弗与犯难。故以人之自为,【□□□□□□□】。"王中江分析帛书的"人之自为"观念时指出,统治者建立社会秩序要做的,是遵循和因循"趋利避害""好生恶死"的人性,使其得到最大限度的满足[25]。

㉑《史记·论六家要旨》。

㉒ 陈鼓应《老子注译及评介》,中华书局 1984 年版,第 253—254 页。

㉓《尉缭子·天官》。

㉔ 陈鼓应《黄帝四经今注今译》,中华书局 2016 年版,第 361 页。

㉕ 王中江《出土简帛文献与古代思想新视野》下,载《学术月刊》2012 年第 10 期。

其间的逻辑,是《慎子》在《因循》篇所说的:"天道因则大,化则细。因也者,因人之情也。人莫不自为也,化而使之为我,则莫可得而用矣。是故先王见不受禄者不臣,禄不厚者,不与入难……故用人之自为,不用人之为我。"㉖统治者善于利用人"为己"的特点,让人们在对自身利益的追求中实现君主的目标,而非强迫民众违背自身意愿为君主卖命。但是,同样关注人"趋利避害"本性的商鞅,则恰恰致力于重塑人性,"化而使之为我"。农战是《商君书》最重要的强国之策,但艰苦的农耕、危险的战争原本是民众极不情愿去做的事情。《慎法》:"使民之所苦者无耕,危者无战。二者,孝子难以为其亲,忠臣难以为其君。"孝子难以为亲人、忠臣难以为君主所做之事,商鞅凭借"劫以刑而驱以赏"的强制手段,硬是将"贪生怕死"的人性打造为"民之见战也,如饿狼之见肉㉗"的新民风,以此保证农战政策的顺利实施。这与黄老刑德对人性的因循和顺应,是极为不同、甚至是截然相反的。

二 自然秩序与人为法则

战国时期连年的兼并战争给早已灾难深重的社会造成了更大的破坏,所谓"诸子皆务于治",儒墨道法等九流十家面对残酷的现实,均以社会秩序重建为最终目标,竞相阐发自己的治国方案和统一之策。同样是为了富国强兵、取得兼并战争的胜利,黄老帛书以"先德后刑"的自然秩序为旨归,而商鞅则制定了"先刑后赏"的人为法则。

帛书《十六经·观》记述了黄帝与力黑君臣二人关于定法治民的言论。君臣之间的对话,涉及天地、阴阳、四时以及万物的生成与发展,而讨论的重点,是君主应取法"春夏为德,秋冬为刑"的自然规律,建立"先德后刑"的政治制度——对民众先施以德教再继之以刑罚,以此止争伐乱、安定社会。《君正》篇设计的"七年之政",便是天道与人道的"先德后刑以养生"在政策层面的落实。

一年从其俗,二年用其德,三年而民有得,四年而发号令,【五年而以刑正,六年而】民畏敬,七年而可以正(征)。一年从其俗,则知民则。二年用【其德】,民则力。三年无赋敛,则民有得。四年发号令,则民畏敬。五年以刑正,则民不幸(悖)。六年□□□□□□□。【七】年而可以正(征),则朕(胜)邺適(敌)。

先德后刑的执政方案在帛书中具有两重相互套叠的具体措施。其一,天道养育万物的方法是春夏温暖令万物生长;秋冬肃杀使草木枯落。在四季一年又一年连续不断的生杀轮回中,万物生生不息。统治者治国,要在这种自然秩序之下,趁着春夏的生机盎然布德行赏、辅助万民生产;在秋冬的收敛肃杀来临时行刑罚罪、训诫百姓服从号令。这是一年之中的先德后刑之政。其二,要想打造出一个实力强盛的国家,在长期的整体战略上,君主也要取法"道生万物"的先生后杀,先施德于民——前三年遵从民俗、选用贤人、增加民众收入,以发展生产,获得民众的拥护,增强国力;后施刑于民——随后的三年发号

㉖《慎子集校集注》,载《新编诸子集成·续编》。

㉗《商君书·画策》。

施令、刑罪罚恶,使民众敬畏臣服。经过六年先德后刑的养育和治理之后,第七年便可率民出征,战胜强敌,即上引《君正》篇的"七年之政"。

天地的运动展现出一种显而易见的、永恒的自然秩序,黄老帛书从中总结出畜养国力民功的为政之道——先德后刑,因为"先德后刑,顺于天"。帛书认为,以此为政,能使自己的国家"五谷溜孰(熟),民【乃】蕃兹(滋)。君臣上下,交得其志"㉘。但在《商君书》中,其强国之道却是建立一种"先刑而后赏"的人为法则。

《商君书》虽不似黄老学具有天道观、宇宙论的哲学思维,但其刑赏学说也相当思辨,书中的反复论说,是壹赏、壹刑、重刑少赏、重刑轻赏与重刑厚赏的辩证统一。"壹赏"指获取利禄官爵只有农战一个渠道:"所谓壹赏者,利禄官爵抟出于兵,无有异施也。"㉙"壹刑"指刑无等级,从卿相到庶民统一刑罚、不赦不宥:"所谓壹刑者,刑无等级,自卿相、将军以至大夫、庶人,有不从王令,犯国禁,乱上制者,罪死不赦。"㉚重刑少赏、重刑轻赏与重刑厚赏三者中的重刑是一致和一贯的,而措辞相异的少赏、轻赏与厚赏,其实也并不矛盾:"轻赏"指实施爵赏的力度在整体上要比刑罚轻得多,即《开塞》篇的"刑九而赏一";"少赏"指"利出一空",即赏赐只出于农战一个途径㉛;而在农战这唯一的赏赐途径上,则要"赏厚而信"㉜,此为"厚赏"。少赏、轻赏与厚赏三者是一个有机的整体,与此相配套的政策,是在刑赏施用的顺序上主张"先刑而后赏"。

《商君书·壹言》:"故民之于上也,先刑而后赏。"君主治民要把刑罚放在第一位、将赏赐放在第二位,让民众先遭到刑罚的震慑之后再施加恩赏。该篇论述的重点是如何建立法度、改变民俗,聚集民力于农战,即"圣人之立法化俗而使民朝夕从事于农也"。

"好恶者,赏罚之本也。夫人情好爵禄而恶刑罚,人君设二者以御民之志而立所欲焉。"㉝商鞅所设立的人为法则,是逆向利用趋利避害的人性,将政策的重点放在重刑上。农战之苦是显而易见的,但先王却能让其民众迎着白刃和箭雨奋勇向前,《慎法》曰:"先王能令其民蹈白刃,被矢石,其民之欲为之,非如学之,所以避害。"个中原因,是君主将刑罚设置得比农耕、战争还要残酷,从而使艰苦的农战在与重刑的比较中显得容易承受,人们出于"两害相权取其轻"的本能,便倾向于选择痛苦较轻一些的农战。"令民之欲利者非耕不得,避害者非战不免。境内之民莫不先务耕战而后得其所乐"。不从事农战,要遭受比农战还要惨痛的刑罚;而致力于农战,则可以得到爵位和利禄的赏赐。君主先以重刑威逼恐吓,再稍加赏赐,在这种"先刑后赏"之术的驱赶和鞭策下,民众便会甘心、甚至是乐于"蹈白刃,被矢石",将整个生命和全部力量投入到君主的农战大业之中。

《壹言》篇明确提出让民众先遭受刑罚再接受赏赐的"先刑后赏"之法,而据《更法》篇所载,在商鞅的变法实践中,也确实执行了这一既定的方针和路线。秦孝公在支持商

㉘《十六经·观》。

㉙《商君书·赏刑》。

㉚《商君书·赏刑》。

㉛蒋重跃认为"少赏"指赏赐的次数少,赏赐不要过于频繁(氏著《重读商鞅与〈商君书〉》,载《渤海大学学报》2021年第3期)。不确。

㉜《商君书·修权》。

㉝《商君书·错法》。

鞅变法后颁布的第一道法令是《垦草令》。《垦草令》的内容几乎都是限制性的条令㉞，显示出商鞅之学的以"刑"为先和以"刑"为重。商鞅设立人为法则驱民于农战，正是黄老学所反对的"用人之为我"：强迫民众违背、改变本性，为君主去做自己原本不愿做的事情。基于天道的黄老刑德与商鞅抟聚人力的重刑主义，显然是两种迥然有别的刑赏治术，并非同一思想体系。

正是因为先德后刑的自然秩序与先刑后赏的人为法则是两种迥然有别的刑赏治术，所以二者也有着截然相反的气质和特征：其一是宽缓与严苛的差异；其二是王道与霸道的分殊。

商鞅先刑后赏之法的严苛是显而易见的，于此毋庸多言。而黄老先德后刑的宽缓，则是根源于天道。在老子的理论体系中，道生成了天地万物，但无论是生成万物的道还是养育万物的德，都只是辅助、呵护万物的生长而不主宰、不控制。如《老子》第五十一章："道生之，德畜之……生而不有，为而不恃，长而不宰。是谓玄德。"在马王堆汉墓黄老帛书中，人类社会的所有准则都出自于"虚无刑（形），其寂冥冥，万物之所从生"㉟的道。道生万物但不把持，那么，掌握和执守"道"的统治者在体察天道的运行规律治理民众时，也从不以主宰者自居："执道者之观于天下也，无执也，无处也，无为也，无私也。"㊱"执【道】者能上明于天之反，而中达君臣之半，密察于万物之所终始，而弗为主。"㊲统治者因顺天道人心，与天道同步而行地养育国力民生，因此，先德后刑之政呈现出来的状态是民众均自谋其事，但这种自谋其事又恰恰具有了一种无目的的合目的性——在民众的"自成"中自然而然地成就了国家的功业。此即《称》篇所说的"弗为而自成，因而建事"。大道的宽缓纯朴、生而不有决定了黄老先德后刑的顺时之政也是宽缓而纯朴的，它不可能像商鞅先刑后赏的人为法则那样严酷苛责。

在王道与霸道的分殊方面，黄老学的先德后刑是一种刑德并重、刚柔相济的王道，而商鞅的先刑后赏则是一种以力服人的霸道。

关于王道与霸道，孟子曰："以力假仁者霸……以德行仁者王。"㊳孟子崇尚的仁义礼制是儒家的政治主张，但黄老帛书中的先德后刑之政，则可以说是道家特色的王道。前引《君正》篇论述"七年之政"时说的"德者，爱勉之［也］"，意为统治者在治国理政的第二年选用贤德者为官吏，以爱护并激励民众奋勉，这是先德后刑之政中的施德于民。所谓"无母之德，不能尽民之力"，黄老帛书认为，统治者具有视民如子的慈爱，是民众尽力为国效命的前提条件。因此，君主要像天地以阳光雨露滋养万物那样，颁布德政去爱护和养育民众："□苛事，节赋敛，毋夺民时。"即亲亲而兴贤，实行顺民心、节民力的政策，去除苛政、赋敛有度、不侵占农时。

黄老学说的先德后刑之政包含爱民的成分，但在此需要稍加说明的是，与法家刑赏

㉞《商君书·垦令》。

㉟《经法·道法》。

㊱《经法·道法》。

㊲《经法·道法》。

㊳ 焦循《孟子正义》卷七《公孙丑上》，载《新编诸子集成》，中华书局1987年版，第221页。

相悖的黄老刑德,其德政的内涵和儒家的仁政德治也并不相同。在帛书中,无论是"先德后刑"的先后之序,还是"三时成功,一时刑杀"对春夏秋冬四时比重的调整以及"刑阴而德阳"的规定等,都不意味着其以德为重、主张儒家式的德主刑辅。刑德二者在黄老帛书中是兼行并用且地位均等的[39]。"天道巳(已)既,地物乃备。散流乡成,圣人之事。圣人不巧,时反是守。优未爱民,与天同道。"[40]黄老刑德的爱民只是尊奉循环往复的天道,在春夏顺应万物的生长而施行辅助万民生产的政策,并非儒家所极力提倡和培育的那种高尚的道德情操、道德情感和宗法情谊。《君正》篇在"无母之德,不能尽民之力"之前,强调统治者对民众要有父亲般的威严:"无父之行,不得子之用。"只有同时具备父严母慈的赏罚并重、恩威并施,才能使国家昌盛。如果说儒家的仁政是一种人道主义的王道,那么,黄老刑德的兼行并用、刚柔相济则是一种天道主义的王道。

孟子说霸道的特征是"以力假仁",春秋时期行霸道者通常打着尊王攘夷的旗号,假仁义而行。但据晁福林考证,从郑忽被逐、被弑还遭国人讥笑的一系列事件可见,春秋初年的社会观念已经转向以"力"为贵[41]。而战国时期商鞅在秦国推行的强权政治,已经不屑于再假借任何理由了。

"刑者所以禁邪也,而赏者所以助禁也"[42],在商鞅的重刑政策中,爵赏只是刑罚的辅助。"重罚轻赏,则上爱民,民死上"[43],就整体而言,商鞅的先刑后赏是一种重罚轻赏的政策,即把刑罚放在主要地位,加重刑罚;把赏赐放在次要地位,不轻易行赏。这种重刑主义不仅设置重刑使民众畏惧,而且"行刑重其轻者,轻者不生,则重者无从至矣"[44],对轻微罪者也施以重刑,以此杜绝严重犯罪的出现,即"以刑去刑,虽重刑可也"。此外,《开塞》篇还提出"刑用于将过"。"将过"实为"未过",处于人们具有犯罪意识但尚未实施的阶段。商鞅认为,将人们头脑中的犯罪念头也做为严刑的对象,便能从源头处制止犯罪,以达到预防实际犯罪的目的。民众因为畏惧而不敢犯法,也就不会受到刑罚,是为"上爱民"。此即前文所引的德由刑生:"刑生力,力生强,强生威,威生德,德生于刑。"[45]

"德生于刑"表明在商鞅的思想体系中,德受刑的支配,刑才具有根本性。《画策》篇说,治国的重点不在于"赏善",而在于罚恶,即"刑不善"。"刑不善"人们就不敢为非,于是就达到了"不刑而民善"、"不赏善而民善"的效果。所以,刑和重刑是商鞅刑赏之术的关键。"罚重,爵尊;赏轻,刑威。"刑罚重才显得爵位尊贵、奖赏丰厚;奖赏既轻且少就彰显出刑罚的威严。一方面,由于刑罚威严残酷,民众因恐惧而被迫服从君主的意志,从事

---

[39] 详见拙作《春夏与二时:帛书〈黄帝四经〉"先德后刑"考辨》,载《天津社会科学》2021年第1期。

[40] 《十六经·观》。

[41] 晁福林《英雄气短:春秋初期社会观念变迁之一例——上博简〈诗论〉第29号简补释》,载《史学月刊》2011年第4期。

[42] 《商君书·算地》。

[43] 《商君书·去强》。

[44] 《商君书·说民》。

[45] 黄老帛书出土后,整理小组据《商君书》的"刑生力,力生强,强生威,威生德,德生于刑"等补《观》篇缺文,魏启鹏认为其理论体系与黄老之学颇相抵牾,据补恐未妥(氏著《马王堆汉墓帛书〈皇帝书〉笺证》,中华书局2004年版,第60页)。实为卓见。

农战；另一方面，由于"少赏"，"利出于一孔"，民众便会拼死去争取获得那更显稀有且宝贵的赏赐，从而调动其拼死投身农战的积极性。商鞅以国家强权为保障的先刑后赏的"刑主德辅"之术，先以武力征服本国民众，再图谋以武力征服天下。这种以力服人的霸道政治，与黄老刑德顺应天道人心、刚柔相济的王道之治，有着本质的区别。帛书的刑德思想显然并不具有前引陈丽桂所说的"浓厚的法家气质"。

三 韩非与管子

(一)韩非的刑德二柄

与商鞅之学相比，韩非与黄老学说的关系显然更加接近，这也是持"黄老刑德法家说"的学者的主要依据。《史记》将老子与韩非合传而书，说韩非"喜刑名法术之学，而其归本于黄老"。《索隐》云："韩子书有解老、喻老二篇，是大抵亦崇黄老之学耳。"⑥帛书出土之后，有学者便以《韩非子·二柄》中的"杀戮之谓刑，庆赏之谓德"⑦为据，解读帛书的刑德思想⑧。金春峰撰文指出，帛书阴阳刑德学说的体系和基础，与韩非思想是完全一致的⑨。丁原明也认为，以韩非为代表的法家讲奖罚，实际上是对帛书刑德思想的运用⑩。但从文本的比较可见，这类看法还有待商榷。

《二柄》篇"杀戮之谓刑，庆赏之谓德"之前的语句是："明主之所道制其臣者，二柄而已矣。二柄者，刑德也。"由于"刑德"被韩非明确定义为君主控制臣子的两种权柄，因此，论者多以"刑德二柄"为御臣之术，其实并不尽然。它和商鞅的"刑赏"一样，也是驱使民众从事农战的工具和手段。《心度》曰："能越力于地者富，能起力于敌者强，强不塞者王。"农耕富国、军事强国，称王于天下所凭借的无外乎耕战。《难一》："明主之道不然，设民所欲以求其功，故为爵禄以劝之；设民所恶以禁其奸，故为刑罚以威之。"《诡使》："赏禄，所以尽民力易下死也。"韩非的明主之道，也是利用刑赏使民众为君主效命，用官爵利禄鼓励、换取民众拼死从事农耕与战争。只不过，《商君书》中的农战，韩非多称之为"耕战"。如《和氏》篇的"禁游宦之民而显耕战之士"；《亡征》："耕战之士困，末作之民利者，可亡也。"而韩非之所以更多地强调将刑赏之术用于治臣，应主要出于以下两方面的原因：其一，"难之从内起与从外作者相半也"⑪。春秋战国时期，田氏代齐、三家分晋等诸多"臣弑君"的内部祸乱导致了国家的灭亡。身为韩国宗族公子的韩非，对此显然会有更加深刻的切肤之痛。频繁且剧烈的君臣冲突使其深感，防备臣下的侵夺与蒙蔽是人君的为政之要；其二，韩非主张"明主治吏不治民"⑫。"吏者，民之本、纲者也。"⑬明智的君主

⑥《史记·老子韩非列传》。
⑦ 王先慎《韩非子集解》，载《新编诸子集成》，中华书局1998年版，第39页。
⑧ 高亨、董治安《〈十大经〉初论》，载《历史研究》1975年第1期。
⑨ 金春峰《论〈黄老帛书〉的主要思想》，载《求索》1986年第2期。
⑩ 丁原明《黄老学论纲》，山东大学出版社1997年版，第111页。
⑪《韩非子·说疑》。
⑫《韩非子·外储说右下》。
⑬《韩非子·外储说右下》。

不需亲自治民,而是通过管理和控制臣子去治理民众。

除了利用刑赏之术驱民于耕战之外,韩非对重刑重赏、以力相争的崇尚,也与商鞅如出一辙。《五蠹》篇的"上古竞于道德,中世逐于智谋,当今争于气力",是韩非"尚力"的现实依据。其中的历史观,与商鞅的"上世亲亲而爱私,中世上贤而说仁,下世贵贵而尊官"[54]"三代不同礼而王,五伯不同法而霸"[55]相一致。因此,《显学》篇说"力多则人朝,力寡则朝于人,故明君务力",当今之世只有依靠实力才能争霸,明君要致力于增强国家实力的治术。在《六反》篇,"务力"的治术被表述为厚其爵禄、重其刑罚的帝王之政:"故明主之治国也……厚其爵禄以尽贤能,重其刑罚以禁奸邪,使民以力得富,以事致贵,以过受罪,以功致赏,而不念慈惠之赐,此帝王之政也。"理想的帝王之政从不考虑仁慈和恩惠,只赏赐耕战中的有功之人。只有重刑重赏才能够激励、鞭策民众竭尽全力投身于富国强兵的耕战事业。而一旦有人犯罪,就加重对他的刑罚,以此震慑和恐吓全体民众:"重一奸之罪而止境内之邪,此所以为治也。"韩非"明君务力"的治国之道与商鞅"以力征诸侯者退德"[56]的法治表里相一。二者都是基于时移世易的认识,在以力相搏的现实要求下,实行严刑厚赏、驱民于农战的政策和措施。韩非十分认同商鞅"以刑去刑"的重刑政策,赞之为"治之道"[57]。在《和氏》篇,韩非也表达了对商法的肯定和称许:"秦行商君法而富强。"

刑赏是韩非法治的主要内容,而刑赏之法要遵循的原则,是《大体》篇的"因道全法"。"因道全法"将"道"与"法"相提并论,陈丽桂认为它是韩非学说中的黄老思想[58],学界更有诸多研究将其作为黄老学的特征加以阐述。这是一种误读。韩非的"道"与帛书的"道"、韩非的"因道全法"与帛书的"道生法",有着根本性的不同。简言之,即"因道全法"的"道"并非帛书"道生法"所言的最高本体之"道"[59]。

在《韩非子》中,《解老》等篇目所论说的玄虚、周行的"道",是出于对《老子》最高本体之"道"的解读和诠释。但这种解读,很难说就是韩非自身的观点。因为"道"在《韩非子》中并非统御人间万事万物的最高范畴,而仅仅是作为一种客观规律和自然之势,为人君所用。如《主道》开篇虽然宣称"道者,万物之始",但接着便说:"是以明君守始以知万物之源,治纪以知善败之端。故虚静以待令,令名自命也,令事自定也。虚则知实之情,静则知动者正。有言者自为名,有事者自为形,形名参同,君乃无事焉,归之其情。故曰:君无见其所欲,君见其所欲,臣自将雕琢;君无见其意,君见其意,臣将自表异。"该篇所阐述的"主道"是为君之道,虚静无为的大道在此演变为一种督责臣下的"形名参同"之术,而君主的"虚静无为"则在于着力隐藏自己的意愿、杜绝臣下的窥探和觊觎,并令群臣感到惊悚和恐惧:"明君无为于上,君臣竦惧乎下。"这与老子无为而治的"为而不有",是完全背道而驰的。《大体》篇在"因道全法"之前说:"古之全大体者,望天地,观江海,因

<hr/>

⑤④《商君书·开塞》。

⑤⑤《商君书·更法》。

⑤⑥《商君书·开塞》。

⑤⑦《韩非子·内储说上》:"公孙鞅之法也重轻罪。重罪者,人之所难犯也;而小过者,人之所易去也。使人去其所易,无离其所难,此治之道。"

⑤⑧陈丽桂《战国时期的黄老思想》,第218页。

⑤⑨此点曾就教于曹峰先生,谨致谢忱!

山谷,日月所照,四时所行,云布风动;不以智累心,不以私累己;寄治乱于法术,托是非于赏罚,属轻重于权衡。""全大体者"之所以望天地、观江海,是要通过观察自然去探索客观规律。"因道全法"强调的是,君主不以个人的私意,而是遵循自然界的客观规律去施行法治。在道法之间,"道"只是用来为"法"张本的,不具有最高范畴的性质。对此,更明确地体现在帛书与韩非对君、法、道三者关系的不同认识上。

帛书《经法》开篇即云"道生法",此"道"是继承自老子的宇宙的本体和万物的本原。它是生天生地、统辖万物的最高范畴,生于道的"法"因而也具有了至高无上性。据此,帛书说"执道者,生法而弗敢犯也"⑥:法令制度制定出来之后,君主也不能违反它。黄老帛书的法是辅助万物归于道的途径⑥,人君奉法而行,也终将在法的统摄下与万物同归于道。而在韩非的学说体系中,无论是道还是法,都是为君主提供服务的工具。君主虽然尊重客观规律,但其刑赏之法是用于约束和驱使臣民的,只要求臣民遵守和服从。韩非以君为本的"刑德二柄"非同于黄老帛书的天道刑德。它虽以"刑德"命名,但实质上与商鞅的刑赏之术并无二致。

(二)管子的先德后刑

《管子》是稷下的集成式著作,对于其学术性质,学界主要有以下几种意见:其一,《管子》一书融通百家,难以确定学派归属或可谓之"自成一家";其二,属于杂家;其三,属于法家;其四,属于道家及黄老学派⑥。商韩的刑赏学说内涵相近并与黄老帛书形成对立,鉴于管子与法家、与黄老道家的复杂关系,在此也需对管子刑德思想的主要内容及其与商韩、与帛书的关系加以讨论。

在《管子》中,刑罚与恩赏也是治理国家的重要工具和手段。刑罚是否能够震慑民众、禄赏是否足以勉励臣民,关乎国家的存亡、霸业的形成与天下的统一。《重令》篇将刑、赏与号令并称为"治国三器":"凡先王治国之器三……三器者何也?曰:号令也,斧钺也,禄赏也。"⑥《版法解》对"三器"说也有同样的表述。至于应该如何施斧钺、行禄赏,《管子》的观点与帛书一致,即遵循天道,因顺阴阳与四时,先德而后刑。

《形势解》说春夏为阳、秋冬为阴,并将人事的赏罚比拟自然界的四时生杀:"故春夏生长,秋冬收藏,四时之节也。赏赐刑罚,主之节也。四时未尝不生杀也,主未尝不赏罚也。"四时的生杀是自然,也是天道的节序度数,而赏罚就是人主对臣民的节度。圣人上察于天、下察于地,其刑德之政是与阴阳四时相匹配的:"阴阳者,天地之大理也;四时者,阴阳之大经也;刑德者,四时之合也。刑德合于时则生福,诡则生祸。"⑥政治上的刑罚德治若与四时相应则福生,违背四时的节律则祸至。四时的运行无比显明,年复一年、永

⑥ 《经法·道法》。
⑥ 关志国《道家黄老学派法哲学研究》,中国社会科学出版社 2016 年版,第 78 页。
⑥ 冯友兰《中国哲学史新编》认为《管子》虽杂纂百家,但中心是黄老之学的论文。陈鼓应说《管子》的学派性质是黄老学(氏著《黄帝四经今注今译》,第 6—10 页)。此外,学界多认为"《管子》四篇"属于黄老文献。
⑥ 黎翔凤《管子校注》,载《新编诸子集成》,中华书局 2004 年版,第 290 页。
⑥ 《管子·四时》。

恒不变的始于春、始于生,因此,君主按照时令推行政令以养育百姓的为政之道,就是《势》篇所说的"不犯天时,不乱民功,秉时养人,先德后刑,顺于天,微度人"。《四时》篇将其总结为"务时而寄政"。

作为一种立足于现实政治的经世致用的学说,《管子》中务时寄政、先德后刑的执政思想也被落实为一系列具体的春夏施德、秋冬行刑的政策法令。如《立政》篇:"孟春之朝,君自听朝,论爵赏校官,终五日。季冬之夕,君自听朝,论罚罪刑杀,亦终五日。"《幼官》以顺应天时、因时而动为克敌制胜的大政方针,春夏实行鼓励生产、布德行赏的诸项政令;秋冬虽在"小榆节"等有所赏赐,但这两个季节以军事训练、编制什伍和行刑决狱为主。《七臣七主》的"四禁"则从反面对此进行了阐述:春夏禁止杀伐,秋冬禁止赦过、行赏。若违反"四禁",将阴阳失调而发生灾难。此外,《管子》中的先德后刑之政与帛书一样,作为国家的基本政治制度,既适用于内政,也适用于外交。《大匡》篇记载,齐桓公在管仲的辅佐下,不仅先在国内施行减税、放松关市之征等惠政并推行奖赏制度,而且在国外也大行赏赐。施德五年之后,齐国才向诸侯们发布政令,并对违反者予以惩罚。《中匡》篇齐桓公想要诛伐无道的大国,管仲的意见是要先赐小国土地,然后才可以行诛伐。这里对"先德后刑"进行的表达是:"是故先王必有置也,而后必有废也;必有利也,而后必有害也。"《小问》篇亦言先兴利,再除害。《霸言》篇更加明确地说:"夫欲用天下之权者,必先布德诸侯。是故先王有所取,有所与,有所诎,有所信,然后能用天下之权。"

帛书的刑德出自天道,有"天德"与"天刑"之称,《管子》中也有于此类似的"天赏""天祸"之说⑥。帛书的天道刑德与阴阳紧密相连,而管子学说务时寄政的刑德赏罚还与五行联系在一起。《管子·五行》将天地之间日月、星辰、节气的运行归因为五行的作用。金木水火土五行各自主宰一年中的七十二日:从冬至之后的甲子日开始,由"木"德主事,其后主事的依次为火、土、金、水四行。天子在各个时节发布的政令,应依照五行而定。在年初以"木"德为主宰的七十二天中,天子"赐赏于四境之内",爱护襁褓中的婴儿与各种动植物。火德与土德主宰的两个七十二日,天子以颁布赏赐、交好诸侯、宽赦死刑为主。而最后属于金德、水德的两个七十二日,天子则以军事演练、猎杀禽兽为要务,"以待天地之杀敛也"。管子学说以五行为务时寄政的理论依据时,依然遵循先德后刑之道。虽然《管子》以内容繁复著称,但在刑德这一问题上,全书对先德后刑之说的阐述并无相互抵牾之处。

由于《管子》的先德后刑之治和黄老帛书一样,都因循天道、顺应人心,所以,与商韩的重刑与严苛不同,奉行先德后刑之政的君主不必强制百姓服从政令,也无需施加重刑进行恐吓。《管子》牧民的基本原则是"不强民以其所恶",也反对重刑主义。《小问》篇所谓的战胜民众的方法:"君欲胜民,则使有司疏狱,而遏有罪者偿,数省而严诛,若此,则民胜矣。"应是就商鞅的刑赏驱民之法而言。管子反对这样的"胜民之道":"胜民之为道,非天下之大道也。使民畏公而不见亲,祸亟及于身,虽能不久,则人待莫之弑也,危哉,君之国岌乎。"《立政》篇的"国之所以治乱者三,杀戮刑罚,不足用也",《枢言》"明其刑而贱其士者,殆",也应是针对法家的重刑而发。而《揆度》篇说百姓被君主驱使却毫无感觉,

⑥《管子·四时》:"使能之谓明,听信之谓圣。信明圣者,皆受天赏。使不能为惛,惛而忘也者,皆受天祸。"

正是人君施德行刑遵循天道的结果:"夫天下者,使之不使,用之不用。故善为天下者,毋曰使之,使不得不使;毋曰用之,用不得不用也。"这显然是极具黄老气质的理论。

由此可见,至少就刑德问题而言,管子学说是归属于黄老道家并与商韩的法家学说形成对立的。

四、余论

在刑德治国理论发生、发展的历史进程中,西周初年宣扬文王受命于天而有德,才以小邦周克大邑商,因此,周王秉承天命,实行明德慎罚的德政。春秋时期,随着宗法制和分封制的崩坏,以此为基础的德政体系逐渐衰败,传统德政已无力解决各种各样激烈的现实冲突和纷争。随之,以晋国"铸刑鼎"为标志,刑罚之治兴起并在刑德之争中逐步占据上风。黄老刑德与法家刑赏,正分别渊源于、分别归属于这两种相反的政治思想和治国之道。法家治术是对西周德政的反动;而黄老则是在法治主义勃兴的时代大潮中,对传统天命之政的继承和发展。综上所述,以帛书、《管子》为代表的黄老刑德与法家商韩的刑赏治术是两种不同的统治思想,黄老刑德并非法家的治国道理。而从刑德学说上看,黄老思想无疑具有自身的学说独立性,所谓"'黄老'是温和的法家,而法家是激进的'黄老'"[66]的说法,并不恰当。

黄老之学得益于齐国长时期相对和平的国内环境和优越的政治、经济条件,气象宏大且宽缓、从容;法家的刑赏之术是在铁血的丛林法则下,令偏居西隅的秦国实现迅速崛起的一剂猛药,在"以力相争"的现实政治中取得了极大的成功。"昭王十九年,秦称西帝,齐称东帝。"[67]齐、秦虽曾短暂地并称东西二帝,但"夫秦、齐雌雄之国"[68],二者其实势不两立。黄老反对法家的"急政";而法家则认为治"急世之民"不能行"宽缓之政"。黄老的先德后刑与法家的先刑后赏,代表了当时东西方政治文化的巨大差异。汉初在强劲的过秦思潮下实行黄老政治,也说明黄老是法家学术的对立面。而前述黄老刑德与法家刑赏的诸多区别,就本质而言,主要在于对天人关系的不同认识上。由此,也映射出战国时期的社会风潮。

战国是群雄逐鹿的时代,变法图强是时代最强音。商鞅的先刑后赏与天命、天道无关,以人道论人事,但这只是时代风潮的一个面向。而帛书之所以认为君主治国要先施德后用刑,则是因为先德后刑顺于天、合于道。道生天地万物,作为万物之一的人类,也要尊奉天道而行,包括君主。天道在黄老学说中是真诚的信仰,不是高举的幌子,即余敦康两种天人关系说[69]中的"以人合天",而非"以天合人"。在出土简帛中,天道决定人事的思想也非黄老帛书独有,在郭店简《太一生水》《成之闻之》《穷达以时》、上博简《恒先》、清华简《殷高宗问于三寿》《汤在啻门》《命训》《心是谓中》中,都对这种天人关系有所表

---

⑥⑥ 张纯、王晓波《韩非思想的历史研究》,第 220 页。

⑥⑦ 《史记·穰侯列传》。

⑥⑧ 《史记·孟尝君列传》:"夫秦、齐雌雄之国,秦强则齐弱矣,此势不两雄。"

⑥⑨ 余敦康《〈周易〉的思想精髓与价值理想——一个儒道互补的新型的世界观》,载《道家文化研究》第 1 辑,上海古籍出版社 1992 年版。

述,特别是新近公布的清华简《五纪》。《五纪》展现出的是一个浩瀚、宏大的天人体系。在最高主宰者"后帝"所建立的宇宙中,有一套复杂的神明系统。众神祇掌控六合之内的时节物候、山川物产以及人体的骨骼器官。这套精深的宇宙生成论,是建立和规范人间秩序的根本。

出土战国简帛中的天道,多为由天地、阴阳、日月、四时所展现出的自然秩序与必然法则,这与殷商时期作为上帝意志的神秘莫测的天命思想有所区别。虽然如此,但是,鬼神观念在这一时期依然流行,如江陵天星观 1 号楚墓中的出土竹简。在墓葬中,"卜筮记录"竹简的数量众多,其卜问的内容也相当广泛,譬如前途、迁居以及疾病等等[70]。长沙子弹库战国楚帛书中,天庭的最高的主宰者——帝,也是人间的主宰。神帝可以施德赐福,给下民以恩惠;也可以降下惩罚,给人间造成种种灾祸。子弹库帛书告诫人们要小心谨慎地侍奉神灵,服从上天[71]。

总体而言,出土的战国简帛中,虽然也有上博简《鬼神之明》这类质疑、挑战鬼神的文献,但是,前举为数不少的竹简和帛书显示出时人对殷周天道思想的继承与发展。其中多有上天降下"德与刑"或"赏与罚"的天德天刑之说,与帛书中的黄老刑德思想同出一辙。

过去,学界多以子产"天道远,人道迩,非所及也"的名言代表了春秋时期人事独立于天道的新思潮。随着人文理性的觉醒,天道思想在春秋战国时代逐步没落,如郭沫若的名篇《先秦天道观之进展》[72]等。而且在春秋战国时代,也已经完成了这一从神本到人本的过渡[73]。近年来,有学者对此提出质疑。如罗新慧指出,西周以降,周代上层思想领域的状况是理性中夹杂非理性,觉醒与非觉醒交织[74]。春秋时期天的崇高性并未遭到根本性打击,传统的天命观念也并未没落,天的庄严无可撼动[75]。战国时期的情况亦然。

商鞅的刑赏驱民之术虽不言天道,但在传世文献中,战国诸子提出的诸多政治哲学和治国方略中,无论是人伦道德还是法令制度,都有以天道为依据者。从黄老帛书等出土文献中,也可见天道思想在这一时期还有相当多的留存。彼时,人文精神的觉醒只是一个方面,笼罩着人世的天幕虽然被撕开了一角,但实际情况却是虽然有人不再信天,但也有相当多的人依然虔诚地信奉天道。不过,从殷人的帝、周人的天到老子的道再到黄老的天道理法,虽然上天依然统御人世,但最初那个至上神的不可捉摸的主观意志,逐渐演变为一种可以感知、可以体悟、可以效法的,具有客观性的自然规律和自然法则,成为人类制定自身政治制度的终极依据。譬如黄老帛书中的天德天刑并非出自鬼神的意愿,人类政治活动中的刑罚德治是对作为规则和秩序的天道,即日月星辰、天地四时的运动规律的因循和效法。而这,也可说是战国天道观内部人文理性的觉醒与展开。

⑦⓪ 湖北省荆州地区博物馆《江陵天星观 1 号楚墓》,载《考古学报》1982 年第 1 期。

⑦① 李零《长沙子弹库战国楚帛书研究》,中华书局 1985 年版。

⑦② 郭沫若《先秦天道观之进展》,载《青铜时代》,科学出版社 1957 年版,第 1—56 页。

⑦③ 冯天瑜、何晓明、周积明《中华文化史》,上海人民出版社 1990 年版,第 303 页。

⑦④ 罗新慧《周代天命观念的发展与嬗变》,载《历史研究》2012 年第 5 期。

⑦⑤ 罗新慧《春秋时期天命观念的演变》,载《中国社会科学》2020 年第 12 期。

第五编 法家综合研究

国家变局中的法家：以王官学、诸子学与霸王学为视点

任剑涛*

【摘　要】人们习惯于在诸子学的框架中理解先秦诸家。这是一个需要重新审视的进路。诸子学并不是相互独立的诸家之学，而是内在关联的思想互动机制。法家是诸子学中的重要一系。限定在诸子学的框架中，并不足以理解法家，需要在前诸子学的王官学体系中理解法家的缘起，也需要在秦汉的霸王学体系中揭示法家的走向，扼住这两个端点，才能准确理解诸子学中的法家如何确定自己的思想定位与政治导向。这是一个在春秋战国的国家裂变之局、与秦汉在真正的统一国家平台上重新建构古代国家的巨变中得以凸显的思想变化：法家的突起，为中国从准国家进入完整意义的国家准备了思想动力。而其余诸家，则从不同角度辅佐法家，玉成了中国的古代国家重建。

【关键词】法家；王官学；诸子学；霸王学；国家变局

法家是先秦诸子中的一家。诸子学的兴起，很难单纯在诸家文献中逐字逐句寻踪，而是应将其置于“周秦之变”的历史变迁过程中，在中国古代国家转型中，才能得到较为准确的理解。这是因为，如法家这样的诸子之学，并不是向壁虚构的观念性“学术”，而是专注于国家重建的“务为治者”。因此，需要在两个大背景——国家变局与观念革命、一个小背景——诸家蜂起的关联局面中，才足以理解一家立说、诸家互动的法家学说。今日学界流行的那种将诸家区隔开来，认同一家主导且排斥其余诸家贡献的理解方式，似乎不是理解诸子学的恰切进路，而是捍卫某种价值选择的途径。将两个大背景与一个小背景还原到历史变迁进程之中，可知从王官学、诸子学与霸王学的演进切入，是理解法家以及诸家之学的一个适宜进路。

一、王官学与法家

将先秦诸子视为各自独立的门派学说，最终由儒家包打天下，似乎是论及先秦诸子流变的一个常识性结论。这是具有相当历史依据的说法。一方面，先秦诸家、尤其是曾经相互攻讦的道家、墨家、儒家，确实已经建立起自有立场、学有传承、敌友攻辩的思想流

* 任剑涛，清华大学社会科学学院政治学系教授。研究方向：政治哲学、中西政治思想与中国政治研究。

派。尽管其余各家，在先秦似乎命名不清(如法家)、整合不明(如纵横家)、延续不久(如名家)，但诸家得以流传下来的经典表明，至少九流(儒、道、阴阳、法、名、墨、纵横、杂、农)十家(前九家加上小说家)的成家成派，人们不会有太大异议。另一方面，在汉武帝与董仲舒的对话中，作为思想家的董仲舒倡导"推明孔氏，抑黜百家"(《汉书·董仲舒传》)的理念，而汉武帝则将之确定为"罢黜百家，表章六经"(《汉书·武帝纪》)的政策，由此，先秦诸家确实走向了由儒家统领国家思想的局面。但这样的结论稍显简略，以至于无法反映诸子百家的来龙去脉以及思想全貌，且难以帮助人们理解一些重要问题：一是先秦诸家究竟是因何兴起、又是如何获得强劲的发展动力？二是是否只因儒家受到国家权力的倡导，而其余诸家后来才受到抑黜或罢黜呢？三是受到推明的孔氏所创儒家之学，是不是儒家一家之学，而诸家便就此销声匿迹了呢？如果不从诸子学及其结局的视野扩展开去审视，或不从"周秦之变"的历史大局去寻求理解，这些问题就得不到有效的解释。循此，一条有助于相对全面理解诸子之学兴起的历史大线索便呈现出来，这就是，一场将西周所建立的准国家推向国家的政治革命，引发了这一变局直接推动下的思想革命，在这场混成性的革命成就了秦朝这样的古代国家之后，随着政治革命的退场，思想革命也就因其完成了政治革命推手的作用，而需要重回作为它的历史出发点的统一思想场域，确立与国家权力需求相一致的思想新局面。就此而言，如法家这样的诸子流派之一，就在历史的大环境中呈现出了其从何处来、向何处去的思想流变。

法家是在诸子学勃兴中浮现的一大流派，故只能在诸子学兴起的历史场域中去理解法家。先秦诸子之学的缘起，是一个历史大问题。一者，诸子之学的兴起是诸侯蜂起的直接结果。没有诸侯对有利于自己富国强兵的诸子学的选择与利用，就没有诸子学的蜂起与思想繁荣。在周的中央王权有效作用其"天下"的情况下，如先秦诸子这样的思想繁荣是不可想象的。唯有在不同的诸侯对不同的思想流派的取舍之中，才足以促使各有偏重的诸子学获得其存在与作用的政治土壤。这是一个春秋战国政治局面塑就的结果，是一个为人们所熟知的思想史事实。因而在此不必赘述。二者，诸子学兴起的大环境，是王官学。是不是存在一个王官学，存在争议。在诸子学的起源上，最流行的一个解释，就是"诸子出于王官论"。班固指出，"儒家者流，盖出于司徒之官"，"道家者流，盖出于史官"，"阴阳家者流，盖出于羲、和之官"，"名家者流，盖出于礼官"，"墨家者流，盖出于清庙之守"，"纵横家者流，盖出于行人之官"，论及这里的主角法家，则指"法家者流，盖出於理官。信赏必罚，以辅礼制。《易》曰：'先生以明罚饬法。'此其所长也。及刻者为之，则无教化，去仁爱，专任刑法，而欲以致治。至于残害至亲，伤恩薄厚。"(《汉书·艺文志·诸子略》)这样的概括，在中国学术史上受到不断的加持。在近代，持这一论断最知名者莫过章太炎。他以班固之说为据指出，"古来学问都在官，民间除了六艺，就没有别的学问。到周朝衰了，在官的学问，渐渐散入民间，或者把学问传子孙，或者聚徒讲授，所以叫做家"[1]。这也算是章太炎对诸子之学出于王官的一个有力推论。诸子之前，有学就是王官之学；诸子学有所本，只能是王官之学。除开王官之学，诸子之学就成了无本之木、无源之水。

---

① 章太炎《章太炎儒学论集》，四川大学出版社 2011 年版，第 1005 页。

但这并不是一个人皆认同的结论,"诸子出于王官论"有一个明确的相反命题,便是"诸子不出于王官论"。在近代,这一论断由胡适最早提出。他认为,班固依据刘歆所说做出的诸子出于王官结论,"其言全无凭据"[②]。他给出了四个理由,一是"刘歆以前之论周末诸子学派者,皆无此说"。衡诸《庄子·天下》《荀子·非十二子》《论六家要旨》《淮南子·要略》,确实如此。二是"九流无出于王官之理也"。以司徒掌邦教谓儒家出自司徒,其实儒家六经之说多非司徒之官能见;"墨者之学,仪态万方,岂是清庙小官所能产生?"如此等等,可想其余各家出自周代某官皆属臆想。三是九流的分类,与思想史事实不符,既不符更早时期对思想流派的划分,也不符思想家的派别归属。如晏子不能划归儒家,管子不应属于道家,韩非不属于法家,且将伪书作为划分思想学术流派的格局,就更是显得荒谬。四是章太炎对诸家归类的说辞破碎不全。这不仅是因为他划分诸家的文献依据混乱,而且是因为他本应区分的重要界限,根本未能顾及。"古者学在王官,是一事。诸子之学是否出于王官,又是一事。吾意以为即令此说而信,亦不足证诸子出于王官。盖古代之王官,定无学术可言。"[③]他以古代为学者皆以谋官为证来证明官不为学,进而以中世纪教会主办教育而近世学术不出自教会来辅证。胡适此论,将官与学的界限、进身之阶与专门学术做出了明确区隔,让"诸子之学出于王官"的论断难以证立。胡适对章太炎的反驳,要害之处就在于,学在王官与学出王官是两回事情,不能直接用前者来证明后者,况且官学与子学的权力归属与学术归属,也是两不相干的事情。

由上可见,诸子之学究竟是否出自于王官,是需要进一步解释才能确定的事情,从学术的绝对来源上讲,章太炎之说并不会被胡适的反驳所颠覆。原因很简单,在诸子学兴起之前,除开王官之学,便无学可言。但"诸子之学出于王官"是不是像刘歆、班固所说的那样诸子学派一一对应于古代官员,确实很难确证。在这一点上,胡适所论比章太炎及古代学者的断言更能说服人。不过,对"诸子之学出于王官"的"出于"二字,只要在唯一渊源关系上进行最弱意义的定位,而不是在王官与诸子学之间进行最强的一一对应,那么章太炎及之前的相关断论也是能够成立的。胡适所说的王官为学只是为了得到进身之阶,以及诸子之学的学术呈现不可能源自王官的谋权,都是不易之论。但是,有两个不弱于胡适这一断论的重要区分需要指出来。诸子之学出于王官,不等于诸子之学成于王官,这是胡适断论过强,以至于扭曲了前一断言的地方。诸子之学出于王官,与诸子之学成于王官是有根本差异的。同时,尽管王官之学是准王官为了获取进身之阶,但求学之中、得官之前,那些准王官身负传承古代学问与承接固定官职的双重任务,人们不能因为他们对后者的期待,就完全无视他们对前者的承继。就此而言,"诸子之学出于王官"的断论,仍然是能够成立的。

至于人们将"诸子之学出于王官"的断论归之于汉代官学或经学建构的说辞,可能也是一种单纯基于汉代情景的断论。无疑,刘歆也好、班固也好,很可能心存一种将子学溯源于官学,而方便将诸子之学纳入官学(经学)轨道的念想,但这一断论是不是出于纯

② 本段引文,除另注者外,均出自胡适《诸子不出于王官论》,载《胡适文存》第一册第二卷,华文出版社 2013 年版,第 176–181 页。

③ 胡适《诸子不出于王官论》,第 179 页。

粹虚构，可能是一个需要审慎以待的问题。就前者即以经学整合子学来讲，陈静的论述是很有说服力的。"在大一统的历史背景之下，刘歆的'诸子出于王官'说并不是历史地追溯诸子起源，而是借由诸子与王官的关联，建构统一的文化系统。在这样的建构中，王官之名并不意指真实的周制官守，而是指大一统政治制度下进行治理的某个方面；诸子各家也不意指某种思想的溯源和流变，而是指思想的类型和相应的应用功能。这些细节还不是最重要的，最重要的是整体。刘歆通过'诸子出于王官'所要建构的整体，是要把先秦分别流行于不同区域且议论各异的诸子，组织为一个统一的思想文化系统，在统一的思想标准下让它们各自发挥作用。"④但这是着眼于汉代以经学整合子学的阶段性历史来看待整个诸子学的结果。如果就后者即诸子学的最初来源上讲，完全否定了诸子学与王官学的关联，可能就根本无法解释诸子学的缘起，只能将诸子学视为素无来源、横空出世的学术体系了。如前所述，只要避免将诸子学与王官刚性对应，不将诸子学视为王官学彻底成就了的学问，那么，在其历史渊源上讲，诸子出于王官的断言还是能够有条件地成立的。

循此，另两个问题也就比较好解释了。一是诸家中的法家，究竟是不是出于王官的问题。法家出于理官，在反驳者那里，似乎没有很强硬的驳正。这是因为，法家的主张与古代理官的职能比较吻合，不像有些诸子学派那样，在与王官匹配时出现明显错位。按照《周礼》六类职官的区分⑤，理官确实有其历史存在依据——"六典"的分类是："一曰治典，以经邦国，以治官府，以纪万民；二曰教典，以安邦国，以教官府，以扰万民；三曰礼典，以和邦国，以统百官，以谐万民；四曰政典，以平邦国，以正百官，以均万民；五曰刑典，以诘邦国，以刑百官，以纠万民；六曰事典，以富邦国，以任百官，以生万民。"（《周礼·天官·大宰》）"六属"的分类是："一曰天官，其属六十，掌邦治"；"二曰地官，其属六十，掌邦教"；"三曰春官，其属六十，掌邦礼"；"四曰夏官，其属六十，掌邦政"；"五曰秋官，其属六十，掌邦刑"；"六曰冬官，其属六十，掌邦事。"（《周礼·天官·小宰》）其中掌刑典或邦刑的官员便是理官。对理官来讲，它与法家的基本主张体现出某种一致性。当然，这其中也可能包含汉代学者依样画葫芦，硬性将法家与理官配对的因素。但从最低限度上讲，在诸子学之一的法家那里，它不是空穴来风，而是有其政治史、思想史渊源的。

二是诸家的关系，是不是可以在"务为治者也"的框架中理解。这需要先将汉代对诸家关系的概观做一个简单回顾。班固对诸家关系的概括是："《易》曰'天下同归而殊涂，一致而百虑。'今异家者，各推所长，穷知究虑；以明其指，虽有蔽短，合其要归，亦六经之支与流裔。使其人遭明王圣主，得其所折中，皆股肱之材已。仲尼有言'礼失而求诸野。'方今去圣久远，道术缺废，无所更索，彼诸家者，不犹愈于野乎？若能修六艺之术，而观此

---

④ 陈静《大一统观念下的"诸子出于王官"说》，载《哲学动态》2022年第2期。

⑤ 《周礼》的成书时间存在很大争议，在经学家孙诒让眼里，《周礼》是周公所著。他在《周礼正义序》中指出："粤昔周公，缵文武之志，光辅成王，宅中作雒，爰述官政，以垂宪，有周一代之典，炳然大备。"但在史学家眼里，这部书被认为是成书于战国、甚至是汉代。如果《周礼》对远古典章制度的叙述不是战国或汉代学者的纯粹虚构，那么可能在一定程度上反映了中国早期典章制度的真相，只要将其视为不断楔入新内容的古代著作，那么在大体上采信其说，还是可以的。

诸家之言,舍短取长,则可以观万方之略矣。"(《汉书·艺文志·诸子略》)而司马谈对诸家要旨的归纳是:"夫阴阳、儒、墨、名、法、道德,此务为治者也,直所从言之异路,有省不省耳。"(《史记·太史公自序》)前者突出的是诸家殊途同归、一致百虑的宗旨趋同性,这中间确实存在汉代推进服务于统一中央政权的经学建构的意味,但也反映了一个中国上古思想史事实,那就是在"绝地天通"的大事件发生以后,官方不仅垄断了国家权力,而且也垄断了一切思想学术资源,"学在王官"是绝对主流,"学在民间"极其零落。因此,不能仅仅用汉代推动统一经学、纳子于经,来否定官学流散、促成子学的总体社会-思想史定势。后者即司马谈的归纳,强调的是诸家务于现实治理的共同特性,以及在服务于现实政治需要时所表现出的简便易行与复杂难行的不同特点。如果说班固凸显了诸家思想的六经同源性和分合必然性的话,那么司马谈则突出了诸家政治指向的共同性与实用的差异性。假如说在文化传承上春秋以前完全依赖于王权,而没有多少证据显示民间有资源传承文化典籍的话,那么,班固与司马谈所论,就不能限定在构造统一的古典国家意识形态的主题上来对待。法家,也就成为王官学中自有思想来源、亦有现实针对的、由民间再造的一个学派。

二、从理官到说客

法家出自王官,但处在"百家往而不返""道术将为天下裂"的春秋战国时代,他们的社会身份、思想定位与阐释主题等等,都经历了极大的改变。在这中间,究竟哪些人属于法家、法家是否具有共同的思想宗旨、法家的汉代命名是不是有违先秦思想史事实,都成为进一步理解法家的前置问题。

前述胡适质疑诸子出自王官的论证中就明确指出,韩非不属于法家。"后世所称法家如韩非、'管子'(管仲本无书。今所传《管子》,乃伪书耳),皆自属道家。任法,任术,任势,以为治,皆'道'也。"⑥胡适此论,从思想渊源上讲,因其呈现了韩非、管子与道家哲学的贯通性,可说是一种思想类型的归类。但因凸显治"道"的思想表象,或因为韩非有《解老》《喻老》这样的作品,就指认韩非为道家,实在是证据非常单薄的断言。而且胡适这样的断言,是承认了班固对管子的流派划分。至少在不认汉代"陋儒"的九流十家划分上,胡适此论出现了自相矛盾的地方。学术界今天公认韩非是法家最重要的代表人物,似乎已经没有什么异议。

那么先秦哪些思想-政治人物可以归于法家流派呢? 一般而言,涉论法、术、势三者的人物,归于法家流派,不会有太多争议。一是从这一思想主题出发归拢法家的流派特点,基本上成为共识。管仲、李悝、商鞅、慎到、申不害、韩非,是人们在法家流派范围内论及的主要人物。二是像反对"汉代陋儒"九流十家划分的胡适,也以法、术、势三者来进行类型归纳,尽管在思想流派的命名上相当不同,但以比较一致的思想特点来归类的相同做法,显示出不同归类者对"法家"代表性人物的思想形式特征的共同认可。而如果在底线上承诺"诸子之学出于王官"的断言,可以说诸子之间对思想资源的相互借取,乃是一个非常正常的现象。因此像胡适那样以思想形式的相似性进行流派划分的做法,便是一

---

⑥ 胡适《诸子不出于王官论》,第178页。

种需要审慎对待的做法。简言之，以无为而治的道家来吸纳"争于气力""一断于法"的法家，是很难获得认同的一种归类方法。这正是韩东育强调法家与道家、儒家的思想渊源关系，但指出法家是不同于道家与儒家的另一流派的支持理由所在⑦。

法家之为法家，首当其冲的思想特点，当然是对法、法的应用及其保障条件的一致强调。这是人们将子产、李悝归于法家的一个基本理由。因为子产铸刑书，李悝"撰次诸国法，著法经"（《晋书·刑法志》）。即便二人可能不被视为法家的代表性人物，但他们指示了辨认法家的思想路径。刘劭认为，"建法立制，强国富人，是谓法家。管仲、商鞅是也"（《人物志·流业》）。这是一种对法家思想特点加以概括后的人物枚举性说法，但也等于确立了辨认法家思想人物的基本准绳。管仲强调，"圣君任法而不任智，任数而不任说，任公而不任私，任大道而不任小物，然后身佚而天下治"⑧。这样的主张，可以说凸显了此后法家的共同思想特征：以法治国，而不是以君王个人意愿治国。商鞅更是明确主张，"故有明主忠臣产于今世而散领其国者，不可以须臾忘于法。破胜党任，节去言谈，任法而治矣。使吏非法无以守，则虽巧不得为奸；使民非战无以效其能，则虽险不得为诈。夫以法相治，以数相举者，不能相益；訾言者，不能相损。民见相誉无益，相管附恶；见訾言无损，习相憎不相害也。夫爱人者不阿，憎人者不害，爱恶各以其正，治之至也。臣故曰：法任而国治矣"（《商君书·慎法》）。这样的主张，与管仲的理念是完全一致的。唯有用法度治国，才能避免结党营私、克制奸狡虚滑，保证人尽其才、才尽其用，实现国家最佳治理、秩序井然。韩非也体现出这样的思想宗旨，"国无常强，无常弱。奉法者强，则国强；奉法者弱，则国弱。……法不阿贵，绳不挠曲。法之所加，智者弗能辞，勇者弗敢争。刑过不辟大臣，赏善不遗匹夫。故矫上之失，诘下之邪，治乱决缪，绌羡齐非，一民之轨，莫如法"（《韩非子·有度》）。在韩非这里，以法度治国不仅直接关系到国家强弱的治国结果，而且也决定了国家治乱的政治状态，其念想，与管仲、商鞅如出一辙。而法的特征，莫过于韩非做出的精到概括："法者，宪令著于官府，刑罚必于民心，赏存乎慎法，而罚加乎奸令者也。"（《韩非子·定法》）尽管韩非在法、术、势的关联框架中很大程度地消解了法的权威性，但其凸显了法家对法的基本理解，则是没有疑问的。

以法度治国，确实如汉儒概括法家特点时指出的那样，容易陷入因讲法度、薄情寡恩的利弊共生状态。在王官学的统合结构中，理官只是诸官之一，需要在各种各样、不同职能的王官分职中发挥作用，因此也就将过分推崇法度的施政刚性缓和下来。如果在国家变局中，由法家来包办整个国家治理，那么，其薄情寡恩的弱点，就会走向一个人们难以承受的极端。推崇法度有其胜于德治、人治的一面，因为"一轨于法"，是以同一套规则管理国家，是一种不因人而异的规则之治，这是国家制度能够顺畅运作，不至于让其制度之规因人而异地被化解于无形。但另一方面，因人而异会使国家治理显得很人性化，

---

⑦ 韩东育指出："单就法家而言，其来源便至少有儒、道两家。以往的诠释试图证明，儒家奠定了法家的伦理学基础，而道家则给它赋予了哲学的底色。但是，法家学说有伦理学影响却不是伦理学，有哲学依托也不是哲学。"氏著《法家的发生逻辑与理解方法》，载宋洪兵主编《法家学说及其历史影响》，上海古籍出版社 2018 年版，第 25 页。

⑧ 《管子·任法》。按胡适论断，管仲无书，《管子》是后代伪造之书。但《管子》书与管仲的做法之间有一种吻合关系，因此最低限度说《管子》反映了管仲思想，是可以成立的。

让国家统治与治理不至于显得过分严厉。就此而言,儒家主张的德性之治、博施济众,有利于缓和治理矛盾,维护国家认同。在王官学的体制中,儒家这种施恩性的统治与治理方略,因为有理官的规则伴随,因此不至于彻底瓦解法度,故而属于一种法外有恩的适当做法。如果在国家频繁征战、规模急遽扩展、秩序供给短缺的情况下,一味施恩的统治绩效其实也是无从保证的。

但在春秋战国时期"百家往而不返""道术将为天下裂"(《庄子·天下》)的思想局面中,王官学的诸官之学各尽其能、相互牵扯的平衡机制被打破了。在这种局面中,不仅各家"蔽于一曲,而暗于大理",而且相互攻讦,以至于"内圣外王"的治国大本无法彰明。"天下大乱,贤圣不明,道德不一。天下多得一察焉以自好。譬如耳目鼻口,皆有所明,不能相通;犹百家众技也,皆有所长,时有所用。虽然,不该不遍,一曲之士也。判天地之美,析万物之理,察古人之全,寡能备于天地之美,称神明之容。是故内圣外王之道,暗而不明,郁而不发,天下之人各为其所欲焉以自为方。"(《庄子·天下》)不仅各家各派不明大道,而且也失去了王官学发挥政治权力的整合功能,各家各派不能不出奇招,以期获得当道者的赏识与使用,或则对现实政治严重失望,避世隐居。前者如儒家、墨家、法家,后者如道家老庄。不过,入世进取的几家,并不是自然就获得了干预世事的机会,就能够顺理成章地影响"天下无道"的政权裂变状态下执掌国运的诸侯、大臣与陪臣。如春秋战国时期的儒家创始人与重要代表人物孔子与孟子,便不能不周游列国,游说诸侯,以求实践儒家的治国方案。但结果并不如人意。最后两人都不得不下帷讲学、传道授业。有素王、亚圣之名,而无君王之实。这是王官学在王官与学问分别由掌权者和思想家分担之后的一种尴尬局面。前者并没有"为往圣继绝学",后者则无法得到推行德治仁政的实际权力。如法家管仲、商鞅、韩非,则努力劝说诸侯在施政上改弦更张,但也并不能轻易获得权力和稳定权力。法家影响春秋战国政治局势呈现出一条下行线:管仲助齐称霸而成就政治功名,以尊王攘夷适应政治新局,懂得进退而得以善终。但商鞅获得秦孝公赏识,且以法家治国之方施政,助秦崛起。但因为促使平民晋升、触动贵族利益,在君权易手之际,终罹车裂酷刑。而韩非在韩不见使用,到秦国获得嬴政激赏⑨,但受同学谗言所累,被秦王关押治罪,李斯送毒药让其自杀。出自理官的法家,在春秋战国的乱世之下,并不能自然获得依法治国的机会,而且因为失去理官的权力,流落到民间,必须想方设法重获权力,才有可能实施其治国方案。在这中间,韩非之由类似理官的身份堕变为说客的痛苦感受,可以说相当鲜活地表现了法家为赢得君王青睐的艰辛困苦。

韩非对说客的游说困难,体会深刻,入木三分。"凡说之难,非吾知之有以说之之难也,又非吾辩之能明吾意之难也,又非吾敢横失,而能尽之难也。凡说之难,在知所说之心,可以吾说当之。所说出于为名高者也,而说之以厚利,则见下节而遇卑贱,必弃远矣。所说出于厚利者也,而说之以名高,则见无心而远事情,必不收矣。所说阴为厚利而显为名高者也,而说之以名高,则阳收其身而实疏之;说之以厚利,则阴用其言显弃其身矣。"(《韩非子·说难》)说客游说君王需要才智、口才与勇气,这是人们一般认为游说他人的困难所在,但韩非认为游说君王的特殊困难不在这些方面,而在捉摸君王的心理。很显

---

⑨ 秦王嬴政阅韩非著作,感叹道:"寡人得见此人与之游,死不恨也。"见《史记·老子韩非列传》。

然，从理官到说客的身份之变，让人们明白，理官作为王官之一，可以按照其官职功能发挥作用即可。而出自理官职能引导而成的法家学说与实践方案，不再具有在官位上施政的契机，因此不能不降低身段，努力在捕捉君王真实心思的基础上，去获得权力授予与践行治国方案的机会。这是一种令人窒息的身份转变：在周公礼遇臣民的"一沐三捉发，一饭三吐哺"（《史记·鲁周公世家》）恭谨施政的局面中，理官是可以按照权职从容用权的。而在难以琢磨君王心思的情况下去游说君王的法家，处在一个推销其施政方案的尴尬位置上！这正是道家自信治天下可运于掌却落得隐居的原因，也是儒家自信何必曰利有仁义利器却只能下帷讲学的缘故，更是法家自负以法度治国必富国强兵却落得车裂与饮毒而亡的悲剧结果的导因。在"天下无道"的处境中，不仅仅在权力方面出现了不规则的转移方式，诸侯、大臣与陪臣都能执掌国命，而且在权力实施方面也出现了这种诸家自认我有治国秘笈且不被见用的悲催现象。

从理官到说客的蜕变，并不是一个身份的直接变化过程与顺当承接关系的结果。也就是说，在历史上并不存在从理官直接华丽转身为说客的身份转变事实。所谓从理官转变为说客，是说诸子中法家所自出的理官，在天子权力被诸侯、大臣与陪臣之类的新贵们取代之后，尝试发挥类似理官那样的、依法度治国作用的人士，不得不采取说客的游说方式，以便获得治国的权力与机会。于是，理官之学便由法家学说所转接，理官就此变身为法家了。这一转变让法家之士遭遇的尴尬，已如前述。这样的尴尬，是所有诸子之学所共同面临的尴尬，不是法家独自面对的窘迫。但对法家来讲，因为面对一个曾经长期实施德治仁政的周政遗产，如何让那些在国家权力变局中尝试寻求固权、强国、富民的君王，接受与周政完全不同的以法度治国的新兴治国方案，确实必须直面很多特殊的困难。一是在现实处境中，尝试在诸侯争权夺利的残酷竞争立于不败之地的君王，必须要有富国强兵的强烈意愿，必须立定改弦更张的变法意志，必须接受有助于富国强兵的法家治国之策。这已经是一个极其难得的政治机遇了。管仲强齐、商鞅强秦，是偶然中的偶然，齐桓公、秦孝公的执政意愿与管、商两人的变法方案，实属天作之合。而赢政与韩非在观念上一拍即合，并没有成就政治上的金玉良缘。可见，法家推崇的法度之治，相比于其他诸家所主张的不同治国方案，并不具有天生优势。二是在春秋战国时期，不惟法家在推销法度之治的治国方案，儒家也在推销其德治仁政、墨家也在推销其兼爱非攻，道家亦在推销其小国寡民的不同治国方案。因此，政治竞争需要与思想竞争局面交错而在，"说难"恐怕是势所难免的法家处境了。法家必须在艰难的思想竞争与政治争夺高度重叠的局面中争取胜出机会，这对已经形成了亲近之臣、亲人圈子的诸侯国来讲，接受法家的别近亲疏、依法治国的理念，是多么困难。这是百家勃兴之际，国家转出血缘封建，转进平民军功爵体制，法家所要面对的思想与权力竞争的双重难题。

三、法家思想三型

从春秋战国漫长的国家变局之长程历史来看，秦"横扫六合，一统天下"的政治成就确实促成了法家取胜其余诸家的骄人业绩。但好景不长，以秦"万世之基业，二世而亡"的悲壮结局也相应让法家声名狼藉。如果将中国早期历史先且限定在春秋战国与秦这一阶段，将天下有道转变为天下无道，再转进到安定天下、重建统一中央权力作为这一历史阶段的决定性主题,那么,人们可能首先需要解释的是,法家为何能在诸家蜂起、相与竞争的处境中力拔头筹,促成了周代的准国家向秦代的完全意义国家的转型。

说周代是准国家,会引起争议,因为周代之前的夏、商,已经公认是中国早期历史上建立起稳定国家政权,并出现国家权力合法性自辩的政治理念的朝代。两朝的权力建制是相当系统、分工明确、自辩有力的。这是中国早期历史经由聚落形态变化和国家形态演进的结果。就前者言,恰如王震中指出的,其演变路径是"文明与国家起源是以农业的发明和农耕聚落的出现为起点,经历了由平等的农耕聚落形态,发展为含有初步不平等和社会分化的中心聚落形态,再发展为都邑邦国形态这样三大阶段"⑩。就后者即中国古代国家形态论,亦如王震中所说,"在'邦国—王国—帝国'说中,它包含了夏商周三代复合制国家结构和形态的问题,也包含着夏商周三代王朝国家中的王国(王邦)与邦国(属邦)的关系问题,还包含了由部族国家走向民族的国家以及华夏民族形成过程中由'自在民族'发展为'自觉民族'的问题"⑪。前者展现的是社会走向国家的过程,后者呈现的是国家形态自身的变化。在古代国家形态上,邦国的社会属性较为明显,政治属性开始凸显,但国家属性还需要进一步脱离一般意义上的社会政治属性才能充分展现出来。这里所谓国家属性,就是彻底突破血缘关系维系的族群与都邑邦国藩篱,真正将国家建立在打破血缘机制的政治基础上。就此而言,夏商周三代在国家属性上仍然残留着非常明显的族性国家或都邑邦国的色彩,即便是"损益可知"的夏商周三代演进,已经让周制相对于夏商显得更为健全和完善,但周制的中央王权国家机制对国家实施的统治,是依托于血缘分封机制的一种特殊国家结构。正是在这个特定的意义上,周代还不是完整意义上的国家,而是一个准国家——一个必然要被更完整政治意义上的国家所取代的过渡性国家形态。这个国家,就是替代封建制而起的郡县制国家。这一转变,就是人所熟知的"周秦之变"。

西周的建立,实际上已经是一次重大的历史转变结果。在夏商以及更早的传说时代奠立的政治权力机制、意识形态模式基础上,周代可以说将国家统治权发挥到了那一时代的极致。一者,西周将国家权力机制系统地建构起来,其国家化规模、自觉性意识、制度化程度、成熟化高度均远超此前。一方面,在军事征服成为建立国家的基本模式的情况下,西周将传统氏族制度扩展为军事体制,从而保证了周的武装殖民效果。"古代的军队由国人组成,因为国人或是传统氏族贵族的后裔,或是周人东移的平民,不但保留传统氏族共同体的遗习遗制,而且有'里'的联系,军队的组成还贯串氏族血缘的因素。由氏族血缘和里制组成的的军队是城邦武力的主干,他们在家'世同居,少同游';作战则'夜战声相闻足以不乖,昼战目相见则足以相识,其欢欣足以相死。居同乐,行同和,死同哀;是故守则同固,战则同疆。'"⑫另一方面,西周甚至整个周代都以血缘贵族为基础建立国家权力机制,这就是西周创制的中国古代基本政体——分封制,一种贵族氏族分享国家权力的机制。"因世官而当权,贵族的势力得以绵延不绝,因同血缘氏族的凝结坚

⑩ 王震中《中国古代国家起源、发展与王权形成论纲》,载《中原文化研究》2013 年第 6 期。

⑪ 同上。

⑫ 杜正胜《周代城邦》,中国台湾:联经出版事业公司 1979 年版,第 45 页。

固,而成牵连广袤的巨室。贵族占有庄园,名虽'分封',实同独立小国。当他们又与庄园的领民连通一气时,无啻如虎傅翼,国君对之亦无可奈何,于是演出古代光辉灿烂的贵族政治。我们认为世官制度、巨室政治和庄园采邑结合而形同独立之国,再加上贵族与庄园领民的'假氏族血缘联系',构成中国贵族政治的特质。"⑬

二者,西周的建国理念趋向自觉,由周公构建了影响整个中国古代的政治理想与制度机制。周公不仅对周的建国事功居功厥伟,而且因其"制礼作乐",确立了古代国家礼制的基本规模。前引他"一沐三捉发,一饭三吐哺"的用权恭敬如仪,尽管很难以历史真实对待,但某种程度上反映了他对待权力的态度可能不假。而他所凸显的"以德配天"理念,则更是将夏商周的天命转移或权力更替的根本缘由呈现了出来。正是在这样的国家理念中,西周统治者才足以将德性观念纳入国家统治进程。"我不可不监于有夏,亦不可不监于有殷。我不敢知曰,有夏服天命,惟有历年;我不敢知曰,不其延。惟不敬厥德,乃早坠厥命。我不敢知曰,有殷受天命,惟有历年;我不敢知曰,不其延。惟不敬厥德,乃早坠厥命。今王嗣受厥命,我亦惟兹二国命,嗣若功。"(《尚书·召诰》)也正是在这样的敬德保民氛围中,周代的"学在王官"才可能在实际施政与德性反思之间建立通道。

到周代,国家权力基本上已经建立起了权力与思想的整合机制。因此不同的王官,可以导出不同的学术以及流派。尽管如前所述,这种诸子之学出自王官论不能以诸子与王官的一一对应来理解,否则就有陷入胡适所指的乖谬的危险。但从章太炎所指的王官之外无学的角度看,诸子之学出于王官在底线意义上是能够成立的。故而在古代国家权力勉力串通权力与观念的尝试中,注定了法家必有其不同于其他诸家的思想形态。在"学在王官"的处境中,理官或今日所说的法官,其官职功能、基本理念与风格特征,会对法家之思形成相类的影响。这是王官学背景中审视法家思想的历史缘起。而在周代王权崩溃的情况下,思想文化从"学在王官"演变为"学在民间",因此注定与理官连接的法家,必然脱离权力的庇护,加入春秋战国百花齐放百家争鸣的思想市场,去努力展现自己在新型国家进程中的观念魅力与治国效力。这是在诸子学的处境中审视法家的必要性体现。而法家所致力的以法度治国,恰好与兴起中的帝制需要相吻合,因此让法家思想与霸王学形成一种互相促进与相互成就的关系。而这是在霸王学背景中理解法家思想的深厚支持理由。

可以说,在"周秦之变",也就是分封制向郡县制、君王制向帝王制、分散性向集约型转变的国家变局中,法家逐渐呈现出它的三个思想形态:在思想史渊源上、或发生学意义上的王官学之法家,在礼崩乐坏、天下无道处境中的诸子峰起,促成了诸子学之一家一派的诸子学之法家,以及在真正走向打破血缘关系基础上的统一制度的帝制状态下的、作为霸王学的法家学说。

王官学的法家,可以确定是诸家相分相合关系结构中的一家。这需要从两个角度来理解此时的法家:一是这一阶段的法家,既无法家之名,更无法家之实。因此只能是在历史溯源意义上,寻找类似于法家的思想主张。这是班固将理官与法家连接起来,而将法家之思归之于理官的原因,也是人们可以在理官那里寻求理解法家的历史机缘的缘故。

---

⑬ 同上,第121页。

二是如前所述，法家不可能是横空出世的一派学说，它总有其历史上的蛛丝马迹。如果说班固之言显得牵强，对法家与理官之间的联系不过是生硬的推论，那么，只要确定这一联系并不绝对违和，那么对两者的关联性想象，也就不无指引人们在历史中理解法家一条线索的价值。理官主法，擅长的当然是在礼制体系中以法辅礼——辅礼，是礼制的政治架构所注定的事情；尚法，是理官的官职功能明确的规定。一旦理官将法推到极端，刻板行之，那么无教化，去仁爱，专任刑法，残害至亲，伤恩薄厚就属于再正常不过的施政结果了。而这也正是后来法家的基本思想风格。以韩非言，司马谈对其所述法家思想特点的归纳便是，"法家不别亲疏，不殊贵贱，一断于法，则亲亲尊尊之恩绝矣，可以行一时之计，而不可长用也，故曰严而少恩。若尊主卑臣，明分职不得相逾越，虽百家弗能改也"（《史记·太史公自序》）。其与理官的行事特征基本一致。但理官不过是诸官之一，因此其弱点自可以在不同官职发挥其作用的时候相互校正；而后起的法家，则缺少这种制衡的思想力量和政治掣肘，故其优点与弱点都会被显著放大。

诸子学的法家，则是诸家分裂局面中的一家。诸子学的兴起，源自"天下有道"变而为"天下无道"，当周制的秩序供给能力远远跟不上中央权力涣散时局的急迫需要时，如庄子所说的糟糕状态就显现为"天下大乱，贤圣不明，道德不一"。诸子的蜂起，也就相应呈现为各执一偏的乱象。"天下多得一察焉以自好"（《庄子·天下》）。由于诸子学兴起时，古代国家意识形态不仅失去了政治秩序的平衡功能，也失去了思想观念上的积极互动效能，因此，各家各派将原来共处于王官学中的一个方面大加发挥，结果就造成了无条件推崇自家所见，蔑视别家心得的偏执态势。于是，一方面，各家几乎都认定，唯有自家的想法与做法才足以解决天下乱局，重归秩序。法家自信，"明主之国，无书简之文，以法为教；无先王之语，以吏为师；无私剑之捍，以斩首为勇。是境内之民，其言谈者必轨于法，动作者归之于功，为勇者尽之于军。是故无事则国富，有事则兵强，此之谓王资。既畜王资而承敌国之衅，超五帝侔三王者，必此法也"（《韩非子·五蠹》）。其余诸家也都表现出这样的自信。另一方面，诸家其他各家予以毫不留情的攻讦，形成一种绝对排斥的流派关系僵局。儒家重镇孟子斥杨朱墨翟为禽兽为人熟知⑭，而韩非也非常严厉地指责"世之显学"的儒墨两家，在肯定"世之显学，儒、墨也"的基础上，认定"孔子、墨子俱道尧、舜，而取舍不同，皆自谓真尧、舜，尧、舜不复生，将谁使定儒、墨之诚乎？殷、周七百余岁，虞、夏二千余岁，而不能定儒、墨之真；今乃欲审尧、舜之道于三千岁之前，意者其不可必乎！无参验而必之者，愚也；弗能必而据之者，诬也。故明据先王，必定尧、舜者，非愚则诬也。愚诬之学，杂反之行，明主弗受也"（《韩非子·显学》）。他还认儒家、游说者、游侠、惧战者和商工之民为五蠹，"此五者，邦之蠹也。人主不除此五蠹之民，不养耿介之士，则海内虽有破亡之国，削灭之朝，亦勿怪矣"（《韩非子·五蠹》）。而其余各家对论辩对手的攻击，也不逊于韩非。作为诸子学一支的法家，在激烈的思想市场竞争中，表现出勇于竞争的思想特色，既敢于自证其治国方案的有效与可靠，也敢于对竞争对手的弱点加以攻讦。这是诸子学中的法家展现给人们的鲜明思想品格。不过，在诸子学的思想市场中，法家并未取得公认的优势，这可以从变法的反复、韩非的丧命、"显学"的相互訾议、"王何

⑭《孟子·滕文公下》："杨氏为我，是无君也；墨氏兼爱，是无父也。无父无君，是禽兽也。"

必曰利"的反驳、仁义礼智的替代方案等等方面得到印证。

霸王学的法家，是阳儒阴法结构中的一家，是在思想市场竞争中最终取得实质性胜利的一家。法家对霸王学的贡献，是因应于中国从君政到帝制的国家变局而做出的贡献。周代礼制是一种君政与国政的混合产物。君政指的是君王与民众同为邦国成员，君王对邦国事事亲力亲为，且与邦国成员荣辱与共、戮力同心的一种政治制度或国家体制。这从传说中的周公为政风格上可以一窥端倪。但同时周政又是一种走向礼法合一的制度性国家的国家机制。这是前面断言西周的国家形态还是准国家或国家半成品的理由。不过，在"周秦之变"的过程中，周制的上述两重结构都受到挑战。面对封建制的崩溃，君政的效用基本归零；面对"挟天子以令诸侯"的新局面，礼法合一的制度效能也基本归零。两个归零，在诸侯蜂起、各循新路、竞逐富强的局面中彰显了君政的彻底崩溃。取而代之的国家新机制，则沿循从帝政、帝制到霸王学的线索迅速成长起来[15]。在帝政的兴起过程中，法家以法度之治、君王集权、扩大规模、奖励耕战、消解君政等等方式方法途径，显现出促使诸侯国在激烈的军政竞争中获取优势的明显优点。管仲强齐、商鞅强秦的帝政初试啼声，已经惊艳地显示出不同于君政的帝政，也就是依靠一个君王强行推行的法度之治所具有的巨大政治效能。而秦王嬴政"横扫六合，一统天下"的政治业绩，则一锤定音式地宣告了帝政战胜君政的最终结局。由秦王转身为秦始皇，帝制得以正式确立起来。但这并不等于帝制就自然具有了霸王学的合法性支持。一方面，"帝制成功，君政废坠"的国家变局宣告了周秦之变的政治结局。另一方面，二世而亡的秦政，让汉代统治者明白，单纯依靠法度之治的办法，是很难让国家长治久安的。因此，在汉代统治者的一再摸索中，"霸王道杂之"[16]的霸王学正式挺立起来。而这一霸王学的结构，正是由儒法两家携手打造的政治合法性与政治操控性共生的独特机制。但儒家基于帝制的合法性支持，主要是精神性的；法家基于帝制的支持，则是操作性的[17]。在这个意义上，作为霸王学的法家，事实上在政治上成为独力支持帝制的一家。所谓"阳儒阴法"，也就是政治浮面上由儒家主导，政治运作上由法家支配的合一结构，这等于宣告了法家在政治影响上的独大。

四、子学桥梁：霸王学升级王官学

从法家这个端口切入，人们会发现诸子学并不是定位先秦诸子的单一思想学术形态。这是在诸子学自有其历史渊源、现实应对与历史优选等三个意义上得出的结论：诸子学的前身是王官学，诸子学的自身是春秋战国的自立门派之学，霸王学则在政治选优的意义上，将儒法两家综合起来，形成了与帝制相适应的学说。正是在这样的一个演变过程中，中国古代早期的权力与学术、或官学（学在王官）与子学（学在民间）的关联，显

---

⑮ 参见任剑涛《帝制建构：秦政、秦制与汉制的次第呈现》，《哲学探索》即刊。

⑯ 汉宣帝的太子刘奭"柔仁好儒，见宣帝所用多文法吏，以刑名绳下，大臣杨恽、盖宽饶等坐刺讥辞语为罪而诛，尝侍燕从容言：'陛下持刑太深，宜用儒生。'宣帝作色曰：'汉家自有制度，本以霸王道杂之，奈何纯任德教，用周政乎！且俗儒不达时宜，好是古非今，使人眩于名实，不知所守，何足委任！'"见《汉书·元帝纪》。

⑰ 参见任剑涛《韩非与操作化政治的理论完型》，《文史哲》即刊。

现出一个相应变化的过程,其大致可以"合-分-合"的三段状态凸显出来.

在王官学那里,政治与学术是处在一个显著的混生状态的,但权力主导的特点是明显可辨的。这是从"绝地天通"塑就的权力支配型政治延续下来的结果。在诸子学时代,"务为治者"的子学共同特质,注定了诸子之学在政治与学术之间游移,但终究逃不过被政治收编的结局。前引学者已经指出,说诸子学都有务于国家治理的特点,乃是汉朝要建立纳子于经、以经统子的古代国家意识形态,在此处境中,由汉家学者做出的适应性归纳。这确实是一个切中汉代政局变化的评议。但也需要看到,霸王学也不是在汉代才从天而降的,它与王官学的历史启发、诸子学的相互碰撞展现的治国多元端口,或直接或间接地联系在一起。因此,诸子学不是绝对的散沙一盘,不是能够永远规避政治整合的纯粹学术。它是应国家变局而起,也因应国家变局的帝制结果而走向终结——以诸子学的新综合适应帝制的兴起,摇身一变而成"阳儒阴法"的新兴古代国家意识形态。

由此引出两个问题,一是中国早期历史上浮现出的三种学术形态及其相互关系是如何的?就王官学、诸子学与霸王学三者关系言,王官学乃是先导,是古代君王为了统治国家而以权力庇护"学术"的特殊形态。王官学的起意并不是学术,但为了让一个官位有效发挥其作用,附带传承了一些与职位关联的观念与行为规则,这却让中国意外地收到了催生古典学术的连带果实。诸子学确实是以学术形态出现的专门学问,是中国历史上第一次以民间学术形态呱呱坠地的学术成果。如前引胡适所说,这样的学术不可能出自官方,官方学术至多塑就的是有利于统治国家的观念与行为指南。唯有民间才可能在沉潜思考中将古代萌生的思想观念与行为模式学术化,并且在激烈的思想市场竞争中,有力地发挥其中一个方面或多个方面的创生性理念,并将其系统化。这中间仍然潜藏着货与诸侯与帝王的念想,但那是次级目的所在。霸王学是帝王为了合法化自己的统治而建构的国家学术,它在官民学术的相斥性基点上确立其目的性。但霸王学建构并不是汉宣帝一句"汉家自有制度,本以霸王道杂之"就可以竟功的。自汉初尝试建立克制万世基业二世而亡弊端的国家统治体制始,就经历了皇帝问政问学于士人的渐次推进过程,从而克制了诸子蜂起所带来的思想繁荣所注定的政治失序,这样的尝试,终成董仲舒式的霸王学思想体系。可以说,王官学与霸王学是两次收摄民间学术的必然结果,而诸子学是为王官学与霸王学之间的过渡桥梁。

诸子学在三种形态中,起于王官学、迄于霸王学,就其学术的权力缘起与权力后盾而言,它都被政治权力所整合。那么,诸子学是不是仅仅只有单纯的过渡作用,是一个必然消失的学术形态?换言之,它是否具有不可替代的思想竞争与政治促变的价值?诸子学在王官学时期是潜在的学术,在霸王学时期是服务于权力的高级工具,这样的权力处境,并不等于说诸子学就仅仅具有过渡性意义、工具性价值。相反,起码在两个意义上,诸子学具有它远超于王官学与霸王学的恒久价值。首先,诸子学作为挣脱王官学的思想学术形态,释放出了原始理念中的思想学术丰富内涵,从而让长期包裹在早期国家权力体系中的思想光芒惊艳地放射出来,展现了中国古人思想学术的高超水平与专深程度。道家就此展示了它的宇宙观、世界观、人生观与方法论锐思,儒家就此呈现出精深的伦理道德与政治正当性思考能力,而法家则将早期中国的深刻变局安顿在历史哲学、新制建构与富国强兵的观念平台上。其余诸家,也都从不同向度表现出强大的古代思想突破能力。这正是中国古代早期文化足以成就人类文化发展的轴心期最重要的理由[18]。没有诸子学，中国古代早期的思想深度、广度就得不到展示，也就无以创造出一波对世界文化留下深刻印记的原生文明成果。其次，在诸子学与王官学、霸王学的关联结构中，由于诸子学是不同于其他两者的民间思想学术，因此，在官民不同轨道的思想学术创制中，诸子学的活力四射，与官学的严肃有余活力不足形成鲜明对比。因此，脱开春秋战国秦汉的特定历史限制，在更为广阔的视角看，相比于王官学与霸王学，诸子学更给人思想创造的希望、学术建设的寄托。这正是前引胡适拒绝将诸子学硬性放置到王官学的框架中审视最重要的动因之一，也是在现代与未来两个向度上人们更期待类似于诸子学那样的中国思想学术再创辉煌的缘故[19]。随新儒家蓬勃之势而起的新法家，在立意上也特别强调其类似于新儒家承接现代民主与科学的、推动现代法治的宗旨[20]。新道家、新墨家等等，也都以这样的意愿阐释其观念。

二是诸子学被政治收编是不是一种悲剧性的结果？胡适执着强调诸子不出于王官，不仅在于他所看重的诸子学的时代创新性，因此不愿意降低诸子学的这种创新性而凸显其历史连续性。更为重要的是，在现代价值框架中，胡适不愿以官方之学降低民间之学的价值、地位和作用，试图刻画一个古已有之的官民分流诱人图景。这其实是以现代价值关怀解释古代思想史事实。将之放置到中国历史的自身历史长河中观察，诸子学不是没有来源、也不是没有结局的先秦孤象。王官学是它的来源，霸王学是它的结局。这是由人类社会本质上是一个政治社会所注定的现象，即一切关于人及其组织方式的政治性思考，都不可能脱离开权力而展开。尽管在处理权力与学术关系上存在两种可能，或以思想学术规范权力，或以国家权力规导学术，但一般说来，前者是一种特定的现代现象，后者是一种普遍的古代现象。因此，在古代，王官学对诸子学的奠基，霸王学对诸子学的收编，就是再正常不过的事情。

问题的关键当然是霸王学对诸子学的改造。因为这涉及诸子学令人遗憾的终结，以及霸王学一统江山后经学的独大局面。这是一个思想繁荣局面的结束，政治化经学的开启局面。不单在古代思想学术发展的角度看令人遗憾，在现代的视角看，更是令人扼腕。但这样的政治收编子学，一是有其政治必然性，二是有其思想必然性。帝制建构成功后，必须要有相应的思想学术局面使然，这是其政治必然性。在诸子学开启的各个思想方向都几乎穷尽了它们的发展向度、智慧资源的情况下，也会自然而然地出现"合久必分，分久必合"的结局，这是其思想必然。先就后者看，"儒分为八""墨离为三"（《韩非子·显学》）的思想局面，已经可以佐证不同诸子学派在"自好"的"一察"方面离散性地走得有

---

[18] 雅斯贝斯认为，在世界古代早期文明中，四大古文明的地位并不能等量齐观。"埃及和巴比伦同早期中国及公元前3000年的印度河文化可能是并列的，但在整体上却不会与中国和印度并列。中国和印度具有与西方平起平坐的地位，不仅因为它们存活了下来，而且因为它们实现了突破。"也就是对大写的人有了深刻而系统的认识。氏著《历史的起源与目标》，魏楚雄等译，华夏出版社1989年版，第64页。

[19] 在今日中国学术界，新经学的建构生机勃勃地呈现着，与此同时，一批学者则致力倡导新子学，认为不同于经学的僵化、停滞，子学可以标新立异、生动活泼，更能带来一波新的思想繁荣。参见叶蓓卿编《"新子学"论集》所收文章，学苑出版社2014年版。

[20] 参见赵玉增《当代新法家研究及其主要价值》，载《社会科学战线》2019年第4期。

多远。诸子在细微处体察了自己学派的精神,便会回头省思自己学派的宏大志向。裂变开来的道术就会回向整合起来的道术。在心灵世界出现的儒道互补,在政治世界出现的儒法互补,就是这一思想运动的结果㉑。再就前者论,中央权力对诸子学的整合,一方面固然是由汉初统治者在政治上"更化"政策的结果,其中,汉初已经出现整合诸子的建议,而汉武帝与董仲舒的对策则明确了"黜抑百家,推明孔氏"的政策,而且将儒家地位提升到诸家之上不说,并且阻止其余诸家的传播。"诸不在六艺之科,孔子之术者,皆绝其道,勿使并进"(《汉书·董仲舒传》)。另一方面,学者也从学术史的概述上着力,推动政治重新吸纳学术。"纳子于经"或"以经解子"是汉代学者处理经学与子学关系的一种政治化方式。前引司马谈、班固所做的相关努力已是明证。无论是"舍短取长,则可以通万方之略"的诸子思想整合建议,还是"务为治者"的诸子政治宗旨归纳,实际上都是诸子学最终归于霸王学或经学的不同路径。就此而言,陈静所断言的纳子于经的"诸子出于王官论"意不在追究子学起源、意在国家意识形态即经学的建构,确属的论㉒。李若晖指出的"将诸子思想重新纳入汉代官学体系中,裁抑诸子天下之学的部分,而仅保留其技术性,使其成为汉代大一统王朝治理天下的思想工具"㉓也就完全能够成立。但需要略加补充的是,汉儒对诸子出于王官的建构,不能被视作向壁虚构。建构之所以不能被视为虚构,就是前者总还需要有历史的蛛丝马迹,尽管准确度与对应性有限,但并不是完全的伪造。虚构则是完全没有依据的胡乱想象,在历史上根本找不出任何依据。显然,"诸子出于王官论"确属政治需要而进行的建构,但还不能视为纯粹的虚构。

人们会以为,霸王学就是为确立帝王地位和正当性而建立的思想学说,因此有理由将其视为铁板一块,看作依托于帝王的随附性理论。这样的结论大体上是正确的,但这也就将霸王学简单化了。霸王学起码可以区分为帝王创制学与帝王确立学,两者的旨趣、主题与阐释都迥异其趣。在帝王创制的过程中,具有雄才大略的齐王也好、秦王也罢,确实具有用与不用某种政治主张的独断权力,这从秦王激赏韩非、却下狱韩非致死的事件上得到佐证。但在帝王确立学上,无论是"务为治者"的诸子精神概括,还是董仲舒的屏退诸子、推崇儒家的建言,固然有为帝王权力着想的基本意图在,但也有对帝王"法天而治"的权力限制与更高要求。董氏的限权目标自然没有实现,但绝对不同于无端放纵帝王权力的主张。因此,不能将霸王学单纯看作是纵容帝王弄权的学问。即便是汉宣帝所讲的、敷于应用的霸王学之霸王道两手搭配,也不是诱导帝王胡作非为,而是引导帝王尽力采取政治平衡术的巧妙理念。

自然,在现代处境中,最值得期望的状态是,在社会领域中一直具有支持诸子学这样的百花齐放、百家争鸣的强大力量,在政治权力方面一定会尝试建立与国家权力体制相宜的国家意识形态,但国家权力无法干预社会领域里的思想市场竞争。不宁唯是,国

㉑ 李若晖认为,"'罢黜百家,独尊某术'的观念早在先秦就已甚嚣尘上,商鞅、韩非、李斯是'罢黜百家,独尊法术',吕不韦是'罢黜百家,独尊阴阳',司马谈则是'罢黜百家,独尊道德'。"氏著《"诸子出于王官说"与中华政教体系》,载《诸子学刊》第22辑。

㉒ 参见前引陈静《大一统观念下的"诸子出于王官"说》。

㉓ 李若晖《"诸子出于王官说"与中华政教体系》。

家权力还积极地从社会领域中吸收有利于权力规范化、运作高效化、绩效公共化的思想资源。于是,一个相得益彰的思想–政治局面就此浮现出来:由诸子学繁荣思想学术并引导权力健康作用,由国家权力规范运作而有利于思想学术持续繁荣。但这是一个在现代民主制度下的思想学术与国家权力互动的状态,是一个不能以中国古代历史视角期待的理想情景。

法家历史哲学的三重维度

宋洪兵 *

【摘 要】法家历史哲学实质上就是一种政治哲学。法家历史哲学三重维度体现为:其一,确立起他们立足于"当今"的变法理论,效法先王以变致治的精神,以爱民、利民为原则,凸显他们勇于革新包括自我革命的时代精神;其二,在"原初状态"中深刻阐释人性以自利为基础的理性计算能力以及以利他为基础的道德能力,并立足于"权衡道德论"及其制度逻辑而实现社会秩序;其三,"新圣"最能把握时代精神而深刻影响历史进程,"新圣"实质上体现了政治家必须以理性治国的极端重要性。法家历史哲学至今依然予人启迪。

【关键词】法家;历史哲学;变革;权衡道德论;新圣

先秦法家与先秦诸子共享着一个相同或相似的古史叙事系统。在通常被认定为法家著作的《商君书》《管子》《韩非子》里面,都可以看到一个明确的古史叙事系统。法家古史观的突出特征并不在其古史叙事系统,而在于其独特的历史哲学及蕴涵在其中的深刻的政治道理。法家诸子的真实身份是政治家和政治思想家,而不是历史学家。他们的历史哲学本质上服务于他们的政治哲学以及相应的政治主张。胡适敏锐地指出:"韩非的政治哲学,只是'论世之事,因为之备'八个字。"①"论世之事,因为之备"体现了韩非子的历史哲学。胡适的观点提示人们思考,法家政治哲学究竟在何种意义上与其历史哲学密不可分?陈启天在研究韩非子历史哲学时阐述了两大原则:"'世异则事异',系认历史为演变的(Evolutionary),而非固定的。此为韩非历史哲学之第一原则,与近世进化论之解释历史有相近处","'事异则备变',为韩非历史哲学之第二原则。"②法家历史哲学的古今"异"与"宜"结构,成为关注重点。

前贤有关法家历史哲学的研究主要集中在两个方面。其一,在历史哲学内部争论法家的历史观究竟是进化(进步)史观还是变易(演化)史观③。这种争论的学术意义是毋庸

---

* 宋洪兵,中国人民大学国学院教授。研究方向:法家思想、中国古代政治思想史。

① 胡适《中国古代哲学史》,安徽教育出版社 1999 年版,第 375 页。

② 陈启天《韩非子校释》,中华书局 1940 年版,第 39、41 页。

③ 关于法家历史观究竟是进化史观还是演化史观,详见宋洪兵《"应时"与"复古"之间:共识视阈中的儒法历史观初探》,载《社会科学战线》2008 年第 10 期。

置疑的,但法家阐述历史哲学的根本意图在于通过历史叙事来呈现其政治观念,因此,将法家历史哲学研究的重心局限于上述学术争论之中,容易遮蔽法家历史哲学本身具有的更为根本性的学术意义。其二,多数学者都关注到了法家历史哲学与其政治观念之间的关联,但这种关联还主要停留在变易历史观推导变法改革观念这一较为粗浅的层次,并没有将法家历史哲学置于整个政治思想体系的基石来加以审视。

本文拟在前贤有关研究的基础上,进一步在古今易宜结构中深入剖析"不法古,不修今"的政治内涵,在历史的"原初状态"中再次审视法家人性论与秩序论的复杂性,在把握历史大势的主体层面考察法家对政治家素质的思考。此外,当代法家研究者必须回应一个源自法家历史哲学的"灵魂之问",即:勇于革新的法家思维在当今会承认先秦法家思想可以构成一种借鉴智慧的思想资源这一带有"复古"倾向的观念吗? 换言之,若商、韩复活于当今,他们还会以两千多年前的"法家"学说作为解决"当今"问题的思想资源吗?这个问题从根本上同样涉及法家历史哲学与政治哲学的关联。本文即是尝试对上述诸多问题的一个简要回答,祈望得到学界同仁的批评指正。

一、古今易宜结构与变革精神

法家历史哲学的重要特征在于"不法古"与"不修今"。"不法古"体现了法家历史哲学的变革精神,而"不修今"则体现了法家历史哲学的自我革命与自我更新精神。前贤对法家历史哲学的研究,重点在于"不法古",但是却忽略了"不修今"。在"不法古"的逻辑之下,容易给人造成一种这样的印象:法家讨论历史,似乎就是为了否定和批评古圣先王与当今的根本差异,从而将他们的理论立足点牢牢固定在"当今"。毋庸置疑,薄古厚今,确实是法家学说的一个重要特点,也体现了法家历史观的进步性[④]。但是,当《商君书·开塞》在讲"不法古,不修今。法古则后于时,修今则塞于势"时,却又凸显了一个"不修今"的原则。《管子·正世》亦曰:"不慕古,不留今。与时变,与俗化。"《韩非子·五蠹》也主张"不期修古,不法常可",这同样在"不慕古""不期修古"的基础之上体现了"不留今""不法常可"的原则。毫无疑问,古今问题构成了法家历史哲学的一个基本理论框架。"不法古""不慕古"即意味着重视"今",可是,如何在"不法古""不慕古"的同时又做到"不修今""不留今"?这是一个没有得到充分审视的问题。进一步的问题是,"不法古""不慕古"真的意味着全盘否定古圣先王吗? 当法家诸子每每把古圣先王视为某种价值的正面典型时,又让人们对何谓"不法古""不慕古"的问题产生了动摇。那么,何谓"不法古""不慕古"? 又何谓"不修今""不留今"? "不法古""不慕古"与"不修今""不留今"之间的内在逻辑是怎样的? 二者与法家政治哲学之间又是怎样的关系?

法家之"不法古""不慕古"观念,表面上看似乎隐约蕴涵着否定古圣先王的倾向,但是,其实质却并不意味着法家只重视"今"而忽略"古"。恰恰相反,法家"不法古""不慕古"的历史哲学包含着强烈的古代圣王一以贯之的"王道"观念。

---

④ 有学者指出:"法家从历史的观点,反对了'无变古,无异常'(《韩非子》)的先王观念,这是古代社会阶级斗争的反映,也是古代思想的光荣终结。了解中国古代社会历史转变的长期性,才能知道法家的这一历史观的价值。"侯外庐等《中国思想通史》第一卷,人民出版社 1957 年版,第 609 页。

《商君书·开塞》讲"王道有绳","圣人不法古,不修今。法古则后于时,修今则塞于势。周不法商,夏不法虞,三代异势,而皆可以王。故兴王有道,而持之异理。武王逆取而贵顺,争天下而上让;其取之以力,持之以义"。所谓"王道有绳",即是说成就王道存在着一种规则或准则。《商君书》之所以重视历史及其阶段性变化,根本意图就在于发现不同历史阶段的变化所呈现出的王道精神。这是一种不同于儒家古胜于今的历史理性,即"兴王有道,持之异理"。王道精神的历史呈现,就是应时而变、不守成法。换言之,古圣先王的具体治国措施都具有历史性,唯有他们为了实现王道而体现出来的勇于变革的精神,具有超历史的连贯性与永恒性。商鞅反对照搬古圣先王曾经适合于他们那个时代的措施(此即"不法古"),主张效法他们成就王道的变革精神(此即"王道有绳"),也即简书所谓"因时制宜之术"⑤。《商君书》理解的"王道"的实质内涵,就是《商君书·更法》体现的"爱民""利民"之道。法家希望通过古史叙事来呈现历代古圣先王成就王道的变革精神。历史变化要求统治者必须具备变革精神,而变革的基本原则或价值标准在于利民与爱民。

《管子·正世》的论证逻辑,与《商君书·开塞》同出一辙:

> 夫利莫大于治,害莫大于乱,夫五帝三王所以成功立名显于后世者,以为天下致利除害也。事行不必同,所务一也。……圣人者,明于治乱之道,习于人事之终始者也。其治人民也,期于利民而止。故其位齐也,不慕古,不留今。与时变,与俗化。

《管子·正世》的作者明确存在两种思维,一种思维强调五帝三王在历史时序中呈现的隐性连贯,"事行不必同"即是强调历史之异,"所务一也"即是强调历史之同。因此,所谓"不慕古",即谓不模仿五帝三王所以成功立名显于后世的历史具体方案,而是要效法他们在历史潮流中立足时代而勇于变革的精神以及利民的价值诉求。这再次强调了政治变革的标准在于"期于利民"。

《韩非子·五蠹》"不期修古"的历史哲学同样是如此思维:

> 上古之世,人民少而禽兽众,人民不胜禽兽虫蛇,有圣人作,构木为巢以避群害,而民悦之,使王天下,号曰有巢氏。民食果蓏蚌蛤,腥臊恶臭而伤害腹胃,民多疾病,有圣人作,钻燧取火以化腥臊,而民说之,使王天下,号之曰燧人氏。中古之世,天下大水,而鲧、禹决渎。近古之世,桀、纣暴乱,而汤、武征伐。今有构木钻燧于夏后氏之世者,必为鲧、禹笑矣。有决渎于殷、周之世者,必为汤、武笑矣。然则今有美尧、舜、汤、武、禹之道当今之世者,必为新圣笑矣。是以圣人不期修古,不法常可,论世之事,因为之备。

韩非子会反对有巢氏、燧人氏、尧、舜、禹、汤、武在不同时代采取有效措施而给百姓带去好处的精神实质吗(民说之)? 显然,韩非子不会反对,在"期于利民"的问题上,《管》、商、韩乃至整个先秦诸子其实都共享着相同的价值基础。韩非子期待的"新圣",其

---

⑤ 蒋礼鸿《商君书锥指》,中华书局 1986 年版,第 54 页。

实也是要做出一番古圣先王那样的"民说之使王天下"的历史功绩,只不过新圣之所以是新圣,必须立足于当今的时代主题而提出有效的应对措施,不能用古圣先王的老办法来解决当今的新问题。这正是"不期修古"的实质内涵。

总之,法家之"不法古""不慕古"以及"不期修古",否定了效法古圣先王具体措施的正当性,体现了鲜明的变革精神。法家"不法古"并非把古代历史视为冗余之物,而是从历史时序的演变中准确把握到世人称颂的古圣先王,其实都是勇于变革的楷模。古圣先王无法给"新圣"带来如何做的具体指导,但却给他带来勇于变革的精神支柱,最终成就一番彪炳历史的丰功伟业,爱民利民。准确把握法家"不法古"观念的上述二重特性,有助于人们更加全面地理解法家历史哲学及其政治观念。换言之,法家既看到了历史之变(即具体措施),又在变中领悟到了历史之常(即成功者皆为勇于变革者)。法家"不法古"的历史观念具有明显的争鸣语境,针对当时儒墨效法古圣先王的某些治国措施,比如《韩非子·五蠹》批评的先王"厚爱"百姓可以治国的理念。如此,在论辩与争鸣语境中,凸显出法家以法治国的必要性以及勇于变革的理论特质。

问题在于,又该如何"不修今""不留今"以及"不法常可"呢?法家反对法古,即是立足于"今"来解决现实问题,但是法家同样反对拘泥于"今"。简言之,执着于"今",同样容易成为一种遮蔽,由此呈现出法家勇于自我革命、自我更新的精神特质。

关于"不修今"的具体内涵,前贤观点难以达成一种贯通的理解,需要重新做一番梳理。《商君书·开塞》曰:

> 圣人不法古,不修今。法古则后于时,修今则塞于势。周不法商,夏不法虞,三代异势,而皆可以王。故兴王有道,而持之异理。武王逆取而贵顺,争天下而上让;其取之以力,持之以义。今世强国事兼并,弱国务力守;上不及虞夏之时,而下不修汤武之道。汤武之道塞,故万乘莫不战,千乘莫不守。此道之塞久矣,而世主莫之能开也,故三代不四。

这段话涉及"不法古"的部分,很好理解,此不赘述。涉及"汤武之道"的部分是引起争议较多的地方,尤其如何理解"今世强国事兼并,弱国务力守;上不及虞夏之时,而下不修汤武之道"最为关键。王时润认为,这段话表明商鞅希望秦孝公行汤武之道,简书则认为商鞅批评"汤武塞"具体意指今世诸国不懂得"汤武因时制宜之术",开塞即是要疏通汤武因时制宜的变革观念,根本就不是要秦孝公奉行儒家意义上的汤武之道。蒋礼鸿认同王时润的观点,抨击简书错误理解商鞅思想。在蒋礼鸿看来,所谓"不法古"就是不效法虞、夏之禅让。如果从虞、夏时代的具体措施而论,这当然说得通,但蒋礼鸿"不沿今世诸国因循积弱,是谓不循今"的看法却未达间⑥。蒋礼鸿认定商鞅"不修今"是指他不满意当今诸侯国追求富国强兵应付列国纷争的格局,而是要"逆取而贵顺,争天下而上让""其取之以力,持之以义"。然而,商鞅的"不修今"并不是蒋礼鸿所谓"不沿今世诸国因循积弱",因为这与商鞅的"今世强国事兼并,弱国务力守"的现实判断明显不相吻合。

高亨、蒋重跃都将"汤武之道塞"理解为汤武之道已经行不通,"此道之塞久矣"的意

---

⑥ 蒋礼鸿《商君书锥指》,第54—55页。

思是"汤武之道的政治道路闭塞不通,已经好久了"⑦,"汤武之道阻塞很久了"⑧。张林祥判断:"古今对比以见虞夏、汤武之道皆不行于今。不行于今乃因不适于今,比如'贵顺''上让'与'兼并''力守'便截然对立。"⑨笔者以为,《商君书·开塞》是反对效法作为具体治国措施的汤武之道的。从《商君书》乃至整个法家的历史哲学及政治主张来看,这句话是一个有关历史演变大势的客观描述,也即:今世强国、弱国的政治目标,既不同于虞夏之时也不同于汤武之道。如果"下不修汤武"意在表达今世不必修汤武之道的观念,那么后文的"汤武之道塞,故万乘莫不战,千乘莫不守"就应当理解为由于汤武之道的思维阻碍了人们正确判断当今形势,故而没有一个真正的王者出现,才导致今天的混战局面。顺此逻辑,"此道之塞久矣,而世主莫之能开也,故三代不四"一句就应当理解为汤武之道的思维阻碍人们正确判断当今事实已经很久了,当时的君主又不懂得排除这种障碍,故而不能开辟出一条三代之后的第四条道路。所以他才讲"非明主莫有能听也"。探索并追求三代之后的新道路,是《商君书·开塞》的基本主旨。具体而言,就是"前刑而后法",抛弃汤武之道引起的世俗之"义",重新定义以利为核心的"义",由法与刑返至德之世。结合后文讨论"义"与"非义"的内容看,商鞅对"取之以力,持之以义"的汤武之道其实是持批判态度的。世俗所惑之"义",恰恰来自古代的"义",此"义"也正好对应着汤武之道"持之以义"之"义"。因此,商鞅"汤武之道塞"其实是批判汤武之道遮蔽、阻碍了世人对现实问题以及正确治国道理的判断。

商鞅"不修今"的内涵,从《商君书·开塞》的文意来判断,应该意指不受今世世俗言论的影响,包括"先德而治"的观念以及"立民之所好而废其所恶"的所谓"义"。这些都是世俗的治国观念,商鞅"不修今"即是要超越世俗的观念,从而强调法家的以法治国并达到终结乱世的政治理想。同时,"不修今"也蕴涵着商鞅欲以当今圣人的抱负,眼光不仅仅停留于兼并或力守,而是开辟三代之后的第四条道路,蕴涵着一种勇于创新的精神,也就是商鞅在本篇理解的"势"。所谓"法古则后于时,修今则塞于势","后于时"好理解,"塞于势"则重点在于强调立足于今并着眼于未来创新,必须把握历史大势,而不被"今"所遮蔽和阻碍,实质蕴涵着商鞅历史哲学勇于创新的内涵。

《商君书·开塞》"不修今"的观念,还有自我革新、自我革命的内涵。如果说"不法古"是立足于今而反对照搬古圣先王的成法,而"今"的第一层内涵着眼于"今"的主客之别而以我为主的观念与行动创新,那么"不修今"还有一层着眼于"时"的对主体而言的自我革新、自我革命观念。《商君书·画策》讲:"事不同,皆王者,时异也。"《商君书·壹言》也说:"今世主皆欲治民,而助之以乱;非乐以为乱也,安其故而不窥于时也。是上法古而得其塞,下修今而不时移,而不明世俗之变,不察治民之情,故多赏以致刑,轻刑以去赏。"圣人治国,不仅要超越古代圣人以及世俗之言而勇于创新,而且还要以"时"为标准,在逻辑上实则蕴涵着实现自我超越及自我革命:"故圣人之为国也,不法古,不修今,因世而为之治,度俗而为之法。故法不察民之情而立之,则不成;治宜于时而行之,则不干。故

---

⑦ 高亨《商君书注译》,中华书局 1974 年版,第 77 页。

⑧ 蒋重跃《商君书解读》,国家图书馆出版社 2022 年版,第 120 页。

⑨ 张林祥《〈商君书〉的成书与思想研究》,人民出版社 2008 年版,第 253 页。

圣王之治也,慎为察务,归心于壹而已矣。"(《商君书·壹言》)从逻辑上讲,圣王慎为察务的,不仅仅是古今之异同以及今世世俗之观念,还应该有基于"时"的判断而对自我保持警醒的意味。但是,这层内涵并未构成《商君书》主要关注的问题,《管子》及《韩非子》对此问题的阐述更为深入。

《管子·正世》强调"不留今",就是强调治国不应为"今"所遮蔽,"圣人"治国必须深察古今治乱之道以及人事之始终,当时而动,所谓"圣人者,明于治乱之道,习于人事之终始者也"。圣人之所以能够"不留今",关键在于其具备一种自我警醒的理性认识以及对未来趋势的准确把握,所谓"圣人先知无形"(《管子·小问》)。圣人深知"不可常居也,不可废舍也,随变断事也,知时以为度"(《管子·白心》)的道理,"是故圣人与时变而不化,从物而不移。能正能静,然后能定"(《管子·内业》)。可以明确一点,《管子》一书的"不留今"历史哲学,既有古今之变的准确把握,又有立足于今的变革精神,同时也有警醒统治者基于理性原则而自我超越、自我革新的重要面向。

荀子对"不修今""不留今"进行了深入的哲学思考,具有重要的方法论意义。荀子一方面强调,"善言古者,必有节于今"(《荀子·性恶》),另一方面明确主张"古为蔽,今为蔽",不仅古容易遮蔽人的思维,而且今也同样会遮蔽人的思维,从而带来主观偏见甚至错误判断。荀子也是借圣人体道达到一种超越自我的状态,从而实现"解蔽"。"圣人知心术之患,见蔽塞之祸,故无欲、无恶、无始、无终、无近、无远、无博、无浅、无古、无今,兼陈万物而中县衡焉。"(《荀子·解蔽》)荀子"今为蔽"的思维方式对于韩非子的历史哲学应该有极大的启发意义。

《韩非子·五蠹》明确主张"不期修古,不法常可"。"不期修古"秉承法家前贤的观念,"不法常可"表达的则是一种"不修今""不留今"的历史哲学。何谓"不法常可"?陈奇猷注曰:"常者,永不变之谓。《解老篇》云'凡物之一存一亡,乍死乍生,初盛而后衰者,不可谓常。唯夫与天地之剖判也具生,至天地之消散也不死不衰者谓常'即此意。常可者,犹言永常可行者。儒家称道往古,以为往古之法永久可行。韩非主张变古,故曰不法常可。"[10]陈奇猷结合《韩非子·解老》的观念来解释"常可"是非常可取的思路,但他将"不法常可"视为韩非子"变古"观念的体现,却有窄化韩非子"不法常可"观念的倾向。若论"变古",一句"不期修古"足够,何必多说"不法常可"? 其实,《韩非子·南面》对于常与可的问题有过阐述。

> 不知治者,必曰:"无变古,毋易常。"变与不变,圣人不听,正治而已。然则古之无变,常之毋易,在常古之可与不可。伊尹毋变殷,太公毋变周,则汤、武不王矣。管仲毋易齐,郭偃毋更晋,则桓、文不霸矣。凡人难变古者,惮易民之安也。夫不变古者,袭乱之迹;适民心者,恣奸之行也。民愚而不知乱,上懦而不能更,是治之失也。人主者,明能知治,严必行之,故虽拂于民心立其治。

这段话的核心理念依然在强调变古而治的问题。韩非子的立场不是看"古"或者

---

⑩ 奇猷《韩非子新校注》,上海古籍出版社 2000 年版,第 1087 页。

"常"，而是"可与不可"。若可，能够有效应对现实难题的观念和措施，古或者常都不是问题。若不可，古与常都不必效法。在他的观念里，没有真正永恒不变的常以供为政者效法。因此，"不法常可"就意指不去效法那些所谓永恒不变的措施。"不法常可"，若其言说对象针对古之常可或当今其他观念中的常可，就体现出鲜明的变革精神；若其言说对象指向自我，今日我所认定的之"可"会不会成为明日之障碍？显然，韩非子的观念里已然蕴涵着这种自我警醒与自我革新的因素。

法家历史哲学有着形而上依据。法家认为，道具有以"变"为"常"的特征，所有对象性的经验事物均是有限而短暂的，不可谓"常"。法家从道与天地万物的秩序结构中，意识到"变"与"常"的问题。道的突出特征在于变动不居，"遍流万物而不变"(《管子·心术上》)，所谓"不变"即是"遍流万物"之"变"，唯一不变的就是"变"。这种观念在《韩非子·解老》说得更为明确，一方面道无"常操"，没有固定的形态才能赋予万物以生以存的特性，所谓"稽万物之理，故不得不化；不得不化，故无常操"。另一方面，道才体现真正存在意义上的"常"，"常者，无攸易，无定理，无定理非在于常所，是以不可道也"，变动不居而无固定之理固定场所才是道之"常"，"变"才是道之"常"。"变"才是唯一的"不变"。简言之，除了道之外，无所谓"常"。天地万物终有消散结束的时候，而道则是不死不衰的。法家这种形上思维落到人类历史的时间之流，就是人类历史是一个不断演变的过程。《商君书·开塞》提到的"王道有绳"以及《韩非子·五蠹》提到的"上古之世""中古之世""近古之世"与"当今之世"的圣人，都是在不同时代通过不同的方式体现"王道"。当然，这个"王道"是基于政治现实主义思维而提出的"称王之道"，即顺应时代主题而成就一番有利于天下百姓之伟业的政治智慧。

总之，法家古今易宜结构所呈现的历史哲学，蕴涵着三层内涵：其一，立足于古今之变，务实理性地做出应对现实的正确决策；其二，立足于主客思维，超越同时代其他语境中的做法，结合自身条件，把握历史大势，做出符合自身客观实际的决策；其三，立足于自我革新的观念，时刻警醒，始终用发展的眼光来审视客观事实，超越自我，不沉迷过去的功绩，真正永远立足于"治"而不为"今"所迷惑与遮蔽。

二、"原初状态"的人性与秩序问题

法家历史哲学的主要表现形式，就是古今易宜思维中的历史阶段论[11]。法家历史哲学的实质就是一种政治哲学。法家之所以热衷于历史阐释，最重要的原因是试图通过历史阐释及历史分期达到以下目的。其一，确立起他们立足于"当今"的变法理论，凸显勇于革新包括自我革命的时代精神；其二，确立起他们追溯历史源头，并在历史流变中考察人性特征以及治理模式的变化，从而为其政治理论奠定人性论及国家论基础。人类历史的最初阶段以及随后各历史阶段的演进叙事，构成了法家历史哲学在整个中国先秦思想中的一大亮点。法家阐释的人类历史最初阶段，可以称之为人类历史的"原

---

[11] 蒋重跃认为："战国中后期，法家兴起，他们热衷于讨论大时代阶段论的问题，在历史进程观念上取得了令人振奋的进展。"蒋重跃《先秦思想家在历史进程问题上的理论贡献》，载《渤海大学学报》2022年第2期。

[12] "原初状态"的说法，借鉴于赵汀阳。参见赵汀阳《荀子的原初状态理论》，载《社会科学战线》2007年第5期。

初状态"⑫。以"原初状态"为起点，法家历史哲学切实关注的并非现代历史学家或人类学家研究的早期人类历史真相，而是"原初状态"中的人性内涵、生活状态以及如何实现人类秩序的政治难题。由此，法家历史哲学与其政治关切在"原初状态"视野中又再度联系在一起。"原初状态"本是考察人性及人类政治的最佳理论起点，而这一点尚未受到学界充分关注，故有必要在此做一番梳理和探索。

在"原初状态"中考察人性离不开两个基本着眼点，其一是"原初状态"下以自利为基础的理性计算能力，其二是"原初状态"下以利他、自利混合为基础的"权衡道德论"问题。唯有在此双重视野中考察人性，才能真正理解法家的人性论以及他们如何思考政治与道德的问题。法家历史哲学的"原初状态"设定了人性好利的人性论并确定了由贤人、智者或圣人等政治精英来实现社会秩序的政治理念，同时凸显了人类基于利益的计算理性与基于利他、自利相融合的特殊道德能力。

我们首先来看"原初状态"中的人性自利及理性计算能力问题。

法家是在历史演变进程中思考人性问题的。人类在不同时代会有不同的追求，但人性则是不同追求背后的恒定因素。法家的人性论从"原初状态"开始一直推演到他们理论中的"当今"时代，始终离不开人性好利以及围绕如何实现自身利益而运用的理性计算能力。《商君书·开塞》呈现了一幅由"上世""中世""下世"构成的历史演进图景。"上世"是以血缘组织为基础的无政府状态，此即《商君书》历史哲学的"原初状态"，即"天地设，而民生之。当此之时也，民知其母而不知其父，其道亲亲而爱私。亲亲则别，爱私则险，民众而以别险为务，则民乱。当此时也，民务胜而力征。务胜则争，力征则讼，讼而无正，则莫得其性也"。这不是一个西方式逻辑理性的静态假设，而是从人类历史时序角度基于历史理性而做出的一种动态假定⑬。"中世"是以中正无私的公共道德为纽带的"上贤"阶段，"下世"则是以制度化的尊卑等级及权力强制为基础的国家形态。此所谓"三世"都认定人类社会历史早期阶段的共同特征在于争与乱。在此阶段，人类社会的问题主要体现为不同的"亲亲"团体之间以及个体之间恃强凌弱的利益冲突造成的暴力冲突、秩序混乱。

类似"原初状态"阐述，在《管子》中也可以看到。《管子·君臣下》提及的"古者未有君臣上下之别，未有夫妇妃匹之合，兽处群居，以力相征，于是智者诈愚，强者凌弱，老幼孤独，不得其所"的"古者"，也体现了一种"原初状态"历史哲学，与《商君书·君臣》"古者未有君臣上下之时，民乱而不治"的观念是一致的。结合《管》《商》的"原初状态"思维，可以看到，前期法家认为的人类逐利意识以及计算理性，成为法家人性判断的一个突出特征。这个理论特征，成为法家在历史流变中审视人性之常的基本致思逻辑。人性中固有的自利之心、小团体之私以及人类特有的计算理性，成为人类历史演进过程中不断产生

⑬ 刘家和《理性结构：中西思维的根本异同》，载《北京师范大学学报》2020 年第 3 期。

⑭《管子·禁藏》："凡人之情，得所欲则乐，逢所恶则忧，此贵贱之所同有也。近之不能勿欲，远之不能勿忘，人情皆然。……夫凡人之情，见利莫能勿就，见害莫能勿避。"《管子·版法解》："凡人者莫不欲利而恶害。"《管子·形势解》："民利之则来，害之则去。"《管子·侈靡》："百姓无宝，以利为首。"《商君书·算地》："民之生，饥而求食，劳而求佚，苦则索乐，辱则求荣，此民之情也。"《商君书·赏刑》："民之欲富贵也，共阖棺而后止。"

新问题的根本源动力⑭。与此同时，人类利他的道德能力不足以克服这些不断产生的新问题，于是公共价值以及维护公共价值的以他律及强制力为特征的"国家"便应运而生。

问题在于，人是创造历史的主体，既然人性不变，为何历史会有变化？为此，法家引入了物质资源的因素。法家在思考古今易宜结构时深入阐释了人性与资源的关系问题。《管子·牧民》非常深刻地指出，"仓廪实，则知礼节；衣食足，则知荣辱"。这表明，法家已经意识到，人类社会生活状态的好坏，与物质资源密切相关。《管子·侈靡》认为，古代帝喾与尧之时，山林水泽资源丰富，人们可以耕以自养，余粮奉天子之养，故社会稳定，风俗淳朴，也没有严刑峻法，反倒是周公之时（今之时），断首断足的各种刑罚却陆续出现。造成这种社会现象的根源，在于资源匮乏与短缺，而非人性⑮。由此又带来一个问题：决定历史演变的核心因素，究竟是人性还是资源？按照《管子·侈靡》看法，应该是资源的多寡决定着社会风气及相应的治理措施，但该篇并没有明确指出人性究竟是怎样的，也没有明确说明古之时与今之时的人性有无发生变化。结合《管子》整体的人性论与历史哲学来看，《管子》应该主张如下历史哲学：好利与巧于计算理性的恒常人性，与不断变化的物质资源之间产生各种变化结果，从而导致各种社会现象的变化，治理措施也随之变化，历史也由此而呈现变化。简言之，人性与资源之间的互动，共同塑造了历史演进的模样，在政治领域则深刻影响着不同治理方式的转变。

问题是，人性特质恒常不变，而究竟是什么原因导致资源的变化？尤其是从"山不童而用赡，泽不弊而养足"到物质匮乏引起争夺，起决定作用的因素究竟是什么？《管子》对此问题并未做出明确的理论解答。真正进一步思考并回答这个问题的，是韩非子。韩非子的致思逻辑，在于人口数量与自然资源的比例关系⑯。

《韩非子·五蠹》的"原初状态"与《商》《管》重点关注的利益冲突略有不同。韩非子认为，人类在遥远的古代曾经有过一个"民不争""民自治"的历史阶段："古者丈夫不耕，草木之实足食也；妇人不织，禽兽之皮足衣也。不事力而养足，人民少而财有余，故民不争。是以厚赏不行，重罚不用而民自治。"显然，韩非子历史哲学的"原初状态"，比《商君书》《管子》原初状态的争乱特征来，多了"不争"与"自治"的特征⑰。这种"不争"与"自治"不仅体现为血缘小团体内部的合作，也体现为团体之间的和平相处。这种"不争"与"自治"的秩序究竟从何而来呢？这就涉及到"原初状态"中的人性特质以及人口变化导致的资源变化。韩非子与《管》《商》"原初状态"的区别，不在人类是否具备自利的理性计算能力，而在更多考虑了自然资源之于人性影响的问题。从逻辑上讲，韩非子所讲的"原初状态"比起《管》《商》来，属于更为"原初"的阶段。

韩非子也在"原初状态"中思考人性。韩非子认为，在远古时代，自然资源随处可得，

---

⑮ 《管子·侈靡》："借尧之时，混吾之美在下，其道非独出人也。山不童而用赡，泽不弊而养足。耕以自养，以其余应良天子，故平。牛马之牧不相及，人民之俗不相知，不出百里而来足，故卿而不理，静也。其狱一踦腓一踦屦而当死。今周公断指满稽，断首满稽，断足满稽，而死民不服，非人性也，敝也。"

⑯ 实际情况可能还包括天灾所导致的资源变化，但历史总体演变趋势来说，人口因素确实是导致资源变化的最重要因素。

⑰ 刘家和先生认为，韩非子的"不争"与"自治"的历史观，与老子历史观具有内在关联。参阅刘家和《试说〈老子〉之"道"及其中含蕴的历史观》，载《南京大学学报》2014年第4期。

远远多于当时的人口所需，此时人性并未呈现贪婪与邪恶的一面，也没有各种纷争计较。人们彼此之间会"不争"，后世习见的厚赏重罚在那个时候都不必采用，人们过着一种"自治"生活。简言之，韩非子最初的"原初状态"认定自然资源相对于人口数量是丰富有余时，人性是淳朴的，无所谓善恶，也就无所谓争与乱。但是，此时人性之淳朴与"不争""自治"的生活状态，并不意味着人性没有理性计算能力，也不意味着人性没有逐利的特性。韩非子主张人是理性动物，人之所以为人，归根到底是因为人具有其他动物不具备的理性能力。《韩非子·解老》说："聪明睿智，天也；动静思虑，人也。"《韩非子·显学》又说："夫智，性也；寿，命也。性命者，非所学于人也。"人性天生就具有一种"智"或"聪明睿智"，一种以计算、权衡为内涵的理性能力。在"原初状态"中，韩非子之所以认定人们能够"自治"，并非意味着人性就是一张毫无内容的白纸。相反，他认为当时人们所需的吃与穿来自资源丰富的大自然，此刻，人性不是没有计算与计较之心，而是没有可计较之物[18]。此时的人们拥有足够的理性能力，只不过由于物质资源丰富而没有得以充分运用而已，处于"未发"状态。《韩非子·解老》说得非常直白，人的欲望源自生存需求，此种生存需求是不应该分古今之别的："人无毛羽，不衣则不犯寒。上不属天，而下不着地，以肠胃为根本，不食则不能活。是以不免于欲利之心，欲利之心不除，其身之忧也。"因此，远古"自治"时代的人性虽然淳朴，但实质却是蕴涵着"欲利之心"、蕴涵着人类理性的淳朴。这应该是韩非子从"原初状态"中分析人性论最为关键的一点。

人类的"欲利之心"与计算理性始终存在于历史演变进程之中，是人类能够改造自然从而使人类的生存条件得以改善的根本动力。"自治"时代资源虽然远远大于人口所需，但是并不意味着富足和舒适，实际生活品质却是普遍低下。"自治"时代的逐利意识，不在人与人之间的竞争，而在人与恶劣的自然环境之间的竞争。此时，人类的逐利意识及理性能力的运用主要呈现于人与自然之间，而非人与人之间。

有巢氏构木为巢、燧人氏钻燧取火，皆为最初的人类在"欲利之心"驱动下为改善生活境遇而所做的努力。随着人类住与吃方面等生存条件的改善，人类出现了韩非子观念中最早的"王"，也就是有巢氏与燧人氏成了天下之王，"民悦之，使王天下"（《韩非子·五蠹》）。有巢氏与燧人氏之间的政权更替是如何进行的，韩非子没有明确说法。但从他的表述来看，从有巢氏到燧人氏的政权过渡关键在于燧人氏在人类与自然的互动过程中改善了人类生存条件。有巢氏也好，燧人氏也罢，均为"做"在先，而且是在改造自然过程中的"做"，不是人与人之间的权力斗争和利益计较，这种改善生存条件的"做"，并未存有取代前王的主观动机，政权更替是在自然而然的历史进程中实现的。韩非子认为，上古之世最初的先民们实质上过着一种"自治"但生活质量低下的生活。在改造自然的过程中，各种圣人其实是技术在先、效果在后，政权的人为占有意识尚未形成，一切以群体成员的自然感受而达成的依归为执政原则。有巢氏与燧人氏之所以能够"王天下"，根本原因在于他们的能力与贡献，在于他们的"聪明睿智"，在于他们期待过美好生活的"欲

---

⑱ 当代社会生物学家德瓦尔通过黑猩猩的生活习惯证明，人类祖先尚处在"智人"之前的动物时代时，其实就已经有各种计较和纷争了，这不仅包括权力斗争，而且还包括争夺性特权的纷争。参阅宋洪兵《人类政治的远古根脉》，载《北京师范大学学报》2020 年第 6 期。

利之心"。

有巢氏与燧人氏改善了人类生存条件，随之而来的就是人类寿命的增加以及人口的爆发性增长，因此，韩非子所描述的人口呈几何级数增加，当不是无稽之谈。"今人有五子不为多，子又有五子，大父未死而有二十五孙"(《韩非子·五蠹》)。人口增加改变了之前"人民少而财有余"的局面，资源面临匮乏。同时，由于"王天下"的王者出现，人类社会有了权力机构来维持社会秩序，"是以人民众而货财寡，事力劳而供养薄，故民争，虽倍赏累罚而不免于乱"(《韩非子·五蠹》)。

"自治"时代人有欲利之心，因资源极大丰富而没有产生负面效果，但生活质量很低，"自治"时代有无"王"，不得而知。有巢氏、燧人氏的时代，人有欲利之心，人类吃住条件逐渐改善，此时"王天下"便意味着人类社会逐渐向政治社会靠近而有了天下之"王"。到了尧舜禹的时代，构木为巢与钻燧取火的文明成果已经得以呈现，"尧之王天下也，茅茨不翦，采椽不斫，粝粢之食，藜藿之羹，冬日麑裘，夏日葛衣，虽监门之服养，不亏于此矣。禹之王天下也，身执耒臿以为民先，股无胈，胫不生毛，虽臣虏之劳不苦于此矣"(《韩非子·五蠹》)。显然，尧已经享受到了房屋与火的生活条件，此时，人类依然有"欲利之心"，包括尧舜禹，也有"欲利之心"。如此，尧和禹作为天下之王的责任与其个人付出之间的利益计较就凸显出来了。在当时依然是资源丰富而生活条件低下的时代，天下之王为共同体付出很多，而自己却并未因此享受任何特权，在"欲利之心"的计算和权衡作用下，让出天子之位。韩非子的根本目的在于否定儒家有关尧舜禅让的高尚德性叙事，"夫古之让天子者，是去监门之养而离臣虏之劳也，古传天下而不足多也"。"是以人之于让也，轻辞古之天子，难去今之县令者，薄厚之实异也"。"是以古之易财，非仁也，财多也；今之争夺，非鄙也，财寡也；轻辞天子，非高也，势薄也；争土橐，非下也，权重也。"(《韩非子·五蠹》)韩非子的意图在于从人皆有"欲利之心"的视角否定尧舜禅让的崇高性，并在资源与人性的问题上指出，就算是尧舜禹那样的圣人，也是基于自利而理性计算之人。

至此，韩非子继承了《管》《商》"原初状态"历史哲学，在有关人性与秩序的问题上，从理论上回答了基于自利与理性计算能力的人性如何贯穿于人类历史进程，并在动态进程中考察了人口数量与资源变化的内在关系，真正确立起了法家历史哲学的理论结构：不变之人性与可变之资源不断互动，共同塑造了各时代的生活图景与社会秩序。以人性与资源之间的互动为理论基点的法家历史哲学，迄今为止对于分析人类历史变迁以及国家治理模式，依然具有理论生命力与思想启发性。[19]

我们再看"原初状态"中的自利、利他相混合的"权衡道德论"问题。

法家历史哲学的"原初状态"涉及另外一个根本性的理论问题就是"权衡道德论"的问题。所谓"权衡道德论"，就是相对于儒家式的内在道德意愿决定道德行为的道德论而言，意指人性既有以自利为基础的理性计算能力，又有利他倾向的道德能力，最终真正决定人类道德行为的根本因素，并非简单的内在道德意愿的呈现，而是自利、利他相互权衡、理性计算之后的选择。法家式的"权衡道德论"是以人性复杂多元的内涵为基础的。

---

⑲ 参阅肯尼思·华尔兹《人、国家与战争：一种理论的分析》，上海人民出版社 2019 年版。

·277·

前期法家已经意识到人类从一开始就具备利他倾向的道德能力，这既涉及到亲情关系的利他又关系到他们的"圣人"观念。在"原初状态"下，前期法家最显眼的特点就是强调利益冲突及秩序混乱问题，不过《商》《管》实际上已经注意到了人类利他与自利相混合的一种道德能力，这主要体现在他们对亲情的思考。《商君书·开塞》所说的"亲亲而爱私"这一"原初状态"，既涉及团体成员向内看的小群体之私，也涉及个体之私，所谓"爱私则险"。可以说，《商君书》以及商鞅变法实践，均是在西周以来的血缘宗法制度之下对源自亲情的小团体之私的批判与纠正，但这也从另一个侧面说明《商君书》并不否认亲情之间存在着互助和利他的倾向。而这正是《商君书》人性论的利他与自利相混合的一个突出特征。《管子·问》则认为"父子之亲"源自"地德"，具有"和"与"利"的特征。《管子·戒》以儒家式的思维说："孝弟者，仁之祖也。"《管子·五辅》重视亲情的利他特性："孝悌慈惠，以养亲戚。"不过《管子·形势解》也指出，即使父母与子女的亲情之间，如果父母不守"和子孙，属亲戚"的"父母之常"，子孙也不可能对他们表示孝顺敬爱："父母暴而无恩，则子妇不亲。"这表明，即使亲情之间也存在着以个体利益为主的"爱私"倾向。在单个的"亲亲"团体内部，存在着利益之争，但同时也有小群体合作以及亲情利他的情况。《商》《管》主张，人性中蕴涵着亲情利他或小团体合作的可能，"爱私"蕴涵着利己与维护自己小团体利益的双重内涵，但团体与团体之间的利益纷争，使得更大范围内的秩序出现混乱，从而导致下一阶段治理理念的改进，最终走向强制性的国家阶段。

当个体与小团体的自私倾向造成的纷争与混乱威胁到更大范围的群体生存时，公共利益以及公共价值的重要性就凸显出来。问题在于，谁能超越自利而具备倡导并践行公共价值的能力呢？《商君书·开塞》的回答在于"贤者"与"圣人"："故贤者立中正，设无私，而民说仁。""故圣人承之，作为土地货财男女之分。分定而无制，不可，故立禁。禁立而莫之司，不可，故立官。官设而莫之一，不可，故立君。既立君，则上贤废，而贵贵立矣。"《商君书·赏刑》也说："圣人惟能知万物之要也，故其治国，举要以致万物。"《管子·君臣下》给出的答案则是"智者"与"贤人"："故智者假众力以禁强虐，而暴人止。为民兴利除害，正民之德。而民师之。是故道术德行，出于贤人。"《管子·宙合》也说："政者，正也；正也者，所以正定万物之命也。是故圣人精德立中以生正，明正以治国，故正者所以止过而逮不及也。"以《管》《商》为代表的前期法家的圣智观，侧重点在于依靠圣智之人来实现公共价值。换言之，"原初状态"的争乱以及随后每一重要历史阶段的时代难题，都由圣智之人来加以解决并引领人类历史的演变进程。

然而，前期法家的圣智观念在理论逻辑层面凸显出来一个难以回避的问题：圣智之人为何能够立公正、设无私？其人性论根源又在哪里？圣智之人如何可能？总体而言，《商君书》侧重政策实践，总共出现"圣人"37次，而"圣人"如何可能的问题，并未成为其关注的重点。《管子》一书出现"圣人"100次，"智者"17次，"贤人"23次，对于如何养成"智者""贤人"及"圣人"，主要提出道家的虚静无为等工夫论修养来实现，如《管子》四篇涉及的主题。前期法家圣智之人的品格，最突出的就是基于公共利益与长远利益的公正性与公共性，他们能够兴利除害。问题在于，圣智之人为何能够有此利他倾向？不管前期法家有无理论阐释，在其政治理论中始终蕴涵着人性有利他倾向的基本判断，至少人类总有一部分人具有利他倾向。这是认识法家人性论的又一个带有基础性的关键问题。然而,这里依然存在着一个问题:圣智之人在政治层面的利他行为究竟是人性利他倾向的自然延伸还是人性自利基础上的一种理性权衡?

韩非子也有"善"与"圣人"的思想⑳,相关论证同样存在于"原初状态"之中。如前文所述,韩非子也主张,在"原初状态"下的人具有自利为基础的理性计算能力,那么,"不争"与"自治"状态下是否具有利他倾向呢?答案是肯定的。关于这个问题的论证,可以从两方面来进行。一方面,可以从亲情的利他倾向得到论证。无论何种状态下,人类社会始终存在着亲情关系,"原初状态"下亦不会例外。韩非子已经关注到亲情关系的利他道德倾向㉑。另一方面,可以从人类有限的慷慨得到论证。《韩非子·五蠹》曾做过一番经典论证:

> 夫山居而谷汲者,膢腊而相遗以水;泽居苦水者,买庸而决窦。故饥岁之春,幼弟不饟;穰岁之秋,疏客必食。非疏骨肉爱过客也,多少之实异也。

韩非子认为,在资源丰富的时候,人是有可能变得慷慨的。白彤东曾据此认为韩非子具有与孟子"性善论"相似的但程度较弱的性善倾向㉒。至少,在韩非子的观念中,人性确实隐含着利他和慷慨的面向,这是不容否定的客观事实㉓。韩非子所举的例子,已经属于日常生活的假设,据此可知,"原初状态"下自然资源极大丰富的时代,人们的慷慨和利他倾向应该是不言而喻的。

综上所述,法家历史哲学在"原初状态"中深刻阐释的人性论实由两个基本部分构成:以自利为基础的理性计算能力以及以利他为基础的道德能力。法家的"原初状态"所呈现的是一种自利与利他相混合的多元人性论。在"原初状态"阶段,既有小范围的利他与合作,又有人性的个体自利以及小团体自利,更大范围的利益冲突与群体对抗造成争乱,不断凸显公共利益以及公共道德的危机。但是,如果人性缺乏利他的道德能力及由此形成的公共价值观念,人类社会因人性自利及理性计算能力所导致的秩序难题,就无法得到妥善解决,人类也不可能真正去追求中正无私的秩序,法家的"爱民"与"利民"观念也就无从谈起。政治领域公共性的利他行为,终究与人性的利他倾向存在着一定关联,这是无法否认的,但最根本的,还在于利他与自利的结合基础之上的理性权衡。

倘若将人性自利及理性计算与利他的双重特性结合起来,便会出现一个非常有意思的问题:人类的道德行为是以人性的利他倾向为根基的还是理性计算的结果?以韩非子的"穰岁之秋,疏客必食"为例,丰收年月对陌生人的慷慨,出自人性的利他倾向还是出自理性计算的结果?人类具备利他的道德能力,但这个现象是不是一定会以

---

⑳ 宋洪兵《善如何可能?圣人如何可能?——韩非子人性论及内圣外王思想》,载《哲学研究》2019 年第 4 期。

㉑ 韩非子也认为亲情乃人之天性:"爱子者慈于子……慈母之于弱子也,务致其福。"(《韩非子·解老》)又说:"人之情莫不爱其子"(《韩非子·难一》),"父母之所以求于子也,动作则欲其安利也,行身则欲其远罪也"(《韩非子·六反》),"子母之性,爱也"(《韩非子·八说》)。

㉒ 白彤东《韩非子继承了荀子的性恶论?——师承问题的一个案例研究》,载《北京大学学报》2022 年第 5 期。

㉓ 至于人性的利他倾向如何评判,又是另外一个问题。比如,对于亲情的利他倾向,法家实际上是既认同又警惕。一方面,他们会认为亲情和谐有利于维护社会秩序,另一方面又对其小团体之私对大团体之公的可能损害保持警惕。

道德的绝对命令形式转化为道德行为呢？韩非子实质对此是持怀疑态度的。试想，如果将"穰岁之秋，疏客必食"与"山居而谷汲者，腰腊而相遗以水"两种情形叠加，就会出现在粮食方面对"疏客"慷慨而在水资源方面对亲人吝啬的可能。这表明，韩非子会认为，人类所呈现出来的符合利他原则的慷慨之德，并非出自人性的绝对道德命令，而是出于自利为基础的理性计算与权衡。韩非子的道德论，实为一种混合自利与利他的权衡道德论。韩非子对此问题经典的论证，见于《韩非子·外储说右下》"公仪休辞鱼"的例子：

> 公仪休相鲁而嗜鱼，一国尽争买鱼而献之，公仪子不受，其弟谏曰："夫子嗜鱼而不受者，何也？"对曰："夫唯嗜鱼，故不受也。夫即受鱼，必有下人之色，有下人之色，将枉于法，枉于法则免于相，虽嗜鱼，此不必能自给致我鱼，我又不能自给鱼。即无受鱼而不免于相，虽嗜鱼，我能长自给鱼。"此明夫恃人不如自恃也，明于人之为己者不如己之自为也。

身为鲁相的公仪休辞掉他人送鱼，表现出来廉洁之德。但他阐述的理由，却并非源自他内在的道德修养，而是基于自利的理性计算。倘若收受他人送来之鱼，涉嫌受贿并欠下人情，这在将来就有为还人情而徇私枉法的可能。一旦徇私枉法而全人情，就会丢掉鲁相之位与俸禄。相比之下，以自己的俸禄来满足嗜鱼喜好，是一个符合自己长远利益的理性决定。显然，这是一种典型的"权衡道德论"，其中既可以看到自利和权衡，也可以看到最终呈现的有利于社会公共利益的道德行为。韩非子论证尧舜禅让的例子，也是"权衡道德论"的经典运用。质言之，圣智之人也是人，他们固然有内在的人性利他倾向，但他们在政治领域的实际利他效果，却蕴含着他们最大利益的自利特质。最符合圣智之人利益的统治，是通过客观利他效果来实现的，此中蕴含着圣智之人的理性权衡。因此，圣智之人在政治层面的利他行为和效果，存在人性利他倾向自然延伸的可能，但根本原因还在于人性自利基础上的一种理性权衡。

通观先秦法家，他们实质都是基于人性的二元性而主张"权衡道德论"。《管子·形势解》虽然认同亲情有利他倾向，但是也强调了此种利他倾向的条件性和权衡特质："父母暴而无恩，则子妇不亲。"《管子·五辅》讲"德之兴"有"民之所欲"的六大民生条件，即"厚其生""输之以财""遗之以利""宽其政""匡其急""振其穷"。唯有把民生搞好了，人们才能基于自利的理性权衡，响应君主的治国措施，从而治理好国家，所谓"夫民必得其所欲，然后听上，听上，然后政可善为也"。绝大多数人表现道德行为，至少应该是在没有利益损失或者能够维护自利的前提下进行[24]。法家认为，在人类社会实现秩序的实质，就是设置让人权衡与计算利弊的制度条件，由外而内地实现一种基于人性的社会道德。这种道德，主要体现为人与人之间尤其是陌生人之间的公共道德，此即《韩非子·外储说左上》所主张的"越人易和"的命题：

> 人为婴儿也，父母养之简，子长而怨。子盛壮成人，其供养薄，父母怒而诮之。子、父，

㉔ 宋洪兵《循法成德：韩非子真精神的当代诠释》，三联书店 2015 年版，第 119—131 页。

至亲也,而或谯、或怨者,皆挟相为而不周于为己也。夫卖庸而播耕者,主人费家而美食、调布而求易钱者,非爱庸客也,曰:如是,耕者且深耨者熟耘也。庸客致力而疾耘耕者,尽巧而正畦陌畦畤者,非爱主人也,曰:如是,羹且美钱布且易云也。此其养功力,有父子之泽矣,而心调于用者,皆挟自为心也。故人行事施予,以利之为心,则越人易和;以害之为心,则父子离且怨。

韩非子认为,每个个体实质都是自利的,即使亲情之间,也会存在着利害计算。自利个体在权衡与计算的基础之上,却产生了某种利他的道德行为。地主与庸客之间,皆非"爱"的情感,但是却能达到各得其利的效果,根源在于"自为心"。地主为了让庸客干好活计,会通过善待庸客的方式来实现;庸客为了得到地主的好待遇,也会通过尽心尽责的方式来实现。这样一来,互相以"利"为出发点,最终达成双赢和互利的效果。此即法家"权衡道德论"的实质,主观层面自利,客观层面却有利他效果。

法家的"权衡道德论"直接导出人性二元结构中的一个推论:人类的道德能力对于以自利为基础的理性计算能力所造成的秩序危机,显得软弱无力。《商君书·画策》对此问题的阐述是很深刻的:"仁者能仁于人,而不能使人仁;义者能爱于人,而不能使人爱。是以知仁义之不足以治天下也。"这表明,"仁""义"的德性有可能呈现为利他的道德行为,但是"仁""义"却很难对社会横向关系产生作用。因此,属于政治范畴的"治天下"是不可能期待运用仁义道德来实现社会秩序的。《韩非子·奸劫弑臣》亦表达了相同的观念:"圣人之治国也,固有使人不得不爱我之道,而不恃人之以爱为我也。恃人之以爱为我者危矣,恃吾不可不为者安矣。夫君臣非有骨肉之亲,正直之道可以得利,则臣尽力以事主;正直之道不可以得安,则臣行私以干上。明主知之,故设利害之道以示天下而已矣。"君主治国,不能套用亲情之"爱",必须超越情感而回到人性自利及其计算能力上,必须意识到"权衡道德论"中"爱"是不可靠的,唯有利益共赢才是正道。《管子·山至数》与《管子·揆度》也主张治国的根本在于:"善为天下者,毋曰使之,使不得不使。毋曰用之,用不得不用也。"《管子》不寄希望于百姓主动地乐意为君主所用,而是强调君主运用利益权衡来影响百姓行为的重要性。

法家历史哲学的"原初状态"关涉如何在精确把握人性基础之上实现社会秩序的政治哲学。如果说人类历史在不断演变,那么,主导历史演变的核心因素永远在于人性、资源以及围绕资源分配问题而产生的权衡与计算。资源会影响人性的计算与人性呈现的社会行为,其中起决定作用的正是法家的"权衡道德论"。法家历史哲学认为,历史会不断演变,但人性不变,人性与资源之间的内在逻辑不变,人类社会根深蒂固的"权衡道德论"不变,"权衡道德论"基础之上实现人类秩序的内在政治逻辑不变。这也是法家之所以追求"必然之理"与"必然之政"的根本逻辑。

三、"新圣"问题

法家历史哲学的根本落脚点,在于"当今"。他们有关人类历史演变的铺陈与阐释,无一例外地都指向"当今"问题。当他们的理论视野由"古"而"今"时,呈现在他们眼底的是这样一幅图景:身处人类历史演进尽头的"当今"应该如何在恰当处理"古"之经验的前提之下正确地解决现实问题。法家历史哲学具有鲜明的"以变为常"的理论特征,是一种没有"未来"观念的历史哲学,永远停留在"当今"[25]。人民始终是历史的参与者和创造者,先秦诸子包括法家诸子均已认识到"天下乃天下人之天下",如《慎子·威德》《商君书·修权》《荀子·大略》等都提到这样的观念。天下人参与历史并实际创造着历史,并以整体意义上的天下人意愿呈现为"时代主题",每一个个体的愿望汇聚为"时代主题"。"时代主题"背后实为人性与资源的互动关系以及人性的多元诉求。人类在历史重要关头,起决定作用的往往又是那些敏锐洞察到天下人愿望并妥善解决"时代主题"的政治家。这类政治家在法家历史哲学中被视为"当今"时代的"新圣"(《韩非子·五蠹》)。法家历史哲学"新圣"的理论建构,主要由韩非子来完成。

法家历史哲学要求他们心目中的"新圣"兼具历史感与时代感。所谓历史感,是说"当今""新圣"必须在纵向历史演变之中准确把握人类历史进程的变与不变;所谓时代感,是说"当今""新圣"必须认清反映天下人心声的"时代主题"并采取积极措施予以回应。这需要"新圣"具备高超的政治技艺、政治能力和政治智慧。说到底,法家历史哲学发现了人类政治生活中一个难以回避却又屡屡在今日政治理论中被刻意回避的话题:身处历史巨变时代的政治难题,始终离不开具有高超政治智慧的杰出政治领袖,也即"新圣"问题。

法家历史哲学揭示了一个颠扑不破的政治道理,可以权且将之命名为"人类政治领域看不见的手"或者治乱规律[26]。这只"看不见的手"主要表现为:最高统治者及其统治集团与反映天下人心声的"时代主题"(实则整体意义上的"民心")之间构成了一个"共生"结构,二者之间越是形成利益共振,国家越是繁荣稳定;相反,背离越远,国家越是衰败混乱。政治措施背离民心越久远,越容易招致社会之破坏性反弹,从而新建社会秩序并重新进行利益分配,最终再次向"民心"回归。人类历史由此呈现出治与乱的交替过程。法家之"新圣",就是要在深厚的历史感与时代感之中深刻理解人类政治的治乱规律并在实践中加以准确运用,将自己的政治利益与公共利益、长远利益结合起来。越是理解人类历史,越是能够保持一份清醒与理智。一言以蔽之,人类政治离不开具有高超政治智慧的政治家也即法家之"新圣"。政治家的统治策略与"民心"之间的共生、互动结构,才是天下利益与天下和平得以保障的根本准则[27]。偏重任何一方,在任何政治秩序之下,尤其在重大历史关头,都可能带来历史性的灾难。法家之"新圣"将在政治理论层面提醒现代社会在构建和思考理想政治秩序时必须考虑政治家的因素。对历史方向及时代主题影响最大的因素,在于政治家,也即韩非子的"新圣"。

"新圣"无疑是法家理想的圣人。不过,圣人也是人,有七情六欲,也有自利及理性计

㉕ 宋洪兵《法家学说与现实主义政治思维》,载《哲学探索》第五辑,中国社会科学出版社 2023 年版。所谓没有"未来"观念,不是指没有线性的未来时间,而是指没有一个类似基督教天国理想的"未来"理想的终极方案。

㉖ 其实,这不仅仅是法家独有的政治见解,而是先秦诸子共享的一个通见。参阅宋洪兵《浅谈先秦诸子的共生智慧》,载《光明日报》(国学版)2022 年 7 月 9 日。

㉗ 法家貌似反对得民心,但最终实质依然是要用民生利益来得民心。民心问题,有分与合之别,法家反对国家治理得"分"之民心,但主张"合"之民心。《管子·君臣上》的说法尤具代表性:"夫民别而听之则愚,合而听之则圣。"详细分析法家得民心的阐述,参阅宋洪兵《先秦法家政治正当性的理论建构》,载《北京师范大学学报》2017 年第 6 期。

算能力。一个拥有常人欲望的圣人如何能够治理国家？圣人之所以是圣人，不在他有无常人的七情六欲，而在于他能保持何为长远利益的权衡与计算，真正立足于长远利益而克制私欲。韩非子借用老子的虚静无为思想，目的就在于论证虚静无为可以让人不受自身欲望和好恶的局限，从而保持一份清醒冷静的智慧，因为他已经意识到真正的利益在于长远利益。一旦放任欲望和好恶，必然导致错误的行动并给自己带来灾难："故欲利甚于忧，忧则疾生，疾生而智慧衰，智慧衰则失度量，失度量则妄举动，妄举动则祸害至。"（《韩非子·解老》）说到底，法家的"新圣"实则是践行理性的政治家，是能够通过想通道理、认清历史逻辑而影响行动的政治家[28]。《韩非子·六反》曾论及君主应以"大利"为行动准则："霸王者，人主之大利也。人主挟大利以听治，故其任官者当能，其赏罚无私。使士民明焉尽力致死，则功伐可立而爵禄可致，爵禄致而富贵之业成矣。"君主为何能以"大利"为原则来治国呢？韩非子说："万物莫如身之至贵也，位之至尊也，主威之重，主势之隆也，此四美者不求诸外，不请于人，议之而得之矣。故曰人主不能用其富，则终于外也。此君人者之所识也。"（《韩非子·爱臣》）也就是说，君主治理好国家对其是最有利的事情。君主要维持"四美"，就必须回到法家历史哲学的基本逻辑，必须理性治国。

韩非子的"新圣"具有历史理性与政治理性的政治家品格，这与马克斯·韦伯对政治家素质的阐述是完全相通的。马克斯·韦伯认为，政治家必须具备三种决定性的"政治人格"："激情、责任感和恰如其分的判断力。"这里的"激情"是指献身于一种"事业"的真诚，责任感则意味着政治家必须对自己行为所造成的后果有清晰认识并愿意去承担这一后果，恰如其分的判断力则是指："他能够在现实作用于自己的时候，保持内心的沉着冷静，这也表现在他与事与人都能保持距离。'政治人格'的'强大'，首先就是指拥有激情、责任心和恰如其分的判断力这些素质。"[29]所谓"政治人格"实则意指一个优秀至少合格的政治家应该具备的政治能力。

法家"新圣"首要"政治人格"不是儒家式的个人操守与道德修养，而是基于道家虚静无为式的审慎智慧[30]。法家最看重政治人物是否能够切实解决现实问题并产生有利于统治的效果，有利于统治的效果一定要建立在天下人利益的满足这一坚实基础之上。因此，法家并不去纠结政治人物个人的道德操守，而是强调政治人物是否有智慧、有能力。即使个人操守再好，如伯夷、叔齐那样的被儒家奉为圣人的人，没有在政治层面做出什么贡献，在法家那里，根本就是"无益之臣"（《韩非子·奸劫弑臣》）。法家强调政治家的审慎，体现在他们并不将抽象的道德原则置于政治生活之上，他们不仅理论上如此主张，而且还身体力行。具有法家倾向的管仲、法家代表人物商鞅，其实在个人操守层面，都存在着明显瑕疵，但这并不影响他们成为卓越的政治家。他们会像柏克论述的"审慎"那样

⑱《韩非子·解老》："是以圣人不引五色，不淫于声乐，明君贱玩好而去淫丽。……故圣人衣足以犯寒，食足以充虚，则不忧矣。众人则不然。"

⑲马克斯·韦伯《学术与政治》，冯克利译，三联书店1998年版，第100-101页。

⑳熊十力认为儒家德性的形上依据在"诚"，道家则在"无"，老子哲学启迪了韩非子。"熊先生曰：道家下流为申韩，非无故也。儒者本诚，而以理司化；老氏崇无，而深静以窥几。……夫深静以窥几者，冷静之慧多，恻怛之诚少。又凡先天而识几者，不用世则已，如用世，自有天下皆芒之感，而果于独用其明。果于独用，未有不力排异己。韩子言术，不觉惨酷，亦道家启之也。"熊十力《韩非子评论》，台湾学生书局1984年版，第40页。

行动:"一位优秀的政治家所面临的首要问题就是去反问自己：你所见到的社会是处于什么样的特殊情况中？你怎样去对待这些特殊情况？"[31]法家重视政治人物的能力、强调政治效果以及政治运作过程中从整体利益与长远利益考虑而不受道德原则束缚的思维,体现了鲜明的政治现实主义色彩。

法家"新圣"会根据人性与资源的不变结构来判断"时代主题",并不盲从社会舆论。法家认为,政治是一个专门的慎思明辨的领域。一个真正的有智慧的政治家必须与社会大众的偏见保持一定距离。如此, 一个审慎的政治家就需要权衡他将要做的事情的利弊,一旦认为有利,即使得不到多数人的理解和支持,他也会坚持,并希望用结果来赢得多数人的支持。柏克认为:"当大多数人一致决定反对你时,做到节制就需要深沉的勇气和充分的反思。缺乏思想的公众意志往往表现为一种狂躁急切的要求,这种要求转瞬即逝不会长久,那是一种显而易见的危险的极端行动。当你的周围弥漫着一片傲慢与狂妄时,当那些拿人的生命作儿戏的人使你谨慎和冷静时,你有勇气表现出畏惧正说明你的头脑已做好准备迎接考验。在普遍的轻率与浮躁中,会发现这样的头脑存在着一种冷静沉着、泰然自若的品格,迟早会作为一个中心把所有事物都吸引过来。"[32]商鞅也好,韩非子也罢,普遍相信圣人经过深思熟虑之后的决定,往往不能得到囿于世俗或传统观念的多数人的理解和支持,怎么办?《商君书·更法》说:"有高人之行者,固见负于世;有独知之虑者,必见訾于民。"《韩非子·奸劫弑臣》也说:"圣人为法国者,必逆于世,而顺于道德。知之者,同于义而异于俗;弗知者,异于义而同于俗。"他们选择了按照自己经过专业权衡之后的方式去做,而他们希望看到的结果是:百姓将从结果来认识对自己有利的事情,最终会支持和拥护他们[33]。

法家对人性的判断,与现实的政治生活最吻合。法家会认同亲情及其利他倾向,但是反对将亲情原则运用于政治领域,亲情及利他性的道德经不起权力和利益的考验。究竟是身体力行的道德感化有效还是强制统一的法治有效?法家认为, 自律的人不是没有,但很少;道德感化不是没效果,但是没效率,唯有法治才是真正理性的政治思维方式。法家"为治者用众而舍寡,故不务德而务法"(《韩非子·显学》)、"上法而不上贤"(《韩非子·忠孝》)的取向,恰恰就是经过权衡之后得出的务实结论。

"新圣"如何产生?通过法家思想整体分析,他们显然会像荀子那样,认为圣人可学或圣人可教。法家政治理论,不仅仅针对战国时期"争于气力"的时代而提出相应对策,而且还着重指点君主如何治国,并在如何成为"新圣"的问题上给出了明确答案。这个答案就是,维持统治才是君主最大的利益,而欲维持统治就必须理性地着眼于长远利益,必须立足于"当今"去处理"时代主题"。"新圣"不是天生的,可以通过法家历史哲学阐释的道理而后天形成一种理性政治品格。当世袭君主为"中人"或"庸主"时,以"圣人"自居

㉛ 埃德蒙·柏克《自由与传统》,蒋庆等译,译林出版社 2012 年版,第 271 页。

㉜ 埃德蒙·柏克《自由与传统》,蒋庆等译,译林出版社 2012 年版,第 270 页。

㉝ 法家的这个观念背后也蕴涵着负面因素,万一政治家判断失误怎么办?判断失误又不顾大众反对而强行推进,将会带来巨大的政治灾难。法家实际对政治家的素质具有极高的要求,面对政治非理性的危害,又陷入无可奈何的境地,只好交给残酷的历史辩证法。

的"法术之士"就开始孜孜不倦地向君主进行政治教诲,期待他们能够养成政治智慧,甚至期待能够与君主一起来治理国家。可以说,整部《韩非子》就是教诲君主如何成为"新圣"的教科书。

真正的圣人不仅能够洞察人心,还能分清历史大势。《韩非子·说林上》讲述圣人的特征:"圣人见微以知萌,见端以知末"。《韩非子·说林下》又讲圣人不仅洞察人心,而且还能准确地把握历史大势:"崇侯、恶来知不适纣之诛也,而不见武王之灭之也。比干、子胥知其君之必亡也,而不知身之死也。故曰:'崇侯、恶来知心而不知事,比干、子胥知事而不知心。'圣人其备矣。"崇侯、恶来只知商纣王能够决定他们的生死而看不到历史大势在周武王;比干只看到历史大势而却不懂得明哲保身。《韩非子·心度》曰:"故治民无常,唯治为法。法与时转则治,治与世宜则有功。故民朴而禁之以名则治,世知维之以刑则从。时移而治不易者乱,能治众而禁不变者削。故圣人之治民也,法与时移而禁与能变。""治民无常"谓没有常规,"唯法为治"就是要在历史的古今之变中以治为要,变法而治。换言之,对于政治治理来说,"治"才是政治第一位的事情。由于人类历史总是处于流动不居的状态,因此,欲"治"必然离不开"时"与"变"。

韩非子还在荀子为古今"解蔽"的基础上进一步提出"自见""自胜"的观念。《韩非子·喻老》说:"故知之难,不在见人,在自见。故曰:'自见之谓明。'""是以志之难也,不在胜人,在自胜也。故曰:'自胜之谓强。'"韩非子如荀子的"大清明"状态一般,也提醒执政者应该去好去恶、虚静无为,应该悟道体道,在流动不居的客观世界中始终保持着理智与理性的状态:"勿变勿易,与二俱行,行之不已,是谓履理也。"(《韩非子·扬权》)变与不变,交替进行,在大化流行中"履理"行道,警惕自我膨胀与好大喜功:"上有所长,事乃不方。矜而好能,下之所欺。"(《韩非子·扬权》)

总之,"新圣"是法家政治哲学一个至关重要的理论问题。可以说,法家历史哲学及其政治理念,最终能够得以实践的主体,全然寄托于"新圣"。今日重提"新圣"问题,其理论意义在于,拥有高超政治技艺和政治能力的政治家,在任何时代、任何制度之下都是必须的,这是人类政治生活不可或缺的重要部分。否认杰出政治家对人类政治生活的正面意义,沉溺于平庸化、同质化的政客迷狂,最终将给人类政治带来无可挽回的巨大灾难。只有天下人的愿望而无"新圣"之实践,将是一条迷途。"宰相必起于州部,猛将必发于卒伍"(《韩非子·显学》)之于"新圣"的竞争式选拔,或许有助于人们思考如何发现拥有政治智慧与政治技艺的"新圣"。至于"新圣"非"圣"或"假圣",妄逞私智或为一己私利,枉顾天下人之心,一意孤行,放弃"必然之政",最终不仅身家性命不保,而且还将丢掉江山并落得骂名千古。法家虽无可奈何,但对于这样的结果,也是深恶痛绝的。

四、余论:"今"之法家会反对"古"之法家吗?

本文第一部分阐述了法家历史哲学之"变",古今易宜结构即是强调"变","不法古,不修今"体现了法家强烈的变革精神。倘若仅据此判断,"当今"之"新圣"只能立足"当今"之实际情况而治国,"古"之"先王"仅仅是锐意变革的精神先驱,他们曾经依据他们时代特征而采取的措施只能属于过去而无法对"当今"有任何借鉴意义。就此而论,似乎可以得出如下结论:"今"之法家将会彻底反对"古"之法家。

然而,事情并非如此简单。法家"新圣"在锐意变革时,必须遵循"先王"曾经的有效治国的基本原则:爱民与利民。当然,这只是一条抽象的原则,具体如何落实这条原则,必须结合"当今"来进行。本文第二部分阐述了法家历史哲学的"原初状态"理论怎样解释人类历史"如何变"的问题,人性与资源之间的内在逻辑,主导着人类历史的演变。无论是"今"之法家还是"古"之法家,实质上都是在"权衡道德论"基础之上实现人类秩序,这是人类历史之"常"。法家历史哲学强调"变",这是明线;但是法家历史哲学同样强调"常",这是容易被忽略的暗线。相对于"爱民""利民"的抽象法则而言,"权衡道德论"已经具有一定的制度逻辑,因为在人类社会告别了自然资源极大丰赡的时代之后,人性的自利及理性计算能力相对于慷慨和利他倾向明显占据上风,此时实际已经隐含着"循法成德"的逻辑,也即外在规则之约束逻辑或"法治"逻辑。"今"之法家至少可以从"古"之法家那里学到"循法成德"的道理。至于"法"为何种"法",当然也应该依据"当今"时代进行调整,但"循法成德"的内在逻辑不变。

　　本文第三部分即是在"变""如何变"的基础之上,讨论"谁来变"的问题。"新圣"应该效法历代先王成就王道的变革精神,深刻理解先王成就王道所依循的爱民、利民原则。之所以爱民、利民,不在于"新圣"的道德修养,而在于其理性之政治思维,他会意识到唯有如此才能最符合自己的统治,最符合自己的长远利益。当然,"新圣"更应该从"古"之法家那里学到政治技艺和政治智慧,在实践中培养政治能力,最终在"当今"纷繁芜杂的政治格局中实现"内治外强",使其治下的国家能够在列强竞争中居于不败之地。

　　就此而论,倘若认为"今"之法家会反对"古"之法家,实则以法家历史哲学解构法家之政治哲学,未能洞察到法家历史哲学与其政治哲学实为一体之学,并不存在单纯的法家历史哲学。只要谈到法家历史哲学,必然会连环带出法家政治思维,这也是笔者研究法家的一个基本立场。两千多年前的先秦法家还能给今人带来智慧启迪吗? 我认为,答案是肯定的。法家真精神以及法家思考政治的思维方式,至今依然没有过时。

法家学说:世界首个科学形态的政治学

何永军[*]

【摘　要】 春秋战国时代残酷的社会政治现实催生了残酷的理性,使法家在思考政治问题时自觉遵循了实证的研究方法,坚持了政治与道德分离、政治与宗教神学分离的立场,为科学的政治学奠定了理论基础。法家学说是人类历史上第一个科学意义上的政治学。富国强兵、法治和变法是法家的三个标识。要继承和发扬光大法家的政治遗产,要义就在坚持法家科学理性的精神,继承和发扬光大这三者。但是,法家学说也存在致命的缺陷。由于法家在方法上坚持价值中立的立场,在政治分析和推演时将道德和宗教神学排除在政治的逻辑之外,事实上割裂了政治与价值的关系。接受人民主权的学说,从为君主服务转变为为人民服务,注入自由、民主和人权等现代价值,重建政治与价值的关系,是新时代法家学说研究面临的重要课题。

【关键词】 法家;科学;政治;道德;宗教神学;价值

关于法家的政治思想,国内外的相关研究可谓汗牛充栋,我们这里拟讨论的不是法家的政治思想,而是法家对于政治学这个学科的理论贡献。政治学是一门既古老又年轻的学科。在西方,早在古希腊就产生了诸如柏拉图的《理想国》和亚里士多德的《政治学》等一批伟大的政治学著作。而在东方,政治基本上是中国传统学术的中心议题。司马谈说:"夫阴阳、儒、墨、名、法、道德,此务为治者也,直所从言之异路,有省不省耳。"(《史记·太史公自序》)《淮南子·氾论训》云:"百家殊业,而皆务于治。"梁启超也有言:"我国自春秋战国以还,学术勃兴,而所谓'百家言'者,盖罔不归宿于政治。"[①]但作为一门独立的现代社会科学,政治学诞生的历史并不久远,其在 19 世纪才问世,而且最初依附于法学,直到 1945 年后才具有了完全不同的特点[②]。

政治学要成为一门科学,必须具备如下三个条件:一是使用实证的研究方法;二是将政治与道德分离开来;三是将政治与宗教神学分离开来。只有坚持价值中立的立场,

---

* 何永军,诉讼法学博士,云南大学法学院教授。研究方向:诉讼法学、中国古代法律思想史。

① 梁启超《先秦政治思想史》,商务印书馆 2012 年版,第 3 页。

② 瓦尔特·吕埃格主编《欧洲大学史(第 4 卷):1945 年以来的大学》,贺国庆译,河北大学出版社 2019 年版,第405 页。

摆脱道德教条和宗教神学的束缚,把政治当作一个客观的物质现象,从经验材料出发,以理性的眼光加以审视和考察,人们才能获得关于政治的可靠知识,政治学本身才有可能变成一门独立的社会科学,而不再只是哲学和神学的仆从。在本文,笔者将试图说明法家学说事实上已经做到了这三点,法家为建构一门科学的政治学提供了三个方面的理论基础。如果世界上有科学的政治学,那么法家学说无疑就是世界上第一个科学形态的政治学。富国强兵、法治和变法是法家的三块招牌、三个标识、三张名片,只有坚守这三者才是真正的法家。而作为科学的政治学,由于其割裂了政治与价值的关系,法家学说也存在着自身的局限。

一、实证方法的自觉运用

实证研究方法在自然科学上的广泛运用,使近代自然科学取得了突飞猛进的成就,实证性因此也成为科学性的代名词,成为科学本身的象征。实证方法在自然科学研究中的有效性使人们相信如果将其运用于对社会问题的研究,同样可取得理想效果,使人们对社会问题的认识达到科学的程度。孔德根据这一设想,创立了科学的社会学。科学的社会学要求杜绝神学和形而上学的思辨,将社会现象当作客观事物来看待,从经验事实本身出发去寻找事物的普遍规律性,即从事实归纳出观念,而不是相反③。费孝通说"作为一门科学就必须是实证性质的"④,其是针对社会学而言,但对包括政治学在内的所有社会科学也是有效的。先秦法家虽然没有实证等近现代的方法论观念,但是他们在研究政治问题时,事实上自觉采用了实证的研究方法。可以说法家的每一个重要的政治观点和主张都是建立在经验事实的基础之上的,都具有现实依据。对实证研究方法的自觉运用,是法家学说之所以能够成为科学的政治学的基础。

(一)人情论

任何制度设计都是建立在一定的人性假设基础之上的,人性是讨论政治问题无法回避的逻辑前提。在儒家那里,人性是一个先验的概念。孔子云:"性相近也,习相远也。"(《论语·阳货》)人性在孔子那里是一个关于人的先天规定性,带有几分神秘的色彩。因此,孔子谈论人性的时候较少,以致子贡说"夫子之文章,可得而闻也,夫子之言性与天道,不可得而闻也。"(《论语·公冶长》)孔子只讲了人性是相同的,而没有讲人性是怎么样的。孟子和荀子在孔子人性论的基础上,分别提出了性善论和性恶论。但无论是性善论还是性恶论,其所谓人性都是一个先验的概念。

与儒家不同的是,法家的人性论完全是实证的,他们对人性的看法完全来自于经验事实。在经验观察中,法家看到了现实中人性的不完美:"夫凡人之性,见利莫能勿就,见害莫能勿避。"(《管子·禁藏》)"人莫不自为也"。(《慎子·因循》)"好爵禄而恶刑罚"。(《商君书·错法》)"好利恶害,夫人之所有也"。(《韩非子·难二》)法家不关心人在本源上是善的还是恶的,他们只关心人在现实社会生活中表现出的情状,即人情。结果他们发现

③ [法]迪尔凯姆《社会学研究方法论》,胡伟译,华夏出版社1988年版,第14页。
④《费孝通文集(第15卷):1999—2001》,群言出版社2001年版,第203页。

现实中的人都是自私的、趋利避害的⑤。

正是由于法家不关心抽象的人性，他们只关心人的客观表现，因此法家时常干脆用人情取代了人性，发展出了法家特有的人情论。《商君书·算地》："民之性，饥而求食，劳而求佚，苦则索乐，辱则求荣，此民之情也。"《韩非子·奸劫弑臣》："夫安利者就之，危害者去之，此人之情也。"而且，法家直接将人情作为其政治主张的逻辑起点。《商君书·错法》云：

> 人生而有好恶，故民可治也。人君不可以不审好恶。好恶者，赏罚之本也。夫人情好爵禄而恶刑罚，人君设二者以御民之志，而立所欲焉。夫民力尽而爵随之，功立而赏随之。人君能使其民信于此如明日月，则兵无敌矣。

人生有好恶，故治道有赏罚，人之好恶正是赏罚的人性基础，作为治道的赏罚应基于人性进行理性计算。在继承商鞅上述思想的基础上，韩非明确提出："凡治天下，必因人情。人情者，有好恶，故赏罚可用；赏罚可用，则禁令可立而治道具矣。"（《韩非子·八经》）在韩非看来，治理天下的要义在于根据人情来建立法治、实施赏罚，而法治之所以能够建立起来，赏罚之所以行得通，皆因为人有好恶之情。在法家看来，人性是治道的根据，同时这个人性不是什么先验和抽象的东西，而完全是经验实证的。因为法家的观点来自于经验事实，因此直到今天其仍然具有相当的真理性，不能完全否定。

(二)利益论

人是自私的，皆有自为心，趋利避害是人之常情，那么利益就是人唯一的行动指南。对此，法家文献有入木三分的论述。《管子·形势解》："民利之则来，害之则去。民之从利也，如水之走下。"《商君书·算地》："故名辱而身危，犹不止者，利也。"《韩非子·内储说上》："凡人之有为也，非名之则利之也。"《韩非子·外储说左上》："利之所在，民归之；名之所彰，士死之"。基于这样的判断，法家用利益解释人类的一切行为，将利益分析运用到政治和社会生活的一切方面。

对于君臣关系，儒家根据"元后作民父母"（《尚书·泰誓上》）、"天子作民父母，以为天下王"（《尚书·洪范》）的教义，认为君主是天下人的父母，"父子之亲，君臣之义"可以等同视之。但法家扯下了儒家笼罩在君臣关系之上的那层温情脉脉的面纱，直言君臣之间只存在物质利益交换关系。一是，法家否认君臣之间有所谓的亲情。韩非说："夫君臣非有骨肉之亲，正直之道可以得利，则臣尽力以事主；正直之道不可以得安，则臣行私以干上。明主知之，故设利害之道以示天下而已矣"（《韩非子·备内》）。二是，法家认为君臣之间的立场和利益常常是对立的，夺取君主的权位永远是人臣之大利。商鞅说："罚严令

---

⑤ 有不少学者据此认为法家是主张人性恶的，例如吕思勉就评论说："人性原有善恶两面，法家则专见其恶。"参见吕思勉《先秦学术概论》，东方出版中心 1985 年版，第 96 页。但法家的人性恶实际只是事实陈述，并不包含道德评价的意味。对此，张灏认为，法家对人性不作价值上的肯否，而只是在工具层面上加以利用，可谓得之。参见张灏《幽暗意识与民主传统》，四川教育出版社 2013 年版，第 4 页。

行,则百吏皆恐;罚不严,令不行,则百吏皆喜。"(《管子·重令》)官吏与君主的立场常常是不一致的。而韩非则明确指出:"君臣之利异,故人臣莫忠,故臣利立而主利灭。"(《韩非子·内储说下》)三则,法家认为君臣之间只存在利益交换关系。韩非说:"主卖官爵,臣卖智力。"(《韩非子·外储说右下》)君主出售爵位给臣子,臣子"学成文武艺,货与帝王家",将智力卖给君主。一言以蔽之,君臣之间无非"臣尽死力以于君市,君垂爵禄以于臣市,君臣之际,非父子之亲也,计数之所出也。"(《韩非子·难一》)臣子效命于君主完全是利益使然,彼此之间充满着算计。

对于权力,法家也用利益来进行分析。尧、舜、禹之间的"禅让",在儒家看来是政治美德的极致,韩非却站在现实主义立场对其进行了解构:"古之让天子者,是去监门之养而离臣虏之劳也,故存天下而不足多也。今之县令,一日身死,子孙累世絜驾,故人重之。是以人之于让也,轻辞古之天子,难去今之县令者,薄厚之实异也。"(《韩非子·五蠹》)韩非用古之天子与今之县令背后物质利益上的不同来解释人们对其态度上的差异和取舍,使人不得不信服他所谓的"轻辞天子,非高也,势薄也;重争士橐,非下也,权重也"(同上)这一完全功利主义的言论。

甚至对于父子亲情,法家也用利益进行分析。韩非观察到当时的人们生了男孩就互相祝贺,生了女孩就将其溺死,并据此推论说:"父母之于子也,犹用计算之心以相待也。"(《韩非子·六反》)

托克维尔说"个人利益即使不是人的行动的唯一动力,至少也是现有的主要动力。"[⑥]马克思也坦承:"人们活动所追求的一切都同他们的利益有关。"[⑦]因此,法家的利益分析是相当科学的。重视利益和功利并不稀罕,真正令人拍案叫绝的是,法家将利益分析运用到了国家和社会生活的各个层面和角落,其理性直观达到了冷酷的地步。

(三)实 力 论

关于统治的合法性,儒家有一套成熟的理论。儒家主张民本主义,认为"天之生民非为君也,天之立君以为民也"。(《荀子·大略》)"得天下有道。得其民斯得天下矣;得其民有道,得其心斯得民矣"。(《孟子·离娄上》)在儒家看来,君主统治的合法性来自于天命,而民意即天意、民心即天心[⑧],故得民心者得天下。为此,儒家强调以德服人,十分关心统治在价值和道义上的合法性,力图使人心服。鲁哀公问孔子:"何为则民服?"孔子说:"举直错诸枉,则民服;举枉错诸直,则民不服。"(《论语·为政》)孟子说:"天下不心服而王者,未之有也。"(《孟子·离娄下》)荀子完全赞同孟子在这个问题上的主张,重视心服而非力服,因此对五霸持批判态度,他说:"然而仲尼之门,五尺之竖子,言羞称乎五伯,是何也?曰:然!彼非本政教也,非致隆高也,非綦文理也,非服人之心也。"(《荀子·仲尼》)

法家也关注统治的合法性问题,不过法家否认儒家"民心—天命"的说教。首先,法

⑥ 托克维尔《论美国的民主》(下卷),董果良译,商务印书馆 2009 年版,第 654 页。

⑦《马克思恩格斯全集》(第 1 卷),人民出版社 1956 年版,第 82 页。

⑧ 对此梁启超曾说:"天之意志何从见? 托民意以见。此即天治主义与民本主义之所由结合也。"参见《梁启超论先秦政治思想史》,第 37 页。

家不信天命,否定得民心。韩非认为"适民心者,恣奸之行也"(《韩非子·南面》)。民众智力低下,不明事理,看不清长远利益,处理政事而希望迎合民众,是祸乱的根源,明主治国是不会考虑民众意志的[9]。其次,法家反对以德服人,而强调以力服人。《商君书·开塞》:"民之生,不知则学,力尽而服。"(《商君书·开塞》)《韩非子·显学》:"是故力多,则人朝;力寡,则朝于人;故明君务力。"在法家眼中,只有武力和力量才能形成屈服。

根据法家的人性论和利益论,现实中的人都是趋利避害的,满足人们利益就可获得服从[10],即"以利服人"[11]。这种以利服人在现实中的表达实际就是政治绩效,掌权者凭借其政治绩效来获得民众的认同和服从。这样讲当然是没有问题的,良好的政治绩效确实是统治合法性的重要来源,但面临的问题是,一个政权要长期保持良好政绩是困难的。这种"以利服人"是经验层面的,而不是价值层面的。一言以蔽之,法家重视的只是经验上的合法性,即人们单纯服从的事实,而不关心这种服从是否具有价值,是否正当与合理。

(四)庸君论

儒家从理想主义出发,主张君主必须是圣人,平庸者不得居天子位。法家则从现实主义出发,用事实说话。他们观察到,实际上大多数君主都只是平庸之人。在法家看来,君主之所以为君主,仅仅是因为他处在君主的位置上,而并非因为是圣贤之人,即"君之所以为君者,势也。"(《管子·法法》)法家没有将君主描绘成圣人或君子,也没有要求其具有超凡本领。《商君书·画策》:"凡人主,德行非出人也,知非出人也,勇力非过人也。"《慎子·佚文》:"君之智未必最贤于众也,以未最贤而欲善尽被下,则下不赡矣。若君之智最贤,以一君而尽赡下则劳,劳则有倦,倦则衰,衰则复返于人不赡之道也。"《韩非子·有度》:"夫为人主而身察百官,则日不足,力不给。且上用目,则下饰观;上用耳,则下饰声;上用虑,则下繁辞。先王以三者为不足,故舍己能而因法数,审赏罚。"更有甚者,韩非还用"不肖"来言说君主,他说:"人主虽不肖,臣不敢侵也。"(《韩非子·忠孝》)在法家眼中,像尧、舜、禹那样的圣人是罕见的,同样像桀、纣那样的暴君也是少见的,大多数君主都是平庸的中人。法家的这些言论,当然均来自于经验观察,具有事实基础。

"法家的观念是现实主义的"[12],法家不信鬼神,奉行的是唯物主义的认识路线,而之所以如此,其与春秋战国时期残酷的社会现实分不开,"生存还是毁灭"是当时每个人都无法回避的现实问题,这种残酷的社会现实催生了残酷的理性。一切超验的思想和理念

⑨ 说韩非完全无视民心也不够准确,韩非十分重视对人性的研究,主张"凡治天下,必因人情",并希望将刑罚扎根在民众心中,主张"法者,宪令著于官府,刑罚必于民心,赏存乎慎法,而罚加乎奸令者也。"(《韩非子·定法》)不过,韩非所谓的根据人情和民心来建立和实施赏罚制度,并没有为民众利益着想、顾及民众情感和愿望的意思,只不过是教导君主应当充分利用人情和民心来达成统治目的而已。

⑩ 这一思路具有相当的科学性,对此的理论阐释可参见彼得·M.布劳《社会生活中的交换与权力》,商务印书馆2017年版。

⑪ 宋洪兵《先秦法家政治正当性的理论建构》,载《北京师范大学学报(社会科学版)》2017年第6期。

⑫ 冯友兰《中国哲学简史》,北京大学出版社1996年版,第142页。

都被法家摒弃了，法家将一切都还原为物质主义⑬，其所有主张都来自现实的人性和经验事实，都经过功利主义的计算。法家事实上自觉地采取了实证的研究方法，这为开创科学的政治学奠定了方法论基础。

二、政治与道德的分离

政治学要变成科学，不但要坚持实证的方法、严守价值中立的立场，而且还需要将政治从道德中解放出来，因为"道德无疑是在割裂现实、否认现实"⑭，道德讨论的是主观的应然世界，而科学的政治学关注的是现实世界、实然世界。只有排除道德的主观预设，才能客观和理性地谈论政治问题，才可能克服应然与实然的对立，获得关于政治的客观知识。事实上，马基雅维里正是通过对"现实"的强调，将道德与政治分离开来，摆脱了传统的束缚，从而为现代政治哲学奠定了基础。对此，马克思评价道："从近代马基雅维里……以及近代的其他许多思想家谈起，权力都是作为法的基础的。由此，政治的理论观念摆脱了道德，所剩下的是独立地研究政治的主张，其他没有别的了。"⑮现代学者通常认为，"马基雅维里正是通过对政治与道德的区分使政治学从伦理学和哲学，在当时主要是宗教的领域中独立出来，获得了其自身的地位，这种以政治学的方式对人和对政治现象的研究被认为开创了西方政治学的起点。"⑯政治独立于道德，政治分析摆脱道德的干预，是政治学研究获得自主性的前提和基础，也是科学的政治学不可缺少的必要条件，而在这一点上法家走在了时代前列。

儒家秉持的是一种道德的政治观。在儒家的话语体系中，政治与道德是紧密相连的。就政治理想而言，儒家本着仁爱之心希望在人间建立一个道德王国，"大道之行也，天下为公，选贤与能，讲信修睦。故人不独亲其亲，不独子其子，使老有所终，壮有所用，幼有所长，矜寡孤独废疾者皆有所养，男有分，女有归。"（《礼记·礼运》）实现天下大同，正是儒家的政治理想。对于治国方略，儒家主张德治。孔子说："政者，正也。子帅以正，孰敢不正？"（《论语·颜渊》）要求统治者做民众的道德楷模。又说："道之以政，齐之以刑，民免而无耻。道之以德，齐之以礼，有耻且格。"（《论语·为政》）主张用道德教化来治理民众。对于用人，儒家反对"官人以世"（《尚书·泰誓上》）的世卿世禄制度和任人唯亲，主张使用贤才。尚贤是儒家的人事路线，要求官吏不但要具备行政才能，还要具有高尚的道德品质，当然，君主本人更应该是圣人。一言以蔽之，在儒家看来，所谓政治，就是统治者遵守仁义礼智信等伦理道德，并引导社会成员共同来遵守这些伦理道德。在很大程度上，政治就是道德教化⑰。

法家对儒家的道德政治明确表达了反对，完全不从道德出发考虑政治问题，所以时常给人反道德的面目。在政治理想和目标的确立上，法家不是从道德立场出发来设计政

---

⑬ 法家"法治主义者，其实则物治主义也。"参见《梁启超论先秦政治思想史》，第176页。

⑭ 冯波《马克思与马基雅维里的伦理建构与道德批判》，载《现代哲学》2020年第5期。

⑮《马克思恩格斯全集（第3卷）》，人民出版社1960年版，第368页。

⑯ 唐士其《西方政治思想史》，北京大学出版社2002年版，第207—208页。

⑰ "儒家恒以教育与政治并为一谈，盖以为非教育则政治无从建立，既教育则政治自行所无事也"。参见《梁启超论先秦政治思想史》，第119页。

治理想和目标,不奢望在人间建立道德理想国。法家的政治目标很明确,就是要通过变法实现富国强兵,最终统一天下。"无书简之文,以法为教;无先王之语,以吏为师;无剑之捍,以斩首为勇。是境内之民,其言谈者必轨于法,动作者归之于功,为勇者尽之于军"(《韩非子·五蠹》)这样一个现实而可操作的国家,就是法家追求的理想国家。

在治国方略的选择上,法家主张法治,要求"一断于法",依法治国,不看重甚至不理会道德教化。韩非说:"有道之主,远仁义,去智能,服之以法。"(《韩非子·说疑》)

在人事路线上,法家眼中只有法,不相信儒家所崇尚的贤人,提倡"任法而不任智"(《管子·任法》),甚至认为贤人对于治国只会起到消极作用。《商君书·慎法》:"夫举贤能,世之所治也,而治之所以乱。"商鞅认为任用贤德之人与尊君、强兵的目的是相悖的,用这种方法去治国,结果必然是越治越乱。贤德之人不可用,那么,应该用什么样的人呢?对此商鞅给出了明确答案。他说:"国以善民治奸民者,必乱至削;国以奸民治善民者,必治至强"(《商君书·去强》)。

韩非对法治同样充满信心,主张"上法而不上贤"。(《韩非子·忠孝》)基于"儒以文乱法"(《韩非子·五蠹》)的判断,韩非说:"故举士而求贤智,为政而期适民,皆乱之端,未可与为治也。"(《韩非子·显学》)对于用人,韩非只看重能力,而不重视道德操行。他认为,臣民所谓的够交情、仁人、君子、品行好、讲义气、清高傲世、刚直好汉、得民心这八种私人的声誉,对于君主来说都是大祸害。与此相反,私人的恶名,对君主却是大大的利好。韩非认为评价一个人是否能干,不应看重其虚名,而要看其能否在耕战上取得成就,"事力而衣食,则谓之能;不战功而尊,则谓之贤。贤能之行成,而兵弱而地荒矣。人主说贤能之行,而忘兵弱地荒之祸,则私行立而公利灭矣。"(《韩非子·五蠹》)

萧公权说:"儒家混道德政治为一谈,不脱古代思想之色彩。韩非论势,乃划道德于政治领域之外,而建立含有近代意味纯政治之政治哲学。"[18]可谓得之。当然,在肯定法家将政治与道德分离的同时,不可得出韩非认为道德无用或非道德主义的结论,其只"是在政治领域对道德情感的揭别,而不是对道德价值的整体否定"[19]。实际法治与道德在法家那里只是一个先后次序的问题,而并非是水火不容的关系。在法家看来,法治优先于道德。那种认为法家完全看不到贤人和德治任何好处的观点是存在偏颇的,实际上,在法治得到保障的情况下,法家也会对贤人和德治表现出好感,商鞅甚至还提出了"德法并举"的"重治"(治上加治)学说[20]。法家只是试图将道德从治国和政治中清除出去,以纠正儒家夸大道德的作用、把政治道德化的错误,从而捍卫他们视若生命的法治及其优先性。

三、政治与宗教神学的分离

要使政治学变成一门科学,不但要将政治从道德中解放出来,而且必须使政治摆脱宗教神学的束缚。如果政治学只是宗教神学的附庸或仆从,政治学的独立性就没有保

⑱ 萧公权《中国政治思想史》,辽宁教育出版社,1998 年版,第 216 页。

⑲ 宋洪兵《韩非子政治思想再研究》,中国人民大学出版社 2010 年版,第 232 页。

⑳ 何永军《〈商君书〉的"重治":一个本土传统的德法共治概念》,载《云南大学学报(社会科学版)》2022 年第 4 期。

障。如果关于政治的观点和主张均是从宗教教义和神学教条中推演出来的,政治学就完全与实证无关,只是先验神学的组成部分而已。近代西方政治学的首要任务就是使政治与宗教神学相分离,无论是马基雅维里还是霍布斯,都对教会和教皇持批判态度,他们使用人的眼光,"从理性和经验中而不是从神学中引出国家的自然规律"[21]。数国家已经变成社会现实,政治与宗教和神学的分离正是现代政治与前现代政治的一个重要分水岭。先秦法家的代表性人物大多都是无神论者,这使法家政治学说从根本上远离宗教神学的影响。法家的主要政治主张和观点都不是建立在宗教神学的基础之上的,具有鲜明的现代性色彩,这为法家学说成为科学的政治学奠定了又一个坚实基础。

我们的先民相信鬼神,总是"恪谨天命"(《尚书·盘庚上》)。研究表明,殷周社会政治信仰与宗教信仰、政治组织与宗教组织、政治力与宗教力、政治制度与宗教制度均是合一的,宗教与政治混然不分是当时的基本社会状态[22]。但随着时间推移,人的力量日益增强,质疑天和天命的思想不断滋生,在中国社会产生了否定鬼神和天命的无神论思想,而儒家的创始人孔子正是这方面的先驱。

一方面,孔子敬畏天,相信天命。《论语》中记载了大量孔子关于天和天命的言论,例如,"予所否者,天厌之! 天厌之! "(《雍也》)"天之将丧斯文也,后死者不得与于斯文也;天之未丧斯文也,匡人其如予何? "(《子罕》)"不怨天,不尤人,下学而上达,知我者其天乎!"(《宪问》)"五十而知天命。"(《为政》)"君子有三畏:畏天命,畏大人,畏圣人之言。小人不知天命而不畏也,狎大人,侮圣人之言。"(《季氏》)孔子不但相信天是主宰者,决定人事,而且相信天命。

另一方面,孔子不迷信鬼神,敬鬼神而远之。樊迟问知,孔子说:"务民之义,敬鬼神而远之,可谓知矣。"(《论语·雍也》)季路问如何侍奉鬼神,孔子说:"未能事人,焉能事鬼?"季路又问怎样看待死,孔子说:"未知生,焉知死?"(《论语·先进》)与事鬼相比,孔子更重视事人;与死相比,孔子更重视生。孔子不谈论"怪、力、乱、神"(《论语·述而》),十分理性务实,将主要精力放在人事和人道上,集中精力关注世俗生活,对于鬼神等超验事物敬而远之。

在孔子影响下,儒家内部出现了个别无神论者,公孟子就是一例。《墨子·公孟》记载:"公孟子曰:无鬼神。"墨子据此嘲笑儒家"执无鬼而学祭礼"(《墨子·公孟》),批评"儒以天为不明,以鬼为不神,天鬼不说,此足以丧天下"(《墨子·公孟》)。墨子认为,天下之所以混乱,"皆以疑惑鬼神之有与无之别,不明乎鬼神之能赏贤而罚暴也。"(《墨子·明鬼下》)为了重建人们的鬼神信仰,墨子专门撰文以明鬼。

与天和鬼神地位下降相对应的是人的地位的提升,春秋时人们已开始用人事而非天命来解释吉凶祸福。"吉凶由人"(《左传·僖公十六年》),"天道远,人道迩"(《左传·昭公十八年》)。人事在社会中日益受到重视,一种以人事而非天命或神意来解释政治和社会现象的人本思想日渐被人们所接受,"君使民慢,乱将作矣"(《左传·庄公八年》),"上失其民,作则不济,求则不获"(《国语·周语下》)等以人事言政治成败得失的论断已常见

---

[21]《马克思恩格斯全集(第1卷)》,人民出版社1956年版,第128页。

[22] 张荣明《殷周政治与宗教》,五南图书出版公司1986年版。

之于东周时期的典籍。在天道与人事的分离上,荀子及其门人则走得更远。荀子认为"天行有常",天是没有意志的,不以人的意志为转移,具有自身规律。天人有分,社会的治乱,人事的成败,均在人而不在天,应当"明于天人之分","制天命而用之"(《荀子·天论》)。荀子将天道放置一边,认为"道者,非天之道,非地之道,人之所以道也"(《荀子·儒效》),提示人们不必关心天地之道,好好考量人道就可以了。西周初期以来由天和天命建构起来的宇宙秩序,在战国晚期已遭到了强有力的挑战。

法家继承了儒家重人事的思想,而且在无神论上表现得更加彻底和大胆。法家是诸子百家中言治道时唯独闭口不谈天和鬼神的学派。《商君书》中没有出现过主宰意义上的天,天只出现在"天下""天子"之类的词组中。《商君书》也没有论及宗教或迷信意义上的鬼神,"鬼"字没有出现过,"神"字都是出现在"神农"名词之中。韩非则是一个态度鲜明的无神论者,其不迷信天和天命,也不相信鬼神。在《韩非子》只有对鬼神迷信的批判和嘲讽,韩非说:"用时日,事鬼神,信卜筮,而好祭祀者,可亡也。"(《韩非子·亡征》)"龟策鬼神不足举胜,左右背乡不足以专战。然而恃之,愚莫大焉。"(《韩非子·饰邪》)法家的所有政治观点和主张都是依凭经验事实,并从逻辑中推演出来的。天和神在法家的政治思想中是没有任何位置的,在实现政治与宗教神学的分离方面,法家做得较为彻底。

四、法家的政治遗产

法家不是人文主义者,是治国理政的专门家,一定意义上讲,法家可以说是社会科学家。虽然法家只想解决他们时代面临的议题,并没有打算为后世立法,但是由于他们将政治作为一个客观的对象来对待,由于其政治学说和主张主要建立在经验事实的基础之上,具有相当的科学性,故时至今日法家的许多主张仍然是成立的,法家给后人留下了大量政治遗产,本文摘其要者有三:富国强兵、法治和变法。

法家从来没有想过要在人间建立一个道德的理想国,富贵强兵是法家所追求的直接政治目标。作为现实主义者,法家很少去思考什么是理想的国家形态。面对残酷的社会政治现实,"法家的思考一切以富国强兵为宗旨"[23],思考的问题主要集中在如何使国家强大,如何使本国在与别国的竞争和战争之中处于不败之地,如何才能统一天下。诚如研究者所言,"盖法家莫不以富国强兵为事"[24]"如何致富强"是法家学说的"基源问题"[25]"先秦法家最为关注如何富强的问题,也是中国政治思想史上最早提出系统的富强理论的学派。"[26]富国强兵正是法家的第一张名片。

法家的富国强兵主张和实践,在中国形成了一个强国家传统,[27]这使个人主义在中国难以落地生根,但其也使中国较早就出现了国家主义观念,人们很早就对国家形成了高度认同,中国可能是世界上唯一不需要凭借民族主义就能形成国家认同的国家,直到

[23] 何永军《中国古代法制的思想世界》,中华书局 2020 年版,第 37 页。

[24]《蒙文通全集(第二卷)》,巴蜀书社 2015 年版,第 80 页。

[25] 劳思光《新编中国哲学史(第 1 册)》,广西师范大学出版社 2005 年版,第 269 页。

[26] 宋洪兵《法家的富强理论及其思想遗产》,载《社会科学战线》2018 后第 10 期

[27] 赵鼎新《东周战争与儒法国家的诞生》,北京联合出版公司 2020 年版,第 1 页。

今天仍然是我们不可多得的政治优势。中国的政治认同一定是国家认同，而不能仅仅停留在民族认同上。法家富国强兵的主张，在当下以及长远的未来都仍然具有积极意义，是我们宝贵的政治财富。

法家主张"一断于法""以法治国""缘法而治"，法治是法家的治国方略，是法家的第二张名片。要实现富国强兵就必须发展经济，加强国防，即法家所说的农战，为此就必须国家垄断一切（"利出一孔"），依据人情对人施加赏罚，运用法律来治理国家。农战和法治正是现实富国强兵目标的手段。当然，以现在的眼光来看，法家的法治观是一种形式意义上的法治观，在实质性上是有欠缺的。法家的大多数法治主张，诸如"刑无等级"（《商君书·赏刑》）、"国皆有法，而无使法必行之法"（《商君书·画策》）、"奉法者强，则国强。奉法者弱，则国弱"（《韩非子·有度》）、"法不阿贵，绳不挠曲……刑过不辟大臣，赏善不遗匹夫"（《韩非子·有度》）、"法之不行，自上犯之"（《史记·商君书列传》）等等至今仍富有智慧，具有真理性，是后世进行法治建设的宝贵遗产。

宏观上讲，人类政治发展的方式主要有两种，一是革命，二是改革（即变法），后者最为常见，代价也相对较小，是人们最可接受的政治发展方式。法家主张变法，《商君书·更法》："治世不一道，便国不必法古。"《商君书·开塞》："圣人不法古，不修今。"《韩非子·心度》："法与时转则治"。《韩非子·五蠹》："世异则事异，事异则备变"。变法正是法家的第三张名片。法家不但是理论家，还是实干家。法家的变法主张在今天仍然具有积极的现实意义。通常人们只是将改革（变法）理解为完成某种特定的社会转变、解决某个特定社会问题的短期行为，而不将其看作一种社会常态，实际这是一种重大误解。比如商鞅变法，虽然商鞅本人未能将变法进行到底，但如果商鞅变法的成果不能在秦国长久保持下去，秦国也不可能有实力最后统一中国。

我们今天要继承和发扬光大法家的政治遗产，主要就是要继承和发挥光大法家富国强兵、法治和变法的三大主张，而不是去复兴法家的权谋之术和君势之位的那些东西。

结语

法家运用实证主义方法，将政治现象作为客观对象进行观察和研究，将政治与道德、宗教神学分离开来，使政治学获得了独立发展的空间。可以说，法家学说是人类历史上第一个具有科学意义的政治学[28]。实践是检验真理的唯一标准。商鞅变法在秦国的成功，以及秦国最后战胜六国统一天下，说明法家学说是能够指导实践并取得成功的，是经得起实践检验的。美国学者福山认为，按照马克斯·韦伯的理性化标准，秦朝是人类历史上第一个政治意义上的现代国家[29]，这也可看作是对法家学说科学性的首肯。

就其作为一门科学而言，法家学说是超越其所处时代的，故其既属于过去也属于现在和未来，既属于中国也属于世界[30]。秦的二世而亡，使法家学说被钉在了历史耻辱柱

㉘ 亚里士多德的《政治学》虽然在总体上讲也是经验实证的，但是其还没有完全摆脱道德和宗教神学的影响，故还不能称之为科学的政治学。

㉙ 弗朗西斯·福山《政治秩序的起源：从前人类时代到法国大革命》，毛俊杰译，广西师范大学出版社 2014 年版，第 159 页。

㉚ 喻中《法家的现代性及其理解方式》，载《山东大学学报（哲学社会科学版）》2018 年第 1 期。

上，从此法家学说拿不上台面，由明转暗㉛，这使中国逐渐失去了先秦时期所开创的科学理性精神传统，实属遗憾。

不过，在肯定法家学说科学性的同时，我们也必须正视其局限性。一则，科学本身只是一个理性的工具，无所谓对错与好坏，说法家学说是科学，并不等于说法家学说是个好东西。科学的好坏，还须看其掌握在谁手中，为谁服务。在帝制时代，法学学说主要掌握在专制统治者手中，是为君主服务的。法家时常站在君本主义立场提出"尊主卑臣""正君臣上下之分"的建议和对策，如主张将无视赏罚者直接杀掉㉜，以及以破坏法治为由拒绝拯救灾民㉝等观点，在今天看来有严重践踏人权之嫌，可谓残暴之极，都是我们完全无法接受的，应当彻底抛弃。因此，在新的历史时期，法家必须接受人民主权学说，让法家学说掌握在人民手中，从为君主服务转变为为人民服务，法律人士不能做没有灵魂的工程师。

二则，法家在方法上坚持实证主义、恪守价值中立的立场，在进行政治分析和推演时将道德和宗教神学这样的价值的具体形式排除在政治的逻辑之外，事实上是割裂了政治与价值的关系。诚如学者所言，"政治不可能简约为政治治理技术，它始终需要且实际上得到政治伦理的内在支撑"㉞，科学只能解决政治的有效性问题，而无法解决政治的正当性和合理性问题，"尽管法律在有限的范围内是自主性的，但法律的最终价值或道义之根基，是法律自己无法给出的。"㉟重建政治与价值的关系，以价值来约束个人理性计算的疯狂，始终是法家面临的未竟事业，是法家学说的内在需求。因此，汉代以来的儒法合流其实是具有历史必然性的，儒法国家的诞生是中国历史发展的必然结果。在新的历史条件下，要让法家学说焕发出生机和活力，必须对其注入自由、民主和人权等现代价值。

㉛ 有学者指出，"在观念的层次上，秦朝的法家思想是中国文化中令人唾弃的谬种，没有哪个哲人、政治家、暴君公开赞成秦国的政策和法家学说。"参见牟复礼《中国思想之源渊》，王重阳译，北京大学出版社 2016 年版，第201-202 页。

㉜ 赏罚并非对所有人都管用，对于"不畏重诛，不利重赏，不可以罚禁，不可以赏使"的人，韩非认为其均是"无益之臣"（《韩非子·奸劫弑臣》）。对于"无益之臣"，韩非建议"势不足以化则除之……赏之誉之不劝，罚之毁之不畏，四者加焉不变，则其除之"（《韩非子·外储说右上》），直接从肉体上消灭他们。

㉝《韩非子·外储说右下》记载，昭襄王时秦国发生了严重饥荒，范雎请求昭襄王救济灾民，昭襄王断然拒绝，认为赏赐无功的灾民与"有功而受赏"的法制精神相违背，"使民有功与无功俱赏"是乱法行为，与其让灾民活着而破坏国家法治，不如让他们死掉而使国家安定。韩非将这件事情记载下来并加以称颂，不用说其是认同秦昭襄王的言行的。

㉞ 万俊人《政治如何进入哲学》，载《中国社会科学》2008 年第 2 期。

㉟ 高全喜《法律、政治与宗教》，载《太平洋学报》2007 年第 5 期。

论法家学说的反噬现象

黄启祥

【摘　要】 法家学说的反噬现象是中国思想史上的一个奇观,但是自西汉以后的两千多年里,这个问题基本上没有受到重视。本文在张祥龙教授相关研究的基础上,通过剖析法家理论对君主素质的要求、法家在现实政治中的遭遇、以及法家学说的内在矛盾,显示法家学说反噬的必然性。

【关键词】 法家学说;反噬现象;法制设计;人性论

一、法家学说的反噬现象

法家学说的反噬现象是中国思想史上的一个奇观,但是,自西汉以后的两千多年里这个问题基本上没有受到重视,这不能不说是中国学术史上的一件憾事。

(一)张祥龙教授对法家学说反噬现象的分析

对于法家学说的反噬现象,张祥龙在近来的研究中以新颖独到的方式论述了这一思想奇观,给人以深刻的印象。他说,法家学说"初看极为理想,极其现实,极巧妙;初用之,极有成效,极能富国强兵。但它善反噬,稍有疏忽,或简直是不可逃避地会吃掉使用它的人"①。相信法家学说的国家,其国力可以迅速崛起,但在最后也往往都亡于这一学说,例如,"秦的兴盛虽然得力于法家(始于商鞅),但也亡于法家"②。而法家学说的提倡者们也大都死于这一学说,不得善终。法家学说的反噬现象还有一个典型而独特的特征是,"相互从思想上越欣赏、越亲近,就越相互残杀,这正像一架正反馈的绞肉机"③。

法家学说在秦国的运用最为典型,通过秦国的法家最能透视法家学说反噬的必然性。在法家的秦国,商鞅是一个极其重要的代表人物,他既是一个法治理论家,也是秦国法律的制订者。商鞅赏罚严明,令行禁止,秦国因商鞅变法而迅速强大。秦孝公死后,商

---

* 黄启祥,海南大学马克思主义学院教授。研究方向:西方近代哲学、美国哲学(詹姆士)、中西哲学比较。
① 张祥龙《拒秦兴汉和应对佛教的儒家哲学》,广西师范大学出版社 2012 年版,第 10 页。
② 同上,第 10 页。
③ 同上,第 31 页。

鞅被诬谋反,逃亡途中因不能出示身份证件而不被客店留宿,因为根据他制定的秦律,留宿没有证件的人,全家性命不保。"商君喟然叹曰:'嗟乎,为法之弊一至此哉!'"④张祥龙教授说:"商鞅最后被车裂,某种意义上也是死于自己的法。"⑤鞅似乎是典型的作法自毙,被反噬而亡。

韩非是法家思想的集大成者。他最崇拜秦国,秦王对他也极为欣赏。《史记·老子韩非列传》说:"秦王见《孤愤》《五蠹》之书,曰:'嗟乎,寡人得见此人与之游,死不恨矣!'李斯曰:'此韩非之所著书也。'"⑥此后,韩非的哲学成为秦国官方哲学。但是韩非却受同窗李斯诬陷,被秦王处死。李斯贵极人臣,虽害死韩非,但仍然以申、韩之术辅佐秦王,灭六国而统天下,然而最后也死于其术。张祥龙教授说:"李斯是法家的政治与人生的体现,一身兼具法家的兴灭,暴露了法家哲理的强处与致死之处。"⑦

赵高是法家思想与政治逻辑的产物,是一位彻底的法术势主义者,他对法家学说的运用可谓登峰造极。他首先矫诏赐死公子扶苏,继而对胡亥面授机宜:"严法而刻刑,令有罪者相坐诛,至收族,灭大臣而远骨肉。贫者富之,贱者贵之。尽除去先帝之古臣,更置陛下之所亲信者近之。"于是,"杀大臣蒙毅等,公子十二人戮死咸阳市,十公主矺死于杜,财物入于县官,相连坐者不可胜数"⑧。而后赵高又杀秦二世胡亥,立子婴为王,但最终为子婴所杀。张祥龙教授说:"赵高生为亡秦,秦亡高亦亡。赵高集中了法家的致死精神或自相残杀精神,赵高死,法家亦死,一批与法家相关的思想也要死。"⑨

张祥龙教授认为,法家的反噬现象"根源在于其生存时态,因为其生存的意义和观念只能从对当前权势的独占而来,要靠绞杀未来和过去来突出现在,这是一个让人绝望、想象不出将来的现在"⑩。法家把所有与现在的利益无关的东西全部掐掉,其思维方式充分地对象化、功利化、算计化,只注重现在的利益,将过去和未来都排除在外,这就决定了他们在将来被反噬的命运。

(二)对法家学说反噬现象的进一步考察

《拒秦兴汉和应对佛教的儒家哲学》对于法家学说反噬现象的论述包括两个方面,一是对采用法家学说的国家的反噬,二是对法家人物的反噬。本文讨论后者,从另一个视角考察法家人物在现实政治中的遭遇及其理论的内在矛盾,揭示法家学说反噬的必然性。

首先需要指出,历史上并非一切法家人物都不得善终,主张礼法兼重的管仲就尽其天年。另一方面,也并非只有法家因自己的学说而遭受灾祸乃至死亡,儒家、兵家甚至远古的圣人皆不乏如此经历者。兔死狗烹,鸟尽弓藏,是许多先贤大智遭受的命运,不只体

④ 司马迁《史记》(全十册),中华书局 1963 年版,第 2236–2237 页。
⑤ 张祥龙《拒秦兴汉和应对佛教的儒家哲学》,第 10 页。
⑥ 司马迁《史记》,第 2155 页。
⑦ 张祥龙《拒秦兴汉和应对佛教的儒家哲学》,第 30 页。
⑧《史记》,第 2552 页。
⑨ 张祥龙《拒秦兴汉和应对佛教的儒家哲学》,第 37 页。
⑩ 同上,第 31 页。

现在法家身上。《韩非子》中对此有许多生动描述。尽管学说的反噬现象非法家所独有,但是让他人极其受惠于其学说反被受惠者所杀的现象在法家身上无疑表现得格外集中而又引人注目。法家学说对法家人物的反噬酷似是一种在劫难逃的宿命,非常引人深思。

为了清楚地考察法家学说的反噬现象,我们应该把通常所说的法家分为两类。一类是貌似的法家,像赵高和后期的李斯,他们的目的不是尊君安国,而是谋取私利。其中尤以赵高与法家的政治操守格格不入。他无论是否法家,罪皆当诛。从这类法家的下场中不好判断法家学说的反噬情况,除非能够认定这些罪恶必然来自于法家学说。许多时代的类似恶臣都有类似下场,说明其罪恶并不一定来自法家学说。另一类法家可以称为真正的法家,也就是韩非所说的法家。"夫有术者之为人臣也,得效度数之言,上明主法,下困奸臣,以尊主安国者也。"⑪法家必须是忠臣,即为君主"守所长,尽所能"者(《韩非子·功名》)。商鞅、吴起、韩非、晁错等人皆属于此列。他们忠诚于君主,不借法律谋取私利,不因私欲为害他人。法家学说对他们的反噬一目了然,发人深省。下文主要讨论这类法家。

关于法家之死,《盐铁论》中的文学之士有如此评论:"知利而不知害,知进而不知退,""知其为秦开帝业,不知其为秦致亡道。""商鞅弃道而用权,废德而任力,峭法盛刑,以虐戾为俗,欺旧交以为功,刑公族以立威,无恩于百姓,无信于诸侯,人与之为怨,家与之为仇,虽以获功见封,犹食毒肉愉饱而罹其咎也。"⑫在文学之士看来,法家人物之死乃是因为其依赖严刑峻法,崇尚权术,招致举国仇恨,人人皆欲得而诛之,以至于危及君主并害其自身,这似乎很好地解释了法家学说的反噬现象。

但是,西汉的文学之士犯了两个明显错误。首先,亡秦的不是商鞅而是赵高,也就是说,不是真正的法家人物而只是貌似的法家人物。正如桑弘羊所言:"以赵高之亡秦而非商鞅,犹以崇虎乱殷而非伊尹也。"(《盐铁论·非鞅》)其次,他们认为杀死法家人物的是全国百姓,而实际上不是百姓而是君主。商鞅死于秦惠文王之手,韩非死于嬴政之手。就连汉朝法家的代表人物晁错也是如此。晁错是汉景帝的老师,忠诚并且有功于汉朝,但为景帝所杀。

"历史上,自汉代以来,知识分子主流总结秦亡教训,大多都憎恶秦政"⑬。急政暴虐,不施仁义,通常被认为是秦朝覆亡的主要原因。但是这并不是法家人物之死的原因。我们不能以秦亡的原因来解释法家人物之死。如果法家人物急政暴虐,反噬他们的应该是百姓,而不是他们对之忠心耿耿并且直接受惠于他们的君主。况且韩非并没有在秦国辅政,更谈不上推行暴政。韩非的学说也难说是鼓吹暴虐,以急政暴虐来解释韩非之死显然于理不通。即使商鞅变法,也很难说是实行暴政,"行之十年,秦民大说,道不拾遗,山无盗贼,家给人足。民勇于公战,怯于私斗,乡邑大治"(《史记·商君列传》)。自商鞅变法到嬴政统一六国,秦国采用法家思想治理国家,历经秦孝公、秦惠文王、秦武王、秦昭襄王、秦孝文王、秦庄襄王、秦始皇,其间一百三十多年,也没有发生大规模的农民起义。

秦朝覆亡的原因不能用来解释法家人物之死,还因为从时间上看,法家人物之死在

⑪《韩非子·奸劫弑臣》。见王先慎《韩非子集解》,中华书局 2013 年版。

⑫《盐铁论·非鞅》。见王利器《盐铁论校注》,中华书局 2006 年版。

⑬ 张祥龙《拒秦兴汉和应对佛教的儒家哲学》,第 5 页。

前,秦朝灭亡在后,有的法家人物甚至是在秦国强盛或者走向强盛的时期被杀的。所以,秦朝之亡与法家人物之死并非一回事。根据秦国的这段历史,我们甚至可以得出与历史上的看法相反的观点,即不是法家导致了秦国灭亡,而是秦国杀死了法家。正是因为法家之死,所以才有秦国之亡。

　　既然法家受到的反噬主要来自君主,法家人物之死所暴露的矛盾也就主要不是法家人物与百姓之间的矛盾,而是法家人物与君主之间的矛盾,因此要探究法家的反噬现象,就必须考察法家学说与君主的关系。为何法家人物忠心耿耿地进谏或辅佐的君主会杀死他们?在什么意义上可以说法家学说反噬了法家?下面主要通过对法家思想集大成者韩非的学说进行分析,从法家学说的内在要求、制度设计、人性观念等方面来探讨这些问题的答案。

二、法家理论对君主素质的要求与法家的现实困境

　　在韩非所设计的法制体系中,君主处于权力金字塔顶端。但是从另一方面看,君主又是支撑整个法制体系的基础。下级官员能否依法行政主要取决于上级的督管,以此层层递进,最终取决于君主能否依法治国。如果君主不依法治政,大臣就不可能奉法行政,其下各级官员就更难以守法廉政。在这种情况下,即使国家公布了法律,也会陷入毫无法治可言的状态。但是,即使君主坚持依法治国,也不意味着臣子愿意奉公守法。明察一切不法之行是实行法治和严明赏罚的必然要求。为此韩非设计了自上而下和自下而上的两条发现奸蔽恶行的途径。自上而下的途径是君主对臣子的洞察。自下而上的途径即告奸,"犯之者其诛重而必,告之者其赏厚而信"(《韩非子·奸劫弑臣》)。后者可以看成前者的延伸,也可以视为前者的补充。告奸之所以必要,是因为君主耳闻目视总是有限,实行告奸,"使天下不得不为己视,天下不得不为己听,故身在深宫之中而明照四海之内。……天下弗能蔽弗能欺"(《韩非子·奸劫弑臣》)。所以这两条途径是一体的,后者能否发挥作用最终取决于前者。如果君主不愿或者不能明断善恶忠奸,告奸非但不能成为其去蔽的手段,反而可能成为其被蒙蔽的来源。所以君主依法治理国家,不只是制定和公布法律,更重要的是很好地运用法律,这就要求君主必须具备相应的素质。

（一）法家理论对君主素质的要求

　　根据《韩非子》的论述,要真正实行法家的学说,君主应该具备多方面的甚至是所有方面的治国本领和政治素质。比如说,君主要以法为本、赏罚严明;[14]精于处势、善于操术[15];还要善纳谏言、知人善任[16]。在具体的治国理政方面,《韩非子》中有大量的数字式的罗列,如治国三道、坚持三守等等[17],可谓不一而足、应有尽有。韩非子认为,君主达到了所有这

---

[14] "法者,王之者也"(《心度》)。"明主之所导制臣者,二柄而已矣。二柄者,刑、德也"(《二柄篇》)。

[15] "君持柄以处势,故令行禁止。柄者,杀生之治也;势者,胜众之资也"(《八经》)。"君无术则弊于上,臣无法则乱于下,此不可一无,皆帝王之具也"(《难三》)。

[16] "夫药酒忠言,明君圣主之以独知也"(《外储说左上》)。"明乎所以任臣也"(《说疑》)。

[17] "圣人之所以为治道者三:一曰利,二曰威,三曰名"(《诡使》)。所谓"三守",即不外露对臣子们的评价,自主决断对要赏罚的人,大权独揽而不旁落。(详见《三守》)。

些要求，才能彻底明辨忠奸，赏罚得当。由此，官吏尽职，百姓勤耕，士兵勇战，国力隆盛。即便有大臣和百姓怨恨法家人物，他们对法家人物的陷害也难以得逞，法家人物也不会有生命危险。

很显然，韩非要求君主具有的这些素质，君主是很难具备的。一方面，韩非理想中的明君既善纳谏言，又明断是非，既运筹帷幄，又明察秋毫，这几近乎超人，世间难觅。另一方面，君主所应具备的素质与其处境所可能造就的素质在相当程度上是冲突的。正如托马斯·潘恩所说："在君主政治的体制里有一些极端可笑的东西；这个体制首先使一个人无从获得广博的见闻，然而又授权他去解决那些需要十分明智地加以判断的问题。国王的身份使他昧于世事，然而国王的职务却要求他洞悉一切；因此这两种不同的方面，由于它们出乎常理地相互敌对和破坏，证明那整个的人物是荒唐的和无用的。"[18]

至于法家学说要想在一国代代相传，即要求每一代君主都具有高超的治国理政才智，这就更加难以实现了。因为世袭制不可能造就这样的人才。正像潘恩所言："世袭制的荒谬，还远不如它所造成的祸害来得严重。如果这种制度能保证提供一群善良而贤明的人士，那倒可以算是获得神权的特许，但事实上它只是为愚人、恶人和下流人大开方便之门，因此它就带有苦难的性质。那些自视为天生的统治者和视人为天生奴才的人，不久便横行霸道起来。由于他们是从其余的人类中挑选出来的，他们的心理早就为妄自尊大所毒害；他们在其中活动的世界，与一般的世界有显著的区别，因此他们简直没有机会了解一般世界的真正的利益，当他们继承政权的时候，往往对于整个疆土以内的事情茫无所知，不配加以处理。"[19]此外，如霍布斯所说："君主政体还有一个流弊，是主权可能传到一个孺子或不辨善恶的人手中。"[20]这样一来，君主就更加难以具备法家学说所要求的那些经邦纬国的才略，简言之，现实中难以存在法家所要求的君主，而这正是法家悲剧命运的根源。

（二）法家面临的现实困境

在一个开始应用法家学说的国家，推行法家的主张意味着重大的制度变革。这种变革面临着一切推行新制的人们所共同面临的难题。正像马基雅维里所说，再没有比采取新制度更困难的事情了，在没有比此事的成败更不确定了，执行起来更加危险的事情了。"这是因为革新者使所有在旧制度之下顺利的人们都成为敌人了，而使那些在新制度之下可能顺利的人们却成为半心半意的拥护者。这种半心半意之所以产生，一部分是这些人由于对他们的对手怀有恐惧心理，因为他们的对手拥有有利于自身的法律；另一部分则是由于人类的不轻易信任的心理——对于新的事物在没有取得牢靠的经验以前，他们是不会确实相信的。因此，当那些敌人一旦有机会进攻的时候，他们就结党成帮地干起来；而另一方面，其他的人们只是半心半意地进行防御。"[21]除了所有改制者都面

⑱［美］托马斯·潘恩《常识》，马清槐译，商务印书馆 2017 年版，第 5 页。

⑲ 同上，第 15 页。

⑳ 霍布斯《利维坦》，黎思复、黎廷弼译，商务印书馆 1986 年版，第 146 页。

㉑ 尼科洛·马基雅维里《君主论》，潘汉典译，商务印书馆 2009 年版，第 26—27 页。

临的这个难题,法家实施其政治主张时,还要面对其特有的困境。

根据法家的学说,君臣或君民的利益本来是不一致的,"臣主之利相与异者也"(《韩非子·孤愤》)。而且每个人都会尽力争取而不会轻易放弃自己的利益。实行法家的政治主张,意味着削弱乃至剥夺享受世袭爵禄的贵族的利益,限制官僚根据自己的意志随意运用权力,阻断他们谋取私利的路径;同时也会打破百姓习惯的生活方式,约束许多百姓的习惯性言行。法家试图通过法律将臣民的利益和行为强行纳入君主利益的框架之中,必然会遭到他们的抵触和反对。由此必然导致一系列对法家不利的反应。

首先,大臣苦法而细民恶治。韩非说,君主根据法家的思想治国,大臣就不能擅权独断,左右近侍就不敢弄权;官府必须执行法令,游民必须从事农耕,游说之士必须当兵打仗。由此,法家的治国之策就会被许多官员和百姓视为祸害。如果君主不能力排大臣的议论,超越百姓的诽谤,那么,法家人物即使到死,他们的治国之策也一定不会被认可。从前吴起进言楚悼王:大臣权势太重,贵族分封太多,长此以往,他们将会对上威胁君主,对下虐待百姓,导致国贫兵弱。他提议,贵族的子孙到第三代就收回爵禄,减少百官俸禄,裁撤冗官,以强军固国。吴起变法一年后楚悼王死,吴起在楚遭到杀害。商鞅教秦孝公彰明法令,堵塞私情而任用有功于国家之人,禁止游宦之民,重视耕战之士。秦国实行这些主张后,君主尊贵而平安,国家富庶而强大。八年后秦孝公死,商鞅在秦被车裂。"楚不用吴起而削乱,秦行商君法而富强。二子之言也已当矣,然而肢解吴起而车裂商君者,何也? 大臣苦法而细民恶治也。"(《韩非子·和氏》)

其次,群臣之毁言。韩非说,大凡做臣子的,有罪不想受惩罚,无功又想显赫尊贵。而法家治理国家,无功之人不得赏赐,犯罪之徒必受惩罚。如此,法家人物必遭众人非难,受众人诬陷,被淹没在流俗的舆论中,要想在严厉的君主面前求得平安,何其难也! 除非英明的君主是不会采纳法家的主张的。"何怪夫贤圣之戮死哉!"(《韩非子·奸劫弑臣》)

再次,严刑重罚,民之所恶。韩非子说:"夫严刑重罚者,民之所恶也,而国之所以治也;哀怜百姓轻刑罚者,民之所喜,而国之所以危也。"(《韩非子·奸劫弑臣》)法家以法治国,必定会违反俗众的喜好。明白此理者会赞同法家的思想而抛弃世俗的偏见,昧于此理者则会反对法家的主张而赞同世俗的偏见,前者少而后者多,法家的主张就会被看成错误或不合理的。如果君主不能明辨是非,法家自然处境不妙。

最后,变法不适民心。韩非认为,愚昧怠惰之人常常斤斤计较于个人损失而不顾国家大利,所以他们会反对变法。法家公心待人,会得罪俗众,遭致非议和仇恨。例如,"管仲以公而国人谤怨"(《韩非子·外储说左下》)。所以,君主应该严格法令,即使违反民意,也要坚定地推行法治,同时采取措施保护变法者。如果君主迁就常人的习惯,迎合百姓的心理,法家的处境就危险了。

上述因素都可能成为法家人物之死的原因,但是最根本的因素还是君主。如果君主足够贤明,其他可能导致法家人物被反噬的因素都会被化解。所以,法家学说发生反噬的关键因素是明君稀见。吴起惨遭楚国贵族杀害是因为楚悼王去世,商鞅之死是因为秦惠文王滥用君权报一己私仇,晁错被诛是因为汉景帝软弱无能。韩非通晓历史,洞悉现实,从他的精辟论述中可以看出,他对法家人物的处境和可能遭受到的反噬已有相当的预见,甚至预料到了他的不幸命运。但是他却没有意识到法家的这种宿命实际上根源于其法制的设计和人性学说。

三、法家学说反噬的理论根源

法家学说的理论前提是人人趋利避害，但是它们却没有深入探讨人是否总能正确认识自己的利益所在。法家学说的目的是为了维护君主的利益，它内在地要求一个理想化的君主，但是这样的君主世间难寻。即使法家的学说和制度设计是一心为了君主，他们也可能不被君主赏识，甚至可能遭到君主的反对和杀害。在这种情况下法家却无能为力。

（一）制度设计的先天缺陷

韩非的学说旨在设计一套让臣民不得不维护君主利益的制度，而法家的存在对君主是有利的。那么，法家为什么不能设计一个君主保护法家人物的机制呢？

法家既然认识到明君稀见，即便为了君主的利益，也应该从法律和制度上采取补救措施，在君主做出违背其真正利益的行为时，能够通过法律和制度予以约束。但是君主专制恰恰满足不了这个要求。虽然商鞅主张"刑无等级"㉒，韩非提倡"法不阿贵"（《韩非子·有度篇》），并把这作为推行法治的一个重要原则，但是在法家学说中，这些并不是无条件的规定。所谓"刑无等级"指的是"自卿相将军以至大夫庶人"（《商君书·赏刑》）有罪必惩。所谓"法不阿贵"指的是"刑过不辟大臣，赏善不遗匹夫"（《韩非子·有度篇》）。法家所制定的法律都是用来约束臣民的，不能用来约束君主。法治的这一空隙却正关乎法家人物的生死命运。

主尊臣卑的不平等地位，君主拥有的超越法律的权力，都是法家不能挑战的前提，而且是法家要加以维护的现实。君主不受法律的刚性约束，法治就不完全也不彻底。一旦君主受到违背其真正利益的欲望驱使，法律就可能变成他为虐的工具。权力最大者恰恰是不受法律约束者，这暴露了法家制度设计的先天不足。由于法律不能约束君主，当君主的欲望和行动背离其真正利益时，法家越是忠心耿耿，就越可能遭遇悲惨命运。

法家之法不但不能约束君主，也不能完全约束未来的君主即太子。太子是亦臣亦君式的人物，如果太子犯罪，法律的运用就成了一个棘手难题。不依法惩罚太子，法律的威信必然受到破坏，而法家治政的根本在于维护法律的权威。但是，如果依法惩罚太子，不仅太子不同意，君主也未必同意。事实上法家人物（例如商鞅）也不敢这样做。"太子，君嗣也，不可施刑"（《史记·商君列传》）。商鞅在处理这种问题时就陷入了两难。虽然睿智的商鞅最终采取折中办法，把太子嬴驷的违法行为归罪于他的老师，处了公子虔和公孙贾，好像比较圆润地解决了问题，但是也在太子心中播下了对商鞅怨恨的种子，为商鞅未来的命运埋下了隐患。

商鞅之死，其直接原因好像是法律不能完全约束太子，但是更深层的原因则是法律不能约束君主。也正因为法律不能约束君主，当太子嬴驷成为君主之后，就可以借故杀掉商鞅——这位能够继续为国家做出贡献的功臣。最大执法者完全违背了法家治国的

㉒《商君书·赏刑》。见高亨《商君书注译》，清华大学出版社 2011 年版。

基本原则即赏罚严明,坚持依法治国的法家人物焉能没有危险?

简言之,法家的法治并非完全意义上的法治,而是人治与法治的共存,确切地说是人治下的法治。在这种体制下,法律容易转化成为人治的工具乃至玩偶,从而使法治难以实现,甚至可能完全摧毁法治。秦二世当政时的情况即是如此。虽然法律没有变,但是法治已不复存在。

(二)法家人性学说的内在矛盾

法家虽然主张"因道全法"(《韩非子·大体》),依据人的本性制定法律,但是他们对人性的认识却大有问题。法家的人性学说有些类似于说谎者悖论。他们的人性论一旦用于其自身,必然产生难以克服的矛盾。法家认为人人趋利避害,"夫安利者就之,危害者去之,此人之情也"(《韩非子·奸劫弑臣》)。既然如此,法家岂不亦是如此。而且法家认为"君臣异心,君以计畜臣,臣以计事君,君臣之交,计也。害身而利国,臣弗为也;害国而利臣,君不为也"(《韩非子·饰邪》)。如果君臣之间只有利害关系,而且君臣异心,君臣异利,君主怎么可能指望臣民拥有真正的忠君爱主之心?法家人物又如何能够值得君主信赖?

法家实际上想向君主推介两个东西,一方面向君主揭示人人趋利避害的本性,以此推销其法治思想;一方面又想让君主相信法家人物赤胆忠心,尽瘁事国。这两个方面是相辅相成的。他们只有让君主相信他们一心尊君安国,非为谋取私利,才能让君主相信他们的学说和治国思想;而君主只有相信并采纳他们的学说,才能说明君主相信他们忠诚事主。这两个方面又是相互冲突的。如果君主相信他们的人性学说和治国思想,就不可能认为他们忧公无私,赤心奉国;如果君主认为他们公而无私,就不可能相信他们的人性学说和治国之术。就是说,君主如果采纳法家学说,必然猜忌作为臣子的法家人物,因为法家人物对于奸臣乱臣的论述,从人性上说同样适用于他们自己。而根据法家的学说,法家人物一旦成为臣子,必然会对自己的命运不能坦然。这个矛盾会一直伴随着法家人物以及采纳法家学说的君主。

根据法家的学说,这个矛盾其实就是君主与臣子的一般矛盾在君主与法家人物身上的体现。韩非的学说中似乎提示了解决这个问题的答案,这就是明君。如果君主足够明智,这个矛盾可以被克服。一方面君主相信群臣和法家是为了一己私利而效忠于他,一方面君主又有足够的聪明才智和政治手段利用人的这一本性来驾驭群臣。也就是说,君主一方面采纳法家的学说,一方面不必担心法家臣子对君主造成危害。由此,"君通于不仁,臣通于不忠,则可以王矣"(《韩非子·外储说右下》)。但是,我们已经阐明这样的君主世间稀有,法家学说隐含的这个悖论在现实中也就难以解决。

法家的现实政治德性与其人性论的外在冲突实际上是法家学说内在矛盾的外化。即使我们通过上述方法能够化解这种冲突,也无法克服其理论所包含的内在矛盾。《韩非子》一方面反复强调人人逐利避害,君臣异心异利;一方面又称赞忠臣,建议君主重用忠臣,并且自许"不忍向贪鄙之为,不敢伤仁智之行"(《韩非子·问田》)。这两个方面是相互抵牾的。既然法家是一心为君的仁智之士,这就说明人性并非完全是趋利避害的。既然忠臣是实行法治的条件,法家就不应主张单纯以刑赏二柄治国。

法家学说对法家人物政治德性的要求以及法家人物的现实政治遭遇都否定了法家的人性学说,也相应地否定了以此为理论基础的法治学说。事实上,商鞅变法后秦国的兴衰就证明了,如果没有对君主忠心耿耿的大臣来推行法治理论和制度,那么,完全以自利的人性论为基础的法治理论和制度是不可能成功的。法家政治理论在实践中的成功意味着法家人性理论的破产,而法家政治理论在实践中的失败则是法家人性理论的胜利。法家的理论与实践在成败方面是正相背反的。法家人物之死既宣告了法家学说的失败,也宣告了法家学说的成功。这正是它在秦以后的历史命运。所以,秦以后的法家学说必定是在死亡的同时获得新生。自汉朝开始,一方面各朝皆反思秦朝因法治而兴、因暴政而亡的教训,另一方面还有所谓百代犹行秦之法的现实。

总之,法家学说对法家人物的反噬主要源于三个方面的因素。其一,目标设定不合理,把维护君主利益作为最高目标,将臣民利益纳入君主利益的体系之中;其二,法制体系中存在无法克服的先天不足,认同君主具有超越法律的至高无上权力,致使法律失去了发挥全面作用的根基;其三,作为其理论前提的人性论包含内在矛盾,基本忽略了人的道德因素,夸大了人性恶的一面,这使其漠视了道德教化对纯化风俗和治理国家的重要作用。

战国秦汉时期"名""法"对举思想现象研究

曹　峰[*]

【摘　要】从战国中晚期到汉代初期,"名""法"并举的现象格外普遍,两者同样被视为现实政治中最高的、最为根本的因素,是统治者必不可少的两种统治手段。战国中晚期到汉初正是追求绝对君权的政治体制成长完善时期,为专制君主服务的带有普遍性、绝对性意义的法则、标准系统是由"名""法"共同体现的,两者在性质上类似,在机能上有分工的不同,可以相互补充。

【关键词】名;法;黄老道家;名家;法家

前　言

在先秦、秦汉思想史研究中,"道"与"法"关系一向谈得较多,而"名"与"法"关系则未受到充分重视。20 世纪 70 年代马王堆帛书《黄帝四经》[①]出土之后,虽然其中《经法》第一篇《道法》第一句就是"道生法",但整部《经法》对"道"与"法"关系的论述并不多。《经法》最为突出的概念是"名",最为强调的关系是"名"与"法"的关系,而"名"与"法"又被"道"所统摄。因此,《经法》呈现出"道"在上,"名""法"在下的三角形思想结构,"名""法"分别具有不同的地位和分工,当然这种结构和《黄帝四经》以黄老道家为思想基础有着密切关系[②]。事实上,"名""法"对举并非《黄帝四经》或者说黄老道家独有的、偶然的现象,而是战国中晚期至汉代初期普遍存在的现象。那么,为什么在这一特定历史时期,"名"会备受重视,甚至上升到和"法"同等的地位? 对于这一问题,尚未有学者作过全面的梳理和研究。对这一特殊思想史现象给出合理解释,不仅有助于先秦、秦汉思想史研究的深入,也将成为中国古代法思想研究的重要一环。

---

* 曹　峰,中国人民大学哲学院教授。研究方向:先秦秦汉哲学、诸子学。

① 《黄帝四经》原称《马王堆帛书老子乙本卷前古佚书》,由《经法》《十六经》《称》《道原》四篇组成,也有学者称其为《黄老帛书》。唐兰等学者将其推定为《汉书·艺文志》所载《黄帝四经》,对此虽有争议,但学界已较为广泛地使用这一名称。

② 关于《黄帝四经》所见"道"与"名""法"之关系,可详参曹峰《〈黄帝四经〉所见"名"的分类》,载《湖南大学学报》2007 年第 1 期。曹峰《〈黄帝四经〉所见"执道者"与"名"的关系》,载《湖南大学学报》2008 年第 3 期。

一、战国秦汉时期"名""法"对举的普遍现象

从战国中晚期到汉代初期,有一个非常有趣的历史现象,那就是,"名"和"法"常常放在同等的位置上,"名""法"连用、"名""法"并举的现象格外普遍。这种现象仅见于战国中晚期到汉代初期这一特定历史时期,战国中期以前看不到,汉代初期以后又消失了。我们首先来看先秦文献。

天下之治方术者多矣。皆以其有为不可加矣。古之所谓道术者,果恶乎在?曰:"无乎不在。"曰:"神何由降?明何由出?""圣有所生,王有所成。皆原于一。"不离于宗,谓之天人。不离于精,谓之神人。不离于真,谓之至人。以天为宗,以德为本,以道为门,兆于变化,谓之圣人。以仁为恩,以义为理,以礼为行,以乐为和,薰然慈仁,谓之君子。以法为分,以名为表。以参为验,以稽为决,其数一二三四是也。百官以此相齿。以事为常,以衣食为主,蕃息畜藏,老弱孤寡为意,皆有以养,民之理也。(《庄子·天下》)

《天下》是《庄子》最后一篇,其作者究竟是庄子本人还是其门徒,学界没有定论。此篇视"道"为最高最完善的原理,将仁、义、礼、乐、法、名、参、稽看作是次于"道"的某一方面的原理,不像《庄子》内七篇,对现实社会中的价值伦理、制度规范极尽嘲讽否定之能事,而是对其作用和意义给予了某种程度的肯定。在现实社会的价值伦理、制度规范中,仁、义、礼、乐作为一组放在一起,法、名、参、稽又作为一组排列在一起。法、名、参、稽并列,显然是因为这四者都是统治之术,虽然有各自的用处,但政治上的意义非常相近。再来看《管子》。

圣人之治也,静身以待之,物至而名自治之。正名自治之,奇身名废(当为"正名自治,奇名自废"③)。名正法备,则圣人无事。(《管子·白心》)

《白心》篇是具有浓厚黄老道家思想倾向的《管子》四篇(《内业》《心术上》《心术下》《白心》)中的一篇。《管子》四篇作者有一个总的观念,即天下万物都必然存在与之相应的"名","名"对"物"具有规定性,因此,只要把握了"名",对"物"的管理就不是什么困难的事。然而,对圣人(统治者)而言,最重要的事情是把握道。圣人如果能把握道,根据"道"生万物的原理,他就不仅不会被具体的"名"所约束,反而能从总体上把握"名",特别是让"正名"自发地发挥"治"物的作用。《管子》四篇中,"道"与"名"的关系被视作现实政治中最为重要的关系,"法"在这里并非重点。"名正法备"表明"名""法"具有同等的地位,在政治秩序的树立,以及标准、规范的形成上具有同样重要的作用④。

---

③ 王念孙认为"正名自治之,奇身名废"当改为"正名自治,奇名自废"。参见王念孙《读书杂志》,江苏古籍出版社 2000 年版,第 470 页。

④ 对《管子》四篇所见"名"的研究,可参见曹峰《中国古代"名"的政治思想研究》(上海古籍出版社 2017 年版)下编第三章"《管子》四篇和《韩非子》四篇所见'名'思想研究"。

夫法者,所以兴功惧暴也。律者,所以定分止争也。令者,所以令人知事也。法律政令者,吏民规矩绳墨也。……法臣:法断名决,无诽誉。故君法则主位安,臣法则货赂止,而民无奸,呜呼美哉。(《管子·七臣七主》)

《七臣七主》具有浓厚的法家倾向,上述这段话主要是在鼓吹"法律政令者,吏民规矩绳墨也"。"法断名决"表明"法""名"是政治场合的两大重要道具,这里的"名"可以看作就是"法"的代名词,即"名"指的用规范的确定的语言表达的"法"⑤。代表法家倾向的《商君书·定分》也有类似的表述:

故圣人为法,必使之明白易知,名正,愚知偏能知之。

下面用例亦见《商君书·定分》,同样是"法"和"名"的连用,但这里的"名"显然是"名分"之意。《定分》篇主张"名分"不确定会给政治带来恶劣影响,和"法令"不明了带给政治的恶劣影响是一样的。

一兔走,百人逐之。非以兔〔可分以为百也,由名分之未定〕也⑥。夫卖者满市,而盗不敢取,由名分已定也。故名分未定,尧舜禹汤且皆如鹜焉而逐之。名分已定,贫盗不取。今法令不明,其名不定,天下之人得议之,其议人异而无定。

再来看出土文献"马王堆汉墓帛书《老子》甲本卷后古佚书"的《九主》篇:

后曰:天范何也。伊尹对曰:天范无□,覆生万物,生物不物,莫不以名,不可为二名。此天范也⑦。

《九主》也是一篇具有黄老道家倾向的作品。这里的"范"就是"法"的意思。关于"天范"即"天法"是什么的问题,伊尹对"后"即君主回答说,道能够覆生万物,却不是具体的物,就物而言,万物都必须通过"名"来识别、管理,但"名"只能有一种,而不能有多种,这就是"天法"。由此可见,在《九主》篇看来,"法"的推行其实很简单,就是依赖"名"来管理"物",但"名"必须是独一无二的,不然就失去了规定性。因此,独一无二的"名"(即"正名")正是"天法"的体现。这里的"名""法"不是并列关系,而几乎就是重合的关系。

如前文所言,《黄帝四经》中有大量有关"名"的论述,下面列举儿段比较有代表性的文例:

天下有事,必审元(其)名。名□□。循名廄理之所之,是必为福,非必为灾。是非有

---

⑤《礼记·王制》中有"析言破律,乱名改作,执左道以乱政,杀"。这里的"名"也可视作法律之言。

⑥《群书治要》三十六的引文有"可分……未定"十一字。据此补之。

⑦ 释文采用的是裘锡圭主编《长沙马王堆汉墓简帛集成·肆》,中华书局,第97页。

分，以法断之。虚静谨听，以法为符。(《经法·名理》)⑧

这是说，当天下政治形势发生变化时，第一步工作就是审"名"，"名"确立了，是非判断的标准也就确立了。是非判断的标准确立了，就可以实施"法"的裁断了。

是故天下有事，无不自为刑名声号矣。刑名已立，声号已建，则无所逃迹匿正矣。(《经法·道法》)⑨

当天下的政治形势发生变化时，"刑名"(即确定的秩序、规范)、"声号"(即政策、法令)就会自动发挥作用。只要"刑名"和"声号"系统建立起来了，那就没有谁能逃得过它的控制和管理。

居则有法，动作循名，其事若易成。若夫人事则无常，过极失当，变故易常。德则无有，措刑不当。居则无法，动作爽名。是以戮受其刑。(《十六经·姓争》)⑩

从这段话可以看出，《黄帝四经》认为政治行为是否有效、得当，关键在于是否"有法""循名"。在这里，"名""法"被并列在一起，成为政治上最高的最根本的要素，具有规范、规则的效应。

黄帝问力黑，……请问天下有成法可以正民者。力黑曰：然。昔天地既成，正若有名，合若有刑，□以守一名。……吾闻天下成法，故曰不多，一言而止，循名复一，民无乱纪。(《十六经·成法》)⑪

这是通过黄帝之口明确表示，如果用一句话来概括天下的"法"，那就是"循名复一"，将"循名"看作最高政治原则，同时也是将"法"的实质和"名"的作用紧密联系起来。
以上文例反映出《黄帝四经》中"名""法"连用、"名""法"并举的现象十分普遍，其中的"名"有时也用"形名"来表达，从中可以看出两种情况。其一，和《九主》篇一样，"名"尤其是"正名"是政治上的最高法则。其二，虽然"名""法"都与规则、规范相关联，但一般都是"名"在前"法"在后，名的确立是法生成过程中的必要前提，因此"名"的作用似乎更为重要。
接下来考察汉初文献，首先看司马谈的《论六家要旨》。

法家严而少恩。然其正君臣上下之分，不可改矣。名家使人俭而善失真。然其正名实，不可不察也。

---

⑧ 同上，第147页。
⑨ 同上，第127页。
⑩ 同上，第162页。
⑪ 释文采用的是裘锡圭主编《长沙马王堆汉墓简帛集成·肆》，第165页。

法家不别亲疏,不殊贵贱,一断于法,则亲亲尊尊之恩绝矣。可以行一时之计,而不可长用也,故曰"严而少恩"。若尊主卑臣,明分职不得相逾越,虽百家弗能改也。名家苛察缴绕,使人不得反其意,专决于名而失人情,故曰"使人俭而善失真"。若夫控名责实,参伍不失,此不可不察也。(《史记·太史公自序》)

与《庄子·天下》篇一样,司马谈也持以"道"为首的立场,但对其余五家,他并非一概并列对待,而是有所区分。例如他把"儒""墨"放在一起,将"名""法"放在一起,说道家"采儒、墨之善,撮名、法之要"。从以上对名家和法家之定义来看,两者其实非常接近,都是一种统治术,只是重点有所不同而已。日本学者津田左右吉甚至认为这两家并无区别,他说:"对照法家和名家,这两家几乎可以看作是一家,将名家和法家作名称上的区别,实在是件奇怪的事,司马谈对名家的解释恐有失当之处吧。"[12]说司马谈之名家定义失当,这是因为今人只知道以公孙龙、惠施、墨辩为代表的、某些论述接近西方逻辑学的那一类名家,笔者将其称之为"知识型名家",而司马谈对"知识型名家"虽有所论及,但却是持批判和否定态度的。在司马谈的心目中,值得肯定的是另外一种名家,即其理论有益于"治",可以为君主专制政治体制提供服务的"政论型名家",这种名家在作用和功能上确实和法家有重合之处[13]。

接下来探讨《尹文子》的情况,下面列举数段有代表性的文例:

名有三科,法有四呈。一曰命物之名,方圆白黑是也。二曰毁誉之名,善恶贵贱是也。三曰况谓之名,贤愚爱憎是也。一曰不变之法,君臣上下是也。二曰齐俗之法,能鄙同异是也。三曰治众之法,庆赏刑罚是也。四曰平准之法,律度权量是也。

庆赏刑罚,君事也;守职效能,臣业也。君科功黜陟,故有庆赏刑罚;臣各慎所务,故有守职效能。君不可与臣业,臣不可侵君事,上下不相侵与,谓之名正,名正而法顺也。

君子非乐有言,有益于治,不得不言。君子非乐有为,有益于事,不得不为。故所言者,不出于名法权术,所为者,不出于农稼军阵,周务而已。(以上见《尹文子·大道上》)

老子曰:以政治国,以奇用兵,以无事取天下。政者,名治是也,以名法治国,万物所不能乱。奇者,权术是也,以权术用兵,万物所不能敌。凡能用名法权术,而矫抑残暴之情,则己无事焉。己无事,则得天下矣。

仁义礼乐名法刑赏,凡此八者,五帝三王治世之术也。……名以正之,法以齐之,……名者,所以正尊卑,亦所以生矜篡。法者,所以齐众异,亦所以乖名分。(以上见《尹文子·大道下》)

古者君之使臣,求不私爱于己,求显忠于己。而居官者必能,临陈者必勇,禄赏之所劝,名法之所齐,不出于己心,不利于己身。(《群书治要》收《尹文子》佚文)

⑫ 津田左右吉《道家の思想と其の展开(道家的思想及其展开)》,东京:岩波书店1939年版,第255页。中文为笔者所译。

⑬ "知识型名家""政论型名家"两种名家是笔者所分,参见曹峰《中国古代"名"的政治思想研究》(上海古籍出版社2017年版)"序言"及上编第三章"两种名家"。

在古典文献中，"名""法"并举现象最为普遍的就是《尹文子》。关于《尹文子》是否伪作及何时成书的问题，笔者有过详尽考证，认为今本《尹文子》有后人改造、重编的痕迹，因此无法断言它就是先秦尹文子的原著，但后人在改造、重编时所依据的材料显然有先秦的成分，因此视其为西汉以后的作品，可能更稳妥些⑭。不过，正因为它经过了后人加工，《尹文子》关于"名""法"关系的论述有驳杂的特征。例如《尹文子》认为"名""法"都是君主的统治工具，但关于这两种工具之具体内涵和范围，《尹文子》有两种说法，一种说法是"名有三科，法有四呈"，即两者都是政治必须依据的规范，并为这两种规范作了彻底分类。另一种说法则是从其功能出发，即"名""法"虽都与规则相关，但作用并不相同。其作用可以用一纵一横来表达。纵者，名也，用名来确定社会的上下贵贱尊卑等级秩序。横者，法也，用法来确定社会上下贵贱尊卑不同阶层都必须遵循的共同秩序。因而在功能和作用上这两者是相补相承的。《尹文子》也有"名"在前"法"在后的意识，"法"的正确施行与否，与"名分制度"的确定与否相关。

名宜属彼，分宜属我。我爱白而憎黑，韵商而舍徵，好膻而恶焦，嗜甘而逆苦。白黑，商徵，膻焦，甘苦，彼之名也。爱憎，韵舍，好恶，嗜逆，我之分也。定此名分，则万事不乱也。

名称者，别彼此而检虚实者也。自古至今，莫不用此而得，用彼而失。失者，由名分混。得者，由名分察。今亲贤而疏不肖，赏善而罚恶。贤不肖善恶之名宜在彼，亲疏赏罚之称宜属我，我之与彼，各（或作"又"，据伍非百本改）复一名，名之察者也。名贤不肖为亲疏，名善恶为赏罚。合彼我之一称而不别之，名之混者也。故曰：名称者，不可不察也。（《大道上》）

《尹文子》的"名"与"分"或"名"和"称"也有和"名"与"法"可以对应之处。赋予对象的名称（如"贤不肖善恶之名"）以及和名称相应的政治行动（如"亲疏赏罚之称"）要严格地区分开来，但都由"我"即"君主"来操纵和把握。在将"贤不肖善恶之名"赋与臣下的同时，实施"亲疏赏罚之称"即类似于"法"的举动，因此，"名"的赋与权与"法"的执行权都必须由君主独断，不可轻易让渡出去。

综合以上文例，可以看出先秦秦汉时期"名""法"连用有三种倾向。第一，由于"名"对"物"（或者说"实"）具有规定性，所以"名"作为是非判断的基准，其自身就是不可侵犯的最高准则。《荀子·正名》虽然没有"名""法"并举，但也非常明确地把"正名"和"符节度量""法""数""是非"联系在一起，称名为"名约""名守"。如果"正名"能够确立，就可以起到"上以明贵贱，下以辩同异"的政治作用。因此，所谓"法"的建立可以等同于"正名"的树立，前引马王堆帛书《九主》《黄帝四经》中的《十六经·成法》都明确指出了这一点。正因为"名""法"都具有绝对的、公正的意义，是一种政治工具，所以在这个时期，将"名""法"与"度""量""衡"或"符""节"连用极为常见。如《尹文子》"四曰平准之法，律度权量

⑭ 详见曹峰《中国古代"名"的政治思想研究》（上海古籍出版社 2017 年版）下编第六章"《尹文子》所见'名'思想研究"。另外，《尹文子》原文依据的是伍非百《中国古名家言》，中国社会科学出版社 1983 年版。

是也"所示,"律度权量"被看作为"平准之法"即法律的一种,《管子·揆度》则将"权""衡""规""矩"这些自然基准、规范直接同"正名"联系起来,将"二五"(事名二、正名五)作为国家统治的根本法则:

> 桓公曰:"事名二、正名五,而天下治。何谓事名二?"对曰:"天筴,阳也。壤筴,阴也。此谓事名二。"曰:"何谓正名五?"对曰:"权也、衡也、规也、矩也、准也,此谓正名五。"……人君失二五者,亡其国。大夫失二五者,亡其势。民失二五者,亡其家。此国之至机也,谓之国机。

第二,就统治者而言,"名"和"法"作为两种不同的统治手段,有着不同分工。司马谈《论六家要旨》在政治作用上将名家和法家既并列又区分,《尹文子》有"名有三科,法有四呈""名以正之,法以齐之"的说法,都证明了这一点。

第三,有时"名"还是"法"的前提,"名"是确定不移的制度的化身,"法"则是具体的实施手段。这从《黄帝四经》和《尹文子》中也能找到证明。

总之,在中国的某一历史时期,"名""法"都被视作现实政治中最高最根本的因素。和"法"一样,"名"也对形成和维持秩序产生着重要作用。

二、从思想史角度思考"名""法"对举形成的原因

对于"名""法"在机能和作用相近的现象,前人并非没有察觉。梁启超在其《先秦政治思想史》中说:"实则名与法盖不可离,故李悝法经,萧何汉律,皆著名篇。而后世言法者亦号'刑名'。"[15]胡适在论及《尹文子》时说:"尹文的法理学的大旨只在于说明'名'与'法'的关系。"[16]吕思勉在《先秦学术概论》中称名、法二家相通,而皆不与道家相背,"法因名立,名出于形,形原于理,理一于道,故名法之学,仍不能与道相背也"[17]。汪奠基《中国逻辑思想史》有一节专论《管子的名法思想》[18],温公颐《先秦逻辑史》有一节专论《名和法》[19],白奚《稷下学研究》也说"以名论法、法为名用是稷下黄老派形名理论的共同特征"[20]。日本学者高山节也《法家における形と名(法家中的形与名)》中说:"法家有'名'中也包含'法'的意识。"[21]日本学者谷中信一在讨论《管子·白心》篇"名正法备,则圣人无事"时认为,"名""法"都是直接与秩序相关的规范[22]。但是,这些论述大多不

⑮ 梁启超《先秦政治思想史》,东方出版社 1996 年版,第 172 页。

⑯ 胡适《中国哲学史大纲》,东方出版社 1996 年版,第 312 页。

⑰ 吕思勉《先秦学术概论》,云南人民出版社 2005 年版,第 309 页。

⑱ 汪奠基《中国逻辑思想史》,上海人民出版社,1979 年,第 184~187 页。

⑲ 温公颐《先秦逻辑史》,上海人民出版社版,1983 年,第 260—264 页。

⑳ 白奚《稷下学研究》,三联书店 1998 年版,第 208 页。

㉑ 高山节也《法家における形と名》,《佐贺大学教育学部研究论文集》第 28 集第 1 号,1980 年,第 173 页。

㉒ 谷中信一《稷下における"道法"思想の形成——〈管子〉に见える秩序·调和观を通じて》(稷下"道法"思想的形成——利用《管子》所见秩序、调和观作出的考察),《日本女子大学纪要》文学部 48,1999 年,第 39 页。中文为笔者所译。

甚顾及"名""法"并举现象的时代特征和学派特征,显得泛泛而谈,对于造成"名""法"并举现象的思想史原因,及两者的内在关系缺乏细致分析。对于最关键的问题,即为什么要"名""法"并举,既然有了"法",为什么还要说"名",换言之,为什么"法"的一部分的机能必须由"名"来表达,尚未给予解答。

综合以上文例,可以看出这些作品多出于道家(黄老道家)及与道家有关的法家、名家著作,而且时代也局限于战国中晚期到汉初,这是不容忽视的现象,必然有其历史原因。可以说,这既是法思想和名思想[23]发展到一定程度的产物,也是君主专制制度发展的要求。勿庸置疑,与君主专制体制相应的"法",即具有普遍性、绝对性意义的"法"之诞生也是在战国中晚期,在这之前,虽然有"法"这个名词,但更多被当作"刑罚"来使用,并不具备上述意义。同样,"名"这个名词虽然早就在使用,但仅是名称、名誉等意义而已,"名"被抬升到与"法"相并列的地位,"名""法"一起成为政治上重要项目,是战国中期以后法思想、名思想相互利用相互结合的产物。黄老思想家虽然以道为首,但作为一种指导具体政治实践的实用哲学,必然要将政治中最重要的组成部分纳入其理论体系之中,这就形成了以道为首,以"名""法"为用的思想格局,这从另一角度反映了两者在当时政治上所占有的重要地位。

"名"能够成为政治上最重要的一环,与注重"事实判断"的"知识型名家"的发展不无关系。众所周知,"知识型名家"的理论中无论是"名学"(与名称相关的概念论),还是"辩学"(论辩的技巧手段),都力求以定义的方式把结论作为一种是非的准则确定下来。荀子虽然反对"知识型名家"做无益于治的语言游戏,但他也认为被约定了的名,被君主在政治上认可的"正名",就是一种具有规定性的规则、准则。所以荀子非常明确地把"正名"和"符节度量",以及"法""数""是非"放在一起,称"名"为"名约""名守"。需要指出的是,荀子的"正名"主要着眼于语言和思维上的混乱,基本上与"名分"之"正名"无关[24]。因此,荀子至少在语言和思维的角度上将"正名"提升到了政治头等大事之列。

荀子急于树立"正名",目的在于剥夺长于抽象思辩、"专决于名"却有害于专制体制的"知识型名家"利用语言确定是非判断标准的自由权利,而要把语言霸权交到君主手中。法家及与法家立场一致的"政论型名家"则不能容忍儒、墨操纵把握与"价值判断"相关之名,力主君主要将"毁誉、况谓"这类价值判断之名也把握在自己手中,前引《尹文子》"名有三科",以及"名""分"之别,"名""称"之分的两段话正表明了这种思想倾向。

"名"的问题之所以备受重视,还与战国中期以后另一个重要话题"名分制度"之确立密切相关,这几乎是所有学派都热烈讨论的话题。无论是儒家的荀子,还是法家的商鞅、韩非子,或是具有黄老思想倾向的慎到、申不害、尸子,或是《黄帝四经》的作者,都可以看到他们建立在名分制或分业论之上的、大同小异的政治理想。这种政治理想就是,要实现君、臣之间,士、农、商、工之间,甚至贤、愚、能、鄙之间都互不侵扰、各尽其职、"全治而无阙"的政治理想,最重要的是确立名分制度,使每个人都处于其规定的正确位置上。为了确立名分制度,首先要做的是正名。所以,《尹文子》会说"名正而法顺",《商君

㉓ 之所以称"名思想",而非"名家思想",是因为"名家思想"容易被误解为"知识型名家"的思想。

㉔ 详参曹峰《中国古代"名"的政治思想研究》(上海古籍出版社 2017 年版)下编第二章《荀子》"正名"新论》。

书·定分》甚至特别指出，"故圣人必为法令置官也，置吏也，为天下师，所以定名分也。名分定，则大诈贞信，民皆愿悫，而各自治也"。为了使"名"（名分）得以确立，有必要动用法的手段。特别是对于君主而言，当"名"的把握成为保障君主地位的主要手段时，对"名"的重视甚至要超过"法"㉕。

总之，"名"在战国中期以后是一个无比重要的话题，思想之统一，等级制度和社会分工之完善，对臣下之驾御，这类与君主专制制度生死相关之问题都与"名"相关。这种对"名"的热烈关注，导致了对"名"近乎畸形的高度评价。如"名者，圣人所以纪万物也"（《管子·心术上》），"名者，天地之纲，圣人之符"（《群书治要》所收《申子》），"名正则治，名丧则乱"（《吕氏春秋·正名》），"用一之道，以名为首。名正物定，名倚物徙"（《韩非子·扬权》）。只要依赖"名"的自发作用，君主就可以"无为而治"，当然要视"名"为"宝"了。

在今天看来，战国中晚期至汉初所出现的关于"名"的奇异现象，其实是在法治国家形成过程中，对规范、准则的作用和意义超乎寻常的追求和崇拜，反过来讲，它正反映了君主地位的不稳固，和国家法治体制的不完善。因此，"名"在某种程度上代替了"法"的机能和作用，甚至会出现"吾闻天下成法，故曰不多，一言而止，循名复一，民无乱纪"（《十六经·成法》）之类的说法。

"名""法"并列在当时是正常现象，"名"先于"法"也是可以理解的正常现象，它表现为两种形态。一种如《尹文子·大道上》"君不可与臣业，臣不可侵君事，上下不相侵与，谓之名正，名正而法顺也"及《吕氏春秋·审分》"不正其名，不分其职，而数用刑罚，乱莫大焉"所言，指名分的确立是法得以正确执行的前提。一种如《经法·名理》"循名廏理之所之，是必为福，非必为灾。是非有分，以法断之。虚静谨听，以法为符"所言，审"名"即是非判断的活动在前，"法"作为一种行动和措施在后，"名"的审查成为"法"的实施在逻辑上的前提。即从抽象的原理看，由"名"到法是君主从审查到决策到实施的一个完整的过程。

"名"在先"法"在后的思维模式，很有可能受到了典型"知识型名家"的影响，因为这类名家鼓吹通过"辩"来确定是非，例如《墨子·小辩》说："夫辩者，将以明是非之分，审治乱之纪，明同异之处，察名实之理，处利害，决嫌疑。"即"是非之分""治乱之纪"的形成之前，需要充分的辩论。晋代的鲁胜在《墨辩注·序》中也说："名者，所以别同异，明是非，道义之门，政化之准绳也。"因此，通过"辩"确定的"名"就不再有暧昧性、相对性、随意性、多变性。代表了对本质的把握，具有了公平无私、绝对不变的性质。黄老道家、法家、政论型名家虽然放弃了辩论的形式，但接受了这种通过审"名"察"名"来分辨是非的思维方式，因为他们所追求的规则、准则也需要这种客观性、绝对性、必然性、有效性、可操作性，"名""法"两者显然都具有上述性质。"名""法"在政治作用上的相似，在司马谈的《论六家要旨》中得到了最充分的反映。

所以，在战国中晚期到汉初，即追求绝对君权的政治体制成长完善之际，为专制君

㉕ 黄老道家对"名"的强调，可能还有一个原因，即"法"强调不得不为，其性质是强迫和无条件的遵守，而"名"对"物"的规制则是一种自发行为，它对人的约束，其作用方式有点接近于儒家建立于人情之上的"礼"，符合道家无为的宗旨。

主服务的带有普遍性、绝对性意义的法则、标准系统，是由"名""法"共同体现的，两者在机能上既有分工上的不同，可以相互补充，又有相互重合之处。然而到了汉初以后，专制君主的绝对权威已经确立，"名"曾经具有的促进规则规范系统发生的机能不再受到重视，"名思想"的舞台日渐消失，"名思想"被法思想取代或者说包容了。历史上，只有战国中晚期、秦汉之际以及三国时代等特殊时期，"名""法"对举，"名""法"连用的情况才会出现。

先秦法家忠德观论析

——以战国时期三晋法家为例

桑东辉*

【摘　要】法家作为政治思想流派,主要出现在战国时代的诸子百家争鸣时期。在战国时期的法家代表人物中,相当多的法家思想家都与韩、赵、魏"三晋"有着深远的关系。他们或是出生于"三晋",或曾经活跃于"三晋"的政治舞台上。法家不仅重视法、术、势,而且对政治道德也给予极大的关注,特别注重高扬忠德。与儒家广义的忠德观不同,法家的忠德观相对狭义,主要集中在忠君这一点上。三晋法家代表人物忠德观的理论依据是建立在自私人性论基础上的,其政治定位主要奠基于君尊臣卑的君臣关系,至于其核心内涵则完全集中在臣子对君主的绝对、片面的忠顺上。

【关键词】三晋;法家;忠德观;忠君道德

法家是先秦诸子百家的重镇,其鼎盛时期甚至超过儒、墨、道等学派,成为当之无愧的显学。法家思想不仅深刻影响周秦时期的政治变革,也对中国两千多年的君主专制政治产生了深远影响。从法家萌芽的根脉看,三晋大地是孕育法家思想和法家思想家的沃土。尽管法家与儒、墨、道等诸子百家在治国理念和伦理价值方面有着诸多分歧,但也和儒、墨等学派一样高扬忠德,只不过,法家的忠德观是为了其法治思想服务的,与儒、墨等学派的忠德观有着本质区别。

从目前学术界研究现状看,有关三晋法家的源流和思想研究虽然在先秦法家思想研究中并不是热门,但已经形成了一些成果。不过,几乎所有关于三晋法家的研究都很少涉及或基本没有关注到法家的忠德观这样一个重要的政治伦理概念。同样,在从事中国伦理思想研究的学者中,有关忠德的研究也不把法家的忠德作为重点研究对象,即便涉及到法家的忠德观,也没有从地域文化的角度对三晋法家的忠德观念进行系统考察和深入研究。事实上,中国古代的法家并非现代意义上的法学家,他们所倡导的并非现代民主法治观念,而是植根于中国传统伦理文化土壤中的人治。特别是那些提倡以所谓

*桑东辉,哲学博士,黑龙江大学哲学学院教授。研究方向:中国政治伦理思想。本文为国家社科基金重大项目"中华民族共同体的伦理认同研究"(批准号:20&ZD037)、国家社科基金后期资助项目"中国传统忠德变迁史研究"(项目编号:19FZXB026)之研究成果。

的"法治"来强化君主集权专制的先秦法家,更重视忠君道德。因此,从政法伦理与地域文化关系的角度探析三晋法家的忠德观及其对先秦法家忠君道德的影响不仅具有深远的历史意义,而且对当今推行社会主义民主法治具有重大的现实意义。

一、战国法家出三晋的地域特点

应该说,法家成为先秦时期一个重要的思想流派,主要是在战国时期。尽管早在春秋时期法家思想已经有所萌芽,但从思想流派上讲,战国时期是法家思想流派产生、发展、成熟的重要时期。要讨论先秦法家思想,首先就要界定法家代表人物。一般说来,人们一提起法家,都会不由自主想到战国时期的法家学派,想到李悝、吴起、商鞅、申不害、慎到、韩非子等灿若星辰的法家代表人物。

李悝是魏国首都安邑人,曾担任魏文侯的相,主持魏国变法,"为魏文侯作尽力之教"①。据钱穆《先秦诸子系年》考证,李悝又写作李克,本是子夏的弟子,魏文侯时为中山相。另据《晋书·刑法志》记载,李悝"撰次诸国法,著《法经》"。李悝的法律思想和所撰《法经》对吴起、商鞅影响非常大。

吴起是从鲁国到魏国的,被魏文侯重用为将,曾打败秦国,拔五城,还曾担任过西河郡守。虽然后来他因被猜忌而从魏国出走到了楚国,但他在楚国也积极主持变法。史家认为吴起楚国变法应该是受了在魏国为官时魏国李悝变法的影响。身为楚国令尹的吴起推行"明法审令,捐不急之官,废公族疏远者,以抚养战斗之士"的富国强兵改革,收到了"南平百越,北并陈蔡,却三晋,西伐秦"(《史记·吴起列传》)的骄人战绩,后被楚国贵族杀死。钱穆指出:"李克吴起,亲受业于子夏曾西,法家渊源,断可识矣。"②

商鞅和吴起一样是卫国人,深受李悝、吴起变法思想的影响,曾任魏国国相公孙痤的中庶子。在得不到重用的情况下,商鞅带着李悝的《法经》投奔秦孝公,在秦国开展变法。"鞅入秦相孝公,考其行事,则李克吴起之遗教为多。"③据《汉书·艺文志》记载,有法家《商君》二十九篇,兵权谋家《公孙鞅》二十七篇。经钱穆考证,《商君书》并非出自商鞅之手,且成书颇晚。

申不害虽为郑国人,但在郑国被韩国灭亡后担任了韩昭侯的丞相。申不害为相十五年,在韩国主持改革,史称"国治兵强,无侵韩者"(《史记·申不害传》)。申不害作为先秦法家承上启下的重要思想家和实践者,开创了法家重"术"的一脉。与吴起、商鞅重"法"的积极变法、赏功罚罪的做法不同,申不害更多的是强调君王驭下之术。因此,申不害法家思想核心在于"用术以驭下,与往者商鞅吴起变法图强之事绝不类"④。

慎到生于赵国都城邯郸,按照《史记》的记载,曾为齐国稷下先生,大约与田骈齐名。由于慎到是一个没有政治实践的"处士",关于他的经历和思想记载很少,且互相矛盾。在先秦法家思想体系中,一般认为慎到是偏重于"势"的。

① 钱穆《先秦诸子系年(外一种)》,河北教育出版社 2002 年版,第 163 页。

② 同上,第 122 页。

③ 同上,第 260 页。

④ 同上,第 273 页。

韩非本为韩国公子，见韩国衰弱，多次上书进谏韩王，但不被重视。韩非悲愤于廉直之士遭到奸邪之臣的排挤，遂总结历史得失，作《孤愤》《五蠹》等篇。秦王看了韩非文章，非常赏识他，派遣使者迎韩非入秦。入秦后，韩非遭李斯嫉妒，下狱而死。在法家道统体系中，韩非子是最重要的思想家，是先秦法家的思想重镇。他写成了法家思想的集大成著作——《韩非子》。研究法家思想特别是研究先秦法家、三晋法家思想，都绕不过韩非，离不开对《韩非子》的解析。

从以上关于先秦法家代表人物李悝、吴起、商鞅、申不害、慎到、韩非子等人的经历看，无一不与三晋发生关系，他们或出生于三晋大地，或活跃在三晋的政治舞台上。总之，他们都与三晋有着割不断的精神血脉联系。由此可见，"晋法家是法家的主体，其思想是战国法家思想的主流和代表"⑤。严格说来，作为一个思想学派，法家出现在战国时期。从法家的萌芽、产生、成熟和鼎盛的发展脉络看，始终与三晋大地紧密相连。

战国时期的三晋大地之所以涌现出这么多法家思想家，无疑与晋国发展历史有关。法家思想早在春秋时期的晋国就已经有了萌芽。晋国最早出现在西周时期，是周成王所封的唐国。晋国的始封君为唐叔虞，后来改称晋国。春秋时期，晋国逐渐强大，产生了春秋五霸之一的晋文公。终春秋之世，晋国始终是强悍的霸主，与秦、齐、楚等比肩，实力在霸主中居于前列。

春秋末年，韩、赵、魏三家分晋，名列诸侯。尽管这种由诸侯国世家巨卿拆解母国的做法背离了周初确立的天子分封诸侯的成例，但由于春秋战国时期周天子的权威不再，因此，在周威烈王二十三年，周王不得不"命晋大夫魏斯、赵籍、韩虔为诸侯"⑥。韩、赵、魏三国在战国时期继承了晋国昔日霸主的余威，成为战国七雄中的强国。

有研究者在探讨三晋法家形成的原因时指出："深厚的文化根基、大变革的时代、特殊的地理位置和多元思想的影响等因素的交互作用，形成强大的合力，促使三晋法家产生"⑦。说到地理环境的影响，"战国以降，三晋文化因独具特色而与其时的齐文化、鲁文化、楚文化相区别。此时的晋文化以其法文化而著称。三晋大地成为先秦法文化的发源地和法家人物成长的摇篮。这一文化现象的形成与三晋所处的地理环境有直接的关系。"⑧已经有学者注意到了地理环境与忠德观的关系，他们认为，晋国之所以能成为春秋霸主，并长期保有霸主地位，一定程度上有赖于"君明臣忠，上让下竞"的政治优势⑨。

其实，春秋时期晋国之所以占据举足轻重的霸主地位，其政治优势一方面固然与其

⑤ 武树臣、李力《法家思想与法家精神》，中国广播电视出版社 1998 年版，第 26 页。

⑥ 司马光《资治通鉴》，中华书局 1956 年版，第 2 页。

⑦ 周子良、王华、焦艳鹏《三晋法家思想的华与实》，载《山西大学学报(哲学社会科学版)》2002 年第 3 期，第 14–18 页。

⑧ 赵晓耕《三晋法文化的源与流——先秦法家思想集大成者韩非的思想渊源》，载《山西大学学报(哲学社会科学版)》2004 年第 3 期，第 37–43 页。

⑨ 据王子今统计，《左传》《国语》中涉及忠的地域最集中的是晋国。涉及晋国的"忠"字，《左传》占总数的 30%，《国语》占 52.94%。王成的统计与王子今大同小异，认为《国语》占总数的 56%。详见王子今《忠观念研究——一种政治道德的文化源流与历史演变》，吉林教育出版社 1999 年版，第 32–37 页；王成《中国古代忠文化研究》，香港：天马出版有限公司 2004 年版，第 23–24 页。

忠臣群体规模最为强大有关，另一方面也应归功于晋国积极推进法治改革。在春秋时期，晋国君臣能够与时俱进，变法图强，开风气之先。比如，在春秋末期晋国赵鞅主政时有过铸刑鼎的举措。此外，与各诸侯国相比，晋国还较早探索了赏赐军功和设立郡县等改革，实际上开春秋时期诸侯国改革变法之先河，在探索治国理政的道路上做出了开拓性贡献，是战国时期法家思想产生的早期萌芽，也为战国时期三晋法家的崛起奠定了政法治理的实践基础。

此外，法家思想还深受道家、儒家包括齐国稷下学的极大影响，而这些影响因素很多也都具有"三晋"背景。以儒家思想对法家思想家的影响为例，战国时期大儒、身为齐国稷下学宫祭酒的荀子对先秦法家思想影响巨大而深远，韩非曾经在荀子那里学习。荀子是赵国人，他提出的隆礼重法思想对先秦法家思想的成熟和发展起到了重要启迪作用。

二、三晋法家忠观念的理论基础

先秦法家主要集中在战国时期，具体又可分为前期法家和后期法家。前期法家的代表人物是李悝、吴起、商鞅等，他们的言论著述多已散佚，今流传有托名商鞅的法家著作《商君书》等。后期法家则以申不害、慎到、韩非为代表，思想主要集中在《慎子》辑佚本以及《韩非子》中。今本《韩非子》五十五篇基本保留了《汉书·艺文志》时期所见之《韩非子》，为后人研究法家思想提供了可以信据、较少分歧的经典文本。总的说来，前期法家主要是讲法，后期法家则将法、术、势综合成一个整体⑩。

法家重法制，主张尊君卑臣。法家论忠的主要特征是臣绝对忠于君，而三晋法家的忠君特点表现得尤为突出。在这一点上，他们与先秦儒家是一致的，但他们抛弃了先秦儒家忠德观中关于平等主体之间的忠信和忠恕。也就是说，三晋法家的忠已经完全是忠君的代名词。那么，三晋法家为什么要将忠集中界定为忠君？其理论基础又是什么呢？笔者认为，三晋法家凸显忠德的忠君特质主要是基于他们所秉持的人性论。

关于人性论，三晋法家的代表人物韩非子论证得最为精详。概言之，在韩非子看来，人性是自私、自为的。具体说来，就是人性主要是自私自利的，所谓"喜利畏罪，人莫不然"（《韩非子·难二》）。韩非子的人性论深受其老师荀子的影响。在荀子看来，人性主要表现为"生而有好利焉""生而有疾恶焉""生而有耳目之欲，有好声色焉……"。荀子列举了若干项人的基本需求和欲望，并毫不遮掩地指出："夫好利而欲得者，此人之情性也。假之有弟兄资财而分者，且顺情性，好利而欲得，若是，则兄弟相拂夺矣。"在利益面前，连兄弟血亲都可能反目成仇，更遑论没有血缘关系的外人。因此，荀子通过对人性的考察和分析，断言："人之性恶明矣，其善者伪也。""人之生固小人，无师、无法，则唯利之见耳。"（《荀子·荣辱》）在荀子看来，如果不对自私的人性加以羁束，任其自由发展，必然导致"争夺生而辞让亡""残贼生而忠信亡""婬乱生而礼义文理亡"（《荀子·性恶》）等社会乱象和无序混乱。因此，作为儒家思想家，荀子虽然提出了人性恶，但他的对治理路却是

---

⑩ 关于法家的前后分期，学界有分歧，很多将申不害、慎到归为前期法家。作者赞同牟宗三的观点，以申不害为界，申不害以后（含申不害）为后期法家。见牟宗三《中国哲学十九讲》，上海古籍出版社 2005 年版，第 134 页。

儒家的道德教化、礼法规训。

相对于荀子的性恶人性论,其学生韩非子走得更远,认为人性不仅是恶的,而且其本质是自私自利的。在韩非子看来,人与人之间的关系完全是建立在彼此的利害算计基础上的,无论是"棺匠之心",还是"舆人之志",无一例外都是出于"为己"的私心。"韩非把一切都浸入冷冰冰的利害关系的计量中,把社会的一切秩序、价值、关系,人们的一切行为、思想、观念以至情感本身,都还原为、归结为冷酷的个人利害。"⑪尽管在新儒家看来,韩非"只从人之形骸一方面着眼,专从坏处看人",并指责韩非"本未尝知性,而妄臆人之性恶,妄断人皆唯利是视之天生恶物"⑫,但不可否认,韩非子还是切中了当时社会乱象中的人性的一些特点,尽管其人性论也没有触及到人性的本质。有的学者将韩非的人性论称为"性好利论",以区别荀子的性恶论⑬。实际上,韩非子的人性论是对荀子人性论的发展,"即将他老师荀子的人性论变本加厉的宣传起来,这样才可以证明法律的必要和其可期望获得的最高效率"⑭。从目的上讲,韩非提出这么一套人性论,其目的不在于为了论证人性而论证,而是在于重构现实社会的秩序。

如前所述,韩非所构建的社会秩序是建立在自私自利人性基础上的功利社会秩序。出于对人性的不同认知,韩非既反对儒家的伦理人性,也否定道家的自然人性。韩非虽然深受道家思想影响,但"他坚决反对伦理人性向自然人性的消极回归,而是主张以积极的功利人性代替传统的伦理人性"⑮。在韩非所构建的功利秩序中,君臣关系无疑是最重要的环节。基于自私自利人性论下的功利秩序体系,传统的"以义合"的君臣关系也不可避免地要变成为赤裸裸的"互市"交易。《韩非子·外储说右下》所谓"主卖官爵,臣卖智力"。《韩非子·难一》亦曰:"臣尽死力以与君市,君垂爵禄以与臣市。君臣之际,非父子之亲也,计数之所出也。"法家从人性的角度阐释了委质为臣的经济效益关系。在这种人性论的基础上,一切君臣关系都是以利益为基础的,发自内心的主动道德之忠是不存在的。按照韩非的观念,忠根本不具备一丝一毫的美德伦理意味,而全是建立在一种交易基础上的被动履职尽责行为,体现了规则伦理的特点。

三、三晋法家忠观念的政治定位

三晋法家的忠德观既然基本表现为忠君这一政治伦理界域,那么,其核心就在于维系以君臣关系为主的政治秩序。换句话说,三晋法家的忠观念立基于君臣之间的政治定位,核心在于维系尊君卑臣的统治秩序。

按照三晋法家的社会理论,如果不确定一物归属时,就会出现"一兔走街百人逐之"的混乱无序状况。为此,就要确立君长。君王的威权在法家的话语体系里就是"势"。在韩非子之前,李悝、吴起、商鞅等都普遍重"法",申不害是重"术",而慎到则更重"势"。到

---

⑪ 李泽厚《中国古代思想史论》,天津社会科学出版社 2003 年版,第 89 页。

⑫ 熊十力《韩非子评议》,上海书店出版社 2007 年版,第 21 页。

⑬ 参见刘泽华《中国传统政治思想反思》,三联书店 1987 年版,第 44 页。

⑭ 杨鸿烈《中国法律思想史》,中国政法大学出版社 2004 年版,第 77 页。

⑮ 李元《史海心航路》,哈尔滨工业大学出版社 2004 年版,第 197 页。

了韩非子那里,他将法、术、势三者合一,实现了先秦法家思想的系统化,完成了三晋法家乃至整个战国法家思想的集大成。

在政治定位方面,三晋法家强调的是君臣秩序,而要维护君尊臣卑的定位和秩序必须要让君有威势。在这里,"势"无疑是君主保有威权的根本,是臣子尊君、忠君的保证。《慎子·德立》曰:"立天子者。不使诸侯疑焉。立诸侯者。不使大夫疑焉。立正妻者。不使嬖妾疑焉。立嫡子者。不使庶孽疑焉。疑则动。两则争。杂则相伤。"君长的作用就像"分马者之用策,分田者之用钩"一样,"大君任法而弗躬。则事断于法矣。法之所加。各以其分"(《慎子·君人》)。在这种情况下,人主居尊位,握大权,"不肖而服于贤者,位尊也。……贤不足以服不肖,而势位足以屈贤矣。故无名而断者,权重也"(《慎子·威德》)。韩非子继承发展了慎子关于"势"的思想,指出:"尧教于隶属而民不听,至于南面而王天下,令则行,禁则止。则此观之,贤智未足以服众,而势位足以缶贤者也。"(《韩非子·难势》)他还进一步论述了君王执一以御万的关键,所谓"事在四方,要在中央。圣人执要,四方来效"(《韩非子·扬权》)。

相对于儒家通过礼治来构建社会秩序,法家则通过法治来维系社会秩序。在法家看来,忠就是建立在这种君尊臣卑、各安其分基础上的政法秩序的保障。在慎到看来,治乱不在于有无忠臣,而在于是否有效构建起一种各尽其职的秩序。即便是忠臣,也"不得过职",只要求做好本职工作,而不能越俎代庖,各敬其事则国治。所以慎到一再宣称:"治乱不在于忠臣";治国在于"贤使任职,而不在于忠也"。如果不能"贤使任职",即便是"忠盈天下",则反而"害及其国"(《慎子·知忠》)。

与慎到一样,韩非子也主张人主以威势驭下,但却并不否认忠的作用。他说:"人主者,天下一力以共载之,故安;众同心以共立之,故尊。人臣守所长,尽所能,故忠。"(《韩非子·功名》)虽然韩非和慎到一样强调臣子尽职尽责,但不同的是,慎到认为忠对于臣子而言毫无意义,只要臣子能"贤使任职"就行,而韩非则认为臣子各尽所长、各司其职就是忠。

四、三晋法家忠观念的核心内涵

忠作为一种政治伦理和臣子道德,其践行对象是君主,践行客体则是臣子对社稷和君王的忠诚,而践行的主体无疑是臣子。基于这样的道德践行主体、客体、对象的三者关系,笔者认为三晋法家忠观念的核心内涵主要在于绝对忠顺。

三晋法家非常重视忠德,《慎子》有《知忠篇》,《韩非子》有《忠孝篇》。法家谈忠主要集中在忠君上, 三晋法家忠君思想与儒家忠君思想的差异在于其核心内涵为绝对忠顺于君。"臣事君,子事父,妻事夫,三者顺则天下治,三者逆则天下乱,此天下之常道也。"(《韩非子·忠孝》)与《韩非子》"三顺说"相类,《商君书·画策》亦曰:"所谓义者,为人臣忠,为人子孝,少长有礼,男女有别。"韩非子对于孔子所倡导的孝悌忠顺予以尖锐批评。在他看来,"孔子本未知孝悌忠顺之道"(《韩非子·忠孝》)。韩非子以鲁人三战三北的例子说明,孔子称赞三战三北的鲁人为孝子的例子恰恰证明了法家的"父之孝子,君之背臣也"(《韩非子·五蠹》)的道理,从而揭示忠与孝在政治生活中的内在冲突。对于孟子的诛一夫纣不算弑君的说法,韩非子也极其不赞成。在《忠孝》篇中,韩非子强调"人主虽不肖,臣不敢侵"。韩非认为"天下不治"的原因主要在于"尧为人君而君其臣,舜为人臣而臣其君,汤、武为人臣而弑其君,刑其尸,而天下誉之"。在韩非子看来,忠臣就应该是"尽力守法,专心于事主者"。在《有度》篇中,韩非子再次强调"贤人之为人臣,北面委质,无有二心。朝廷不敢辞贱,军旅不敢辞难,顺上之为,从主之法,虚心以待令而无是非也"。

三晋法家主要代表人物韩非子曾受教于荀子门下,他继承发展了荀子的"利君"思想,并在荀子将忠分为上忠、次忠、下忠和不忠之国贼的基础上,进而提出"大忠""小忠"之辨(《韩非子·十过》)。他反对春秋时期的层级式的忠君关系,认为臣子之仆从对其主子的忠爱是"小忠"。在一国之内只应有一个尊上,全体臣民只能都忠于最高君主,这是绝对的"大忠",而不允许有层级式效忠的"小忠",因为"小忠"会冲击影响"大忠"。韩非子举了晋楚鄢陵之战中竖谷阳因忠爱子反故饮之酒从而导致贻误战机、惨遭败绩的例子,指出"其(指竖谷阳)心忠爱之而适足以杀之",并因而得出"行小忠,则大忠之贼也"的结论。

在《忠孝》篇中,韩非指出:"天下皆以孝悌忠顺之道为是也,而莫知察孝悌忠顺之道而审行之,是以天下乱。"在韩非子看来,孝悌忠顺之道的内核就是两点:一方面强调尊君卑臣。韩非子主张"三者顺则治"的尊卑秩序,认为忠臣就是要做到"国乱则治之,主卑则尊之",进而引申为"所谓忠臣,不危其君"。反之,"有贤臣而不为君,则君之处位也危"。另一方面,他强调臣子事君要竭尽全部身心。在《奸劫弑臣》篇中,韩非强调做臣子的要"尽力竭智以事主"。具体而言,就是:"夫有术者之为人臣也,得效度数之言,上明主法,下困奸臣,以尊主安国者也。"也就是说,做臣子的不仅要维护最高君王的无上权威,绝对忠顺于君王,而且更要有能力、竭心尽力地辅佐君王富国强兵,治国安民。前者是臣子的基本要求,后者是一个忠臣必须具有的良好素质。

《韩非子》通篇共出现 96 个"忠"字,足见其对忠德的重视。其核心意蕴一言以蔽之,就是绝对地忠君。在韩非的忠德观中既没有孔子那样的"君使臣以礼,臣事君以忠"的君臣双向度的权利和义务关系,也没有了其老师荀子所谓的"争臣"的谏诤精神,而完全成为以臣子的尊君和竭心尽力效忠来换得爵禄的契约交易关系,使得忠德从一种兼具美德伦理与规则伦理的政治道德跌落到工具理性的冰冷层面,失却了忠德所应有的温度和质感。概言之,秦汉以后中国两千年的君主专制政体下,绝大多数君王所喜好和认同的忠德观肯定不是孔子的双向度之忠,更不是主张民贵君轻的孟子的忠德观,甚至也不是荀子那样主张争臣、争子的谏诤辅拂之忠,而恰恰是韩非子所提倡的忠顺谦卑、竭忠尽智以换取爵禄的法家所提倡的臣子之忠。

综上所述,浸润三晋政法精神的战国时期法家巨擘们在不断丰富、发展法、术、势为主的法家国家治理思想的同时,也非常重视道德建设,特别是对忠德尤为重视,只不过法家的忠德不像儒家那样是一种对一切人、一切事尽心尽力的态度和践履,而是单指臣子对君主的忠,是一种下对上无条件的效忠和顺从。尽管从汉武帝"罢黜百家、独尊儒术"开始,中国历代王朝都将儒家思想作为国家意识形态,奉儒教儒术为治国理政的圭臬,但实际上,历朝历代的专制统治者施行的始终是阳儒阴法的统治术。谭嗣同将秦至清的君主专制概括为秦政,将主宰这一漫长历史时期的意识形态概括为荀学。其实,就忠德而言,从战国后期法家成为显学后,忠就已经不再是一种全含性的道德,而日益狭隘化为臣民对君主片面的、绝对的忠,而忠恕、忠信等特质反而远逊于忠君道德。

追本溯源,战国法家凸显忠君之忠德观主要植根于三晋大地的政治传统,最早可追溯到春秋时期晋国栾共子、荀息、介子推、解扬、豫让等忠臣群体。正是三晋忠德传统补充和丰富了三晋法家的法、术、势治理思想,隆显了臣子忠君之忠。某种意义上讲,忠无疑是先秦法家政法思想的主要内容,其强调忠君的"忠"之思想基因主要源于三晋的政治传统和道德精神。

第六编
法家历史影响及其与当代社会关系研究

为法家"正名"

张千帆 *

【摘　要】历史上法家和"秦制"确实是联系在一起,确实应该批判。也正因为此,法家又成为"秦制"、极权的代名词。这就太简单化了。更重要的是,把法家拿出来作为中国历史的替罪羊,进而声讨法家的种种"罪恶",却是一个伪命题。战国法家当然看不到现代政治的发展,我们也不能以"事后诸葛亮"的方式苛求他们,而法家学说并非不可修正和改善。他们要坚持人性一元论,但没有必要把人性设定得那么幽暗;他们要坚持法治的必要性,但没有必要主张"道德无论用";他们要坚持方法论个体主义,应该把实现法治的希望寄托在普罗大众而非某个孤家寡人身上,并最终走出自相矛盾的困境。

【关键词】法家;法治;正名

先澄清一下,"正名"不等于肯定,但确实有部分(未必全盘)肯定的意思。虽然中国也进入了网络时代,信息和知识流通都相当发达,但网络也有网络的劣势。各种网络"快餐"确实产生了信息和知识爆炸,但也在极简思维模式基底上生成了许多偏见甚至基本错误。很多人不仅对西方文明停留在一知半解的水准,而且对自己传统文化的认知也没有超越简单"贴标签"的境界,全盘否定传统思想的大有人在。因此,儒、道、墨、法都需要"正名"。

之所以在此首先为法家正名,一是笔者自己就在法学院,基本上算是"法家",当然不需要是秦国的法家。二是想借此消除对"法治"的误解,给这个被炒得过火的貌似"天然正确"的概念降降温。三是为法家去污名化。笔者自己并不喜欢中国历史上的法家,并且一直有一个看法,认为法家提倡工具理性,没什么可写的。但是社会上对法家的态度似乎走向了另一个极端。历史上法家和"秦制"确实是联系在一起,确实应该批判。也正因为此,法家又成为"秦制"、极权的代名词。这就太简单化了。更重要的是,把法家拿出来作为中国历史的替罪羊,进而声讨法家的种种"罪恶",却是一个伪命题。所以,"正名"也可算作是康德意义上的"批判"——回归某种思潮的本来面目,既不一概否定,也不回避问题,而是要把问题的源头找出来。

* 张千帆,北京大学法学院教授。研究方向:宪法学。

一、战国法家怎么说

如果说中华文明是一种早熟的文明，那么这种"早熟"首先反映在古代法家的治国哲学上。与儒、墨乃至道家理论相比，法家学说不仅在形式上简洁优美，而且在内容上也可以说是极为现代的。它和我们当代社会科学的主流——理性选择理论——分享共同的人类行为假定，并已具备今天依然流行的行为主义理论之雏形。

（一）自私人性

儒家相信人类道德向上的能力，法家则主张凡人都受一己私利的驱使，每个人都不由自主地趋利避害、趋炎附势。如果人们的欲望得不到满足，必然会引起争斗与混乱。不过，人的欲望不只是动乱的根源，同时也为实现统治和秩序提供了必备手段。商鞅一针见血地指出："民之生：度而取长，称而取重，权而索利"；"民之性：饥而求食，劳而求佚，苦则索乐，辱则求荣，此民之情也……故曰：名利之所凑，则民道之。"（《商君书·算地》）。

如果统治者充分认识到人民的实际需要和期望，并合理利用其所垄断的满足需要的手段，那么他就可以有效控制整个国家。实现社会秩序的最有效方式是设计一种奖惩机制，进而调整和控制大众的行为动机。如果在计算利弊得失之后，人人都理性选择守法，自觉规避统治者通过法律明确禁止的"有害"或"异端"行为，社会秩序就自然实现了。只要违法必究且惩罚犯罪足够严厉，那么，任何理性的人都不会选择违背统治者的律法或命令，甚至根本不需要动用任何刑罚就可以实现秩序与和谐，从而达到"重刑去刑"的理想效果。

这个思想其实就是当代西方法治的基本思维。1897年，最著名的美国联邦大法官霍姆斯发表了一篇迄今为止引用率最高的名作《法律的道路》①。这篇名作开篇就语出惊人：法律是为"坏人"设计的。事实上，"坏人"才需要法律约束。如果你是"好人"，你不会成天在违法边缘徘徊吧？因此，好人是不需要法律的，因为好人的境界远在法律底线之上。好人就是儒家的"君子"，君子是要做官的，所以"刑不上大夫，礼不下庶人"。"君子"和刑罚能有什么关系呢？如果他要受到刑法制裁，就已经不是君子，而是堕落为"小人"了，而与后者谈论仁义礼智就是"对牛弹琴"。问题是，每个人或许都有君子的一面，但也都有小人的一面，程度不同而已。所以，法律就只能把人们都当作潜在的"坏人"，对所有人平等适用。

"法律的道路"把法律比喻为一份"菜单"，上面每个"菜"都有价格——杀人死罪，盗窃20年……换言之，你其实是有犯罪"自由"的，只不过和去饭店点菜一样，每个罪名都有代价，对社会伤害越大，代价肯定越高，就和"好菜"更贵一样。从霍姆斯的实用主义角度来看，国家也就只能做到这个份上——它没法禁绝犯罪，因为不可能把每个人禁闭在法律的框框里，因而只能用刑罚告诫每个潜在的罪犯：行为要谨慎，违法有风险！刑法的前提是什么呢？我们都是趋利避害的理性人，害怕法律的惩罚。我们都不是白痴，所以法律对我们有用。

（二）依法治国

既然法律和惩罚被认为是实现社会秩序的必要和充分手段，儒家仁义学说就显得多余、无用甚至成了大国治理的障碍。法家只问儒家一句话:治国到底为了谁——为了少数"君子"还是多数"小人"？儒家就得认真思索,因为儒家同意法家的事实前提,那就是任何社会都是自私自利的"小人"多、克己奉公的"君子"少——至少那个年代是这样,今天其实也差不多。既如此,法家接着来:既然大众都是趋利避害的"小人",治理大众的办法只有用"刑德"——刑是罚,让他们不敢为非;德是赏,劝他们行善。

在法家看来,等到每个人都成为道德高尚的君子再来谈治国显然是荒诞可笑的,儒家通过"礼"的规范体系改善每个人的德性也是完全不切实际的奢望。毕竟,修身对于每个人来说都是一个艰难的过程,注定只有少数人才能获得成功,对于控制多数人的欲望来说似乎徒劳无益。在贵族精英(哪怕只是道德贵族)圈子里,儒家至少自认为是有德性的,出了这个圈子,对众庶就无所谓伦理和礼仪了。因此,儒法在这个问题上都很现实主义。瞿同祖先生的《中国社会与中国法律》区分了"官"和"吏"。县官属于儒生阶层,是通过科举考试的,有一定的决策权和司法权;吏则是被雇来执行决定的差使。反正,"小人"虽然得被好好养着,但他们的本性是趋利避害的。儒家并不否定刑法的必要性,只是不认为它是治国的根本而已。

儒法的分歧在于儒家认为道德教化有存在的社会必要,法家则坚持"道德无用论"。韩非指出,国家的惟一要务就是统治大众:

夫圣人之治国,不恃人之为吾善也,而用其不得为非也。恃人之为吾善也,境内不什数;用人不得为非,一国可使齐。为治者用众而舍寡,故不务德而务法。……故有术之君,不随适然之道,而行必然之道。(《韩非子·显学》)

两千多年之前的战国法家就有这等见识,令人拍案!法家的思想高度和深度显然不是一个"坏人"的标签就能抹杀的。

(三)法律公开透明、简明易懂

当然,以上假定了老百姓至少知道法律禁止什么以及违禁的后果。如果老百姓连法律是什么都不知道,法律对百姓就起不到惩戒作用了。等到老百姓在不知情的情况下犯法,再拿法律来惩治百姓,那就等于给老百姓设陷阱,用孔子的话说是"罔民"。因此,法家十分重视法令公开。《商君书·定分》说:"天子置三法官……吏民知法令者,皆问法官。故天下之吏民无不知法者。吏明知民知法令也,故吏不敢以非法遇民,民不敢犯法以干法官也。"

另外,法律还必须简明易懂,不能过于复杂深奥,否则,即便公布了法律,没有经过法律训练的老百姓也看不懂,法律还是起不到抑恶扬善的作用。只有当所有老百姓不论智愚、贤不肖都懂法,才会主动规避法律禁止的有害行为,法律才能发挥应有作用。老百姓都知道"避祸就福,而皆以自治",社会就能自然而然实现大治(《商君书·定分》)。

法律不仅对老百姓必须简单明了,而且也必须有利于统治者施行。和儒家的"君子—小人"人性二元论不同,法家和当代西方法治国家一样设定了人性一元论——所有人都是"小人"。儒家还念念不忘尧舜禹这类"明君","君子"似乎不是人——不是"小人",改变了人性,所以不需要受到制度约束。对于法家来说,制度是为平庸的统治者而非"明君"设计的,因为尧舜这样的"明君"是可遇不可求的。资质平庸的君主只要守住法律底线,就能实现秩序:"中者,上不及尧舜,而下亦不为桀纣,抱法处势则治,背法去势则乱。今废势背法而待尧舜,尧舜至乃治,是千世乱而一治也;抱法处势而待桀纣,桀纣至乃乱,是千世治而一乱也。"(《韩非子·心度》)

（四）限制公权、官民平等

和儒家相比,战国法家对于官吏滥用公权的可能性更加警惕。之所以设置"法官",也是为了公正释法、执法、司法,以防官吏违法欺骗百姓。法律必须官民平等,官员、贵族不能搞特权。正如商鞅所说:"所以壹刑者,刑无等级。自卿相、将军以至大夫、庶人,有不从王令、犯国禁、乱上制者,罪死不赦。"(《商君书·赏刑》)

法家尤其介意君主被群臣蒙蔽,因而对治民和治官同样重视。韩非特别注重君主不受大臣之蒙蔽,而排除权力阶层的滥权和"寻租"。他说:"徭役多,则民苦;民苦,则权势起;权势起,则复除重;复除重,则贵人富。"(《韩非子·备内》)韩非可能是第一个注意到官员有"政绩工程"心理的法治思想家。在自上而下的统治体系中,君主受制于信息蔽塞,往往不能了解群臣的真实政绩和能力,这样就会助长臣子的"小人之心",造成瞒上欺下、阳奉阴违等各种问题。如果官员权势太大,不仅会欺压百姓,而且会蒙蔽君主,法治也就无法实现了。

官之重也,毋法也;法之息也,上暗也。上暗无度,则官擅为;官擅为,故奉重无前;奉重无前,则征多;征多,故富。官之富重也,乱功之所生也。(《韩非子·八经》)

然而,如何驾驭群臣是一门大学问,韩非也没有提出什么有效的御臣妙术,只有劝说君主严格依法办事。法家偶尔也会和道家合流,主张"无为而治",让群臣在下面忙乎,自己躲在幕后静观:"明君无为于上,群臣竦惧乎下。明君主道,使智者尽其虑,而君因以断事,故君不穷于智;贤者敕其材,君因而任之,故君不穷于能。"(《韩非子·主道》)不过,这个境界似乎不是平庸的君主所能达到。归根结底,法家并没有对依法行政提出令人信服的学说。这是法家学说的内在局限造成的必然结果。

（五）执法必严

依法治国的另一个条件是"执法必严、违法必究"。一旦大家都知道法律可有可无、形同虚设,犯法无需付出代价,这样的"法治"无异于儿戏。国家必须向人民保证,法律将得到公正和无情的执行。不过这说起来容易,做起来难。因此,法家只有不厌其烦地强调"法必行"。韩非精辟指出:"故明主峭其法而严其刑也。布帛寻常,庸人不释;铄金百溢,盗跖不掇。不必害,则不释寻常;必害手,则不掇百溢。故明主必其诛也。"(《韩非子·五蠹》)不过,除了统治者自己的决心之外,韩非或其他法家都没有解释如何使得惩罚变得确定可靠,这正是法家的致命短板。法家理论体系貌似严密,却在"执法必严"这个问题上一败涂地。

二、法家毛病在哪里?

今天重读《商君书》《韩非子》等法家经典,再对照斯密、边沁、霍姆斯的现代学说,任何学过法的人都会感到何其似曾相识。然而,法家学说是有大毛病的!在中国历史上,法家主义的命运可以被总结为短期成功、长期失败。秦朝的迅速崛起和暴终表明,法家理论貌似严密,其实并不符合社会现实。虽然法家政策可以给国家带来一时的军事强盛,但在和平时期用其维持统治则要困难得多。法家成功的短命是诸多因素造成的,尤其是理性自私的结果计算和得失权衡本身并不足以使各级官吏和平民百姓守法。事实上,正是在权衡利弊的基础上,智慧的人得以规避法律惩罚,并最终对过度压迫公开诉诸暴力反叛。在汉朝关于官办盐铁政策的争论中,儒家准确揭示了法家逻辑的"短板":"昔秦法繁于秋荼,而纲密于凝脂,然而上下相遁,奸伪萌生,有司法之,若救烂扑焦,不能禁非。纲疏而罪漏,礼义废而刑罚任也。"(《盐铁论·刑德》)

(一)理性主义的内在局限

法家认为人之所以守法,无非是出于自我利益,而这种理性主义思维却难以自圆其说。最高统治者确实可以制定严刑峻法,但是有什么能保证这些法律得到如实执行呢?法家理论其实包含着一系列值得商榷的假定。法家逻辑是建立在王位稳定的基础上,但是没有任何法家论证过如何保证王位稳定继承。在没有任何制度或道德约束的情况下,王朝继位是否可能平稳连续? 这个大前提本身就是一个大问题。法家声称要设置一个庸君也能驾御的制度, 但是代代相传的世袭君主是否可能达到法家所期许的那种开明程度?

除了这些明显的问题之外, 法家所预设的自私人性虽然可以在现代行为学理论中找到依据,却很可能挫败自己的治国学说。如果每个人都纯粹受一己私利所驱使,那么就没有什么措施能防止所有层次的官员滥用职权, 也没有什么办法能防止平民百姓逃避法律惩罚,尤其在他们对法律熟悉到足以利用文本漏洞的程度之后。为了控制大众,法家不得不诉诸众多极权国家和极端人治所特有的高压专制, 结果恰与其所期待的开明法治背道而驰。中国古代的漫长历史证明,法家提倡的这些措施都是无效或短命的。事实上,在法家当政时期,几乎无一例外都出现了宫廷内部的大规模迫害,有时甚至殃及整个社会。迫害必然引起报复,过度压迫必然导致暴力抵制,结果恰恰走向法治与稳定的反面。法家政策的初衷是给社会带来稳定和秩序,但是结果却诱发了无所不在的斗争和暴动。

因此,法律制度是秩序与和谐的必要条件,但是并非充分条件。无论某项法律对于某个群体的整体利益看起来如何理性,其中特定的人总是会发现违法可以给自己带来更大的好处。由于现实社会中的人际交流如此复杂,任何特定的人类行为所可能产生的后果如此众多, 而人类的预见能力如此有限, 统治者的强制实施和监督又往往力不从心,以至于人们几乎从来都可以对违法发现某种"理性"。尽管后果看似可怕且代价高昂,法家主张的严厉机制仍然无法得到实施并发挥作用。和法家预期恰好相反,严苛的律法和沉重的处罚并没有对犯罪动机产生威慑作用。在民不聊生、天下大乱、法不责众的环境下,它们显得如此苍白无力,以至法家政策不仅没有挽救秦朝的覆亡,反而鼓励执政者滥用权力并加速了王朝的衰败。历史上的法家主义复兴几乎全部都验证了同样的悲剧,总是伴随着大规模迫害和个人暴政并引发同样剧烈的社会报复。

(二)"道德无用论"的逻辑困境

由此可见,制度与法律固然是为了理性自私的人设计的,但是如果走到战国法家的"道德无用论"极端,把人完全视为趋利避害的动物,纯粹靠刑罚威慑才免于犯罪,那么这样的国家注定是维持不下去的。理性制度的有效运转必然依靠一个愿意并能够按规则办事的立法者和执法者群体,而他们一定能依法办事吗?法家固然没有忽视这个问题。事实上,为了防止贪赃枉法,他们设计了极其复杂乃至严酷的机制,使人处于相互牵制的恐惧状态之中。例如他们设置了高度组织化和军事化的地方政府以及臭名昭著的"连坐"体制,让老百姓相互揭发,知情不报者按同罪论处。"重刑而连其罪,则褊急之民不斗,很刚之民不讼,怠惰之民不游,费资之民不作,巧谀、恶心之民无变也"。(《商君书·垦令》)然而,由于内在的逻辑缺陷,如此严酷的法家治国方案却依然不能防止官民对法律规则的背离。在此可以区分两类不同的违法行为——平民违法和官员违法,而法家方案对防止其中任何一种都无能为力。

首先,法家假定人性自私,因而普通人只要发现有利可图就会钻政治和法律体制的空子,而不会自愿守法,比如,如果不严格实施禁止偷盗的法律,社会必然是盗贼横行。然而,即使我们同意法家的某些假定——最高统治者是善意(具备促进公共利益的意愿)和明智的(能选择有效的手段实现良好的目的),法治的社会成本也是如此之高,以至在实践中完全不可行。假如每个人确实都是蠢蠢欲动的潜在罪犯,只是出于对法律惩罚的畏惧而不敢出手,社会还能维持下去吗?正如儒家所主张的,法律本身具有内在的局限性,秦朝的法律不可谓不具体、不公开、不严厉,但是面对屡禁不止的犯罪却显得无可奈何。每一部法律的设计者都假定,违法只是例外而非常规,否则,一旦所有人都成了违法者,谁来实施这部法律呢?这样的法律还可能得到实施吗?要让惩罚对犯罪产生有效的威慑作用,首先必须调查并确认违法行为的存在,而这假定了执法人员的职业能力和道德素质。然而,即便假定整个执法系统有能力、负责任并严格依法办事,如果人民决定联合起来欺骗政府、违法变得无所不在,它也会无能为力。要纯粹依靠法律来约束一群无孔不入的盗贼,惟一的希望在于建立一个无所不在的全能政府——如此全知全能,以至这种政府在人类历史上从来不存在,或许永远不可能存在。

然而,如果一个社会需要刑法和法家的严格监督,谁才有资格监督法家监督者呢?如果监督者自己腐败,在权衡风险之后发现接受贿赂比严格执法更有利,那又怎么办呢?从一个普遍腐败的人群中,显然没有任何理由期望会出现一个圣人一般的公正无偏的政治精英阶层。事实上,法家自己也假定大大小小的帝国官员都是理性自私的,随时准备占君主和王国的便宜,因而不能被指望会自愿严格执法。在此我们遭遇了企业内部的主从(principal-agent)关系问题,其中经理和老板之间存在利益冲突。为了解决这个问题,法家设计了许多策略帮助君主更有效地控制各级官员。由于君主在资源、能力和远见等方面捉襟见肘,法家方案的有效性和可行性是很成问题的,但更重要的是,法家其实没有解决任何问题,而只是将问题推到更高的层次。

如果不能信任所有层次的大小官员自觉维护国家制度,那么最终希望只能寄托在君主一人身上,因为君主应该有理性动机对他自己"拥有"的国家采取有利的措施,保证国泰民安。法家在此假定君主的个人利益和社会公共利益总是一致的,尽管中国历史上存在大量相反的证据。而如果像法家主张的那样完全忽视儒家对统治者的道德教育,情况只会变得糟糕得多。即使君主个人想促进秩序、合作与繁荣,从而巩固自己的统治,他也很可能缺乏足够的个人和制度能力达到目的。不论哪种情况,如果君主自己是平庸、无能、腐败甚至暴虐的,法家便没有任何办法,只能任由社会跟着一道衰败。

因此,沿着理性选择的逻辑,战国法家从法治开始,却以极端的人治告终,君主一人的意愿和能力成为决定整个社会兴衰的关键因素。由于否定了儒家主张的通过道德教育生成社会内在的道德资源及自愿合作的潜力,法家被迫将所有的社会责任和控制权全部交给政府。由于自私官员也不能被信任,他们进一步将所有责任推到君主一个人身上,从而为个人专制和暴政铺平了道路。归根结底,法家的理想社会遭遇了理性自私和缺乏互信的个人之间无所不在的背信弃义,从而陷入了没有出路、不可自拔的"囚徒困境"。要摆脱这个困境,纯粹的法律或政治方案是不够的。一群相互孤立的个人不可能团结起来,互相信任并避免相互侵渔,更不用说自愿相互合作,惟一的办法就是建立一个利维坦(Leviathan),而它所产生的问题比解决的更多。在高压专制之下,包括统治者自己的生活都和霍布斯的自然状态一样"贫困、龌龊、野蛮、短命"。

要维持长期稳定、繁荣与和谐,社会成员不能仅依靠法律规定和国家实施的一套理性设计的奖惩制度,而必须通过某种方式建立互信、荣誉感、责任感以及遵纪守法的内在动机,进而建构"一法立而天下共守之"的社会契约。可惜,这一切都不在战国法家的选项之中。

(三)极权国家的雏型

"成也萧何,败也萧何"——法家的理性主义人性假定成就了法家的法治理论,也注定了法家和儒家一样走"上层路线"而不是契约路线。事实上,法家在这方面比儒家还极端得多。儒家尚且认为少数"君子"是道德可靠的统治者,法家则认为"君子"只是虚伪的小人,"伪君子"比"真小人"更有害,因而把全部希望都寄托在最靠不住的那个人——君主——身上,从而反讽地从法治走向人治的极端。和孟、荀等儒家一样,法家把老百姓想象为道德和智力均不成熟的"婴儿"。韩非子就认为;"民智之不可用,犹婴儿之心也……婴儿不知犯其所小苦致其所大利也。"(《韩非子·显学》)

"婴儿"当然是无力自治的,他们注定只能被统治。儒家屡屡批评法家法令严苛、横征暴敛,法家则屡屡批评儒家"妇人之仁""慈母败子",因为"小人"看不到自己的长远利益,严刑峻法其实是为了他们自己好。法家思想确实有考虑黎民百姓利益的一面,但是在每个人都是靠不住的"小人"的逻辑体系中,他们真的找不到支撑法律大厦的力量,最后只能把全部希望寄托在君主一人身上——毕竟,他拥有这个国家的一切,为了他自己和世代相传的家业,他总得有动机把国家治好吧? 其实,法家在这里已经犯了一个不起眼的方法论整体主义错误。"国家"不是一个囫囵吞枣的整体,而是一个由亿兆臣民个体组成的集体,君主能代表他的每一个臣民吗?他至多只能代表一部分人——事实上,按照法家的逻辑,他连朝廷都代表不了,君臣之间都有各种勾心斗角的矛盾。在什么意义上,他能代表整个国家呢?

按这个"逻辑"发展下去,法家世界中不仅不会有民主——"小人"统治必定天下大乱,而且只能有极端的专制。这首先体现在法家对"公—私"截然二分的定义上:"自环者谓之私,背私谓之公。"(《韩非子·五蠹》)法家一下子穿越到卢梭的启蒙时代,把法和"公"划等号。当然,在法家看来,"公"的代表不是抽象的"人民",而是具体的君主。言下之意,"私"就是非法,非法就是黑恶,公、私对立,不共戴天。通过法治,法家要以公灭私:"夫立法令者,以废私也。法令行而私道废矣。私者,所以乱法也。"(《韩非子·诡使》)本来严刑峻法也就罢了,这下还有了意识形态,法家就直奔极权而去了。

既然法代表"公"、代表君,法不仅不能违,也是不能批的。非议法律就是冒犯君主、离间君臣、分裂国家,必然严重损害法律的权威性和公信力,对于国家法治秩序危害极大。在法治的"公天下"之下,人人应该一心为公,非议就是为了谋私利了。这样一来,凡是非议法律的都是分裂国家的罪人。

> 夫废法度而好私议,则奸臣鬻权以私禄,秩官之吏隐下而渔民。故大臣争于私而不顾其民,则下离上。下离上者,国之"隙"也。秩官之吏隐下以渔百姓,此民之"蠹"也……是故明王任法去私,而国无"隙""蠹"矣。(《商君书·修权》)

韩非断言国有"五蠹","五蠹"之首就是喜欢非议朝政的儒家:"儒以文乱法,侠以武犯禁,而人主兼礼之,此所以乱也。……言谈、带剑、患御、商工:此五者,邦之蠹也。人主不除五蠹之民,不养耿介之士,则海内虽有破亡之国、削灭之朝,亦勿怪矣。"(《韩非子·五蠹》)

按照法家逻辑,要富国强兵,就得严禁言论:"国去言,则民朴;民朴,则不淫……民不偷营,则多力;多力,则国强。"(《商君书·农战》)只有人民被彻底洗脑之后,才能简单"纯朴",一心为国家效力;否则,人民被各种不同言论、信息包围,就会"开窍",就会为自己谋私利,也就不会好好为国家服务了。按这个逻辑继续推,民不仅要"朴",而且要"弱",否则"国家"就弱了。不知什么时候开始,法家的"国"和"民"变成了你死我活、不共戴天的敌人:

> 民弱国强,国强民弱。故有道之国,务在弱民……民,辱则贵爵,弱则尊官,贫则重赏。民有私荣,则贱列卑官;富,则轻赏。(《商君书·弱民》)

本来说好的要"富国强兵",但民不能富,富了之后赏罚就不管用了;也不能有尊严感或荣誉感,因为你有尊严,官在你眼里就没有尊严,瞧不起官就不会听话。因此,治国只有让人民过贫穷、卑贱、屈辱的生活,才能实现井然有序。这听上去很过分,实际上和法家理性主义逻辑一脉相承,因为这就是法家的人性论——每个人都是自私自利、趋利避害的动物,也唯有此赏罚才管用。跑来一个自以为是的"君子",声称"贫贱不能移,富贵不能淫,威武不能屈",连国君说话他都不听,国法还能对他怎么样呢?这样的人多了,谁都敢对国君和国法说"不",国家不就乱了,法治还能维持吗?对于依法治国,这样的人不仅无用——就和不听使唤的牛马对于主人无用一样,而且影响极坏,应该杀掉!"行极贤而不用于君,此非明主之所臣也,亦骥之不可左右矣,是以诛之。"(《韩非子·外储》)没几年,"千古一帝"秦始皇就执行法家建议,"焚书坑儒"了。

三、法家秦制化的原因及其改造

看似"没毛病"的法家怎么变成了这样? 实际上很简单,法治就是"法治",也就是依"法"治国。至少理论上,即便一个专制甚至极权国家也可以有法乃至法治。看看高度极权"大一统"的秦朝,严刑峻法还尤其之多;如果官吏严格执法,未尝不能使这些"恶法"落到实处,而这样的社会也未必不能被称为"法治国家"。

(一)刀制、水治,恶法、良法

造成"西橘东枳"的原因可能有许多,但某些表面化的所谓"原因"是不成立的。一个流行的说法是战国法家主张的不是"法治",而是"法制",也就是"刀制"而非"水治";"刀制"是很无情的,"水治"则是很人性、很"温柔"的。但我们已经看到,"法治"之法既可以是良法,也可以是恶法。"法治"既可以治官,也可以治民;如果只治民不治官,这样的"法治"也值得追求吗?在这个意义上,"刀制""水治"之争非但没有击中问题的要害,反而模糊了法治本身的局限性。

由此可见,"法"和"法治"本身是道德中性、作用有限的概念。就和法律可能是"恶法"而非"良法"一样,法治也未必能保证良治、遏制恶政;法治既可以和大众民主联手压迫少数人,也可以由少数僭主篡权压迫多数人。秦朝之所以走向暴政,不在于其是否有"法治",而是因为它欠缺法治本身所不能提供的东西。专制体制下制定的法也是"法"。虽然这样的法可能是侵犯自由的"恶法",但是"恶法"至少在形式上仍不失为"法",而一部法在实体上究竟是"良法"还是"恶法",往往是见仁见智的问题,不可能在法治框架内得到答案。要保证法是"良法"、保证政府依"良法"而治,必须解决法治之外的一系列制度问题:"法"由谁制定,由谁执行?为谁服务?这么来看,马克思的法律工具论也没有错:法确实是为"统治阶级"服务的,关键在于谁是控制法律公器的"统治阶级"。

法的善恶并不是由法本身决定的,也不是由法家决定的。战国法家只不过是为特定时代的特定体制出谋划策的术士,只能算"帮凶"而非"元凶"。事实上,没有理由认为法家、法学甚至"法治"不会成为专制的帮凶。法学本身是一门技术活,法律并不决定一个国家的基本性质;相反,它们都是被决定的对象。取决于政治体制,"法治"完全可以是"刀制","刀制"也不意味着战国法家提倡的不是"法治"。

(二)法家问题的源头

这也意味着法家并非不可救药。全盘否定法家,也就否定了法治。毕竟,法家的理性主义人性论是各国普遍接受的法治观念。问题究竟出在哪里?为何主张依法治国的法家会走向极权国家?既然法家的推理貌似无懈可击,问题的源头还是要回到理性主义人性假定本身。法家在这里犯了几个不起眼的错误，但恰恰是这些错误让他们向着极权国家一路狂奔。

首先，法家把理性主义人性论推向极端，以至于陷入"道德无用论"。不错，人主要是理性自私的，但这并不意味着人就是彻头彻尾自私自利的动物。孟子说过，"人之所以异于禽兽者几希。庶民去之，君子存之"（《孟子·离娄下》）。事实上，即便动物界也普遍存在一定的利他行为。人在经过学习、教育、实践之后，完全可以成长为具有道德底线的"君子"。人的道德本能并不否定法治的必要性，但至少说明"道德无用论"是错误和有害的。人类道德是实现自由、自立、自治的不可或缺的道德资源，舍此就只能走向绝对国家和极权体制。法家的"道德无用论"及其天衣无缝的"逻辑"推演恰恰证明，极权国家是绝对理性主义的必然归宿。

其次，法家的人性一元论值得称道，却在落入"道德无用论"陷阱之后变得过于消极。事实上，儒家起初也是人性一元论，仁义礼智"四端"人人都有，只是在后天发展过程中出现了"君子"—"小人"的差异，从而实际上变成二元论。儒家二元论尚且有"君子"、有"小人"，法家一元论则更加极端，每个人都成了自私自利、尔虞我诈、相互伤害的"小人"。遍地"小人"们不能自治自立，事事都得依靠"国家"——法家也不问问"国家"是谁？为什么靠得住？因为这个问题在法家世界里根本就是无解的，所以才不得不"上层路线"越走越高，直到不得不自毁法治逻辑，把全部希望寄托在一个人身上。

最后，法家逻辑迫使自己犯下一个最不该犯的错误——方法论整体主义。理性选择的出发点当然是个体主义的，自私自利当然是指个人。人们生活在一起就成了"国家"，他们每个人的私利之和就成了"公益"。"国家"怎么会变成和他们不相干甚至对着干的整体呢？怎么能说出"民弱国强，民强国弱"这样的昏话呢？国家就是人民，穷民哪来富国？军队也来自人民，弱民怎么可能强兵呢？但因为谁都是不可信、靠不住的"小人"，法家硬是把自己逼得无路可走，只能寄全部希望于君，于是"国"就成了"君"，法就成了"公"，私就成了"恶"——倒是和"人性恶"的前提假定高度一致，只是这样一个走投无路、处处是"恶"的国家理论只能构筑出一个十恶不赦的人间地狱。

（三）如何改造法家

法家当然是没有必要犯这些错误的。即便从纯粹理性主义视角来看，国家当然是人民的，人民是理性自私的；国家治理得好不好，难道不应该问问人民自己过得好不好？"民强国强，民弱国弱"的基本逻辑先要摆正吧？既然每个人都自私，就不可能指望不经被统治者同意的统治者会为了被统治者的利益好好统治。这是法家的基本逻辑。如果我没有某种手段控制你，你凭什么为我做好事？统治者凭什么制定并实施对人民有利的"良法"，而不是制定为自己谋利的"恶法"？人们如何控制统治者？用枪？用炮？对不起，这些恰恰在统治者手里。实现法家理想的最好方式难道不正是让人民制定的法律统治国家吗？这才是我们想要的"法治"。真正的"理性"选择意味着人民的国家最终只能由人民自己来统治。

法家一定会问，"人民"行吗？人民未必行，但没有他们肯定不行。在这个问题上，儒法都一再重蹈覆辙。他们都必须"洗心革面"，彻底反思"君子"—"小人"之分及其对"小人"的偏见。"小人"怎么了？自私自利有什么错？当然，自私过头、侵犯了别人的利益是不对的，但是争取自己的正当权益有什么错？至少自亚当·斯密之后的普遍共识是，正当谋利不仅无罪，而且对社会有功。就和"君子"并不是不会犯错的上帝、圣人一样，"小人"也未必是没有底线的纯粹利己动物。凡人都有"君子"的一面，也都有"小人"的一面，都有自私自利的冲动、也都有克制守法的能力。换言之，人是可以有自由的，正如他们可以有道德。自由不等于"恶"，自私不是"原罪"，"小人"也可以是"君子"。人民完全有能力制定代表他们利益的法律，实行尊重他们自由的法治。

战国法家当然现代政治的发展，我们也不能以"事后诸葛亮"的方式苛求他们，而法家学说并非不可修正和改善。他们要坚持人性一元论，但没有必要把人性设定得那么幽暗；他们要坚持法治的必要性，但没有必要主张"道德无论用"；他们要坚持方法论个体主义，应该把实现法治的希望寄托在普罗大众而非某个孤家寡人身上，并最终走出自相矛盾的困境。

研究法家思想的社会整体视角

【摘　要】"文明发展"视角可以帮助我们全面认识和深刻理解当今中国的发展战略问题，也可以帮助我们全面认识和深刻理解古代法家思想的积极意义。研究法家思想，不能仅仅盯着某个思想家的人品和个人遭际，还要想到社会结构的基础性作用。从社会整体的意义上对法家思想进行历史的研究，也就是否定之否定的第三阶段创新工作，这是法家研究本身发展的内在逻辑决定的，也是时代发展的外在形势所需要的。

【关键词】《庄子》法家思想；社会整体；视角

　　法家喜欢从社会整体的角度看问题。两千年来，对法家思想的研究多取否定态度，这主要与研究者喜欢从个体角度看问题有关。按照认识发展的一般规则，如果没有第三阶段否定之否定跟上，那么，法家思想的研究就很难说是合乎理性的。于是，就有一个社会整体视角回归的任务摆在了我们面前。这是法家研究往何处去在当下的一个合理选择，它符合认识的逻辑，也符合中华民族伟大复兴的时代潮流。

一、文明发展

　　毋庸讳言，法家思想一直以来受到了很多批判，这些批判大多是站在"个人"或少部分人的立场上来看问题的。站在这个立场上，当然不会对法家有什么好印象。

　　不过，如果愿意换一个角度，在"文明发展"的意义上来看问题，情况或许会有所不同。这里所说的"文明"指的是由统一的制度和文化整合起来的人类共同体。据汤因比和亨廷顿的研究，文明的竞争甚至冲突是客观存在的，这有着悠久而深远的历史渊源。今天所谓的西方世界，从文化上说，源自于古希腊。古希腊并非一个统一国家，而是有着众多城邦的操不同希腊方言者的世界。城邦讲究独立，于是，以邻为壑、零和博弈、双重标准、拉帮结派、割地赔款、屠城灭国、奴隶制度、霸权主义、"帝国主义"就成为邦际关系的常态。到了近代，欧洲民族国家兴起，这些城邦习惯又转化为处理民族国家时代国际关系问题的做法。与之同时的，还会经常出现帝国的身影。帝国是城邦或民族国家联合的极端形态，它不但不会消除城邦时代和民族国家时代的上述那些问题，反而会使这些问

　　* 蒋重跃，北京师范大学历史学院教授。研究方向：中外古史比较。
　　* 徐胤嫣，山西大学美术学院讲师，环境艺术设计专业。研究方向：文化遗产与环境空间艺术研究。

题变得更加严重。从 1840 年起，中国被西方列强拖入以他们的规则为规则的世界，一步步沦为殖民地、半殖民地、半封建社会，吃尽了苦头。1949 年，中华人民共和国成立，中国人民站起来了。不过，当今世界仍然处在以国家联盟相互对抗来维持均势的危险境地，和平仍然是脆弱的，维持和平的代价极其高昂，世界人民仍然生活在恐惧之中。

那么，以这种方式维持均势就会有太平吗？我作为中国普通公众的一员，在认识这样的问题上知识是有欠缺的。这大概有两个方面的原因。一方面，中国是一个巨型文明，幅员辽阔，人口众多，再加上独特的地理条件，历史上除了几百年一遇的周期性改朝换代，在承平时期，外敌概念若有若无①。另一方面，古代中国的国家管理职业化程度较高，官民有着明晰分野，普通群众忙于个人生计，对国家事务的责任感和紧迫感较为淡漠。长期生活在这种环境中，对国与国、族群与族群、文明与文明的生存竞争很是陌生和迟钝。有人听到"境外敌对势力"这种表达式，居然怀疑它的真实性，就生动地表现了这种情况。当今世界，环境破坏、生态失衡、资源枯竭、疫病肆虐、霸权横行，文明竞争的形势越来越严峻。拥有 14 亿人口，五千年传统的中华文明，要想生存下去，怎么办？思来想去，富国强兵是必不可少的基本选项！

21 世纪的今天，中国文明的基本构成并没有变化，汉语、郡县制、天命（民心）论这些传统时代中国文明的基本构成仍然是当代中国文明的核心内容。在这样的文明中，要建设社会主义现代化强国，我们的传统文化，包括儒家思想和法家思想，仍能提供强大的思想支撑。儒家讲"庶、富、教"（《论语·子路》），讲"足食足兵"（《论语·颜渊》），讲"制民之产"（《孟子·梁惠王上》）；法家讲"积财"（《管子·事语》），讲"富国强兵"（《商君书·壹言》）；儒家、法家都讲以民为本。这与今天我们讲强国，同时还要讲尊重人，尊重劳动者，是完全一致的。

中国古代的统治者早就知道强国和爱民并重的道理。他们还深谙"文武之道，一张一弛"的治国策略，形势宽缓时就会松弛一些，形势严峻时又会紧张一些。国家事务不是形而上学的非此即彼、固定不变的，而是在张弛变动中有序地运动的。不论儒家还是法家，都有文武张弛的思想。韩非讲"世异则事异，事异则备变"就包含着文武张弛的意思。他承认"上古竞于道德"，即认为在某个历史阶段上是可以有"宽缓之政"的，也就是说该文的时候要文，该武的时候要武，但不能拿"宽缓之政"治"当（急）世之民"，如此而已。所以，不能把法家思想看死了。

总之，"文明发展"视角可以帮助我们全面认识和深刻理解当今中国的发展战略问题，也可以帮助我们全面认识和深刻理解古代法家思想的积极意义。

二、社会结构

法家思想究竟是古代社会发展中必然出现的历史现象，还是少数几个不齿于人类

---

① 这段文字得益于康德的启发。康德认为，中国因为独特的地理位置，所以没有什么强大的敌人（康德一生的大部分时间与乾隆时期重合，这个时期的中国的确没有什么强大的外敌），没有亡国灭种之虞，当然不觉得自由的珍贵，这种情况对文化的发展会产生某种窒息和阻碍的作用。见康德《人类历史起源臆测》，载《历史理性文集》，何兆武译，商务印书馆 1997 年版，第 75、76 页。

的妖孽打开地狱之门放出来的恶魔?

平心而论,儒家思想包容性强,体系博大,价值立场贴合中国主流文化,能成为国家意识形态的代表,是不奇怪的。但是,在今天看来,儒家思想的偏颇也是显而易见的,比如过于看重血缘伦理,讲究人情世故,这与国家事务的公共性质是不协调的。儒家思想,在某些人士看来能限制君权,防止专制主义,而在另一些人士看来则会对抗政府、抵制公意。战国时代,法家帮助君主变法改革,强化国家权力,在法家著作中,儒家被列为"六虱""五蠹"之首,成为最主要的打击对象。你说儒家有没有与中央集权国家相对抗的倾向? 汉代宣称"以孝治天下",武帝时儒学成为占统治地位的意识形态,儒生可以凭借研习儒学的身份和成就担任公职,后来竟出现"四世三公"的士族(也称"世族")。儒生可不只是做做学问而已,他们还兼并土地,结果士族变得越来越强大,被史家称作"豪强",成为此后几百年天下动荡的社会根源之一。

法家反对儒家思想,反对以孝为本的仁义,主张以国家天下为本的大仁大义②,尤其反对借口仁义与政府法令相对抗的行径,这有没有一定的历史的合理性呢?法家还对社会不公现象做了无情的揭露和批判:真正犯法为逆的往往是那些"尊贵之臣",可是执法机关却专门欺侮制裁"卑贱"(《韩非子·备内》)小民! 这是不是真实的社会存在呢?

法家为什么要批评"尊贵之臣",为什么要替"卑贱小民"讲话呢?这是他们的良心发现吗? 当然不能完全做这样的结论,但可以肯定的是,法家的态度在现实的社会结构中是有根据的。

从战国开始,古代中国社会,不过是由这样几个人群构成。首先是国家机关与社会这两大部分。而国家机关则有最高权力的掌握者和保证权力运行的官僚队伍构成,社会又可分为社会上层、社会下层。

从阶级构成上看,最高统治者本属于社会上层,他们与其他社会上层应该有着相同的利益诉求;不过,最高统治者掌握着整个社会包括上层和下层在内的全体的统治权,这又决定了他们与上层中的其他人是不同的。这时的最高统治者心里想的是什么?过去我们认为他们想的是如何保护他们所出身的上层阶级的利益。现在看来,这样的看法过于简单,是不全面的。其实,除了与其他上层成员联合起来统治剥削下层人民,他们还想着要限制其他上层人士的势力,防止他们与自己争夺最高权力。对于下层人民,除了要压迫、剥削他们,还会想到要让他们有基本的生活保障,一方面免得因为生计困顿而走险,反抗自己的统治,另一方面也是为了让他们有能力向国家提供足够的赋税徭役。如此看来,最高统治者与社会就形成了既对立又亲和的复杂关系。对于上层,一方面要联合他们共同对付下层人民,另一方面又要防止他们对王权的觊觎和挑战,防止他们与自己争夺下层人民。对于下层,一方面要防止他们反叛,另一方面又要联合他们共同反对其他上层人士的为富不仁和桀骜不驯。其他上层人士和下层人民之间也有错综复杂的矛盾关系。一方面,他们都是社会,都与公权力对立,如果公权力无道,他们会联合起来反对乃至推翻公权力;另一方面,两者之间还有着经济上剥削被剥削、社会上歧视受歧视的矛盾关系。公权力内部也有结构性矛盾。

---

②《韩非子·难一》:"夫仁义者,忧天下之害,趋一国之患,不避卑辱,谓之仁义。"

除了最高统治者之外,还有大批服务于公共机构的官僚,他们或者出身社会上层,或者出身社会下层,他们与自己出身的阶层也有千丝万缕的联系。他们一方面会为了各自的阶级利益滥用手中的权力,另一方面又会利用手中的权力压榨社会以获得利益,甚至剥削他们出身的那个阶层。至于与君主的关系,一方面他们的权力来自最高统治者,另一方面,他们的某些个人利益又必然会与最高统治者的利益发生矛盾和冲突。再者,他们虽然也靠剥削社会而生存,因而与社会有着尖锐矛盾,但他们与自己出身的那个社会还有着千丝万缕的斩不断理还乱的联系。在这样错综复杂的关系中,代表公权力的最高统治者,只能纵横捭阖,无所不用其极了。他们很清楚,只要让政治的运行保持基本稳定,最广大的社会下层就是自己的社会基础。因此,维护长治久安的最有效办法,一是加强公权力,褒扬它的公共性;二是严格约束官员,尤其要限制出身尊贵的大臣的野心和权力,不允许他们染指立法权,防止所有官员借行政和司法之机以权谋私;三是大力保护下层民众的基本生存条件和社会秩序,维护自己的统治根基。这些不就是法家批评"尊贵之臣"的飞扬跋扈,替"卑贱小民"鸣不平的社会根源吗?不就是他们倡导法、术、势的社会根源吗!

我没有提中间阶层,是因为今天我只是要做一种关系的说明,不是具体史实的考证,关于古代中国法家思想的社会结构根源,上述文字已经足以说明问题了。如果是具体史实的研究,千万不要忘记还可以划分出中间阶层并加以讨论。

其实,全体人民划分为国家权力机关的从业者队伍和作为被治者的社会成员,不管是高层,还是中层,抑或下层,这是文明时代的常态。在这种社会结构中,各阶层之间的关系,无论古今中外,大体上是相同的。正是基于这样的考虑,我认为,研究法家思想,不能仅仅盯着某个思想家的人品和个人遭际,还要想到社会结构的基础性作用。

三、历史研究

20世纪80年代,联邦德国发生了一场关于要不要把纳粹主义历史化的争论。一些历史学家认为,对于纳粹的研究,要把单纯的道德批判逐渐纳入正常的历史研究轨道上去。这就是所谓纳粹主义历史化问题,它说的是在史实研究上,要把纳粹现象放到整个德国历史过程和背景中来理解,然后,在此基础上,再进行包括道德批判在内的分析评论。与此相对的是对纳粹的道德化,又称作妖魔化观点。这种观点强调道德教育意义,把声讨纳粹的罪行、探寻他们的个人动机当作研究的重点,情绪化较为明显,表现了浓重的个人感情色彩[③]。

中国的历史研究也存在着类似问题。20世纪以来,我国历史学界曾对三个历史人物做过"翻案"工作。一个是曹操,一个是秦始皇,还有一个是殷纣王。曹操的案子基本上翻过来了,现在不论是历史书,还是文学作品、影视作品,曹操主要是以正面形象出现在公众面前的,理由是他在汉末军阀割据形势下,平定了北方战乱,恢复了社会生产秩序,为中国的再度统一奠定了基础。秦始皇的案子应该说基本上翻了过来,但是近来又有回

---

③ 参见王琳《关于"纳粹主义历史化"争论背后的思考——以1987年布洛撒特与佛里德兰德的通信为考察对象》,载《史学史研究》2020年第2期,第75页。

潮的迹象。秦始皇，在司马迁那里是一分为二的，还被明朝的李贽称赞为"千古一帝"。20世纪后半段以来，历史课本上，秦始皇有缺点，有错误，也有罪过，但是统一天下的功绩是受到表扬的。麻烦的是殷纣王。根据较为可信的历史资料《尚书·牧誓》，周武王历数殷纣王的罪状，只有四条：一、听妇人之言，二、荒废祖先祭祀，三、不用兄弟为官，四、收留逃亡者委以重任。归结为一句话，压制血缘传统以伸张王权。这在古代的社会发展史上本来是革命之举，大概是步子走得急了点，得罪了天下的贵族，结果国灭身亡。可是如果仅凭这四条罪状，怎么能成了不齿于人类的狗屎呢？

伪古文尚书《泰誓》中罗列了一些殷纣王的罪名，像"剖孕妇之腹以观其胎""斩冬晨涉水者之胫以观其耐寒之由"等等，《史记》引述的《泰誓》与《牧誓》相近，两者都没有这些内容。这些超出《牧誓》和《史记》所引《泰誓》的内容显然是后世编造的。春秋后期，子贡说过，殷纣王的罪过没有那么严重吧？君子最怕沦落到卑下之处，一旦身在那个处境，什么脏水都会泼到你身上，洗都洗不净啊④！这说明在当时殷纣王已经被道德化或妖魔化。这种情况经战国到两汉基本定型。从那以后，符号化了的殷纣王就成为人民群众对暴君宣泄仇恨的对象，也成为贤明的统治者引以为戒的反面典型。在这种情况下，殷纣王到底犯没犯过伪古文《泰誓》所说的上述罪恶已经不重要了，重要的是中国人民有了对暴政表达憎恶的文化。正因为如此，到了20世纪理性昌明的时代，替殷纣王翻案，仍然无法实现。

那么，怎样看待殷纣王翻案的问题？我认为，不论哪个民族都会有表征勤劳勇敢、仁爱自由的价值观念，也都会有对反面典型的道德批判甚至是妖魔化的文化。这是无可厚非的，甚至还是必须保护的。殷纣王的所作所为，即使按照最可靠的史料《牧誓》，他的超越时代的革命也足以让他身败名裂。况且，春秋战国时期加在他头上的罪名，像上面列举的两项，则具有反人类的性质。两千多年的历史证明，对殷纣王的道德化批判或妖魔化咒骂，对于社会和文化的发展无一害而有百利，所以殷纣王的案子不翻也罢。

但是，如果否定的对象不是殷纣王，谴责的罪恶不是上述那些反人类的禽兽行径，而是不同的政策和策略主张，而且，这些政策和策略主张在一定历史条件下，有益于国家和民族的生存和发展，那为了少数人的个人恩怨而做道德化、妖魔化的批判，就要慎重了。所以，我认为，作为历史研究者，我们应该从殷纣王的案子中得到这样的启示：道德化或妖魔化的根据，必须是反人类的罪恶，而不应该是一般的政治和政策、策略问题。中国的法家思想显然是政治思想，就像西方的马基雅维利和霍布士那样的思想一样，它们的内容，绝大多数不具有反人类的性质，其中许多还对中华民族、中国文明的发展进步发挥了重要的推动作用，所以不应做道德化批判或妖魔化咒骂，而应该采取历史化的态度。不过请放心，在历史化研究中这些思想中的不当和错误一定会得到应有的批判和否定。

综上所述，从社会整体的意义上对法家思想进行历史的研究，也就是否定之否定的第三阶段创新工作，这是法家研究本身发展的内在逻辑决定的，也是时代发展的外在形势所需要的。当然，这项工作是一个规模宏大的工程，以上我只是在三个点上简要地谈了自己的看法，目的是抛砖引玉。不当之处，敬请批评指正。

---

④ 根据个人理解对原文做了一点点发挥。原文见《论语·子张》："子贡曰：'纣之不善，不如是之甚也。是以君子恶居下流，天下之恶皆归焉。'"王充在《论衡》的《语增》《齐世》两篇里也引用了这句话，但写明是孔子说的。

中国模式中的法家因素

喻 中 *

【摘 要】 全面理解逐渐形成的中国模式,有必要正视法家这个源远流长的因素。历史地看,在古代中国与当代中国之间,虽然经历了根本性变革,但在相当程度上,中国模式是中国固有的儒法传统在现代中国的"转型化延伸"或"延伸性转型"之结果。在儒法传统中,儒家与法家具有互补性。就其中的法家因素来看,它追求富国强兵,主张以法治国,可以在根本上回应当代及未来中国的现实需要。从源头上说,法家的理论及实践归根到底是应对战国格局的产物,而当下及未来的世界,正是一个比春秋战国时代更加复杂的新战国时代,因而,在当下及未来的中国模式中,法家这个因素将会持久发挥作用。

【关键词】 中国模式;法家;富强;法治;战国

从 20 世纪 80 年代开始直到当下的数十年间,关于中国模式的讨论弥漫于多个学科、多个领域。不同时期、不同专业的学者持续不断地关注中国模式,有一个重要原因是,中国的政治制度、经济制度、社会制度与文化制度经受了时间的检验,保持了政治的持续稳定,特别是实现了经济的较快发展。近年来,尽管存在着各种各样的观点,但中国模式毕竟是一个现实性的存在,甚至还产生了理论聚光灯式的效应。在这样的背景下,更加全面地理解中国模式,不仅具有理论意义,而且具有现实意义。

把中国模式与法家关联起来,有助于更加全面地理解中国模式,当然也有助于深化对法家的理解。着眼于此,我们可以提出一个相对聚焦的问题:如何理解中国模式中的法家因素? 尤其是,在当下及未来的中国模式中,源远流长的法家因素占据了什么样的地位? 显然,这样的问题颇有诱惑力,有必要从不同的角度、不同的侧面做一些初步探讨。

立足于考察中国模式中的法家因素,下文首先正面分析法家主张的富国强兵、以法治国与中国模式的关系,这有助于从富强、法治的角度理解中国模式中的法家因素。其次是论述法家传统与儒家传统的互补性,旨在表明当下及未来的中国模式既需要吸取儒家的思想资源,也需要吸取法家的思想资源。再次,为了揭示法家思想资源对于中国模式的意义,还有必要厘清关于法家思想的一些流行观点。最后,从一个更加宽广的视

---

* 喻　中,法学博士,中国政法大学教授、博士生导师。研究方向:法理学。

野看,还有必要着眼于儒法传统与外来文化的关系,为理解中国模式中的法家因素建构一个更加宏观的框架。

一、富国强兵与法治主义

在数千年的传统中国,没有人会关注"中国模式"这样的问题。中国模式的提出,是因为有中国模式之外的其他模式可以作为比较与对照。在 19 世纪以前,除了中国固有的且让中国人习以为常的政治、经济、社会、文化模式之外,传统中国人无法想象,还有其他可以与中国模式分庭抗礼、并驾齐驱的模式。因此,着眼于长时段、大历史,所谓中国模式是近现代的产物,是中国融入世界的产物。如果像梁启超在《中国史叙说》中那样,把中国历史划分为"中国之中国"("自黄帝以迄秦之一统"的"上世史")、"亚洲之中国"("自秦一统后至清代乾隆之末年"的"中世史")与"世界之中国"("自乾隆末年以至于今日"的"近世史")这样三个段落①,那么,中国模式的提出,是中国进入"世界之中国"这个历史段落的产物。

在 20 世纪早期,孙中山提出的三民主义具有一定的代表性,在一定程度上、一定范围内表达了那个时代的中国人所理解的中国模式。20 世纪中叶以后,中国强调独立自主、自力更生,其中隐含的旨趣是,我们要独立自主地探索中国自己的发展道路、发展模式。在 1949 年以后的三十年里,中国经历了一段曲折的探索过程。自 20 世纪七十年代末期以来,持续不断的改革依然是对中国模式的探索。改革的实质就是探索、摸索、尝试。今天看到的中国模式,其实也是近代以来不断尝试、不断探索的结果。

经过长期的改革与探索,中国初步形成了自己的模式。那么,应该如何描述现在呈现出来的这个中国模式呢?对于这个宏大、宏观的问题,各个方面都有很多论述,有的着眼于政治,有的着眼于经济、社会与文化,各种述论都有侧重点,这里暂不予以详细评析。但是,有一点应当引起注意,那就是现在的中国模式较为明显地吸纳了传统中国固有的法家因素,其中至少包含这样几个要点:第一,追求富国强兵,建设一个富强的国家。第二,坚持依法治国,建设一个法治的国家。第三,要加强和改进政治中枢的整合能力。这三个要点,既是传统法家的核心主张,在相当程度上也是今日中国的实践。其中的前两个要点还是我们这个政治共同体已经形成的基本共识,而且,这样的共识还见于中国宪法文本中的正式规定。这几个方面表明,当前的中国模式在历史与文化的层面上包含了较多法家因素。

先秦法家理论及实践的兴起,有一个基本的背景,那就是列国竞争。春秋战国时代,在弱肉强食的生存竞争格局下,先秦法家的核心目标是富国强兵。只有富强的国家才能生存下去,如果不能走向富强,就只有走向灭亡。先秦法家代表人物积极推动变法,创制并实施新法,刻意奖励耕战,就是为了实现国家富强,进而追求在列国竞争中实现自保,甚至还能获得竞争中的优势地位。譬如,法家人物申不害主持韩国国政期间,"内修政教,外应诸侯,十五年。终申子之身,国治兵强,无侵韩者"②。还有秦国,在法家人物商鞅

① 梁启超《梁启超全集》,北京出版社 1999 年版,第 453 页。
② 司马迁《史记》,中华书局 2006 年版,第 395 页。

的治理下迅速崛起，并在后来长期的兼并战争中最后胜出。这些历史事实都表现了先秦法家理论及实践对于富国强兵的有效性。

到了19世纪中后期，走出天下体系、进入万国体系的古老中国，亦即梁启超所说的"世界之中国"，在与东西方国家的交往过程中总是显得力不从心，行为被动，处境艰难。到了20世纪上半叶，一些政治、思想人物（譬如常燕生）在求索过程中发现，古老中国已经置身于第二个战国时代或新战国时代。在新战国时代如何实现救亡图存？人们最容易想到的"路径依赖"就是先秦法家曾经走过的道路。梁启超在1904年写成的《中国法理学发达史论》一文中就认为："法治主义，为今日救时唯一之主义。"③此所谓"法治主义"其实就是先秦法家学说。梁启超及20世纪上半叶兴起的新法家的一个洞识，就是正视"新战国"这个现实。从19世纪末到抗日战争时期，在长达半个世纪的时间里，"新战国"这个概念具有很强的解释力，几乎可以作为分析各种问题的一个前提。如果不考虑列国之间的竞争，如果不考虑国家富强、国家存亡，当然可以不理会法家学说，但是，能够把国家安全、国家存亡置之度外吗？

为了追求国家富强，20世纪初期开始兴起的新法家强调"法治"或"法治主义"，从而在法治与富强之间建立起某种因果关系，即法治是因，富强是果。这里的"法治"，根据《管仲》一书中的表达方式，就是"威不两错，政不二门。以法治国，则举措而已。"④这里所说的"以法治国"与当下的"依法治国"虽然在表述上略有差异，但是，就其基本指向来看，"以法治国"与"依法治国"是一致的，两者都强调一断于法，都希望通过法律明确告诉各类主体，可以做什么，不能做什么，必须做什么，从而为各类主体确立一套明确的、必须遵循的行为规范。这就是法家及新法家张扬的法治。这种风格的法治，也许可以称为形式化的法治，但同时也是最朴实、最根本、最具基础性的法治。依据出自近代西方的一些法治理论，法治还应当包括自由、平等、民主等方面的要素，这当然不会包含在先秦法家提出的"以法治国"中。试想，商鞅、韩非怎么可能有自由、民主、平等的观念呢？

应当看到，无论是先秦法家还是新法家，都不是当代学科体系、学术体系中的法学家。因此，不能以当代专业法学家的取向来衡量、评价先秦法家（譬如商鞅、韩非）或新法家（譬如陈启天、常燕生）。先秦法家固不必论，因为他们本来就是一些政治实践者或政府管理专家。就是20世纪初期兴起的新法家，也不能等同于当下的专业化法学家。新法家主要是一些谋求国家富强的政治实践者，因而具有强烈的实践品格和现实感。新法家追求的是国家富强，他们对法治主义、以法治国的强调，是服务于国家富强这个根本目标的。从根本上说，新法家的法治理论是政治家的法治理论，法治是他们考虑政治问题的一个方面、一个维度，他们的法治理论始终都是其政治理论的组成部分。从这个角度来看，当下的依法治国与法家的关怀和旨趣具有很大的共通性。而且，新法家并不是一个定型的、凝固的思想流派，在依法治国不断深化的当下，法家理论，尤其是第三期的法家理论⑤，还有相当大的成长空间的。

---

③ 梁启超《梁启超全集》，第1255页。

④ 房玄龄注《管子》，刘绩补注，上海古籍出版社2015年版，第318页。

⑤ 喻中《法家三期论》，法律出版社2017年版，第21页。

虽然，无论是先秦时期的法家学说，还是百年以来的新法家思潮，都不足以单独解释当下的依法治国，但是，在"新战国"的背景下，法家因为其固有的旨在回应战国格局的特质，必然成为中国模式中的一个因素。

二、法家因素与儒家因素

逐渐呈现出来的中国模式包含了比较丰富、比较明显的法家因素，这并不是在多种选项中自由选择的结果，而是国际竞争格局约束下的必然选择。在古今之间稍作比较即可以发现，无论是先秦时期还是现代中国，国家的主政者都必须加强和改进政治中枢的整合能力，如果不能做到这一点，国家内部无法整合，内部秩序无法建立，遑论参与国际竞争？要整合内部秩序，就离不开规则，所以要依法治国，所以要靠法治，因为法治靠得住些。更重要的是，置身于一个国际竞争时代，如果不能有效地实现富国强兵，在先秦则可能社稷不保，在当代就可能被开除"球籍"⑥。换言之，中国模式中的富强与法治，其实是国内与国际两个方面的条件严格约束下的产物。

为了应对战国格局，先秦法家追求富国强兵的一些措施能够产生实际效果。特别是在短期内，特别是在比较严酷的战国背景下，如前所述，春秋战国时期一些国家的实践也表明，先秦法家的理论及实践甚至能够产生立竿见影的效果。

但是，从另一个角度来看，先秦法家的理论及实践也存在一些固有的缺陷，即在总体上偏于功利，没有让政治达到应有的高度，或者是把政治从应有的高度拉到了一个相对较低的水平。在汉代初期，贾谊的"过秦论"总结秦亡教训时认为，被秦国、秦朝奉为指导思想的法家思想似乎难辞其咎，特别是贾谊所讲的"仁心不施，而攻守之势异也"⑦，更是引起了广泛共鸣，人们很容易得出结论说，法家因为刻薄寡恩，简直就是"仁心不施"的代名词。不过，在此应当注意的是，其一，贾谊的论断不一定很公允；其二；法家的实践与法家的理论不一定很吻合；其三，法家也是多元化的，同样都是法家人物，李斯与韩非的政治品格就有明显差异；其四，哪怕是同一个法家人物，他的理论也是立体的、多层次的。譬如商鞅，他与秦孝公的接触就很有戏剧性。商鞅先讲"帝道"，再讲"王道"，秦孝公表示不能接受。商鞅最后讲到"霸道"，"君大说之耳"⑧。由此看来，像商鞅这样的法家人物，其理论储备也是多元化的，他既知"帝道"，也知"王道"。尽管我们可以从多个方面为法家提供辩护，但是，法家的理论与实践，特别是法家的实践形态，从总体上看，在精神层面上的感召力还是显得弱了一些。

汉代以来，特别是在"独尊儒术"之后，中国历代政权基本上不会把法家写在自己的旗帜上。历代政权公开宣扬的旗号都是儒家。但是，我们应当注意到，"独尊儒术"实际上也是一个策略性的表达。如果仅仅依靠儒家，特别是像孟子这样的儒家，很难成就一种有效的国家治理模式。汉代政治就不是纯粹的儒家模式，用汉宣帝的话来说："汉家自有

⑥ "球籍"是毛泽东用语，详见毛泽东《增强党的团结，继承党的传统》，载《毛泽东选集》第五卷，人民出版社1977年版，第 296 页。

⑦ 贾谊《新书》，方向东译注，中华书局 2012 年版，第 7 页。

⑧ 司马迁《史记》，第 419 页。

制度,本以霸王道杂之,奈何纯任德教,同周政乎!"⑨由此可见,哪怕是在秦朝二世而亡的现实背景下,"汉家"也不会"纯任德教",也会杂用各种思想。

儒家存在的问题,特别是后期儒家存在的问题,或许可以用一句比较极端的话来揭示:"无事袖手谈心性,临危一死报君王。"⑩这当然是一种极端的概括,带有夸张成分,但也可以揭示儒家的某种精神与风格。这样的儒家显然是不够的,不足以实现治国、平天下的目标。儒家"谈"的"心性",当然很好,用于修身,也很适宜。但如果仅仅依赖"心性"治国、平天下,可能就勉为其难了,因为它把复杂的政治问题、治理问题进行了过度简单化的处理。朱熹在《答陈同甫》中有一个结论:"千五百年之间,正坐如此,所以只是架漏牵补,过了时日,其间虽或不无小康,而尧、舜、三王、周公、孔子所传之道,未尝一日得行于天地之间也。"⑪如果我们从另一个角度看朱熹在此表达的遗憾,那就是,一千五百年的历史已经表明,要想把纯粹的、原教旨意义上的尧、舜、周、孔之道不折不扣地"行于天地之间",几乎是不可能的。因此,哪怕是在传统中国,仅仅依赖朱熹所期待的儒家之道,也不足以解决现实政权面临的内外问题。

只有把儒家与法家结合起来,才能够把实际政治问题处理好。因此,从汉到清,在两千年的政治实践中,无论是君主个人还是其执政团队,在事实上都必须儒法结合,才能把事情办妥、办好、办成。当然,也有一些人确实偏好原初的、纯粹的、原教旨意义上的孔孟之道或儒家教义,愿意信奉、遵循孟子所说的"何必曰利? 亦有仁义而已矣"⑫,这样的人可以立言,可以立德,可以作为高洁之士(譬如令人钦佩的李二曲,还有更具典范意义的海瑞),但是,这样的人很难满足日常政治的需求,很难成为有效的政治行动者,甚至不能成为合格的政治行动者。在常态情况下,往往是那些儒法兼备的人,譬如世人景仰的诸葛亮,因为集中体现了儒法兼备的特点,才成为卓有成效的政治行动者。还有曾国藩,虽然是饱受推崇的人物,但却"深于宦术,兼综儒法"⑬。这就表明,传统中国的模式总体上可以归结为儒法模式,正是在这个意义上,传统中国也可以称为儒法国家。儒家提供意识形态支撑,提供国家政权的正当性依据,甚至还可以提供心灵和精神安慰。至于法家,则满足各种各样的现实性、功利性需要。

按照现代的学科划分,儒家学说与人文学科具有更多的关联性,文学、历史、哲学都偏好研究儒家人物、儒家典籍。法家学说与社会科学具有更多的关联性,包括政治学、法学、经济学在内的社会科学,对法家人物、法家典籍有较多的关注。分而述之,法家追求富国强兵,其中的"富国",恰恰就是亚当·斯密的经典名著《国富论》的主题。法家讲的"术",大致相当于政治学中的"领导科学"或"管理学"。法家讲的"以法治国""一断于法"相当于今天的依法治国。对于传统中国来说,儒法两家都是必须的。儒法合流之后的儒法国家、儒法传统就是这样形成的。

⑨ 班固《汉书》,中华书局 2007 年版,第 69 页。

⑩《颜元集》,王星贤、张芥尘、郭征点校,中华书局 1987 年版,第 51 页。

⑪ 朱熹《朱子全书》第 21 册《晦庵先生朱文公文集二》,朱杰人、严佐之、刘永翔主编,上海古籍出版社、安徽教育出版社 2010 年版,第 1583 页。

⑫ 杨伯峻《孟子译注》,中华书局 2012 年版,第 2 页。

⑬ 王元化《清园夜读》,中国台北:书林出版有限公司 1996 年版,第 152 页。

传统中国儒法合流的模式，对于当下及未来的中国模式的启示是，不能仅仅依靠法家，也不能仅仅依靠儒家。法家的功能，儒家不具备，同样，儒家的功能，法家也不具备。但是，如果能把儒家与法家结合起来，大致可以满足一个政治共同体的基本需要。因此，中国模式的未来，既要充分吸收儒家的思想理论资源，也要注意吸收法家的思想理论资源。

三、法家思想与专制政体

从先秦时代开始，一直到今天，法家遭遇了许许多多的批评。早期的批评主要是说法家刻薄寡恩、功利鄙俗。在现当代，法家遭遇的批评主要是"专制"，人们习惯于把"专制"之类的负面标签贴在法家身上。

譬如，在六十多年以前的 1959 年，萧公权在他的《法家思想与专制政体》一文中写道："法家思想对中国帝制体系的发展，亦扮演一个十分重要的角色。"具体地说，"秦朝是帝制中国的第一个专制王朝，其主导思想与政治运作完全根据法家思想。"因此，如果要"对中国帝制体系作合理而正确的说明，是应将专制政体的影响力归功于法家思想"[14]。萧公权的这个看法颇具代表性，或许可以代表一个时代的观点。传统中国的很多人不喜欢法家，主要是因为法家与儒家背道而驰。近代以来的很多人不喜欢法家，主要是因为法家与专制同向同行，正如萧公权所说的，传统中国的专制政体主要是法家思想促成的，法家思想与专制政体是捆绑在一起的，法家思想应当对传统中国的专制政体负责。

然而，法家思想与专制政体的关系是一个复杂的问题，也许不像萧公权说的那样简单，也许还有进一步分辨的必要。首先，什么叫做"专制政体"？按照孟德斯鸠的经典解释："专制政体是既无法律又无规章，由单独一个人按照一己的意志与反复无常的性情领导一切。"[15]可是，传统中国一直有大量的"法律与规章"。繁琐不堪的礼，从《周礼》到《朱子家礼》，在在多有。还有像《贞观律》《永徽律》那样的律，见于历朝历代。众多的礼与律，都是货真价实的"法律与规章"。现代学者譬如程树德的《九朝律考》，对传统中国的一部分"法律与规章"进行了专门研究与呈现。另一方面，传统中国的君主也必须遵循相当多的规范。譬如，在确立储君这样的问题上，君主就必须遵循具有宪法性质的政治惯例或"君主继承规则"。明代万历皇帝朱翊钧，就是因为不能"按照一己的意志"选择他喜欢的皇三子常洵作为太子，以取代皇长子常洛，长时间与臣僚闹情绪，据说，"皇帝决心以顽强的意志和臣僚作持久的对抗，臣僚不让他立常洵为太子，他也不立常洛为太子，甚至不让常洛举行冠礼以便向翰林院的官员就读。像这样双方坚持达十年之久"[16]。这个颇有戏剧性的事例表明，在传统中国的政体中，君主绝不可能"由单独一人按照一己的意志与反复无常的性情领导一切"。简而言之，能否以孟德斯鸠所说的"专制"来描述、定性、解释传统中国的政体，可能还有进一步探讨的必要。

---

⑭ 萧公权《迹园文录》，中国人民大学出版社 2014 年版，第 48—57 页。

⑮ 孟德斯鸠《论法的精神》上册，张雁深译，商务印书馆 1982 年版，第 265 页。

⑯ 黄仁宇《万历十五年》，中华书局 1982 年版，第 76 页。

换一个角度,即使暂时不提"专制政体"这个概念,仅仅是讨论法家思想与传统中国政体的关系,也有必要做进一步的辨析。从法家的角度来看,始于春秋的传统中国至少可以分为两个不同的时期,一是春秋战国时期,二是从汉至清的大一统时期。法家思想在春秋战国时期全面兴起,以商鞅、申不害、韩非等为代表的法家人物,都是春秋战国时期的人物。法家思想也只有在春秋战国时期才成为一些诸侯国君奉行的主导思想。秦朝当然也奉行法家思想,但秦朝只不过是秦国的延伸,且仅仅延伸了十几年。自汉代以后,直至19世纪,除了个别时期的个别人物,在政治主流中,在国家意识形态层面,法家思想几乎都处于隐而不显的状态。法家思想为什么在大一统的时代隐而不显?法家思想为什么在春秋战国时代颇受青睐?一个根本的原因就在于,法家思想是应对战国格局的思想,是列国竞争时代才迫切需要的思想。在大一统的时代,法家思想的地位相对下降。这么说来,从汉至清两千年来的中国政体,无论它是不是"专制政体",都不能完全"归功于"法家思想。

因此,要理解法家思想,必须看到一个现实性的约束条件,即它主要是应对战国格局的思想。国与国之间存在着残酷的生存竞争,稍不留意就会出现"不得保其社稷"的严峻后果。这是理解法家思想的一把钥匙。法家人物不浪漫,不讲境界、心性,也不养浩然之气,法家人物的现实感、焦虑感都由此而滋生。为了解决一个国家在战国背景下的生存问题,法家思想的主要着眼点就在于:整合国家内部资源,提升国家的国际竞争能力,用梁启超的话来说,那就是,"万国比邻,物竞逾剧,非于内部有整齐严肃之治,万不能壹其力以对外"[17]。法家代表人物向君主提交了无数的决策咨询报告,核心关切就是如何加强政治中枢的整合能力,如何提升国家治理能力,如何实现富国强兵。在法家看来,一个国家必须在有效整合内部资源的前提下,才可能"壹其力以对外",这个国家才可能在战国背景下首先维持生存,进而占据某种优势地位。这就是法家的逻辑。

从汉至清两千年大一统的背景下,在历代君主的视野里,虽有华夷之分,但没有平起平坐、彼此对等、在同一个层次上相互竞争的政治单元,于是,法家思想失去了针对性。这是法家思想在两千年间一直上不了台面的一个重要原因。两千年间,法家著作只能充当"子书",儒家的一些文献却上升成为"经书"(特别是其中的《春秋》,甚至上升到宪法的地位),原因也在这里。

但是,从19世纪中叶开始,随着一个"新战国时代"再次浮现,随着"总理各国事务衙门"在1861年的正式成立,随着"理藩"转向"外交",随着"夷务"变成"洋务",法家思想也随之出现了一个复兴的趋势。19世纪末20世纪初,章太炎、梁启超等人,率先为法家人物及其思想翻案正名,后来又有"大江会""醒狮派""战国策派"的先后兴起,都不是偶然的。这些此起彼伏的思想潮流,都可以归属于或隐或显的法家思潮。这些法家思潮的兴起,绝不是偶然的,更不是某些思想人物标新立异或突发奇想的产物。这些法家思潮的兴起,归根到底都是因为源于先秦时期的法家思想,从根本上回应了中国在"新战国时代"的思想需求。

法家理论及实践的精神与风格,是改革、创新、追求实效。中国模式的成功,离不开

---

⑰ 梁启超《梁启超全集》,第1255页。

法家的政治智慧。在当代,儒家学说的影响力在不断上升。在新儒家的一些代表人物看来,儒家是中国模式的一个选项。按照蒋庆的说法,"中国今后具有中国文化特色之政治礼法制度当由'政治儒学'重构"⑱。这种看法自有其逻辑,值得给予同情式的理解。不过,如前所述,仅仅依靠儒家学说,哪怕是"政治儒学",也是不够的。然而,如果能把儒家与法家结合起来,如果能够同时吸取儒家和法家的智慧,中国模式就可以获得更加丰沛的历史文化资源。

如果说,在中国模式中离不开儒家因素与法家因素,儒法传统及其蕴含的历史文化资源与当下及未来的中国模式具有紧密联系,那么,外来的自由主义传统呢? 在中国模式中,儒法传统与外来的自由主义传统的关系如何理解呢?

四、儒法传统与自由主义

从中国模式的角度看外来的自由主义传统及其与儒法传统的关系,是一个复杂而庞大的主题,这里不能全面展开。在这里,我们只看外来的自由主义传统中的一个重要标志、重要基点,那就是法官独立。我们且把法官独立作为自由主义传统中的一个标志、基点或纽结,考察自由主义传统与儒法传统的关系。

自20世纪80年代以来,很多学者都注意到自由主义传统中的法官独立。其中,英国16至17世纪的柯克法官尤为著名。1612年,在柯克法官与英国国王詹姆士之间发生了一场冲突。詹姆士认为,他与他的代理人有权直接审理普通法法院的案件。柯克法官不能同意国王的这个要求,"他记下了一次同詹姆士的谈话如下:国王接着说,他认为法律是基于理性的,他本人和其他人跟法官一样也都有理性。对此,我回答说,确实是这样,上帝恩赐陛下以丰富的知识和非凡的天资,但陛下对英王国的法律并不熟悉。对于涉及陛下臣民的生命、继承权、货物或其他财物的案件并不是按天赋的理性来决断的,而是按特定的推理和法律判决的。人们要懂得法律必须经过长时的学习并具有实践经验……对此,国王勃然大怒,并说,如此说来,他必须受到法律的约束了。他说,这种说法构成了判国罪。对此,我说,勃莱克顿说过:'国王不应服从任何人,但应服从上帝和法律'。"⑲

即使国王以叛国罪相威胁,柯克法官的回答依然掷地有声,而且,这番回答激起的回响,四百多年来不绝如缕。流传至今的这个极其生动的历史事件,让柯克成为了自由主义传统中法官独立的象征。相比之下,在中国历史上,在儒法传统中,一向没有法官独立的传统。在古代中国,地方上甚至没有专职法官,只有"兼理司法"的知县、知府之类的行政官员,这未免让一些人感到遗憾。然而,在中国的儒法传统中,虽然没有自由主义传统中的法官独立,却有另一个古老的传统足以与之比肩,那就是史官独立。

春秋时期,齐国的当权大臣崔杼杀害了齐庄公。据《左传·襄公二十五年》:"大史书曰:'崔杼弑其君。'崔子杀之。其弟嗣书而死者,二人。其弟又书,乃舍之。南史氏闻大史尽死,执简以往。闻既书矣,乃还。"由此我们看到,第一个被杀的史官,加上第二个被

⑱ 蒋庆《政治儒学:当代儒学的转向、特质与发展》,福建教育出版社2014年版,第13页。
⑲ [美]萨拜因《政治学说史》下册,[美]索尔森修订,刘山等译,商务印书馆1990年版,第509-510页。

杀的史官,再加上第三个幸免于难的史官,以及第四个"执简以往"的史官,足以构成一个"史官群像",他们不畏权势、前仆后继的独立精神,较之 17 世纪的柯克法官,有过之而无不及。尤其值得注意的是,齐国的史官既在鲁周公(姬旦)开创的传统中,也在齐太公(吕尚)开创的传统中,如果说鲁周公是儒家的元圣,那么齐太公则可以视为法家的始祖⑳。从这个角度来看,史官独立的传统处于儒家传统与法家传统的交汇点上。

对于儒法传统中的史官独立与自由主义传统中的法官独立之间的关系,梁启超在1926 年至 1927 年之间所作的《中国历史研究法(补编)》中略有提及,他说:"现在人喜欢讲司法独立,从前人喜欢讲史官独立。"在儒法传统中,史官独立的形成,"自然是国家法律尊重史官独立,或社会意识维持史官独立,所以好的政治家不愿侵犯,坏的政治家不敢侵犯,侵犯也侵犯不了。这种好制度不知从何时起,但从《春秋》以后,一般人暗中都很尊重这无形的纪律,历代史官都主张直笔,史书著成也不让皇帝看"。梁启超还说:"除了这点独立精神以外,史官地位的高贵也很有关系。""史官在法律上有独立的资格,地位又极尊严,而且有很好的人才充任,这是中国史学所以发达的第二原因。"㉑

史官独立的制度始于何时?博雅如梁任公都说"不知"。《汉书·艺文志》有言:"古之王者世有史官,君举必书,所以慎言行,昭法式也。"㉒这里的"古之王者"到底是什么时候的"王者",班固也没有说明。不过,既然春秋时期已经出现了史官独立的经典形象,那么,至迟在西周初年就可能已经建立了这样的史官制度。因为,《史记·晋世家》中已有这样的记载:"武王崩,成王立,唐有乱,周公诛灭唐。成王与叔虞戏,削桐叶为珪以与叔虞,曰:'以此封若。'史佚因请择日立叔虞。成王曰:'吾与之戏耳。'史佚曰:'天子无戏言。言则史书之,礼成之,乐歌之。'于是遂封叔虞于唐。"㉓这里的"史佚"就是记载君主言行的史官,他居然有足够的权威把周成王的一句戏言扭转成为一项正式的国家重大决策。这个"史佚"的独立与强硬,足以给人留下深刻印象。

梁启超主要是从"中国历史研究法"的层面论及儒法传统中的史官独立,顺便提到自由主义传统中的法官独立。然而,倘若着眼于中国模式中的本土因素与外来因素,深入剖析自由主义传统中的法官独立与儒法传统中的史官独立之间的关系及异同,却是一个颇有意义的题目。简而言之,两者之异主要是形式上的,那边是审理案件的法官,这边是负责记录的史官,角色、身份都不一样。两者之同主要是实质上的,因为,两者都履行了一个相同的职能,即对权力的监督与制约。具体地说,在自由主义传统中,以柯克为象征的法官可以顶住君主的压力,甚至可以排斥君主对案件的管辖权,进而独立自主地对司法案件做出判决。同样,儒法传统中的史官,也可以顶住君主或权臣的压力,秉笔直书,把君主或权臣的言行载之史册,传之后世。君主或权臣有了嘉言懿行,当然希望史官淋漓尽致地记录下来。但是,当君主或权臣有了不当的或错误的言行,倘若史官也如实记录,君主或权臣就会有压力。在这种情况下,儒法传统中独立的史官就像柯克那样的

---

⑳ 详见喻中《论吕尚的法理学——兼及中国功利主义法学的起源》,载《法学杂志》2018 年第 9 期。

㉑ 梁启超《梁启超全集》,北京出版社 1999 年版,第 4868—4869 页。

㉒ 班固《汉书》,第 328 页。

㉓ 司马迁《史记》,第 240 页。

法官一样,充当了监督、制约君主或权臣的一种重要的制度角色。

在传统中国,哪怕是在诸侯力政、相互攻伐的春秋战国时期,哪怕是奉行法家学说的君主或权臣,依然想在历史上留下一个好名声,依然不愿意被押上历史的审判席。而在历史的审判席上负责裁决的人,恰恰就是史官。《史记·孔子世家》称:"《春秋》之义行,则天下乱臣贼子惧焉。"㉔《孟子·滕文公下》称:"孔子成《春秋》而乱臣贼子惧。"此后,这个著名的论断以大致相似的表达方式,在《汉书》《后汉书》《旧唐书》《新唐书》《宋史》《金史》等典籍中多次出现。这个反复重复的论断可以解读为,作《春秋》的孔子既相当于一个独立的史官,其实也相当于一个独立的法官,他的《春秋》是对乱臣贼子的最终判决,所以让乱臣贼子畏惧不已。这就是儒法传统中的史官独立,它较之于自由主义传统中的法官独立具有更加深远的思想意涵。

五、结语

古今之间的中国,虽然从 19 世纪中期开始,就逐渐经历了一场根本性的变革与转型,然而,在一定程度上,在数十年间逐渐形成的中国模式依然是中国传统在"转型过程中的延伸"或"延伸过程中的转型"。传统中国毕竟是一个儒法国家,中国传统不妨视之为儒法传统。外来文化虽然已经汇入中国模式,虽然已经在中国模式的框架下发挥了一定的、某种程度上甚至是较大的作用,虽然已经产生了一定的、某种程度上甚至是较大的影响,甚至还促成了固有的儒法传统与时俱进、升级换代,这些都是不容置疑的。但是,在可以预见的将来,中国模式始终都离不开儒家与法家这两种固有的传统因素。

在这里,儒家暂且不论,只就法家而言,它在当下及未来的中国模式中不仅会持久地发挥作用,甚至还会发挥更大的作用。这样说的理由是,先秦时代兴起的法家理论及实践,归根到底是应对战国格局的产物,然而,当下及未来的世界却是一个比先秦时代更加复杂的新战国时代,对于这个新的战国时代,蒋庆称之为"隐性的'战国时代'"。㉕实际上,无论称之为新战国时代还是"隐性的'战国时代'",都是可以成立的。所谓新战国时代,主要是说,中国人在先秦时期经历了一个战国时代,19 世纪以后,中国人又经历了第二个战国时代,因此称之为新战国时代。所谓"隐性的'战国时代'",主要是针对以前盛行的公开的武力争夺、军事掠夺而言的。概而言之,不论是哪种说法,都指出了这个时代所具有的"战国"性质。按照历史规律,当下及未来的中国模式既然是在一个新的、隐性的战国时代逐渐形成的,那么,在中国模式中包含法家因素,几乎可以说是一个历史的必然。

㉔ 司马迁《史记》,第 240 页。
㉕ 蒋庆《政治儒学:当代儒学的转向、特质与发展》,第 334 页。

试论法家与秦政及其对后世的影响

马小红[*]

【摘　要】始于春秋战国时期的法家缔造了一个统一的秦帝国,但是这个帝国的寿命不足 16 年。法家进化的历史观与富国强兵、君主集权、重刑重罚的思想成就了秦国的帝业,也造成了秦朝"无限皇权"的暴政。秦政将法家与暴政捆绑在了一起。汉及后世政治家、思想家对法家与秦政的反思经过了一个从制度到理论的过程,使得秦创立的皇帝制度从"无限皇权"转变为"有限皇权",主导思想从法家独霸转变为以儒为主、杂糅各家,古代的中央集权制由此而得以延续。

【关键词】法家;秦政;有限皇权;无限皇权

自汉以来,无论学界主流观点还是社会舆论对法家与秦政的评价都颇为负面。细读史料,就会发现自汉至清,对法家与秦政的评价存在着一个变化。首先,汉人并不是将法家与秦政捆绑在一起进行评价的, 而是彻底否定秦政,对法家的学说尚能做到一分为二。其次,随着历史发展,人们对秦暴政逐渐淡忘,与汉人相比,思想家、政治家对秦政的反思日趋平淡,而法家学说对现实政治的影响反而更加引人关注。本文希望通过对法家与秦政关系的梳理,探求法家与秦政对后世的影响。

一、"法家"与法家思想

以"法家"作为一个学派或政治流派的名称出现在汉代。司马迁在叙述其父司马谈"论六家要旨"时归纳"法家"的特点为:"不别亲疏,不殊贵贱,一断于法,则亲亲尊尊之恩绝矣。可以行一时之计,而不可长用也,故曰'严而少恩'。若尊主卑臣,明分职不得相逾越,虽百家弗能改也。"[①]这一概括为后世高度认同,人们根据司马谈所言的法家特点,梳理出法家的学术渊源和主要思想特征。

（一）法家著作的流传

《汉书·艺文志》记法家著作十种二百一十七篇,即《李子》(李悝著)三十二篇,《商

---

* 马小红,中国人民大学法学院教授。研究方向:中国法律史。

① 司马迁《史记》第十册,中华书局 1959 年版,第 3291 页。

君》(商鞅著)二十九篇,《申子》(申不害著)六篇,《处子》九篇,《慎子》(慎到著)四十二篇,《韩子》(韩非子著)五十五篇,《游棣子》一篇,《晁错》三十一篇,《燕十事》十篇,《法家言》二篇。其中《燕十事》与《法家言》不知作者。《处子》,颜师古根据《史记》"赵有处子"的记载,以为处子为赵国人②。众所周知,《汉书·艺文志》基本沿用汉末刘歆所作《七略》而成,《七略》唐末已亡佚,但据唐人张守节《史记正义》,《七略》是将《管子》列入法家类著作的③。班固在《汉书·艺文志》中却将《管子》八十六篇列入"道家类"④,原因不得而知。但唐魏征等撰《隋书·经籍志》则继承了刘歆的分类,将《管子》十九卷归为法家,共记法家著作六部,即先秦的《管子》《商君书》《慎子》《韩子》,汉崔寔《正论》与曹魏桓范《世要论》⑤。后晋刘昫等撰《旧唐书·经籍志》所记先秦法家著作有五部,即《管子》《商子》《慎子》《申子》《韩子》。又著录汉以后法家著作十部,即晁错《晁氏新书》、崔寔《崔氏政论》、刘邵《刘氏法言》、刘廙《刘氏正论》、阮武《阮子正论》、桓范《桓氏代要论》、陈融《陈子要言》、李文博《治道集》、董仲舒《春秋决狱》、邯郸绰《五经析疑》⑥。宋欧阳修、宋祁撰《新唐书·艺文志》所记法家著作与《旧唐书》基本相同,只是将桓范的《桓氏代要论》写为《桓氏世要论》,与《隋书》同;将刘廙的《正论》写为《政论》,《阮子正论》写为《阮子政论》;又加唐人著作四部,即尹知章所注的《管子》《韩子》、杜佑的《管氏指略》与李敬玄的《正论》⑦。

从正史记载的法家著作自汉至唐的流传情况看,有几点值得关注。首先,自汉至唐,法家的研究日趋萧条,法家著作的佚失也比较多。《汉书·艺文志》著录的汉三部法家著作《晁错》《燕十事》《法家言》,在《隋书·经籍志》中皆未出现,或已然佚失。《旧唐书·经籍志》中,《晁错》一书以《新论》为名复现,又著录董仲舒的《春秋决狱》。《新唐书·艺文志》的记载中,研究法家的著作有近三百年的唐朝仅有四部。《汉书》所记战国时期七部法家著作,在《隋书》中仅存三部,即《商君》《慎子》《韩子》。其次,《隋书》将先秦《管子》列为法家著作,而《旧唐书》《新唐书》皆沿用,说明《管子》一书为法家著作在隋唐时是学界共识。唐代所著录的四部法家著作中有两部是有关《管子》的研究,即尹知章注《管子》和杜佑的《管氏指略》,说明隋唐时期的法家研究,颇重《管子》。再次,《旧唐书》《新唐书》皆将董仲舒的《春秋决狱》列为法家著作。董仲舒为汉武帝时期一代大儒,《汉书·艺文志》于"《春秋》类"著录《公羊董仲舒治狱》十六篇⑧。两唐书中记载的董仲舒《春秋决狱》与《汉书》中的《公羊董仲舒治狱》是否为同一著作,已不得而知,重要的是由此可以看出,《旧唐书》《新唐书》的作者对于"法家著作"的划分依据已不再是如《汉书》作者那样注重的是著书之"人",而是"书"本身的内容。儒家人物撰写的有关法律方面的著作,即归类为法家。这也许代表了当时的一种趋势,即先秦对立的儒法两家经过汉至隋唐的磨合已经水乳交融,在"独尊儒术"的文化思想"大一统"时代,儒法的融合当然是以儒家为主导。

② 参见班固《汉书》第六册,中华书局1962年版,第1735-1736页。

③ 司马迁《史记·管晏列传》之《正义》:"《七略》云《管子》十八篇,在法家。"见《史记》第七册,第2136页。

④ 参见班固《汉书》第六册,第1729、1732页。

⑤ 参见魏征《隋书》第四册,中华书局1973年版,第1003-1004页。

⑥ 参见刘昫《旧唐书》第六册,中华书局1975年版,第2031页。

⑦ 参见欧阳修、宋祁《新唐书》第三册,中华书局1975年版,第1531-1532页。

⑧ 参见班固《汉书》第六册,第1714页。

经过儒家的浸润,"法家"已然皈依儒家,作为一个独立学派的法家已经不复存在。

宋代延续了汉至唐的发展趋势,法家著作在《宋史·艺文志》中仅著录十部,其中先秦有四部,即《管子》《商子》《慎子》《韩子》。汉以后董仲舒的《春秋决事》、尹知章注《管子》、杜佑《管氏指略》、李文博《治道集》依旧被著录。其余两部为丁度著《管子要略》与张去华著《大政要略》⑨。《明史》与《清史稿》中的《艺文志》只著录当朝人所撰书籍,值得注意的是《明史》竟未将法家著作作为一个类别加以著录记载,而是将法家归于"杂家类",在"杂家类"下注曰:"前代《艺文志》列名、法诸家,然寥寥无几,备数而已。今总附杂家。"⑩而律令及研究律令之书归为"刑法类"⑪,包括《大明律》《更定大明律》《太祖御制大诰》及律学著作等共四十六部⑫。《清史稿?艺文志》亦将朝廷颁行的法律,如《督捕则例》《大清律例》等归为"政书类法令之属",其中亦有少量的律令助学之著,如《清律例歌括》《重修名法指掌图》等⑬"法家类"则著录了时人整理、校注与研究的《管子》《商君书》《韩非子》等著作,另辑佚了《申子》《晁错》及有关吏治、刑法、狱讼的著作⑭。

纵观法家著作的流传与研究,可以看出,作为一个学派,法家兴于春秋战国之时,汉之后的发展实难以称之为一个"学派"。一直流传并为世人所认可的先秦经典法家著作有三部,即《管子》⑮《商君书》与《韩非子》。据此,本文所言先秦法家思想,就基本以这三部著作为依据。

(二)先秦法家思想的主要内容

法家形成于春秋战国的社会大变革时期,作为一个顺应时代发展要求的学派,主要特点有四:第一,主张顺应时势而改良政治、经济与社会;第二,主张"富国强兵"以自保并进而争霸天下;第三,统一法令,改革传统,建立君主集权制;第四,重刑重罚以加强君主的权威。

1.管子对"旧法"的改良

后人之所以将《管子》定为法家著作,大多是因为管仲相齐时制定的一系列制度,并藉此助成了齐桓公的霸业。但《史记·管晏列传》论道:"管仲世所谓贤臣,然孔子小之。"⑯尽管世人都以"贤臣"评价管仲,但孔子对管仲的评价并不很高。孔子认为,周道衰微,既然齐桓公是一位贤君,管仲就应该劝勉他辅弼天子、匡扶周室,而不应该满足于称霸。《管子》是春秋战国时齐国"管子学派"的共同著作,但其中亦应有管仲作品。

管仲身处社会大变局初起的春秋之时,虽然变革的趋势尚不明朗,但管仲还是敏锐

⑨ 参见《宋史》第十五册,中华书局 1977 年版,第 5202 页。

⑩ 张廷玉《明史》第八册,中华书局 1974 年版,第 2425 页。

⑪《隋书·经籍志》按经、史、子、集分类图书,于史部辟"刑法类",收录王朝所颁行的法令与解释。明清沿用之。

⑫《明史》第八册,第 2398–2400 页。

⑬ 参见赵尔巽《清史稿》第十五册,中华书局 1977 年版,第 4311–4312 页。

⑭ 参见《清史稿》第十五册,第 4334–4335 页。

⑮《管子》一书,《七略》记十八篇,《汉书》记八十六篇,《隋书》记十九卷,《旧唐书》《新唐书》记十九卷。《四库全书总目》记二十四卷八十六篇,佚失十篇,参见永瑢等撰《四库全书总目》,中华书局 1965 年版,第 847 页。

⑯《史记》第七册,第 2136 页。

地洞察到了时势的发展,并认识到周天子一统天下的局面已经动摇,各诸侯国要在竞争中保持优势并进而称霸诸侯,就必须要"富国强兵",而要"富国强兵"就必须对旧制度进行改革。《国语·齐语》"管仲对桓公以霸术"中记载,在鲍叔牙的引荐下,管仲初见齐桓公,在回答治国之策时虽先言"先王"之功绩,但在对答齐桓公"安国若何"之问时,则直截了当地答道:"修旧法,择其善者而业用之;遂滋民,与无财,而敬百姓,则国安矣。"[17]业,韦昭注:"犹'创'也",即对旧法不能固守,而是要甄别顺应发展的"善"制并创造性地加以运用。刘泽华认为,管仲这句话包括了三方面的思想:"对旧法不是简单革除或废弃,而是择其善者并创造性的加以运用;对民,主要解决他们的生计问题;对百姓即贵族,则要尊重依靠。"[18]从管仲在相位上对齐国进行的一系列经济、军事、政治、社会的改良中也可以看出,管仲确实不是一个固守旧制的思想家和政治家。

在经济上,《管子》强调"富民",以富民作为"富国"的基础。《管子·治国》篇言:"凡治国之道,必先富民。民富则易治也。民贫则难治也。"[19]《史记·管晏列传》记管子名言:"仓廪实而知礼节,衣服足而知荣辱。"[20]尽管《管子》的"富民"是为了"治民",但由于认识到"民"是"国"的基础,所以《管子》注重民众物质生活的提高,主张统治者亲民、爱民、顺民心而行政。在富民的基础上,《管子》言"案田而税"[21],即《国语·齐语》所言的"相地而衰征"[22],国家根据田地土质的优劣、庄稼产量的多少征收税赋,并由此将民固定在土地上,以增加国家税收。在管子思想体系中,富民与富国并不矛盾,而是顺理成章;君与民并非对立而是国家框架下的共同体。相比于《商君书》《韩非子》对君与国的绝对权威的强调,《管子》对民要体恤和重视得多。这也许是受西周重民传统的影响,这一传统多为后来的儒家所继承。

在军事上,管仲将居民组织与军队的编制统一起来,寓兵于民,即"作内政而寄军令焉"[23]。不仅扩充了兵源,而且战时被编为同"伍"的士兵,平时都是居住在一起的邻居,互相熟悉,关系密切,生死与共。这种关系,有利于士兵在作战时互相砥砺,使军队的战斗力大大加强。

在政治上,管仲发春秋战国法家之先声,主张以法治国。一是《管子》主张选官须有一定之规,即"选贤论才而待之以法"[24]。对官员的任免则要"察能授官"[25],将"德当其位""功当其禄""能当其官"[26]作为君主治国的"三本"[27]。二是对待民众,君主首先要"厚爱利

⑰《国语》(上册),上海古籍出版社1978年版,第231页。

⑱刘泽华《先秦政治思想史》,南开大学出版社1984年版,第121页。

⑲《管子》(下册),李山、轩新丽译注,中华书局2019年版,第715页。

⑳《史记》第七册,第2132页。

㉑《管子·大匡》,见《管子》(上册),第351页。

㉒《国语》(上册),第236页。

㉓《国语》(上册),第231页。

㉔《管子·君臣上》,见《管子》(上册),第508页。

㉕《管子·权修》,见《管子》(上册),第32页。

㉖《管子·立政》:"故国有德义未明于朝者,则不可加以尊位;功力未见于国者,则不可授与重禄;临事不信于民者,则不可使任大官。"见《管子》(上册),第47页。

㉗《管子·立政》:"君之所审者三:一曰德不当其位,二曰功不当其禄,三曰能不当其官。此三本者,治乱之原也。"见《管子》(上册),第47页。

足以亲之,明智礼足以教之"㉘,要求官吏以身作则引导民众,制定明确的法律规章以约束民众,设乡师教化民众,然后"申之以宪令,劝之以庆赏,振之以刑罚"㉙。通过亲民、教民及约束民众,使民众愿意做好事,进而杜绝暴乱之行。

在社会变革中,管子力图建立士、农、工、商新的等级秩序并使之稳定。在初见齐桓公时,管仲就建言"四民者,勿使杂处"。士农工商杂处,相互间没有共同语言和见识,无法专心各自的工作并传承后人,因而难以做成事情、成就功业。管仲主张以讲学道艺为职业的"士"应集中居住在清净之地,形成并传承忠孝家风,进而贡献于国家社会,"士之子恒为士"。以手工业为职业的"工"居住于官府作坊中,世代传承,工艺日精,"工之子恒为工"。以买卖为职业的"商",集中居住在市井,"以其所有,易其所无,市贱鬻贵"。父子相承,"商之子恒为商"。以种田为职业的"农",集中居住于郊野,专心耕作,"农之子恒为农",其中优秀者,有司应举荐其为"士"㉚。这种"人以群分"并"子承父业"的变革方案虽带有夏商西周血缘贵族等级制的印记,但士农工商的社会和职业分工显然突破了血缘的羁绊。这种分工不但以职业为标准,而且"农"与"士"的界限不再不可逾越,优秀的"农"经过有司的推荐可以上升为"士"。

2.商鞅在秦国的"变法"

商鞅所处的战国中期,变法已经成为历史潮流。总结了各诸侯国变法经验的商鞅,与管子相比目标更明确,主张更激进。管子对旧法"择善而从"的改良,到商鞅时已经成了"便国不法古"㉛的"变法"了。

首先,商鞅变法有着一套逻辑严谨的历史进化论作为理论基础。《商君书·开塞》将历史的发展分为"上世""中世""下世"和"今世"㉜。张国华解释道,"上世"的特点是"民知其母而不知其父",指的是母系氏族社会;"中世"的特点是"上贤而说(悦)仁",指的是传说中向阶级社会过渡的尧舜时代;"下世"的特点是"贵贵而尊官",指的是夏商西周时国家与法律已经产生的阶级社会;"今世"的特点是"强国事兼并,弱国务力守",指的是当时列国争雄的时代㉝。因为时代的特点不同,所以在与主张"利不百,不变法;功不十,不易器"的保守派辩论时,商鞅才自信地说出"治世不一道,便国不法古"㉞。商鞅用历史故事证明自己"变法"理论的合理性:"伏羲、神农教而不诛,黄帝、尧、舜诛而不怒。及至文、武,各当时而立法,因事而制礼;礼法以时而定,制令各顺其宜,兵甲器备各便其用。臣故曰:'治世不一道,便国不必法古。'"㉟

其次,就"富国强兵"的目的而言,与《管子》兼顾君民两者的利益有所不同,商鞅明显偏重于君主和国家利益,明确以建立君权至上的统一的中央集权为宗旨。因此,商鞅

㉘《管子·权修》,见《管子》(上册),第32页。

㉙同上,第30页。

㉚参见《国语》(上册),第226—228页。

㉛《史记》第七册,第2229页。

㉜见蒋礼鸿《商君书锥指》,第52—54页。

㉝参见张国华编著《中国法律思想史新编》,北京大学出版社1991年版,第135页。

㉞《史记》第七册,第2229页。

㉟《商君书·更法》,见蒋礼鸿撰《商君书锥指》,第4页。

的"富国强兵"带有浓厚的国家主义色彩。管仲"士农工商"各安其业的富民政策,在商鞅变法中则变为重农抑商、抑工、抑言(士)的国家主义。"重农"的目的在于愚民,以便于君主实施统治,达到国对民的完全掌控。《商君书·农战》剖析了士农工商的性格,认为"农"的性格质朴专一,遇有外敌,能与君主一心,是国家和君主依靠的力量。而士、工、商则"巧言虚道","国有事,则学民(士)恶法,商民善化,技艺之民(工)不用"。君主如果轻农而重士、商、农,"其国易破也"。因此,治国之要,在于"令民归心于农"㊱。由此可见,商鞅的"重农"带有国家至上的愚民性质。

再次,就政治制度而言,商鞅较管仲有着明确的努力方向,这就是在强国逐鹿中一统天下,建立中央集权制。《史记·商君列传》载,商鞅入秦,得到秦孝公重用前,一共见了秦孝公四次。第一、第二次,商鞅以"帝道""王道"进言,秦孝公不仅不感兴趣,而且在见面后责备了引荐人。第三次,商鞅以"霸道"进言,秦孝公"意欲用之"。第四次,商鞅"以强国之术"进言,结果秦孝公大悦,二人相谈"数日不厌"㊲。可见商鞅的"强国之术"既不是先王的帝王之道,也不是春秋强大的诸侯"挟天子而令诸侯"的霸道,其是一种具有历史意义的"新见"。这种新见随着商鞅变法日益明确,即建立前所未有的以君主权力为核心的统一的中央集权制,以取代周"天下共主"的贵族分封制。翦伯赞认为,秦孝公时"把秦国的土地,不封赐于贵族为领邑,而以之划分为县,有中央政府派遣官吏去统治"㊳。《史记·商君列传》记载,商鞅变法建立"军功"制度,"有军功者,各以率(律)受上爵";"总是非有军功论,不得为属籍";"有功者显荣,无功者虽富无所芬华"㊴。其结果是"商君相秦十年,宗室贵族多怨望者"㊵。商鞅变法推动了秦国由贵族制向官僚制、由分封制向集权制的转变,为秦国统一天下、建立君权至上的"皇帝"制度奠定了政治基础。

最后,商鞅推行变法的方法简单且粗暴,这是法家变法为后世所诟病的重要原因。蒋礼鸿言:"商君之道,农战而已。致民农战,刑赏而已矣。使刑赏必行,行而必得所求,定分明法而已矣。他无事矣。"㊶商鞅的"刑赏论"与其对人性"好利恶害"的认识有关。商鞅认为人有共同的"好恶"之心,即喜欢荣华富贵,厌恶屈辱贫贱。而"好恶者,赏罚之本也。夫人情好爵禄而恶刑罚,人君设二者以御民之志,而立所欲焉"㊷值得注意的是,商鞅并未将人性的"好利恶害"视为"恶"或者"善",他只专注于君主对人性的利用,主张君主用赏罚驾驭人性,统一人们的言行。凡对国家有利的事,君主应该立法设"赏"(爵禄),利用人们的"好利"之性,促使民众为国效力,甚至奉献生命。凡对国家有害的事,立法设"罚"(刑罚),利用人们的"恶害"之性,使民众避之犹恐不及。刑赏是商鞅也是法家"国法"的主要内容。《商君书·赏刑》主张,明智的君主治理国家"举要以致万物",这个"要"便是以

㊱ 参见《商君书·农战》,见蒋礼鸿撰《商君书锥指》,第20—25页。

㊲ 详见《史记》第七册,第2228页。

㊳ 见翦伯赞《秦汉史》,北京大学出版社1983年版,第25—26页。翦伯赞原注引《史记·秦本纪》云:秦孝公十二年"并诸小乡聚,集为大县,县一令,四十一县。为田开阡陌。"《史记·商君列传》记为三十一县。

㊴《史记》第七册,第2230页。

㊵ 同上,第2233页。

㊶ 蒋礼鸿《商君书锥指》,第19页。

㊷《商君书·错法》,见《商君书锥指》,第65页。

刑赏为中心的"法"㊸。以"刑赏"为核心的法的特点是公开、平等,即"一赏""一刑""一教"。一赏,即利禄官爵皆加于有功之人;一刑,即无论贵贱身份,违法必惩;一教,即舆论教化皆以有利于国家为准。有了公开的"法",就可以缘法而治,即"圣人不必加,凡主不必废,杀人不为暴,赏人不为仁者,国法明也"㊹。可见,商鞅的法不只是具有后世所批评的"严苛"的一面,同时也具有主张公开、平等的一面。

商鞅的变法,有着明确的目标,虽严苛但却适应动荡多变的局势,致使秦国在七国争雄中脱颖而出,山东六国军队的战斗力无法与之匹敌。《史记·商君列传》记,商鞅之法"行之十年,秦民大说(悦),道不拾遗,山无盗贼,家给人足。民勇于公战,怯于私斗,乡邑大治"㊺。东汉王充评论道:"商鞅相孝公,为秦开帝业。"㊻总之,秦统一天下的基业实开创于商鞅。

3.韩非的法、势、术结合的思想

韩非生活于战国末期,百家争鸣已接近尾声,韩非有条件对春秋以来的各家思想,尤其是法家思想进行系统总结。与管仲和商鞅相比,韩非的思想更为丰富,他一方面继承并深化了前期法家的政治思想,提出了法、势、术结合的主张,另一方面也吸纳了其他学派的思想理论,使法家的学说更趋于完善。但是,在完善法家理论的同时,韩非亦将前期法家的一些主张推向极端,比如,对厚赏重罚作用的迷信,导致了重刑主义;对势、术的强调淡化了法的作用,对君主与国家利益的过度维护损害了民众的基本利益。

对前期法家,尤其是商鞅思想,韩非几乎全盘继承,比如就历史观而言,韩非亦将历史的发展分为四个时期,即"上古之世""中古之世""近古之世""当今之世"。他认为不同时代的"圣人"根据时势,对历史发展有着不同贡献。上古之世的圣人有巢氏教民构木为巢,躲避了野兽的侵害;燧人氏教民钻木取火,除去了食物的腥臊之气。中古之世,洪水滔天,鲧、禹治水,安定天下,成为当时的圣人。近古之世,夏桀、商纣王残暴天下,商汤、周武王兴兵讨伐,顺应了民意。韩非进而论证道:如果有人在中古之世还构木为巢、钻木取火,一定会被中古之世的圣人鲧、禹笑话,如果近古之世有人还效法鲧、禹"决渎",一定会被近古之世的圣人商汤、周武王笑话。那么"有美尧、舜、汤、武、禹之道于当今之世者,必为新圣笑矣"㊼。由此可见,韩非心中的圣人是顺应历史潮流而建立制度的王者,而不是儒家所推崇的道德君子。

就人性与刑赏的作用,韩非与商鞅也是一脉相承。有学者认为,作为荀子的学生,韩非继承的是荀子的"人性恶"论,其实不然。虽然荀子与韩非都客观地指出人性"好利恶害",但荀子对"好利恶害"的价值判断是"恶",而这种恶是需要通过教化加以遏制和改造的㊽。而韩非的人性论显然是商鞅思想的继承,即对人性的善恶不予置评,其关注的只

㊸《商君书·修权》言:"凡赏者,文也;刑者,武也。文武者,法之约也。"见《商君书锥指》,第83页。

㊹《商君书·赏刑》,见《商君书锥指》,第106页。

㊺《史记》第七册,第2231页。

㊻ 王充《论衡·书解篇》,见北京大学历史系《论衡》注释小组《论衡注释》(第四册),中华书局1979年版,第1618页。

㊼《韩非子·五蠹》,见梁启雄《韩子浅解》,中华书局1960年版,第466页。

㊽《荀子·性恶》:"古者圣王以人之性恶,以为偏险而不正,悖乱而不治,是以为之起礼义,制法度,以矫饰人之情性而正之,以扰化人之情性而道之也。"见王先谦《荀子集解》(下),中华书局1988年版,第435页。

是好利恶害的人情可以成为君主统治的资本。因为好利恶害，君主才可以将刑、赏作为"二柄"驾驭臣民[49]。就刑赏适用的轻重，韩非亦继承了商鞅的重刑思想，商鞅以为"赏厚而利，刑重而威必"[50]。韩非亦主张"赏莫如厚而信，使民利之；罚莫如重而必，使民畏之；法莫如一而固，使民知之"[51]。

韩非对商鞅思想的发展，表现在将慎到的"势治"思想与申不害的"术治"思想纳入法家思想体系中。韩非释"势"为君主的权威，《韩非子·人主》言："万乘之国，千乘之君，所以制天下而征诸侯者，以其威势也。威势者，人主之筋力也。"[52]就法与势的关系，《韩非子·难势》强调："抱法处势则治，背法去势则乱。"[53]就法与术的关系，《韩非子·定法》："术者，因任而授官，循名而责实，操杀生之柄，课群臣之能者也，此人主之所执也。法者，宪令著于官府，刑罚必与民心，赏存乎慎法，而罚加乎奸令者也，此臣之所师也。君无术则弊于上，臣无法则乱于下，此不可一无，皆帝王之具也。"[54]这就阐明了"术"与"法"的概念和作用，以为法、术皆是君主统治臣民的工具，缺一不可

综上所述，从管仲到韩非，法家顺时而"变"的治国理念历春秋战国时代的变迁并没有改变，而且理论日益精深完善。先秦法家主张的"变"也体现在法家自身的发展演变中。从春秋管仲注重经济变革，注重传统"民本"思想的继承，到战国法家更加注重政治的变革，注重"法"，也就是刑赏在治国中的功效，法家完成了构建统一的君主集权制理论的历史使命，但他们创建的理论也在动荡的战争环境中逐渐走向极端，这就是对"君"与"国"的地位的绝对尊崇，从继承西周民本思想的改良（管仲的富民）开始，最终却走向了极端的国家主义和重刑主义。

二、秦政的特征

本文所言的"秦政"，主要指秦王朝统一天下后的统治。秦王朝的建立是法家理论在政治实践中取得的巨大成果。公元前221年，春秋战国的纷争终于有了结果，一个不同于夏商西周分封制，也不同于春秋战国时期君主制的新型政权终于诞生，这就是中国历史上第一个统一的中央集权制的秦帝国的建立。

（一）确立皇帝制度，赋予皇帝以"无限权力"

"皇帝制度"是秦统一后不久即建立并传至后世，是与中国古代历史相终始的制度。据《史记·秦始皇本纪》记载，秦王嬴政将古代"三皇五帝"的尊号集于一身，号曰"皇帝"。并宣称自己为"始皇帝"，继承者则将按序排列为"二世、三世至于万世，传之无穷"[55]。从

---

[49]《韩非子·二柄》："明主所道制其臣者，二柄而已矣。二柄者，刑、德也。何谓刑、德？曰：杀戮之谓刑，庆赏之谓德。为人臣者，畏诛罚而利庆赏，故人主自用其刑德，则群臣畏其威而归其利矣。"见梁启雄《韩子浅解》（上册），第43页。

[50]《商君书·修权》，见蒋礼鸿著《商君书锥指》，第83页。

[51]梁启雄著《韩子浅解》（下册），中华书局1960年版，第474页。

[52]梁启雄《韩子浅解》（下册），第510页。

[53]同上，第396页。

[54]同上，第406页。

[55]《史记》第一册，第236页。

"王"变为"皇帝",是中国历史上划时代的变革。最高统治者尊号的变化,标志着一个全新时代的开始。所谓的统一的中央集权制就是将各地的权力集于中央,而中央的权力集于皇帝,皇帝是权力的核心。成为皇帝的嬴政不再像周天子那样将地方的管辖权分封给相对独立的诸侯王,也不再像春秋战国时的五霸七雄那样只是诸"王"中的一位,他是在中央所辖范围内(天下)独一无二的至尊。随着"皇帝"尊号的出现,皇帝制度也由此建立,并在两千多年的历史发展中不断完善。皇帝的"至尊"地位在秦始皇时是极端的,皇帝不仅凌驾于一切人之上,成为具有人世间独具神性、奉承天命的"天子",而且在王朝的日常运转中,皇帝集行政、立法、司法等各项权力为一身,几乎可以不受任何制约地随时立法、废法,法律成为皇帝的御用工具,这种"无限皇权"仅在秦朝被奉行法家理论的统治者公开认可。统一的中央集权制,无论是按照儒家的思想,还是按照前期法家管仲、商鞅的理论,都还应该存在另一种形式,即"有限皇权"。本文将在后面"汉对秦政的改革"中予以详述。

值得强调的是,秦始皇在建立皇帝制度的同时,还废除了周时实行的"谥号"(谥法)制度。谥号是一种"盖棺论定"的制度,对帝王来说,"谥号"就是历史对已逝皇帝功绩的最终评价。谥法是制约最高权力的一种有力的制度,而奉行皇帝独尊的秦始皇认为是一种"子议父,臣议君也,甚无谓"的制度,其有害于皇帝绝对权威的确立,故断然"弗取焉"而"除谥法"⑤⑥。由此可以看出,尽管"皇帝制度"是对统一的维护,而且也是统一的中央集权制的核心制度——这也是汉以后直至清王朝一直沿用不改的原因——但是"除谥法"削弱了制度对皇帝权力的约束,使皇帝对"身后名"无所顾忌,其剥夺的不仅是皇室贵族的权力,而且也剥夺了官僚贵族在朝中对皇帝决策的发言权,其将法家所主张的中央集权制推向了极端,即皇帝一人的"独裁专制"。这便是秦政的第一个特点,即将法家的"中央集权"的君主制变成了中央集权的极端形式——皇帝的"独裁专制",形成无限皇权。

(二)将"法治"变为"刑治",将法家学说推向极端

统一后的秦王朝继续以法家理论为主导。迄今为止,大量出土秦简不仅证明了秦法的繁密与严酷,也证明了秦法在基层社会的深入运用,其与每一位王朝统治下的"秦民"都密切相关⑤⑦。

从积极的意义上说,秦法完善并巩固了自春秋以来法律变革的成果,使法律成为天下人共知、共守的言行规范,实践了法家"以法为本"⑤⑧的思想。秦朝的法,尤其是律,成为历代统治者立法的蓝本。秦始皇也一直深为自己的法治功绩而自豪,每次巡游都会刻石宣传王朝统一而严密的法治。《史记·秦始皇本纪》载,秦始皇二十八年(公元前219年)秦始皇东巡,至泰山,"刻所立石",其中有"治道运行,诸产得宜,皆有法式"⑤⑨。其后,举凡

⑤⑥《史记》第一册,第236页。

⑤⑦ 关于秦简记载的秦朝的法律状况,参见鲁西奇《喜:一个秦吏和他的世界》,北京日报出版社2022年版。书中引用了大量的秦简,描述了秦朝社会的"法治"状况,包括人们的衣食住行、纳税劳役、家族成员间的关系等,较全面地反映了秦法对普通民众生活的影响。

⑤⑧《韩非子·饰邪》,见梁启雄著《韩子浅解》,第135页。

⑤⑨《史记》第七册,第243、245、249、261页。

登琅琊、登之罘、上会稽等,都会立石刻辞,宣传秦王朝的"皆有法式"和以法"经纬天下",这等于是实践了法家公开法度、赏罚有法可依的主张。这种将法公之于众的制度显然较夏商西周"议事以制"⑥的礼治更为公平,也更符合历史发展趋势,所以才能为当时的大多数人接受⑥。

但是,另一方面,以法为核心的秦政在历史上留下的负作用也决不可低估。也许是由于法家的法治理论在秦统一过程中所发挥的巨大作用,使秦始皇对法家的法治由推崇转向迷信,在治国实践中,秦政过度用法施刑,放大了原本对法的认识已然出现偏差的法家理论的缺陷。从以下三个方面可以看出秦始皇对法家法治理论的迷信。

首先,统一后,秦始皇拒绝一切改变法家路线的建议,即使局部的转变也被排斥。在博士淳于越"师古"与丞相李斯"焚书"两者对立的建议中,秦始皇选择了李斯的"焚书"建议,以杜绝"诸生"以古非今。长子扶苏劝谏:"天下初定,远方黔首未集,诸生皆诵法孔子,今上皆重法绳之,臣恐天下不安。唯上察之。"秦始皇闻之大怒,将扶苏差遣到北方蒙恬军中监军⑥,其实是让主张修改法家路线的扶苏远离了中央决策机构。扶苏的建议,透露给我们一个很重要的信息,这就是在秦朝,法家思想虽然是统治者倡导的主导思想,是王朝的行动指南,但却不是社会的主流思想。主流思想应该是春秋战国期间与法家思想相左的"显学"儒家。一边是"诸生皆诵法孔子",怀念三代传统的主流思想,一边是以法家思想为主导、以重刑钳制天下的秦政,主导思想与主流思想的分裂与对立,故使"天下不安"。

其次,秦始皇对后期法家韩非的学说情有独钟。在韩非对"法、势、术"的论述中,秦始皇格外关注的是维护皇帝的独尊之"势"。以严厉的"刑罚"手段维护皇帝的"势",将法治变成了"刑治",成为秦政的一个致命缺陷。《汉书·刑法志》总结秦始皇为政"毁先王之法,灭礼谊之官,专任刑罚,躬操文墨,昼断狱,夜理书,自程决事。日县石之一。而奸邪并生,赭衣塞路,囹圄成市,天下愁怨,溃而叛之"⑥。秦始皇不可谓不勤政,每日阅读的案牍文书"百二十斤"⑥,但勤政的结果竟然是"赭衣塞路,囹圄成市",证明了其治国的"专任刑罚"。秦始皇对刑罚在治国中的推崇源自韩非学说,但其也将韩非的学说推向了极端。韩非在主张严刑峻罚的同时,也强调"主道",即君主的无为守"势",群臣各司其职:"群臣守职,百官有常,因能而使之,是谓'习常'。故曰:寂乎其无位而处,明君无为于上,群臣竦惧乎下。"⑥秦始皇事必亲躬,专任刑罚,故而天下"溃而叛之"。

再次,统一后的秦朝,用阴阳五行说神化法家的法治理论,为秦朝的重刑主义寻找合理性。"阴阳五行说"是战国时期邹衍创立的以自然阴阳五行变化附会王朝更迭的学说,认为自然界所有事物都是阴阳五行(金、木、水、火、土)相互演化的结果,即"五德终

⑥《春秋左传·昭公六年》,见杨伯峻《春秋左传注》(第四册),中华书局1981年版,第1274页。

⑥ 参见杨伯峻《春秋左传注》(第四册),第1276页。杨伯峻言:"刑律古已有之,但由统治者掌握,高下由心。公布于大众,或自子产始。此由奴隶社会过渡到封建社会应有之事,故二十九年晋亦铸范宣子之法。"

⑥《史记》第一册,第254–258页。

⑥《汉书》第四册,第1096页。

⑥ 同上。东汉经学家服虔注:"县,称也。石,百二十斤也。始皇省读文书,日以百二十斤为程。"

⑥《韩非子·主道》,见梁启雄著《韩子浅解》,第29–30页。

始"，王朝更迭亦不例外。五德是指土德、木德、金德、火德、水德。土德衰而木德兴，木德衰而金德兴，金德衰火德兴，火德衰而水德兴。舜为土德，夏（禹）为木德，殷为金德，周为火德，秦则为水德。历史发展便依次为舜、夏、商、周、秦而兴替。《史记·秦始皇本纪》之"索隐"谓："始皇推终始五德之传，以为周得火德，秦代周德，从所不胜。方今水德之始。"[66]秦始皇以为周得天下，与自然界的"火"当令相应，而秦能代周，是因为自然界的运行"水"正当令，故秦有水德。而"水主阴，阴刑杀"[67]。秦政与水相应，故应以刑杀为主。

（三）将法家学说与暴政捆绑在一起

不受制约的无限皇权与不遗余力的严刑峻罚给秦政带来了致命的危机，即"暴政"。17世纪英国思想家洛克说："统治者无论有怎样正当的资格，如果不以法律而以他的意志为准则，如果他的命令和行动不以保护他的人民的财产而以满足他自己的野心、私愤、贪欲和任何其他不正当的情欲为目的，那就是暴政。"[68]如果说在统一六国时，秦尚有安定天下之意，而在统一政权建立后，至高无上的皇权已经使秦始皇将天下视为"私产"。明代学者黄宗羲在批判三代以后的"人君"时尖锐指出："后之为人君者不然，以为天下利害之权皆出于我，我以天下之利尽归于己，以天下之害尽归于人，亦无不可。使天下人不敢自私，不敢自利，以我之大私为天下之大公。""敲剥天下之骨髓，离散天下之子女，以博我一人之淫乐，视为当然，曰'此我产业之花息也'。然则为天下之大害者，君而已矣。"[69]秦始皇的"泰半之赋"[70]"囹圄成市""焚书坑儒"说明，秦统一后，暴政已然形成。立法毁法也成为秦始皇为政的显著特点。

公元前210年，秦统一后的第十一个年头，秦始皇在出巡途中死去。依靠阴谋政变而夺得皇帝之位的秦二世"法令诛罚日益深刻，群臣人人自危，欲畔（叛）者众"[71]。王朝的高压统治较秦始皇有过之而无不及，皇权的实际掌握者赵高甚至可以"指鹿为马"，而朝中无人敢辩。为了消除对皇权的危害，二世即位当年就对宗室及功臣大开杀戒，"杀大臣蒙毅等，公子十二人僇死咸阳市，十公主矺死于杜"[72]。对民众的统治，二世同样高压，也是在即位当年，就逼反了陈胜、吴广。《史记·张耳陈余传》记，在陈胜、吴广打出"伐无道，诛暴秦"的旗帜时，范阳人蒯通劝范阳令随天下大势以反秦政时说："秦法重，足下为范阳令十年矣。杀人之父，孤人之子，断人之足，黥人之首，不可胜数。"[73]由此可见，二世之时，上至公卿重臣，下至黎明百姓，无不被王朝置于刑网之中。在现代法治理论中制约权力的法律，在秦朝却变异为权力的毒鞭而荼毒天下。

秦政对法家理论的实践，加深了人们对法家的认识，当然不可否认这其中也有着对

⑥⑥《史记》第一册，第237页。

⑥⑦《史记》第七册，第238页。

⑥⑧ 洛克《政府论（下篇）》，叶启芳、瞿菊农译，商务印书馆1964年版，第121—122页。

⑥⑨ 黄宗羲《明夷待访录》，段志强译注，中华书局2011年版，第8页。

⑦⑩《汉书》第四册，第1126页。

⑦①《史记》第八册，第2553页。

⑦②《史记》第八册，第2552页。

⑦③ 同上，第2574页。

法家的一些误解。强大的秦朝二世而亡的教训,被代之而起的汉朝统治者视为殷鉴,念念不忘。汉以后的统治者也无不引以为鉴,自秦后中国历史上就再也没有出现过敢自称为"法治"的王朝,这是因为在人们的观念中,法家的法治与暴君、刑治及暴政是联系在一起的。

三、法家与秦政的启示

对法家和秦政的反思,自汉以降,历朝历代未尝中断,基本上是抑多扬少。近代以来,西方法治思潮风靡中国,法家与秦政的历史功过几度成为聚讼热点。梳理法家理论和秦政时有两点值得注意。首先,应该厘清法家与秦政的区别,秦政在运用法家的理论实践中,有诸多值得汲取的教训。其次,法家学说尤其是后期法家学说,虽有着巨大缺陷,不足以担当王朝的主导思想,但法家学说本身作为非常之时的学说,尚有不少可取之处。由于秦政将法家学说与暴政捆绑在了一起,所以被抹黑了不少。所以,汉以后对法家与秦政的修正与变革,更值得人们关注。这些变革稳定了秦开创的统一的中央集权制,使中国古代"王朝"的历史得以延绵发展二千余年。

(一)汉人对秦政的批判与后世的"礼法融合,以礼为主"

法家学说不可以与秦政混为一谈。法家是春秋战国时期形成的一个学派,秦政则是统治者对法家理论的实践。汉初的人们了解秦国在法家理论指导下由西陲弱国变为六国劲敌,最终统一天下,却又在统一后不足十六年短命夭折的历史。不过,尽管汉人对秦政的批判非常尖锐深刻,但在对法家的评论中尚能保持理性态度。司马迁在叙述其父太史公司马谈评论先秦诸家要旨时指出:"《易·大传》'天下一致而百虑,同归而殊途'。夫阴阳、儒、墨、名、法、道德,此务为治者也,直其所从言之异路,有省与不省耳。"唐人司马贞解释道:"六家同归于正,然所从之道殊途。"[74]可见,在汉唐人眼中,阴阳、儒、墨、名、法、道德(道)皆为治国之论,"同归于正",不同者只是方法与路径。司马谈在具体谈到法家与谈到阴阳、儒、墨、名家时一样,皆能一分为二,既指出不足,又阐明其长处。对法家,司马谈评论道:"法家严而少恩,然其正君臣上下之分,不可改矣。"[75]汉初贾谊的《过秦论》对法家不但没有指责,还实事求是地认为偏于一隅的秦国能够统一天下与商鞅的变法密不可分:"当是时也,商君佐之,内立法度,务耕织,修守战之具;外连衡而斗诸侯。于是秦人拱手而取河西之外。"[76]贾谊在肯定商鞅佐秦统一天下后,对秦政则进行了深刻批判。他认为,天下统一后,天下百姓无不战后思安,但秦始皇不能审时度势,"其道不易,其政不改"。二世即位"天下莫不引领而观其政",盼望二世能改秦始皇严刑峻罚的治国之策,"约法省刑",但二世仍不恤民力,"繁刑严诛,吏治深刻",逼反了陈胜、吴广,因此,秦失天下是"二世之过"。贾谊的结论是,秦政之"过"不仅在于横征暴敛,还在于统治者不懂得"攻守之势异也"。在汉人看来,法家应该是战时"非常之学",是攻取天下、夺取政权之学,

[74]《史记》第十册,第 3288–3289 页。

[75] 同上,第 3288 页。

[76]《贾谊集》,上海人民出版社 1976 年版,第 1 页。

而不是夺取天下之后建设政权、保守江山之学。贾谊对法家学说在不同时势中的作用也有精辟总结:"故秦之盛也,繁法严刑而天下震;及其衰也,百姓怨而海内叛"[77]。其实,法家自身也未尝不是如此认为,如前文所言,从管仲到韩非无不强调"时势"的重要性,无不强调非常之时"变法"的重要性。因此,秦二世而亡的原因在秦政对法家不识时务地"固守"。

由于汉人对法家与秦政有所区别,所以,自汉以后,一个以儒家为主、融合各家思想的主导思想开始形成。贾谊言,长治久安之道在于"观之上古,验之当世,参之人事,察盛衰之理,审权势之宜,去就有序,变化因时,故旷日长久而社稷安矣"[78]。正是鉴于秦政的教训,汉以后的统治者在确立"独尊儒术"之时,对其他各家学说也能采取容忍的态度,这才有了汉以后的儒法合流。尤其在制定律典时,统治者并不讳言法家的渊源。唐人在制定律时,言律之渊源,也不讳言法家的贡献:"周衰刑重,战国异制,魏文侯师于里(李)悝,集诸国刑典,造《法经》六篇。""商鞅传授,改法为律。汉相萧何,更加悝所造《户》《兴》《厩》三篇,谓《九章律》。"[79]但是,应该注意的是,"儒法结合"或"礼法融合"中的"法",已非法家之"法"。前文已言,宋人在修订唐史时,将儒家董仲舒的《春秋决狱》列入法家类,已经证明了法家作为一个先秦传承的独立学派的影响已经微乎其微,甚至已经后无传人,所以《明史》就没有了"法家类"的记载。从董仲舒的《春秋决狱》分类为法家,可以知道"礼法融合"之"法"是经过了以儒家为主的主导思想选择并改造了的"法"。其改造了法家过于强调"君""国"利益,淡化了法家"重刑""弱民"的色彩,与"民"达成了一定程度的和解。多元思想的统一协调,各种思想、制度间的磨合圆融,使汉代以后历朝历代的主导思想得以长久稳定。

(二)法家的缺陷与汉以后将"无限皇权"改造为"有限皇权"

尽管汉人将批判的锋芒聚焦于秦政,但无法否认的是秦政的理论指导确实主要来自于法家。如果说汉人对秦政的批判是制度层面的反思,而汉以后对法家的批判,实是对秦政进行的"由表及里"的思想理论方面的反思,这一反思持续到清朝。反思的结果是,秦确立的皇帝制度之下的至高无上的皇权从"无限"转变为"有限"。

法家的缺陷,除上文所言"利攻不利守",有很强的"时势"局限性外,其最重要的缺陷则是对社会问题的解决缺乏人文关怀,对"国家主义"的崇尚与对集权的热衷忽视了民众的利益,忽视了社会各种关系的平衡。国家主义与重刑主义的结合形成了秦的"暴政"和无限皇权,激化了国家与民众的矛盾,社会处在权力的高压之中。比如法家的"富国强兵"的政策,在战时不能不说是一种必然且明智的选择,所以才有了战国时期各国的纷纷"变法"。但法家学说对立了国与民的关系,以"弱民""愚民"为富国强兵的基础,明显过于偏颇。商鞅在《弱民》中开篇便用明晰尖锐的语言将国与民的关系形容为剑拔弩张的对立关系,他说:"民弱国强,国强民弱。故有道之国务在弱民。"[80]这种"国强"与

⑦ 参见《贾谊集》,第1—10页。

⑱ 《贾谊集》,第10页。

⑲ 长孙无忌《唐律疏议》,刘俊文点校,中华书局1983年版,第2页。

⑳ 蒋礼鸿《商君书锥指》,第121页。

"民富"非此即彼、不能两立的单线僵化思维,实际上是将民众推到了政权的对立面。从春秋管子到秦统一前的韩非,我们可以看到法家对"民"政策的明显变化。《管子》学说中,国与民的利益还算一致,民富则国强,民穷则国弱,所以管子变法的基调是"富民"强国的。战国时期的商鞅、韩非则将国家或者说君主的利益绝对地置于民的利益之上,最终导致了秦始皇有统一天下之后推行的"除谥号""泰半之赋""焚书坑儒"等一系列极端措施,甚至李斯在《劝督责书》中竟然主张君主可以随心所欲地实行暴政。从国家治理的角度来说,比较儒家、墨家和道家,法家确实缺乏对"民"的温情的人文关照,其学说确实有失于急功近利的短视。这也是自汉以来人们很少研究法家,以致法家学说中绝的原因⑧。《四库全书总目》对法家学说在后世受到摒弃作了精确概括:"圣世所不取。然浏览遗篇,兼资法戒。观于管仲诸家,可以知近功小利之隘;观于商鞅、韩非之家,可以知刻薄寡恩之非。鉴彼前车,即所以克端治本。曾巩所谓不减其籍,乃善于放绝者。"⑫法家的书籍之所以尚有流传,不过是为了保留绝学并为后世提供借鉴。而汉以后,以儒家思想为主导的礼法融合后的"法家"著作,如《疑狱集》《折狱龟鉴》等研究刑律方面的书籍,则已然与先秦法家"立议不同,用心各异"⑬了。

汉代以来的古代政治家、思想家对法家理论容易导致暴政、致使王朝倾覆的危险都保持着高度警惕。《汉书?艺文志》在评价法家时就指出:"及刻者为之,则无教化,去仁爱,专任刑罚而欲以致治,至于残害至亲,伤恩薄厚。"⑭如果用法家思想作为王朝的指导思想,又遇到秦始皇这样的刻薄皇帝,就会拒绝教化,缺乏仁爱,将天下置于刑网中,以至于残害宗室,泯灭人性。汉以后,历代统治者以秦二世而亡为鉴,开始对皇权进行有效制约,这种制约在二千年的历史发展中逐步完善。祝总斌在总结中国历史上人治与法治的关系时指出,自秦至清,皇权在中国古代的发展并非是日益加强,而是逐渐削弱,受到越来越多的约束⑮。从某种程度上说,汉以后的王朝都以要求君主"身正令行"的儒家思想为旗号,亦是对秦王朝形成的无限皇权的一种修正。

二十五史中的"天文志""律历志""五行志"等亦可以被视作约束皇帝的"天法",是上天通过"天象"对皇帝为政得失的奖惩与警示。《晋书·五行上》言:"夫帝王者,配德天地,叶契阴阳,发号施令,动关幽显,休咎之征,随感而作。"⑯可见,皇帝为政并非可以为所欲为,在上天以灾异谴告时,皇帝应该体悟天意,"下诏罪己"。天意之外,祖宗之法的约束亦不容小觑。历史上许多时候,制度、法律确实常常对强势的皇帝无可奈何,但再强势的皇帝也不能不顾及到祖宗之法。祖宗之法及全社会的共识"礼"、谥法等构成了对皇

⑧ 如前所述,班固将《管子》列为"道家类",相较于对其他法家著作的研究,后世对《管子》的研究尚有一、二著作传世,也许是由于《管子》对"民"的态度与商鞅和韩非的思想有很大不同,以及《管子》与儒家的"恤民"思想更为接近的缘故。

⑫ 永瑢《四库全书总目》,第847页。

⑬ 同上。

⑭ 班固《汉书》第六册,第1736页。

⑮ 参见祝总斌《试论我国封建君主专制权力发展的总趋势——附论古代的人治与法治》,载《北京大学学报》1988年第2期。

⑯ 房玄龄《晋书》第三册,中华书局1974年版,第799页。

帝滥用皇权的防线。

如果说主导思想、天意、祖宗之法、礼、谥法等对皇权尚不构成刚性约束的话，汉以后约束皇权的制度也不罕见。一些制度，尤其是官制与法制代代相沿，不因王朝的更换而废替。在官制中，三师、宰相、史官、言官的设置就从制度方面有效制约了皇权。三师，是为皇帝的教育而设，在古代的中国，"师"也许是唯一可以与皇权相抗衡的力量。《唐六典·卷一》"三师"条言："三师，训导之官也……明虽天子，必有师。"宰相，原为辅佐皇帝总理全国政务而设，黄宗羲认为，设君的目的是治理天下，但"天下不能一人而治，则设官以治之"，官员则是"分身之君也"。身为百官之长的宰相是皇权独断的制约，明太祖罢相，就是因为相权对皇权构成了威胁。黄宗羲认为"有明之无善治，自高皇帝罢丞相始也"[87]。史官"秉笔直书"与言官"从道不从君"的职责要求，也从制度上对皇权进行了约束。就法律而言，毋庸置疑，中国古代的最高立法权、司法权掌握在皇帝手中，但皇帝也并非可以根据自己的喜怒任意处理案件。皇帝有"立断"的权力，但要为"立断权"的使用自负其责。

汉代以后皇帝权力受到的制约是有效的，对这一点以往的研究比较少。而法国重农主义学派的创始人魁奈在《中华帝国的专制制度》中则早已明言。魁奈将君主专制制度分为两种，即"合法的君主"统治与"不合法的君主"统治。合法的君主专制虽然也是大权独揽，但其权力受到制度的限制，为有限皇权；不合法的君主专制为独裁专制，其以个人意志实施残暴专横的统治。魁奈认为中国古代的专制则属于第一种，因为中国皇帝的统治"建立于明智和确定不移的法律之上，皇帝执行这些法律，而他自己也审慎地遵守这些法律"[88]。马克垚亦认为"中国的专制，可以称为精致的专制主义，理论上，用'天命（皇）权'来论证统治的合理、合法性，用天人感应说来限制皇帝的任意妄为，用'君臣父子'等伦理来树立统治秩序。完善的中央集权的官僚系统，在各种权力之间实现了多种制衡……"[89]。

需要强调的是，在研究法家时还应该注意到古代与现代法律语境的不同。若以现代语境理解，太史公对法家的否定——"不别亲疏，不殊贵贱，一断于法"却正是今天社会所肯定的；而其所肯定的法家"尊主卑臣"又正是现代社会所否定的。这是因为，秦政将法家之"法"与暴政捆绑在了一起，秦人不堪其苦，而当今社会的法却是与民主相伴的，在本质上与法家之"法"犹如水火。至于"尊主卑臣"虽是历史发展的必经阶段，但在当下的社会也已成为了历史陈迹。

⑧ 黄宗羲《明夷待访录》，段志强译注，中华书局2022年版，第27–28页。

⑧ 弗朗西斯·魁奈《中华帝国的专制制度》，谈敏译，商务印书馆1992年版，第24页。

⑧ 马克垚《古代专制制度考察》，北京大学出版社2017年版，第44页。